Hintergründe und Infos

① Rouergue

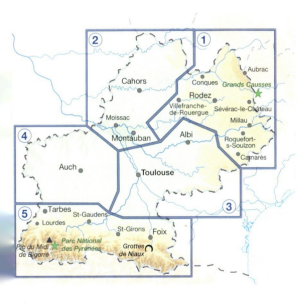

② Quercy

③ Toulouse, Albi und Umgebung

④ Östliche Gascogne

⑤ Pyrenäen der Midi-Pyrénées

UNTERWEGS MIT ANNETTE MEISER

Erst wenige Wochen im Aveyron wohnhaft, wurden wir von einem lieben Bekannten mit „venez manger la soupe", was frei übersetzt soviel wie „kommt auf einen Teller Suppe vorbei" bedeutet, eingeladen. Mit den Essgewohnheiten der *Aveyronnais* noch unerfahren, schob ich dann vor dem Gehen noch schnell ein belegtes Baguette in mich hinein, denn mich erwartete ja schließlich „nur" eine - wenn auch sicher leckere - Suppe. Das hätte ich besser nicht getan, denn was an jenem  Mittag aufgetischt wurde, war typisch *aveyronnais*. Doch diese Erkenntnis kam an jenem Tag für mich und meinen Baguettegefüllten Bauch zu spät. Ich wagte nicht, den herzlichen Gastgebern meine kulinarische häusliche Sondereinlage einzugestehen. Da das Auslassen einer Speise einer Beleidigung gleichgekommen wäre, aß ich schicksalsergeben das einfache „Suppen-Menü":

Es begann mit den Häppchen zum Apéritif. Dann folgten eine dickflüssige Gemüsesuppe, der obligatorische Vorspeisenteller mit einer dicken rohen Schinkenscheibe, gefülltem Entenhals und Entenleberpastete. Die Hauptspeise bildeten das kalorienreiche Stockfischpüree sowie gebratenes Huhn mit Bratkartoffeln und Steinpilzen, gefolgt von grünem Salat und Käse. Mit einer pompe à l'huile, Espresso und Pflaumenschnaps wurde das opulente Mahl am Spätnachmittag beendet.

Diese Einladung ist ein typisches Beispiel für die unkomplizierte und herzliche Art der Einheimischen. Stets offene Türen und fröhliche Geselligkeit, schmackhaftes und vor allem reichliches Essen, machen Land und Leute dieser Region so lebens- und liebenswert.

Text und Recherche: Annette Meiser **Lektorat:** Johannes Kral, Sina Pietrucha **Karten:** Torsten Böhm, Judit Ladik **Fotos:** siehe Fotonachweis S. 420 **Covergestaltung:** Karl Serwotka **Covermotive:** oben: Estaing am Lot (Fotolia.com © Fotomicar) unten: Bruniquel (Annette Meiser)

1. AUFLAGE 2012

MIDI-PYRÉNÉES

ANNETTE MEISER

Midi-Pyrénées – Die Vorschau   14

Hintergründe & Infos   18

Anreise   20

Mit dem eigenen Fahrzeug	20	Mit dem Flugzeug	25
Mit dem Zug	24		

Landschaft und Geographie   26

Klima und Reisezeit	27	Flora und Fauna	29

Wirtschaft und Bevölkerung   32

Mittelalterlicher Städtebau im Südwesten	33	Die wichtigsten Feste und kulturellen Veranstaltungen	35
		Verwaltung	37

Geschichte   38

Fortbewegungsmöglichkeiten in der Region   51

Übernachten   54

Essen und Trinken   60

Wissenswertes von A bis Z   68

Abkürzungen	68	Jagd	72
Adressen	68	Kriminalität	72
Arbeiten	68	Landkarten	73
Bahnauskünfte	68	Märkte	73
Behinderte	69	Notruf	74
Bezahlen	69	Öffnungszeiten	74
Bußgelder	69	Post	74
Diplomatische Vertretungen	69	Rauchen	75
Dokumente	69	Rugby	75
Fahrradfahren	70	Sprache	75
Feiertage	70	Strom	76
FKK	70	Telefonieren	76
Geld	70	Trinkgeld	76
Gesundheit	71	Waldbrände	77
Haustiere	71	Wohnmobil-Stellplatz	77
Information	71	Zoll	77
Internet	72		

Reiseziele 78

Das Rouergue 80

Oberes Lot-Tal 81

Decazeville	82	Espalion	93
Flagnac	84	Saint-Côme-d'Olt	97
Aubin	84	Sainte-Eulalie-d'Olt	99
Conques	86	Saint-Géniez-d'Olt	99
Entraygues-sur-Truyère	90	Saint-Laurent-d'Olt	100
Estaing	91		

Das nördliche Rouergue 100

Im Nordwesten	100	Aubrac	102
Mur-de-Barrez	101	Saint-Chély-d'Aubrac	104
Im Nordosten	102	Laguiole	105

Das Aveyron-Tal und Umgebung 108

Montricoux	108	Entlang der Viaur-Schlucht	125
Bruniquel	109	Rodez und Umgebung	125
Penne	110	Rodez	125
Saint-Antonin-Noble-Val	110	Belcastel	130
Varen	112	Bozouls	131
Najac	112	Montrozier	132
Villefranche-de-Rouergue	114	Sévérac-le-Château	133
Villeneuve-de-Rouergue	119	Im Tal von Marcillac	133
Peyrusse-le-Roc	122	Marcillac	134
Die Segala	123	Salles-la-Source	134
Sauveterre-de-Rouergue	123	Clairvaux	135
Les Gorges du Viaur	125		

Die Seenplatte des Lévézou 135

Montjaux	137	Saint-Léons	138
Castelnau-Pégayrols	137		

Grands Causses 139

Causse du Larzac	141	La Cavalerie	143
Sainte-Eulalie-de-Cernon	141	Le Viala-du-Pas-de-Jaux	144
La Couvertoirade	143	Saint-Jean-d'Alcas	144

Roquefort-sur-Soulzon	144	Canyon de la Dourbie	154
Millau	145	La Roque-Sainte-Marguerite	154
Gorges du Tarn et de la Jonte	151	Saint-Véran	155
Paulhe	152	Cantobre	155
Compeyre	152	Les Cuns	155
Château de Peyrelade	152	Nant	156
Le Rozier und Peyreleau	153	Causse Noir	157
Aven Armand	154	Roques-Altes	158
Hyelzas	154	Grotte de Dargilan	158

Entlang der Raspes du Tarn 158

Saint-Rome-de-Tarn	159	Brousse-le-Château	159
Saint-Victor-et-Melvieu	159		

Le Rougier de Camarès 160

Camarès	160	Montlaur und das	
Abbaye de Sylvanès	161	Château de Montaigut	161
Belmont-sur-Rance	161		

Das Quercy 162

Zwischen Dordogne und Lot 163

Souillac	163	Castelnau-Bretenoux	176
Martel	169	Causse de Gramat	176
Carennac	170	Gramat	177
Saint-Céré	172	Rocamadour	180
Loubressac	174	Le Gouffre de Padirac	184
Autoire	175		

Im Land der Bouriane 185

Gourdon	185

Entlang des Célé-Tals 189

Figeac	189	Cabrerets	195
Espagnac-Sainte-Eulalie	194	La Grotte de Pech-Merle	196
Marcilhac-sur-Célé	195		

Im Lot-Tal 197

Cahors	197	Laroque-des-Arcs	205
Von Cahors nach Capdenac	205	Vers	206

Château des Anglais	206	Larnagol	208
Saint-Cirq-Lapopie	206	Cajarc	208
Bouziès	207	Château de Larroque-Toirac	210
Château de Cénevières	207	Saint-Pierre-Toirac	210
La Toulzanie	208	Capdenac	210

Burgenlandschaft im Reich des Cahors-Weines _____ 211

Douelle	211	Puy-L'Évêque	213
Mercuès	212	Duravel	214
Crayssac	212	Grèzels	214
Luzech	212	Bélaye	214
Albas	212	Festung Bonaguil	214

Quercy blanc (Weißer Quercy) _____ 215

Lauzerte	215	Flaugnac	216
Castelnau-Montratier	215	Montpezat-de-Quercy	216

Le Causse de Limogne _____ 217

Limogne-en-Quercy	218	Moissac	227
Prieuré de Laramière	219	Abbaye de Belleperche	230
Lalbenque	219	Auvillar	231
Montauban	220		

Toulouse, Albi und Umgebung _____ 232

Toulouse _____ 232

Das Toulouser Umland _____ 265

Nailloux	265	Lac Saint-Ferréol	269
Lavaur	265	Le Volvestre	271
Revel	268	Rieux-Volvestre	271
Saint-Felix-Lauragais	268	Saint-Julien	271
Saint-Julia-de-Gras-Capou	269	Montesquieu-Volvestre	272

Albi _____ 273

Das Umland von Albi _____ 281

Ambialet	281	Cordes-sur-Ciel	284
Carmaux	283	Castelnau-de-Montmiral	290
Monestiès	284	Puycelsi	290

Gaillac	292	La Montagne Noire	306
Graulhet	295	Sorèze	306
Lisle-sur-Tarn	296	Dourgne	307
Rabastens	297	Mazamet	307
Giroussens	298	Monts de Lacaune	309
Castres	299	Lacaune-les-Bains	310
Lautrec	203	Vallée du Gijou	311
Le Sidobre	304		

Die östliche Gascogne 312

Im Zentrum der östlichen Gascogne 314

Auch	315	Biran	321
Montaut-les-Créneaux	320	Jegun	322
Lavardens	320	Vic-Fezensac	323

Zwischen Auch und Val d'Adour 324

Barran	324	Marciac	325
L'Isle-de-Noé	324	Lupiac	328
Montesquiou	324	Termes-d'Armagnac	328
Bassoues	325	Nogaro	328

L'Armagnac 330

Condom	330	Larressingle	335
La Romieu	333	Fourcès	337
Valence-sur-Baïse und		Montréal-du-Gers	338
Abbaye de Flaran	334	Éauze	339

La Lomagne 340

Lectoure	340	Plieux	346
Beaumont-de-Lomagne	344	Lachapelle	346
Gramont	345	Saint-Clar	346
Flamarens	345	Fleurance	347
Saint-Mère	345		

Zwischen Auch und Toulouse 349

Solomiac	349	Gimont	350
Sarrant	349	Mauvezin	352
Cologne	350	Montfort	353

Zwischen Adour und Garonne _____ 353

Samatan	353	Simorre	354
Lombez	354	Mirande	355
Château de Caumont	354		

In den Weinbergen von Madiran, Viella und Saint-Mont ___ 357

Maubourguet	357	Madiran	358

Die Pyrenäen der Midi-Pyrénées _____ 360

La Bigorre _____ 361

Tarbes	361	Cirque de Gavarnie	376
Lourdes	366	Cirque de Troumouse	376
Argelès-Gazost	371	Bagnères-de-Bigorre	376
Cauterets und Pont d'Espagne	373	Vallée de Lesponne	379
Luz-Saint-Sauveur	374	Pic du Midi de Bigorre	379

Die Landschaft von Les Baronnies _____ 380

Les Comminges	382	Saint-Bertrand-de-Comminges	383
Saint-Gaudens	382	Grottes de Gargas	386

Les Couserans _____ 386

Saint-Girons	386	Vallée du Biros	390
Saint-Lizier	387	Vallée d'Ustou und	
Ausflüge in die Täler Vallée de		Vallée du Garbet	390
Bethmale und Vallée du Biros	389	Aulus-les-Bains	391
Vallée de Bethmale	389	Massat und étang de Lherz	392

Die ehemalige Grafschaft Foix _____ 392

Foix	392	Roquefixade	402
Rivière souterraine		Tarascon-sur-Ariège	403
de Labouiche	396	Grotte de Bedeilhac	404
La Bastide-de-Serou	396	Grotte de Niaux	405
Grotte du Mas-d'Azil	397	Grotte de la Vache	405
Pamiers	397	Grottes de Lombrives	405
Mirepoix	399	Sehenswertes entlang	
Katharerburgen in den		der Route de Corniche D 20	405
Midi-Pyrénées	402	Ax-les-Thermes	406
Montségur	402	Vallée d'Orlu	407

Kleiner Sprachführer _____ 408

Register _____ 416

Kartenverzeichnis

Midi-Pyrénées Übersicht	vordere Umschlagklappe
Rouergue	82/83
Rodez	127
Millau	147
Quercy	165
Figeac (Quercy)	191
Cahors	201
Montauban	222/223
Toulouse, Albi und Umgebung	234/235
Toulouse	242/243
Albi	277
Östliche Gascogne	315
Auch	317
Pyrenäen der Midi-Pyrénées	362/363
Tarbes	365
Foix	393

Zeichenerklärung für die Karten und Pläne

Landkarten

- Autobahn
- Fernstraße
- Hauptstraße
- Nebenstraße
- Schloss/Burg
- Naturattraktion
- Berggipfel
- Höhle

Stadtpläne

- Bebaute Fläche
- Grünanlage
- Friedhof
- Gewässerfläche
- allgemeine Sehenswürdigkeit
- Kirche
- Bushaltestelle
- Museum
- Information
- Post
- Museum
- Parkplatz
- Krankenhaus

Was haben Sie entdeckt? Haben Sie ein typisches Restaurant, eine nette Übernachtungsmöglichkeit oder eine herrliche Wanderung entdeckt? Wenn Sie Ergänzungen, Verbesserungen oder neue Tipps zum Buch haben, lassen Sie es uns bitte wissen!
Schreiben Sie an: Annette Meiser, Stichwort „Midi- Pyrénées" | c/o Michael Müller Verlag GmbH | Gerberei 19, D – 91054 Erlangen | annette.meiser@michael-mueller-verlag.de

Vielen Dank! Die Autorin dankt Serge Andrieux, Pierre Bessodes, Sybille Lépinat, Yvonne Miquet-Grivet, Office de Tourisme de Luz-Saint-Sauveur, Office de Tourisme de Pamiers und Office de Tourisme de Saint-Girons et du Couserans, Irene und Ulrich Schäfer, Jutta und Axel Seibert, Dr. Gerhard Süselbeck und Colette Terrasse.

 Mit dem grünen Blatt haben unsere Autoren Betriebe hervorgehoben, die sich bemühen, regionalen und nachhaltig erzeugten Produkten den Vorzug zu geben.

Schweißtreibender Aufstieg zum Allerheiligsten

Wohin in den Midi-Pyrénées?

① Rouergue → S. 80

Die ehemalige Provinz ist nicht nur wegen ihres Roquefort-Käses und der weltweit höchsten Schrägseilbrücke bei Millau berühmt. Die menschenleeren, spektakulären über 1000 m hohen Plateaus des Aubrac und der Grands Causses mit ihren Schluchten u. a. des Tarn, der Jonte und der Dourbie bieten abwechslungsreiche Aktivitäten zu Land, Wasser und in der Luft. Dolmen (weit mehr als in der Bretagne) und die sagenhaften Menhir-Statuen im Süden des Departements gehören ebenso in diese einzigartige Landschaft wie die mittelalterlichen Bastiden und die mit Taubentürmchen verzierten Bauernhäuser.

② Quercy → S. 162

Wer die Einsamkeit der Causses mit ihren endlosen Flaumeichenwäldern, wilden Orchideen und schrillem Zikadengezirpe liebt, ist hier gut aufgehoben. Diese Landschaft liegt zum großen Teil im Departement Lot und besitzt zahllose Tropfsteinhöhlen, kilometerlange Trockenmauern, Dolmen, Menhire und die überall präsenten freistehenden Taubentürme. Große Anziehungspunkte sind alljährlich – und nicht nur zur Ferienzeit – das weltberühmte Karstloch Gouffre de Padirac sowie der bekannte Pilgerort Rocamadour. Wer Safran, Trüffel und Lamm liebt, fühlt sich hier sicher auch aus kulinarischer Sicht wohl.

④ Östliche Gascogne → S. 312

Das hügelige Departement Gers bildet die östliche Gascogne. Es wird von den Franzosen als Pays de Cocagne, zu Deutsch Schlaraffenland, bezeichnet. Vegetarier haben es hier schwer, denn es ist das Land der Enten- und Gänsestopfleber und des Armagnac. Aber auch Kultur kommt in diesem grünen, lieblichen Landstrich, in dem der berühmte Gascogner D'Artagnan und seine drei Musketiere zu Hause waren, nicht zu kurz. Das landwirtschaftlich geprägte Departement zieren gelbe Sonnenblumenfelder (im Sommer) und viele kleine mittelalterliche Wehrdörfer und Burgen.

③ **Toulouse, Albi und Umgebung** → S. 232

In den aus roten Ziegelsteinen erbauten Universitätsstädten Toulouse und Albi konzentrieren sich Geschichte und Kunst der Region. Die Altstadt von Toulouse glänzt mit der Basilika Saint-Sernin und der Kirche Les Jacobins, technisch Interessierte informieren sich in der Cité de l'Espace über die Geschichte der Luft- und Raumfahrt oder über den Zusammenbau des Airbus in Blagnac. Der Bischofspalast und die Kathedrale in der quirligen Präfekturstadt Albi (UNESCO-Weltkulturerbe) demonstrieren heute noch die unglaubliche Macht der Bischöfe zur Zeit der Katharer. Dem hier geborenen Maler Henri Toulouse-Lautrec ist ein hervorragendes Museum gewidmet.

⑤ **Pyrenäen der Midi-Pyrénées** → S. 360

Die Pyrenäen mit ihrer leicht zugänglichen, grandiosen Bergwelt der Dreitausender sind ein interessantes Wandergebiet. Sie bilden die südliche Grenze der Region Midi-Pyrénées. Ein besonderes Erlebnis ist die Seilbahnfahrt zu der berühmten Sternwarte auf dem 2800 m hohen Pic du Midi de Bigorre. Im sonnig-warmen Pyrenäenvorland lässt es sich in den Thermalbädern von Bagnères-de-Bigorre oder Luz-Saint-Sauveur gut kuren. Zahllose weltberühmte Höhlen, wie beispielsweise die von Niaux, bergen manch unterirdische Sensation.

Midi-Pyrénées: Die Vorschau

Landschaft

Drei Dinge fallen dem Urlauber in der Region sofort angenehm auf: menschenleere, unverbaute Natur mit allgegenwärtigem freiem Blick bis an den Horizont, verkehrsarme Haupt- und Nebenstraßen, sowie die offene, gastfreundliche Art der Einheimischen.

Im Norden und Nordosten erwarten den Besucher die steppenähnlichen Hochflächen des Aubrac, ein Bereich, der noch zum Südwestzipfel des Zentralmassivs gehört. Pilger auf dem Weg nach Santiago de Compostela marschieren auf dem *Jakobsweg GR 65* mitten durch dieses windumtoste und sehr einsame Gebiet, dessen Weideflächen im Juni ein weißes Meer von blühenden Narzissen bilden. Tiefe, bewaldete Schluchten wie die der Truyère und mehrere Stauseen machen den Norden zu einem abwechslungsreichen Wandergebiet.

Die Grenze im Osten bilden die spektakulären Kalkhochplateaus der *Grands Causses* mit ihren atemberaubenden Wildwasserschluchten von Tarn, Jonte und Dourbie sowie zahllose Tropfsteinhöhlen.

Die Garonne und ihre Nebenflüsse durchziehen das landwirtschaftlich geprägte Zentrum der Region. Im hügeligen Westen, an der Grenze zum flachen Aquitanien, befindet man sich im Land endloser Sonnenblumenfelder und der berühmten „Südwest-Weine" wie *Madiran* und *Cahors*.

Am südlichen Rand des Gebietes erhebt sich die Pyrenäenkette mit ihren sonnenreichen Tälern. Dreitausender, grandiose Nationalparks an der spanischen Grenze sowie prähistorische Höhlen mit fantastischen Höhlenmalereien ergänzen das abwechslungsreiche Bild der Midi-Pyrénées.

Tourismus

Noch sind die Midi-Pyrénées nicht überlaufen, doch die Besucherzahl steigt jährlich. Kein Wunder, in der

„Ein weißes Meer von blühenden Narzissen"

größten Region Frankreichs findet der Urlauber eine nicht zu übertreffende Auswahl an potentiellen Urlaubsaktivitäten. Vom Gleitschirmfliegen über den Kalkhochflächen der Causses und den Pyrenäentälern, Wildwasserfahrten in den Schluchten von Tarn, Dourbie oder Jonte bis zum Bungee-Jumping von schwindelerregenden Viadukten ist alles möglich.

Für den gemütlichen Familienurlaub bieten sich nicht nur die Seenplatten an, sondern auch Fahrradtouren und Wanderungen über einsame Hochflächen oder quer durch Flaumeichenwälder, in denen das schrille Gezirpe der Zikaden die warme Luft erfüllt.

Wer mehr auf Kunst und Kultur steht, wandert auf den Spuren der wechselvollen Vergangenheit der Midi-Pyrénées: Höhlenmalereien im Pyrenäenvorland, Dolmen, Menhire und Menhir-Statuen im Quercy und Rouergue, Burgruinen und Abteien bis zum Abwinken in allen Departements.

Nicht zu vergessen die Luft- und Raumfahrtstadt Toulouse, die aus technischer, kunstgeschichtlicher wie auch aus kultureller Sicht ein absolutes Highlight darstellt.

Die bunten Wochenmärkte mit ihren Spezialitäten sind immer wieder ein ganz besonderes Erlebnis. Zusammenfassend kann man sagen: In ganz Frankreich gibt es, außer Atlantik und Mittelmeer, nichts, was der Superlativ Midi-Pyrénées nicht auch im Urlaubsangebot hat.

Küche

Die Region ist eine Feinschmecker-Ecke, nach der sich ganz Frankreich die Finger leckt. Trüffel, Ente und Entenstopfleber in jeglicher Form, luftgetrocknete Würste und Schinken, Roquefortkäse, Lamm aus dem Quercy oder Steinpilze sind nur einige Produkte auf der reichen Speisekarte der Midi-Pyrénées.

Midi-Pyrénées: Die Vorschau

Generell ist die Küche des Südwestens sehr deftig, mit viel Fleisch und Schmalz. Es ist immer noch die Küche der schwer arbeitenden Landbevölkerung von anno dazumal, die viele Kalorien benötigte, um über den Tag zu kommen. Man denke nur an die regionalen Gerichte wie *cassoulet* (Toulouser Bohneneintopf), *aligot* (Kartoffelbrei mit viel Sahne und viel fettem, sehr jungem Hartkäse) und *garbure* (Kohlsuppe) – drei Varianten von Eintopfgerichten, die zwar sehr lecker aber alles andere als leicht verdaulich sind.

Die Gerichte in den Midi-Pyrénées haben nichts gemein mit der benachbarten mediterranen Küche, welche viel Gemüse, Oliven und Fisch in ihren Kochtöpfen verwendet.

Und was den guten „Wein-Tropfen" im Südwesten betrifft: Es gibt ihn in großer Vielfalt – rot, weiß, herb, trocken und lieblich. Und nicht vergessen sollte man den *Armagnac* aus dem Gers, ein Branntwein, der nach einem reichhaltigen Mahl zu einer angenehmen Verdauung beiträgt.

Kunst und Architektur

Die Kunstschätze dieser Gegend reichen bis in die Ur- und Frühgeschichte zurück, und es gibt kaum einen Ort, der nicht ein kleines Heimat- oder Kunstmuseum besitzt. Bekannte Maler wie Toulouse-Lautrec, Ingres oder Marcel Lenoir waren hier zuhause, die ihnen gewidmeten Museen stehen in Albi, Montauban und Montricoux.

Zahllose Ortschaften wurden als Bastiden gebaut, jene schachbrettförmig angelegten „mittelalterlichen Neubaugebiete". Burgen und was davon noch aus der Zeit der Toulouser Grafen und des Hundertjährigen Krieges übrig geblieben ist, grüßen von schwindelerregenden Felsenspornen.

Überall überraschen imposante Wehrkirchen, romanische Kirchlein und auch

„Zuhause von Toulouse-Lautrec, Ingres und Lenoir"

so manche seltene präromanische Kapelle den Besucher.

Häufig anzutreffen sind jene Hallenkirchen in dem für den Südwesten typischen Stil der **meridionalen Gotik**, in denen Kirchenschiff und Chor eine Einheit bilden.

Zahlreiche Abteien sind weit über Frankreichs Grenzen hinaus bekannt, darunter wahre architektonische Kleinode wie Moissac, Flaran oder Sylvanès. Taubentürmchen stehen verstreut in der Landschaft, eines netter als das andere: auf Stelzen, rund, viereckig, mit Flachdach oder Satteldach, freistehend oder bei Bauernhäusern als aufgesetzte Türmchen. Auch sie erzählen uns eine ganz besondere Geschichte, man muss sie nur aufmerksam betrachten …

Aktivitäten für Jung und Alt

Langweilig wird es dem Urlauber in den Midi-Pyrénées sicher nicht, egal wo er sich gerade aufhält. Gute Campingplätze (ab drei Sterne) bieten in der Hauptsaison spezielle Tages- oder Halbtagesprogramme für Kinder und Jugendliche an, fehlende Sprachkenntnisse sind dabei meist kein Problem. Rafting und Canyoning sind für Aktivurlauber in den Pyrenäen die Zauberworte, vor allem wenn es um das kühle Nass geht. Hochseilgärten, Bungeejumping-Angebote, Kletterwände, Gleitschirm- und Ballonflüge sind am Fuße der Bergwelt eine Selbstverständlichkeit. Das Pyrenäenvorland, die Grands Causses und das Aubrac sind ideale Wander- und Radfahrgebiete. Und wenn man nur am Strand liegen, Boot fahren und die lieben Kleinen beaufsichtigen möchte? Dann ist man an der Seenplatte der Monts de Lévézou im Rouergue oder an irgendeinem der vielen Flüsse gut aufgehoben. Unvergesslich bleiben wird auch ein Besuch in der Insektenstadt Micropolis in Saint-Léons.

Der Pont Neuf ist die älteste Brücke von Toulouse

Hintergründe & Infos

Anreise	→ S. 20	Fortbewegungsmöglichkeiten in der Region	→ S. 51
Landschaft und Geographie	→ S. 26	Übernachten	→ S. 54
Wirtschaft und Bevölkerung	→ S. 32	Essen und Trinken	→ S. 60
Geschichte	→ S. 38	Wissenswertes von A bis Z	→ S. 68

Blick von Peyre auf die höchste Schrägseilbrücke der Welt

Anreise

Mit dem eigenen Fahrzeug

In die Midi-Pyrénées reist man am besten mit dem eigenen Fahrzeug. Die Anfahrt mit Auto oder Motorrad aus Süddeutschland und der Schweiz bis in den Nordosten der Region ist an einem Tag zu schaffen. Österreicher und Norddeutsche müssen noch einen Tag länger am Steuer sitzen. Die Routenplaner *www.viamichelin.fr* oder *www.mappy.de* zeigen die kürzesten, schnellsten und touristisch interessantesten Varianten der Anreise.

Allgemeine Hinweise für Autofahrer in Frankreich

Seit 2008 sind in Frankreich die gelbe **Sicherheitsweste** und ein Warndreieck im Auto Pflicht, sollte eines der beiden Dinge fehlen, werden 135 € fällig. Seit 2012 müssen Autofahrer auch einen **Alkoholtest,** den sogenannten Alkomaten im Auto deponiert haben. Die Blasröhrchen sind an Tankstellen und Apotheken und in Supermärkten für rund 1,50 € zu bekommen. Und was die Raserei angeht, greifen die Franzosen inzwischen sehr hart durch. Außer den stationären Radarstellen, deren Hinweisschilder seit 2011 übrigens nach und nach abgebaut werden, sind das ganze Jahr über viele mobile Einsatzkräfte mit ihren Messgeräten unterwegs.

Auslandsschutzbrief: Im Unglücksfall oder bei einer Panne ist man mit diesem Papier, das ein Jahr lang gültig ist, im Ausland gut dran. Es berechtigt zur Rückerstattung diverser Kosten wie für Mietwagen, Hotelübernachtungen und Ersatzteilversand. Außerdem wird bei Geldverlust ein Kredit gewährt und im Allgemeinen werden auch die Kosten für einen Rechtsbeistand übernommen. Man bekommt den Schutzbrief als Mitglied bei Automobilclubs und Kfz Versicherungen.

Autobahn-Mautstellen (frz. *péages*): Frankreichs Autobahnen sind kostenpflichtig, eine Ausnahme bildet da die staatliche A 75 (*La Méridienne*) Clermont-Ferrand – Montpellier. Der Nachteil: Im Winter wird sie nicht so gut unterhalten wie die privaten Autobahnen und bei anhaltendem Schneefall streckenweise auch kurzerhand mal gesperrt.

Man zieht an der Autobahnauffahrt meist ein Ticket, das dann an der Ausfahrt bezahlt wird.

Wer sich zum ersten Mal den Autobahn-Zahlstellen nähert, ist oft unsicher, wo er sich einordnen soll. Als „Touri" sollte man sich auf die Einfahrten konzentrieren, über denen ein nach unten zeigender grüner Pfeil leuchtet.

Zahlstellen mit ausschließlich einem gelben „t" sind tabu, außer man besitzt wie die meisten Pendler oder Gschäftsleute ein „télé-abonnement", bei dem die Rechnung am Monatsende ins Haus flattert.

An Durchfahrten, die nur mit dem „CB"-Zeichen (**C**arte **B**ancaire) markiert sind, muss mit Kreditkarte an einem Automaten bezahlt werden. Sollte es irgendwelche Probleme geben, einfach den roten Knopf drücken und warten, es kommt ganz bestimmt Hilfe, denn alles wird per Video überwacht.

Ist die Kabine an der Zahlstelle besetzt, können auch Kleinstbeträge sowohl mit Bargeld als auch mit Kreditkarte (Visa, Eurocard) bezahlt werden.

Pannenhilfe: AIT-Assistance, ✆ 0800 08 92 22.

Promillegrenze: 0,5 Promille, wer mit mehr Alkohol im Blut erwischt wird, riskiert hohe Geldstrafen.

Tankstellen: An Frankreichs Zapfsäulen gibt es Super 98 bleifrei (*sans plomb*), bleifreies Normalbenzin E10/95 (*sans plomb*) und Diesel (*gasoil oder gazole*). Am billigsten tankt man an den Zapfsäulen von Supermärkten, die allerdings nicht immer einen Service (Wasser/Luft) bieten. Auch hier gilt: Nicht alle deutschen Kreditkarten werden akzeptiert.

Wer Gas tankt, sollte sich vorab schon zuhause unter *www.gas-tankstellen.de* schlau machen.

Auf dem Land haben die Tankstellen (auch die an den Supermärkten) in der Regel zwischen 12 und 15 Uhr geschlossen.

Tempolimit: Die Höchstgeschwindigkeit auf Autobahnen beträgt 130 km/h, auf Nationalstraßen mit jeweils zwei Spuren pro Fahrtrichtung 110 km/h, sonst 90 km/h, und auf Landstraßen darf man grundsätzlich höchstens 90 km/h fahren.

Viele Wege führen in den Südwesten

Drei französische Autobahnen führen ab Paris in den mittleren Süden.

Autoroute du Soleil (A 6 / A 7)

Die A 6 /A 7 ist die älteste und durch ihre direkte Strecke **Paris, Beaune, Lyon, Avignon** die bekannteste, aber wegen ihrer Staus in der Ferienzeit auch die berüchtigtste.

La Méridienne (A 71 / A 75)

Die zweite der Nord-Süd-Trassen führt von **Orléans** über **Clermont-Ferrand, Rodez, Millau, nach Montpellier**. Die **A 71** wird bei Clermont-Ferrand zur **A 75** (*la Méridienne*). Ab da ist sie kostenlos. Sie überquert über eine Länge von 50 Kilometern zwischen 1.000 und 1.200 Höhenmeter das Aubrac und darf sich somit „höchste Autobahn Europas" nennen. Bei Millau kommt man zudem in den Genuss, über die höchste Schrägseilbrücke der Welt (kostenpflichtig) zu düsen, während die kargen Weiten der *Grands Causses* rechts und links der Autobahntrasse grüßen. Sie ist sicher ab Clermont-Ferrand die abwechslungsreichste Strecke, die in den östlichen Bereich der Midi-Pyrénées führt.

Tipps: Eine der schönsten Raststätten auf der *Méridienne* ist der nördlich von Clermont-Ferrand gelegene Rastplatz **Aire des Volcans**. Man erkennt ihn schon von weitem an der spektakulären Brücke, die sich wie ein halbes Speichenrad über die Autobahn spannt. Bei klarer Sicht hat man von der Aussichtsplattform beim Rastplatz einen grandiosen Panoramablick auf die *Puys de l'Auvergne* und ganz besonders auf den *Puy de Dôme*.

An der **Raststätte Aire de Lozère** gibt es eine große Auswahl an Büchern und Wanderkarten über die Auvergne und das Departement Lozère sowie den Michelin-Führer über die A 75 (s. u.).

Abstecher in das Aubrac: Die Ausfahrt 35 Richtung Espalion führt über die einsamen Weiten des Aubrac und durch die Pilgerorte *Aubrac* und *Espalion* am Fluss Lot nach Rodez. Man muss etwa eine Stunde mehr Fahrzeit einrechnen, als wenn man über die A 75 direkt nach Rodez (Ausfahrt 42) fahren würde.

Hinweis: Speziell für die zahlreichen Sehenswürdigkeiten rechts und links der Panorama-Autobahn *La Méridienne* A 75 gibt es den interessanten französischen Reiseführer mit dem Titel *Guide Michelin „A 75 La Méridienne"*.

L'Occitane (A 20)

Die dritte Nord-Süd-Verbindung führt von **Paris** über **Orléans** (**A 10**, *l'Aquitaine*, dann die **A 71** bis kurz vor Bourges) nach **Limoges, Brive-La-Gaillarde, Cahors, Montauban** und **Toulouse** in den zentralen Bereich der Midi-Pyrénées. Die A 20 beginnt nördlich von Bourges und führt durch die Auvergne, vorbei an den fotogenen Vulkankegeln, darunter auch der *Puy de Dôme*, *Mont Dore* und wie sie alle heißen. Zwischen Cahors und Montauban fährt man dann durch die Causses des Quercy.

Anreise aus Deutschland

Für die aus dem Norden Deutschlands Kommenden bietet sich der Grenzübergang **Aachen** an. Anschließend durchquert man Belgien. Kurz hinter der französischen Grenze muss man sich dann entscheiden: Wer über Paris fahren möchte, um auf die A 6 zu kommen, fährt auf die A 1 (*autoroute du Nord*). Soll der Großraum Paris jedoch gemieden werden, bietet es sich an, die **A 26** Reims – Troyes – Dijon – Beaune zu nehmen, um bei Beaune auf die A 6 zu stoßen.

Für Süddeutsche führen die gängigsten Grenzübergänge über **Saarbrücken** (Metz – Nancy – Dijon), **Strasbourg** (Colmar – Mulhouse – Beaune) und **Neuenburg** zwischen Freiburg und Basel (Mulhouse – Beaune) letztendlich auf die A 6.

Von der A 6 auf die A 71:

Ist man erstmal auf der A 6, gibt es zwei Möglichkeiten. Will man **nicht** über **Lyon** fahren, sollte man die A 6 bei der Ausfahrt 26 (*Châlons-s-Saône Sud*) verlassen und über die gut ausgebaute **Nationalstraße N 70 / N 79** über *Montceau-les-Mines* nach Westen fahren. Sie führt südlich an Moulins vorbei und stößt nördlich von Clermont-Ferrand bei *Montmarault* auf die **A 71**.

Übrigens, die zahlreichen Laster auf der N 70/79 fahren alle die zulässige Höchstgeschwindigkeit, man braucht sich also keinem Überholstress aussetzen, außer man möchte deftige Strafzettel sammeln.

Hinweis: Auf diesem rund 180 Kilometer langen Querriegel gibt es nur eine einzige Tankstelle (bei Montceau-les-Mines), Rastplätze und Toiletten sind ebenfalls Fehlanzeige. Man sollte vor Verlassen der A 6 oder A 71 rechtzeitig für alle Eventualitäten Vorsorge treffen.

Von der A 6 auf die A 71 / A 75 über Lyon

Ab Lyon hat man wieder die Qual der Wahl:

Lyon – Saint-Etienne – Clermont-Ferrand: Lyon wird auf dem östlichen Ring umfahren, die A 47 führt nach Clermont-Ferrand, und wenn nirgends ein Stau ist, kommt man auch zügig voran.

Lyon – Saint-Etienne – Le Puy-en-Velay – Mende – A 75: Man verlässt bei Saint-Etienne die Autobahn und fährt auf der gut ausgebauten N 88 zum interessanten Wallfahrtsort **Le Puy-en-Velay** am Pilgerweg GR 65. Die Straße führt durch die einsamste Gegend Frankreichs, das Departement Lozère. Zwischen Le Puy und Mende wird die Straße sehr kurvenreich, schließlich stößt man nördlich von Sévérac-le-Château auf die A 75 Clermont-Ferrand – Montpellier.

Anreise über die Schweiz und Lyon

Süddeutsche und Schweizer haben auch die Möglichkeit, über **Basel, Bern, Lausanne, Genf, Lyon** anzufahren. Diese Strecke ist sicher abwechslungsreicher, als über

die A 36 (Mulhouse-Beaune) und die A 6. Aber man muss eine Schweizer Vignette für rund 27 € erstehen.

Mitfahrzentralen

Mitfahrgelegenheiten bieten eine billige Alternative zum eigenen Auto, sie eignen sich für einen Trip in die Midi-Pyrénées jedoch nur, wenn man ein bestimmtes Städteziel wie Toulouse hat. Der öffentliche Nahverkehr in der Region ist nicht gut genug ausgebaut, um mit Bus und Bahn überall bequem hinzukommen.

Deutsche Mitfahrzentrale **Citynetz**: ℡ 0180 51919444, www.citynetz-mitfahrzentrale.de.

Französische Mitfahrzentrale **Allostop**: 30, rue Pierre Sémard, 75009 Paris, ℡ 0153204242, www.allostop.net.

Mit dem Zug

Die Züge fahren nicht bis in die hintersten Ecken der Region, d. h. man muss, abgesehen von den wenigen größeren Ortschaften, auf Busse umsteigen. Mit dem Zug in den Südwesten zu reisen bedeutet viel Zeit und Geduld investieren zu müssen, denn die Schienenwege führen über Paris und/oder Bordeaux in die wenigen Städte. Es gibt nur zwei TGV-Linien für die Region: Paris-Toulouse in 5 Stunden mit täglich fünf Verbindungen sowie Paris-Tarbes in 5 Stunden 30 Minuten mit täglich vier Verbindungen.

Wer aus Süddeutschland per Bahn anreist, landet in Paris am *gare de l'Est*, der aus Norddeutschland Anreisende am *gare du Nord*. Dann heißt es erst einmal den Bahnhof wechseln, was aber dank Metro nicht schwierig ist. Vom *gare d'Austerlitz* oder dem *gare Montparnasse* geht es dann weiter nach Limoges und in Richtung Zentralmassiv, Cahors oder Toulouse.

Zugverbindungen ab Paris in die Midi-Pyrénées

Gare Montparnasse: Poitiers – Bordeaux (gare Saint-Jean) und Toulouse (gare Matabiau); Tarbes – Hendaye – Irun (Spanien).

Gare d'Austerlitz: Limoges – Cahors – Toulouse (gare Matabiau) sowie Toulouse – Albi und Tarbes via Lourdes.

Wer mit der schnellsten und billigsten Variante der Deutschen Bahn und der französischen SNCF in den Südwesten reisen möchte, kommt um ein – meist längeres – Informationsgespräch bei der DB nicht herum. Im Internet kann man sich ja schon mal unter *www.bahn.de* im Vorfeld schlau machen, die französische Bahn findet man unter *www.sncf.fr*. Es sei aber vorab schon gewarnt: Den Billigtarif muss man sich regelrecht verdienen!

Information der französischen Eisenbahnen SNCF

in Deutschland: www.tgv-europe.de

in Frankreich: www.voyages-sncf.com/oder www.sncf.fr.

Direktleitung für Information/Reservierung/Fahrkartenverkauf unter ℡ 0892/353535 (0,34 €/Min.).

Autoreisezug: Inzwischen gibt es keinen direkten Autoreisezug mehr in den Südwesten. Man hat zwei Möglichkeiten: entweder den Autoreisezug bis Avignon nehmen und dann mit dem Auto durch die wunderschönen Cevennen in die Midi-Pyrénées fahren oder im Zug bis Narbonne sitzen bleiben und dann mit seinem

Auto über Carcassonne Richtung Toulouse (Autobahn) fahren. Beide Strecken bieten viele schöne Sehenswürdigkeiten. Für alle, die aus Nord- und Mitteldeutschland kommen und nicht zwei oder drei Tage hinterm Steuer sitzen möchten, ist es auf jeden Fall eine – leider nicht ganz billige – Alternative. Es gibt in Deutschland Verladestationen in Berlin, Düsseldorf, Hamburg, Hildesheim, Lörrach, München und Neu-Isenburg.

Mehr Informationen dazu unter ✆ 0180/57241224, in jedem größeren Bahnhof oder unter www.dbautozug.de.

Fahrradtransport: Wer sein Rad als Gepäck mit sich führen möchte, muss es verpacken. Ohne Verpackung kein Transport, weder in deutschen IC- oder EC-Zügen noch in französischen Zügen oder in der Metro. Das ist an sich kein Problem, denn es gibt im Handel praktische Radtaschen (80 x 110 x 40 cm). In Deutschland sind für den Radtransport eine Stellplatzreservierung sowie eine Fahrkarte erforderlich. Manche Züge führen sogar einen speziellen Wagen mit, der durch ein besonderes Piktogramm gekennzeichnet ist und in dem die Räder aufgehängt werden. In Frankreich ist der Radtransport kostenlos, sofern der Wagen dieses Piktogramm trägt. Die TGVs haben zum Teil ebenfalls eine Hänge-Vorrichtung für die Räder, doch meist ist die Anzahl der Hängehaken auf vier (!) pro Zug limitiert und außerdem kostet es 10 € pro Rad. Unkomplizierter und billiger reist man sowohl in Deutschland als auch in Frankreich mit seinem Rad in der Radtasche als „Handgepäck".

Auskünfte: **Allgemeiner Deutscher Fahrrad-Club e.V. (ADFC)**. Hauptstelle: Grünenstr. 120, 282199 Bremen, ✆ 0421/3462950, www.adfc.de; **DB-Radfahrer Hotline** ✆ 01805/151415; **SNCF** Frankreich ✆ 0033/892353536.

Mit dem Flugzeug

Der Luftverkehr zwischen Deutschland und Frankreich wird vor allem von Air France und Lufthansa abgewickelt. Mit Air France erreicht man über Paris und Lyon alle Regionen Frankreichs. Information: www.lufthansa.de, www.air.france.de.

Folgende Fluggesellschaften bedienen den Flughafen Toulouse-Blagnac: OLT ab Bremen, www.olt.de; Lufthansa ab Frankfurt, München und Düsseldorf, www.lufthansa.com; Germanwings ab Hamburg, www.germanwings.com; Air France ab Genf, www.airfrance.com; Easy-Jet ab Basel-Mulhouse-Freiburg, www.easyjet.com.

Direktflüge von München nach Toulouse mit Lufthansa sind bei rechtzeitiger Buchung schon ab 88 €, Frankfurt – Toulouse ab 167 €, Basel – Toulouse mit EasyJet schon für 21 € zu bekommen. Fliegt man über Paris, Straßburg oder Lyon, erreicht man auch andere Flughäfen wie z. B. Rodez oder Tarbes-Lourdes.

Leider ist die Preispolitik der Fluggesellschaften sehr unübersichtlich. Man ködert die Kunden mit verlockenden Angeboten, wie bei Fly & Drive, Flieg & Spartarif, Superflieg & Spartarif, Miles & More, Standby und wie sie alle heißen.

Billigflüge: Die Preisentwicklung der Billigflieger ist nicht abzusehen. Ebenso wenig überschaubar sind ihre angeflogenen Zielflughäfen, denn sie wechseln ständig. Es gibt nur eine Möglichkeit, den Überblick zu bewahren, indem man sich regelmäßig im Internet informiert. Einschlägige Adressen sind zum Beispiel: www.flug24.de, www.skyscanner.de, www.ryanair.com oder www.easyjet.com.

Pauschalflüge: Angebote gibt es in jedem Reisebüro. Bei diesen Flügen kann man gleich eine Ferienwohnung und/oder das Mietauto mitbuchen.

Saint-Lizier: Grandiose Aussicht von der Terrasse des Bischofspalastes

Landschaft und Geographie

Die Region Midi-Pyrénées ist eine Neuschöpfung aus Teilen historischer Provinzen. Mit über 45.300 Quadratkilometern ist sie flächenmäßig die größte Region Frankreichs und besitzt ein äußerst vielfältiges Landschaftsbild. Gleichgültig, wo man sich aufhält: Der allgegenwärtige 360°-Panoramablick vermittelt einen Eindruck von der Weite und Größe der Region.

Vor der Französischen Revolution gehörte der nördliche Bereich zur historischen Provinz **Guyenne** (heutiges Aquitanien), der Südwesten zur Gascogne, der südöstliche Bereich einschließlich der Stadt Toulouse großteils zum Languedoc, und der südöstliche Zipfel bildete einst die Grafschaft Foix.

Die abwechslungsreiche Topographie lässt sich ganz grob in drei Gebiete aufteilen: Zum Norden gehört das Mittelgebirge des Zentralmassivs, im Süden bilden die Pyrenäen mit einigen Dreitausendern die Grenze zu Spanien und Andorra. Zwischen den beiden Gebirgen, die etwa die Hälfte der Gesamtfläche ausmachen, dehnt sich im Osten das Aquitanische Becken aus, gekennzeichnet durch eine hügelige Landschaft aus vorrangig kalkhaltigem Gestein. Die **Garonne** als größter Fluss der Region bildet mit ihren wichtigsten Zuflüssen Gers, Ariège, Lot, Save und Tarn eine breite Ebene.

Acht Departements bilden die Region Midi-Pyrénées und alle – mit Ausnahme der Hautes-Pyrénées – wurden nach ihrem Fluss benannt. Die Zahl in Klammern steht für die Departementzahl. Lot (46), Aveyron (12), Tarn (81), Tarn-et-Garonne (82), Haute-Garonne (31), Ariège (09), Hautes-Pyrénées (65) und Gers (32).

Klima und Reisezeit

Die Midi-Pyrénées besitzen ein sehr kontrastreiches Klima mit großen regionalen Unterschieden, was auf die besondere Lage zwischen Atlantik, Mittelmeer, Pyrenäen und Zentralmassiv zurückzuführen ist. Durchschnittlich 2.000 Sonnenstunden im Jahr machen diese Region zu einer der sonnenreichsten Gegenden Frankreichs (im Vergleich: in Deutschlands sonnenreichster Gegend liegt der Wert bei 1.550). Die 25 °C-Grenze wird in den meisten Departements an 60 bis 80 Tagen im Jahr überschritten, sodass sich dieser Landstrich in Hinblick auf die Temperatur durchaus mit der Mittelmeerküste oder dem Rhone-Tal vergleichen lässt.

Die Reisezeit kann aufgrund des zeitigen Frühjahrs, das in manchen Gegenden schon sommerliche Temperaturen mit sich bringt, bereits Mitte März beginnen. Je nach Höhenlage liegen die Durchschnittstemperaturen von Anfang April bis Ende Juni zwischen 16 und 24 °C. Doch ist das Frühjahr auch die Zeit der regelmäßigen Regenfälle, die jedoch selten lange an einem Stück anhalten.

Während im Norden, bedingt durch die Höhenlagen des Aubrac und das nahe gelegene Cantal, ein raues Klima herrscht, ist es in den Flusstälern und in der Ebene um Toulouse oder Albi sehr mild. Wenn auf den Pyrenäenpässen und im Aubrac sehr zur Freude der Skifahrer noch Schnee liegt, hat im Flachland meist schon der Frühsommer Einzug gehalten. Die Winter sind temperiert, auch in nördlichen Bereichen kann man problemlos die Wintermonate über draußen an einer windgeschützten Stelle in der Sonne seinen Pastis trinken. Winterdepressionen wegen mangelnden Lichts sind in diesem Landstrich nicht bekannt, die Sonne heizt auch im Dezember und Januar kräftig ein, egal wie niedrig die Außentemperaturen sind! Die Sommer sind in der Regel heiß, aber aufgrund des häufig wehenden Windes erträglich, und nachts kühlt es meistens angenehm ab. Schwüle Hitze herrscht nur in den Flusstälern wie z. B. dem der Garonne, des Lot oder des Tarn. Die beste Zeit für ausgedehnte Wanderungen sind sicher die Monate September bis Mitte November. Überhaupt entspricht im Südwesten der November eher dem goldenen Oktober im deutschsprachigen Raum, dann herrschen tagsüber angenehme Temperaturen.

Welche Reisezeit man bevorzugt, ist sicher auch davon abhängig, ob man sich für Festivals und kulturelle Aktivitäten im Sommer interessiert oder eher den an keine feste Jahreszeit gebundenen Aufenthalt in der Natur vorzieht. In der Hauptferienzeit Juli bis August schiebt sich die internationale Menschenmasse durch manch touristische Hochburg. Aber keine Angst, es hat in den Midi-Pyrénées, von ganz wenigen Ausnahmen abgesehen, noch keine Ausmaße wie an der Küste angenommen. Bis Juni und ab September geht es überall sehr ruhig zu und wer möchte, kann ungestört die einsame Natur genießen.

Eine klimatische Geisel besitzt die Region jedoch: Allen Gebieten gemeinsam sind zwei vorherrschende und namentlich bekannte Winde, die, je nach Intensität, für Mensch und Tier sehr ungemütlich werden können: der *vent tramontane* und der *vent d'autan*. Keinen von beiden sollte man unterschätzen, vor allem nicht als Camper oder als Wohnwagenfahrer. Nicht nur Lastwagen werden ab und zu vom *Tramontane* umgeworfen, 1995 hat es sogar einen Güterzug erwischt. Zwischen

Toulouse und Castres erreicht er schon mal 140 km/h! Das Gute daran: Der Himmel ist oft blank gefegt und Regenwetter hält selten lange vor.

Der Südwesten und seine Winde

Aus irgendeiner Himmelsrichtung bläst es meistens. Lästig daran: Zeitung lesen im Freien wird zum Kunststück. Das Positive: Die heiße Sommerzeit lässt sich aufs angenehmste aushalten. Nur selten gibt es Tage, an denen es wirklich windstill ist, ansonsten pfeift es entweder aus Nordwest oder aus Südost. Beim **vent tramontane** handelt es sich um kalte, trockene und heftige Stürme aus dem Nordwesten. Wer schon Urlaub in der Provence gemacht hat, kennt das Gefühl vom dortigen *Mistral*. Eigentlich ganzjährig, aber vorrangig im Frühjahr und im Herbst fegt der *Tramontane* in Böen über die Toulouser Ebene. Der Name leitet sich vom italienischen *transmontana* („Polarstern", wörtlich: der Stern „jenseits der Berge", also der Alpen im Norden) ab; *vent transmontana* bedeutet somit „Nordwind". Nach drei Tagen warten die Einheimischen gespannt: Eine Regel besagt, dass der *Tramontane* entweder drei, sechs oder neun Tage lang weht. Die meteorologischen Voraussetzungen für die Entstehung von *Tramontane* im Südwesten und dem *Mistral* im Rhonetal sind dieselben und die Auswirkungen fast identisch. Beide Winde treten im gleichen Zeitraum auf, wobei interessanterweise der *Tramontane* ein paar Stunden früher als der *Mistral* einsetzt und ein paar Stunden früher wieder aufhört. Dennoch sind es zwei verschiedene Winde, denn ihre Route ist nicht ganz die gleiche: Der *Mistral* fegt zwischen den Westalpen und dem östlichen Zentralmassiv gen Süden, der *Tramontane* zwischen dem westlichen Zentralmassiv und den Pyrenäen.

Doch damit nicht genug! Manch besorgter einheimischer Blick zum Himmel gilt noch einem weiteren Wind: dem angekündigten **vent d'autan**, der von allen Midi-Pyrenäern gefürchteten „Brise" aus Südosten. Statistisch gesehen kommt er im Jahresverlauf zwar nicht am häufigsten vor, dennoch sorgt er unter den Bewohnern für nie ausgehenden Gesprächsstoff. Steif und fest behaupten die Betroffenen, dass er Mensch und Tier verrückt mache, weshalb man ihn auch als *vent des fous* (Wind der Verrückten) bezeichnet. Wer ihn als Tourist einmal eine Woche lang ohne Unterlass erlebt hat, weiß, wovon hier gesprochen wird. Urplötzlich erhebt er sich und pfeift in brutalen Böen, die je nach Intensität wie Peitschenhiebe klingen (80 – 100 km/h sind keine Ausnahmen), Tag und Nacht, nicht selten acht Tage lang ohne Unterbrechung. In dem Fall ist ein relativ trockener Meerwind, der in der Regel mit schönem Wetter verbunden ist. Seltener und dann nur während ein bis zwei Tagen bläst er als sehr feuchter Meerwind und bringt meist Regen. Sobald die ersten Tropfen fallen, legt er sich so schnell, wie er gekommen ist. Eine feste Jahreszeit gibt es nicht für ihn: Im Winter weht er eisig und im Sommer heiß. Früher profitierten die Müller von diesem Wind: Er hielt ihre Windmühlen in Gang. Schließlich gibt es noch alljährlich im Februar den *Autan de Sibérie*, der sehr eisig und ebenfalls in starken Böen aus Nordosten bläst, aber er ist für den Sommerurlauber irrelevant. Doch Skifahrer im Aubrac sollten sich in Acht nehmen: Auf den Hochplateaus türmt er riesige Schneeverwehungen auf und das Atmen kann zur echten Qual werden – ein bisschen Nordpol-Feeling im nördlichen Rouergue.

Flora und Fauna

In der Region sind viele bedrohte Pflanzen- und Tierarten zuhause, darunter zahlreiche Orchideen. Auch gibt es einige Pflanzen, die in den Midi-Pyrénées endemisch sind.

Flora

Angesichts der großen geologischen, klimatischen und geographischen Vielfalt verwundert dieser Artenreichtum nicht. So kann sich der Pyrenäen-Nationalpark rühmen, die ursprünglichste Pflanzenwelt Europas zu besitzen, über 3000 Arten wachsen hier, darunter zahlreiche endemische Arten (Arten, die ausschließlich in einem räumlich klar abgegrenzten Gebiet vorkommen). So findet man z. B. die **Pyrenäen-Schwertlilie** (*Iris latifolia*), die im Juni/Juli auf 800 bis 2300 Metern blau blüht, sowie die **Pyrenäen-Aster** (*Aster pyrenaeus*) im oberen Garonne-Tal. Die nur wenige Zentimeter hohe **Ramondia des Pyrénées** (*Ramondia pyrenaica*), deren einziger europäischer Standort sich in den zentralen und westlichen Pyrenäen befindet, ist ein Gloxiniengewächs, das sonst nur in Südamerika vorkommt. Allein in den Pyrenäen sind 151 Pflanzenarten geschützt.

Aber nicht nur die Pyrenäen sind ein Pflanzeneldorado: Von den rund 100 Orchideenarten, die in ganz Frankreich vorkommen, wachsen ca. 60 im Departement Aveyron. Wie anderswo der Löwenzahn die Wiesen gelb färbt, verwandeln im Mai/Juni die wilden Narzissen die Weideflächen des Aubrac in ein weißes Blütenmeer.

In der Toulouser Ebene, bei Saint-Orens, wachsen einige geschützte Arten, darunter die im April und Mai blühende **Römische Hyazinthe** (*Bellevalia romana*) oder das bei Léguevin wachsende **Milchweiße Knabenkraut** (*Orchis lactea*).

Steile Felswände säumen den Célé

Fauna

Die **Fauna** der Region ist nicht minder faszinierend. Der bekannteste Vertreter ist der **Braunbär**, den man in den Pyrenäen wieder auszuwildern versucht, allerdings nicht nur gegen den entschiedenen Willen von Schafhaltern. Diese machen zwar nur vier Prozent der betroffenen Bevölkerung aus, doch sie terrorisieren mit ihrer Meinung einen ganzen Landstrich. Auch die Jäger und so mancher Bewohner machen Hatz auf Meister Petz. Eine weitere Rarität in den Bergen ist der insektenfressende und zur Familie der Maulwürfe gehörende **Pyrenäen-Desman**. Im Pyrenäen-Nationalpark haben sich 17 **Steinadler**-Paare wieder angesiedelt. Mit rund zwei Metern Flügelspannweite ziehen sie ihre Kreise über der potentiellen Beute. Nicht minder majestätisch kreisen **Schmutzgeier** über den Kalkplateaus der *Grands Causses* und der *Gorges de la Jonte* und halten nach Aas Ausschau. Auch die ausgewilderten **Gänse-** und **Bartgeier** sind am späten Vormittag über der Jonte-Schlucht zu beobachten, wobei die Bartgeier in den Pyrenäen noch natürlicherweise vorkommen. Zwischen 1.000 und 2.400 Höhenmetern und im Herzen des Pyrenäen-Nationalparks finden die sehr scheuen **Birkhühner** ideale Lebensbedingungen.

Die Liste, der sich in der Region tummelnden Fauna, ließe sich fast endlos fortsetzen.

Nationalpark, Regionalpark, Naturschutzreservate

Außer dem Pyrenäen-Nationalpark, der sinnvollerweise über 15 Kilometer lang an den spanischen Ordesa-Nationalpark angrenzt, gibt es in den Midi-Pyrénées noch vier regionale Naturparks (frz. *Parc Naturel Régional*, abgekürzt *PNR*), die ungefähr 20 % der Fläche der acht Departements betreffen. Es sind dies der *PNR Grands Causses* (315.640 ha), *PNR Haut-Languedoc* (260.000 ha), *PNR Causses du Quercy* (176.000 ha) im Departement Lot und der fast die halbe Fläche des Departements Ariège einnehmende *PNR Pyrénées Ariègeoises* (250.000 ha), ein fünfter *PNR* im Aubrac ist in Planung.

Parc National des Pyrénées: Der 1967 gegründete und über 2.600 Quadratkilometer große Park im Departement Hautes-Pyrénées besitzt eine einzigartige Flora und Fauna. 350 Kilometer markierte Wege und genau 118 Seen sind Bestandteil dieses Refugiums für Pflanzen und Tiere. Allein 67 aller 167 Säugetierarten, die in Frankreich vorkommen, darunter etwa 6.000 **Pyrenäengemsen**, sind hier zuhause. In die ausgedehnten Wäldern des **Vallée d'Aspe** haben sich die ausgewilderten Bären zurückgezogen. Der Park zieht sich rund 100 Kilometer entlang der Pyrenäen über sechs Täler hin, jedes Tal weist eine andere Vegetation auf, über 160 Pflanzenarten kommen hier endemisch vor.
Information www.parc-pyrenees.com.

Parc Naturel Regional des Causses du Quercy: Die Kalkplateaus zwischen Cahors und Figeac sowie zwischen der Dordogne und den Rändern der Garonne-Ebene werden von den beiden Flüssen Lot und Célé durchschnitten. Unzählige Höhlen, Trockenmäuerchen, Magerrasen mit ihrer typischen Fauna und Flora und Flaumeichenwälder ohne Ende kennzeichnen die Landschaft. Der Park wurde 1999 eingerichtet, seitdem hat man zahllose Trockenmauern, Waschhäuser, Wege etc. instandgesetzt.
Information Parc Naturel Régional des Causses du Quercy, 11, rue Traversière, 46240 Labastide-Murat, www.parc-causses-du-quercy.org.

Parc Naturel Régional des Grands Causses: Der größte und spektakulärste Naturpark in den Midi-Pyrénées erstreckt sich über den gesamten östlichen Bereich des Rouergue (Departement Aveyron). Zu ihm gehören in der Umgebung von Millau die menschenleeren Kalkplateaus der Causse du Larzac, die Causse Noir mit ihren endlosen Kiefernwäldern, die Schluchten der Dourbie, des Tarn und der Jonte. Ebenso Bestandteil des Naturparks sind die Causse de Sévérac, das Seengebiet von Lévézou und die Gegend um Roquefort. In diesem Park sind über 2.000 Pflanzenarten zuhause, unter anderem die für diese Causses typische „Karstdistel" oder sogenannte Bärenklaublättrige Eberwurz (Carlina acanthifolia). Über den Hochflächen kreisen Mönchs- und Gänsegeier.

Information Grands Causses, 71, boulevard de l'Ayrolle, 12100 Millau, www.parc-grands-causses.fr.

Pyrenäen: Napoleons Brücke als Sprungbrett für Bungee-Springer

Parc Naturel Régional du Haut-Languedoc: Das herrliche Wandergebiet an der Grenze zwischen den Departements Tarn (Midi-Pyrénées) und Herault (Languedoc-Roussillon) kennzeichnen große Waldbereiche mit rund 250 Vogelarten. In den Monts de Lacaune wechseln aufgrund des unterschiedlichen Mikroklimas trockene, heidekrautbewachsene Flächen mit Feuchtwiesen und Mooren. Die Höhen der Montagne Noire sind mit ihren unzähligen Bächen und Rinnsalen der Wasserlieferant für das Staubecken Saint-Ferréol, aus dem letztendlich der Canal du Midi gespeist wird.

Information www.parc-haut-languedoc.fr.

Parc Naturel Régional Pyrénées Ariègoises: Im Zentrum dieses erst Ende 2009 gegründeten und damit jüngsten Naturparks der Region findet man die eingangs erwähnte seltene Flora und Fauna wie die Pyrenäen-Schwertlilie, den Pyrenäen-Desman, Bartgeier mit ihrer rostfarbenen Brust und sehr dunklen Oberseite sowie Schmutzgeier usw.

Information www.parc-pyrenees-ariegeoises.fr.

Auch die beiden **Naturschutzgebiete Orlu und Mont Valier** bieten eine reiche Flora und Fauna. Das 4.000 Hektar große Gebiet Orlu liegt zwischen 900 und 2.400 Metern Höhe und wurde 1981 ausgewiesen. Der **Mont-Valier** (2.838 m) ist eines der ältesten Naturreservate in den Pyrenäen (1937 eingerichtet) und mit 9.037 Hektar auch größtes Reservat im Ariège.

Information Office de Tourisme, 09110 Ax-les-Thermes, ✆ 0561646060.

Hôtel de la Monnaie: beherbergt das Touristenbüro von Figeac

Wirtschaft und Bevölkerung

In Frankreichs größter landwirtschaftlich geprägter Region zu leben wurde in den letzten Jahrzehnten immer beliebter. Zwei Drittel der momentan rund 2.865.000 Menschen, die in den Midi-Pyrénées Quartier bezogen haben, leben in und um Toulouse. Mit einem jährlichen Zuzug von 15 – 20.000 Menschen hat die viertgrößte Stadt Frankreichs den schnellsten Zuwachs aller Ballungsräume im ganzen Land. An die 55 % der Bevölkerung arbeiten im Dienstleistungssektor und über 16 % in der Industrie, während nur 8,3 % in der Landwirtschaft tätig sind.

Nach der Pariser Uni Sorbonne und der Uni Montpellier gehört die Toulouser Universität als drittälteste im Land mit zu den ältesten Europas. Mit 120.000 Studenten besitzt sie sogar die zweithöchste Studentenbevölkerung Frankreichs. Zahlreiche Fachhochschulen, Ingenieurfachschulen und auch Laborinstitute erlauben eine gute Zusammenarbeit von Forschung, Industrie und Technik.

Die regionale Wirtschaft der Midi-Pyrénées stützt sich auf mehrere Schlüsselsektoren. Zu den wichtigsten Industriezweigen gehört die **Luft-** und **Raumfahrt** mit fast 80.000 Mitarbeitern. So entsteht z. B. in Toulouse die Soft- und Hardware zum Projekt Galileo (Satellitennavigation der ESA). Die Region ist nicht nur Standort des **Nationalen Luftfahrtzentrums (CNES)**, in dem allein über 11.000 Menschen beschäftigt sind, sondern auch des **Aeronautics Complex (EADS Consortium)**. Inzwischen bemüht man sich, eine möglichst große Vielfalt an Industriezweigen anzusiedeln, um die etwas „ungesunde" Abhängigkeit und die Fixierung auf den Sektor Flugzeugbau und Raumfahrt zu entschärfen. So gehören die **Chemie-** und auch die **Elektronikbranche** mit Firmen wie Siemens und Motorola zu den weiteren Standbeinen der Region. Nicht zu vergessen die **Biotechnologie**, **Leder-** und **Textilin-**

dustrie. Zur Letzteren gehören allein schon rund einhundert regionale Betriebe, die sich auf die Süd-Ost-Ecke im Departement Ariège und den südlichen Bereich im Departement Tarn konzentrieren. Nicht vergessen sollte man auch **Eisen- und Stahlindustrie** in Decazeville (Aveyron) und Pamiers (Ariège). Natürlich spielt auch die **Agrarwirtschaft** in der Region eine wichtige Rolle. Die Landwirtschaft ist sowohl durch eine hohe Produktion von Getreide und Milchprodukten als auch durch eine hohe Qualität gekennzeichnet. Die zahllosen kleinen Betriebe sowie die Produktionsvielfalt machen es möglich, dass der Verbraucher heute hochwertige Lebensmittel kaufen kann. Zu den Reichtümern der Region auf dem Nahrungsmittelsektor gehört das lokale **Obst**- und **Gemüsesortiment** – wie auch der lokale **Wein** (z. B. Madiran, Fronton, Gaillac, Marcillac, Cahors) sowie zahlreiche Produkte auf Entenbasis, der Roquefort-Käse, Trüffel, Safran und vieles mehr.

Was den Tourismus in der Region betrifft, so gab es 2010 ca. 80,6 Millionen Übernachtungen, davon waren rund 15 % ausländische Gäste. Es ist fast schon Tradition: A erster Stelle stehen alljährlich die gläubigen Italiener mit knapp 200.000 Übernachtungen, davon rund 180.000 Übernachtungen in Lourdes. Kein Wunder also, dass zahlreiche Hotels in dem Pilger-Mekka fest in italienischen Händen sind. Dann folgen die Engländer, bei denen sich Besuche in Lourdes und im Rest der Midi-Pyrénées-Welt die Waage halten. Die Spanier folgen an dritter Stelle, wobei sich gut zwei Drittel der spanischen Touristen in Lourdes aufhalten. Deutsche kommen erst an vierter Stelle mit knapp 70.000 Übernachtungen, bei ihnen machen Lourdes und sonstige Reiseziele in der Region jeweils 50 % aus.

Mittelalterlicher Städtebau im Südwesten

Den eigentlichen Charme dieses Landstrichs machen die unzähligen kleinen Dörfer aus, die mit ihrem urigen mittelalterlichen Ortskern und Festungscharakter den Besucher in ihren Bann ziehen. Für unsere Vorfahren gab es mehrere Möglichkeiten, eine neue Siedlung zu gründen, wie z. B. entlang eines stark frequentierten Pilger- oder Handelsweges. Entsprechend ihrer Gründungsgeschichte nannte man sie u. a. **Castelnaux**, **Sauvetés** oder **Bastiden**.

Gründete sich eine Siedlung auf Anordnung eines Feudalherren im Schutze seiner Burg oder Festung, nannte man das französische Burgdorf **castelnau**.

Auch die Kirche entpuppte sich im Mittelalter als großer Städtebau-Initiator. Heute weiß man, dass über 40 % der Urbanisierung auf kirchliche Initiativen zurückgehen. Um die Klöster entstanden sogenannte *klösterliche Marktflecken*. Im 11. und 12. Jahrhundert gründete die Kirche dann vor allem entlang der Pilgerwege sogenannte **sauvetés** (abgeleitet von "salvitas" – Unverletzbarkeit eines Ortes). Hintergrund dieser Initiative war der vom **Concil du Puy** angeordnete **Gottesfrieden**. Die *sauveté* bestand am Anfang aus einem gerodeten Stück Land, das durch vier Kreuze begrenzt wurde und unter dem Schutz der Kirche stand. Jeder Vorbeiziehende hatte einen Anspruch auf Unterkunft, auch wenn es sich um den schlimmsten Gauner handelte. Schutzmauern waren nicht notwendig, potentielle Übeltäter hatten enormen Respekt vor der einflussreichen Priesterschaft und eine Heidenangst vor der Exkommunikation, das war Abschreckung genug. So zogen die *sauvetés* – als waffenfreie Zone – die Landbevölkerung in diesen unsicheren, von Kreuzzügen und Kriegen gezeichneten Zeiten in Scharen an.

Bastiden

Eine besondere Stellung in der Siedlungspolitik nahmen die *Bastiden* ein (nicht zu verwechseln mit den großen Bauernhöfen in der Provence, die man ebenfalls *Bastiden* nennt). Sie umgab im 13. Jahrhundert ein Hauch von Menschenrechten: Rechtsansprüche ersetzten die bisherigen Machtansprüche.

Zu Hunderten wurden die Bastiden in der Zeit zwischen 1222 und 1373 von lokalen Feudalherren mit Unterstützung der Klöster oder von höher gestellten Persönlichkeiten wie den Grafen von Toulouse oder Frankreichs und Englands Krone ins Leben gerufen. Es war der Zeitraum zwischen den Katharerverfolgungen (bei denen letztendlich die Grafschaft von Toulouse an die französische Krone fiel) und dem Beginn des französisch-englischen Hundertjährigen Krieges.

Die vier Grundpfeiler, auf denen jede Bastide ruhte, hießen Gründungswille, Bauplan, Vertrag (Charta) und Name der Stadt. Waren diese vier Pfeiler vorhanden, folgte darauf stets das gleiche Bau-Prozedere. In der Planungsphase legte man auf dem ausgewählten Gelände die Größe und Anzahl der Parzellen fest, steckte das kreuzförmige, befahrbare Wegenetz und den zentralen, mit Arkaden umgebenen Marktplatz ab. Innerhalb der zukünftigen Stadt wurden die vier Wohnviertelquadrate in gleich große Haus- und Gartenanteile für die zukünftigen Bewohner eingeteilt, wobei das nicht befahrbare Wegenetz die Siedlung schachbrettartig durchquerte.

Diese neue Form von gezielter Ansiedlung der durch die Kriegswirren verstreuten Landbevölkerung machte in vielerlei Hinsicht Furore, schlug sie doch gleich „mehrere Fliegen mit einer Klappe". Sie bot den Initiatoren nicht nur die oben erwähnte Möglichkeit, ihr durch Kriege verwüstetes Land wieder urbar zu machen, sie kassierten auch wieder den Zehnten, konnten den Handel neu aufbauen und Profit daraus ziehen. Und die neuen Stadtbewohner bekamen dafür die berechtigte Hoffnung auf ein neues, besseres Leben. Doch damit sich die gebeutelte Landbevölkerung in den neuen Städten niederließ, mussten die Städtegründer sich schon etwas Besonderes einfallen lassen. Das Hauptzugeständnis der Städtebauer – von Natur aus alles andere als Wohltäter der Menschheit – war, dass jeder Bastide-Bewohner freier Bürger wurde, auch wenn er vorher als Leibeigener im Dienste stand (ausgeschlossen von dieser Regelung waren natürlich die Leibeigenen der städtegründenden Feudalherren). Bessere Lebensbedingungen, Privilegien und Steuervergünstigungen hießen die Bonbons, mit denen man das einfache Volk köderte. Es hatte über die von ihnen gewählten Vertreter, die Konsule (frz. **consuls**), ein Mitspracherecht in der Stadtverwaltung. Diese vier Konsule (einer pro Stadtviertel) verwalteten die Stadt unter Aufsicht eines so genannten **Bayle,** welcher wiederum den Gründer der Bastide vertrat. Die Kirche hatte innerhalb einer Bastide nicht mehr das Sagen und Adlige waren aufgrund ihrer mit der Charta nicht mehr zu vereinbarenden Privilegien sowieso ausgeschlossen.

Einer der ganz großen Bastidenbauer im Südwesten war **Alphonse von Poitiers**, Schwiegersohn des Grafen von Toulouse Raimond VII. und Sohn des Königs Ludwig VIII.

Es entstanden meist da neue Städte, wo es gerade „Reibereien" zwischen der Grafschaft Toulouse und dem angrenzenden „Feindesland" gab, wie z. B. an der Grenze zum englischen Aquitanien im Westen.

Betrachtet man unsere heutigen Neubausiedlungen, so ist die Grundidee der akribisch geplanten und neu gebauten Städte noch über 700 Jahre später topaktuell. Bastiden bildeten sozusagen im Südwesten das Nonplusultra der damaligen ländlichen und städtischen Siedlungspolitik.

Die Namen der Bastiden beginnen oft mit *Villefranche de ...* oder *Villeneuve*, was „neue" oder „freie Stadt" bedeutet. Sie lassen Rückschlüsse auf ihre Entstehungsform (Castelnau-de-Montmiral, Villefranche, Labastide...), auf ihre königlichen Gründer (Réalmont, Montjoie) oder auf den Namen des königlichen Vertreters (Montcabrier, Beaumarchés) zu. Auch Reisen des Städtegründers in fremde Städte oder in der Fremde geführte Kriege dienten zur Namensgebung (Grenade, Barcelonne-du-Gers, Pampelonne etc.). Heute gibt es im Südwesten Frankreichs noch ca. 350 Bastiden, verteilt auf 14 Departements.

Zusammenfassend kann man sagen: Alle Gründungsherren kirchlicher oder weltlicher Gesinnung, ob Gründung von *castelnau, sauveté* oder *bastide*, verfolgten mit der gezielten Siedlungspolitik eine Stärkung ihrer Macht durch (Wieder-) Aufbau von Handel und Handwerk sowie die Bewirtschaftung ihrer zerstörten und brachliegenden landwirtschaftlichen Flächen. Und dazu benötigten sie Menschen – je zahlreicher, desto besser.

Die wichtigsten Feste und kulturellen Veranstaltungen

Außer zahllosen Dorffesten, Flohmärkten und mittelalterlichen Festen finden alljährlich auch zahlreiche international bekannte kulturelle Veranstaltungen und Festivals in den **Midi-Pyrénées** statt.

März
Le Printemps du Rire, es ist das erste Lach-Festival Europas und Toulouse steht acht Tage im Zeichen des Lachens. Geboten werden Ein-Mann-Shows, Theater- und Komikveranstaltungen.

April
Festival Flamenco de Toulouse.

Mai
Alors...Chante! Junge Emporkömmlinge wie auch „alte Hasen" zeigen bei dem Festival des französischen Chansons in Montauban ihr Können, ein richtiges Stadtfest.

Fête de la Transhumance et de la Vache d'Aubrac, Viehauftrieb der Aubrac-Kühe auf ihre Sommerweiden. Ein regelrechtes Volksfest mit Verkaufsständen regionaler Produkte, Folklore-Gruppen und abends Ball. Immer am Sonntag um den 25. Mai (Saint-Urbain).

Festival Européen Bandas y Penas, es ist das größte Festival dieser Art in Europa mit 35 Bandas und über 2.000 Musikern, nicht nur aus Frankreich, drei Tage lang in Condom.

Juni
Féria de Pentecôte, der Stierkampf courses landaises findet alljährlich in Vic-Fezensac statt und zieht zigtausende Zuschauer an, über Pfingsten.

Éclats de Voix, neun musikalische Veranstaltungen mit Künstlern aus aller Welt. An drei Wochenenden in Auch und La Romieu.

Juli
Festival de la Voix, diese vielseitige musikalische Veranstaltung findet Anfang Juli an diversen Orten in Moissac statt.

Festival des châteaux de Bruniquel, alljährliche Aufführung diverser Werke des Komponisten Jacques Offenbach. Bei einem „Apéritif-Concert" werden dem interessierten Publikum die Musiker vorgestellt und am Ende jeder Vorführung können Besucher zusammen mit den Künstlern unter freiem Himmel tafeln. Bruniquel, Caussade, Montauban, Montech.

Festival de Saint-Céré et du Haut Quercy, die Konzerte und Operas finden an so geschichtsträchtigen und bekannten Orten wie Souillac, Martel, Castenau-Bretenoux, Carennac oder Cahors statt. Letzte Juliwoche bis Mitte August.

Cahors Blues Festival, Cahors bietet acht Tage lang Blues.

Jazz à Montauban et en Tarn-et Garonne, 10 Tage Jazz-Konzerte in diversen Ortschaften mit Musikern auch aus Übersee.

Festival international de l'Abbaye de Sylvanès, sehr abwechslungsreiche Konzert- und Musikveranstaltungen aus aller Welt, Mitte Juli bis Ende August.

Fête du Grand Fauconnier, Cordes-sur-Ciel im „Mittelalterfieber" mit Umzug und Straßenfest. Immer am 13. und 14. Juli.

Festival de country music de Mirande, sechs Tage lang Far West-Ambiente im Gers. 80 Konzerte, 2.000 Tänzer, 250 amerikanische Schlitten …

Souillac en Jazz, acht Tage Jazz in und um Souillac. Das Festival ist bekannt für seine besondere Qualität!

Tempo Latino, in Vic-Fezensac's Arenen ertönen während vier Tagen und Nächten nicht nur lateinamerikanische Klänge, die den Besuchern einheizen.

Équestria, festival européen de la création équestre, ein Muss für alle Pferdenarren! Drei Tage „rund um das Huftier Pferd" mit Pferdeparaden, Vorführungen von Kunststücken, Westernreiten … im historischen Pferdegestüt und in den Straßen von Tarbes. Ende Juli.

Festival du Comminges, rund 20 klassische Konzerte in vier historischen, denkmalgeschützten Gemäuern, darunter die cathédrale Sainte-Marie de Saint-Bertrand-de-Comminges und die basilique Saint-Just-de-Valcabrère.

August

Hier, un village, rund 500 Dorfbewohner von Flagnac, zwischen 4 und 89 Jahre alt, spielen den Dorfalltag Anfang des letzten Jahrhunderts nach. Freilichtbühne.

Jazz in Marciac, sehr bekanntes Festival mit Jazz-Musikern auch aus Übersee. 14 Tage im August.

Festival en Bastides, mittelalterliches Straßenfest in den fünf Bastiden des Rouergue: Villefranche-de-Rouergue, Sauveterre-de-Rouergue, Najac, Villeneuve d'Aveyron und Labastide l'Évêque. Erste Augustwoche.

Festival mondial de folklore de Montréjeau, 13 Folklore-Ensembles aus 11 Ländern mit über 400 Artisten beleben die Straßen und Plätze des Städtchens im Comminges.

Conques, la lumière du roman, fünftägiges Musikfestival in Conques, das Musikprogramm ändert sich jedes Jahr.

September

Festival international Piano aux Jacobins, die Toulouser Klavierkonzerte, die hauptsächlich im Kreuzgang der église des Jacobins, aber auch im musée des Abattoirs und Saint-Pierre-des-Cuisines stattfinden, sind sehr bekannt.

Oktober

Festival international Toulouse les Orgues, Orgelkonzerte in diversen historischen Gemäuern, u. a. in der église des Jacobins, basilique Saint-Sernin, cathédrale Saint-Etienne, chapelle Saint-Anne. In der ersten Oktoberhälfte.

Verwaltung

Nach der Französischen Revolution 1790 teilte man das Land in kleine Verwaltungseinheiten – die Départements – ein. Deren Zahl ist inzwischen auf 101 gestiegen, 96 davon befinden sich in Europa, die restlichen fünf, die jeweils auch gleichzeitig die Region darstellen, befinden sich in Übersee. Es dauerte aber noch bis zum Dezentralisierungsgesetz von 1982/83, bis diese Departements ein gewisses Maß an Entscheidungsfreiheit (Gesundheits-, Sozial-, und Transportwesen, Schulbereich sowie Kultur und Sport) bekamen. Die **Departements** wurden alphabetisch „durchnummeriert", wobei die letzten beiden Zahlen des alten Kfz-Kennzeichens bis zum Jahre 2009 auch die des entsprechenden Departements darstellten. Nichts geändert hat sich an der Tatsache, dass die ersten beiden Zahlen jeder Postleitzahl der Nummer des Departements entsprechen. Die 101 Departements wurden in insgesamt 27 Regionen (inklusive Korsika) zusammengefasst. Diesen Regionen stand ursprünglich jeweils ein **Regionalpräfekt** vor, dessen Amt übernimmt aber heute der Präsident des Generalrats des jeweiligen Departements, in dem die Hauptstadt der Region liegt. Ein Beispiel: Für die Region *Midi-Pyrénées* ist das der Präsident des Departements Haute-Garonne, weil sich hier die Hauptstadt der Region – Toulouse – befindet. Was die Autonomie der Regionen angeht, ist sie finanzieller, aber nicht gesetzgeberischer Art.

Jedem Departement steht ein vom Staatspräsidenten ernannter oberster Verwaltungsbeamter als **Präfekt** vor, welcher die Präfektur leitet und den französischen Staat im Departement vertritt (z. B. gehört dazu auch der Posten des „obersten Bosses" der sich im Departement befindenden Brigaden der Gendarmerie Nationale). Außerdem obliegt dem Präfekten die seit der **Dezentralisierung** notwendig gewordene Kommunalaufsicht. Da dieser in Not- und Katastrophenfällen mit der Koordination und Leitung der Sicherheits- und Rettungsdienste beauftragt ist, darf er sein Departement nie ohne Genehmigung des Staatspräsidenten verlassen. Mit dem Reformgesetz wurde die Position des **Generalrates** (frz. *conseil général*) der einzelnen Departements gegenüber dem Präfekten gestärkt. Die Verwaltung der Departements wird seitdem von dem gewählten Präsidenten des Generalrates (frz. *président du conseil général*) geleitet.

Um die Departementverwaltung etwas zu dezentralisieren, wurden außerdem insgesamt 342 **Arrondissements** in Frankreich geschaffen, die wiederum in Kantone aufgeteilt wurden. Die Kantone dienen in erster Linie als Wahlbezirke für die Kantonalwahlen der Mitglieder des Generalrats. Im Hauptort eines jeden Arrondissements, der aber nie zugleich Hauptort des Departements ist, hat die von einem Unterpräfekten geleitete Unterpräfektur (frz. *sous-préfecture*) ihren Sitz. Grundsätzlich sind die Arrondissements und Kantone keine Selbstverwaltungseinheiten wie die Regionen und Departements. Auf der untersten Ebene der Selbstverwaltung stehen die insgesamt 36.680 Gemeinden (Stand 2011), die – von einigen in den Übersegebieten einmal abgesehen – alle zu einem der 101 Departements gehören. Eine berühmte Ausnahme gibt es: Paris, dort erledigt der Stadtrat auch die Aufgaben des Generalrates, denn Paris ist Stadt und Departement in einem.

Montpezat-de-Quercy: das beispielhafte Leben des Hl. Martin auf wertvollen Gobelins

Geschichte

Zeugnisse der Ur- und Frühgeschichte

Alleine über die Geschichte der Region könnte man einen dicken Schmöker schreiben. Vor Urzeiten schon war die Gegend ein ideales Siedlungsgebiet, nicht zuletzt wohl aufgrund des gemäßigten Klimas und der leichten Zugänglichkeit (von dem gebirgigen Teil einmal abgesehen). Jede Form von frühmenschlicher Besiedlung, angefangen vor ca. 500.000 Jahren bei den Jägern und Sammlern in der **Altsteinzeit (Acheuléen-Kultur)** bis zu den sesshaften Bauern vor etwa 12.000 Jahren in der **Jungsteinzeit (Neolithikum)**, hinterließ landauf, landab in den Höhlen und Unterständen Spuren und Artefakte ihrer Existenz.

Zwei regionale Schwerpunkte menschlicher Zeugnisse aus längst vergangenen Zeiten sind die **Höhlenmalereien** sowie die Dolmen und Menhir-Statuen. Die Höhlenmalereien belegen einen Zeitraum von 25.000 Jahren, zwischen 35.000 und 10.000 v. Chr. In der ehemaligen Provinz Quercy kennt man über 30 Stellen mit Höhlenmalereien, die meisten von ihnen befinden sich im Departement Lot, aber auch in den Departements Tarn-et-Garonne (Bruniquel) und Tarn (Penne). Im Pyrenäenvorland, ebenfalls ein wichtiger Standort für Höhlenmalereien, entspricht die Anzahl etwa der im Quercy – doch Höhlen und Malereien haben hier ein viel größeres Ausmaß. Die Grotte *Gargas* unterscheidet sich von den anderen durch Negativ-Abdrücke von Händen, die auf etwa 25.000 v. Chr. datiert wurden. Die Malereien in den anderen Höhlen stammen aus der **Magdalenien-Epoche** etwa 14.000 – 10.000 v. Chr. Außer Niaux und Bédeilhac, die der Öffentlichkeit zugänglich sind, wurden andere Grotten mit ebenfalls sehr berühmten Zeichnungen zum Schutz derselben für das Publikum gesperrt.

An die 1.000 **Dolmen** fand man allein im Aveyron und über 600 im Departement Lot. Damit ist ihre Anzahl bedeutend höher als im „Dolmenland" Bretagne. Die meisten von ihnen stammen aus der Epoche 4.000 – 3.000 v. Chr., das war der Zeitraum, in dem die Menschen anfingen, sesshaft zu werden.

Diese Menschen hinterließen nicht nur Felsmalereien und Zeichnungen, sie schnitzten und verzierten auch alle möglichen Materialien, wobei uns jedoch nur harte Gegenstände wie Knochen, Stein und Elfenbein erhalten blieben. So lässt sich durch den Fund der kleinen *Venus von Lespuque*, einer aus einem Mammut-Stoßzahn geschnitzten, knapp 15 Zentimeter großen nackten Statue aus *der Höhle Lespuque* am Fuße der Pyrenäen im heutigen Departement Haute-Garonne, die Besiedlung rund 25.000 Jahre zurückverfolgen. Diese Figur, zu sehen im *Musée de l'Homme* in Paris, besitzt eine Besonderheit: Sie zeigt eine der frühesten Darstellungen von gesponnenen Fäden, sie hängen auf der Rückseite um die Hüften.

Aus Gallien wird Frankenreich

Bevor die Römer aufmarschierten, hatten keltische Stämme die Gebiete von der Iberischen Halbinsel über ganz Frankreich bis weit in den Osten Europas in Beschlag genommen. Sie gehörten zu den größten und einflussreichsten Völkern der europäischen Frühgeschichte und Antike. Der Name „Gallier" bedeutet „der Tapfere" und war die Bezeichnung vor allem für die Kelten auf französischem Terrain, die Römer nannten sie **Celtae** oder *Galli*. Ein Keltenvolk, die **Volques**, ließ sich im Bereich zwischen Garonne und Rhone, den Pyrenäen und den Cevennen nieder. Was die heutige Region Midi-Pyrénées angeht, ließen sich in der späteren Eisenzeit (450-50 v. Chr.) keltische Stämme auch nördlich der Garonne nieder: So weiß man zum Beispiel von den **Tectosagen** im Gebiet Toulousain, den **Cadurquen** im Quercy und von den **Ruthenen** im Rouergue und im Gebiet Albigeois. Ihre Handelsbeziehungen mit den Völkern am Mittelmeer wurden durch die Einführung der Münzen im 3. Jahrhundert v. Chr. noch begünstigt. Besonders gut lief offensichtlich der Weinhandel, man fand in *Vieille-Toulouse* Unmengen von Amphoren, welche indogermanischen Stämmen zuzuordnen sind.

Um 125 v. Chr. begannen die Römer mit der Eroberung der Mittelmeerküste und des Rhonetals. Sie richteten zwecks besserer Verwaltung ihrer eroberten Gebiete Provinzen ein, so entstand unter anderem im Westen *Aquitania*, welches große Bereiche der heutigen Midi-Pyrénées mit einschloss. Einen breiten Streifen entlang der Mittelmeerküste nannten sie **Gallia Narbonensis**, zu dem auch Gebiete der Midi-Pyrénées gehörten. Zwischen 58 und 51 v. Chr. eroberte der römische Feldherr *Gaius* **Julius Caesar** Gallien bis zum Rhein, den er als nördliche Grenze Galliens festlegte. Diese Grenze hatte von da an zwischen Gallien und Germanien Bestand. Zu Römerzeiten war diese Rheingrenze ungeschützt, denn die Besatzungstruppen befanden sich im Inneren Galliens. Das war mit ein Grund, weshalb es immer wieder zu Überfällen von den entlang des Rheins stationierten Germanenstämmen kam. Doch die Römer waren, wenn es „brannte", dank ihres gut ausgebauten Straßennetzes relativ schnell an jedem Grenzpunkt. Asterix-Fans wissen um das zähe Ringen der Römer, die Gallier bis auf den letzten Mann zu bezwingen. Der letzte gallische Aufstand von **Vercingetorix** in *der Schlacht um Alesia 52 v. Chr.* gegen die Römer ging für die Gallier 0:1 aus. Eine Schlacht, die Caesar in seinem siebenbändigen Werk über den gallischen Krieg *Commentarii de bello Gallico* festhielt

Knapp 30 Jahre später errichtete Kaiser Augustus (ein Großneffe von Julius Caesar) zahlreiche civitates, so nannte man die gallo-römischen Städte inklusive Umland. Ihre Hauptstädte **Lugdunum Convenarum** (Saint-Bertrand-de-Comminges), **Elimberris** (Auch), **Elusa** (Eauze), **Tolosa** (Toulouse), **Divona** (Cahors) wie auch **Segodunum** (Rodez) besaßen die typischen römischen Bauten wie Forum, Tempel, Marktplätze, Thermen, Theater und Amphitheater. Im 1. Jahrhundert n. Chr. bildeten die Römer eine Gesellschaft, die in Montans (Tarn) und Graufesenque (Aveyron) in riesigen Produktionsstätten Gebrauchskeramik herstellte. In Graufesenque wurde zwei Jahrhunderte lang das typisch reliefverzierte Tafelgeschirr aus der berühmten roten *terra sigillata*, das in alle (römische) Welt exportiert wurde, fabriziert. Amphoren zur Weinaufbewahrung stammten aus Montans. Doch das war nicht alles: Im Pyrenäenvorland baute - und baut man heute noch - Marmor in den Steinbrüchen von Saint-Béat ab, Rohstoffe wie Eisenerz stammten aus dem Höhenzug *Les Baronnies* und der *Montagne Noire*. Kupfer, Blei und Silber fand man in den Minen des Süd-Aveyron und im Ariège gab es Holz in Hülle und Fülle. Zur Entspannung stiegen die Römer in die ebenfalls im Ariège reichlich vorhandenen heißen Thermen. Bis in das 4.-5. Jahrhundert spiegelten riesige landwirtschaftliche Güter, die sogenannten *villae*, Reichtum und Macht ihrer Eigentümer wieder. Solche luxuriösen römischen Hinterlassenschaften sind heute u. a. in Seviac oder Montmaurin zu bewundern.

Relativ lange Zeit boomte der wirtschaftliche Aufschwung unter den Römern, bis sich mit den ersten Alemanneninvasionen Mitte des 3. Jahrhunderts der allmähliche Niedergang ankündigte; 395 zerfiel das Römische Reich in zwei Teile.

Etwa zur gleichen Zeit breitete sich im Süden Frankreichs das **Christentum** aus. Die Christianisierung in der heutigen Region Midi-Pyrénées begann in Toulouse im Jahre 250 mit dem Martyrium des *Bischofs Saturnin.* Die Bekehrung schritt ziemlich schnell voran, Anfang des 5. Jahrhunderts gab es in Gallien schon 113 Bischofssitze, darunter die Bistümer Toulouse, Albi, Cahors und Rodez.

Ab dem Jahre 406 drangen immer wieder germanische Volksstämme über den Rhein in das geschwächte weströmische Reich vor, bis es schließlich zusammenbrach. Im gleichen Zeitraum plünderten die **Westgoten** alle Orte, die sie im römischen Reich durchquerten. Kaiser *Honorius* überließ ihnen Teile Aquitaniens, in der Hoffnung, damit den Frieden wieder herzustellen. Toulouse wurde die Hauptstadt des **Tolosanischen Westgotenreiches**, das von Spanien im Süden bis an die Loire im Norden reichte und fast einhundert Jahre lang bestand.

Im Jahre 507 standen sich dann die Westgoten und die merowingischen Franken mit **Chlodwig I.** an der Spitze in der **Schlacht von Vouillé** gegenüber und Chlodwig I. konnte der römisch-germanischen Vorherrschaft ein Ende setzen. Die Westgoten zogen sich nach Spanien mit Toledo als neuer Hauptstadt zurück. Die **Franken** bauten ihr riesiges *Fränkisches Reich* auf dem westeuropäischen Gebiet des Römischen Reichs auf, ihre Hauptstadt wurde Paris.

Aus diesem Fränkischen Reich sollten dann Jahrhunderte später durch die Trennung in *West- und Ostfränkisches Reich* Frankreich und Deutschland hervorgehen. Dabei bediente sich Chlodwig I. der Institution Kirche, sie war die letzte noch intakte Struktur des untergegangenen weströmischen Reiches. Nur unter der Mithilfe von Bischöfen und Äbten wurde das riesige Gebiet überhaupt regierbar, im Gegenzug dafür nahmen Chlodwig I. und Tausende von Adligen den katholischen Glauben an. Diese Entscheidung des Merowingerkönigs – wohl weniger aus religiöser

Aus Gallien wird Frankenreich

Absicht als aus rein politischem Kalkül getroffen – ebnete dem Katholizismus den Weg zu einer europäischen Vorrangstellung. Mit diesem genialen Schachzug sicherte sich Chlodwig I. dauerhaft die Unterstützung Roms beim Aufbau einer merowingisch-fränkischen Herrschaft.

Im 4. und 5. Jahrhundert wurden christliche Basiliken an antiken Orten wie *Séviac* (Gers) oder *Saint-Bertrand-de-Comminges* (Haute-Garonne) erbaut. Der Klerus hielt die Ordnung in den Städten aufrecht, während sich parallel dazu die Ordensgeistlichkeit zu einem weiteren Verantwortungsträger der Kirche entwickelte. *Moissac* (7. Jh.) gehört zu einer der ältesten Abteien, die in Südwestfrankreich erbaut wurden und entwickelte sich im 11. Jahrhundert zum wichtigsten Kloster, sozusagen zum „Cluny Südwestfrankreichs".

Innerhalb von drei Jahrhunderten stieg das Frankenreich zur Großmacht in West- und Mitteleuropa auf.

Natürlich gab es zahlreiche existenzielle Bedrohungen dieser neuen Ordnung, darunter Anfang des 8. Jahrhunderts die **Mauren**, die jedoch erfolgreich von *Karl Martell*, dem Großvater Karl des Großen, geschlagen wurden. Über diese Schlacht berichtet das berühmte *Rolandslied*. An die Zeit der maurischen Besetzung erinnert auch der Name der Ortschaft *Castelsarrasin* wenige Kilometer südlich von Moissac. **Normannen** und **Sarazenen** versuchten im 9. Jahrhundert immer wieder, das Reich zu erobern und plünderten alles, was ihnen auf ihrem Weg in die Quere kam.

Unter **Karl dem Großen**, der im Jahre 800 zum ersten westlichen Kaiser nach dem Zusammenbruch des weströmischen Reiches gekrönt wurde, erreichte das Reich den Höhepunkt an Größe und Macht. Er verstand es meisterhaft, die inzwischen zahlreichen Klöster in seine Politik mit einzubeziehen. In den wichtigsten Städten seines riesigen Landes, wozu seit dem Sieg über die Mauren auch das Gebiet des Languedoc gehörte, setzte er seine Gefolgsleute als Grafen ein, mit dem Auftrag, die jeweiligen Gebiete zu verwalten und gegen die Mauren zu verteidigen. Dabei waren sie dem Teilreich Aquitanien unterstellt.

Doch das Reich der **Karolinger** hatte nicht ewig Bestand, schon unter der Herrschaft der Enkel von Karl dem Großen zerfiel es. Aus den zahlreichen Teilungsverträgen gingen dann im Laufe der Jahrhunderte schrittweise letztendlich Deutschland und Frankreich hervor.

In dem Maße wie die Autorität der Karolinger nachließ, wuchs im Land die Macht der Territorialfürsten. Die **Grafschaft Toulouse** mit dem Quercy machte da keine Ausnahme. Nach dem Tod von Karl dem Großen im Jahre 814 ging unter den Grafen der Region das Gerangel um die Vorherrschaft so richtig los. Als spätere Grafen von Toulouse und Lehnsherren weiterer Grafen, u. a. von Foix und Carcassonne, gewann die Familie der *Raimonds* aus dem Rouergue den Kampf um die Herrschaft von Toulouse. Sie hatte das offizielle Sagen über die Gebiete des Rouergue und Quercy wie auch über die Städte Albi, Béziers, Narbonne und Nîmes. In der Folge trennten sie sich von der Oberherrschaft Aquitaniens und gründeten eine eigene Grafschaft.

Als es dann 987 zum Machtwechsel an der Spitze kam – die Karolinger waren ausgestorben – und mit *Hugo Capet* die **Kapetinger** das Zepter übernahmen, probten die Grafen von Toulouse den Aufstand. Sie verweigerten jegliche Anerkennung des neuen Königshauses und beanspruchten für sich die Oberherrschaft über alle Grafen des Languedoc. Das gleiche Ziel verfolgten jedoch auch die Grafen von Barcelona und die Könige von Aragón, womit zukünftige Reibereien vorprogrammiert waren. Die Toulouser Grafen waren, was ihre Macht anging, dank ihrer riesigen Region ebenbürtig mit den Herzögen von Burgund und Aquitanien.

Blütezeit im Hochmittelalter

Im Südwesten brach mit dem 11. und 12. Jahrhundert allgemein eine Epoche des goldenen Zeitalters an. Die Zeiten der Völkerwanderungen, diversen Invasionen und der karolingischen Reichsteilungen waren vorüber und Südwestfrankreich konnte sich erholen. Zeichen dieser friedlichen Epoche sind die zahlreich gegründeten Klöster, es entstand die **Kuppelkirche** als neuer Baustil romanischer Kirchen. Die Kunst der Bildhauerei entwickelte sich weiter, Toulouse mit seinen zahlreichen Ateliers stieg im 11. Jahrhundert zu einem Zentrum für romanische Skulptur auf. Den Künstlern dieser Ateliers verdanken wir heute die herrlichen Steinmetzarbeiten in Beaulieu, Cahors, Moissac und Souillac, die als „Highlight" der französischen Romanik gelten.

Wallfahrt im Südwesten

Mit der Entdeckung des Grabes von **Jakobus des Älteren** in **Santiago de Compostela**, im äußersten Nordwesten der Iberischen Halbinsel, nahm das Pilgern zum Grabe des Apostels einen ersten regionalen Anfang. Und nachdem im 10. und 11. Jahrhundert die Mauren erfolgreich aus Nordspanien verdrängt worden waren, konnten sich auch die nördlich der Pyrenäen lebenden Christen auf den Jakobsweg begeben. Da der Kreis der Pilgernden immer größer wurde, entstanden schnell vier Hauptrouten gen Süden. Eine davon, die **Via Podiensis ab Le Puy-en-Velay** in der Auvergne, führt auf dem GR 65 durch herrliche Landschaften quer durch die Midi-Pyrénées bis zum Atlantik. Die hochkarätigen Stationen der beliebten Pilgerstrecke durch die Region heißen unter anderem Aubrac, Conques, Rocamadour, Moissac und Lourdes. Man baute entlang der Pilgerwege Kirchen, Hospize, Klöster und Herbergen sowie Friedhöfe, denn nicht jeder Jakobspilger kam lebend ans Ziel, zu groß waren die Strapazen in der damaligen Zeit. Mönche übernahmen die Organisation vor Ort. Als Mitte des 14. Jahrhunderts Frankreich und England begannen, sich wegen Aquitanien über einhundert Jahre lang die Köpfe einzuschlagen, nahmen die Pilgermassen rapide ab.

Kreuzzug gegen die Katharer

Alles war soweit gut im Südwesten des 11. und 12. Jahrhunderts, bis sich der Glauben der Katharer ausbreitete. In Südwestfrankreich erstreckte sich ihr Einflussbereich von Narbonne bis zur Gascogne, im Norden bis ins Agenais und das Quercy, während im Süden ihre Religion, dank der Verbindungen von Foix zu Katalonien, auch in den Pyrenäen Fuß fasste. In der Grafschaft von Toulouse hielten sie sich vorrangig im Dreieck Carcassonne – Albi – Toulouse auf.

Die Geschichte der Midi-Pyrénées ist eng an den blutigen Kreuzzug gegen diese „Andersdenkenden" geknüpft. Die Katharer (der deutsche Begriff „Ketzer" geht darauf zurück) lehnten die römisch-katholische Kirche kategorisch ab, da diese nach ihrer Auffassung dem Teufel verfallen war. Sie zweifelten an der Allmacht Gottes, nicht zuletzt wegen seiner „Untaten" auf Erden, und verurteilten die sittliche Dekadenz des Papsttums und seines geldbesessenen Klerus, der Armut und Demut predigte, aber in Saus und Braus lebte, während das Volk in bitterer Armut

Kreuzzug gegen die Katharer

dahinsiechte. Sich selbst sahen sie als *bons hommes* (gute Menschen). Die „Reinen", wie sie sich auch selbst nannten, hinterließen ihrer Nachwelt keine materiellen Dinge, Kultstätten oder Kirchen. Nur wenige indirekte und schwer zu deutende Spuren weisen auf ihre ehemals tiefe Verwurzelung im südwestlichen Frankreich hin: Protokolle von Inquisitoren über ihre Verhöre und ein paar theologische Abhandlungen der katholischen Kirche über die Verfolgten.

Die Grafen von Toulouse, die Herzöge von Narbonne und der Marquis de Provence duldeten mit ihrer offenen Geisteshaltung diese Religion. Ihnen imponierte nicht nur der offene Gedankenaustausch mit den *„bons hommes"*, sondern auch die strikte Verweigerung der Zahlung des Kirchenzehnten, was ja beim okzitanischen Adel von jeher auf Ablehnung stieß. Neu war für die Herren auch, dass die Frau bei den Katharern eine anerkannte Stellung in der Gesellschaft besaß. Dank ihrer Toleranz konnte sich die neue Glaubensrichtung unter der Landbevölkerung in der Region ausbreiten Die meisten Katharer verdienten sich ihr tägliches Brot mit Handwerksarbeiten.

Raimond VI. verkündet den Tod von Simon de Montfort

Die katholische Kirche wurde angesichts der immer zahlreicher werdenden Anhänger der „Andersgläubigen" zunehmend nervöser. Besonders bedrohlich war für die Katholiken der Umstand, dass die „Konkurrenz" in der okzitanischen Umgangssprache predigte und somit auch vom einfachen Volk verstanden wurde.

Es dauerte nicht lange, bis die katholische Obrigkeit die **Albigenser,** wie sie auch im Volksmund genannt wurden, als echte Gefahr einstufte. Man kerkerte sie bei jeder Gelegenheit kurzerhand ein und beschlagnahmte ihre Habseligkeiten. Doch das war harmlos gegen das, was auf die Andersgläubigen zukommen sollte, als sich der junge **Papst Innozenz III.** auf den Heiligen Stuhl setzte. Jetzt begann die systematische Ausrottung. Im **Konzil von Lombers** bei Albi (daher wohl auch der Name Albigenser) wurden die „Unruhestifter" 1165 von der katholischen Kirche als Ketzer verdammt. Die Hatz gegen die Katharer kam langsam ins Rollen. Der französische **König Philipp II.** ignorierte vorerst noch die päpstlichen Aufforderungen und der große Katharerfreund **Graf Raimond VI.** von Toulouse, über den Papst Innozenz III. schon den Kirchenbann verhängt hatte, schwang sich g emäß dem Motto „ist der Ruf erst ruiniert, lebt es sich gänzlich ungeniert" an die Spitze ihrer militärischen Verteidigung. Das war keine so gute Idee, war doch das Verhältnis zwischen Papst und Graf Raimond VI. schon sehr angespannt. Ein Vermittlungsgespräch auf Initiative des Grafen mit dem päpstlichen Legaten **Peter von Castelnau** brachte auch keine Entspannung, im Gegenteil: Als der päpstliche Abgesandte auf seinem Rückweg in St. Gilles ermordet wurde, beschuldigte man Raimond VI. der

Tat. Das brachte das Fass zum Überlaufen, der Papst rief zum Kreuzzug gegen die Katharer und gegen den der „Ketzerei" verdächtigten Adel auf. Anführer des Kreuzzuges wurde der Zisterzienser-Abt von Cîteaux, **Arnaud Amoury**. Auftakt zur totalen Vernichtung der Katharer war die Einnahme von **Béziers** 1209. Sämtliche (schätzungsweise 20.000) Einwohner wurden an einem Tag niedergemetzelt, egal ob Katharer, Katholik, Frau oder Säugling. *„Tötet sie alle, Gott wird die Seinen schon erkennen"* waren die bekannten Worte des Abtes von Cîteaux, um seine vor diesen Gräueltaten anfangs noch zurückschreckenden Kreuzzügler aufzuhetzen.

Der Krieg gegen die Andersgläubigen war nicht nur religiös, sondern auch stark politisch angehaucht. Der Kreuzzug mutierte langsam aber sicher zum territorialen Eroberungsfeldzug. Die katholische Kirche machte die Beteiligung an der Hatz mit Sündenvergebung und Einbehaltung des eroberten Landbesitzes schmackhaft. Das hatte zur Folge, dass sich vor allem auch der nordfranzösische Adel an dem Kreuzzug beteiligte, an dessen Spitze sich nun ein gewisser **Simon de Montfort** setzte. Zu diesem Zeitpunkt machte sich König Philipp II. zwar immer noch nicht persönlich die Hände schmutzig, aber er billigte nun die Teilnahme einiger seiner Vasallen am Kreuzzug. Die Schlachten zogen sich über Jahre hin. **König Peter II. von Aragón**, Lehnsherr der Vizegrafschaft Béziers-Carcassonne, musste zwischendurch die Fronten wechseln, um seinen Besitz gegen die Kreuzritter zu verteidigen. Dabei starb er 1213 in der **Schlacht von Muret**, der an seiner Seite kämpfende Graf Raimond VI. von Toulouse konnte sein eigenes Leben nur durch Flucht nach England retten. 1215 befand das von Papst Innozenz III. einberufene **IV. Lateran-Konzil** den Grafen von Toulouse für schuldig. Er wurde auf Lebzeiten seiner Besitztümer enthoben und sein gesamter eroberter Besitz wurde Simon de Montfort zugesprochen. Doch Raimond VI. gab nicht auf und bot weiterhin zusammen mit seinem *Sohn Raimond VII.* dem verhassten Widersacher Simon de Montfort Paroli. Und 1218 hatte er Erfolg. Bei einer weiteren Belagerung der Stadt Toulouse durch Montforts Truppen wurde dieser tödlich durch einen Stein getroffen: Es heißt, die todbringende Steinschleuder wurde von der Toulouser Damenwelt bedient. Montforts Sohn Amaury übernahm daraufhin die Führung der Kreuzritter.

Auch Philipp II. hielt sich nun nicht länger abseits, wollte er sich doch durch aktive Teilnahme am Kreuzzug auch ein gehöriges Stück Land vom „Südwestfranzösischen Kuchen" sichern. So schickte er seinen Sohn, den zukünftigen **König Ludwig VIII**. als Verstärkung in die Schlacht. Nach einem erneuten Massaker, diesmal an den Bewohnern der Stadt **Marmande**, erhoben sich die Katharer und eroberten vor allem im Languedoc mehrere Städte zurück. Aber sie konnten sich auf Dauer nicht gegen die Kreuzritter durchsetzen.

Graf Raimond VII. unterwarf sich schließlich 1229 dem zu diesem Zeitpunkt noch minderjährigen **Ludwig IX.** Im **Vertrag von Meaux** sicherte sich die Krone Narbonne, Bereiche des Albigeois und das nördliche Quercy samt der Bischofsstadt Cahors. Außerdem verpflichtete sich der Toulouser Graf nicht nur den Katharismus zu bekämpfen, sondern auch die Lehenshoheit der Kapetinger anzuerkennen und seine neunjährige Erbtochter *Johanna* mit *Alphonse de Poitiers*, dem Bruder des zukünftigen Königs Ludwig IX., zu verheiraten. Im Klartext bedeutete dies, dass der Titel des Grafen von Toulouse an die französische Krone überging. Des Weiteren wurde vereinbart, dass im Falle eines kinderlosen Todes der beiden auch die Grafschaft Toulouse an die französische Krone fallen sollte. 1271 traf genau dies ein und die bisher freie Grafschaft wurde Krondomäne des französischen Königs. Dank der Unterwerfung des Grafen Raimond VII. konnte sich so die Dynastie der Kapetinger langfristig im Südwesten festsetzen. Zudem hatten sie nun endlich freien Zugang zum Mittelmeer.

Der Kreuzzug gegen die Katharer war offiziell 1229 mit dem Vertrag von Meaux zu Ende, nicht aber so deren Religion. Die Andersdenkenden gingen weiterhin heimlich ihrem Glauben nach. Sie hatten nach wie vor großen Zulauf aus der Bevölkerung und waren fast noch ein Jahrhundert lang auf der Flucht. Um die versprengten „Ketzer" endgültig zu vernichten, vertraute 1232 Papst *Gregor IX.* die **Inquisition** dem eigens dafür gegründeten Dominikanerorden an. Dabei genügte meist schon ein Gerücht und der betreffenden Person wurde der Inquisitionsprozess gemacht, ohne Zeugen, ohne Rechtsbeistand und im Geheimen. Das Geständnis wurde durch Folterungen erzwungen. Anschließend überließ man den Verurteilten dem weltlichen Gericht. So wurden Siedlungen und Dörfer niedergemacht, im März 1244 fiel auch **Montségur**. Die hoch oben auf dem Bergrücken von Montségur lebenden Katharer, über 200 an der Zahl, zogen es vor, freiwillig auf dem Scheiterhaufen zu verbrennen, als ihrem Glauben abzuschwören. Die Überlebenden flüchteten sich nach Katalonien, in die Lombardei oder verschwanden im Untergrund. Gnadenlos und brutal dauerte die Katharerverfolgung noch bis Anfang des 14. Jahrhunderts. Der letzte bekannte Andersgläubige starb 1321 auf dem Scheiterhaufen, er hieß **Guillaume Bélibaste**.

Englische Herrschaft und Hundertjähriger Krieg

Mit dem Aussterben der Karolinger Dynastie zerfiel auch die zentrale Macht im Westfrankenreich und in den Provinzen etablierten sich selbstständige Dynastien in Form von vererbbaren Grafschaften. Im Südwesten des Landes setzten sich besonders die *Grafen von Poitiers* durch. So besaßen diverse Guillaumes durchnummeriert von I. bis X. den Herzogstitel von Aquitanien. Fast alle hatten schmückende Beinamen wie „der Fromme" (das war 909 der Erste mit dem begehrten Titel), „der Junge", „der Wollschopf", „der Eisenarm"

Der letzte Guillaume aus der Reihe, der X., war ein großer Fan von Musik und Literatur und unterstützte, wo er konnte, auch die Troubadoure, zu jener Zeit noch sehr *en vogue*. Seinen beiden Töchtern, darunter die lebenslustige *Eleonore*, ließ er eine ausgezeichnete Erziehung zukommen. Das war eine absolute Ausnahme, denn damals konnten sogar nur die wenigsten Herrscher lesen und schreiben. Eleonore heiratete 1137 den künftigen französischen Thronanwärter *Philipp VII.* aus dem Hause der Kapetinger und wurde so eines Tages nach dem Tod ihres Vaters *Herzogin von Aquitanien*. Und mit der Inthronisation ihres Gatten auch Königin von Frankreich. Doch sie konnte mit dem Angetrauten auf Dauer nichts anfangen, zu unterschiedlich waren ihre Charaktere, und so gab 1152 der Papst endlich seinen Segen zur Scheidung. Eleonore blieb Herzogin von Aquitanien und heiratete nur zwei Monate später einen gewissen **Henri Plantagenêt**, Herzog der Normandie, Graf von Anjou, Maine und Tourraine und – für die zukünftige Geschichte entscheidend – designierter König von England. Er bestieg als **Henri II.** 1154 den Thron Englands, seine Gattin Eleonore brachte Aquitanien mit in die Ehe und durfte sich ab sofort Königin von England nennen. Somit begann 1154 für Aquitanien die englische Herrschaft, zwischen England und Frankreich war der Ärger vorprogrammiert und sollte im hundertjährigen Krieg enden.

Der erste Schritt in diese Richtung wurde durch das Gerangel um den Herzogstitel in Südwestfrankreichs Aquitanien gemacht. Mit dem Tod des erbenlosen *Karl IV.* 1328 hatte nach 350 Jahren das Sagen der Kapetinger-Dynastie ein Ende und die Karten um den französischen Thron wurden neu gemischt. Es gab dafür zwei Interessenten: *Philipp VI.* von *Valois*, Cousin Karls IV. aus einer Nebenlinie der Kapetinger, sowie *Eduard III.*, Sohn des englischen Königs Edouard II. und ein Neffe des verstorbenen Karl IV. Edouards direkte Verwandtschaft zu den Kapetingern lief über seine Mutter Isabelle, die die Schwester Karls IV. war und mit Eduard II. in die Dynastie *Plantagenêt* eingeheiratet hatte. Und da in Frankreich zu jener Zeit nach *salischem Recht* die Krone nicht über die weibliche Linie weitergegeben werden konnte, war es somit Philipp VI., der das Rennen um die Krone machte. Er wurde damit auch der erste König aus dem Haus Valois.

Jeanne d'Arc

Der Ärger beziehungsweise Krieg mit England war damit unausweichlich, denn Edouard III. gab sich auf Dauer mit seinem Los als „Nur-König" von England und Herzog von Aquitanien nicht zufrieden. Schon in der vorherigen Generation zwischen König Karl IV. aus Frankreich und König Edouard II. aus England gab es ständig Reibereien wegen der Gascogne, daran änderte sich auch nichts, als die beiden durch die Einheirat von Isabelle Schwäger wurden. Als König Philipp VI. *Guyenne*, den letzten englischen Besitz in Frankreich (wozu auch Aquitanien) gehörte, besetzte, wurde aus dem Gerangel zwischen Edouard III. und Philipp VI. langsam Ernst. Nicht nur im Südwesten, auch in Flandern und in der Bretagne stiegen die Spannungen, bis Edouard III. Frankreich schließlich den Krieg erklärte. In dessen Anfängen bekam Edouard dann auch die Hoheitsrechte über den gesamten Südwesten, dafür verzichtete er auf Frankreichs Krone. Doch der Krieg ging in zahlreichen Kleinkriegen, die sich über Jahre hinzogen, weiter. Hauptschauplätze waren unter anderem die Gascogne, Bretagne und die Normandie.

Was die Geisel Krieg im Land nicht vernichtete, erledigte dann die große *Pestepidemie 1348*. Fast ein Drittel der französischen Bevölkerung wurde dahingerafft, grausige Hungersnöte aufgrund von Versorgungsengpässen waren die Folge. Das Land lag brach, es fehlten die Menschen um es zu bearbeiten. Das wiederum trieb die verzweifelten Überlebenden auf die Straße, in den Provinzen gab es unzählige Bauernaufstände.

Zum Krieg gegen England gesellten sich dann ab 1392 noch innenpolitische Probleme des Landes, für die die beiden mächtigsten Adelshäuser, *Orléans-Armagnac* und *Burgund,* während ihrer Regentschaft sorgten. Sie konnten zwar mit England einen Waffenstillstand aushandeln, aber in der nächsten Generation gab es zwischen den beiden Häusern Mord und Totschlag und ein Bürgerkrieg zwischen Orléans-Armagnac und Burgund stand vor der Tür. Nach jahrelangen äußerst brutalen Auseinandersetzungen der beiden Adelshäuser verbündete sich schließlich das Burgund mit England gegen Frankreich.

Als dann auch noch Orléans belagert wurde, schien das Schicksal Frankreichs endgültig besiegelt. Doch es geschah ein Wunder: Ein Bauernmädchen mit göttlichen Visionen aus dem lothringischen Domrémy bot sich als Retterin der Stadt an. Es war die *Jungfrau Johanna von Orléans (Jeanne d'Arc)*, die mit ihrem unerschütterlichen Glauben Orléans befreite. Damit gab sie den Franzosen ihren Stolz, ihr Nationalgefühl und damit auch ihren Siegeswillen zurück. Sie selbst wurde schon bald darauf von den Burgundern gefangen genommen, an die Engländer für teures Gold ausgeliefert und 1431 als Ketzerin in Rouen auf dem Scheiterhaufen verbrannt. Doch Frankreich war nicht mehr zu bremsen, es ging wieder bergauf, die Burgunder zogen die Konsequenz aus dem erstarkten Frankreich und versöhnten sich mit dem Land im *Frieden von Arras*. Die letzte Schlacht im Hundertjährigen Krieg fand 1453 bei *Castillon-la-Bataille* (la Bataille – die Schlacht) am Unterlauf der Dordogne statt. Einige ehemals französische Kanalinseln sind bis heute englisch geblieben, ansonsten aber mussten die *Plantagenêts* zum Ende des Hundertjährigen Krieges ihre gesamten französischen Besitzungen aufgeben. Aquitanien wurde in den neu gegründeten Nationalstaat eingegliedert und die von den Engländern eingeführten Privilegien abgeschafft. Der Südwesten erholte sich relativ schnell von den Kriegswirren.

Religionskriege, Absolutismus und Französische Revolution

Sichtbare Zeugen des Wiederaufschwungs nach dem Hundertjährigen Krieg wurden die prachtvollen Bauten des Feudalzeitalters. Aus den zerstörten Burgen entstanden Schlösser mit offenen Ehrenhöfen, große Fensteröffnungen ersetzten die schmalen Schießscharten. In den Städten entstanden stattliche Wohnsitze im Renaissance-Stil (frz. *hôtels*), deren Besitzer mit dem Färberwaid, auch *Pastel* genannt, zu großem Reichtum kamen. Die schönsten Gebäude stehen in Toulouse und Albi, aber auch in Cordes-sur-Ciel und Figeac.

Mit den religiösen Auseinandersetzungen Mitte des 16. Jahrhunderts legten sich wieder schwere Schatten über Frankreich und vor allem über den Südwesten. Der Süden war schon immer ein für Reformen empfänglicher Landstrich. Unter dem Einfluss der Lehren der Katharer rebellierte er gegen die römisch-katholische Kirche und mit den persönlich verbreiteten Lehren des Reformers *Calvins* war es nicht anders. Jetzt schwenkte der Südwesten nach der Reformation mit ganzen Dörfern und Städten, darunter Castres, Montauban, Orthez wie auch das Gebiet des heutigen Departements Ariège, auf die Seite Calvins über. Der neue Glaube konnte sich ohne Widerstand in den *Midi-Pyrénées* ausbreiten, vor allem im Quercy, aber auch im Languedoc und im Périgord sowie in anderen westfranzösischen Landstrichen zwischen Loire und Garonne.

Anfangs ging es dabei noch recht locker zu, nicht selten wurden dieselben Kirchen sowohl von Katholiken als auch von Protestanten, den sogenannten Hugenotten, genutzt. König *François I.* aus der Dynastie der *Valois* und auch sein Sohn und Nachfolger *Henri II.* standen den neuen Lehren ziemlich gleichgültig gegenüber.

Doch mit dem Todestag von Henri II. 1559 war Schluss mit lustig, die Gegensätze verschärften sich schlagartig. Immer öfter gab es Übergriffe auf die Hugenotten und politische Machtkämpfe unter den großen Adelshäusern um die Einflussnahme auf das geschwächte Königshaus. In Toulouse wurden die Protestanten ausgewiesen. Die Religionskriege fanden ihren grausigen Höhepunkt am 23./24.August 1572 unter anderem in Paris, als Königin *Katharina de Medici* und ihr zweiter Sohn *Charles IX.* die Hugenotten niedermetzeln ließen. Der Protestant *Henri de Navarre*, zukünftig als *Henri IV.* populärster König Frankreichs und Sohn von *Antoine de Bourbon* und *Jeanne d'Albret*, Königin von Navarra, weilte damals anlässlich seiner Heirat mit *Margarethe de Valois* (Tochter des französischen Königs *Henri II.*) in Paris. *Henri* entkam dem Gemetzel. Diese fürchterliche Bluttat ging als **Bartholomäusnacht** in die Geschichte ein. Mit dem Mord an *Henri III.*, dem dritten Sohn der *Katharina de Medici*, starb die Dynastie Valois aus und dem Protestanten *Henri de Navarre* stand als künftigem König nichts mehr im Weg. Unter dem Druck seiner Berater trat er zum Katholizismus über und wurde als *Henri IV.* zum Begründer der *Dynastie des Bourbons*. 1598 beendete er mit dem **Toleranzedikt von Nantes**, welches den französischen Protestanten freie Religionsausübung garantierte, das Kapitel des 30 Jahre währenden Religionskrieges.

Doch seine Nachfolger *Louis XIII.* wie auch *Louis XIV.*, besser bekannt als „Sonnenkönig", sowie ein Enkel von Henri IV. wollten der calvinistischen Strömung ein Ende bereiten. Und so kam es, dass der Sonnenkönig 1685 das Toleranzedikt wieder aufhob. Natürlich schlugen sich die Katholiken und Protestanten danach wieder gegenseitig die Köpfe ein. In manchen Gebieten, wie in den Cevennen und den Bergen der Monts Lacaune östlich von Castres, ließen sich die Protestanten ihren Glauben nicht so einfach verbieten. Laienprediger an Stelle der vertriebenen Pfarrer hielten nachts an geheimen und schwer zugänglichen Orten ihre Predigten. Diese Zusammenkünfte sind auch bekannt als *assemblées du désert*, Versammlungen in der Wüste, in Anspielung auf die Vertreibung der Juden aus Ägypten und ihren vierzigtägigen Marsch durch die Wüste. Die Lage der Protestanten verbesserte sich erst im Laufe des 18. Jahrhunderts, als alles etwas lockerer gesehen wurde.

Nach Aufhebung des Ediktes von Nantes verließen zahllose Protestanten aus Angst vor neuen Verfolgungen das Land. Das hatte wiederum katastrophale Auswirkungen auf den Handel und damit auch auf die Finanzen in den Städten, waren es doch hauptsächlich die reichen protestantischen Bürger, die Handel trieben. Verschwendungssucht – nicht nur am Königshof – und die Mätressenwirtschaft des Sonnenkönigs führten zu immensen Staatsschulden, was wiederum dazu führte, dass der Hof die Bauern und Gewerbetreibenden verstärkt ausbeutete. Missernten, Hungersnöte und vor allem noch eine gewaltige Pestepidemie um 1720 gaben Land und Leuten den Rest. Die Kluft zwischen Ober- und Unterschicht war für das einfache Volk nicht mehr zu ertragen.

Die königliche Macht unter den Bourbonen wurde immer stärker, während der Adel immer weniger zu Sagen hatte. Dass es so blieb, dafür sorgten die beiden Kardinäle und leitende Minister Richelieu und Mazarin. Hinzu kam, dass die Städte eine immer höhere Steuerlast zu tragen hatten und die Provinzen immer mehr ins Abseits gerieten, Musik und Politik spielte am Hofe. Das Zeitalter des sogenannten **Absolutismus** war unter der Herrschaft der Bourbonen angebrochen. Zahllose Bauern machten durch Aufstände ihrem Unmut über die gnadenlose Ausbeutung Luft. Auch das Languedoc revoltierte, angeführt von dem Gouverneur *Herzog von Montmorency*. Richelieu ließ ihn daraufhin kurzerhand köpfen. Der Schauplatz die-

Religionskriege, Absolutismus und Französische Revolution 49

ser wellenschlagenden Hinrichtung war der Innenhof des Capitole in Toulouse (eine Gedenkplatte vor Ort erinnert an dieses Geschehen). Immerhin fiel sein Haupt unter Ausschluss der Öffentlichkeit, das hatte *Montmorency* seiner führenden Position zu verdanken.

Es gab jahrzehntelang immer wieder Bauernrevolten, darunter die der *croquants* (so bezeichneten ursprünglich die Bauern den Adel, weil sie das Volk „auffraßen", sprich ausnahmen; im Volksmund werden heute so die gegen diesen Adel aufständischen Bauern genannt). Das Königshaus schlug zwar die Revolten immer wieder nieder, aber die Waffenruhe war nur oberflächlich. Es kam in den folgenden Jahrzehnten immer wieder zu lokalen Gefechten zwischen *croquants* und Regierungstruppen.

Jean Petit

Es gibt ein französisches Kinderlied namens „Jean Petit". Für Geschichtskenner und Wissende um die Folgen diverser mittelalterlicher Foltermethoden ist es grausige Wahrheit, für Kinder und Unwissende ein lustiges Kinderlied. Es erinnert an das Los des Croquant-Anführers Jean Petit, der in Villefranche-de-Rouergue geschnappt und gerädert wurde. In dem Lied „tanzen" erst seine Finger, dann seine Hand, sein Arm, sein Bein ..., bis der ganze Körper haltlos „hin- und hertanzt". Jean Petit musste tanzen, weil ihm auf dem Rad ein Gelenk nach dem anderen zerschmettert wurde.

Am 14. Juli 1789 kam es dann zur **Französischen Revolution**. Der Sturm auf die *Bastille* (damals Gefängnis) entwickelte sich sehr schnell zu einem landesweiten Flächenbrand. Der Umsturz fand quasi in allen Provinzen statt und das *Ancien Régime* mit seinen royalistischen Strukturen brach völlig zusammen. In der Region Midi-Pyrénées verlief die Revolution alles in allem weniger heftig als in anderen Gegenden. Das neu eingeführte Staatssystem der Republikaner funktionierte nach dem Motto *Freiheit, Gleichheit, Brüderlichkeit*. Man schaffte die Privilegien von Adel und Klerus ab, ebenso die Feudalrechte und die Bauern waren wieder frei. Im Gegensatz zu den französischen Juden, die ziemlich schnell ihre vollen Bürgerrechte zurück bekamen, wartete das französische weibliche Geschlecht bis 1945 (!) auf sein Wahlrecht. Soviel zum Thema *Gleichheit* in der 1792 neu gegründeten Republik.

Durch die Streichung der alten Landschaftsnamen 1790 wurde automatisch auch die Adelsherrschaft beseitigt; man ersetzte die alten Territorien durch neue Verwaltungseinheiten, insgesamt 89 Departements (inzwischen sind noch ein paar dazugekommen). Diese ursprüngliche Zahl 89 sollte an das Revolutionsjahr 1789 erinnern. Das Zentrum Paris hatte die Zügel fest in der Hand und diktierte alles.

Es war die Zeit, in der man Klöster auflöste und zerfallen ließ, es zu Konflikten mit den katholischen Geistlichen kam, das Bildungssystem reformiert und die Gewerbefreiheit eingeführt wurde. In dieser Epoche des Umbruchs und der Neuorientierung ergriff *Napoléon Bonaparte* 1799 mit einem Staatsstreich die Macht. 1802 wurde er Konsul und zwei Jahre später krönte er sich selbst zum Kaiser. Damit begann in Frankreich die Epoche, die mancher auch als „Bonapartismus" bezeichnet.

Nach den Napoleonischen Kriegen mit Europas Mächten (1800-1815) fielen die Zollschutzmauern und Frankreich wurde mit Billigware aus England überschwemmt. Der freie Handel wirkte sich wiederum sehr negativ u. a. auf die Getreidewirtschaft des Landes aus, eine rettende Industrialisierung war weit und breit nicht in Sicht. Sowohl Republikaner als auch Royalisten blieben dem Kaiserreich gegenüber äußerst misstrauisch und feindselig eingestellt. Die meisten Menschen im Südwesten wandten sich – je mehr sich die Konsequenzen des nicht mehr enden wollenden Krieges bemerkbar machten – von *Napoléon I.* ab. Trotz aller Umstürze und Bestrebungen nach Neuem blieb Paris unangefochten das Machtzentrum Frankreichs.

Die südwestlichen Provinzen, denen es wirtschaftlich sehr schlecht ging und die völlig im Abseits lagen, spürten von den darauf folgenden großen Geschichtsereignissen kaum etwas. Paris, weit weg, blieb weiterhin der „Nabel der Welt". So kam und ging die **Julimonarchie** des „Bürgerkönigs" *Louis Philippe*, der den Thron nicht als „König Frankreichs", sondern als „König der Franzosen" von 1830 bis 1848 besetzte wie auch die **II. Republik** (1848-1852) und das **Zweite Kaiserreich** unter *Napoléon III.* (1852-1870). Als Folge der katastrophalen Situation in den südwestlichen Departements wuchs die Bereitschaft der unterdrückten Arbeiter für sozialistisches Gedankengut rapide. Und wie so oft in der Geschichte gab es da jemanden, der die neue Ideologie auch zu verbreiten verstand: **Léon Gambetta**, 1838 in Cahors geboren. Der Republikaner bekämpfte als einer der markantesten Figuren des Landes das Zweite Kaiserreich samt dem letzten französischen Kaiser auf dem *Schlachtfeld von Sedan* und rief die **Dritte Republik** aus. Das war das endgültige Aus des französischen „Bonapartismus".

20. Jahrhundert

Anfang des 20. Jahrhunderts brach die Wirtschaft des Südwestens wieder zusammen, der Grund: Die eingeschleppte Reblaus, die schon 1868 riesige Schäden anrichtete und nun im Jahre 1900 die Reben sämtlicher Weinbaugebiete vernichtete. Cahors Rebberge traf es schon bei der ersten Schädlingsinvasion derart schlimm, dass man die kranken Stöcke nicht einmal mehr ersetzte.

Der **Erste Weltkrieg** forderte einen sehr hohen Blutzoll, in zahllosen Dörfern im tiefsten Südwesten ist die Liste der Kriegsopfer lang. Als in Spanien 1939 *Général Franco* an die Macht kam, flüchteten die spanischen Republikaner zu Hunderttausenden unter anderem über den *Col d'Arès* in den Südwesten. Viele von ihnen sind in Südwestfrankreich geblieben.

Im **Zweiten Weltkrieg** gehörte die Region nicht zum offiziell von der Deutschen Wehrmacht besetzten Gebiet, sondern zu dem vom *Vichy-Regime* kontrollierten Bereich. Doch die Deutschen drangen mehrere Male bis in den Südwesten vor, zerstörten Dörfer und sprengten Brücken.

Seit der Epoche des Absolutismus war Paris das Machtzentrum, *Charles De Gaulle* versuchte schon 1969 diesen Zustand zu ändern – ohne Erfolg. Doch seinem Nachfolger, *Georges Pompidou*, von 1969 bis 1974 im Amt, gelang es 1972 die **Gebietsreform** durchzusetzen. Man schuf im Großraum Paris vier neue Departements und im ganzen Land 22 Regionen, darunter im Südwesten die Region *Midi-Pyrénées*. Diese Regionen ohne eigenes Parlament sind eine bunt zusammengewürfelte Mischung mehrerer Departements, mit dem Ziel, das wirtschaftliche und kulturelle Leben wie auch bestimmte Verwaltungen zu bündeln und besser zu organisieren. Damit bröckelte die Pariser Macht immer mehr und seitdem mischen die Provinzen in der großen Politik mit, zum Beispiel in dem sie schon so manchen Minister in so manchem wichtigen Ressort stellten.

Fortbewegungsmöglichkeiten in der Region

Frankreich ist immer noch ein Land der passionierten Autofahrer, deren Altersklasse von 16 (Führerscheinanwärter in Begleitung) bis über 90 Jahre reicht. Der Ausbau des öffentlichen Nahverkehrs steckt, von wenigen Großstädten und Skigebieten abgesehen, noch immer in den Kinderschuhen. In der ländlichen Provinz, Franzosen nennen es „*la France profonde*", sind öffentliche Verkehrsmittel rar und so fährt jedermann mit den eigenen vier Rädern.

Mit dem eigenen Fahrzeug

In den Midi-Pyrénées bewegt man sich fast ausschließlich auf kleinen, oftmals auch holprigen und unbefestigten Landstraßen (frz. *route départementale*, mit einem D gekennzeichnet). Breite und gut ausgebaute Nationalstraßen kann man an zwei Händen abzählen, für die gesamte Region wohlgemerkt! Je einsamer die Landschaft wirkt, umso vorsichtiger sollte man fahren, die ansässigen Bewohner fühlen sich nämlich grundsätzlich allein auf der Straße. Die wenigen Städte sind bequem zu Fuß zu erkunden und man kann sein Gefährt am Stadtrand auf einem der angezeigten Parkplätze stehen lassen. In die größte Stadt der Region, Toulouse, fährt man super bequem mit der Metro, sein Auto lässt man auf einem der an der Stadtumfahrung ausgeschilderten Metro-Parkplätze stehen (s. Toulouse, S. 240).

Grundsätzlich sollten die vorgeschriebenen Geschwindigkeiten eingehalten werden, die Zahl der eingesetzten mobilen Radargeräte und blauen Männchen auf blauen Motorrädern ist enorm gestiegen. Zur Information: Auch Raserei wird inzwischen in das EU-Ausland verfolgt.

Autobahnrastplätze

Entlang der Autobahnen in der Region gibt es Rastplätze, die einen Halt wert sind. So bietet der *Aire de l'Aveyron* an der A 75, Ausfahrt 42 (Sévérac-le-Château), eine interessante Informationsstelle zum Departement.

Der *Aire du Pic du Midi* an der A 64 bei Saint-Laurent-de-Neste zeigt in einem 180°-Kinosaal (auch *Pentagone* genannt) einen 20-minütigen Film über die Ausblicke und Sternbeobachtungen auf dem Pic du Midi de Bigorre, mit rund 2.800 Höhenmetern der höchste Pyrenäengipfel der Region. Der große Kinderspielplatz steht im Zeichen der Astronomie. Täglich 10–18 Uhr, in der Ferienzeit bis 20 Uhr geöffnet. Zufahrt auch über die Nationalstraße N 117.

Autoverleih

International bekannte Verleihfirmen sowie örtliche Autoanbieter gibt es in den Hauptstädten der Departements, an großen Bahnhöfen und am Flughafen. Voraussetzung für das Mieten eines Leihwagens sind eine Kreditkarte (ohne die läuft gar nichts!), der mindestens zwölf Monate alte Führerschein und ein Mindestalter von 21 Jahren. Die günstigsten Angebote erhält man meist bei Buchungen von Zuhause aus, zum Beispiel über die SNCF (französische Bahn) mit den *rail-and-drive*-Angeboten oder von *fly-and-drive* über die Fluggesellschaften.

Reparaturen

Vor Antritt der Reise sollte man sich von seinem Vertragshändler oder direkt vom Werk eine Liste mit den aktuellen französischen Werkstätten für seine Automarke aushändigen lassen. Damit erleichtert man sich im Falle des Falles die Suche nach der richtigen Autowerkstatt.

Mit der Bahn

Von Paris aus ist die jeweilige Hauptstadt eines Departements gut über das Schienennetz zu erreichen. Doch die Zugverbindungen zwischen den Departement-Städten sind teilweise sehr schlecht. Und wer per Bahn auch noch in das Hinterland reisen möchte, für den bedeutet das in der Regel: *Rien ne va plus* (nichts geht mehr). Da heißt es dann umsteigen in den Bus, der von wenigen Ausnahmen abgesehen nur ein- oder zweimal am Tag fährt (s. u.).

Mit dem Bus

Manche Gegenden sind „busmäßig" gut miteinander vernetzt, wie zum Beispiel das Pyrenäenvorland des Departements Hautes-Pyrénées sowie Toulouse und Umgebung und die Hauptstädte der Departements. **Aber**: Während der Schulzeit richten sich die Fahrpläne vor allem nach den Unterrichtszeiten, d. h. morgens hin und nachmittags wieder zurück, in der Ferienzeit sowie an Sonn- und Feiertagen rollt meist gar nichts. Des Weiteren bieten einige größere Ortschaften an Markttagen morgens eine Fahrt vom Land in die Stadt und gegen Mittag wieder zurück. An den Haltestellen sollte man grundsätzlich dem nahenden Busfahrer ein Zeichen geben, dass man mitfahren möchte! Sonst könnte es sein ...

Das Busangebot wird durch **SNCF-Buslinien** ergänzt, die als Ersatz für das nicht (mehr) bestehende Schienennetz den Besucher zum nächsten größeren Ort bringen. Busfahrpläne – sofern existent – gibt es im Touristenbüro.

Mit dem Hausboot

Der *Canal du Midi* „verbindet" die Garonne ab Toulouse mit dem Mittelmeer. In den Midi-Pyrénées bietet der Kanal die Gelegenheit, im Hausboot gemütlich vor sich hintuckernd die abwechslungsreiche Landschaft beidseitig des Kanals zu erkunden. Auch auf dem *Lot* oder auf dem *Seitenkanal der Garonne* (frz. *canal latéral à la Garonne*) ist das Hausbootfahren ein Erlebnis. Information http://bateauxsans-permis.com/.

Entlang der schiffbaren Kanäle oder Flüsse ist man auf die Flusstouristen eingestellt und es gibt mehrere Häfen, in denen man Boote mieten kann. Zum Hausbootschippern benötigt der Freizeit-Kapitän keinen Führerschein, eine kurze Einweisung plus Probefahrt reicht in aller Regel aus. Im Gegensatz dazu müssen Bootseigentümer auf den Wasserstraßen Inhaber eines Binnenschifffahrtpatents sein.

Die Leihboote gibt es in allen Größen für zwei bis zwölf Personen, sie sind im Prinzip wie ein Wohnwagen ausgestattet. Einzige (ganz) kleine Herausforderungen sind die relativ engen Schleuseneinfahrten. Die Treidelpfade entlang des Kanals bieten gute Möglichkeiten für Radtouren. Fahrräder sollte man auf alle Fälle an Bord haben, allein schon um schnell mal einkaufen fahren zu können oder die Sehenswürdigkeiten rechts und links vom Kanal mitzunehmen. Die Bootsverleiher haben Leihfahrräder im Allgemeinen in ihrem Programm. An den „Halteplätzen" gibt es auch Einkehrmöglichkeiten.

Was den *Canal du Midi* mit seinen Schleusen wie auch den Anschlusskanal *canal de la Robine* (Seitenkanal nach Narbonne) angeht, sind sie von Anfang April bis Ende Oktober bis auf wenige Feiertage täglich befahrbar. Die Schleusen sind in der Regel von 8-12.30 und 13.30 bis 19.30 Uhr geöffnet. Die Preise für ein Leihboot bewegen sich zwischen 800 und 3000 € pro Woche, der Preis ist abhängig von der Größe und Ausstattung des Bootes sowie der Jahreszeit. Hinzu kommen noch eine Betriebskostenpauschale, Einwegzuschlag, die Endreinigung und gegebenenfalls Leihgebühren für Fahrräder.

Information Comité Régional du Tourisme de Midi-Pyrénées, www.tourisme-midi-pyrenees.com.

Mit dem Fahrrad

„Langstreckenradler" wie auch Mountainbiker finden ausgewiesene Wegstrecken (nicht zu verwechseln mit ausgewiesenen Radwegen!) unterschiedlicher Länge und diversen Schwierigkeitsgraden vor. Wer es gern schweißtreibend mag, radelt in den Pyrenäen; wer eine liebliche und hügelige Landschaft vorzieht, fährt in die östliche Gascogne, ins Pyrenäenvorland oder ins Rouergue. Auf den Hochplateaus des Aubrac oder der Grands Causses lässt es sich ohne große Kraftanstrengung in die Pedale treten. Zu den einzelnen Gebieten haben die Touristenbüros der größeren Ortschaften gutes Kartenmaterial und Streckenvorschläge parat (s. Reiseteil).

Die ebenen Treidelpfade entlang des Canal du Midi bieten ebenfalls eine Gelegenheit, zwischendurch mal Rad zu fahren. Detaillierte Karten, in denen auch die touristische Infrastruktur (Restaurants, Übernachtungsmöglichkeiten, Sehenswürdigkeiten ...) verzeichnet ist, bekommt man im gut sortierten Buchhandel vor Ort.

In den Städten sowie in touristisch gut besuchten Gebieten kann man den gewünschten Radtyp auch mieten. Die Preise richten sich nach Fahrradtyp, Dauer und Saison. Mountainbiker müssen nach einem *vélo tout terrain*, abgekürzt *VTT* fragen; Rennräder heißen *vélos de course*.

Es ist wichtig zu wissen, dass es keine ausgewiesenen Radwege auf den Straßen gibt und in Frankreich nur in dem Zeitraum der *Tour de France* häufiger in die Pedale getreten wird. Außerhalb dieser Tour-Zeit rechnet niemand mehr mit einem Radfahrer hinter einer Kurve.

Auch deshalb ist es wichtig, die gelbe Sicherheitsweste zu tragen (s. u. Wissenswertes).

Information Gutes Kartenmaterial gibt es von *IGN*, www.ign.fr. Unter *www.ffct.org* und *www.veloenfrance.fr* kann man von zuhause seine Routen schon mal im Vorfeld planen.

Praktisch: Toulouse per Drahtesel erkunden

Zelt-Bungalows: praktisch und günstig

Übernachten

Die Region bietet Übernachtungsmöglichkeiten für jeden Geschmack: Vom einfachen Campingplatz „à la ferme" bis zum exklusiven 5-Sterne-Burghotel ist für jeden Geldbeutel etwas dabei. Wohnmobil-Reisende finden in jeder touristisch interessanten Gemeinde ausgewiesene Stellplätze. Campingfans ohne eigenes Zelt können in Mobil-Homes oder Holz-Chalets übernachten.

Außerhalb des Ballungsgebietes Toulouse und den Departement-Hauptstädten fällt die Hotelauswahl magerer aus und einige der wenigen 40-50.000-Einwohner-Städte können maximal zwei bis drei Hotels aufweisen. Besonders negativ fällt diesbezüglich die Stadt Auch im Gers auf. Sogenannte Ein-Sterne-Hotels oder auch Billighotels gibt es in den ländlichen Gemeinden und kleinen Städten so gut wie gar nicht. In dieser ländlich geprägten Region muss man des Öfteren nehmen, was kommt. Sehr viel zahlreicher sind dagegen die Campingplätze und gîtes, die man noch in den einsamsten Winkeln finden kann. Buchungsprobleme wegen Massenansturm gibt es in diesem Landstrich normalerweise nicht, außer wenn eine Großveranstaltung stattfindet.

Hotels

Frankreichs Hotelbewertungssystem unterliegt der Fremdenverkehrskommission eines jeweiligen Departements und war bisher nicht nur sehr verwirrend, sondern auch mit internationalem Usus nicht vergleichbar. Das änderte sich im Jahre 2009 mit der Einführung des 5. Sterns als Hotelkategorie der Luxusklasse. Fünf Sterne bedeuten die Erfüllung von 124 Kriterien. Für das französische Vorgängermodell, die Kategorie „4 Sterne Luxe", wurden gerade mal 33 Punkte erhoben. Doch nach wie vor orientiert sich die Vergabe eines Sterns vor allem an Kriterien neutraler und quantitativer Natur wie Hotelgröße, Zahl der sanitären Einrichtungen oder Ausstattungen wie Telefon und Fahrstuhl. Die konkrete Qualität des Hauses wie Zimmerservice, Umgang mit den Gästen, Sauberkeit usw. fällt unter den Tisch. Es gibt 3-Sterne-Hotels, die jeden Komfort außer Sauberkeit bieten und einfache 1-Sterne-Hotels, die sich in einem Top-Zustand befinden. Die Zahl der Sterne, vor allem der unteren Kategorie, schreibt nur Zimmergröße und ein Ausstattungsminimum vor, sagt aber nichts über die zu erwartenden Leistungen und schon gar nichts über die Höhe der Übernachtungspreise. Dieses Manko an Leistungen hatte seinerzeit Frankreichs Wirtschaftsministerin Christine Lagarde dazu veranlasst, besseren Service und mehr Höflichkeit mit den Worten „Damit die Touristen Frankreich lieben, müssen die Franzosen auch die Touristen lieben!" anzumahnen. Man kann es auch anders zusammenfassen: Mit dem Hotel verhält es sich wie mit dem Wein – man sollte schon genauer hinsehen und „reinschmecken", die Etikettierung sagt nichts über den Inhalt aus.

Die Zimmerpreise fallen und steigen mit den Jahreszeiten, inzwischen unterscheiden viele Franzosen nicht mehr nur zwischen Hoch- und Nebensaison, sondern haben vier saisonbedingte Preisklassen:

Nebensaison (frz. *basse saison*): In dieser Zeit kommt die Übernachtung – nicht nur im Hotel – am günstigsten, sie liegt außerhalb jeglicher Schulferien und Feiertage mit möglichen Brückentagen.

Zwischensaison (frz. *moyenne saison*): Liegt in den Schulferien im Februar, an Ostern, Pfingsten und im Herbst, an Weihnachten und an den möglichen Brückentagen, aber außerhalb der Monate Juli/August. Diese Aufteilung gilt allerdings nicht für die Wintersportgebiete in den Pyrenäen.

Hochsaison (frz. *haute saison*): Juli/August, die Preise sind stark erhöht.

„Absolute" Hochsaison (frz. *super haute saison)*: In der Zeit zwischen 14. Juli und 15. August wird's am teuersten, es herrscht Ausnahmesituation im Land, denn dann machen die meisten Franzosen Urlaub.

Preisunterschiede gibt es aber oft auch bei der Zimmerlage (Park-, Gartenseite oder Straßenseite, d. h. laut oder leise). Die Zimmerpreise gelten in der Regel für ein Doppelzimmer, das sehr oft mit einem einzigen breiteren Bett (frz. *grand lit*), meist 1,40 m (seltener 1,60 m) breit und mit einer einzigen 2,40 m breiten Bettdecke und einer langen Kissenrolle, ausgestattet ist. Gehört man zu der Spezies, die eine eigene Decke für einen erholsamen Schlaf benötigt, dann fragt man am besten von vornherein nach Zimmern mit sogenannten *Twins* oder *deux lits séparés*, das sind echte Doppelbetten mit separaten Bettdecken. Im Übernachtungspreis eines Hotels ist das Frühstück nicht enthalten.

Klassifikation:

Ohne Stern: Hotels ohne Klassifizierung mit einfach möblierten Zimmern, die durchaus ihren typisch französischen Charme haben können (unterschiedlicher Mustermix auf Teppichboden, Bettdecke und Tapeten…). Dusche und WC meist auf dem Flur.

* einfache Hotels, kleine, aber in der Regel korrekte Zimmer, Dusche und WC manchmal auf dem Flur.

** Kategorie der unteren bis mittleren Mittelklasse. Das Zimmer ist mit einem *grand lit* manchmal auch mit Doppelbett, Telefon und meist Fernseher ausgestattet, Dusche und WC im Zimmer, Hotelrestaurant nicht immer vorhanden.

*** mittlere Komfortklasse, Zimmer mit Doppelbetten oder einem grand lit plus zusätzlichem Bett, Klimaanlage, Telefon, Fernseher. Meist Internet und WLAN-Zugang.

**** großer Komfort, Aufzug, große Zimmer (mindestens 16 m^2), Stilmöbel, Internetanschluss, Direktelefon, Satelliten- oder Kabelfernseher im Zimmer, Minibar, Safe. Nobelrestaurant, Schwimmbad und Wellness-Bereich sind eine Selbstverständlichkeit.

***** Hotel der absoluten Luxusklasse.

Hotelpreise: Die im Reiseführer angegebenen **Preisspannen** wie z. B. DZ 35-50 € beziehen sich auf das billigste Doppelzimmer des jeweiligen Hotels (z. B. Zimmer zur Straße, Dusche auf dem Flur und in der Nebensaison) und auf das teuerste Doppelzimmer (absolute Hauptsaison, sehr ruhige Lage, mit allem Komfort). Die Preisangaben beruhen auf Recherchen im Jahr 2011.

Hotelketten

Für einmalige Übernachtungen auf der Durch- oder Anreise bieten sich diverse preisgünstige Hotelketten wie Formule 1, IBIS oder Campanile an. Meist liegen sie in Gewerbegebieten unweit von Nationalstraßen oder Autobahnzufahrten. Voranmeldung ist bei allen ratsam, denn sie werden trotz ihrer wenig ansprechenden Lage viel gebucht. Auch bei ihnen gibt es eine Ausstattungshierarchie.

Formule 1: Hotelkette des französischen Accor-Konzerns, sie ist mit 25-30 € pro Zimmer am billigsten und am einfachsten ausgestattet. Die winzigen Schlafcontainer mit Etagenbett und einem Einzelbett für 3 Personen bieten noch einen Fernseher und ein Waschbecken, aber dann hat es sich schon mit dem Komfort. Duschkabinen und Toiletten sind in Zimmernähe. Die Atmosphäre ist sehr anonym, die Rezeption ist nur morgens von 6.30-10 Uhr und abends von 17-22 Uhr besetzt. Außerhalb dieser Zeiten muss man sein Zimmer an einem Automaten, der meist auch deutschsprachig ist, buchen. Dieser akzeptiert Visa, American Express, Mastercard, Eurocard, aber nicht die EC-Karte. Mit dem Buchungsbon bekommt man einen sechsstelligen Code, der sowohl für das Gelände wie auch für den Hotelzugang und das Zimmer gültig ist. Es ist ratsam, den Code stets bei sich zu tragen oder gut einzuprägen, vor allem, wenn man nur kurz das Zimmer verlässt, um die Nasszellen aufzusuchen! In der Nähe der Hotels findet sich oft die Möglichkeit, abends noch schnell was zu essen, manchmal sogar mit Vergünstigungen für Formule 1-Gäste. Das Frühstück (rund 4 €) in Form von Selbstbedienung, Kaffee, O-Saft, Brot, Marmelade und Honig kann man, wenn gewünscht, beim Einchecken gleich mitbezahlen. Besser schmeckt es aber sicher in der nächsten Bar mit einem frischen Croissant vom Bäcker nebenan.

Information www.hotelformule1.com.

Campanile: Diese Hotel-Restaurants findet man in der jeweils größten Stadt eines jeden Departements. Kabel- oder Satellitenfernsehen, Telefon mit Direktanschluss, Modemstecker für Computer, Dusche und WC sind in jedem Zimmer. Die meisten Hotels verfügen über WLAN (kostenlos und unbegrenzte Nutzung) in allen Zimmern und in den Gemeinschaftsräumen. Frühstück und Abendessen haben in der Regel ein korrektes Preis-Leistungs-Verhältnis. Die Preise pro Doppelzimmer vari-

ieren ein wenig von Stadt zu Stadt. So kostet ein DZ in Auch 47-65 €, in Rodez 58-66 € und in Albi 55-77 €. Die Öffnungszeiten der Hotels sind im Allgemeinen von 6.30-23 Uhr, am Wochenende 7-23 Uhr.
Information www.campanile.com/hotel/de.

Logis de France: Dahinter steht ein Hotelverband, der die Gastfreundlichkeit der Hotelinhaber, einen guten Service sowie eine regional angehauchte Speisekarte groß schreibt. Es sind kleine und mittlere Familienbetriebe, die sich unter dem grünen Logo mit gelbem Kamin zusammengeschlossen haben. Unterschieden wird zwischen drei Qualitätsklassen, die mit einem, zwei oder drei Kaminen gekennzeichnet sind. Ein Kamin bedeutet schlichte, aber komfortable und praktisch eingerichtete Zimmer. Bei zwei Kaminen darf man schon etwas mehr Professionalität und Tradition zu korrekten Preisen erwarten und drei Kamine bieten einen hohen Komfort und höchste Qualität. Zudem gibt es eine Luxusvariante, die *Logis d'Exception*, die meist mit dem Charme alter Gemäuer und einer hervorragenden Küche einhergeht, und die Variante mit besonderem Charme: *Logis de Charme*. Die Preise sind moderat und entsprechen – von der Luxusvariante mal abgesehen – im Großen und Ganzen Zwei-Sterne-Hotels.
Information www.logis-de-france.fr/de.

Relais & Chateaux: Diese Häuser sind in aller Regel mindestens Vier-Sterne-Hotels, die – wie der Name schon vermuten lässt – meist in historischen Gemäuern untergebracht sind. Information www.relaischateaux.com.

Silence Hotel: Alle Hotels dieser Kette zeichnen sich durch eine sehr ruhige Lage abseits jeden Verkehrslärms und jeder Alltagshektik aus und sind meist in Schlössern, Burgen oder Mühlen, umgeben von einem großen Park, untergebracht.
Information www.relaisdusilence.com/FR/.

Gîtes und chambres d'hôtes

Franzosen lieben es, im Urlaub Ferienhäuser und Wohnungen zu mieten, entsprechend groß ist das Angebot. Es bietet vor allem der mehrköpfigen Familie nicht nur die Möglichkeit, kostengünstiger als im Hotel zu übernachten, sondern auch mehr Freiheit in der Programmplanung.

Gîtes ruraux: Bei dieser in Frankreich weit verbreiteten Art, die Ferien zu verbringen, handelt es sich in den Midi-Pyrénées meist um umgebaute Scheunen oder Ställe auf einem Bauernhof, welche als Ferienwohnung oder -haus vermietet werden. Es hat aber nichts mit dem deutschen „Urlaub auf dem Bauernhof" gemein, der französische Bauer erwartet keine Hilfe seitens seiner Gäste, im Gegenteil! Aber er freut sich sicher, wenn man mit ihm abends einen Aperitif „zürpfelt". Vermietet werden diese Häuser grundsätzlich wochenweise von Samstag auf Samstag. Sie sind mit allen Gerätschaften, die man zum Kochen benötigt, ausgestattet, je nach Komfort auch mit Spülmaschine und Waschmaschine. *Gîtes*, die in der Vereinigung *Gîtes de France* zusammengefasst sind, haben einen Mindeststandard aufzuweisen und schützen somit einigermaßen vor schlechten Überraschungen, sind aber auch um einiges teurer als private, unabhängige Wohnungen. So schreibt *Gîtes de France* die Anzahl der Gedecke, die Ausstattung von Bad und Küche vor, Wasch- und Spülmaschine sind ein Muss und für die Endreinigung werden rund 40 € verlangt. Betttücher werden vom Vermieter gegen einen kleinen Aufpreis gestellt oder sind im Preis inbegriffen. Und obwohl man sich selbst versorgen muss, kommt ein Wochenaufenthalt mehrerer Personen in einer *gîte* um einiges billiger als ein Hotelaufenthalt. Die

Preise variieren stark je nach Zimmeranzahl, Saison und Ausstattung (Schwimmbad...) und liegen bei *Gîtes de France* im Schnitt für ein einfaches Ferienhaus (5-6 Personen) pro Woche zwischen 270 € in der Nebensaison und 480 € in der Hauptsaison.
Information Gîtes de France, 56, rue Saint-Lazare, 75439 Paris Cedex 9, ✆ 0149707575, www.gites-de-france.com.

Gîtes d'étape: Im Gegensatz zu den gîtes (s. o.) liegen die sehr einfach ausgestatteten *gîtes d'étape* entlang der *GR* (Grande Randonnée, Fernwanderweg), wie z. B. dem Jakobsweg, und dienen im Allgemeinen den Wanderern als abendliches Etappenziel, eine Übernachtung dort ist besonders günstig. Dabei gibt es je nach Ausstattung Zweibett- bis Mehrbettzimmer, eine Selbstversorgerküche und einen Aufenthaltsraum. Es wird oft abends ein günstiges, fertig gekochtes Menü für alle Interessierten angeboten, welches bei der Reservierung bestellt werden muss. Es wird nicht gerne gesehen, wenn man als Autofahrer vorfährt und seinen Schlafsack ausbreitet.

Chambres d'hôtes: Das ist die französische Version der Übernachtung mit Frühstück und Familienanschluss. Vermietet werden nächteweise private, möblierte Zimmer, je nach Komfort auch mit eigenem Bad, Frühstück ist normalerweise im Preis inbegriffen, eventuell auf Wunsch mit Halbpension. Oft sind es Besitzer von idyllisch gelegenen Bauernhöfen, die sich damit ein Zubrot verdienen. Auf jeden Fall wollen die Vermieter den Gast gerne mit hauseigenen Produkten verwöhnen und man erfährt beim gemeinsamen, gemütlichen Essen so manches über die Gegend und erhält Tipps für interessante Ausflüge. Man sollte keinen perfekten Hotel-Service erwarten, es läuft in diesen Familien nicht anders als zuhause ab. Doch genau diese Unkompliziertheit macht den Charme der *chambres d'hôtes* aus und ist für viele befriedigender als die anonymen Hotelzimmer. Die Preise variieren je nach Departement, Jahreszeit, Lage und Ausstattung und liegen im Schnitt für eine Übernachtung mit Frühstück für zwei Personen zwischen 50 und 80 €. Zeitige Reservierung für Zimmer und Mahlzeiten sind bei dieser Übernachtungsvariante eine Selbstverständlichkeit!
Information www.chambres-hotes.org und www.chambresdhotes.fr.

Appartements, Studios: Es handelt sich hierbei um moderne Wohnungen meist in Mehrfamilienhäusern oder Feriendörfern, die bis auf Bettwäsche, Hand- und Geschirrtücher komplett eingerichtet sind. Sie werden grundsätzlich nur wochenweise von Samstag bis Samstag vermietet. Es gibt in Frankreich ein riesiges Angebot in allen Preisklassen. Heiß begehrt sind sie v. a. in Küstennähe oder in Skigebieten. Angebote findet man in überregionalen deutschen Zeitungen, im Internet und jedes größere deutsche Reiseunternehmen hält Vorschläge bereit. Eine weitere Möglichkeit besteht darin, die regionalen Fremdenverkehrsämter anzuschreiben. In den Midi-Pyrénées werden Studios und Appartements in Skigebieten vermietet.

Camping

Rund ein Viertel der über 400 Campingplätze in der Region sind mit dem Qualitätsprädikat des Vereins *Camping Qualité* ausgezeichnet, in welchem Vertreter vom Gaststättenverband, Verbraucherschutz und der Tourismusbranche zusammenarbeiten. Diese Plätze bieten nicht nur eine Wiesenfläche, sondern auch ein Schwimmbad sowie im Juli/August diverse Programme wie z. B. geführte Wanderungen oder Musikveranstaltungen an. Des Weiteren haben viele Gemeinden kommunale Campingplätze eingerichtet, die unter *camping municipal* laufen und sich meist auf die oben erwähnte grüne Wiese, vielleicht mit Schwimmbad und

Fahrrad-Verleih, beschränken. Der Vorteil liegt auf der Hand, man hat mehr Ruhe. Aber auch ohne eigenes Zelt, Wohnmobil oder Wohnwagen muss man nicht aufs Campen verzichten. Seit ein paar Jahren hat sich ein regelrechter Boom von sogenannten Mobil-Homes und chalets entwickelt. Die Mobil-Homes sind im Grunde nichts anderes als bestens ausgestattete Wohnwagen. Chalets sind in der Regel Holzhütten und die von manchem Anbieter so hochtrabend angepriesenen „Bungalows" sind manchmal nichts anderes, als voll eingerichtete riesige Stoffzelte. Vermietet werden diese Unterkünfte in der Hauptsaison nur wochenweise von Samstag auf Samstag, in der Nebensaison machen manche Vermieter eine Ausnahme und vermieten ihre Unterkünfte für 2–3 Nächte.

Die Sterneverteilung für Campingplätze geht weniger nach Schönheit und Annehmlichkeiten der Anlagen als vielmehr nach sanitärem Einrichtungsniveau und vorhandenen Anschlüssen. Es ist auf jeden Fall empfehlenswert, Stellplatz samt Umfeld genau zu inspizieren und man sollte nicht vergessen, je mehr Sterne der Platz hat, umso größer ist das Veranstaltungsprogramm und desto lauter und unruhiger der Platz.

Preise: Die Übernachtungspreise für einen Zelt- oder Stellplatz können je nach Komfort und Saison stark variieren. Einfache Plätze beginnen bei ca. 7 €, Nobelplätze können schon mal bei 25 € und mehr liegen. Im Preis inbegriffen sind i. d. R. zwei Personen, ein Zelt und ein Fahrzeug. Bei Vermietungen von Bungalows, gîtes oder Mobil-Homes können die Preise je nach Personenzahl und Saison zwischen 150 € und 750 € pro Woche schwanken.

Camping à la ferme: Darunter versteht man „Campen auf der grünen Wiese" mit sanitärer Minimalausstattung. In der Regel werden keine chalets und Mobil-Homes zur Verfügung gestellt, im Klartext, man muss sein eigenes Dach mitbringen. Die Camping-Landwirte bringen entsprechende Hinweisschilder an der Straße an.
Information www.campingfrankreich.de oder www.campingmidipyrenees.com.

Les Castels sind Vier-Sterne-Campingplätze an Ausnahme-Standorten. So liegen manche innerhalb von Schloss- oder Parkanlagen oder direkt am See und bieten absoluten Luxus zu annehmbaren Preisen. Die Stellplätze sind 140 m² groß (anstatt 100 m² bei anderen Vier-Sterne-Plätzen) und bieten durchaus ein besonderes Camping-Flair. Kinderprogramme sorgen bei Bedarf für die Erholung der Eltern. Eigene Einkaufsläden stehen auf jedem Campingplatz zur Verfügung.
Information www.les-castels.com/de.

Jugendherbergen

Die Midi-Pyrénées sind mit Jugendherbergen (frz. auberge de jeunesse) nicht sehr gesegnet. Für die Übernachtung in der „JuHe" ist auch in Frankreich der Besitz eines gültigen internationalen Jugendherbergsausweises zwingend erforderlich. Man kann ihn sich in Deutschland beim deutschen Jugendherbergswerk besorgen oder übers Internet (Preis ca. 16 €, Familienausweis rund 23 €). Altersbegrenzung gibt es keine. Dieser Ausweis ist immer ab Oktober des laufenden Jahres für das kommende Jahr zu beziehen und gilt ein volles Jahr. Die Übernachtungskosten variieren zwischen 12 € und 18 €, je nach Komfort. Frühstück ist nur in der obersten Klasse inklusive, ansonsten schlägt es mit rund 5 € zusätzlich zu Buche. Die Klassifizierung geht von einer bis vier Tannen.

Information Fédération Unie des Auberges de Jeunesse (Fuaj) Centre National, 27, rue Pajol, 75018 Paris, ✆ 0033/(0)144898727, www.fuaj.org; Deutsches Jugendherbergswerk, Bismarckstr. 8, Postfach 1455, 32756 Detmold, ✆ 05231/99360, www.djh.de.

Samstagsmarkt: Gewürze für alle Geschmäcker

Essen und Trinken

Tafeln im Südwesten

Die französische Küche wird allenthalben gerühmt, doch die Region Midi-Pyrénées ist Frankreichs kulinarische Hochburg: Le pays de cocagne, das Schlaraffenland, dessen deftige Küche unter dem Begriff la cuisine du sudouest (regionale Küche aus dem Südwesten) zusammengefasst wird und mindestens so facettenreich wie Land und Leute ist.

Eine der Hauptzutaten dieser Südwestküche ist Entenschmalz, aber Fett ist ja bekanntlich ein Geschmacksträger. Die Kochgewohnheiten im Südwesten haben nichts gemein mit der leichten gemüsereichen mediterranen Küche. Dominierten vor ein paar Jahrzehnten noch das Fleisch von Schwein, Lamm und Kalb, macht inzwischen landauf, landab Entenfleisch in jeglicher Form das Rennen. Auf keiner Speisekarte fehlen Entenbrustfilet (*magret de canard*) und Entenschmalzfleisch (*confit de canard*), Lamm oder das legendäre Bohneneintopfgericht *cassoulet* aus der Toulouser Ebene, um nur wenige Gaumenfreuden zu nennen. Die Herstellung der Entenstopfleber (*foie gras*), in Deutschland verpönt, ist im Südwesten einer der wichtigsten landwirtschaftlichen Wirtschaftsfaktoren und fast alle Produkte auf der Basis von Ente stammen von gestopften Enten. Was den Deutschen ihre Salami, Leberwurst oder gekochter Schinken, ist für den Südwest-Franzosen die Stopfleber und Entenschmalzfleisch.

Am Fuße der Pyrenäen erwartet den Gourmet hervorragendes Lammfleisch, Schweineschinken und frische Forellen aus den Bächen der Berge. Trüffel als kulinarisches „Highlight" spielen bei den Spitzenköchen der Region eine große Rolle. Vielleicht wird diese deftige Zubereitungsart von den Franzosen deshalb so geliebt, weil sie tatsächlich authentisch ist. Heute wird noch mit den gleichen Zutaten gekocht, wie zu Groß- und Urgroßmutters Zeiten.

Wollte man sich auf einer Gourmettour mit den regionaltypischen Gerichten von Nord nach Süd durchfuttern, dann sähe das wie folgt aus: Im nördlichen Rouergue serviert man das seit dem Mittelalter bekannte Gericht *Aligot*, ein mit 2-3 Tage jungem *Laguiole* (einem Rohmilchkäse) angereichertes Kartoffelpüree, verfeinert mit viel Sahne, Butter und Knoblauch, serviert mit Schweinsbratwürsten. Beim Servieren (d.h. solange es noch heiß ist) zieht dieses Kartoffel-Käsegemisch – sehr zur Belustigung der Gäste – meterlange Käsefäden. Eine andere Variante des Kartoffelbreis, *l'estofinade,* gibt es in der Umgebung des Lot: Anstatt Käse verwendet man Stockfisch (luftgetrockneter Kabeljau), viele harte und rohe Eier, Walnussöl und Sauerrahm. Wie dieser Salzwasserfisch seinen Weg ins Landesinnere als Delikatesse gefunden hat, darüber darf spekuliert werden. Waren es die Soldaten aus dem Rouergue, die unter dem Sonnenkönig gedient hatten, oder die Bootsleute, die Kohle aus Decazeville auf dem Lot Richtung Atlantik transportierten?

Als Nachtisch gibt es in der Gegend um Villefranche-de-Rouergue die *pompe à l'huile* (Ölpumpe) – der Leser ahnt die Hauptzutat. Dieser Blechkuchen aus dünnem, ausgerolltem Brotteig, viel Walnussöl und noch mehr Zucker schmeckt lauwarm am besten.

Échaudés – ein mittelalterliches Kauerlebnis

Findet man auf dem Markt oder in den Bäckereien von Villefranche-de-Rouergue sogenannte *Échaudés*, dann sollte man vor dem Kauf zuerst überlegen, ob alle Zähne in Ordnung sind. Es handelt sich hier um ein nach mittelalterlicher Rezeptur hergestelltes Gebäck, das 1202 schon in einer Charta erwähnt wurde. Durch die Beigabe von Anis und Zucker wurde es geschmacklich etwas auf den heutigen Stand gebracht. Diese kleinen, dreieckigen Anisbollen sind, wenn sie nicht gerade frisch aus dem Ofen kommen, in der Regel steinhart und müssen, bevor es ans Kauen geht, erst einmal im Mund gut eingespeichelt werden. Ein mitunter minutenlanges Prozedere, so ähnlich fühlte sich wohl das Kauerlebnis im Mittelalter an. Es wird gut nachvollziehbar, wie sich die Bauern mit diesem trockenen, steinharten Keks während der harten Feldarbeit den Hunger vertrieben.

Findet man auf der Speisekarte eine *soupe au fromage* (Käsesuppe), dann Achtung! Es handelt sich hierbei nicht um eine flüssige Käsesuppe, denn die Fleischbouillon wird durch die reichliche Beigabe von dicken alten Brotscheiben, Cantal-Käse und Zwiebeln vollständig aufgesogen. Die zweifellos sehr schmackhafte „Suppe" entpuppt sich auf dem Teller als ein sehr dicker, Fäden ziehender Brei. In der Toulouser Ebene gibt es den reichhaltigen weißen Bohneneintopf mit Entenschlegeln, Lamm, Schweinsbratwürsten und Karotten *(cassoulet)*. Laut Meinungsumfragen gehört das Cassoulet zu den zehn beliebtesten Gerichten der Franzosen. Die genaue Zusammensetzung des Eintopfs variiert von Ort zu Ort, aber Unmengen von Fleisch und Bohnen aus Tarbes sind immer mit von der Partie.

Die Reihe der Spezialitäten ließe sich beliebig lang fortsetzen...

Hilfe, ich bin Vegetarier!

Dann haben Sie es in diesem Landstrich nicht leicht. Gute Restaurants in größeren Städten oder Lokale in Touristenhochburgen bieten schon mal vegetarische Tellergerichte an, aber es ist eher die Ausnahme. Doch damit nicht genug. Vermeiden Sie es, der Bedienung mangels Angebot, vegetarische Anregungen für den Koch zu geben und z. B. einen Teller voll Nudeln mit Gemüsebeilage und Käse zu bestellen; es ist durchaus möglich, dass man Ihnen einen Teller Nudeln mit Salzkartoffeln oder auch Bratkartoffeln als Gemüsebeilage serviert und mehr oder weniger liebevoll ein Stück Hartkäse am Tellerrand drapiert. Sie sollten in dem Fall immer präzisieren, welches Gemüse Sie wünschen oder zumindest ausdrücklich die Farbe grün (frz. *Vert*) hinzufügen, denn grüne Kartoffeln gibt es noch nicht! Äußern Sie außer fleisch- und fischlos keinen besonderen Wunsch, bekommen Sie ziemlich sicher ein Omelett. Das kann bei längeren Aufenthalten in der Region langweilig werden. Gibt es keine speziell ausgewiesenen vegetarischen Gerichte, sollte man am besten ein „normales Menü" mit viel Gemüse bestellen, und einfach das Fleisch liegenlassen oder dem Partner zuschieben. Da Franzosen nicht die Angewohnheit haben, ihre Zutaten in Saucen zu ertränken, laufen Sie auch nicht Gefahr, Ihr Gemüse aus einer Fleischsauce fischen zu müssen.

Frankreich – ein Käseparadies

Vor ein paar Jahrhunderten beschränkte sich die Käseproduktion in der Region auf drei Gebiete. Aus dem Aubrac stammten die würzigen Hartkäse aus Kuhmilch wie der *tome de Laguiole* (sprich „lajol"). An den Berghängen der nördlichen Pyrenäen produzierte man den typisch grauen, mit dicker Rinde überzogenen Hartkäse wie den *Bethmale*, der nach der Ortschaft seiner Herstellung benannt ist. Aus den *Causses* kamen diverse Schafskäse wie der bekannte *Roquefort* und die kleinen runden Ziegenfrischkäse, sogenannte *cabécous*, die auch heute noch hervorragend zu einem Gläschen *Gaillac* munden.

Inzwischen ist die Käseplatte fester Bestandteil eines jeden Menüs. Die berühmten Worte des *Général de Gaulle* in den 1960er Jahren – „Wie soll man ein Land regieren, das 246 Käsesorten herstellt?" – deuten darauf hin, dass die „Grande Nation" sehr stolz auf ihren Käse ist. Und die Zahl der diversen Käse hat sich seit de Gaulle vervielfacht, denn fast jeder Ort produziert seinen speziellen Käse.

Auf den Höhen des Aubrac gibt es nur noch wenige Senner, die den mindestens vier Monate gereiften Laguiole aus Rohmilch herstellen. In Roquefort-sur-Soulzon und in den Grands Causses bei Millau, kann der Besucher die Produktionsstätten und die Reifekeller des berühmten Blauschimmel-Schafskäses *Roquefort* besichtigen. Dieser Schafskäse, der anscheinend im Mittelalter per Zufall entdeckt wurde, hat einen sehr kräftigen, würzigen Geschmack. Am besten schmeckt er von April bis November, denn dann stammt die Milch von den Sommermonaten des Vorjahres.

Im Roquefort-Land Rouergue finden Sie auf einer Käseplatte meist **zwei** Käsemesser vor! Das ist **kein** Versehen, denn eines ist ausschließlich für den Roquefort bestimmt. Dies soll verhindern, dass Blauschimmel auf die anderen Käse übertragen wird.

Die *Aveyronais* sind zwar sehr stolz auf ihren bekannten Blauschimmelkäse, haben sie aber am Ende einer Mahlzeit die Wahl zwischen Quark mit Zucker und dem Roquefort, so greifen überraschend viele zum Quark und eben nicht mehr zum Blauschimmelkäse. Der allgemeine Geschmack im Land tendiert immer mehr zu den geschmacksneutraleren Sorten, was inzwischen auch die rückläufigen Verkaufszahlen des Roqueforts belegen.

Roquefort, ein Aphrodisiakum?

Die Roquefort-Herstellung in den Causses muss uralt sein. Es wurden in der Gegend auf 2000 v. Chr. Datierte Tonscherben von Gefäßen zur Käsebruchherstellung gefunden von denen man vermutet, dass sie zur Produktion dieses Blauschimmelkäses verwendet wurden.

Und ein roter Roquefort-Faden zieht sich durch die ganze (Käse-) Geschichte. So erwähnte Plinius der Ältere 76 n. Chr. In seiner Naturalis historia einen in Rom sehr begehrten Käse, den Roquefort. Karl der Große, im 9. Jahrhundert auf dem Rückmarsch aus Spanien, machte beim damaligen Bischof von Albi Halt und bekam Roquefort vorgesetzt. Er kostete ihn aber nicht, ohne zuerst den grünen Schimmel aus jedem seiner Löcher herauszupulen. Erst als der Bischof ihn darauf hinwies, dass eben dieser Schimmel das Beste am Käse sei, war der Kaiser von dem Käse so richtig angetan. Er beauftragte seinen Gastgeber, ihm jedes Jahr zu Weihnachten zwei Mauleselladungen voll Roquefortkäse nach Aachen bringen zu lassen. Man fand Rezepte aus dem 12. Jahrhundert, die auf Roquefort basieren, und im 15. Jahrhundert wurde Roquefort erstmals unter Schutz gestellt – dank König Karl VI. Damit bekamen die Bewohner Roqueforts das Monopol für diese spezielle Art der Käsereifung. Aus dem 17. Jahrhundert existiert ein Gesetz des Toulouser Parlaments, das alle Privilegien in Bezug auf die Roquefort-Käseherstellung der letzten Jahrhunderte auf Dauer festschrieb. Für seinen Schutz setzten sich hohe Persönlichkeiten ein, angefangen von Karl VI., dann Franz I., Heinrich II., Ludwig XII. und Ludwig XIV. Nicht zuletzt auch Casanova, der auf die aphrodisierende Wirkung des Käses schwor.

Schwarzes Gold im Quercy

Die schwarzen Knollen der Trüffel (frz. *Truffe*), botanisch unter dem Namen „Tuber magnatum" und „Tuber melanosporum" bekannt, sind den Menschen schon seit grauer Vorzeit bekannt. Bis ins frühe Mittelalter waren sie hochgeschätzt, dann aber verschwanden sie, als Inbegriff der Sünde gebrandmarkt, von der Bildfläche. Erst ab dem 15. Jahrhundert erlebte die Trüffel ein Comeback und diente als teures Mitbringsel und Gastgeschenk, dem sich selbst Päpste nicht entsagten. Die Trüffel fehlte auf keiner vornehmen Tafel. Der Handel mit dem Luxuspilz begann in Frankreich Ende des 18. Jahrhunderts. Heute zahlt man für ein Kilogramm guter Pilze aus Lalbenque gut 600 €. Aber man benötigt davon ja nur ein paar kleine Hobelspäne, um damit ein Omelett zu parfümieren. Falls Sie der Versuchung nicht widerstehen können: Man rechnet für eine normale Mahlzeit, die mit 20 g Trüffel angereichert ist, ca. 40-60 €.

Gesucht wird die Kostbarkeit in den Trüffelhainen, den sogenannten *truffières* (das sind Aufforstungen mit Eichensetzlingen aus Trüffelregionen), nach wie vor mit Hilfe von Schweinen. Diese haben den Trüffelgeruch sozusagen in ihren Genen, denn der Trüffelduft ähnelt sehr dem Sexualduftstoff *Androstenon* der Eber, weshalb weibliche Schweine instinktiv danach suchen. Trüffelsucher, die sicher gehen wollen, dass die Schweinedamen nicht schneller als sie selbst sind und die Delikatesse verschlingen, vertrauen auf den abgerichteten Hund, zumal es sich inzwischen herumgesprochen hat, dass Schweine beim Wühlen bedeutend größere Schäden an den Wurzelspitzen der Bäume verursachen als Hunde. Wer beim Suchen weder Hund noch Schwein einsetzen möchte, verlässt sich auf seine Beobachtungsgabe: Bestimmte Fliegen werden von dem Trüffelgeruch angezogen und legen dort ihre Eier ab, summen sozusagen über der schwarzen „Goldgrube". Oft wächst auch dort, wo die Pilze mit dem Wurzelgeflecht ihrer Wirtspflanze verflochten sind, nichts anderes mehr. Diese vegetationsgeschädigte Zone, die auch „verbrannte Erde" (frz. *terre brûlée*) genannt wird, ist für den Kenner deutlich sichtbar.

À table!

À table! So bittet man, familiär ausgedrückt, in Frankreich zu Tisch. Dabei gibt es bei den Mahlzeiten einige Unterschiede zum deutschsprachigen Raum. Morgens halten sich die Franzosen, wie alle Südländer, ziemlich zurück. Ein großer *bol de café au lait* (Milchkaffee in einer Schüssel) und Baguette mit Butter und Marmelade oder ein Croissant und das Frühstück ist abgehakt. Inzwischen stellen sich immer mehr Hotels und *chambres d'hôtes* auf die Gewohnheiten ihrer fremden Gäste ein und zur Marmelade auf dem Frühstückstisch gesellen sich harte Eier, Müsli in Form von Cornflakes und vielleicht auch Wurst oder Käse. In den Hotelketten der größeren Städte ist dieses Angebot inzwischen Standard. Mit dem Frühstücksangebot in deutschsprachigen Hotels, egal ob in Deutschland, der Schweiz oder in Österreich, ist es aber dennoch nicht vergleichbar. Dafür wird mittags *oder* abends und nicht wie oft beschrieben mittags *und* abends kräftig zugelangt.

Man findet in der Mittagszeit kaum Franzosen, die wie deutsche Berufstätige, kauend durch die Straßen laufen. Hier leistet man sich in der Regel mittags in einer Brasserie oder einem Restaurant die günstigen und rasch servierten Tellergerichte (frz. plat du jour oder plat d'ouvrier).

Abends zuhause wird dann meist nur noch eine warme Kleinigkeit wie die in ganz Frankreich verbreitete abendliche Suppe oder Salat und Käse gegessen. Genauso verhält es sich auch bei der Bevölkerung, die mittags zuhause speist. Wer mittags „korrekt" isst, speist abends nur noch etwas Leichtes oder die Mittagsreste in abgewandelter Form.

Im Gasthaus wird mittags und abends die gleiche Speisekarte präsentiert. Allerdings gibt es in vielen Restaurants mittags zusätzlich das schnelle und preisgünstige Tellergericht für 7-12 €. Zu jedem Essen werden – im Preis inbegriffen - ein Krug Leitungswasser (frz. une cruche d'eau) und Brot gereicht. Wird bei einem Menü nach der Hauptspeise die Käseplatte gebracht, dann ist diese grundsätzlich für das ganze Restaurant gedacht und nicht nur für einen Tisch. Wird Ihnen in einem Restaurant der Käse schon vorportioniert auf dem Teller serviert, dann haben höchstwahrscheinlich andere vor Ihnen ungeniert die Käseplatte geleert.

Restaurant, Bar oder Brasserie?

Für die Öffnungszeiten der Restaurants, Bars und Brasserien gibt es keine Regel. In der Nebensaison gibt es Restaurants, die nur mittags geöffnet haben, andere öffnen nur abends. In der Hauptsaison (Juli/August.) haben sie aber meist in den Touristenorten mittags ab 12 Uhr und abends ab 20 Uhr geöffnet. Nachmittags schließen in der Regel die Restaurants.

Ist der Hunger nur klein oder die Mittagszeit vorbei, sollte man auf *Brasserien* ausweichen, die kleine Snacks wie belegte Baguettes, Pizzen, große Salatteller oder dergleichen teilweise auch noch nach 14 Uhr anbieten. Oft haben sie auch am Mittag einige Tische nicht eingedeckt, an denen man dann sein Bierchen trinken kann. Es gibt inzwischen auch in den Städten Bäckereien, die belegte Baguettes verkaufen, oder Bars, die um die Mittagszeit Sandwiches oder *croque-monsieur* zubereiten.

Tagesgericht: Dieses mittägliche Sonderangebot gilt grundsätzlich, egal ob im Restaurant, der Bar oder in der Brasserie immer nur mittags und ausschließlich wochentags von Montag bis Freitag, Wochenenden und Feiertage sind davon ausgeschlossen.

Preise: Die in diesem Reiseführer angegebenen Restaurantpreise beziehen sich immer auf das günstigste Tagesgericht. Die Preise für Menüs oder Gerichte „à la carte" weichen davon in aller Regel erheblich ab.

Weinanbau im Südwesten – eine uralte Geschichte

Der Weinanbau lässt sich im Südwesten relativ weit zurückverfolgen. Fest steht, dass die Weinrebe im 6. Jahrhundert v. Chr. von den Griechen in ihre damalige Kolonie Massilia (heutiges Marseille) eingeführt wurde und sich von da aus verbreitete. Auch die Römer, die auf ihrem Weg zum Atlantik über die Garonne nach Westen vordrangen, eroberten nicht nur Land und Leute, sondern brachten Rebstöcke und das Know-How des Weinanbaus unters Volk. So wurden im 1. Jahrhundert v. Chr. bei Gaillac die ersten Reben angebaut und die Geschichte des Weinanbaus im Südwesten nahm ihren Anfang.

Für den Export des Weins aus dem Hinterland spielten in der damaligen Zeit die Flüsse als Transportwege eine wichtige Rolle: Cahors profitierte zum Beispiel vom Wasserlauf des Lot. Es lag nahe, dass sich der Hafen von Bordeaux zum Hauptumschlagplatz für den Weinhandel in die große, weite Welt entwickelte, schließlich ist der Atlantik ja nicht weit. Natürlich nutzten die „Bordelais" ihre Monopolstellung gnadenlos aus und sahnten von allen, die Wein über den Atlantik verschiffen wollten, kräftig ab. Nur die Gascogne war von Bordeaux unabhängig, denn sie konnte ihre Weinfässer auf Schleppkähnen über den Fluss Adour direkt zu dem an der Küste liegenden Hafen von Bayonne, transportieren.

Für das weinproduzierende Hinterland der Region spitzte sich die schwierige Exportlage noch zu, als Eleonore von Aquitanien Mitte des 12. Jahrhunderts ihren zweiten Ehemann Heinrich Plantagenêt, den späteren König Heinrich II. von England, heiratete (s. Geschichte).

Bordeaux samt seiner Weine gehörte von nun an zur englischen Krone. Und natürlich wurde die Stadt an der Gironde Englands Hauptlieferant des roten Tropfens. Logisch, dass Bordeaux nicht bereit war, diesen „Kuchen" mit der Konkurrenz aus Cahors, Toulouse oder Gaillac zu teilen. Das Sagen im Weinbau hatten die Kirche und die Bourgeoisie. Sie erließen ein ganzes Arsenal an Gesetzen und Auflagen, welches die Weinexporte aus dem südwestlichen Hinterland gen England via Bordeaux massiv behinderte. So durften beispielsweise nur die Weinhändler aus Bordeaux, ohnehin steuerlich besonders begünstigt, in der besten Jahreszeit, nämlich außerhalb der Herbst- und Winterstürme, ihren Wein verschiffen. Unter dem Begriff „Privilegien von Bordeaux" ging dieses rabiate Vorgehen in die Geschichte ein. Selbst nachdem Aquitanien wieder in französischer Hand war, bestand Bordeaux noch eisern auf seinen Sonderrechten. Sie endeten erst mit der Französischen Revolution 1789.

Diesen Umständen ist es zu verdanken, dass die Weine aus der Region (mit Ausnahme der Gascogne, die ja wie schon erwähnt nie auf Bordeaux angewiesen war) kaum oder sehr spät im Ausland bekannt wurden. Der positive Nebeneffekt der jahrhundertelangen Unterdrückungspolitik ist das heutige hervorragende Preis-Leistungs-Verhältnis der Weine aus den Midi-Pyrénées.

Die Midi-Pyrénées produzieren aufgrund ihres kontrastreichen Klimas und der geologischen Vielfalt nicht nur eine breite Palette an AOC- und AOVDQS-Weinen, sondern auch hervorragende Landweine. Das war nicht immer so. Den totalen Zusammenbruch erlebte der Weinanbau unter anderem durch die aus Amerika eingeschleppte Reblaus und die nicht enden wollenden Kriege. In ihrer Not gründeten die Weinbauern der Region Ende des 19. Jahrhunderts ihre ersten Weinkooperativen. Sie entwickelten ein schlüssiges und erfolgreiches Vermarktungskonzept. Ganz nach dem Motto „Gemeinsam sind wir stark" entstand vor ein paar Jahren unter dem Begriff **Erzeugerregion Sud-Ouest** (bassin de production Sud Ouest) ein Zusammenschluss von Winzern, Kellereien und Genossenschaften aus den insgesamt 10 Departements (acht aus der Region Midi-Pyrénées sowie die beiden Departements Landes und Pyrénées Atlantiques in Aquitanien). So erhielt die riesige Vielfalt an ausdrucksstarken Rebsorten und einzigartigen Weinstilen im Südwesten eine gemeinsame Identität. Der Schlüssel zu dieser Erfolgsgeschichte ist eine strikte Qualitätspolitik wie z. B. die Umstrukturierung der Weinberge und eine Ertragsreduzierung. Spitzenweingüter zeigten mit ihren eigenständigen, charaktervollen Weinen Flagge. Weinkenner übersehen heute diese Erzeugerregion nicht mehr. Für sie gehören die 18 Appellationen und 22 Landweine, nicht zu vergessen die Spirituosen **Floc de Gascogne** und **Armagnac**, zu den großen Emporkömmlingen am Weinhimmel. Und sowohl die nationale als auch die internationale Nachfrage steigt stetig.

Die bekanntesten Rotweine werden aus der Rebsorte *Fer Servadou* hergestellt. Sie gibt dem roten **Gaillac** (AOC) Farbe und Fleischigkeit. Ihre typischen und originellen Aromen erinnern ein bisschen an schwarze Johannisbeeren, Himbeeren und Paprikaschoten. Der Gaillac lässt sich durchaus auch als junger Wein trinken. Die **Marcillac**-Weine (bei Rodez) sind übrigens die einzigen Rot- und Roséweine, die zu 90 % aus der Rebe *Fer Servadou* hergestellt werden und dadurch einen ganz speziellen Geschmack haben: Man mag sie oder man mag sie nicht.

Eine sehr langlebige Rebsorte ist *Tannat*, welche dem **Madiran** (AOC) und dem **Côtes de Saint-Mont** ihre tiefe Würze und sehr dunkle Farbe verleiht. Die Rebsorte *Négrette* sorgt in dem **Fronton** (AOC) für ein tanninreiches, fruchtiges Aroma. Sie wurde einst von den Johannitern von Zypern nach Frankreich gebracht, wo die ursprüngliche Rebe „Mavro" in Fronton als Négrette heimisch wurde. *Cot*, wie die Rebe *Malbec* auch in Cahors genannt wird, ist Hauptbestandteil des **Cahors-Weins** und ist für dessen schon seit Jahrhunderten bekannte tiefschwarze Farbe verantwortlich. Die Malbec-Traube bringt jedoch nur an den Hängen des Lot so tiefgründige Weine mit der typischen Lakritzwürze und den edlen Tanninen hervor. Probieren Sie den etwas gealterten Cahors-Wein am besten zusammen mit gut gereiftem Cantal, aber auch zur Lammkeule oder Wildgerichten mundet er hervorragend.

Bei den **Weißweinen** sind es vor allem die Rebsorten *Mauzac* und *len de l'el*, die sanfte Weine mit einem ausgeglichenen Säuregehalt ergeben. Der Name „l'en de l'el" ist okzitanisch und bedeutet „weit vom Auge entfernt" (frz. *loin de l'oeil*), weil die sehr langstieligen, einzelnen Weinbeeren weit vom Stängel und somit weit vom Auge entfernt sind. Die *Colombard*-Rebe des **vin de Gascogne** bringt frische, aromareiche Weine mit harmonischer Säure hervor. Zusammen mit der Weißweinrebsorte *Sauvignon* kann man sie zu den Erfolgsgaranten der Weißweine aus dem Südwesten zählen. *Petit Maseng*-Reben werden v. a. zur Herstellung der edelsüßen Weine wie **Pacherenc du Vic-Bilh** und **Jurançon** eingesetzt, während die Traube *Gros Maseng* eine Rolle bei der Produktion der trockenen Weißweine wie **Saint-Mont** oder **Tursan** spielt.

Diese so unterschiedlichen Rebsorten haben eines gemeinsam: Sie sind für die Vielfalt an charaktervollen Weinen der Region verantwortlich und somit auch für ihren Erfolg!

AOC, AC, AOVDQS, vin de Pays und vin de table

Seit den 1980er Jahren ist das AOC- oder AC-Label (*Appellation d'Origine Controlée*) im Südwesten eine kontrollierte Ursprungsbezeichnung, das für sehr viele Winzer ein wichtiges Gütesiegel zur Absatzsteigerung darstellt. Mit einer Ertragsbeschränkung von ca. 50 hl/ha garantiert ein AOC-Wein qualitativ guten und authentischen Wein eines bestimmten Anbaugebietes. Ein Wein ohne AOC-Siegel bedeutet aber nicht unbedingt schlechtere Qualität, so mancher Rotwein aus der Region entspricht einem großen Bordeaux. Ein AOC-Siegel heißt auch nicht unbedingt, dass der Tropfen wirklich schmeckt. Inzwischen tragen manche Flaschenetiketten neben geographischen Herkunftsangaben auch Informationen zu den Rebsorten. Um herauszufinden, welchen edlen oder unedlen Tropfen man in der Flasche kauft, hilft nur eins: eine Weinprobe (frz. *dégustation*) direkt beim Produzenten oder in einem gut sortierten Weinhandel. Auf keinen Fall sollte man seinen Wein nach der Schönheit der Etiketten aussuchen...

Als **Vin Délimité de Qualité Supérieure (VDQS)** bezeichnet man Qualitätsweine, die eine Qualitätsstufe unter dem AOC-Siegel liegen und aus einer bestimmten, genau abgegrenzten Gegend stammen. Winzer und Kenner der Weinszene halten diese Bezeichnung für eine aussterbende Qualitätsstufe, man betrachtet diese Weine allenfalls noch als Durchgangsstufe zu einem AOC-Wein. Beim lokalen Landwein (**vin de pays**) beträgt die Ertragsbeschränkung zwischen 70 und 80 hl/ha. Darunter fallen z. T. hervorragende und kostengünstige Weine wie die Rotweine des **Côteaux de Quercy**, die Weißweine des **Pays des Côtes de Gascogne** oder die Weine des **Pays des Côtes du Tarn** und **Pays de Saint-Sardos**. Sie werden unter gesetzlich geschütztem Namen vertrieben und unterliegen einer Qualitätskontrolle. So mundet ein gut gekühlter **Colombard** hervorragend zu Fischgerichten oder auch einfach als Aperitif.

Die unterste Qualitätsstufe wird als Tisch- oder Tafelweine (frz. *vin de table*) vertrieben. Sie unterliegen keinerlei Kontrolle, müssen aber einen Mindestalkoholgehalt von ca. 11 % enthalten. In den Midi-Pyrénées sind und waren sie nie ein Thema!

Wissenswertes von A bis Z

Abkürzungen

BP :	Boîte Postale (postlagernd)	Tlj :	tous les jours, täglich
CB :	Carte Bancaire, Bankkarte	VTT:	vélo tout terrain, Mountainbike
DJ :	Discjockey	Wi-Fi:	WLAN
Le w-e:	Le week-end (das Wochenende)	Z.I.:	*Zone Industrielle* , Industriegebiet.
OT:	Office de Tourisme		
Rens.:	renseignements, Informationen	Z.A.:	Zone Artisanale, anderes Wort für Industriezone.
Rdc :	rez-de-chaussée, Erdgeschoss		

Adressen

Bei französischen Adressenangaben steht grundsätzlich die Hausnummer vor dem Straßennamen, zum Beispiel: *6, rue Lamey*. Besitzt das Gebäude zusätzlich einen Nebeneingang, dann wird dieser mit *6bis, rue Lamey* angegeben. Existiert noch ein zweiter Nebeneingang, so lautet die Anschrift *6ter, rue Lamey*. Es hat sich inzwischen auch eingebürgert, das Komma hinter der Zahl wegzulassen, also einfach *6 rue Lamey*.

Arbeiten

Aufgrund des geltenden EU-Rechts gibt es für Staatsangehörige der Europäischen Union keine Probleme in Frankreich eine Arbeit aufzunehmen. Für Schweizer sieht es da etwas anders aus, aber zwischen Frankreich und der Schweiz besteht ein sogenanntes „Personenfreizügigkeitsabkommen" mit der EU, d. h. sie können in der Regel ohne besondere Bewilligung in Frankreich arbeiten. Auch wenn es eine Mindestlohnvorgabe, den *SMIC* (**S**alaire **M**inimum **I**nterprofessionnel de **C**roissance) gibt, die Gehälter in Frankreich liegen generell unter denen von Deutschland.

Voraussetzungen für einen zeitlich begrenzten Job im Südwesten, vor allem im Bereich der Dienstleistung, sind gute bis sehr gute Sprachkenntnisse und man muss mit dem *SMIC*-Gehalt – manchmal trotz gesetzlicher Vorgabe noch darunter – zufrieden sein.

Information: Zentralstelle für Arbeitsvermittlung **ZAV**, - Jobs und Praktika im Ausland. Postfach, 53107 Bonn. Info-Center der ZAV ✆ 0228/7131313, www.ba-auslandsvermittlung.de. Jährlich erscheint ihre Broschüre „Jobben im Ausland".

Bahnauskünfte

Telefonische Auskünfte über die großen Strecken (frz. *grandes lignes*), TER, TÉOZ und Intercités – Züge der Französischen Eisenbahnen – erhält man über die einfache Telefonnummer **3635** (0,34 €/Min), sie gilt allerdings nur für Anrufe innerhalb Frankreichs.

Behinderte

Nicht alle Restaurants und Hotels sind behindertengerecht, die kostenpflichtige Broschüre des Behindertenvereins *Association des Paralysés de France (A.P.F.)* informiert über behindertengerechte Hotels und Restaurants. Ermäßigungen gegen Vorzeigen des Schwerbehindertenausweises gibt es in der Regel in Museen und bei sonstigen kostenpflichtigen Sehenswürdigkeiten.

A.P.F., Délégation de Paris, 22, rue du Père Guérin, 75013 Paris, ✆ 0140786900, www.apf.asso.fr/.

Unter *www.fr.franceguide.com/voyageurs/tourisme-et-handicap/moteur-de-recherche-tourisme-et-handicap/* findet man für alle Regionen und bestimmte Behinderungen das richtige Hotel oder Restaurant.

Bezahlen

Die Rechnung (frz. *addition*) wird stets tischweise beglichen. Ist man zu mehreren unterwegs, dann einigt man sich vorher, wer diesen Betrag übernimmt. Wer wem dann wie viel schuldet, kann man zu Hause regeln. Es ist in Frankreich unüblich, dass die Bedienung von jedem einzeln an einem Tisch abkassiert.

Bußgelder

Das sogenannte „Vollstreckungsabkommen" zwischen Deutschland, Frankreich, Italien und Österreich macht es möglich, dass Verkehrssünder auch in ihrem Heimatland belangt werden können. Damit sich der Aufwand für die Verwaltung lohnt, wird das Bußgeldverfahren erst ab einer Höhe von 40 € ins Nachbarland weitergeleitet.

Diplomatische Vertretungen

Ausländische Vertretungen in Toulouse Bundesrepublik Deutschland: Konsulat in der 24, rue de Metz, 31000 Toulouse, ✆ 0561523556.

Österreich: Konsulat in der 32, rue des Cosmonautes, BP 34171, 31031 Toulouse Cedex 4, ✆ 0561208250.

Schweiz: Konsulat c/o Société T.D.Informatique, 36, allée de Bellefontaine, 31100 Toulouse, ✆ 0561404533.

Französische Vertretungen In Deutschland: Französische Botschaft, Pariser Platz 5, 10117 Berlin, ✆ 0049/030/20639000, www.botschaft-frankreich.de. Konsulate in Berlin, Düsseldorf, Frankfurt, Hamburg, München, Saarbrücken und Stuttgart.

Schweiz: Französische Botschaft, Schoßhaldenstraße 46, 3006 Bern, ✆ 0041/031/43592111, www.ambafrance-ch.org. Konsulate in Basel, Zürich und Genf.

Österreich: Französische Botschaft, Technikerstraße 2, 1040 Wien, ✆ 0043/01/502750, www.ambafrance-at.org. Ein weiteres Konsulat befindet sich in Innsbruck.

Dokumente

Deutsche und Österreicher benötigen für die Frankreichreise einen gültigen Personalausweis oder Reisepass, Schweizer eine Identitätskarte. Für Kinder unter 16 Jahren genügt der Eintrag im elterlichen Pass oder ein Kinderpass. Studenten bekommen mit einem internationalen Studentenausweis diverse Vergünstigungen. Autofahrer sollten sich von ihrer Kfz-Versicherung vor Antritt der Reise die *Internationale Grüne Versicherungskarte* ausstellen lassen. Für den Fall aller Fälle ist es sinnvoll, eine Kopie von Führerschein und Personalausweis mit sich zu führen.

Fahrradfahren

Seit 2008 müssen Fahrradfahrer bei schlechter Sicht – egal ob Tag oder Nacht – die gelbe Sicherheitsweste außerhalb von Ortschaften angelegen. Wer ohne gelbes Jackett angetroffen wird, riskiert eine gebührenpflichtige Verwarnung von 35 €.

Feiertage

1. Januar	Neujahr	15. August	Maria Himmelfahrt
1. Mai	Tag der Arbeit	1. November	Allerheiligen
8. Mai	Waffenstillstand 1945	11. November	Waffenstillstand 1918
14. Juli	Nationalfeiertag	25. Dezember	Weihnachten

Karfreitag und der zweite Weihnachtsfeiertag sind in Frankreich (Elsass ausgenommen) keine Feiertage. Zu den oben genannten arbeitsfreien staatlichen und kirchlichen Feiertagen kommen noch die beweglichen Feiertage wie Ostermontag, Christi Himmelfahrt und Pfingstmontag hinzu. Banken, Büros und Geschäfte, viele Museen und so manche touristische Sehenswürdigkeit haben an diesen Tagen geschlossen. Ein bis zwei Tage vor dem Nationalfeiertag am 14. Juli geht es in jedem Dorf und in jeder Stadt sehr geschäftig zu. Es wird gehämmert und gezimmert, denn am 13. Juli wird am Abend mit Musik und Tanz sowie dem obligatorischen Feuerwerk in den 14. Juli hineingefeiert, ein Ereignis, das man nicht verpassen kann.

FKK

Es gibt nicht viele Stellen in den Midi-Pyrénées, an denen man sich im Adamskostüm zeigen darf, zwei davon liegen im Departement Lot. Außerdem gibt es noch zwei weitere FKK-Ferienzentren, eines im Departement Tarn und das andere im Gers.
Information www.franceguide.com/fkk.

Geld

Notfallnummer zur Karten-Sperrung: ✆ 0049/116116 oder ✆ 0049/30 4050 4050. Diese Sperrnummern sind zentrale Rufnummern, unter denen die unterschiedlichsten elektronischen Berechtigungen wie Handykarten, Kreditkarten, Zugänge zu Online-Banking sowie auch die elektronische Identitätsfunktion des neuen Personalausweises 24 Stunden am Tag gesperrt werden können. Im Vorfeld sollte allerdings abgeklärt werden, ob die Hausbank, Krankenkasse etc. dem Sperrvermittler angeschlossen sind, manche Banken sind es nämlich nicht, wie z. B. die Hypobank, Postbank, Deutsche Bank und Dresdner Bank.
Information www.sperr-notruf.de.

Frankreich ist ein Land der bargellosen Zahlung. Alles wird entweder per Kreditkarte oder Scheck bezahlt. Aber Achtung: Es gibt immer noch Hotels (der unteren Kategorie), Campingplätze und auch Restaurants, die grundsätzlich keine Kreditkartenzahlung annehmen. Die gängigsten Kreditkarten, die die Südwest-Franzosen akzeptieren, sind Visa und Eurocard. Mit der Maestro-Karte (Nachfolgemodell der ec-Karte) kann man bei vielen Banken am Automaten rund um die Uhr Geld abheben. Auch Schecks (Schweiz und Österreich) und Reiseschecks bekannter Geldinstitute werden in Banken und größeren Postämtern in der Regel gewechselt.

Information 71

Postsparbuchbesitzer können etwa einen Monat vor Antritt der Reise die sogenannte *SparCard 3000 plus* bestellen. Mit dieser Karte kann man an jedem Geldautomaten mit Visa-Plus-Zeichen Geld abheben. Dabei sind die ersten vier Abhebungen im Jahr gratis, dann fällt jeweils eine Gebühr von etwa 5 € an.

Gesundheit

Grundsätzlich sollte man seine spezielle Medizin in ausreichender Menge mit sich führen. Doch für den „Notfall" besteht innerhalb der EU ein gegenseitiges Versicherungsabkommen. Tritt der Fall ein, so kann die Europäische Krankenversicherungskarte, die *EHIC*-Karte (European Health Insurance Card), hilfreich sein. Das ist der Nachweis für den Arzt, dass man in Deutschland ordnungsgemäß krankenversichert ist. In Frankreich ist es üblich, dass man trotz Versicherungsnachweis den anfallenden Betrag sofort entrichtet. Arztrechnung und Belege für die Medikamente legt man dann zuhause seiner Krankenkasse vor. Das ganze Prozedere ist aber ziemlich umständlich und mit einem hohen Eigenanteil verbunden. Auf der sicheren Seite ist, wer zuhause für ein paar Euro eine **Auslandskrankenversicherung** abschließt. Darin eingeschlossen sind freie Arzt- und Krankenhauswahl, Übernahme der Kosten für die Behandlung und Medikamente, der ärztlich verordnete Rücktransport sowie die Überführung im Todesfall.

Apotheken gibt es in jeder größeren Ortschaft, sie sind mit einem grünen Kreuz gekennzeichnet. Auf Nacht- und Notfalldienste wird außen auf einem Schild hingewiesen.

Haustiere

Es gibt inzwischen eine EU-Verordnung 998/2003, welche genau besagt, welches Tier wann, warum und warum nicht in das fremde EU-Land einreisen darf. Aber in der Regel ist der Hund willkommen, sofern er über drei Monate alt ist und gegen Tollwut (frz. *rage*) geimpft wurde. Diese Impfung muss mindestens drei Wochen zurückliegen, darf aber nicht älter als ein Jahr sein. Gehört der Vierbeiner dann auch nicht zur Kategorie I „Kampfhund" und ist ordnungsgemäß mit einem Chip versehen, steht der Einreise nichts mehr im Weg. Den EU-Heimtierausweis, bzw. Impfpass für Nicht-EU-Mitglieder sollte man auf keinen Fall zuhause vergessen, er ist die Eintrittskarte des Vierbeiners für so manchen Campingplatz.

Information

Die Fremdenverkehrsämter schicken auf Anfrage gerne Prospektmaterial und helfen mit Auskünften weiter.

In Deutschland: Maison de la France (Zentrale), Zeppelinallee 37, 60325 Frankfurt, ✆ 0900/1570025, www.franceguide.com.

In Österreich: Maison de la France, Lugeck 1-2, 1010 Wien, ✆ 0900/250015, www.franceguide.com.

In der Schweiz: Maison de la France, Rennweg 42, Postfach 3376, 8021 Zürich, ✆ 044/2174617, www.franceguide.com.

In der Region **Midi-Pyrénées:** Comité Régional du Tourisme Midi-Pyrénées, 54, boulevard de l'Embouchure, BP 52166, 31022 Toulouse Cedex 2, ✆ 0561135548, www.tourismus-midi-pyrenees.de.

Hautes-Pyrénées Tourisme Environnement: 11, rue Gaston Manent, BP 9502, 65950 Tarbes Cedex 9, ✆ 0562567065, www.tourisme-hautes-pyrenees.com.

Wissenswertes von A bis Z

Zusätzlich hat jedes Departement noch sein Touristenbüro, das sogenannte Comité Départemental du Tourisme (CDT)

CDT Aveyron, 17, rue Aristide-Briand, 12008 Rodez, ℡ 0565755570, www.tourisme-aveyron.com.

ADT Ariège Pyrénées, route de Ganac, 09000 Foix, ℡ 0561023070, www.ariegepyrenees.com.

CDT Gers, 3, boulevard Roquelaure, 32002 Auch Cedex, ℡ 0562059595, www.tourisme-gers.com.

CDT Tarn, 41, rue Porta, 81006 Albi Cedex, ℡ 0563773210, www.tourisme-tarn.com.

ADT Tarn et Garonne, Maison de la Mutualité, 15, boulevard Midi-Pyrénées, 82005 Montauban Cedex, ℡ 0563217965, www.tourisme82.com.

CDT Lot, 107, quai Cavaignac, 46001 Cahors Cedex 9, ℡ 0565350709, www.tourisme-lot.com.

Die Adressen, Telefonnummern und Web-Adressen der *Offices de Tourisme* und *Syndicats d'Initiative*, welche ebenfalls auf Anfrage gerne Infomaterial versenden, stehen im Reiseteil bei den betreffenden Ortschaften.

Internet

Die meisten Hotels ab der mittleren Preisklasse haben inzwischen kabellosen und meist auch kostenlosen Internet-Zugang. Auch die besseren Campingplätze bieten kostenlos WLAN, allerdings sollte man seinen Laptop dabei haben. Franzosen sagen übrigens nicht WLAN sondern wie im Englischen WiFi (Wireless Fidelity).

Wer sich von zuhause aus im world wide web über die Region informieren möchte, der findet die wichtigsten www-Adressen unter der Rubrik *Information* sowie in den einzelnen Stadt- und Ortskapiteln.

Jagd

Zwischen September und Februar ist in Frankreich Jagdzeit und das mindestens vier Tage die Woche. Wer da die Natur in Feld, Wald und Flur genießen möchte, hat schlechte Karten, denn französische Jäger – und davon gibt es über eine Million – lieben keine Spaziergänger und Wanderer vor ihrer Flinte. Bei Jagd parken sie ihre Autos entlang der Straßen und Zufahrtswege der betroffenen Gebiete. Man sollte sich nicht abschrecken lassen, aber auf jeden Fall ist es ratsam, auffällige farbenfrohe Kleidung zu tragen, gut bewährt hat sich auch ein knatschrotes Käppi.

Die Jäger haben eine sehr starke Lobby und brachten schon so manchen Gesetzesentwurf zum Kippen, auch gegen bestehendes europäisches Recht.

Kriminalität

Verglichen mit dem angrenzenden Languedoc-Roussillon wird – von der Großstadt Toulouse einmal abgesehen – in den Midi-Pyrénées doch eher selten geklaut. Trotzdem sollten weder Wertsachen, einschließlich der Lederjacke, noch überhaupt irgendwelche Taschen oder Rucksäcke sichtbar im Auto deponiert werden, selbst dann nicht, wenn sie nur mit wertlosem Plunder gefüllt sind. Schließlich können die potentiellen Beutejäger nicht den Inhalt erraten, es ist schon so manches Auto wegen eines leeren Rucksacks aufgebrochen worden. Wenn's denn mal passiert, dann sollte auf jeden Fall bei der nächsten *Gendarmerie Nationale* Meldung gemacht werden, sie stellt die für die Versicherung notwendige Bescheinigung aus.

Landkarten

Für Autofahrer: Die Michelin-Straßenkarten des Reifenherstellers Michelin sind für Frankreich-Touren die gängigsten, die im Handel zu finden sind. Für den groben Überblick eignet sich die nationale Frankreich-Karte im Maßstab 1:1.000.000. Wer sich jedoch in der Region kreuz und quer bewegen möchte, sollte auf jeden Fall die regionale Karte im Maßstab 1: 200.000 besitzen, besser noch sind die jeweiligen Michelin-Departements-Karten 1:150.000.

Für die Region Midi-Pyrénées benötigt man je nach Gebiet Midi-Pyrénées: Michelin Nr. 525 Region, 1:200.000. Mit dieser Straßenkarte verliert man nicht den Überblick und findet alle wichtigen Ortschaften.

Einmal vor Ort angekommen Gers/Lot et Garonne: Michelin Nr. 336, Departements, 1:150.000.

Lot/Tarn-et-Garonne: Michelin Nr. 337, Departements, 1:150.000.

Aveyron/Tarn: Michelin Nr. 338, Departements, 1:150.000.

Hautes-Pyrénées/Pyrénées Atlantiques: Michelin Nr. 342, Departements, 1:150.000.

Ariège/Haute-Garonne: Michelin Nr. 343, Departements, 1:150.000.

Für Wanderer und **Radfahrer:** Das zuverlässigste Kartenmaterial für Wanderungen und Fahrradtouren sind nach wie vor die *IGN*-Karten. IGN steht für das staatliche Vermessungsinstitut *Institut Géographique National*, das in Frankreich eine Monopolstellung einnimmt.

Es gibt zwei Serien im Maßstab 1:25.000, mit UTM-Gitter für GPS, exakt eingezeichneten Wanderwegen und Höhenlinien im 10 m-Abstand.

Die *série bleue* ist eine hoch detaillierte herkömmliche topografische Karte, für touristisch besonders interessante Gebiete gibt es die Reihe der *TOP 25*, welche mit mehr interessanten Zusatzinformationen versehen ist, so sind bei Flüssen die Einsetzstellen für Kanuwanderer eingetragen sowie *gîtes d´etape* und Zeltplätze verzeichnet.

Das Kartenmaterial der beiden Reihen ist ansonsten dasselbe. Die TOP 25-Karten sind leicht an der Nummerierung mit dem angehängten OT oder ET zu erkennen.

Das IGN-Kartenmaterial ist unter *mapfox.de* zu bestellen.

Märkte

Fast jedes Dorf hat seinen ganz speziellen Wochenmarkt, der – je nach Einwohnerzahl – mindestens einmal die Woche stattfindet. Markt ist generell auf dem Marktplatz und – wenn vorhanden – in der Markthalle, bei größeren Ortschaften oder Städten werden oft auch die umliegenden Straßen mit einbezogen. Es ist immer wieder ein Erlebnis, dem Markttreiben zuzusehen. Hier kann man sich über die regionalen Produkte und Spezialitäten informieren. Neben den üblichen Gemüseständen und stark duftenden Käseständen fehlen nie die Anbieter der mit Schimmel überzogenen, luftgetrockneten Würste (frz. *saucisson sec*), ganzen luftgetrockneten Schinken und Knoblauchzöpfe. Meist werden auch noch Kleider, Küchenutensilien und sonstige praktische Haushaltshelfer angeboten. Sind die Orte die ganze Woche über völlig ausgestorben, am Markttag ist jeder auf den Beinen, sei es am Marktstand oder in der daneben liegenden Bar.

Notruf

Falls Not am Mann/Frau ist, die folgenden Nummern sollte man immer parat haben:

Aus dem Festnetz (innerhalb Frankreichs) 15 für den Notarzt, 17 für die Polizei, 18 für die Feuerwehr (die auch als Erste Hilfe bei nicht lebensbedrohlichen Situationen im Einsatz ist).

Bei **Lebensgefahr** oder zumindest einem ernsten gesundheitlichen Problem sollte immer unbedingt direkt die 15 und nicht erst der „Umweg" über die 18 der Feuerwehr gewählt werden. Unter der 15 meldet sich am anderen Ende der Leitung immer ein Arzt, dem man, sofern man der Sprache oder auch des Englischen mächtig ist, sofort erklären kann was los ist.

Vom **Handy**: 112 (eine Nummer für alle Fälle).

Öffnungszeiten

In Frankreich gibt es keine gesetzlich vorgeschriebenen Öffnungszeiten. In der Regel haben die Geschäfte zwischen 10 und 12 Uhr sowie von 14.30 bis 19 Uhr geöffnet. Bäcker und Metzger bzw. auf dem Land auch so mancher Tante-Emma-Laden öffnen auch sonntagvormittag ihre Pforten. Eines ist sicher, die Geschäfte machen (von Toulouse einmal abgesehen) grundsätzlich zwischen 12 und 14 Uhr oft auch bis 15 Uhr zu und Montag ist – **Supermärkte** ausgenommen – Ruhetag. Auch **Banken** sind in der Regel montags geschlossen, dafür stehen sie am Samstagvormittag dem Kunden zur Verfügung.

Museen haben in den Midi-Pyrénées im Allgemeinen am Dienstag ihren Ruhetag.

Die **Post** in den Städten ist in der Regel von 9–12 und 14–18 Uhr geöffnet.

Touristenbüros haben in den Städten im Sommer meist wochentags Mo–Sa zu den üblichen Geschäftszeiten, d. h. zwischen 10 und 12 Uhr und von 14–18 Uhr geöffnet. Im Juli/Aug. sind sie meist auch über Mittag und den Sonntagvormittag offen. Auf dem Land hat jedes Büro seine eigenen Öffnungszeiten.

Ärgerlich, aber nicht zu ändern ist die Tatsache, dass die Touristenbüros im Südwesten alljährlich ihre Öffnungszeiten komplett ändern. Deshalb wurden in diesem Reiseführer dazu keine Angaben gemacht, sie wären nach einem Jahr nicht mehr aktuell.

Post

La Poste kümmert sich in Frankreich nur noch um den Brief- und Paketdienst. Natürlich bekommt man hier auch noch Briefmarken und vorfrankierte Briefumschläge, aber Briefmarken und Telefonkarten bekommt man ebenso in den *bureaux de tabac* um die Ecke.

Sollen die Urlaubsgrüße im Briefkasten versenkt werden, dann Achtung, die Post wird hier schon vorsortiert und so hat ein gelber Postkasten gleich zwei Schlitze: Einen mit dem Namen des Departements, in dem man sich gerade befindet und daneben einen mit dem Aufdruck *autres destinations*, womit als Empfänger der Rest der Welt gemeint ist, da hinein gehört die Urlaubspost für das Ausland.

Man kann sich auch Briefe oder Päckchen postlagernd (*poste restante*) an größere Postämter schicken lassen und mit dem Personalausweis oder Reisepass bewaffnet innerhalb von 14 Tagen abholen. Ist der Zeitraum überschritten geht die Sendung an den Absender zurück.

> **Adressierbeispiel:**
> Name
> Poste centrale (bei größeren Orten)
> Poste restante
> F-Postleitzahl, Ortsname („F" steht für Frankreich)

Rauchen

Es gibt in Frankreich keine Zigarettenautomaten mehr, damit möchte man den Jugendlichen den Zugang zum Tabak erschweren. Die Glimmstängel werden nur noch in den *bureaux de tabac* verkauft. Auch darf in Frankreich seit 2008 nicht mehr in Bars, Diskotheken und Restaurants geraucht werden, wer wegen Paffens angezeigt wird, muss tief in die Tasche greifen.

Rugby

Rugby wird in der Region ganz groß geschrieben, es ist schlichtweg der regionale Nationalsport. Ursprünglich wurde das Spiel in der englischen Stadt gleichen Namens erfunden und Ende des 19. Jahrhunderts im Südwesten Frankreichs eingeführt. Seitdem ist der Mannschaftssport hier nicht mehr wegzudenken, jede Stadt und quasi jedes Dorf hat seine Rugby-Mannschaft.

Sprache

Wer in Frankreich weilt, von dem wird im Allgemeinen erwartet, dass er die Sprache einigermaßen beherrscht oder sich zumindest bemüht. Franzosen, die einem mit Englisch oder einer anderen Sprache zu Hilfe kommen, sind sehr selten. Deshalb ist es sinnvoll, sich vor dem Urlaub ein paar Brocken Französisch anzueignen.

Die meisten Ortsschilder, aber auch Straßennamen sind im Südwesten zweisprachig angeschrieben: Auf Französisch und Okzitanisch. Die einstige Sprache der Troubadoure (*Coma va? – Wie geht's? Va plan! – Mir geht's gut*) ist im Südwesten wieder im Kommen und teilweise auch Unterrichtsfach. Frankreich besaß nicht immer ein einheitliches Sprachgefüge. Die Trennlinie zwischen den im Norden und im Süden gesprochenen Sprachen bildete die Loire. Im Mittelalter, Ende des 13. Jahrhunderts, existierten zwei unterschiedliche Sprachen: Die aus dem Vulgärlatein entstandene *langue d'oc* im Süden mit ihren Dialekten wie Okzitanisch, Gascognisch, Provenzalisch, Languedocien, Auvergnatisch und die *langue d'oïl* im Norden mit ebenfalls zahlreichen Dialekten. Die beiden Bezeichnungen leiten sich von den unterschiedlichen Wörtern für „ja" (lat. *hoc*) ab: Im Süden *oc*, im Norden *oïl*.

Der okzitanische Dialekt der *langue d'oc* wurde solange gesprochen, bis 1539 König Franz I. die *langue d'oïl* als Amtssprache einführte, dadurch gerieten die Dialekte immer mehr in Vergessenheit. Zwar gab es im 19. Jahrhundert Bestrebungen so mancher Dichter, die *langue d'oc* wieder aufleben zu lassen, jedoch ohne durchschlagenden Erfolg. Das moderne Französisch, das sich aus dem Dialekt der Pariser Region entwickelte, hat offiziell etwa 500 Wörter aus der *langue d'oc* übernommen, wie z. B. *bague* (Ring) oder *cadeau* (Geschenk). Auf dem Land sprechen noch viele ältere Herrschaften regionale Dialekte der *langue d'oc* und es gibt große Bemühungen, das Okzitanische wieder der Allgemeinheit verständlich zu machen. So drucken manche Tageszeitungen regelmäßig ein paar Artikel auch auf okzitanisch.

Strom

Die Franzosen haben 220 Volt Wechselstrom. Die französischen Steckdosen unterliegen nicht der gleichen Norm wie die der deutschen Steckdosen und so benötigt man entweder flache Eurostecker oder Adapter, die man am besten gleich von Zuhause mitbringt, sie sind aber auch im gut sortierten Fachhandel vor Ort erhältlich.

Telefonieren

In den Midi-Pyrénées existiert kein dichtes Netz an öffentlichen Telefonzellen. Wenn man eine findet, dann benötigt man auf jeden Fall eine *télécarte*, das sind Telefonkarten mit 50 oder 120 Gesprächseinheiten. Sie werden in allen Postämtern und Tabakläden verkauft und haben zwei Jahre Gültigkeit.

Es besteht bei manchen Telefonzellen die Möglichkeit, sich zurückrufen zu lassen, die Nummer ist an der Kabine angegeben.

Mobil-Telefonierer sollten nicht vergessen, dass die Kosten für ihre Gespräche schnell astronomische Höhen erreichen können. Der deutsche Handy-Besitzer wird im Ausland auch bei empfangenen Gesprächen zur Kasse gebeten, selbst wenn diese nicht aus dem fernen Deutschland, sondern vom Tisch- oder Zimmernachbarn kommen. An der Grenze schaltet das Handy auf einen französischen Netzwerkbetreiber und jeder eingehende Anruf wird erst über das heimatliche Netz geleitet, diese Weiterleitungsgebühren gehen dann zu Lasten des Handy-Besitzers. Doch es gibt einen Rat: Handy-Freaks haben die Möglichkeit, ihre Kosten zu reduzieren, indem sie eine französische SIM-Karte kaufen und in ihr Handy schieben, dadurch ändert sich zwar ihre Nummer, aber sie müssen deutsche Annrufe nicht mehr mitfinanzieren.

Festnetz-Telefone: Französische Telefonnummern bestehen aus zehn Ziffern, die mit der regionalen Bereich beginnen, z.B. 05 für den Südwesten oder 04 für den Südosten, 01 ist Paris und Umgebung etc.

Handy: Französische Handynummern beginnen immer mit 06 und haben ebenfalls insgesamt zehn Zahlen.

Vorwahlen aus Frankreich: nach Deutschland: 0049, nach Österreich: 0043, in die Schweiz: 0041. Bei der anschließenden Stadtnummer entfällt dann die Null. Beispiel für die Ziffernfolge von Frankreich nach Freiburg: 0049-761 plus Anschlussnummer.

Vorwahl nach Frankreich: von D, A und CH jeweils 0033. Nach dieser Vorwahl kommt die regionale Vorwahl ohne die Anfangsnull, für den Südwesten Frankreichs ist das also die 5, und dann folgt die restliche achtstellige Nummer. Beispiel für einen Anruf nach Rodez: 0033-5 plus achtstellige Anschlussnummer.

Trinkgeld

Wer Trinkgeld geben möchte, legt es beim Gehen auf den Serviceteller oder Tisch. Unüblich ist es – im Gegensatz zum deutschsprachigen Raum – den Rechnungsbetrag einfach aufzurunden. Üblich sind zwischen 5 und 10%.

Waldbrände

Jedes Jahr gibt es im Südwesten Waldbrände durch unachtsam weggeworfene Zigaretten und Streichhölzer. Die ausgedörrten Landschaften der Causses brauchen nur einen Funken oder die Glasscherben einer zerbrochenen Flasche (Selbstentzündungsgefahr), um in Flammen aufzugehen. In der Sommerzeit ist es strengstens verboten, ein offenes Feuer zu entfachen, und sei es nur um ein Würstchen zu grillen. Unter dieses drastische Verbot fällt natürlich auch das Wildcampen mit all seinen Begleiterscheinungen.

Wohnmobil-Stellplatz

In der Regel wird am Ortseingang auf ausgewiesene Stellplätze für Wohnmobile in Form eines rechteckigen weißen Schildes mit blauem Wohnmobil hingewiesen. Wenn kein Hinweisschild vorhanden ist, kann man im Allgemeinen für eine Nacht auf einem der öffentlichen Parkplätze stehen bleiben.

Zoll

Seit 1993 gibt es den EU-Binnenmarkt, der die Ein- und Ausfuhrbestimmungen beträchtlich vereinfachte und verbesserte. Doch das ist für den Privatmann kein Freibrief zum grenzenlosen, zollfreien Warenaustausch. Nach wie vor bestehen Richtlinien für die Ein- und Ausfuhr von einem EU-Land ins andere, v. a. von Alkohol und Zigaretten für den privaten Gebrauch. Als Richtmenge kann man von 800 Zigaretten, 200 Zigarren, 10 Liter Spirituosen, 20 Liter alkoholische Zwischenerzeugnisse wie Portwein etc., 90 Liter Wein und 110 Liter Bier ausgehen.

Für die Schweizer gilt nach wie vor: 1 Liter Spirituosen oder 2 Liter Wein, 200 Zigaretten bzw. 100 Zigarillos oder 50 Zigarren oder 250 Gramm Tabak. Was Parfum angeht, so sind 50 Gramm Parfum oder 250 Gramm Eau de Cologne gestattet. Waren für den Privatmann oder zu Geschenkzwecken dürfen den Wert von 300 CHF nicht überschreiten.

Viertel Les Carmes in Toulouse: Über den Dächern der ville ros

Reiseziele

Das Rouergue	→ S. 80	Die östliche Gascogne	→ S. 312
Das Quercy	→ S. 162	Die Pyrenäen der Midi-Pyrénés	→ S. 360
Toulouse, Albi und Umgebung	→ S. 232		

Grandioser Weitblick im Rouergue

Das Rouergue

Die alte Provinz Rouergue wurde nach der Französischen Revolution in das Departement Aveyron mit fast identischen Provinzgrenzen umgewandelt (s. Verwaltung). Die geographische, geologische, botanische und kunstgeschichtliche Vielfalt des Aveyron kann kein anderes Departement in Frankreich übertrumpfen.

Die Region gehört zu den drei dünn besiedeltsten Landstrichen Frankreichs mit ganzen 30 Einwohnern pro Quadratkilometer. Nur die angrenzenden Departements *Cantal* und *Lozère* unterbieten diese Zahl mit 22 bzw. 14 Einwohnern pro Quadratkilometer. Von Massentourismus ist in dieser Ecke Frankreichs weit und breit keine Spur und die Einheimischen geben dem Besucher das Gefühl „bienvenu" zu sein.

Im Norden, an der Grenze zur Auvergne, auf über 1.000 Metern Höhe, gibt es steppenähnliche, windumtoste einsame Weiten, große zusammenhängende Waldgebiete und Stauseen, die zum Wandern, Baden und Bootfahren einladen. Den Osten hingegen kennzeichnen trockene Kalkplateaus, sogenannte *Causses*, welche von spektakulären Schluchten durchschnitten werden, und gen Süden leuchtet die Erde rot wie in Afrika.

Der westliche Teil des Rouergue bietet mehr Kultur und weniger spektakuläre Natur. Trotzdem befindet sich bei Villefranche-de-Rouergue eine der größten und längsten Verwerfungen Frankreichs, die *faille de Villefranche*, die vom Norden des Zentralmassivs beginnt. Nicht weit davon entfernt, im Kohlebecken von Decazeville und Aubin, umgibt den Besucher ein Hauch des 19. Jahrhunderts.

Im gesamten Rouergue stößt man auf unzählige, mehr oder weniger baufällige Burgen, Schlösser, präromanische Kirchen, Taubentürmchen und verfallene Dörfer.

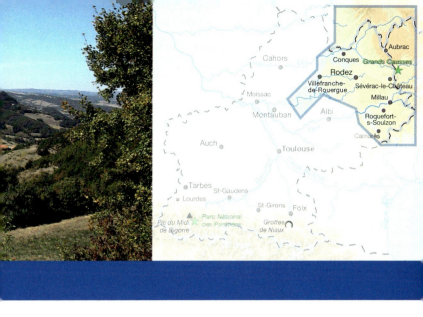

Ziemlich verstreut in den *Causses* liegen über 1.000 **Dolmengräber**, das sind „Steintische", die aus senkrecht aufgestellten Tragsteinen und einem darüber liegenden Deckstein bestehen. In ihnen fand man oft Dutzende von Skeletten. Etwas weniger zahlreich stehen die **Menhire** (bei *Asterix* als Hinkelstein bezeichnet) als weiteres Zeugnis sehr früher Besiedlung auf der Causse du Larzac. Vor allem der Süden des Departements ist bekannt für seine zahlreichen **Menhir-Statuen**.

Für den aktiven Urlauber bietet das Rouergue viele Betätigungsmöglichkeiten, wie Kanu- und Kajakfahrten auf den Flüssen Lot, Truyère, Aveyron, Tarn und Dourbie. Es gibt ausgewiesene Mountainbike-Strecken für jeden Schwierigkeitsgrad und Wandermöglichkeiten auf den gut gekennzeichneten Fernwanderwegen (GR = Grande Randonnée) und den lokalen Wanderwegen (PR = Petite Randonnée). Auch bietet es sich an, die abwechslungsreiche Landschaft auf dem Rücken von Esel oder Pferd zu erkunden. Egal ob Bungee-Springen, Segeln, Klettern oder Gleitschirmfliegen – Sportfans kommen im Rouergue voll auf ihre Kosten.

Alle Infos, Kartenmaterial und Tourenbeschreibungen (auf das Handy übertragbar) unter www.tourisme-aveyron.com, Rubrik Loisirs & Sports-Randonnées oder in allen größeren Touristenbüros des Departements.

Oberes Lot-Tal

Der Lot, der die Landschaft des Rouergue maßgeblich prägt, entspringt im östlich angrenzenden Departement Lozère auf 1.300 Metern Höhe und verpasst dem Landstrich immer neue Gesichter: Oberhalb von Saint-Laurent-d'Olt gräbt er tiefe Schluchten in die Felswände, um dann hinter Saint-Geniez-d'Olt gemächlich durch ein breites Tal zu fließen. Zwischen Estaing und Entraygues-de-Truyère zwängt sich der Fluss wieder durch ein sehr enges Tal und wird nach dem Zusammenfluss mit der Truyère hinter Entraygues-de-Truyère schiffbar.

Decazeville

Die Spuren der zweihundertjährigen Vergangenheit von Stahlindustrie und Kohleabbau sind in dem Städtchen noch nicht verwischt. Decazeville ist eigentlich ein Straßendorf und hat kein richtiges Stadtzentrum. Das Rathaus und der Marktplatz liegen weit von der Kirche entfernt und die nahegelegenen alten Fabrikhallen aus rotem Ziegel verfallen langsam. In seiner Blütezeit beschäftigte das Kohlebecken Decazeville 10.000 Angestellte und Anfang des 20. Jahrhunderts förderte man jährlich über eine Million Tonnen Kohle. Heute ist von diesem Industriezweig wenig übrig geblieben. Der Grubenabbau endete im Jahre 1966 und im Jahre 2001 wurde auch das letzte Bergwerk der Region geschlossen. Die Behörden planen nun das brachliegende Gelände mit dem riesigen wassergefüllten Tagebaukessel in einen Freizeitpark umzuwandeln.

In der *Stadtkirche Notre-Dame* hängen 14 Werke des Malers *Gustave Moreau* über den Kreuzweg. Lange Zeit kannte man nicht den Wert dieser Werke, denn Moreau hatte sie nicht signiert. Erst 1964 ging den Verantwortlichen ein Licht auf und sie realisierten, welche Schätze sie da eigentlich besaßen.

Information Office de Tourisme, square Jean-Ségalat, 12300 Decazeville, ✆ 0565431836, www.decazeville-tourisme.com.

Verbindungen Bahn, SNCF-Bahnhof in Viviez-Decazeville, tägl. Verbindungen nach Paris. ✆ 3635.

Markt Fr vormittags großer Markt, place Decazes (vor dem Rathaus).

Veranstaltungen Nuit du Jazz New Orleans, wird vom Touristenbüro organisiert, in der Regel am letzten Fr im Juni, Eintritt 20 €. Festhalle „Salle de Laminoir" in der Industriezone unterhalb des Rathauses (ausgeschildert).

Festival international de Pyrotechnie, Wettbewerb internationaler Feuerwerksveranstalter, jeweils vier Länder konkurieren pro Abend miteinander. Hinweis: Den schönsten Blick auf das Feuerwerk hat man vom Rand des Tagebaus. Ende Juli in Decazeville. Eintritt 15–20 €. Weitere Infos unter ✆ 0565 431836 (Touristenbüro), www.afifa12.net.

In der Umgebung von Decazeville

Puy de Wolf: Wer sich auf der Straße Decazeville-Rodez bewegt, dem fällt schon kurz hinter Decazeville der baum und strauchlose, felsige 600 Meter hohe Berg oberhalb des Dorfes Firmi auf, der sich durch seine Kahlheit von seiner bewaldeten

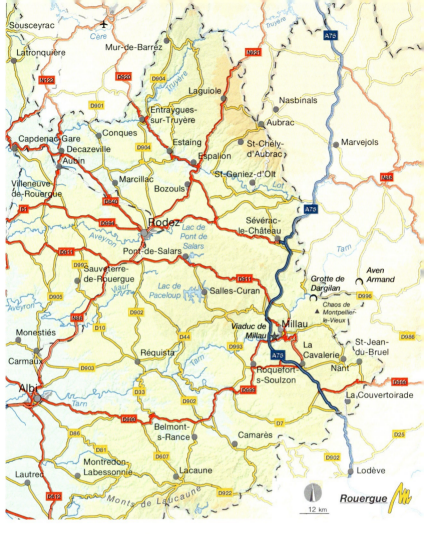

Umgebung abhebt. Er ist der größte Serpentinit-Berg Europas. Der Puy de Wolf ist eigentlich nichts anderes als ein Stück Ozeanboden aus dem Bereich der heutigen Auvergne, der im Zusammenhang mit den tektonischen Bewegungen angehoben und an seinen heutigen Platz verschoben wurde. Das Felsgestein, der sogenannte Serpentinit, schimmert dunkelgrün und ähnelt geschliffen sehr dem Jadestein. Für die Pflanzenwelt ist dieses Gestein jedoch sehr toxisch, denn es enthält das Silikat-Mineral Asbest. Nur sehr wenige Pflanzen haben es geschafft, sich diesen Bedingungen anzupassen. Den Botanikern unter den Lesern seien ein paar der seltenen Schätze verraten. Es sind u. a. der äußerst seltene Farn *Notochlaena maranta* sowie der Kreuzblütler *Biscutella lamottei Jordan*. Auch die Marguerite *Leucanthemum meridionale Legrand* und die Unterart der Wegerich-Grasnelke *Armeria plantaginea Willd* gibt es nur hier am Puy de Wolf.

Hinweis: Die o. g. Pflanzen stehen unter Naturschutz. Da es keine Wege an dem Hang gibt, ist die Gefahr, die seltenen Pflanzen aus Unkenntnis zu zertreten, gerade für Laien sehr groß. Deshalb sollten Nichtbotaniker besser oben auf der Kuppe die einmalige Aussicht genießen und nicht kreuz und quer über den Berg laufen.

Bar-Restaurant Puy de Wolf, nahe Decazeville (Richtung Rodez) liegt dieses günstige und gute Restaurant in Firmi an der Hauptstraße. Serviert werden hauptsächlich Gerichte aus dem Aveyron. Tägl. außer Mo-, Di- und Mi- abends. Mittagsteller 10 €. 12300 Firmi, ✆ 056543457.

Lot oder Olt?
Im Departement Lot heißt der Lot „Lot" (ausgesprochen wird er wie man ihn schreibt), doch im Bereich seines noch nicht schiffbaren Oberlaufes, im Rouergue, heißt der Lot nicht Lot, sondern „Olt" (Okzitanisch). Alle Dörfer entlang dieses Flussabschnittes tragen den Zusatz „d'Olt" in ihrem Namen.

Flagnac

Das kleine mittelalterliche Dorf ist durch sein alljährliches Spektakel *„Son et Lumière et Gestes"* bekannt geworden. Jedes Jahr wird die Geschichte des Dorfes in Form eines Theaterstücks vor der natürlichen Kulisse des Dorfes aufgeführt, untermalt von Feuerwerk und besonderen Lichteffekten. Mit von der Partie sind rund 250 Personen, Jung und Alt, die meisten sind Bewohner von Flagnac. Es ist eines der beeindruckendsten Freilicht-Theater seiner Art in der ganzen Region Midi-Pyrénées.

Freilicht-Theater Ende Juli, Anfang Aug., mehrere Aufführungen. Etwa 7 Kilometer nördlich von Decazeville. 12300 Flagnac, ✆ 0565640992, www.hierunvillage.com.

Übernachten **** **Camping du Port de Lacombe**, zwei Kilometer von Decazeville entfernt am Lot und nahe einem Badesee. Gut beschatteter Platz mit Schwimmbad, Rutschen, Kanu- und Tretbootverleih. April–Sept. geöffnet. ✆ 0565641008, www.campingleportdelacombe.fr.
Ab Decazeville die D 963 Richtung Flagnac fahren, im Ort Richtung Base nautique Port de Lacombe abbiegen.

Aubin

Aubin, das einstige Epizentrum der Kohle- und Stahlindustrie, ist eines der ältesten Dörfer des Rouergue. Seine Vergangenheit lässt sich bis um das Jahr 193 zurückverfolgen. Heute ist Aubin zweigeteilt: Das neuere Aubin ist ein Straßendorf am Fuße seiner Festung (Führungen im Sommer 3 €). Die Altstadt befindet sich oben auf dem Berg und hat noch einige historische Häuser vorzuweisen. An der *place Jean-Jaurès* kann man das Auto parken und zu Fuß über die *rue Brassat* zur Festung hochgehen.

Syndicat d'Initiative, 26, place Jean-Jaurès, 12110 Aubin, ✆ 0565631916, www.aubin12.com.

Sehenswertes

Musée de la Mine Lucien-Mazars: Gezeigt wird eine super arrangierte Ausstellung über die Minenarbeit in Aubin, von ihren Anfängen bis ins 20. Jahrhundert. Sogar eine Schlagwetterexplosion dürfen die Besucher erleben.

Eintritt frei. Juli/Aug. tägl. außer Mo 10–12 und 14–18 Uhr, Juni/Sept. tägl. außer So 14–18 Uhr geöffnet, April/Mai und Okt./Nov. nur Di, Do und Sa jeweils nachmittags offen. ✆ 0565435800.

In der Umgebung von Aubin

Église Notre-Dame d'Aubin: Die Kirche im Flamboyant-Stil steht etwas außerhalb des Ortes auf einem Hügel. Im Innenbereich lassen sich noch Strukturen aus der Zeit der Romanik erkennen, wie z. B. das Tonnengewölbe, einige Kapitele und Säulen. Die Altarplatte aus dem 11. Jahrhundert und das aus Blei bestehende Taufbecken aus dem 13. Jahrhundert mit einem okzitanischen Kreuz sind ebenfalls sehenswert. Normalerweise ist die Kirche verschlossen, den Schlüssel erhält man im *syndicat d'Initiative*. Im Sommer kann man für 2 € auch an einer Führung teilnehmen.

Forges du Gua: Über 50 Meter hoch ragen die alten Kamine der ehemaligen Eisenhüttenwerke in den Himmel. Hier fand im Jahre 1869 ein Aufstand der Minenarbeiter statt, welcher von der Armee brutal niedergeschlagen wurde und in einem Blutbad endete. Der Schriftsteller *Emile Zola* nahm diese Begebenheit in einem Absatz seines Buches „Germinal" (1885), das dramatisch einen Bergarbeiterstreik beschreibt, auf und auch *Victor Hugo,* inspirierte diesen Aufstand in Aubin zu einem Gedicht mit dem Titel *„Aubin, colères ouvrières"* (zu Deutsch: Aubin, Wutausbrüche der Arbeiter, 1869).

Église Notre-Dame-du-Gua: Die denkmalgeschützte Kirche von 1867 besitzt einen Dachstuhl aus Stahl. Der Architekt Boileau ließ sich von dem Pariser Stadtarchitekten Victor Baltard und den, von ihm entworfenen Pariser Markthallen aus Stahl und Glas inspirieren. Die Eisenstreben wurden in Gua gegossen und geschmiedet.
Tägl. außer Mi 9–18 Uhr geöffnet.

Saint-Santin, ein Dorf oder zwei Dörfer?

Eigentlich hat dieser 570-Seelen-Ort oberhalb des Lot-Tales und inmitten hügeliger Weideflächen keinerlei spektakuläre Gebäude vorzuweisen und dennoch ist er ein Unikum: Der winzige Ortskern liegt genau zwischen den Fronten, nämlich zwischen den beiden Departements Cantal und Aveyron und somit auch noch zwischen den beiden Regionen Midi-Pyrénées und Auvergne. Dem aufmerksamen Besucher kommt dann auch beim näheren Hinschauen so manches komisch vor, denn er sieht doppelt: **Zwei** Kirchen, **zwei** Rathäuser. Es ist eine in ganz Frankreich einmalige Geschichte. Die Ortschaft heißt gleichzeitig **Saint-Santin d'Aveyron** in den Midi-Pyrénées und **Saint-Santin de Maurs** in der Auvergne. Die „Ortshälfte", die zum Aveyron gehört, hat keine Schule, obwohl einen Steinwurf entfernt eine steht, doch deren Grund und Boden gehört zum Cantal und nicht zum Aveyron! So müssen die Schulkinder aus Saint-Santin d'Aveyron mehrere Kilometer entweder nach Saint-Julien-de-Piganiol oder Saint-Parthem gefahren werden. Und es kommt noch grotesker: Ein Wohnhaus steht genau auf der Grenze von Saint-Santin d'Aveyron und Saint-Santin de Maurs. Und wohin gehören die Bewohner? In den Aveyron natürlich, denn ihr Schlafzimmer befindet sich im Aveyron!

In der Umgebung von Aubin

Église Notre-Dame-des-Mines in Combes: Sehr beeindruckend ist die Backsteinkirche im späten Art-Deco-Stil. Innen wurde sie zu Ehren der Minenarbeiter mit wunderschönen Fresken, welche die Arbeit in den Minen zeigen, verziert.
Tägl. 9–18 Uhr geöffnet. Von Aubin Richtung Decazeville, dann die Abzweigung Combes nehmen (ausgeschildert).

Cransac-les-Thermes: Hier weiß jedes Kind: „In Cransac steht der Berg, der raucht." Der kleine unauffällige Ort ist eine sehr bekannte Thermalstation. Hier wird die Geisel Rheuma nicht mit heißen Quellen, sondern mit heißen Gasen, die aus dem Berg dampfen, bekämpft – eine in Europa einmalige Behandlungsmethode. An den Thermalbereich ist zusätzlich ein Spa-Bereich angegliedert.
12110 Cransac-les-Thermes, ✆ 0565630983 (Thermalstation), www.compagniedesspas.fr.

Château de Bournazel: Das Renaissance-Schloss aus dem Jahre 1545 fünfzehn Kilometer südöstlich von Decazeville wird zur Zeit renoviert und kann nur im Sommer und im Rahmen einer Führung besichtigt werden.
Syndicat d'Initiative, 12390 Bournazel, ✆ 0565641660, www.bournazel-aveyron.fr.

Conques

Die kleine Pilgerortschaft liegt einsam in den Wäldern hoch über dem Zusammenfluss von Dourdou und Ouche. Wer sich dem mittelalterlichen Conques auf dem Pilgerweg GR 65 von Le Puy nähert, realisiert spätestens wenn er unvermittelt tief unter sich an den steilen Hängen die dunkelroten Sandsteinhäuser mit ihren grauen Schieferdächern entdeckt, dass man nicht eben mal so geschwind nach Conques pilgert. Den Besuch dieses Kleinods muss man sich auf den letzten Metern des steilen Abstieges regelrecht verdienen.

Zusammen mit Lourdes und Rocamadour zählt Conques mit seiner weltberühmten dreitürmigen Abteikirche zu den wichtigsten und bekanntesten Pilgerstätten der Midi-Pyrénées und gehört selbstverständlich zum Weltkulturerbe der UNESCO.

Conques enge, mittelalterliche Gassen füllen sich in den Sommermonaten mit bunten Rucksäcken, an denen Anoraks und Jakobsmuscheln baumeln, und das hämmernde und schleifende Geräusch der Wanderstöcke auf dem Kopfsteinpflaster schallt durch die Straßen.

Auf einen Blick

Information Office de Tourisme, gutes Info- und Kartenmaterial über den Jakobsweg, schöne Broschüren über Conques und die Abteikirche (auch auf Deutsch). Rue du Chanoine-Bénazech, 12320 Conques, ✆ 0565728500, www.conques.fr.

Das Ziel aller Pilger: Conques

Conques

Verbindungen Es ist äußerst umständlich Conques mit öffentlichen Verkehrsmitteln zu erreichen, denn der Ort hat keinen Bahnhof.

Bahn: Die nächsten Bahnhöfe sind in Saint-Christophe (✆ 0565727155), Viviez-Decazeville (✆ 0565431235) und im 30 Kilometer entfernten Rodez (✆ 3536), von da geht es dann mit dem Bus weiter (s. Rodez).

Bus: Tourisme Aveyron Cars, ✆ 0565771055. Unter der Woche Verbindung Grand-Vabre–Conques–Rodez. In Rodez fahren erst nachmittags Busse nach Conques (avenue Victor-Hugo und Busbahnhof), zurück geht aber am gleichen Tag nichts mehr, man muss in Conques übernachten.

Auto: Die schönste Anfahrt führt auf einem kleinen Straßchen von Decazeville über Noailhac (D 232) nach Conques mit stilechter Überquerung der römischen Steinbrücke über den Dourdou. Hinweis: Nicht machbar für alle PKWs (s. u.).

Parken: Es gibt große kostenpflichtige Parkplätze (sind gut ausgeschildert). Im Juli/Aug. wird für 3 Euro eine Parkvignette angeboten, die das ganze Jahr über gültig ist und deren Einnahmen zur Unterhaltung der Kulturgüter beitragen.

Veranstaltungen Markt, abendlicher Produzentenmarkt mit Verköstigung auf dem Rathausparkplatz. Nur im Sommer und nur an manchen Donnerstagen, genaue Daten im Touristenbüro erhältlich.

Festival „Conques, la lumière du Roman", Barock- und Kirchenmusik-Konzerte in der Abteikirche. Mitte Juli bis Mitte Aug. ✆ 0565712400.

Festivités de Saint-Foy, Prozession und Reliquienausstellung in der Abteikirche, darunter ist auch die Statue der heiligen Fides. Am So nach dem 6. Okt.

Der fromme Diebstahl

Es kursieren zwei Versionen, wie die Reliquien der heiligen Fides (Sainte-Foy) von Agen nach Conques gelangt sein sollen. Eine recht nüchterne Version besagt, dass die Reliquien beim Einfall der Normannen nach Conques in Sicherheit gebracht wurden.

Die andere, viel nettere Version, berichtet von einer recht unrühmlichen Art und Weise der Umsiedlung. Der Geschichte nach gab es im 9. Jahrhundert in Conques einen Mönch, der die heilige Fides so stark verehrte, dass er kurzerhand beschloss, ihre sterblichen Überreste von Agen nach Conques zu „überführen", um die Dame seines Herzens immer in seiner Nähe zu haben. Er arbeitete fast 10 Jahre lang auf diese Gelegenheit hin. Er wurde erst Pilger in Agen, dann Mitglied der Gemeinschaft am Grabe der heiligen Fides. Als ihm schließlich der heiß ersehnte Posten des Reliquienwächters übertragen wurde, gab es für den Mönch kein Halten mehr. Kurzerhand stahl er das Objekt seiner Begierde und brachte es nach Conques. Den Reliquien tat der Ortswechsel anscheinend gut, denn Sainte-Foy soll in Conques noch mehr Wunder voll-

bracht haben, als sie es schon in Agen getan hatte. Diese Wunder der Märtyrerin gingen später in die Geschichte als *„jeux et badinages de Sainte-Foy"* (Spiele und Scherze der heiligen Fides) ein.

Übernachten **** Hôtel-Restaurant Hervé Busset, Domaine de Cambelong, liegt an der D 901 Richtung Rodez. Diese aus dem 18. Jahrhundert stammende, ehemalige Wassermühle wurde zu einem Luxushotel mit Sterneküche umgebaut. Acht Zimmer zwischen 25 und 30 m² mit sehr schöner Einrichtung. In der Hauptsaison werden die Zimmer nur mit Halbpension vermietet. DZ 110–350 €. Mo (Nebensaison ganztägig) und Di mittags geschlossen. ℡ 0565728477, www.moulindecambelong.com.

** **Auberge Saint-Jacques**, Logis de France, liegt nur wenige Schritte von der Abtei entfernt. Dank des hölzernen, mannsgroßen *Saint-Jacques* vor der Tür leicht zu finden. Zum Teil kleine Zimmer, TV und Tel., WLAN im Haus. Haustiere erlaubt. DZ 52–66 €. Rue Gonzaque-Florens, ℡ 0565728636, www.aubergestjacques.fr.

* **Auberge du Pont Romain**, befindet sich direkt neben der besagten römischen Brücke (s. u.). Sieben einfache Zimmer mit *grands lits*, Haustiere gestattet. DZ 38–54 €. ℡ 0565698407.

Gîte d'étape communal, gemeindeeigene gîte, die vorrangig den Wanderern auf dem Jakobsweg als Übernachtungsmöglichkeit dient. In der Hauptsaison nur mit Reservierung. Dreißig Betten mit gemeinsamer Küchennutzung, Gemeinschaftsduschen und Toiletten. Im Übernachtungspreis sind Bettwäsche und Frühstück nicht inbegriffen. ℡ 0565728298, www.conques.fr.

Camping *** Camping Beau Rivage, ca. 400 Meter außerhalb von Conques an der D 901 am Dourdou. Schöne Lage und gut beschattet, ebenes Terrain mit Schwimmbad, Nichtschwimmerbecken, Spielplatz und kostenlosem WLAN. 12320 Conques, ℡ 0565698223, www.campingconques.com.

*** **Camping Le Moulin**, nur vier Kilometer von Conques entfernt (D 901). Ruhiger, gut beschatteter Platz am Flüsschen Dourdou, solarbeheiztes Schwimmbad, Spielplatz, Tischtennis, Boule- und Bolzplatz, Bootsverleih. Der Bäcker bringt jeden Morgen frisches Baguette. Vermietung von Wohnwägen (2–6 Personen). 12320 Grand–Vabre, ℡ 0565728728, http://camping.du.moulin.free.fr.

Essen Restaurant chez Marie, etwa sechs Kilometer entfernt in Grand-Vabre. Gute regionale Gerichte zu günstigen Preisen. Unbedingt reservieren! Menü 14–23 €. Juli/Aug. tägl. geöffnet, sonst Mo–Do abends geschlossen. Le Bourg (Ortsmitte), 12320 Grand-Vabre). ℡ 0565698455.

Sehenswertes

Abbatiale Sainte-Foy: Schnell wurde die ursprüngliche Kapelle mit dem Neuzugang der Reliquien der heiligen Fides für die steigende Pilgerzahl zu klein und man errichtete eine erste Basilika. Im 11. Jahrhundert folgte dann der Bau der heutigen romanischen Abteikirche. Die Architektur dieser Kirche diente als Vorbild für die später gebauten Pilger-Basiliken von Saint-Sernin in Toulouse und Saint-Jacques in Santiago de Compostela.

Das **Tympanon** über dem Westportal ist ein Meisterwerk der romanischen Bildhauerkunst der ersten Hälfte des 12. Jahrhunderts und stellt das Jüngste Gericht in einer Art Bildabfolge dar. Christus im Zentrum urteilt über das Schicksal von 124 in Stein gemeißelter Figuren. Die Darstellung ist in der Mitte zweigeteilt, Christus rechter erhobener Arm weist zum Paradies und sein gesenkter linker Arm zur Hölle. Faszinierend ist auch, dass sich im Laufe des Tages mit wechselnden Lichtverhältnissen die Ausstrahlung der steinernen Gesichter ändert.

Eintritt frei, tägl. Andachten um 7.30, 12.05, 18.30 und 20.30 Uhr, Messe Mo–Sa 8 Uhr und So um 11 Uhr. Interessante Erläuterungen zum Tympanon unter www.tourisme-conques.fr

Kirchenschatz: Über den Kreuzgang gelangt man zum „Allerheiligsten" von Conques, dem Kirchenschatz. Er vermittelt ein beeindruckendes Gesamtbild über die Geschichte der französischen sakralen Goldschmiedekunst vom 9. bis zum 16. Jahrhundert. Der wichtigste und wertvollste „Schatz" ist die mit Blattgold überzogene, hölzerne Reliquienstatue der Sainte-Foy, deren Kopf aus dem 5. und deren Körper aus dem 10. Jahrhundert stammt. Auch ihr Reliquienschrein, der angeblich noch die sterblichen Überreste der Heiligen enthält, ist zu bestaunen. In dem Manuskript *livre des miracles* (Buch der Wunder) sind alle von ihr verursachten Wunder haarklein verzeichnet.

Eintritt für Kirchenschatz und das Museum Joseph-Fau 6,20 €. Ganzjährig geöffnet von April–Sept. 9.30–12.30 und 14–18.30 Uhr, Okt.–März 10–12 und 14–18 Uhr.

Musée Joseph-Fau: Das Museum wurde nach Joseph Fau, einem ehemaligen Bürgermeister von Conques (1953-77), benannt. Zu sehen sind in dem alten Gebäude gegenüber dem Pilgerbrunnen hauptsächlich Möbel sowie Einrichtungsgegenstände aus dem 17./18. Jahrhundert, wie u. a. Wandteppiche, auf denen Szenen aus dem Leben der Maria-Magdalena dargestellt sind. Des Weiteren sind hier Steindenkmäler und die romanischen Kapitele des ehemaligen Kreuzgangs aufbewahrt.

Das Museum hat die gleichen Öffnungszeiten wie die Ausstellung des Kirchenschatzes.

Augen zu und drüber!

Die kurvenreiche Anfahrt durch das von Hügeln und Schluchten durchzogene Hinterland von Decazeville bietet einen atemberaubenden Blick auf Conques. Am Ende der Strecke, sozusagen am Fuße von Conques, traut man dann erst mal seinen Augen nicht: Die Straße führt nun über eine kleine, spitzbogenförmige römische Steinbrücke. Irrtum ausgeschlossen, es gibt keine andere Möglichkeit – man muss mit dem Auto da hinüber. Im ersten Augenblick erscheint sie jedem Ankömmling viel zu schmal, zu steinig und zu buckelig und daher unüberwindbar. Tatsächlich ist sie auch nur passierbar für PKW, die wirklich nicht breiter als zwei Meter sind. Und so heißt es dann für jeden, der Conques aus dieser Himmelsrichtung besuchen möchte, tief Luft holen und langsam, immer die Steinmauer rechts und links im Visier, darüber rollen. Übrigens, Pilgern braucht man auf der Brücke auch nicht auszuweichen, sie ergreifen i. d. R. rechtzeitig die Flucht. Und wenn das Gefährt nicht mit Urlaubsgepäck überladen ist, sitzt man am höchsten Punkt normalerweise auch nicht auf! Seien Sie versichert, dieser romantische Übergang bietet nicht nur Zweibeinern eine stilechte Ankunft, die Brücke ist ganz offiziell für den PKW-Verkehr zugelassen. Erst einmal an der ehrwürdigen Pilgerbrücke angelangt, gibt es übrigens für Angsthasen noch einen Ausweg: Wenden und den ganzen Weg wieder zurückfahren - in weiser Voraussicht wurde ein Wendeplatz eingerichtet.

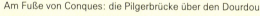
Am Fuße von Conques: die Pilgerbrücke über den Dourdou

In der Umgebung von Conques

Saint-Parthem: Die beschauliche 400-Seelen-Ortschaft liegt am Lot und besitzt ein sehr informatives Museum, das **Maison de la Rivière** d'Olt, das dem 481 Kilometer langen Fluss Lot/Olt und seinen Anwohnern gewidmet ist.

Museum Eintritt 5,50 €. Juli/Aug. tägl. außer Fr 10–12.30 und 14.30–18.30 Uhr, Mai, Juni und Sept. 14-18 Uhr geöffnet. 12300 Saint-Parthem (im Ort). ☏ 0565641322, www.maison-riviere.com.

Übernachten ** Camping de la Plaine, im Ort am Lot, mit Bade- und Angelmöglichkeit. Schöner Platz, auf dem man nicht „aufeinander hockt". Mitte April bis Sept. geöffnet. Vermietung von Mobil-Homes. ☏ 0565640524, www.camping-laplaine.fr.

Entraygues-sur-Truyère

Den kleinen Ortskern mit seinen verwinkelten kopfsteingepflasterten Gassen zieren alte Häuser aus dem 15. und 17. Jahrhundert sowie das Schloss der Grafen von Rodez. Der Name Entraygues bedeutet auf Okzitanisch „zwischen den Wassern" und somit verwundert es niemanden, dass der mittelalterliche Ort am Zusammenfluss der beiden Flüsse Lot und Truyère liegt. Der Aussichtspunkt *Belvédère du Calvaire*, etwa zwei Kilometer außerhalb an der Straße nach Aurillac, bietet einen herrlichen Ausblick auf den geschichtsträchtigen Ort: Es heißt, hier wurden 1453 Frankreichs Kronprinz, der zukünftige Louis XI., und 1584 die Königin Marguerite (Gattin von Henri IV.) empfangen. Entraygues war ein bekanntes Handelszentrum, die beiden Haupthandelswege aus dem Aubrac und dem Rouergue führten hier über die beiden Flüsse. Die Brücke über die Truyère stammt noch aus dem 13. Jahrhundert.

Die Strecke entlang des Lot zwischen Entraygues und dem nahe der Autobahn A 75 gelegenen Ort Saint-Laurent-d'Olt ist an sich schon einen Besuch wert, zusätzlich erwarten den Touristen malerische, geschichtsträchtige Ortschaften.

Auf einen Blick

Information Office de Tourisme du Pays d'Entraygues, place de la République, 12140 Entraygues-sur-Truyère, ☏ 0565445610, www.tourisme-entraygues.com.

Verbindungen Bus: Es gibt zwei Busunternehmen, die die Gegend regelmäßig abfahren.

Cars Ruban Bleu: Linie Rodez–Entraygues-sur-Truyère und Mur-de-Barrez, ☏ 0565738606.

Cars Labori: Linie nach Aurillac (Departement Cantal), ☏ 0471499279.

Markt Fr vormittags am quai du Lot, Di vormittags kleiner Gemüsemarkt, place de la République.

Freizeit ASV'Olt Canoë-Kayak, Entraygues ist im Sommer Basislager für Kajak- und Kanufahrten auf dem Lot, ☏ 0565445490. Ganzjähriges Angebot in Vieillevie (im Departement Cantal, etwa 10 Kilometer entfernt), ☏ 0471499581, www.asvolt.com.

Es gibt einen Kanu/Kajakführer für den Lot unter www.carte-fluviale.com.

Übernachten *** Hôtel-Restaurant La Rivière, Logis de France und Hôtel de charme et de caractère. Liegt direkt an der Truyère, mit Schwimmbad und Sauna. Zimmer elegant in weiß mit zeitlosem Holzmobiliar, TV, Tel., WLAN, Minibar und Zimmertresor. DZ 89–109 €. 60, avenue du Pont-de-Truyère, ☏ 0565661683, www.hotellariviere.com.

Hôtel-Restaurant Les Deux Vallées, einfache Zimmer in frischen, kräftigen Farbtönen mit TV. DZ 49–69 €. Das dazugehörige Restaurant bietet traditionelle Küche, in der sowohl Ente als auch Fisch einen festen Platz auf der Speisekarte haben. Menü ab 13 €. 7, avenue du Pont-de-Truyère, ☏ 0565445215, www.hotel-les2vallees.com.

*** Camping municipal du Val de Saures, im Ort. Kostenlose Nutzung des öffentlichen Schwimmbads, Gemeinschaftsraum mit TV und Internetzugang. Der Platz bietet Stellplätze für Wohnwägen, Wohnmobile und Zelte und vermietet chalets am anderen Ende des Terrains. Anfahrt über die D 920 und D 34. ✆ 0565445692, www.camping-valdesaures.com.

Essen Restaurant La Truyère, gehört zum Hotel La Rivière (s. o.), bietet regionale Küche. Im Sommer werden leichte Speisen wie Spießchen, Gegrilltes von der Plancha und Tellergerichte auf der Terrasse serviert. Menü 29–35 €.

»› Mein Tipp: Ferme-Auberge La Mejanasserre, ist ein Geheimtipp von Einheimischen. Das Restaurant liegt nur wenige Kilometer außerhalb der Ortschaft an der D 42 (route de Laguiole). Menü etwa 20 €. Geöffnet von Ostern bis zur Weinlese im September. ✆ 0565445476. «

In der Umgebung von Entraygues-sur-Truyère

Saint-Amans-des-Cots: Die besondere Lage zwischen Aubrac, Lot-Tal und den Schluchten der Truyère macht die Ortschaft zu einem idealen Ausgangspunkt für Unternehmungen in die Natur. Die Stauseen *lac de la Selves*, *lac de Saint-Gervais*, *lac de Montézic* und *lac de Couesque* sind nicht weit.

Information Office de Tourisme, rue Principale, 12460 Saint-Amans-des-Cots, ✆ 0565448161.

Markt Bauernmarkt, Do vormittags.

Camping **** Les Tours, gilt von der Lage her als einer der schönsten Campingplätze im Aveyron. Er liegt direkt am 15 Hektar großen Stausee lac de la Selves und bietet alles, was das Camperherz begehrt. Ruhige Lage sowohl im Wald als auch direkt am See, Schwimmbecken, Wasserrutschen, ein künstlicher Fluss, Kinderspielplatz uvm. Vermietung von Mobil-Homes. Ende Mai bis Mitte Sept. Village Center, im Weiler *les Tours*, 12460 Saint-Amans-des-Cots, ✆ 0565 448810, http://campings.village-center.fr/midi-pyrenees/camping-campagne-les-tours.php.

Hinter Saint-Amans-des-Cots die D 97 Richtung lac de la Selves nehmen und dann auf die D 599 abfahren (ausgeschildert).

Bez-Bédène: Nur sechs Kilometer südlich von Saint-Amans-des-Cots liegt in einer bewaldeten Landschaft der von den Einheimischen als mystisch bezeichnete Weiler Bez-Bédène. Er wurde einst auf einem nackten Granitfelsen, der sich wie eine Insel in den Mäander des Flüsschens Selves hineinschiebt, gebaut und besteht nur aus ein paar Häusern, einer Kirche und dem im 11. Jahrhundert gegründeten Priorat. Am Ende der Halbinsel, oberhalb der bizarren kahlen Granitfelsen, befindet sich ein kurioser „Wackelstein". Man rätselt: einfaches geologisches Naturphänomen oder mystischer Ort? Denn unterhalb des sich im Gleichgewicht befindenden Felsens wurde ein weißes Kreuz in den Stein gemeiselt – ein Zeichen der einstigen Christianisierung? Dann müsste der wackelnde Felsen aber tatsächlich besondere Kräfte oder Ausstrahlungen besitzen ...

Eine kleine Straße (ausgeschildert) führt von Saint-Amans-des-Cots zu dem Weiler hinunter.

Estaing

Ein bezauberndes Burgdorf, das sich um das hoch aufragende Château d'Estaing gegründet hat. Nur 600 Einwohner bewohnen die alten Häuser entlang der schmalen Gassen. Eine gotische Brücke aus rotem Sandstein überbrückt den träge fließenden Lot. Ihr Bau geht auf einen gewissen *François d'Estaing*, Bischof von Rodez, zurück, der sie 1524 einweihte. Seit jener Zeit wacht seine Statue – aus rotem Sandstein – über das Kommen und Gehen der Passanten. Die rote Brücke gehört seit 1998 zum Weltkulturerbe der UNESCO.

Es gibt noch einen weiteren Bischof, der in Estaing verehrt wird: Bischof *Saint-Fleuret* aus Clermont, welcher im Jahre 621 hier verstarb. Ihm zu Ehren wird alljährlich ein Fest veranstaltet.

Die Burgherren von Estaing

Die einst adligen Burg- und Freiherren des gleichnamigen Dorfes Estaing, sozusagen die „echten" d'Estaings, stammen von einer Ahnenreihe ab, die sich bis zu Richard Löwenherz zurückverfolgen lässt. Im 18. Jahrhundert starb die Adelsfamilie der Estaing aus, die Burg wurde im 19. Jahrhundert von den Nonnen des Josefs-Ordens bewohnt. Im Jahre 1922 kam dann ein gewisser *Jean Edmond Giscard*, Vater des späteren französischen Staatspräsidenten (1974-1981) *Valéry Giscard d ' Estaing*, auf die Idee, den Adelstitel der Estaings käuflich zu erwerben und so wurden aus den „einfachen" Herren Giscards aus der Auvergne dann die „von und zu Herren" *Giscard d'Estaing*. Ex-Präsident Valéry Giscard d'Estaing kaufte 2005 zusammen mit seinem Bruder für rund 750.000 € die zu seinem Adelstitel zugehörige Burg und lässt sie seitdem originalgetreu restaurieren. Sie soll eine Kultur- und Begegnungsstätte werden, in der Konzerte und Tagungen abgehalten werden können.

Information Office de Tourisme, 24, rue François-d'Estaing (im Erdgeschoss des Rathauses), 12190 Estaing, ℰ 0565440322, www.estingdouze.fr.

Veranstaltungen Son et Lumière d'Estaing, 1.500-jährige Geschichte der Ortschaft und der Burg erzählt im 25-minütigen Lichtermeer. Immer Mi abends bei Anbruch der Dunkelheit, von Mitte Juni bis Mitte Sept. Eintritt frei. Die Zuschauer treffen sich am besten auf der gotischen Brücke oder auf der linken Lotseite um eine gute Sicht auf das Geschehen zu haben.

La Saint-Fleuret, große religiöse Prozession mit über 150 Teilnehmern in historischen Gewändern, abschließend gibt's ein Feuerwerk. Alljährlich am ersten So im Juli.

Illumination de la cité aux chandelles, ein märchenhafter Anblick: Über 3000 Kerzen beleuchten die Burg und ihre Umgebung, auch hier wird der Abend mit einem Feuerwerk beschlossen. Immer am 15. Aug.

Les Médiévales, mittelalterliches Festival mit Gesang, Tanz und diversen Vorstellungen. Immer am zweiten Wochenende im Sept.

Übernachten ** Aux Armes d'Estaing, Logis de France, liegt gegenüber der alten Brücke. Die Zimmer entweder mit Doppelbetten oder einem *grand lit*. Im Hauptgebäude 12 Zimmer mit TV, im Nebengebäude 18 farbenfrohe Zimmer für Wanderer, fast alle renoviert. DZ 48–68 €. Restaurant serviert sehr gute regionale Gerichte (Reservierung erwünscht). Mittagsmenü 13 €. Tägl. außer So abends und Mo geöffnet. Quai du Lot, ℰ 0565447002, www.estaing.net.

** Auberge Saint-Fleuret, liegt in der Altstadt. Von außen nicht sehr vielversprechend, aber der erste Eindruck trügt. Gemütliche Zimmer mit TV und Tel., großer Garten mit Schwimmbad. Am besten ein Zimer mit Blick auf den Garten mieten. DZ 48–58 €. Restaurant Mo, Di- und Mi mittags geschlossen. Mittagsmenü 18 €. 19, rue François-d'Estaing, ℰ 0565440144, www.auberge-st-fleuret.com.

Camping municipal La Chantellerie, liegt an einem Bach, etwa eineinhalb Kilometer vom Zentrum entfernt an der D 167. 60 Plätze mit familiärem Ambiente. Sportplatz und Schwimmbad befinden sich in der Nähe. Kreditkarten werden nicht akzeptiert. Mitte Mai bis Mitte Sept. geöffnet. Rives du Lot, ℰ 0565447277 oder ℰ 0565447032 (Rathaus).

Sehenswertes

Château: Die Burg ist zu besichtigen. Ihr (Um-)Bau zog und zieht sich über viele Jahrhunderte vom 11. Jahrhundert bis zum heutigen Tag hin.

Eintritt 3 €, mit Führung 7 €. Mai/Juni und von Mitte Sept. bis Mitte Okt. Di–Sa 9–12 und 14–18 Uhr, von Juli bis Mitte Sept. tägl. außer Mo 10–12.30 und 14.30–19 Uhr. ℰ 0565447224, www.estaingdouze.fr.

Estaing: Giscard d'Estaing gehört die imposante Burg

Église: Gegenüber der Burg befindet sich etwas versteckt zwischen den Häusern die Kirche. Eine breite Freitreppe führt hoch zum Eingangsportal. In der Krypta befinden sich die Reliquien des Bischofs Saint-Fleuret.

Espalion

4.300 Einwohner

Das quirlige Städtchen im Lot-Tal ist „Grenzstadt" zwischen dem rauhen Klima des Aubrac und dem trockenen Klima der Causses. Das Stadtbild entlang des Flusses zieren außer der alten, roten römischen Brücke auch malerische schmale Häuser mit krummen alten Holzbalkonen. Im Sommer wimmelt es hier nur so von rucksacktragenden Pilgern, die ihren müden Gliedern eine Pause gönnen möchten.

Auf einen Blick

Information Office du canton d'Espalion, im Sommer Stadtbesichtigungen. 23, place du Plô, 12500 Espalion, ☎ 0565441063, www.ot-espalion.fr und www.haut-rouergue.com.

Verbindungen Bus: Place Georges, ganzjährig tägl. zwei Verbindungen nach Rodez Mo– Fr gegen 8 und 13 Uhr.

Markt Großer Markt Fr vormittags in der Innenstadt und am place du Marché, kleiner Obst- und Gemüsemarkt Di vormittags ebenfalls an der place du Marché.

Freizeit Base de canoë-kayak „Elan", Kanu/Kajakverleih, ganzjährig geöffnet nach Vereinbarung, Juli/Aug. tägl. 9–19 Uhr. ☎ 0676249559 (Mobil).

Discothèque L'Excalibur, ab 23 Uhr geöffnet. Le Plantou, route de Rodez, 12500 Espalion ☎ 0565441901.

Übernachten ** Hôtel-Restaurant Moderne, Logis de France, leicht zu finden Dank seiner Fachwerkfassade. Die 28 helen und freundlichen Zimmer bieten unterschiedlichen Komfort. DZ 46–51 € für das „chambre randonneur", ohne TV, Zwei-Sterne-DZ 55–61 €. 27, boulevard de Guizard, ☎ 0565440511, www.hotelmoderne12.com.

Camping *** Le Roc de l'Arche, liegt direkt am Lot etwa 400 Meter vom Zentrum entfernt, Richtung Eglise de Perse. Großer, ebener und gut beschatteter Platz mit Schwimmbad. Vermietung von Mobil-

Homes in der Nebensaison auch für nur zwei Tage möglich. Mitte März bis Mitte Okt., ✆ 0565440679, www.rocdelarche.com.

Essen Le Méjane, ein Restaurant mit gutem Preis-Leistungs-Verhältnis, das viele Einheimische besuchen. Vor allem regionale Küche, leider keine Terrasse vorhanden. Mittagsmenü 16 €. Von Sept. bis Juni So abends, Mo mittags und Mi geschlossen und im Juli/Aug. So abends und Mo geschlossen. 8, rue Méjane, ✆ 0565482237, www.restaurant-mejane.fr.

Restaurant L'Eau Vive, gehört zum Hôtel Moderne. Der Chef des Hauses ist passionierter Angler und auf der Speisekarte findet man diverse Süßwasserfisch-Spezialitäten, aber auch Rindfleisch aus dem Aubrac und Kalbfleisch aus dem Segala. So abends und Mo, außer im Juli/Aug. geschlossen. Mittagsmenü 15 €. Adresse und Tel. s. Hôtel Moderne.

Le Plô d'Olt, regionale Küche mit heimischen Produkten wie z. B. Forelle aus Laguiole und Schinken aus dem Aveyron. Mittagsmenü 9,50 €. Tägl. außer So abends und Mo geöffnet. Place du Plô, ✆ 0565481609.

Le Coin des bô thés, sympathische kleine Teestube, mit gut bestückter Bäckerei und zusätzlichem Verkauf regionaler Spezialitäten von den umliegenden Höfen. Nur wenige Tischchen im Freien. Ab 7 Uhr morgens gibt es ein abwechslungsreiches Frühstück für 5,50 €, mittags Tellergerichte ab 8,50 €. Geöffnet Di–Fr 7–19.30 Uhr, Sa 7–12 und 15–19.30 Uhr, So 7–12 Uhr geöffnet. 25, place du Plô, ✆ 0565444554, www.le-coin-des-bo-thes.fr. ■

Café du Pont Vieux, ein Café im alten Stil von anno dazumal, genau richtig um in angenehmem Ambiente seinen Durst zu löschen. Das Mittagessen schmeckt anderswo leider besser. In der Nebensaison abends So–Do geschlossen. 1, rue de la Grave, ✆ 0565440195.

Sehenswertes

Pont Vieux und Vieux-Palais: Die aus rotem Sandstein gebaute romanische Brücke ist das Wahrzeichen der Stadt. Sie bietet zusammen mit den alten Häusern entlang des Lot und dem *Vieux-Palais* (keine Besichtigung) ein malerisches Fotomotiv. Dazu sollte man sich unter die Platanen am *place de Forail* stellen, von hier sieht man auch auf die nur wenige Kilometer entfernte Ruine des *Château de Calmont d'Olt*.

Espalion am Lot: Hier kommen alle Pilger auf dem GR 65 durch

Musée Joseph-Vaylet und **Musée du Scaphandre**: Die beiden Museen sind in der ehemaligen Kirche Saint-Jean und in den angrenzenden Gebäuden untergebracht. Das Volkskundemuseum Joseph-Vaylet besitzt zahlreiche Sammlungen von Waffen, Möbeln, sakralen Gegenständen und Töpferwaren. In einem anderen Gebäude befindet sich das Musée du Scaphandre (Museum über das Tiefseetauchen). Und falls sich jemand fragt, was das Tiefseetauchen mit Espalion und dem Lot zu tun hat, nun, die drei Erfinder des ersten Tauchgerätes mit automatischer Luftzufuhr stammen aus Espalion.

Eintritt 4 €, (+ Musée du Rouergue). Juni–Sept. tägl. außer Mo 10–12 und 14–18 Uhr geöffnet, sonst nach Vereinbarung. 38, rue Droite, ✆ 0565440918, www.museeduscaphandre.com.

Musée du Rouergue: Das Heimatmuseum zeigt die Sitten und Gebräuche des Rouergue und befindet sich in den ehemaligen Gefängniszellen der Stadt. Interessant sind die Gebrauchsgegenstände aus Kupfer, die traditionellen Trachten und die Töpferwaren aus der gallo-römischen Epoche bis zur heutigen Zeit.

Eintritt 4 € (zusammen mit den Museen Joseph-Vaylet und Scaphandre). Juni–Sept. tägl. außer Mo 10–12 und 14–18 Uhr geöffnet, sonst nach Vereinbarung. Place Frontin, ✆ 0565441991 oder ✆ 0565738070.

In der Umgebung von Espalion

Liebhaber romanischer Kunst und Architektur sollten sich die folgenden zwei, aus rotem Sandstein gebauten, Kirchlein nicht entgehen lassen. Sie liegen beide am Jakobsweg GR 65 ganz in der Nähe von Espalion.

Église de Perse: Nur einen Kilometer entfernt, steht im städtischen Friedhof das kleine romanische Kirchlein mit seinem auffallenden Glockengiebel. Es ist ein Juwel der romanischen Kunst aus dem 11. Jahrhundert und war ursprünglich die Pfarrkirche. Sehenswert ist vor allem das Tympanon des Portals, in dem das Pfingstwunder dargestellt wird. Am Türsturz sind die Apokalypse und das Jüngste Gericht zu erkennen.

Ganzjährig geöffnet (Tür öffnet sich per Knopfdruck).

Église de Saint-Pierre de Bessuéjouls: Klein, gedrungen und etwas verloren steht das kompakte Gotteshaus etwa vier Kilometer südlich von Espalion (D 556) mitten im Grünen. Hoch oben unter dem Dach des Glockenturms befindet sich die winzige romanische *Kapelle Saint-Michel* aus dem 11. Jahrhundert, welche man über eine stark ausgetretene und steile Treppe am Ende des Kirchenschiffs erreicht. Die Kapitelle sind mit Reliefs, Malteserkreuzen, Flechtwerk und Palmetten verziert, der Altar stammt noch aus dem 9. Jahrhundert. Zu Zeiten der Karolinger waren diese Kapellen in luftiger Höhe sehr in Mode, leider gibt es in Frankreich kaum mehr eine zu besichtigen.

Ganzjährig geöffnet (Tür öffnet sich per Knopfdruck).

Mitten im Grünen: Eglise de Saint-Pierre

Château de Calmont d'Olt: Hoch auf einem Basaltfelsen thront die Burg der einst mächtigen Herren von Calmont. Von hier oben genießt man einen herrlichen Blick auf das Lot-Tal, die Causse du Comtal und das sich am Horizont langziehende Aubrac. Die rings um die Burg ausgestellten Kriegsgeräte, wie Katapult und Armbrust, versetzen das Publikum ins Mittelalter. Schauspieler als Ritter verkleidet, stellen Kampfszenen nach und erklären die Verteidigungsstrategien. In Workshops können Kinder Kettenhemden herstellen und man zeigt ihnen den Umgang mit Schwert und Armbrust.

Eintritt im Juli/Aug. 8 €, sonst 5,50 €. Mai/Juni Sa–Di 10–12 und 14–18 Uhr, Juli/Aug. tägl. 10–19 Uhr. Nebensaison tägl. 14–18 Uhr. ☏ 0565441589, www.chateaucalmont.org.

Am Ortsausgang von Espalion in Richtung Rodez abbiegen, der Straße folgen, dann beim Aufstieg aus dem Lot-Tal rechts abbiegen.

Flaujac: Der kleine Ort, nur zwei Kilometer von Espalion entfernt (in Richtung Saint-Côme), besticht durch seinen sehr ursprünglich gebliebenen mittelalterlichen Charakter sowie durch sein 71 Meter langes, trapezförmiges Fort. Der kleine Schlenker lohnt sich!

Nicht das Kloster Bonneval, aber die dazugehörige Kirche, kann besichtigt werden. Die meisten Besucher kommen jedoch hauptsächlich wegen der braunen Köstlichkeit, welche auf traditionelle Art und Weise hergestellt wird. In der eigens eingerichteten Boutique darf man probieren und natürlich auch kaufen. Die Schokolade wird heute in fast ganz Frankreich in ausgesuchten Läden vertrieben.

Ganzjährig 9.30–12 und 14–17.45 Uhr geöffnet. 12500 Le Cayrol, Abbaye de Bonneval, ☏ 0565444883, www.abbaye-bonneval.com.

In Espalion die D 921 (etwa vier Kilometer) Richtung Laguiole nehmen, dann rechts ab auf die D 661 Richtung Bonneval (gut ausgeschildert) fahren.

Das süße Leben in der Abtei von Bonneval

Versteckt am Ende des Tales liegt die 1147 gegründete **Abbaye Notre-Dame de-Bonneval**. Schon bei der Anfahrt spürt der aufmerksame Besucher, dass irgendwas anders ist. Es riecht meilenweit im Umkreis nach Schokolade – und das mitten in der grünen Pampa. Und je weiter man in die Abgeschiedenheit des Buchenwaldes vordringt, umso stärker wird der Duft! Über sechs Jahrhunderte lang war die Abtei ein ganz normales Zisterzienserkloster. Doch dann nahm das Ende seinen Anfang: 1719 brach in den Gebäuden ein fürchterlicher Brand aus und die Französische Revolution gab der Abtei 1790 den Rest. Der Zerfall war nicht mehr aufzuhalten bis ..., ja bis sich 1875 eine kleine Gemeinschaft von Trappistinnen der Ruinen annahm und begann, die Abtei wieder aufzubauen. Da die neuen Bewohnerinnen von irgendetwas leben mussten, beschlossen sie 1878 dem Klosterdasein einen süßen Touch zu verpassen, der zudem Geld in die leeren Kassen spülte.

In besagtem Jahr wurde die wieder aufgebaute Abtei in eine Schokoladenfabrik umgewandelt. Und wer lieferte den Grundstoff Kakao für die süßen Träume? Mönche aus Kamerun. Und woher kam der Strom? 1885 wurde auf der *Boralde Flaujagaise*, einem von vielen Rinnsalen durchzogenen Gebiet, eine Turbine installiert, die den Strom nach Bonneval brachte. Für die damalige Zeit noch ein sensationelles Ereignis. Heute leben 30 Schwestern, zwischen 30 und 100 Jahre alt, in der Abtei und der *chocolat de Bonneval* ist aus dem Rouergue nicht mehr wegzudenken.

Saint-Côme d'Olt von oben

Saint-Côme-d'Olt

Der kleine befestigte Ort mit dem seltsam verdrehten Kirchturm im Flamboyant-Stil besitzt noch drei mittelalterliche Stadttore und wirkt trotz seiner 1.200 Einwohner immer sehr verschlafen. Außer ein paar Pilgern, die auf ihrem Weg von und nach Conques hier durchkommen, ist eigentlich selten eine Menschenseele zwischen den aus dem 15. und 16. Jahrhundert stammenden Häusern unterwegs. Saint-Côme-d'Olt gehört zu den wenigen wirklich noch authentischen Dörfern, die nie großartig restauriert wurden. Das *Château* war einst Sitz der Herren von Calmont und Castelnau und beherbergt heute das Rathaus.

Warum übrigens der Kirchturm so verdreht nach oben gezogen wurde, darüber gibt es außer Vermutungen und Legenden nichts Konkretes. Fakt ist, in ganz Südfrankreich gibt es nur drei dieser verdrehten Kirchturmspitzen.

Information Point Info Tourisme, falls geschlossen gibt es alternativ das Touristenbüro in Espalion. Place du Château-de-Castelnau, ✆ 0565482446 , www.saint-come-dolt.com.

Übernachten Auberge du Lac, liegt wenige Kilometer nordöstlich von Saint-Côme-d'Olt, am Stausee *Barrages de Castelnau*. Die Auberge befindet sich gegenüber der Kirche in Mandailles. Drei schön renovierte geräumige Zimmer, Klimaanlage, TV, Dusche mit Hydromassage. DZ 65 €, Familiensuite mit zwei getrennten Zimmern für 4 Personen 100 €. Typisch regionale Gerichte, die im Sommer auf der Terrasse mit Blick auf den Stausee serviert werden. Tagesteller 8 €, Tagesmenü 13 €. Von Anfang März bis Mitte Dez. geöffnet. 12500 Mandailles. ✆ 0565489027, www.aubergedulac-mandailles.fr.

** Camping Belle Rive, liegt etwa vier Kilometer außerhalb von Saint-Côme-d'Olt Richtung Mandailles direkt am Lot. Ruhig, eben und gut beschattet, Kinderspielplatz, Internetzugang, Kanu- und Kajakverleih, Haustiere gestattet. Von Anfang Mai bis Ende Sept. geöffnet. Rue du Terral, 12500 Mandailles, ✆ 0565440585, www.camping.fr.

Essen Ferme-Auberge de Sisterne, liegt ebenfalls etwas außerhalb von Saint-Côme-d'Olt Richtung Saint-Geniez-d'Olt an der D 141 (ausgeschildert) und gehört dem Bürgermeister der Ortschaft. Zwei regionaltypische Menüs zur Auswahl, Menü ab 17 €. Von Mitte Juli bis Ende Aug. tägl. geöffnet außer So abends, Mo und Fr mittags. In der Nebensaison nur So mittags geöffnet. Nur mit Reservierung! 12500 Castelnau-de-Mandailles, ℡ 0565487144 oder ℡ 0565489101.

Clément Cabanettes, (1851–1910)

Die Geschichte von Saint-Côme-d'Olt ist eng mit dem Namen Clément Cabanettes verknüpft. Er war ein großer Befürworter der Auswanderungsbewegung im Aveyron, als im 19. Jahrhundert landauf, landab viele Menschen am Hungertuch nagten. Ihm gelang es, 40 Familien (Männer, Frauen und Kinder) aus weiten Teilen des Aveyron, darunter auch viele aus Espalion und Saint-Côme-d'Olt, zur Auswanderung nach Argentinien zu bewegen. Dort angekommen, gründeten die Aveyronnais am anderen Ende der Welt, und im wahrsten Sinne des Wortes in der Pampa, die Stadt *Piguë*. Sie wurde zu einem der reichsten Orte der Pampa und zählt heute rund 10.000 Einwohner. Der größte Teil der landwirtschaftlichen Flächen gehört heute noch den Nachfahren der Familien aus dem fernen Aveyron. Und noch heute bestehen – dank dem 1987 gegründeten Verein „Rouergue-Piguë", der seinen Sitz in Saint-Côme-d'Olt hat – ganz enge Bande mit dem von Aveyronnais bevölkerten Auswanderungsort, in dem eine Straße sogar „Calle de Rodez" heißt.

In der Umgebung von Saint-Côme-d'Olt

Clapàs de Thubiès: Unweit von Saint-Côme bei der Ortschaft Roquelaure befindet sich eine geologische Besonderheit, die man im Volksmund auch als „steinernen Fluss" bezeichnet. Tatsächlich handelt es sich hier bei den dunklen Gesteinsbrocken, die sich entlang einer Erdspalte in grauer Vorzeit bildeten und wie in einem Flussbett den Hang „hinunterzufließen" scheinen, um verwitterte **Basaltsäulen**.

„Steinerner Fluss"

Und das kam – vereinfacht dargestellt – so: Durch die Auffaltung der Alpen entstanden Risse und Spalten in der Erdoberfläche, welche sich vom Erdinnern her mit glühendem Magma füllten. Im Laufe der Zeit erkaltete dieses senkrecht aufgestiegene Magma dann ganz langsam in den Erdspalten und es bildeten sich unter der Erdoberfläche die senkrecht stehenden Basaltsäulen. Als die drüberliegenden weichen Sedimentschichten nach und nach durch Erosion abgetragen wurden, kamen diese Basaltsäulen ans Tageslicht. Sie verwitterten an der „frischen Luft" und zerfielen dann zu einzelnen Gesteinsbrocken, so wie wir sie heute vorfinden.

Sainte-Eulalie-d'Olt

Der 300-Seelen-Ort besitzt schon einen besonderen Charme mit seinen zahlreichen aus Flusskieseln erbauten Häusern. Er gehört nicht umsonst zu den schönsten Dörfern Frankreichs. Die romanische Kirche, inzwischen mehrmals umgebaut, gibt es wohl schon seit dem Jahre 909. Im 17. und 18. Jahrhundert florierte in der Ortschaft das Geschäft mit Stoffen.

Information Point d'Accueil Tourisme, espace Louis Marcilhac, 12130 Sainte-Eulalie -d'Olt, ✆ 0565478268, www.mairie-ste-eulalie-olt.fr.

Übernachten Hôtel-Restaurant Au Puits, sehr einfaches Dorfhotel, dafür aber auch sehr günstig. Die Zimmer sind noch im Stil der 60er-Jahre eingerichtet. DZ 30–40 €, die billigsten Zimmer haben Dusche/WC auf dem Flur. Rue du Tombarel, ✆ 0565704149, www.hotel-ste-eulalie.com.

》》 Mein Tipp: ** Hôtel-Restaurant Au Moulin d'Alexandre, die ehemalige Wassermühle an der Serre wurde in ein gemütliches Hotel-Restaurant mit zehn geräumigen, hellen Zimmern umgebaut. DZ 50–55 €, ✆ 0565474585, www.aumoulin dalexandre.fr. **《《**

Saint-Géniez-d'Olt

Der Ort wird nicht nur als das „Tor zum Aubrac" bezeichnet, man sagt ihm auch ein „italienisches Ambiente" nach. Das einst größte Zentrum der Gerberei und Tuchherstellung besitzt noch zahlreiche noble Bürgerhäuser aus dem 18. Jahrhundert. Besonders sehenswert ist vor allem das in U-Form erbaute **hôtel de Ricard** aus dem 17. Jahrhundert, welches sich wenige Meter neben dem Marktplatz in der *rue Hygonnet* befindet. Die **église des Pénitents** aus dem 14. Jahrhundert steht in der *rue de l'Hôtel de Ville* und war einst die Klosterkirche des Augustinerordens. Ihr herrliches Triptychon ist nur im Rahmen einer Führung zu besichtigen. Auch die **église paroissiale** (Gemeindekirche) auf der anderen Lotseite ist schon allein wegen ihrer Außentreppe sehenswert, aber auch auf ihr Chorhaupt aus dem 12. Jahrhundert sollte man einen Blick werfen. Die wundervoll bemalte Holzdecke aus dem 18. Jahrhundert in der **chapelle des Pénitents Noirs** kann man ebenfalls nur während einer offiziellen Führung bewundern. Alle Details dazu gibt es im Touristenbüro.

Information Office de tourisme intercantonal Le Cloître, Le Cloître, 12130 Saint-Geniez-d'Olt, ✆ 0565704342, www.tourisme.fr/office-de-tourisme/saint-geniez-d-olt.htm.

Freizeit Les Ifers, les Arbres de l'Aventure, ein Hochseilgarten der Groß und Klein (ab 90 Zentimeter Körpergröße) mit hinauf in die Bäume nimmt. Ein ganz besonderes Erlebnis: Die Übernachtung im Baumhaus (→ Übernachtung). Eintritt 20 €, unter 16 Jahren 16 €. Von Mai bis Mitte Sept. geöffnet, im Juli/Aug. tägl., Mai/Juni und Sept. nur am Wochenende und nach Vereinbarung geöffnet. Route de Saint-Martin, ✆ 0565706060, www.ifers.net.

Veranstaltungen Festival tango y salsa, Ende Mai bis Anfang Juni.

Marchés nocturnes, insgesamt fünf abendliche Bauernmärkte mit Verköstigung, von Juni bis Aug.

Festival de musique de chambre en Vallée d'Olt, Kammermusik-Konzerte an verschiedenen Orten im Lot-Tal, zweite Julihälfte, genaue Infos im Touristenbüro.

Übernachten *** **Hostellerie de la Poste**, besteht aus dem älteren Hauptgebäude und einem neueren Nebenhaus, Schwimmbad vorhanden. DZ 45–65 €. Das Restaurant ist in der Gegend für seine bodenständige Küche bekannt, Mittagsmenü 15 €. 3, place du Général-du-Gaulle, ✆ 0565474330, www.hoteldelaposte12.com.

Les Ifers (s. o.), Übernachtung im Baumhaus, nur ein Raum für maximal vier Personen, Mitte April bis Mitte Sept. geöffnet. Route de St.Martin, ✆ 0565706060. www.ifers.net.

Camping *** **Campéole La Boissière**, liegt am Lot, etwa 500 Meter außerhalb des Ortes. Beschattete Stellplätze, beheiztes Schwimmbad. In zwei Kilometern Entfernung befindet sich ein Badesee an dem man auch angeln und Boote ausleihen kann. Vermietung von Stoff-Bungalows, Mobil-Homes und chalets. Mitte April bis Mitte Sept. geöffnet. An der route de Pomayrols, ✆ 0565704043, www.camping-aveyron.info.

Saint-Laurent-d'Olt

Sehr malerisch präsentiert sich der kleine Ort auf einem Felssporn über dem Lot. Die dazugehörige, aus dem 13. Jahrhundert stammende, Burg wurde im 18. Jahrhundert wieder aufgebaut und ist heute ein Behindertenheim. Es lohnt sich, von hier einen kleinen Schlenker in das ebenfalls sehr malerische und gänzlich aus rotem Sandstein gebaute kleine Dorf **Canet-d'Olt** zu machen.

Das nördliche Rouergue

Der Norden der Provinz ist landschaftlich zweigeteilt: Den Nordwesten prägen kleine, verschlafene Dörfer, Eichen- und Buchenwälder. Die Truyère und ihre Zuflüsse haben hier, im Grenzgebiet zur Auvergne mit seinen Vulkanen, tiefe Schluchten in das Granitplateau gegraben. Durch die Anlage eines Talsperrensystems zur Stromgewinnung wurde der Fluss in eine aufeinanderfolgende Seenkette verwandelt. Den Nordosten dagegen prägt auf über 1.000 Metern Höhe eine steppenähnliche, wenig bewaldete, von kleinen Bächen durchzogene, basaltische Hochfläche, deren Weideflächen bis an den Horizont reichen.

Im Nordwesten

Spazierfahrt über den Nordwestzipfel des Rouergue

Auf einer Spazierfahrt quer über den wenig bekannten Nordwestzipfel des Rouergue von **Laguiole** (D 921) über das höchstgelegene Dorf im Aveyron, **Lacalm** (1.128 Meter), nach **Mur-de-Barrez** kann man gleich mehrmals spektakuläre Ausblicke auf die Seenlandschaft und in die angrenzende Auvergne genießen.

Vitrac-en-Viadène besitzt eine auf einem Basaltfelsen thronende Wehrkirche aus dem 14. Jahrhundert, in welche sich die Bevölkerung zu Zeiten des Hundertjährigen Krieges vor den Engländern flüchtete.

Cantoin's Kirchturmspitze grüßt schon von weitem. Die Häuser sind aus dunklem, fast schwarzem Basaltgestein gebaut und geben dem kleinen Ort ein düste-

res Aussehen. Im Steinbruch am Ortsausgang von Cantoinet lassen die wunderschön ausgebildeten Basaltsäulen das Herz eines jeden Geologen sicher ein wenig höher schlagen!
Von Cantoin geht's weiter über die D 98 zum 25 Kilometer langen und 300 Meter breiten Stausee *Barrage de Sarrans*.
Orlhaguet liegt gleich neben dem Stausee und gehört zu den ältesten Dörfern in der Region. Die Ortschaft wird von einer beeindruckenden Wehrkirche mit vier unterschiedlich großen Glocken überragt. Bekannt geworden ist Orlhaguet durch seine dreizehn, in der Landschaft herumstehenden, skulptierten Steinkreuze aus dem 15. und 16. Jahrhundert. Jedem von ihnen wird eine Bedeutung zugeschrieben und jedes hat eine entsprechende Bezeichnung.

Weiter geht es auf der D 900 Richtung Truyère-Schlucht (frz. gorges de la Truyère) und dann auf der D 621 bis **Le Brézou**. Auf diesem Streckenabschnitt bietet sich ein wunderschönes Panorama auf den gezähmten Fluss mit seinen Staustufen. Die D 97 führt bergauf nach **Lacroix-Barrez** und weiter auf die Höhe nach **Mur-de-Barrez**. Der kleine Abstecher zum malerischen Dorf **Vallon** mit seinen Burgruinen lohnt sich, anschließend geht es hinunter ins Tal nach Entraygues.

Mur-de-Barrez

Die nördlichste Ortschaft der Midi-Pyrénées liegt knapp 800 Meter über dem Meeresspiegel und bietet einen 360°-Rundblick über die Wald- und Wiesenlandschaft. Der Ort ist ein guter Ausgangspunkt für Unternehmungen in alle vier Himmelsrichtungen.

Bis zur Französischen Revolution war die Vizegrafschaft von *Carlat*, wozu auch lange Zeit das hiesige Gebiet *Carladez* mit dem Ort Mur-de-Barrez gehörte, unter der Verwaltung der Grafen von Monaco. Davon zeugen heute noch die Namen mancher Gebäude und Plätze im Ort, wie u. a. das Stadttor *Tour de Monaco*. Sehenswert ist die Altstadt mit ihren ruhigen, engen und von alten Häusern gesäumten Gassen, wie die *Grand Rue* und die *rue de la Bergue* samt ihrer Seitensträßchen.

Die **Église Saint-Thomas-de-Canterbury**, eine breite gedrungene Kirche aus dem 11. Jahrhundert besitzt ein wunderschönes Portal, welches mit der Holzstatue des heiligen Thomas verziert ist. Innen erwartet den Besucher Überraschendes: So zeigt der Altar aus dem 17. Jahrhundert in der Mitte ein Gemälde, auf dem der Mord an Thomas Becket, Bischof von Canterbury und Oberhaupt der Kirchengemeinde, dargestellt wird. Ein Kuriosum und einmalig in Frankreich ist die Miniaturdarstellung einer in Stein gehauenen, liegenden Statue auf dem Schlussstein über dem Eingang, welche auf die Menschen herabschaut. Diese Art von liegenden Statuen findet man sonst in menschlicher Größe auf Grabstätten berühmter Persönlichkeiten.

Die Familie Carlat, nach der das Gebiet Carladez benannt ist, fand innerhalb dieser Kirchenmauern ihre letzte Ruhestätte.

Information Office de Tourisme, 12, Grand Rue, 12600 Mur-de-Barrez, ✆ 05656 61016, www.carladez.fr.

Camping **** La Source, schöne Lage auf der Halbinsel Laussac am Stausee Barrage de Sarrans. Beheiztes Schwimmbad, Planschbecken, Wasserrutschen, Tischtennis, Snackbar und Einkaufsmöglichkeit. Vermietung von Mobil-Homes, chalets, Appartements und Stoff-Bungalows. April–Okt. geöffnet. ✆ 0565660562 oder ✆ 0565662710 (Nebensaison), www.camping-la-source.com.

Im Nordosten

Einsam ist es hier oben im Nordosten der Provinz auf 1.400 Metern. Bis zum Horizont behindert kein Baum oder Strauch den Blick. Es ist das Reich der beigefarbenen Aubrac-Kühe mit den sanften braunen Augen und den wunderschön gebogenen Hörnern.

Die Landschaft des Aubrac

Ab und zu stößt man auf einen buron, eine aus grau-schwarzem Basaltgestein gebaute Sennhütte. Stille Seen wie der lac de Salhens und der lac de Saint-Andéol komplettieren das idyllische Landschaftsbild des Aubrac.
Sehr zum Entzücken zahlreicher Botaniker wachsen auf den steppenähnlichen Flächen über 1.000 Pflanzenarten. Im späten Frühjahr sind die Weideflächen weiß bedeckt von blühenden, wildwachsenden Narzissen. Es verwundert nicht, dass das Aubrac zum Schutzprogramm der Natura 2000 gehört.
Nur ein kleiner Bereich dieser einmaligen Landschaft, eingerahmt von den Flüssen Truyère im Norden und dem Lot im Süden, gehört zum Aveyron, den Rest teilen sich die beiden Departements Lozère und Cantal. Die zahlreichen Seen und Moore des Gebietes entstanden am Ende der letzten Eiszeit, als sich die Gletscher langsam wieder zurückzogen.

Aubrac

In einer geschützten Kuhle am Pilgerweg GR 65 und umgeben von der Weite des Aubrac-Hochplateaus liegt der kleine Weiler mit dem gleichen Namen wie die ihn umgebende Landschaft. Der Ort besteht nur aus einer Handvoll Häuser. Im Mittelalter war der Weiler ein von hohen Schutzmauern umgebenes Hospiz, von dem heute nur noch wenig zu sehen ist.

Vor Jahrhunderten war die Überquerung des Aubrac für die Pilgerscharen ein einziger lebensgefährlicher Albtraum. Die riesigen freien Grasflächen bestanden damals aus dunklen, nicht enden wollenden Wäldern, in denen nicht nur Wegelagerer und arbeitslose Söldner den müden Pilgern auflauerten. Ein gewisser Adelard, flämischer Seigneur auf dem Weg nach Santiago de Compostela, beschloss nach seiner gesunden Rückkehr, in dieser gefährlichen Einsamkeit ein Hospiz für die kranken und schutzlosen Pilger errichten zu lassen. Er hielt Wort und ab dem 12. Jahrhundert fanden Pilger in dem Hospiz, das von 120 wehrhaften Mönchen unterhalten wurde, Schutz, Pflege und Nahrung.

Eine romanische Kirche, Reste der ehemaligen Abtei, ein Wehrturm mit dem Namen *Tour des Anglais* (weil er zur Zeit des Hundertjährigen Krieges erbaut wurde), zwei, drei Gasthöfe und ein Informationsbüro, mehr gibt es in dieser Einsamkeit hier oben auch heute nicht. Ach doch, es gibt noch jemanden: *Lou Cantalès*, Sommer wie Winter steht die Holzstatue auf dem kleinen Platz und heißt Sie willkommen, in Erinnerung an all die Senner, die einst hier oben in ihrer Sennhütte Käse aus der Milch ihrer Tiere fabrizierten.

Information La maison de l'Aubrac, neben der Kirche, sehr gut bestücktes Info-Zentrum über das Aubrac mit schönen Bildbänden, interessanter Literatur über Land und Leute und Verkauf von regionalen Produkten. Es gibt eine Bistro-Ecke, in der man

Eis, Kuchen und Getränke zu sich nehmen kann. 12470 Aubrac, ✆ 0565446790, www.maison-aubrac.com.

Veranstaltungen Fête de la Transhumance et de la Vache d'Aubrac, Auftrieb der Aubrac-Kühe auf ihre Sommerweiden. Vorstellung der Viehherden von 10.30 bis 17.30 Uhr. Es gibt Stände mit regionalen Produkten, Jahrmarkt, Folklore-Gruppen und abends einen Ball mit Tanz. Immer am Sonntag um den 25. Mai.

Tipp: Man sollte sehr früh morgens schon sein Auto parken, sonst gibt es keine Parkplätze mehr und man muss einige Kilometer laufen. Die Zu- und Durchfahrt von Aubrac ist an diesem Tag gesperrt. Infos im Touristenbüro von Saint-Chély d'Aubrac, www.traditionsenaubrac.com.

Übernachten ** Hôtel-Restaurant de la Dômerie, Logis de France, einziges Hotel im Ort, liegt direkt am Platz. Freundliche Zimmer mit entweder dunklen Vollholzmöbeln und schweren Vorhängen oder mit modernerer Ausstattung, TV und Tel. DZ 70–98 €. Traditionelle Küche der Region, Menü ab 23 €. Geöffnet von Mitte Febr. bis Mitte Nov., in der Nebensaison unter der Woche mittags geschlossen. ✆ 0565442842, www.hoteldomerie.com.

Essen Chez Germaine, ebenfalls am Platz, Mittagsmenü 26 €. Mittags außer Di geöffnet. ✆ 0565442847.

In der Umgebung von Aubrac

Trans-Aubrac: Von Saint-Geniez-d'Olt führt die erst 1980 gebaute Trans-Aubrac-Route quer über das Aubrac-Plateau nach Laguiole. Die Straße bietet immer wieder atemberaubende Ausblicke und führt durch die einsamsten Bereiche des Plateaus. Bei *La Boulesq* sieht man sogar die Grands Causses im Süden des Aveyron. Zwischen den beiden Ansiedlungen *Le Vergounhous* und *Les Cats* steht das sechs Meter hohe Kreuz *Croix du Pal*, es kennzeichnet die Grenze der beiden Departements Aveyron und Lozère. Bei *Vieurals* befindet sich die *buron du Cartayrou* (commune d'Aurelle-Verlac), in der u. a. der Laguiole-Käse hergestellt und verkauft wird (ab Vieurals ausgeschildert). Sie ist eine der letzten originalgetreuen Sennhütten von ursprünglich einmal über 300 im Aubrac. Die Trans-Aubrac ist nur von April bis November befahrbar.

Transhumance: Der Viehauftrieb ist inzwischen ein Volksfest

Saint-Chély-d'Aubrac

Der kleine malerische Ort mit seiner Kirche aus dem 15. Jahrhundert und der alten Brücke liegt mitten im Epizentrum des Pilgergeschehens und nur acht Kilometer vom Hochplateau des Aubrac entfernt. Hier führen nicht nur der Pilgerweg GR 65 von Le Puy-en-Velay nach Conques durch, sondern auch mehrere kleine Wanderwege (PR = petite randonnée), wie zum Beispiel der Rundwanderweg *„Tour des Monts d'Aubrac"* und der alte römische Weg *via Agrippa*. Der Ort ist ein guter Ausgangspunkt für Rundwanderungen, das Aubrac-Plateau ist nur 8 Kilometer entfernt.

Information Office de Tourisme, liegt von Espalion kommend in einer kleinen Seitenstraße am Ortseingang. Deckt mit seinen Info-Materialien und Büchern das gesamte Aubrac ab, mit Internet-Zugang. 12470 Saint-Chély-d'Aubrac, ✆ 0565442115, www.stchelydaubrac.com.

Übernachten ** Hôtel-Restaurant de la Vallée, Logis de France, einfaches Hotel in typischer Steinbauweise direkt am Platz., mit fünfzehn modern eingerichteten Zimmern, DZ 57 €. Restaurant mit traditionellen Gerichten ab 15 €. Von Mitte Febr. bis Mitte Nov. geöffnet. ✆ 0565442740, www.lescoudercous.fr

** Hôtel-Restaurant des Voyageurs, kleines Hotel mit sieben einfachen Zimmern, Tel., Bad mit Badewanne oder Dusche. DZ 46–49 €. Restaurant mit regionaler Küche, Menü ab 17 €. Nebenan werden hausgemachte Produkte in Konserven verkauft. Avenue d'Aubrac, ✆ 0565442705, www.hotel-conservie-aubrac.com.

Gîte d'étape communal, befindet sich über dem Touristenbüro und darf nur von Wanderern und Pilgern genutzt werden. Angenehme, saubere gîte mit 26 Betten auf mehrere Schlafräume verteilt. Leintücher müssen mitgebracht werden. Ganzjährig nach Reservierung geöffnet. Route d'Espalion, ✆ 0565442115.

Camping Camping municipal, kleiner gemeindeeigener Platz im Ort. Von Mitte Mai bis Aug. geöffnet. ✆ 0565442115 (Touristenbüro), www.stchelydaubrac.com.

Kleine Rundwanderung auf den Höhen des Aubrac

Zahlreiche lokale Wanderwege (PR) und Fernwanderwege (GR) samt ihrer Varianten kreuzen sich auf den Höhen des Aubrac, so dass sich jeder, je nach Geschmack und Kondition, eine geeignete Tour aussuchen kann. In jedem Touristenbüro des Aubrac gibt es kleine Wanderführer mit ausgesuchten Wanderungen.

Die etwa zweieinhalbstündige Rundwanderung **von Nasbinals zum Wasserfall Déroc** (*la cascade du Déroc*) ist insgesamt nur acht Kilometer lang und als kleine Anregung gedacht, die grandiose Landschaft *per pedes* zu entdecken. Der Weg verläuft bei Nasbinals (im Departement Lozère und nur 8 Kilometer vom Ort Aubrac entfernt) quasi ohne Höhenunterschied zwischen 1.170 und 1.230 Höhenmetern über die einsamen, schattenlosen Weiten ohne Baum und Strauch. Nasbinals ist eine kleine Ortschaft, man sollte trotzdem nicht versäumen, einen Blick in das romanische Pilgerkirchlein mit seinem achteckigen Glockenturm zu werfen. Das anvisierte Ziel der Wanderung, Aubrac's höchster Wasserfall, stürzt über 32 Meter hohe, wunderbar ausgebildete Basaltsäulen in die Tiefe (Kinder sollte man dort gut beaufsichtigen, da Absperrungen fehlen).

Ausgangspunkt ist der Parkplatz *place de Foirail* unterhalb der Kirche, direkt an der Straße. Man folgt der gelben Wandermarkierung. Die Rundwanderung bietet herrliche Panoramaaussichten auf den Cantal, die Weite des Aubrac sowie den *lac des Salhiens*.

Wer nicht zum Wasserfall laufen möchte, kann zuerst über die D 900 und dann über die D 52 direkt zum Kiosk (frz. *buvette*) fahren und dort parken. Von hier aus sind es nur noch etwa 300 Meter zum Wasserfall.

Kartenmaterial und Beschreibung: L'Aubrac, balades et randonnées à Pied et à VTT, Herausgeber Chamina. Gibt es im Touristenbüro oder kann unter www.chamina.com bestellt werden.

Laguiole

In der kleinen Gemeinde auf den Höhen des Aubrac steht auf dem Marktplatz ein markanter schwarzer Bronze-Stier, welcher die Rinderrasse *Aubrac* repräsentiert. Der Name Laguiole steht jedoch vor allem für den geschmacklich kräftigen Hartkäse Laguiole, aus dem das inzwischen zum Kultgericht avancierte *Aligot* gemacht wird und natürlich für die noblen Laguiole-Messer (frz. *couteaux Laguiole*), die seit dem Mittelalter hier gefertigt werden. In jedem zweiten Haus des 1.200-Seelen-Ortes werden diese exklusiven Essinstrumente inzwischen verkauft. In Laguiole kann man heute die einzelnen Schritte der Messerherstellung in diversen Ateliers verfolgen.

Information Office de Tourisme du canton de Laguiole, gut bestückt mit Infomaterial v. a. für Wanderungen. Place de la Mairie, 12210 Laguiole, ℡ 0565443594, www.laguiole-aubrac.com.

Verbindungen Bus: Transports Verdier, tägl. eine Verbindung nach Rodez (Busbahnhof). ℡ 0565771055.

Übernachten Hôtel Auguy, zentrale Lage, nette Zimmer, beheiztes Schwimmbad, Terrasse. DZ 60–110 €. Restaurant mit heimischen, gut zubereiteten Gerichten, Menü 22 €. 2, allée de l'Amicale, ℡ 0565443111, www.hotel-auguy.fr.

NOÙ4, in einer ruhigen Seitenstraße im Ort. Dieses kleine Hotel-Restaurant mit Teestube und Boutique hat sich den erneuerbaren Energien verschrieben und ist auf Biokost spezialisiert. Vier puristisch eingerichtete Zimmer mit weißer Bettwäsche und Natursteinmauern, TV, WLAN. DZ 54 €. 4, rue Bardière, ℡ 0565516830, www.nou4.com.

Chambres d'hôtes Le Gîte de Laguiole, im ehemaligen Kloster im Zentrum. Nett

Hier gibt es die echten Laguiole-Messer

eingerichtete gîte mit sechs Zimmern für zwei bis vier Personen. Den Besuchern steht eine gut bestückte Bibliothek zur Verfügung, zusätzlich bietet der Besitzer geführte ganz- oder halbtägige Wanderungen durchs Aubrac an. 6, rue du Couvent, ✆ 0565484255, www.legitedelaguiole.com.

»» Mein Tipp: Aux Caprices d'Aubrac, liegt im Weiler Le Séguis (etwas außerhalb des Ortes an der D 921 Richtung Saint-Flour). Ruhige Lage trotz der Nähe zur Straße. Modern eingerichtetes altes Steinhaus mit viel Liebe zum Detail. DZ 69–109 € inkl. Frühstück, ✆ 0687274482, www.caprices-aubrac.fr. **«««**

Camping Camping municipal les Monts d'Aubrac, einfach ausgestatteter, sauberer Platz mit noch jungen Bäumen bei der „Messer-Industriezone" *La Poujade* oberhalb der Ortschaft. Geöffnet von Mitte Mai bis Mitte Sept. Route d'Aubrac (etwa 750 Meter vom Zentrum entfernt), ✆ 05654 43972 oder ✆ 0565512630.

Essen Wer nicht in das (außerhalb liegende) teure Drei-Sterne-Restaurant von Michel Bras gehen möchte, aber trotzdem Wert auf gute regionale Küche legt, sollte sich auf jeden Fall ein Restaurant außerhalb der Ortschaft suchen, im Ort selbst gibt es nichts wirklich Empfehlenswertes.

Michel et Sébastien Bras, eine Institution in der Region. Restaurant und Hotel liegen ca. sechs Kilometer außerhalb von Laguiole an der route d'Aubrac Richtung Aubrac. Einer der besten Köche Frankreichs hat hier auf den Höhen des Aubrac ein kulinarisches Highlight geschaffen. Wer in den Genuss dieser Sterneküche kommen möchte, muss Monate im Voraus reservieren! Menü 111–179 €. Auch das zugehörige Hotel mit seinem futuristischen Stil ist eine Top-Adresse und lässt keine Wünsche offen. DZ 260 €. ✆ 0565511820, www.bras.fr.

Le Petit Creux, nur wenige Kilometer südlich von Laguiole liegt diese typische Dorfkneipe mit einfacher, aber authentischer Küche des Aubrac. Mittagsmenü 13 €. Di–So immer mittags geöffnet. 12210 Curières, ✆ 0565543060.

L'Auberge du Moulin, ebenfalls nur wenige Kilometer vom Ort entfernt liegt dieses, von Einheimischen sehr gut besuchte, Dorfrestaurant. Eine Spezialität des Hauses ist das Aligot. Fr abends außer im Juli/Aug. geschlossen. 12210 Soulages-Bonneval, ✆ 0565443236.

Sehenswertes

La Coutellerie de Laguiole: Einer der wenigen Orte an dem Sie sicher sein können, dass das teuer erstandene Laguiole-Messer auch tatsächlich in Laguiole hergestellt wurde. Hier finden Sie eine große Auswahl an Messern und es besteht die Möglichkeit, nach Voranmeldung an der Herstellung des eigenen Messers teilzunehmen.
Eintritt 5 €. Ganzjährig tägl. Führungen um 11, 14.30, 15.45 und 17 Uhr. Route d'Aubrac (in der Industriezone La Poujade beim Campingplatz), ✆ 0565515014.

La Forge de Laguiole: Eine weitere Adresse, wo Sie nicht nur Einblicke in die Messerherstellung bekommen, sondern auch besonders exquisite Modelle *made in Laguiole* erstehen können. Das Gebäude ist schon von weitem an seiner riesigen, 18 Meter hoch in die Luft ragenden Messerklinge, welche auf dem Dach der Manufaktur montiert ist, zu erkennen.
Eintritt frei. Tägl. außer So 9–12 und 13.30–18 Uhr geöffnet. ✆ 0565484334, www.forge-de-laguiole.com.

Musée du couteau de Laguiole et de l'objet forgé: Liegt ebenfalls im Industriegebiet. Nachbau der ersten Werkstätten und Ausstellung der ersten Laguiole-Messer und sonstiger Schneidevorrichtungen.
Eintritt 3,50 €. Ganzjährig tägl. 9–12 und 14–19 Uhr, Juli/Aug. durchgehend geöffnet. ✆ 0565512347.

Coopérative fromagère Jeune Montagne: Was früher die Senner im Halbdunkel ihrer Sennhütten produzierten, wird heute in der Kooperative mit modernsten Mitteln hergestellt. Trotzdem hat sich eines nicht geändert: Auch im 21. Jahrhundert wird bei der Käseherstellung immer noch das Wissen der Mönche aus dem 12. Jahrhundert berücksichtigt.

Mit Hilfe eines Videos und einer 45-minütigen Führung wird die Herstellung des bekannten Laguiole-Käses aus Rohmilch erläutert. Wenn man die Besichtigung morgens macht, kann man die Käsehersteller in voller Aktion beobachten. Das Endprodukt darf der Besucher schließlich auch kosten. Hier wird außerdem frisches Aligot verkauft.

Auffallend: Werbung für das echte Laguiole-Messer

Eintritt frei, Führungen nur im Juli und Aug. Sept.–Juni Mo–Sa 8–12 und 14–18 Uhr, Sonn- und Feiertage 9–12 Uhr; Juli/Aug. 8–19 Uhr, Sonn- und Feiertage 9–13 und 14–18 Uhr. ✆ 0565443554, www.aveyron.com/gastro/jeunmont.html.

Laguiole und die Plagiate aus Fernost

Laguiole dient als Paradebeispiel dafür, was Herstellern von Nobelartikeln passiert, wenn sie ihre Ware nicht ordentlich schützen lassen, denn genau das hat die Zunft der Laguiole-Messerhersteller versäumt. Und so findet man in jedem Supermarkt die angeblich „typischen" Laguiole-Messer mit der Fliege oder Biene für 10 € im Sechserpack – made in Taiwan oder China. Diese Messer haben Laguiole nie gesehen und entsprechend ist ihre Qualität sehr schlecht. Die gleiche Anzahl handgeschmiedeter made-in-Laguiole-Messer kostet mindestens 250 oder gar 400 €! Deshalb aufgepasst: Originale Laguiole-Messer, die auch tatsächlich hier produziert wurden, gibt es nur direkt beim Hersteller in Laguiole oder in wenigen zertifizierten Verkaufsläden zu kaufen, alles andere ist Ramsch und Schwindel! Und noch etwas: Ein echtes Laguiole-Messer ist auch nicht unbedingt mit einer Biene verziert, diese kam in den Jahren 1908/1909 als Beischmuckwerk groß in Mode. Echte Laguiole-Messer können genauso gut mit einer Blüte oder sonst einer Darstellung aus der Natur verziert sein, oder aber gar keinen Beischmuck besitzen – das hängt von der Phantasie des Messerherstellers ab.

In der Umgebung von Laguiole

Château du Bousquet: Nur wenige Kilometer südlich von Laguiole (über die D 42) liegt dieses kleine, sehr massiv gebaute „Märchenschloss" aus dem 14. Jahrhundert, das fast nur aus seinen sechs Türmen zu bestehen scheint. Die zahlreichen Pechnasen und Schießscharten verleihen dem Schloss einen beeindruckenden Wehrcharakter. Auch das möblierte Innere ist durchaus sehenswert, wie zum Beispiel die voll ausgestattete gotische Küche mit ihrem mächtigen Kamin.

Eintritt 5 €. Sehr detaillierte Führung aber leider nur auf französisch, tägl. außer Di ab 14.30 Uhr geöffnet (während der Schulzeit), in der Ferienzeit unterschiedliche Öffnungszeiten. ✆ 0565484113, http://chateau.du.bousquet.pagesperso-orange.fr.

Villeneuve-de-Rouergue ist Bastide und Sauveté

Das Aveyron-Tal und Umgebung

Das teilweise wild-romantische Aveyron-Tal säumen auf schwindelerregend hohen Felsen eindrucksvolle Burgen. Sie sind von der durch das Tal verlaufenden Straße aus gut zu sehen und erinnern an die Epoche der Kreuzzüge und Kriege.

In dem Bereich stromaufwärts zwischen **Montricoux** und **Saint-Antonin-Noble-Val** gibt es zahlreiche Megalithen (leider in schlechtem Zustand) und Höhlen mit Malereien aus der Magdalenienzeit. Eine weitere Straße führt über die Höhen und bietet schöne Ausblicke über Wiesen, Felder und Taubentürmchen.

Montricoux

Alte Fachwerkhäuser und ein an das Schloss angebauter auffälliger Wachtturm, der als letztes Überbleibsel der einstigen Templerburg gilt, verpassen der kleinen Ortschaft eine mittelalterliche Atmosphäre. Das Schloss sah im Laufe der Jahrhunderte zahlreiche prominente Besitzer kommen und gehen, darunter auch den hochrangigen, mit zahlreichen Militärtiteln- und Posten versehenen Freund von Henri IV., den Herzog von Sully.

Montricoux markiert im Süden den Eingang zum Aveyron-Tal und gehört seit Napoleon nicht mehr zum Departement Aveyron, sondern zum Departement Tarn-et-Garonne. Bekannt wurde der nette Ort vor allem durch sein Marcel-Lenoir-Museum.

Information Point d'informations touristiques, gegenüber vom Lenoir-Museum. Weitere Informationen auch im Nachbarort Bruniquel. 82800 Montricoux.

Camping *** Camping Le Clos Lalande, liegt im Grünen in der Ebene. Schwimmbad, Balneo-Massagebereich, Tennisplatz, Kinderspielplatz. Extra-Stellplatz für Wohnmobile, Vermietung von Mobil-Homes Mai–Sept. geöffnet. Achtung: Badeshorts für die Herren sind im Schwimmbad nicht gestattet. Keine Zahlung per Kreditkarte! Route de Bioule, ✆ 0563241889, www.camping-lecloslalande.com. Anfahrt von Montauban über die D 115, von Caussade über die D 964.

Sehenswertes

Musée Marcel-Lenoir: Viele Werke des in Montauban geborenen und in Montricoux gestorbenen Malers (1872-1931) fanden ihren Platz hier im château de Montricoux, welches sich direkt am Ortseingang befindet. Die Ausstellung, welche sein über 40-jähriges Wirken nachzeichnet, gehört zusammen mit dem Museum Ingres in Montauban und dem Museum Toulouse-Lautrec in Albi zu den wichtigsten Kunst-Museen im Südwesten Frankreichs. Den Eingang zieren vier Statuen von Ingres.
  Eintritt 5 €, tägl. von Mai–Sept. außer Di 10–18 Uhr geöffnet. Château de Montricoux. ✆ 0563672648, www.marcel-lenoir.com.

Bruniquel

Malerisch thront die winzige Ortschaft Bruniquel auf einem Felsen und wird von ihrer stattlichen Burg überragt. Der Ort gehört offiziell mit zu den schönsten Dörfern Frankreichs. Wie Funde belegen, war das Gebiet am Zusammenfluss von Aveyron und Vere schon Ende der Würm-Eiszeit, im Magdalenien, besiedelt. Am Fuß der Ortschaft gibt es einen großen Parkplatz, die engen steilen Gassen sind den Fußgängern vorbehalten.

Information Office de Tourisme, Infos zum Museum Marcel Lenoir in Montricoux. Verkauf der «carte Avantages», welche dem Besitzer zu Ermäßigungen bei Besichtigungen, Festivals und beim Kauf regionaler Produkte verhilft. Promenade du Ravelin, 82800 Bruniquel, ✆ 0563672984, www.bruniquel.fr.

Veranstaltungen Opéra-bouffe, was höflich übersetzt soviel bedeutet wie „Opernvorstellung und Speisen". Lyrisches Festival zu Ehren Jacques Offenbachs. Mehrere Veranstaltungen an deren Anschluss man gemeinsam mit den Schauspielern speist. Findet alljährlich in der ersten Augusthälfte in den Burggemäuern statt. Telefonische Reservierung, ✆ 0563331877.

Essen Les Bastides, ist alles in Einem: Bar-Tabac-Presse und Dorfrestaurant mit einfachen, aber guten Speisen. Mittagsteller 9,30 €. Im Sommer tägl. außer Mo abends und Di. geöffnet, im Feb. geschlossen. Route de Gaillac (im Unterdorf), ✆ 0563672187.

Sehenswertes

Château: Von hier oben hat man einen sagenhaften Ausblick über das Tal. Die Burg, deren Fundamente höchstwahrscheinlich noch aus dem 6. Jahrhundert stammen, war Kulisse für den mehrfach preisgekrönten deutsch-französischen Film „Le Vieux Fusil" (Das alte Gewehr) von Robert Enrico, mit Romy Schneider und Philippe Noiret in den Hauptrollen.
  Eintritt 2,50 €, mit Führung 3,50 €. März bis Mitte Nov. tägl. 10–18 Uhr (19 Uhr im Juli/Aug. und 17 Uhr im Nov.). Führungen jeweils stündlich. ✆ 0563672767.

Maison Payrol: In dem ehemaligen Stadtpalais des 13. Jahrhunderts, welches später im Renaissance-Stil umgebaut wurde, sind nicht nur die mittelalterlichen Wandmalereien zu sehen, sondern auch eine interessante Sammlung diverser Alltagsgegenstände wie z. B. alte Fayencen.
  Eintritt 3 €. Von April bis Sept. tägl. 10–19 Uhr (18 Uhr in der Nebensaison) geöffnet. Rue du Château, ✆ 0563672642.

Penne

Allein der romantische Anblick ist es wert, in Penne einen Stopp einzulegen. Den atemberaubendsten Blick auf das Dorf hat man übrigens bei der Anfahrt von Süden auf der D 133 ab Saint-Paul-de-Marniac.

Die wenigen Häuser der 530 Einwohner kleben förmlich am Kalkfelsen und „gipfeln" schließlich in der haarscharf am Abgrund stehenden Burgruine. Im Felsen befinden sich einige Höhlen und Felsunterstände, von denen belegt ist, dass einige von ihnen von der Steinzeit (-10.000 bis -6.000 Jahre) bis ins Mittelalter ständig bewohnt waren. Reste aus der Römerzeit wurden auf dem Felsgipfel freigelegt. Ursprünglich wurde Penne noch von einer Verteidigungsmauer und einem Burggraben umgeben, und so widerstand die Ortschaft – wen wundert's – fast allen Kriegen.

Die Departementsgrenzen in dieser Ecke der Midi-Pyrénées sind sehr unübersichtlich und verwirrend, Penne gehört zum Departement Tarn (81140).

Bar-Restaurant la Terrasse, serviert kleine Tagesgerichte, Menü ab 12 €. Juli/Aug. tägl. außer Mo abends geöffnet, Sept./Juni tägl. mittags und Do–So auch abends, Okt.–Mai tägl. mittags und Sa abends geöffnet, ✆ 0563563503.

Saint-Antonin-Noble-Val

Wie ein Museum, so erscheint dem Besucher das alte Städtchen am Aveyron (Departement Tarn et Garonne) und am Schnittpunkt der drei ehemaligen Provinzen Quercy, Rouergue und Albigeois. Den Charme des Ortes machen die zahlreichen mittelalterlichen Häuser aus dem 13., 14. und 15. Jahrhundert aus, die größtenteils noch nicht renoviert wurden. Sie gehörten den zu Reichtum gekommenen Lederwaren-, Pelz- und Tuchhändlern, die ihre Ware bis nach Genua absetzen konnten.

Uralt – und immer noch verliebt wie am ersten Tag

Saint-Antonin-Noble-Val 111

Geschichte

Die Ortschaft kann auf eine abwechslungsreiche Vergangenheit zurückblicken. Dass es sich hier um eine grandiose Lage handelt, wussten schon die Römer: Sie nannten diesen ausgebuchteten Talbereich des Aveyron *Nobilis Vallis*, auf Französisch *noble val* oder auf Deutsch *nobles Tal*.

Im Jahre 762 wurde hier eine Benediktiner-Abtei gegründet, um welche sich dann zwischen dem 11. und 13. Jahrhundert unter den Grafen von Toulouse und den Vizegrafen von Saint-Antonin eine Siedlung entwickelte. Da sich die Bewohner offen zu den Katharern bekannten, dauerte es auch nicht lange, bis der Anführer des Kreuzzuges gegen die Katharer, *Simon de Montfort*, die Ortschaft heimsuchte, um die Häretiker zu bekämpfen. 1227 nahm dann Ludwig IX. (1214–1270), besser bekannt als *Ludwig der Heilige*, das Städtchen unter seine Fittiche, was einen großen wirtschaftlichen Aufschwung bewirkte. Viele Gerbereien und Mühlen wurden entlang des Aveyron gebaut, zudem wurde Kupfer verarbeitet. Der Hundertjährige Krieg bereitete dem goldenen Zeitalter ein abruptes Ende. Während der Religionskriege standen die Bewohner auf Seiten der Protestanten. Erst Ludwig XIII. gelang es 1622, den Einwohnern die königliche Autorität wieder aufzuzwingen.

Trotz all der Wirren und Zerstörungen konnte Saint-Antonin-Noble-Val einen großen Teil seiner Bauten bewahren. Anfang des 20. Jahrhunderts avancierte der Ort zum Thermal-Kurort.

Information Office de Tourisme, im Rathaus, welches sich wiederum im 1751 erbauten Genofianer-Kloster befindet. Im ehemaligen Speisesaal des Klosters gibt es nun Infomaterial und die „carte Avantages", die den Besitzer zu zahlreichen Preisnachlässen bei Eintritten verhilft. 82140 Saint-Antonin-Noble-Val, ✆ 0563306347, www.saint-antonin-noble-val.com.

Markt Di vormittags.

Übernachten Hostellerie Les Jardins des Thermes, etwa sechs Kilometer von Saint-Antonin entfernt in den Gebäuden eines ehemaligen Thermalbades untergebracht. Schöne Lage nahe dem Aveyron, umgeben von einem Park. Moderne Zimmer in Blau und Gelb. DZ 45–53 €. Von März bis Mitte Nov. geöffnet. Im Restaurant werden die regionalen Gerichte kontrastreich gewürzt und kombiniert, so findet man süß und salzig oder heiß und kalt gemeinsam auf dem Teller. Menü 15 €, Mi Ruhetag, in der Nebensaison auch Do geschlossen. 82140 Féneyrols (über die D 115, Richtung Lexos-Laguépie), ✆ 0563306654.

Camping *** Camping des Gorges de l'Aveyron, etwa zwei Kilometer vom Zentrum entfernt liegt dieser ebene Platz mit zahlreichen Bäumen auf dem Gelände eines ehemaligen Bauernhofes entlang der Ufer des Aveyron, mit Schwimmbad. April–Okt. geöffnet. ✆ 0563306976, www.camping-gorges-aveyron.com.

Ab Saint-Antonin in Richtung Cordes-sur-Ciel und Feneyrols, etwa 800 Meter nach dem Tunnel auf der linken Seite.

Sehenswertes

Altstadt: Das mittelalterliche Stadtbild zieren schmale Gässchen mit urigen alten Häusern, kleinen Brücken über einen Seitenkanal des Flüsschens *Bonnette* in der **rue Rive-Valat** sowie ein malerischer Marktplatz, der fast völlig von einer Markthalle überdacht wird. Es ist vor allem die detailreiche Architektur, die den Ort so interessant macht. Die **rue Pélisserie** zieren die Häuser der Gerber und Kürschner, in der **rue Droite** stehen zwei Häuser aus dem 15. Jahrhundert mit interessanten Steinmetzarbeiten an ihren Fassaden: Am Haus der Liebe (frz. *maison de l'amour*) befinden sich zwei in Stein gehauene Köpfe eines Liebespärchens, die sich einen schüchternen Kuss geben. Am Haus der Reue (frz. *maison du repentir*) hingegen, wenden sich zwei Gesichter voneinander ab. In der **rue du Pont-des-Vierges**, unweit des place du Bessarel, steht die **ancien moulin et pressoir**, eine alte Mühle samt Presse für Walnussöl. Ein ganz besonderes Schmuckstück ist das ehemalige Rathaus (frz. *ancien hôtel de Ville*) aus dem Jahre 1125 an der place des Halles. Es wurde für einen reichen Bürger, der in den Adelsstand erhoben wurde, erbaut und ist das älteste Beispiel der romanischen Profanbaukunst in Frankreich. Im 19. Jahrhundert nahm sich der berühmte Pariser Architekt und Kunsthistoriker *Viollet-le-Duc* des Gebäudes an und ließ es mit vielen interessanten Details restaurieren. Unter anderem ließ er einen viereckigen Glockenturm im Florentiner Stil anbauen.

Heute beherbergt das zweistöckige Gebäude das interessante **musée du Vieux Saint-Antonin** mit einer Sammlung von Fundstücken aus der Magdalenienzeit und einer volkskundlichen Ausstellung.

Eintritt 1 €, Juli/Aug. tägl. außer Di 10–13 und 15–18 Uhr geöffnet.

In der Umgebung von Saint-Antonin-Noble-Val

Abbaye cistercienne de Beaulieu-en-Rouergue: Von den Zisterziensern im Jahre 1144 gegründet, liegt diese schön restaurierte Abtei auf einer Waldlichtung im Tal der Seye. Sie ist seit 1970 ein Zentrum für zeitgenössische Kunst, die erste Einrichtung dieser Art in der Region Midi-Pyrénées, und heute Eigentum des *Centre des Monuments Nationaux*. Beaulieu hat sich mit seinen bemerkenswerten Ausstellungen inzwischen einen Namen gemacht, aber auch die Abtei selbst ist einen Besuch wert.

Eintritt 5 €. April–Okt. tägl. außer Di 10–12 und 14–18 Uhr, in der Nebensaison Di geschlossen. 82330 Ginals, ✆ 0563246000, www.beaulieu-en-rouergue.monuments-nationaux.fr oder www.art-beaulieu-rouergue.com.

Varen

Der kleine Ort ist für Kunstgeschichtler einen Besuch wert. Hier stehen am Straßenrand, vom Durchgangsverkehr meist unbeachtet, Reste eines im 10. Jahrhundert gegründeten Benediktinerklosters. Die dazugehörige romanische Klosterkirche aus dem 11. Jahrhundert ist eine der schönsten in der Region und besitzt sehr harmonische Proportionen. Die wuchtigen Strebebögen auf der einen Kirchenseite ersetzen das während der Religionskriege niedergebrannte und seitdem verschwundene Kloster, es stützte ursprünglich diese Kirchenmauer ab. Im dreischiffigen Kirchenraum befindet sich ein Taufbecken aus dem 7. Jahrhundert, welches wahrscheinlich aus einem Kapitell der Merowingerzeit herausgearbeitet wurde.

Ein über 500 Jahre altes Schlösschen, welches einst Wohnsitz des Abtes war, steht hinter der Kirche und beherbergt heute das Rathaus.

Kirche im Sommer 8–20 Uhr, im Winter bis 19 Uhr geöffnet. Das Schloss kann nur im Rahmen der Heimattage „Tag der offenen Tür", im Sept. besichtigt werden.

Essen Le Moulin de Varen, ein gut besuchtes Restaurant in der Mühle am Aveyron. Menü 17–36 €. Im Sommer tägl., in der Nebensaison tägl. außer So abends und Mo geöffnet. Es werden auch zwei einfach ausgestattete Appartements (jeweils 2–3 Pers.) für 58 € pro Nacht angeboten. ✆ 0563654510, lemoulindevaren@wanadoo.fr.

Najac

Der erste Blick auf Najac beeindruckt seine Besucher immer wieder. Die Bastide ist eine von insgesamt fünf im Rouergue. Krumme Häuschen und Arkaden aus dem 15. und 16. Jahrhundert säumen die kleine Hauptstraße, die sich auf dem Fels-

Najac

kamm entlang zieht und hoch über dem Aveyron am Fuße einer majestätischen Burgruine endet. Dank der Festung war das Städtchen quasi uneinnehmbar, trotzdem ragen heute Ruinen in den Himmel, und das erklärt sich so: Im 19. Jahrhundert schlugen Bürger die behauenen Mauersteine aus der Burg und verwendeten sie für andere Bauzwecke.

Information Office de tourisme, place du Faubourg (Marktplatz), 12270 Najac. ✆ 0565297205, www.tourisme-najac.com.

Markt von Mitte April bis Mitte Sept. So vormittags, place du Faubourg.

Veranstaltungen Festival en Bastides, Straßenmusik, Straßentheater und Feuerwerk in der ersten Augustwoche. ✆ 0565457674, www.tourisme-najac.com.

Freizeit Base de loisirs de Najac, Kajak- und Kanufahrten zwischen Monteils und Laguépie. 12270 Najac, im Weiler Le Paysseyrou (ist ausgeschildert). ✆ 0565297394, www.aagac.com.

Übernachten ** L'Oustal del Barry, Logis de France, sehr schönes Hotel am Dorfeingang. Rustikal eingerichtete Zimmer, Doppelbetten oder *grands lits*, Klimaanlage. DZ 56–78 €. Im Restaurant gibt es leckere Gerichte aus dem Rouergue, Mittagsmenü 16 €. Restaurant in der Nebensaison Mo- und Di mittags geschlossen. ✆ 0565297432, www.oustaldelbarry.com.

** Le Belle Rive, Logis de France, ruhige Lage im Grünen am Fuß der Bastide, Schwimmbad und Tennisplatz. Helle freundliche Zimmer mit moderner Einrichtung, WLAN. DZ 56–60 €. Restaurant mit regionaler Küche, Mittagsmenü 11,50 €. Le Roc du Pont, ✆ 0565297390, www.lebellerive.com.

Camping *** Le Païsserou- village de Gîte du Pontet, liegt am Aveyron, etwa zweieinhalb Kilometer außerhalb von Najac an der D 39. Öffentliches Schwimmbad mit drei Becken und Rutsche, Mountainbike- und Bootsverleih, Tennisplatz, Akrobatik-Parcours, Kinderspielplatz und Fernsehraum, Haustiere gestattet. April–Sept. geöffnet, Le Païsserou, ✆ 0565297396, www.camping-le-paisserou.com.

** Le Bosquet-Les résidences du Lac, zentrale Lage zwischen Najac und Villefranche-de-Rouergue. Sehr schöner und ruhiger Platz an einem See mit Schwimmbad, zwei Tennisplätzen, Kletterwand und Kinderspielplatz. Vermietung von Mobil-Homes und Wohnwägen. 2, rue des genêts, 12270 Najac-La Fouillade, ✆ 0565658487, ✆ 0663953065 (Mobil), www.campinglafouillade.fr.

Wohnmobil-Stellplatz, gemeindeeigener Platz unterhalb von Najac in der Aveyronschlucht, Le Roc du Pont.

Essen Jacky Carles „Ferme Carles", eine Institution nur wenige Kilometer von Najac entfernt. Weit über die Region hinaus ist „Jacky" für seine hausgemachten Enten-Produkte, welche in riesigen Kupferkesseln über dem Holzfeuer schmoren, bekannt. Gehaltvolles Mittagsmenü für 19,50 €, inklusive Führung und Kostprobe seiner Produkte.

Von Ostern bis zum Spätsommer, Mittagessen für Einzelpersonen nach Voranmeldung im Juli/Aug., außerhalb der Sommerzeit nur Gruppen und Busreisende. Ganzjähriger Verkauf seiner selbsthergestellten Konserven, wie z. B. Enten-Paté (frz. fritons) und Entenblutwurst (frz. boudin de canard), am besten vorher anrufen.

12200 Monteils (von Villefranche-de-Rouergue kommend, gleich am Ortseingang links und dann wieder rechts, ist ausgeschildert), ✆ 0565296239. ∎

Sehenswertes

Forteresse royale de Najac: Alphonse de Poitiers (s. Geschichte), ein Bruder von Louis IX., ließ dieses militärische Bollwerk im Zusammenhang mit dem Ende der Albigenserkriege 1253 erbauen. Die Festung wurde auf den Grundmauern des „Vorgängermodells" aus dem 12. Jahrhundert aufgebaut und besaß zahlreiche Geheimgänge sowie drei Verteidigungsmauern. Im inneren Ring befanden sich – einmalig für die damalige Zeit – ca. 7 Meter hohe Schießscharten speziell für Bogenschützen, von denen sich gleich drei gleichzeitig positionieren konnten, um in alle Richtungen zu schießen.

Najac war nahezu uneinnehmbar. Weder Simon de Montfort im Kreuzzug gegen die Katharer noch die Engländer im Hundertjährigen Krieg konnten dem Ort etwas anhaben.

Eintritt 4,50 €. Von Juli bis Ende Aug. durchgehend 10.30–19 Uhr, von April bis Okt. tägl. 10.30–13 und 15–17.30 Uhr, im Juni bis 18.30 Uhr geöffnet. ✆ 0565297165.

Porte de Pique: Von den einst zehn Stadttoren, welche Najac im 13. Jahrhundert ursprünglich umgaben, ist nur noch dieses Tor übrig geblieben.

Église Saint-Jean: Die Kirche oberhalb der Porte de Pique mit ihrem geraden Chorhaupt stammt aus dem Jahre 1258. Auf Anordnung der Inquisition mussten die Einwohner von Najac den Bau dieser Kirche selbst finanzieren, sozusagen als friedliche Strafe für ihre Unterstützung der Katharer. Im einschiffigen Langhaus befindet sich noch ein schmiedeeiserner Käfig aus dem 14. Jahrhundert, der für die Osterkerze (*chandelle Notre-Dame*) bestimmt war.

Tägl. April–Sept. 10–12 und 14–18 Uhr und im Okt. sonntags 11-12 und 14-18 Uhr.

Villefranche-de-Rouergue

Tagsüber dringt kaum ein Sonnenstrahl in die engen gepflasterten Gassen der Bastide. Und wer spät abends das Restaurant verlässt, bekommt allein schon durch die äußerst spärliche Beleuchtung in den menschenleeren und düsteren Gassen einen Hauch von Mittelalter zu spüren.

Umso lebendiger geht es auf den Plätzen und in den Sträßchen aber am Donnerstagmorgen zu, wenn buntes und lautes Markttreiben die Ortschaft beherrscht. Das öffentliche Leben in Villefranche findet ansonsten nur während der Ladenöffnungszeiten statt und dann auch nur in den wenigen Hauptachsen um den Marktplatz herum.

Die Aligot-Produktion zieht immer Neugierige an

Villefranche-de-Rouergue

1252 ließ *Alphonse de Poitiers* (Sie wissen schon, das ist der Bruder von Louis IX.) Villefranche-de-Rouergue gegen den entschiedenen Willen des Bischofs von Rodez als Bastide am rechten Aveyron-Ufer erbauen. Trotz aller Querelen konnte sich die Stadt schnell entwickeln. Außer der Stadtmauer und den Verteidigungsgräben, die heute verschwunden sind, hat sich an ihrem Bauplan seit dem 13. Jahrhundert nichts geändert.

Die Stadt liegt nicht nur am Jakobsweg, sondern auch an einer geologischen Besonderheit: Die *„faille de Villefranche"* ist eine Verwerfung des südlichen Zentralmassivs, welche die Kalkböden der Causse von den sauren Böden der Segala trennt. Ganz deutlich zu sehen ist dieses Phänomen in den Ruinen von *Peyrusse-le-Roc* (s. u.). Entlang dieser Bruchlinie liegen Silber- und Kupferminen, aber auch Blei- und Eisenerzbergwerke, welche der Stadt früher einen gewissen Reichtum bescherten. Im Mittelalter verhalf die zentrale Lage der Stadt zu einem bedeutenden Handelszentrum aufzusteigen. 1373 bekam sie das Münzprägerecht, die Silber- und Kupferminen lieferten den Rohstoff.

Hundertjähriger Krieg, Religionskriege, der zweimalige Ausbruch der Pest 1349 und 1628, welche gut ein Drittel der Bevölkerung dahinraffte, sowie die Bauernaufstände bereiteten dem Aufschwung schließlich ein Ende. Nach der Französischen Revolution wurde die Stadt Unterpräfektur des Departements und dabei blieb es auch. Der Wunsch, Hauptstadt des Departements zu werden, ging nicht in Erfüllung, hier konnte sich Rodez durchsetzen.

Information Office de Tourisme, der Ausweis „les clés de la ville" berechtigt zu ermäßigten Eintritten in Museen und bei anderen Sehenswürdigkeiten. Promenade du Giroudet (an der Stadtumfahrung, neben der Brücke über den Aveyron), 12200 Villefranche-de-Rouergue. ✆ 0565451318, www.villefranche.com.

Verbindungen Zug: Bahnhof SNCF, Verbindungen nach Paris (über Montauban), Toulouse, Brive-la-Gaillarde, Capdenac, Aurillac, Decazeville und Figeac (Busse). ✆ 3536 und ✆ 0891677677.

Bus: Buspläne gibt es im Touristenbüro.

Parkplätze Entlang der Ringstraße um die Altstadt gibt es mehrere größere Parkplätze die kostenfrei sind.

Makt Do vormittags großer Markt auf dem Marktplatz und in den Gassen bis zur östlichen Stadtumfahrung. Man sollte spätestens gegen 8 Uhr da sein, sonst artet die Parkplatzsuche in Stress aus. Sa vormittags kleiner Gemüsemarkt auf dem Marktplatz.

Veranstaltungen Nuits musicales, klassische Konzerte in der Chapelle des Penitents-Noirs und im großen Kreuzgang der Chartreuse Saint-Sauveur, Mitte Juli. Programm im Touristenbüro erhältlich.

Festival en Bastides, Straßentheater und andere mittelalterlich angehauchte Veranstaltungen in den Bastiden Villefranche-de-Rouergue, Villeneuve, Najac, Sauveterre und Bastide-l'Évêque. In der ersten Augustwoche, ✆ 0565457674.

Musique en Rouergue, Zahlreiche klassische Konzerte, auch mit internationaler Besetzung. Mitte Aug. Programm im Touristenbüro.

Freizeit Chrono-Cycles, Fahrradverleih für den halben oder ganzen Tag. 3, avenue Raymond-Saint-Gilles, ✆ 0565452083.

Kanu-Kajakfahrten, Base de Plein Air Sport et Natur, chemin du Teulel (im Süden der Stadt beim Industriegebiet), in der Nähe des Campingplatzes. ✆ 0607995265 (Mobil), www.villefranche-sports-et-nature.fr.

Schwimmen, Badezentrum Aqualudis, außer Schwimmbecken auch Gegenstrom-Schwimmanlage, Massagebänke, Massagedüsen und Wasserrutsche. Eintritt 4,50 €. Ganzjährig tägl. geöffnet. 33, avenue de Fondiès, ✆ 0565459123, www.villefranchederouergue.fr.

Übernachten Die Auswahl an Hotels ist äußerst beschränkt: In der Bastide Villefranche-de-Rouergue herrscht Hotelnotstand. Entweder man akzeptiert ein Hotel ohne Restaurantbetrieb außerhalb des Zentrums am Parkplatz eines Supermarktes oder man übernachtet in einem brandneuen Hotel direkt am Stadtring. Da hat man die Altstadt

116 Das Rouergue

direkt vor der Haustüre – und je nach Zimmersituation auch den Straßenlärm. Deshalb der Tipp: Falls man ein paar Tage im Revier bleiben möchte (es lohnt sich!), übernachtet man schöner, ruhiger und günstiger in der Umgebung.

*** Les Fleurines, Logis de France, neues Hotel in altem Gemäuer, direkt am Stadtring (neben der Chapelle des Pénitents Noirs) ohne Restaurantbetrieb. Eingang auf der straßenabgewandten und altstadtzugewandten Seite des Gebäudes. Modern eingerichtete geräumige, aber teilweise hellhörige Zimmer, Dusche, TV, Tel. und WLAN. DZ 70 €. 17, boulevard Haute Guyenne, ✆ 0565458690, www.lesfleurines.com.

** Les Baladins, ehemals Hotelkette Francotel, liegt am Parkplatz des Supermarktes Hyper U, etwa 20 Gehminuten außerhalb des Zentrums. Hotel mit Sauna, Whirlpool und Schwimmbad. Renovierte geräumige Doppelzimmer mit Tel., TV. WLAN und Klimaanlage. Auch Drei- und Vierbettzimmer erhältlich, Haustiere erlaubt. Hotel wird hauptsächlich von Geschäftsleuten gebucht. DZ 56 €. Avenue de Toulouse, ✆ 0565811722, www.francotel.com.

Auberge de Jeunesse, einfache und funktionelle Zimmer in einem Neubau in Bahnhofsnähe. Einzel- und Doppelzimmer mit Waschbecken, Dusche und Toilette, auch ein Mehrbettzimmer vorhanden. 13 € pro Person, ohne Leintücher. Frühstück 3,50 €. Ein Jugendherbergsausweis ist obligatorisch und kann nicht vor Ort erstanden werden. 23, rue Lapeyrade, ✆ 0565450968.

Camping *** Camping du Rouergue, zwei Hektar großer Platz mit 98 Stellplätzen unter schattenspendenden Bäumen. Etwa 200 m vom Badezentrum und ca. 800 m vom Stadtzentrum entfernt. Kinderspielplatz, aufgestelltes Schwimmbad, im Sommer wöchentlich ein paar Veranstaltungen wie z. B. Tanz etc. Vermietung von Bengali-Zelten und Mobil-Homes. Geöffnet von Mitte April bis Mitte Sept., chemin du Teulel, ✆ 0565 451624, www.campingdurouergue.com.

Essen L'Assiette gourmande, wenige Schritte von der Kathedrale entfernt. Regionale Küche mit Aligot und Ente. Menüs zwischen 15 und 35 €. Im Juli/Aug. tägl. außer So geöffnet, sonst So und Di abends und Mi geschlossen. Place André-Lescure, ✆ 0565452595.

Le Bistrot, gut und günstig, unter diesem Motto steht das Restaurant. Im Mittagsmenü sind ein Viertele Rotwein, Käse und Dessert inbegriffen. Mittagsteller 7,50 €, Mittagsmenü 10 €. Tägl. mittags außer an Sonn- und Feiertagen geöffnet. 12, rue Jacques-Borelly, ✆ 0565811389.

L'Ardoise, gute Fleischgerichte, ansonsten regionale Küche. Mittagsgericht 12,90 €. Ganzjährig geöffnet, Di und Mi geschlossen. 8, place Bernard Lhez, ✆ 0565453085.

Pizzeria La Gabelle, von Einheimischen gut besuchte Pizzeria mitten in der Altstadt, Reservierung notwendig. Pizzen und Nudelgerichte ab 7,50 €. Tägl. außer So/Mo geöffnet, im Sommer nur Mo geschlossen. 10, rue Belle-Isle, ✆ 0565455713.

Sehenswertes

Collégiale Notre-Dame: Mächtig ragt ihr Glockenturm, unter dem die Autos durchfahren, in den kleinen Marktplatz hinein. Der Bau begann 1260 und dauerte auf Grund von Kriegen und finanziellen Problemen fast drei Jahrhunderte lang. Die Architektur der großen Hallenkirche mit ihren Seitenkapellen ist ein typisches Beispiel für die meridionale Gotik in Südwestfrankreich. Das Chorgestühl wurde von *André Sulpice* mit, zum Teil sehr witzigen, figürlichen Holzschnitzereien versehen. Er hat übrigens auch das Chorgestühl der Kathedrale von Rodez gebaut. Das Portal unter der Turmvorhalle gehört mit zu den schönsten Portalen im Flamboyant-Stil, die das Rouergue vorzuweisen hat.

Der 59 Meter hohe Glockenturm war der Dicke des Sockels nach zu urteilen ursprünglich viel höher geplant..

Besteigung des Glockenturms 2,50 €. Juli/Aug. tägl. außer So 9–12 und 14–18 Uhr geöffnet.

Altstadt: Die Stadt mit ihrer mächtigen Stiftskirche und dem etwas zu klein geratenen arkadenumsäumten Marktplatz besitzt noch den ursprünglichen mittelalterlichen Bauplan einer Bastide. Schachbrettartig angelegte, steile und enge Gässchen breiten sich in der malerischen Altstadt um den Marktplatz aus. Die Gassennamen lassen auf die einst ansässigen Berufsgruppen ihrer Anwohner schließen. 1497 vernichtete ein Feuer sämtliche Holz-Fachwerkhäuser entlang der Hauptachsen, dabei wurde auch ein Großteil der Steinhäuser im Zentrum zerstört. Manche von ihnen baute man im Stil der Renaissance wieder auf. Die bekanntesten dieser Renaissancebauten befinden sich direkt am Marktplatz bzw. in unmittelbarer Nähe.

Maison Armand: Steht am Platz und besitzt drei Fensterreihen, deren ersten zwei steinernen Fenstersturze mit Skulpturen verziert sind.

Maison Gaubert: Das schmale Gebäude in der rue Marcellin Fabre besitzt einen imposanten Treppenturm, der zu den einzelnen Etagen führt.

Maison Combettes: In der rue du Sergent-Bories (einer Seitenstraße des Marktplatzes Richtung Aveyron) ist dieses Schmuckstück leicht zu übersehen, es steht etwas zurückversetzt und eingezwängt zwischen den Nachbarhäusern. Das Gebäude besteht nur noch aus einem Renaissance-Treppenturm, welcher im 16. Jahrhundert erbaut wurde.

Imposant: die Collégiale Notre-Dame

Maison Dardennes-Bernays: Man sollte nicht versäumen, einen Blick in den kleinen Innenhof zu werfen. Der enge Flur mit seiner steinernen Kasettendecke ist eine Augenweide. Das Haus (um die 1530–1540) gehörte einst dem Ratsherren und reichen Kupferhändler Dardenne und befindet sich am unteren Ende des Marktplatzes unter den Arkaden, Ecke rue de la République.

Villefranche-de-Rouergue ist aber auch eine Stadt der alten Holztüren. In den engen, steilen Gässchen, durch die kein Auto durchpasst, kann man noch viele der alten Exemplare bewundern.

Ancienne Chapelle des Pénitents-Noirs: Schon an der nördlichen Stadtumfahrung fällt die Kapelle mit ihrem Zwiebeltürmchen und dem eleganten, wenn auch etwas schief aufgesetzten, Glockentürmchen auf. Die Fassade der im 17. Jahrhundert von den Laienbrüdern der *Schwarzen Büßer* erbauten Kapelle lässt nicht erahnen, welche Schätze sich dahinter verbergen. Zweihundert Mitglieder zählte einst dieser Laienorden, der in Villefranche von 1609 bis 1904 existierte. Die bemalte Holzdecke der in Form eines griechischen Kreuzes erbauten Kapelle zeigt religiöse Szenen. So ist u. a. in der Deckenmitte das Kreuz der Schwarzen Büßer, das Kaiser Konstantin erschien, zu sehen. Das eigentliche Schmuckstück der Kapelle aber ist der mit Blattgold überzogene, geschnitzte hölzerne Altaraufsatz aus dem 18. Jahrhundert.

Blaue wie auch schwarze Bußbrüder: einmal im Jahr lässt man sie wieder aufleben

Eintritt 4 €, Erläuterungen über einen Kassettenrekorder. Juli/Aug. und in der ersten Septemberhälfte tägl. 10–12 und 14–18 Uhr, sonst von April bis Okt. Di-Sa 14–18 Uhr geöffnet. Ecke boulevard de la Haute-Guyenne und rue des Pénitents-Noirs, ℡ 0565451318 (Touristenbüro).

Chapelle de la Confrèrerie de Saint-Jacques: Villefranche-de-Rouergue wurde schon kurz nach seiner Gründung Pilgerstation auf dem Jakobsweg. Die mittelalterliche Fassade (nur diese existiert noch!) der 1455 errichteten Pilger-Kapelle steht zwischen den Häusern in der rue Saint-Jacques und ist nur durch ein kleines Schild gekennzeichnet. Beeindruckend ist ihre Eingangspforte aus Holz mit der für die damalige Zeit typischen Form.

Chartreuse Saint-Saveur: Das Kartäuserkloster befindet sich etwa 500 Meter vom Zentrum entfernt, am Ortsausgang Richtung Najac und Albi. Es ist, was den Originalzustand betrifft, eines der besterhaltenen Frankreichs.
Die Chartreuse verfügt über zwei getrennte Bereiche mit zwei Kreuzgängen. Um den großen Kreuzgang im Flamboyant-Stil herum liegen die Mönchszellen. Daneben befindet sich der kleine Kreuzgang, um den sich das eigentliche klösterliche Leben abspielte. Um diesen Kreuzgang gruppieren sich die Kirche, der Kapitelsaal und das Refektorium mit seiner steinernen Lesekanzel.
Nähere Infos im Touristenbüro. Eintritt 5 €, tägl. geöffnet von Juli bis Ende Sept. 10–12 und 14–18 Uhr, April–Juni nur an manchen Nachmittagen. Führungen Juli/Aug. jeweils 14.30, 15.30 und 16.30 Uhr.

Chapelle des Treize Pierres: Die 500 Jahre alte Kapelle ist selbst unter den Einheimischen nicht sehr bekannt. Völlig unscheinbar steht sie, eingepfercht zwischen anderen nichtssagenden Häusern, unterhalb der vielbefahrenen Straße route de Montauban. Die Wände des Kirchenschiffs sind vom Boden bis zur Decke komplett mit Malereien des bekannten, 1984 verstorbenen, Ikonenmalers Nicolas Greshny versehen. Leider ist die Kirche meist verschlossen.

Juli bis Mitte Sept. geführte Besichtigungen, Treffpunkt ist der Parkplatz vor der Kapelle. Freie Besichtigung vormittags von 9– 12 Uhr. Den Schlüssel kann man nebenan beim Orden *Clercs Saint-Viateur* abholen. Chemin Treize Pierres, ✆ 0565454120.

Musée Urbain-Chabrol: Das regionale Heimatmuseum ist in einem Stadtpalais aus dem 18. Jahrhundert untergebracht und zeigt unter anderem archäologische Funde von Villefranche-de-Rouergue und Umgebung.
Eintritt frei, geöffnet von April–Juni und Sept. Di–Sa 14–18 Uhr, Juli/Aug. Di–Sa 10–12 und 14.30–18.30 Uhr. Place de La Fontaine, ✆ 0565454437.

Place de la Fontaine: Vor dem Museum Urbain-Chabrol steht der ursprünglich einzige Brunnen der Stadt aus dem 14. Jahrhundert. Das riesige Brunnenbecken wurde aus einem einzigen Granitblock herausgearbeitet.

In der Umgebung von Villefranche-de-Rouergue
Abbaye de Loc-Dieu: Völlig versteckt, liegt die erste Zisterzienserabtei des Rouergue, Loc-Dieu (Ort Gottes), hinter dem Waldrand in einem 40 Hektar großen Park, unweit der D 926 Villefranche-Montauban. Sie wurde 1123 von dreizehn Mönchen gegründet. Nach dem Hundertjährigen Krieg wurde sie befestigt und im 19. Jahrhundert im Rahmen einer Restaurierungmaßnahme zu einem Schloss umgebaut, wobei die Kirche aus dem 12. Jahrhundert und der gotische Kreuzgang mit nur drei Gängen erhalten blieben. Inzwischen wurde sie allerdings noch einmal renoviert und die ursprüngliche Stileinheit ging dabei so ziemlich verloren. In Loc-Dieu hat man vor dem aufziehenden Zweiten Weltkrieg 1940 die schönsten und wertvollsten Gemälde des Louvre versteckt, darunter auch Leonardo da Vincis *Mona Lisa*.

Eintritt 5 €, einstündige Führung. Von Anfang Juli bis Mitte Sept. tägl. außer So vormittags und Di 10–12 und 14–18.30 Uhr geöffnet. ✆ 0565295117. Anfahrt von Villefranche-de-Rouergue Richtung Montauban, ist gut ausgeschildert.

Le martinet de la Ramonde: Bis ins 19. Jahrhundert hinein stellte man im vallée du Lézert Kupferkessel her. Von den im 14. Jahrhundert einst zahlreichen Kupferschmieden ist im Tal nur diese eine übriggeblieben. Jetzt hat sich ihrer ein Verein angenommen und lässt sie wieder aufleben.

Von Mai bis Mitte Sept. an manchen Nachmittagen geöffnet, genaue Zeiten bitte erfragen. Eintritt 3 €. Vallée du Lézert, 12200 La Bastide-l'Évêque, ✆ 0565299138. Anfahrt von Villefranche-de-Rouergue etwa 15 km in Richtung La Bastide-l'Évêque.

Villeneuve-de-Rouergue

Nur wenige Kilometer von Villefranche-de-Rouergue und dem Aveyron-Tal entfernt, leuchten die aus hellem Kalkstein gebauten Häuser in der Causse. Der kleine Ort mit seinen 2.000 Einwohnern darf sich sowohl *Bastide* als auch *Sauveté* nennen und besitzt einen wunderschönen von Arkaden umsäumten Marktplatz.

Geschichte
Ursprünglich entwickelte sich Villeneuve um eine Basilika. Damals, im Jahre 1053, beschloss der einflussreiche Ozil de Morlhon, ein Feudalherr mit riesigen Ländereien in der Region, nach Jerusalem zu pilgern. Nicht wissend, ob er jemals wieder lebendig nach Villeneuve zurückkommen würde, hinterließ er samt einem immensen Erbe auch einen letzten Willen: Auf der Causse sollte ein Benediktinerkloster gebaut werden, dessen Kapelle der Grabeskirche Saint-Sépulcre in Jerusalem ähnelt.

Mittelalterliches Stadtfest: Brettspiel im Schatten

Die Spenden des neuen Klosters sollten dazu beitragen, das Grab Christi in Jerusalem zu unterhalten.
Er überlebte die Pilgerwanderung tatsächlich nicht, doch sein letzter Wille konnte von den Bewohnern der Stadt nur teilweise erfüllt werden. Das Kloster wurde wie gewünscht zwar erbaut, doch seine Spendengelder flossen in die große und einflussreiche Benediktinerabtei von Moissac. Um das Kloster auf der Causse entwickelte sich im Laufe der Zeit eine Sauveté, wie sie heute noch zu sehen ist. 1231 konnte Raimond VII., der letzte Graf von Toulouse, Villeneuve aus den Händen des Katharerverfolgers Simon de Montfort zurückerobern und beschloss, an die Sauveté eine Bastide anbauen zu lassen. Und so bekam der neue Stadtteil schachbrettartig angeordnete Straßen und einen mit gotischen Arkaden versehenen Marktplatz.

Das 13. Jahrhundert war für die Bewohner von Villeneuve ein goldenes Zeitalter: Aus der ursprünglich nur gräflichen wurde nach der Anbindung der Grafschaft von Toulouse an das Königreich eine königliche Bastide.

Erst im 14. Jahrhundert wurde die Verteidigungsmauer mit ihren sechs Stadttoren gebaut. Zwei der Tore existieren heute noch: Die *Porte Haute* (auch *Soubirane* genannt) und die *Porte Cardaillac* (oder *Tour Savignac*), letzteres Stadttor diente lange Zeit als Gefängnis.

Unruhige Zeiten wie die Religionskriege, die Französische Revolution und den Ersten Weltkrieg überstanden die Villeneuver Bürger dank ihrer Landwirtschaft und kleiner lokaler Handwerksbetriebe. Im 19. und 20. Jahrhundert entstanden die Wohnviertel außerhalb der Verteidigungsmauern, die Wassergräben wurden in die heutige Ortsumfahrung umgewandelt. Heute ist Villeneuve ein landwirtschatliches Zentrum mit einem in der Region sehr bekannten Viehmarkt.

Information Office de Tourisme, boulevard Cardalhac (bei der Porte Cardaillac), ✆ 0565817961.

Markt jeden ersten und dritten Montagvormittag im Monat.

Veranstaltungen Fête médiévale, Mittelalter in Villeneuve: Junge Burschen in Kettenhemden, Scheinkämpfe mit Schwertern, Jongleure, Minnesänger und kostümierte, gepuderte Damen prägen das Stadtbild. Über riesigen Holzfeuern drehen sich zwölf

In der Mittagshitze sind die Gassen menschenleer

Spanferkel für das abendliche Straßendiner stundenlang am Spieß. Letzter So im Juli.

Essen **Terre et Galets**, ein Restaurant mit bodenständiger Küche, das von Einheimischen oft besucht wird. Mittagsmenü 14 €. Juli/Aug. geschlossen, sonst Mo–Mi geschlossen. Place Odil-de-Morlhon (Eckhaus der Ringstraße). ✆ 0565296337.

Sehenswertes

Zwei Kirchen sind in in einem Gebäudekomplex vereint:

Église Saint-Sépulcre: Der Bauplan dieser romanischen Kirche aus dem 11. Jahrhundert entspricht dem der Grabeskirche in Jerusalem (s. o.). Die Kapelle auf der Nordseite wurde mit bewundernswerten Fresken verziert, welche die Pilger auf dem Jakobsweg darstellen. Auf der Südseite öffnete sich die Totenkapelle zum heute nicht mehr existierenden Kreuzgang und erlaubte den Mönchen den Zugang zur Messe. Der ursprüngliche Bauplan wird sichtbar, wenn man in der Vorhalle steht.

Église Saint-Pierre und Saint-Paul: Um die steigende Zahl der Gläubigen aufnehmen zu können, wurde an die Kirche Saint-Sépulcre ein großes Kirchenschiff im meridionalen gotischen Stil angebaut.

In der Umgebung von Villeneuve-de-Rouergue

Toulongergues: Ein besonderes Bonbon für alle Liebhaber präromanischer Kirchen steht denkmalgeschützt unweit von Villeneuve. Das kleine Kirchlein von Toulongergues, nur 7,50 Meter lang, 12 Meter hoch und 4,50 Meter breit, ist das Älteste im Aveyron und eines von insgesamt 38 im Departement, die alle eines gemeinsam haben: ein gerades Chorhaupt und runde Ecken. In Toulongergues gibt es außerdem noch Reste von Fresken aus dem 11. Jahrhundert zu bewundern.

Auf den ersten Blick hält man die Kirche für einen ganz banalen Heuschober. Über die Ursprünge weiß man nichts, außer dass sie irgendwann von einer Privatperson aufgekauft und dann in eine Scheune umgewandelt wurde: Wände wurden zementiert, eine Decke in das Kirchenschiff eingezogen und im östlichen Bereich eine Rampe angebaut. Durch diese radikalen Umbauarbeiten ging ein Teil der Fresken unwiderruflich verloren. Trotzdem hat die Kirche ihren Charme vergangener Zeiten bewahrt. Sie ist bis auf die Monate Juli/Aug. geschlossen und ihre Besichtigung ist nur im Rahmen einer Führung möglich.

Eintritt 3,50 €, nur Juli/Aug. geöffnet, genaue Zeiten muss man erfragen. ✆ 0565817961 (Syndicat d'Initiative de Villeneuve).

Grottes de Foissac: Erst 1959 entdeckte man in den Causses diese acht Kilometer langen unterirdischen Gänge, welche Spuren früher menschlicher Besiedelung aufweisen, wie beispielsweise menschliche Skelette, Feuerstellen, Werkzeuge und Keramik. Berühmt wurde die Höhle vor allem durch den 4.000 Jahre alten versteinerten Fußabdruck eines Kindes.

Ergänzend zur Höhle zeigt ein prähistorischer Park das Leben der Menschen auf den Causses in der Kupferzeit.

Führung 8 €. April/Mai und Okt. tägl. außer Sa 14–17 Uhr, Juni/Sept. tägl. 10–11.30 und 14–18 Uhr, Juli/Aug. tägl. 10–18 Uhr, Nov.–März nur nach Absprache. 12260 Foissac (etwa 7 km nördlich von Villeneuve Richtung Figeac), ✆ 0565647704, www.grotte-de-foissac.com.

Peyrusse-le-Roc

Die Ruinen des antiken Peyrusse-le-Roc mit seinen beiden markanten, auf dem Felssporn über dem Audierne-Tal thronenden, Türmen liegen unterhalb des heutigen gleichnamigen Dorfes. Sie scheinen immer noch Wache zu halten.

Das kleine Seitental des Flüsschens Diège spielte im Mittelalter eine sehr bedeutende politische und militärische Rolle. In dem alten Peyrusse-le-Roc lebten im 14. Jahrhundert an die viertausend Menschen und dank der in der Nähe liegenden Silber-, Blei- und Antimon-Minen wurde der Ort, zu dem u. a. eine Kirche, zwei Burgen und ein Hospital gehörten, sehr reich. Der wirtschaftliche Zusammenbruch erfolgte, als zum einen aus Amerika billigere Metalle eingeführt wurden und zum anderen neue und kürzere Transportwege zwischen den größeren Städten gebaut wurden, Peyrusse ließ man dabei außer acht. Da es nun nichts mehr zu verdienen gab, wanderten der Adel und die reichen Bürger ab.

Information Office de Tourisme, Le Rempart, 12220 Peyrusse-le-Roc (im neuen Ort zwischen Kirchplatz und Stadttor). ✆ 0565431836.

Veranstaltungen Fête d'Antan, Alte Handwerkstraditionen leben wieder auf – ein richtiges Dorffest mit Verköstigung (Reservierung erforderlich) und Feuerwerk. Erstes Wochenende im Sept.

Essen Bar-Restaurant Savignac, die Savignacs sind eine alteingesessene Familie in Peyrusse-le-Roc und betreiben das kleine Restaurant samt Bar-Tabac seit vier Generationen. An den Wänden hängen Werke von regionalen Künstlern. Hervorragende regionale Küche, das hier servierte Stockfischpüree (frz. *brandade*) steht nur in den Wintermonaten Nov. bis März auf der Speisekarte und ist in der Umgebung legendär! Reservierung erwünscht. Menü 11,50–21 €, Le Bourg. ✆ 0565804391.

Sehenswertes

Ruinenstadt: Am Kirchplatz, der sogenannten *place des Treize Vents* (Platz der dreizehn Winde), geht man am besten durch den Durchbruch in der Festungsmauer und dann linker Hand unterhalb der Friedhofsmauer entlang. Von hier hat man den schönsten Blick auf die ehemaligen Wachtürme, die Schwindelfreie über eine Eisenleiter erklimmen können. Ein markierter, von Buchs gesäumter Weg führt vorbei an verfallenen Gebäuden hinunter ins Tal. Auf halber Höhe tauchen die Ruinen der einst imposanten Kirche des Ortes auf, deren Ausmaße denen der *Stiftskirche Notre-Dame* von Villefranche-de-Rouergue entsprachen. Sie besaß kurioserweise keinen eigenen Glockenturm. Der einige Höhenmeter oberhalb der Kirchenruinen frei stehende Belfried diente im Mittelalter zwecks besserer Akustik gleichzeitig auch als Glockenturm.

Verwerfung (frz. *faille*) **von Villefranche**: Unterhalb der mächtigen Kirchenmauer führt der Weg noch ein paar Meter geradeaus Richtung Gestrüpp, hier stößt man auf die sogenannte Synagoge. Es war wohl einst ein aus mehreren Etagen bestehender Wohnturm, in dem Juden Zuflucht fanden, daher auch der Name Synagoge. Innerhalb der vier noch stehenden Turmwände hat die geologische Verwerfung an den Felsen sichtbare Spuren hinterlassen. Man sieht die rechte abgerutschte und nach vorne gekippte Felsenschicht, welche an der danebenliegenden linken nicht mitgerutschten Felswand gut sichtbare Schleifspuren hinterlassen hat: Geologie zum Anfassen.

Die Segala

Die tiefen Schluchten der Flüsse Viaur, Céor und Lézert (um nur einige zu nennen) durchschneiden das Plateau der Segala. Der Name der hügeligen Heckenlandschaft südlich und westlich von Rodez lässt sich von dem französischen Wort *seigle*, zu Deutsch Roggen, herleiten.

Ursprünglich wuchsen auf den sauren Böden des Hochplateaus (500-1.200 Meter) nur Roggen und Heide. Zahllose *Aveyronais* aus dieser Gegend waren im 19. Jahrhundert gezwungen, auszuwandern, weil ihre Scholle sie nicht ernähren konnte. Erst mit der Fertigstellung der Eisenbahnlinien Carmaux-Rodez und Capdenac-Rodez verbesserte sich ihre Situation. Von nun an wurden per Bahn riesige Mengen Kalziumkarbonat aus Aquitanien angeliefert, das zur Herstellung von Kalk notwendig war. Diesen Kalk brachte man zur Bodenverbesserung auf den sauren Böden aus. Angefeuert wurden die Kalköfen mit der aus dem Becken von Carmaux geförderten und ebenfalls mit der Bahn transportierten Kohle. Heute werden in der Segala auch Weizen, Klee, Gerste und Mais angebaut und Viehzucht betrieben.

Sauveterre-de-Rouergue

Jedes der Fachwerk- und Steinhäuser in der kleinen 1281 erbauten und etwas verschlafen wirkenden Bastide hat eine andere Fassade. Sie stehen rund um den 240 Quadratmeter großen Marktplatz und verstärken zusammen mit den 47 Arkadenbögen aus dem 14. und 15. Jahrhundert den urigen Touch des Städtchens.

Zweimal, 1349 und 1628, wurde der Ort in seiner Vergangenheit von der schwarzen Pestepidemie heimgesucht. Letztere dezimierte die Einwohnerzahl derart, dass man den Ort von auswärts wieder neu bevölkern musste.
Man findet in der Ortschaft Reste der ehemaligen Befestigungsanlage. Es existieren noch ein Wassergraben, Verteidigungstürme und von den ehemals vier Stadttoren sind noch zwei vorhanden: die *Porte Vitale* und die *Porte Saint-Christophe*.
Das Handwerk wurde in dieser Bastide immer großgeschrieben. Es gab Hutmacher, Gerber und Messerschmiede, deren Schmiedekunst sich bis ins 15. Jahrhundert zurückverfolgen lässt. Damals wurden die Messer schon bei den Messen in Genua

vorgestellt, dennoch sind sie weniger bekannt als ihre Konkurrenten aus Laguiole. Der Niedergang des florierenden Handwerks ist auf die im 19. Jahrhundert gebaute Eisenbahnlinie zurückzuführen, welche Sauveterre in ihrem Streckennetz nicht berücksichtigte. Die Stadt verlor an die 1.000 Einwohner durch Abwanderung. Heute erholt sich die kleine Ortschaft langsam wieder, dank der alteingesessenen Handwerkstraditionen und dank der Touristen, die sich dafür interessieren.

Information Office de Tourisme, place aux Arcades, 12800 Sauveterre-de-Rouergue, ℡ 0565720252, www.sauveterre.free.fr.

Veranstaltungen Médiévafolies, mittelalterlich angehauchte Veranstaltungen mit Tanz, Umzug und Akrobaten, erster So im Juni.

Festival en Bastides, mittelalterliches Fest zeitgleich mit den anderen vier Bastiden des Rouergue, erste Woche im August.

Fête de la Lumière, der große Platz wird für einen Abend in ein Lichtermeer aus Kerzen getaucht, ein magischer Anblick! Abendprogramm mit Künstlern und Akrobaten, die Krönung des Abends bildet ein Feuerwerk. Zweiter Sa im August.

Übernachten *** Auberge du Sénéchal, Geräumige und modern eingerichtete Zimmer, überdachtes kleines Schwimmbad und große Terrasse. Tolle Atmospäre, aber ziemlich teuer! DZ 140–200 €. Das Restaurant serviert leckere Speisen, zubereitet aus heimischen Produkten. Mittagsmenü 27 €, sonst 55–129 €. Juli/Aug. tägl. außer Mo und in der Nebensaison außer Mo, Di- und Do- mittags tägl. geöffnet. ℡ 0565712900, www.hotel-senechal.fr.

Hôtel-Restaurant La Grappe d'Or, korrektes und günstiges Dorfhotel an der verkehrsarmen Ortsumfahrung. Einfache Zimmer mit farbenfrohen Wänden, zum Teil ohne Schrank, dafür aber mit Kleiderständer. DZ 36 €. Hotel und Restaurant ganzjährig geöffnet, Mittagsteller 8,70 € sonst 15–17 €. Boulevard Lapérouse, ℡ 0565720062.

Camping Aire naturelle municipale du Sardou, gemeindeeigener einfacher Campingplatz. Übernachtung an sich kostenlos, aber Dusche und Strom sind kostenpflichtig. Den Jeton für jeweils 2 € erhält man im Touristenbüro. Außerdem gibt es einen kostenlosen Stellplatz für Wohnmobile neben dem Campingplatz mit Entleerungs- und Reinigungsstelle.

Mai–Okt geöffnet. Espace Lapérouse (an der D 997 Richtung Naucelle), ℡ 0565720252 (Touristenbüro) oder ℡ 0565470532 (Rathaus).

Sehenswertes

Ancienne Collégiale Saint-Christophe: Die im meridional gotischen Stil erbaute Kirche aus dem 14. Jahrhundert besitzt ein wunderschön geschnitztes Chorgestühl.

Atelier de Sauveterre: Anlässlich einer Fernsehserie, die vor Jahren in Sauveterre gedreht wurde, benötigte man ein Spezialmesser und entwickelte ausschließlich für dieses Sendeformat das sogenannte „Sauveterre". Dies wiederum hat den Messerhersteller Vialis dazu angeregt, eine Messerwerkstatt einzurichten.
Mai–Sept. tägl. geöffnet, sonst So geschlossen. Boulevard Lapérouse, ℡ 0565720483, www.vialis.fr.

Atelier La Licorne, bis in die Vereinigte Staaten sind die alten Wandteppiche der Firma Licorne bekannt, inzwischen stellt die Firma diese wieder nach alten Drucken her. Les Esparros, ℡ 0565470606, www.jouels.com/partenaires/licorne.htm.

In der Umgebung von Sauveterre-de-Rouergue

Château du Bosc: Der geniale Maler Toulouse-Lautrec verbrachte einen Teil seiner Kindheit in diesem Schloss, das im 12. Jahrhundert als Festung mit Verteidigungstürmen konzipiert war. In seinem einstigen Kinderzimmer kann man die ersten Zeichnungen des Maler-Genies bewundern.
Eintritt 6 €, ganzjährig tägl. einstündige Führungen 9–19 Uhr, in den Wintermonaten nur nach Voranmeldung. Camjac, 12800 Naucelle, ℡ 0565692083.

Les Gorges du Viaur

Nur wenige Kilometer nordöstlich von Carmaux spannt sich das von Paul Bodin, einem Schüler von Gustave Eiffel, dem Erbauer des Eiffelturms, entworfene **Viadukt** über die tiefen Schluchten des Flusses Viaur. Die materielle Verwandtschaft und Ähnlichkeit der Bauweise der beiden Konstruktionen ist unverkennbar. Mit dem Bau der 460 Meter langen und über 115 Meter hohen Eisenbrücke Ende des 19. Jahrhunderts wurde eine Zugverbindung zwischen den drei Städten und drei verschiedenen Departements Rodez (Aveyron), Albi (Tarn) und Toulouse (Tarn et Garonne) geschaffen. Schon 1625 führte eine Brücke über den Viaur, in deren Nähe man eine Auberge errichtete, um die Mutigen, die diesen beschwerlichen Weg nahmen, verköstigen zu können. Um die sauren und unfruchtbaren Böden der *Segala* auf der gegenüberliegenden Seite des Flusses mit Kalkanreicherungen im großen Stil verbessern zu können, gab es allerdings nur eine Lösung: eine Eisenbahnbrücke. Ende des 20. Jahrhunderts baute man parallel dazu noch ein zweites Viadukt über den Viaur, diesmal für die Autofahrer. Von der tieferliegenden alten Brücke aus dem 17. Jahrhundert hat man einen schönen Blick auf die Bauwerke (ist ausgeschildert).

Entlang der Viaur-Schlucht

Zwischen dem Viadukt und *Saint-Martin-Laguépie* liegen einige malerische Dörfer und Aussichtspunkte. Auf jeden Fall lohnt sich ein kleiner Abstecher zu dem ehemaligen Dorf *Las Planques* (ist nur zu Fuß zu erreichen und ausgeschildert), das eine wunderschöne romanische Kirche besitzt. Auch *Pampelonne*, eine Bastide aus dem 13. Jahrhundert, und *Mirandol-Le-Vieux* mit seiner Mühle *Moulin de la Calquière* und der alten Kapelle sind sehenswert. Das ehemals befestigte Dorf *Lagarde-Viaur*, das einst dem Kreuzzug gegen die Katharer standhielt, ist auch ein Besuch wert.

Festival des 2 Rives (der zwei Ufer): Zahlreiche Konzerte und Chorgesänge, u. a. auch auf Baskisch und Okzitanisch, flussauf- und abwärts im gesamten Viaur-Tal. Sie finden in den kleinen Kapellen statt, die sonst das restliche Jahr geschlossen bleiben. Erste Woche Anfang Aug. Mehr Informationen gibt es im Rathaus von Jouquebiel, ✆ 0563769266.

Rodez und Umgebung

Rodez

Die Hauptstadt des Rouergue hat außer der geschichtsträchtigen, malerischen Altstadt auch interessante Museen und viele Einkehrmöglichkeiten zu bieten. Die mächtige Kathedrale auf dem 120 Meter hohen Berg über dem Tal des Aveyron ist schon von weitem sichtbar. Die Häuser der Stadt wirken dagegen wie aus einer Puppenstube.

Roda que rodaras, per arriba a Rodès totjorn montaras. Dieser okzitanische Spruch veranschaulicht sehr treffend die Lage dieser Stadt. Frei übersetzt bedeutet er soviel wie „Umkreise sooft du willst Rodez, wenn du in die Stadt willst, musst du auf jeden Fall klettern". Bis vor wenigen Jahren traf das noch zu, inzwischen führt vom *Plateau Bel Air* im Westen der Stadt ein Viadukt über das Tal der Auterne fast eben nach Rodez.

Das Rouergue

Vor über 2.000 Jahren nannte sich der Ort *Segodunum* (befestigte Höhe). Damals war Rodez noch die Hauptstadt des gallischen Volksstammes der Rutener und hatte rund 5.000 Einwohner. Später, im Mittelalter, teilten zwei Machthaber die Stadt unter sich auf: Im Bereich der *Cité* um die Kathedrale herum hatten die Bischöfe das Sagen, während das Stadtviertel *le Bourg* unter der Herrschaft der Grafen von Toulouse stand. Da die Rivaltäten unter den Herrschenden kein Ende nahmen, wurden die beiden aneinandergrenzenden Viertel durch eine hohe Mauer und Brachland getrennt. Jeder Stadtteil hatte seinen Marktplatz, seine Kirche und seine eigenen Aktivitäten. Das jahrhundertelang anhaltende Kompetenzgerangel unter den Bewohnern der *Cité* und des *Bourg* wirkte sich sehr negativ auf die Stadtentwicklung aus. Bis heute hat Rodez seine zweigeteilte ovale Form behalten, die beiden Plätze *place de la Cité* und *place du Bourg* sind Zeugnisse aus jener Zeit. Alteingesessene Bürger der Stadt sind sich sicher, dass es für manche Mitbürger auch im 21. Jahrhundert noch einen großen Unterschied macht, ob man in der *Bourg* oder in der *Cité* wohnt.

Das 16. und auch das 18. waren für Rodez zwei erfolgreiche Jahrhunderte, man stellte die Kathedrale fertig und baute die zahlreichen privaten Wohnpaläste, die heute noch die Straßen zieren. Dann versank Rodez in einen Dornröschenschlaf, aus dem es erst in den sechziger Jahren des vergangenen Jahrhunderts erwachte: Firmen siedelten sich an und junge Menschen strömten nach Rodez, um Arbeit zu finden. Heute ist Rodez Sitz der Präfektur des Departements Aveyron und eine lebenswerte Kleinstadt.

Auf einen Blick

Information Office de Tourisme, place du Maréchal-Foch, 12000 Rodez. ℡ 0565 757677, www.ot-rodez.fr.

Verbindungen Flugzeug: Flughafen in Rodez-Marcillac, wird von Ryanair, Hex'air und Air France angeflogen. Tägl. mehrere

Abendstimmung über dem Rouergue

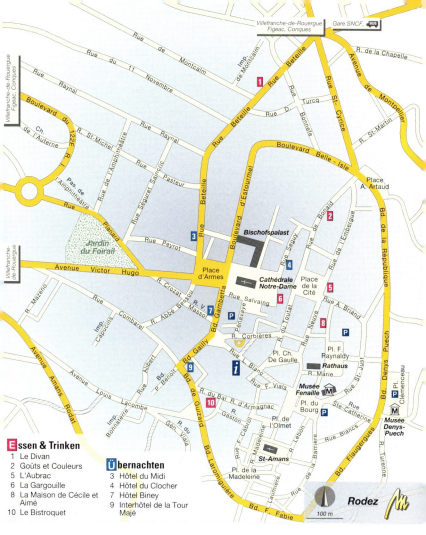

Essen & Trinken
1 Le Divan
2 Goûts et Couleurs
5 L'Aubrac
6 La Gargouille
8 La Maison de Cécile et Aimé
10 Le Bistroquet

Übernachten
3 Hôtel du Midi
4 Hôtel du Clocher
7 Hôtel Biney
9 Interhôtel de la Tour Majé

Flüge von und nach Paris, mehrere Flüge wöchentlich nach Lyon (Air France), tägl. ein Flug nach London-Stanstead. ✆ 0565 422030, www.aveyron.cci.fr/la-cci-de-laveyron/les-infrastructures-cogerees/aeroport-rodez-marcillac/.

Am Flughafen stehen Taxis für den Transfer ins ca. 12 Kilometer entfernte Zentrum bereit. Reservierungen direkt bei den einzelnen Taxiunternehmen: Allo Go Taxis, ✆ 0621043311 (Mobil), Alpha Taxis Rodez, ✆ 0607964212 (Mobil), Durand Taxis, ✆ 0565712112.

Zug: Tägl. SNCF-Verbindungen nach Paris, Brive-la-Gaillarde, Toulouse, Albi, Millau und Clermont-Ferrand (via Sévérac-le-Château). 25, avenue du Maréchal Joffre, ✆ 3635.

Bus: 15 Buslinien „Octobus" der Firma Satar, in und um Rodez. 24, boulevard Denys-Puech ✆ 0565425575 (Büro), Abfahrt: Busbahnhof, avenue du Maréchal-Foch.

Autovermietung: Avis location voitures Rodez, verleiht auch Autos am Flughafen. 7, avenue Victor Hugo, ✆ 0565680066, www.avis.fr.

Das Rouergue

Markt Bauernmarkt mit regionalen Produkten, Mi vormittags am place du Bourg, Sa vormittags am place de la Cité und place du Bourg, Fr nachmittags am place du Sacré-Coeur.

Veranstaltungen Festival folklorique international du Rouergue, über 500 Sänger und Tänzer aus aller Welt versammeln sich in der Stadt. In der ersten Augusthälfte. ℡ 0565468246, www.festival-rouergue.com.

Festival occitan Estivada, Ausstellungen, Theater, Konzerte und Verkauf von regionalen Produkten, das okzitanische Festival dauert mehrere Tage, Ende Juli. ℡ 0565781074, www.mairie-rodez.fr.

Internet Internet Résolument + Net, Internet-Café, 3 € pro Stunde, 10 € am Tag. Tägl. außer So/Mo 11–21 Uhr, Fr/Sa bis Mitternacht geöffnet. 11, rue Béteille, ℡ 0565756687.

Schwimmen Centre aquatique Aquavallon, Badezentrum mit Sauna, Dampfbad und Whirlpool. Eintritt 4 €. Ganzjährig geöffnet, Mo/Mi/Do 10–19.30 Uhr, Di/Fr 10–21.30 Uhr, Sa 10–17.30 Uhr und So 9–13.30 Uhr. Chemin de l'Auterne, ℡ 0565 734010, www.grand-rodez.com.

Übernachten *** La ferme du Bourran, etwas außerhalb westl. von Rodez im neuen Hochhausviertel Bourran. Das Hotel ist eine grüne ruhige Oase. Sieben geräumige, modern ausgestattete Zimmer, alle mit *grands lits*, TV, Tel., WLAN, Klimaanlage und Minibar. Kein Restaurantbetrieb, aber ein sehr gutes Restaurant liegt gleich nebenan (Les Jardins de l'Acropolis, s. u.). DZ 79–180 €. Quartier de Bourran, 12000 Rodez, ℡ 0565736262, www.fermedebourran.com.

*** Hôtel Biney **7**, im Zentrum zwischen Touristenbüro und Kathedrale, trotzdem ruhige Lage. Nette, zum Teil etwas kleine Zimmer. Hotel mit Sauna, Laufband etc. DZ 83–141 €. Haustiere erlaubt (6 €). Ganzjährig geöffnet. 7, boulevard Gambetta - rue Victoire Massol, ℡ 0565680124, www.hotel-biney.com.

*** Inter-Hôtel de la Tour Majé **9**, im Zentrum neben dem Turm der ehemaligen Stadtmauer. Moderne Zimmer mit allem was bei drei Sternen dazugehört., von manchen Zimmern hat man einen atemberaubenden Blick auf die Kathedrale. DZ 60–90 €. Ganzjährig geöffnet. 1, boulevard Gally, ℡ 0565683468, www.inter-hotel-de-la-tourmaje-rodez.federal-hotel.com.

** Hôtel du Clocher **4**, Logis de France, im Zentrum. Ein modernes Hotel in altem Gemäuer, freundliche helle Zimmer mit *grands lits*, TV, Tel und WLAN. DZ 64–74 €. 4, rue Séguy, ℡ 0565681016, www.hotel-clocher.com.

** Hôtel du Midi **3**, Logis de France, schräg gegenüber der Kathedrale. Helle, klassisch eingerichtete Zimmer mit *grands lits*, TV und WLAN. DZ 48–64 €, Frühstück 7,50 €. Haustiere erlaubt. Gleichnamiges Restaurant ist in der Stadt für seine gute Küche bekannt, auf der Speisekarte stehen auch Fischgerichte. Menü 18–29 €. 1, rue Béteille, ℡ 0565680207, www.hotel-du-midi.net.

Auberge de Jeunesse Quatre Saisons, die hübsche Jugendherberge mit Garten und Volleyballanlage liegt etwa drei Kilometer außerhalb. Verschiedene Zimmergrößen, Internetzugang und TV im Gemeinschaftssaal. 19,50 €/Person inklusive Frühstück und Bettwäsche. Ganzjährig geöffnet. 26, boulevard des Capucines (Bus-Haltestelle «les Capucines»), Ortsteil Ônet-le-Château, 12034 Rodez, Cedex 9. ℡ 0565775105 (Mo–Fr), www.fjtgrandrodez.fr.

Buslinie 1 und 3 ab Zentrum (Nähe Museum Fenaille).

Camping **** Camping municipal de Layoule, gut eingerichteter Platz am Ufer des Aveyron, liegt etwa einen Kilometer vom, ca. 120 Meter höher liegenden, Stadtzentrum entfernt (Richtung Sévérac-le-Château). Mai–Sept geöffnet. ℡ 0565670952, mairie-rodez.fr.

Essen Les Jardins de l'Acropolis, sehr gutes Restaurant mit regionaler Küche und gutem Preis-Leistungs-Verhältnis. Man sollte sich nicht von der Lage inmitten der Hochhäuser abschrecken lassen. Mittagsgericht 15,80 €. Tägl. geöffnet außer Mo abends sowie an Sonn- und Feiertagen. Rue d'Athènes (am Kreisverkehr von Bourran), ℡ 0565684007.

Goûts et Couleurs **2**, in der Fußgängerzone der Altstadt. Ein gutes Restaurant mit großer Terrasse. Reservierung ratsam. Menü 36–77 €. Tägl. geöffnet außer So/Mo und Mi abends. 38, rue de Bonald, ℡ 0565427510.

La Gargouille **6**, liegt hinter der Kathedrale. Ganzjährig Di–Sa mittags geöffnet, bietet Fr- und Sa abends Weinbar mit Tapas an. Im Sommer wird auch draußen serviert. Menüs 12,50–20 €. 1, place d'Estaing, ℡ 0565688716.

Rodez

L'Aubrac **5**, klassische Brasserie mit typischen Gerichten aus dem Aveyron. Mo–Sa geöffnet. Menüs 15–30 €. 8, place de la Cité, ✆ 0565722291.

Le Bistroquet **10**, in einer Fußgängerzone der Altstadt. Es gibt zum Beispiel Quiches und Grillgerichte vom Holzfeuer mit Salat. Tägl. außer So und Mo geöffnet. Mittagsmenü ab 12,60 €. 17, rue du Bal, ✆ 0565687475.

La Maison de Cécile et Aimé **8**, Teestube die Crêpes, Quiches und Schokoladenkuchen anbietet. Ein angenehmer Ort, mit kleiner, von Flieder umgebener, Terrasse. Mittagsgericht 11,60 €. Tägl. 12–18 Uhr geöffnet. 8, rue Louis-Oustry, ✆ 0565695797.

Le Divan **1**, keine gastronomischen Höhenflüge, aber günstiges Salat-und Pizza-Lokal mit Bier-Bar. Tägl. ganzjährig und (als einziges Lokal in Rodez) bis Mitternacht geöffnet, WLAN vorhanden. Tellergericht 7,50 €. 71, rue Béteille, ✆ 0565686330.

Sehenswertes

Cathédrale Notre-Dame: An der wuchtigen gotischen Kathedrale von Rodez, ein Machtsymbol der katholischen Kirche und gleichzeitig auch Werkzeug zur Verteidigung dieser Macht, wurde über 300 Jahre lang gebaut. Die Grundsteinlegung erfolgte im Jahre 1277, nur ein Jahr nachdem der Chor und Glockenturm des Vorgängermodells eingestürzt waren. Die beiden Türme an der Westfassade wurden nie fertiggestellt und beim späteren Bau der Stadtmauer integrierte man diese Westfassade, sozusagen als vorgeschobene Bastion, zur Verteidigung der Stadt. Der Festungscharakter dieser Seite ist unverkennbar: Das Mittelportal fehlt, im Mauerwerk befinden sich Schießscharten und auch die Türmchen rechts und links besitzen abgeschrägte Fensteröffnungen. Das Eingangsportal *Portal de l'Évêché* befindet sich daher auf der Nordseite gegenüber dem Bischofspalast.

Der Glockenturm wurde bei einem Brand 1510 zerstört und 16 Jahre später im Stil der Flammengotik wieder aufgebaut. Auf der Spitze des 87 Meter hohen Glockenturmes, übrigens der höchste Frankreichs, thront eine Marienstatue. Wenn man die 400 Stufen nach oben steigt, genießt man einen herrlichen 360°-Panoramablick, der bei klarem Wetter bis zu den Pyrenäen reicht (Turmbesteigung nur im Juli/Aug.).

In der Kathedrale von Rodez

Den weiträumigen Kirchenraum zieren insgesamt 27 ausgeschmückte Kapellen, von denen eine auf der Südseite besonders sehenswert ist: Sie beherbergt einen dreiflügeligen Altaraufsatz aus dem 15. Jahrhundert, auf dem *Christus am Ölberg* dargestellt ist. Beachtung sollte man auch der im Chor stehenden steinernen Notre-Dame-de-Grâce (14. Jh.) schenken. Das von *André Sulpice* geschnitzte Chorgestühl (15. Jh.) samt Misericorden sowie die über 20 Meter hohe Orgel aus dem 16. Jahrhundert mit ihrem geschnitzten Gehäuse aus Nussbaumholz sollte man sich ebenfalls anschauen. Letzteres gilt als Meisterwerk der gotischen Kunst in Frankreich.

Place de Cité und Umgebung: Das alte Viertel um die Kathedrale, die sogenannte Cité, war einst das „Revier" der Bischöfe. Hier stehen noch einige schöne Stadtpaläste.

Palais épiscopal: Der mächtige Gebäudekomplex, gegenüber der Nordfassade der Kathedrale, wurde im 17. Jahrhundert erbaut und war – wie die Kathedrale – ein Machtsymbol der katholischen Kirche. Nur der Innenhof des einstigen Bischofspalastes ist der Öffentlichkeit heute zugänglich.
Tägl. außer So und nur an manchen Samstagen geöffnet. Boulevard d'Estourme.

Place du Bourg und Umgebung: Im ehemaligen Handelsviertel *Le Bourg* hatten einst die Grafen von Toulouse das Sagen. Der wohl schönste Platz in der Stadt ist umgeben von Häusern aus dem 15. und 16. Jahrhundert, die sich damals die reichen Händler und Magistrate bauen ließen. Das *maison Boisse* an der Ecke rue Marie mit seinen schlanken Ecktürmchen sticht dem Besucher gleich ins Auge. Das Fachwerkhaus an der Ecke zur rue Lebon ist ebenfalls nicht zu übersehen. Der Platz hat aber auch eine grausige Vergangenheit: Während der Französischen Revolution stand hier die Guillotine.

Église Saint-Amans: Rodez älteste Kirche ist von außen sehr unscheinbar, innen erkennt man aber den romanischen Stil. Zahlreiche Bürger „pilgern" zu ihr, weil immer wieder behauptet wird, sie vollbrächte Wunder.

Musée Fenaille: Das Museum ist mit seiner einmaligen Sammlung von Menhir-Statuen aus der Bronzezeit aus dem südlichen Aveyron europoaweit einzigartig. Die bekannteste Menhir-Statue ist die 5.000 Jahre alte *Dame de Saint-Sernin*. Zahlreiche kleine aus Stein gemeißelte Statuen, bei denen stets Ohren und Mund fehlen, vervollständigen die wertvolle Ausstellung. Das Museum hat der Geschichte und Archäologie des Rouergue drei Etagen gewidmet. Darunter befinden sich Kuriositäten wie etwa das Skelett eines Mannes aus grauer Vorzeit, dessen Hals in einem schweren genieteten Eisenring und die Handgelenke in Handschellen stecken.

Eintritt 3 €. Jeden ersten So im Monat kostenlose Führung. Besichtigung zusammen mit dem *Musée Denys-Puech* 4 €. Tägl. außer Mo geöffnet. Di/Do/Fr 10–12 und 14–18 Uhr, Mi/Sa 13–19 und So 14–18 Uhr geöffnet. 14, place Raynaldy, ✆ 0565738430, www.musee-fenaille.com.

Musée Denys-Puech: Kunstmuseum mit Skulpturen und Malereien der bekanntesten Künstler aus dem Rouergue, wie Maurice Bompard, Denys Puech und Eugène Viala. Ansonsten finden hier wechselnde themenbezogene und zeitgenössische Kunstausstellungen statt.
Eintritt 2,50 €, zusammen mit dem Museum Fenaille 4 €. Place Clemenceau, ✆ 0565778960.

Belcastel

Auf halbem Weg zwischen Rodez und Villefranche liegt in steiler Hanglage über dem Aveyron das sehr fotogene 200-Seelen-Dorf Belcastel. Enge kopfsteingepflasterte Gässchen führen zwischen den teilweise winzigen Steinhäuschen hoch zur Burg, welche um das Jahr 1000 erbaut wurde. Als im 15. Jahrhundert der damalige Seigneur de Belcastel, ein gewisser *Alzias de Saunhac*, beschloss, die Burg zu erweitern, ließ er kurzerhand die Kirche, die ihm bei seinem Vorhaben im Weg stand, in das Tal auf die andere Uferseite des Aveyron versetzen und eine Brücke bauen. Die Kirche beherbergt ein paar mittelalterliche Statuen sowie die liegende Grabstatue von Alzias.

Die Burg befindet sich heute in Privatbesitz und ist in den Sommermonaten eine Begegnungsstätte für Kunst und Malerei.

Eintritt Burg 7,50 €. ℡ 0565644216, www.chateaubelcastel.com. Zufahrt mit dem Auto erfolgt von oben über das „Oberdorf".

Ein lebendes Museumsdorf

Wenn man den Aufstieg durch dieses architektonische Schatzkästlein beginnt, muss man wissen, dass die meisten schmucken Häuschen mit ihren Steindächern 1983 noch Ruinen waren. Wer Peyrusse-le-Roc schon besichtigt hat, kann sich vorstellen, wie Belcastel bis Mitte des 20. Jahrhunderts noch ausgesehen haben muss. In fünfzehnjähriger Arbeit wurde ab 1983, nachdem der Architekt Fernand Pouillon bereits 1975 die Regie für den Wiederaufbau der Burg übernommen hatte, der alte Dorfkern wieder fast originalgetreu aufgebaut. Künstler, Sänger und andere französische Berühmtheiten aller Berufssparten spendeten Zeit und Geld, um Belcastel wieder auferstehen zu lassen. Das Ergebnis kann sich sehen lassen.

Information Office de Tourisme, neben dem Aufstieg zur Altstadt, ℡ 0565644611, www.mairie-belcastel.fr.

Veranstaltungen Fête du village, Dorffest mit Musik, Theater und Feuerwerk, dritter Sonntag im Juli.

Übernachten *** Hôtel-Restaurant du Vieux Pont, beidseitig der 500 Jahre alten Brücke. Das Sterne-Restaurant liegt auf der rechten Uferseite und das kleine Drei-Sterne-Hotel mit seinen sieben Zimmern auf der linken Uferseite des Aveyron, die alte Brücke verbindet die beiden Häuser. Helle Zimmer mit gepflegter, moderner Einrichtung und Blick auf den Fluss. Minibar, TV, Tel. vorhanden. Eines der wenigen Hotels das seinen drei Sternen alle Ehre bereitet. DZ 79–102 €. Restaurant mit vorzüglicher Sterneküche und Produkten aus der Region. Mittagsmenü 28 €, sonst 45–78 €. Reservierung nicht vergessen! Juli/Aug. tägl. außer Mo geöffnet, sonst tägl. außer So abends und Di mittags geöffnet. ℡ 0565645229, www.hotelbelcastel.com.

Camping Camping municipal, am Fuß von Belcastel auf der linken Flussseite nahe der alten Brücke gelegen, mit Bade- und Angelmöglichkeiten. April–Okt. geöffnet. ℡ 0565639561, ℡ 0647112476 (Mobil), www.mairie-belcastel.fr.

Essen Le 1909, neben dem Sterne-Restaurant. Eine in der Region gut besuchte Adresse, regionale Gerichte sind etwas origineller zubereitet als sonst üblich. Menü 19,50–36 €. Nur mit Reservierung. Im Juli/Aug. tägl. außer Mo und in der Nebensaison tägl. außer So abends und Mo geöffnet. ℡ 0565645226.

Bozouls

Ein mächtiger Mäander des Dourdou, ein Zufluss des Lot, hat dieses beeindruckende 400 Meter breite *trou de Bozouls* (Loch von Bozouls) 100 Meter tief in die weichen Kalkwände der *Causse Comtal* gegraben und eine Halbinsel geschaffen. Geologen sagen auch *Umlaufberg* zu diesem hier besonders schön ausgeprägten

Bozouls: vom Dourdou geschaffener Felsenkessel

Naturphänomen. Entlang der Felsnase auf der linken Uferseite befindet sich das mittelalterliche Bozouls mit der kleinen romanischen *Kirche Sainte-Fauste* über dem Abgrund. Hier stand zwischen dem 9. und dem späten 18. Jahrhundert eine Burg, die nur über die langgezogene Landzunge im Süden zugänglich war.

Man steigt vom „modernen" Bozouls über Treppen zum Dourdou hinab, geht über die rund 600 Jahre alte Brücke und steigt wieder hinauf, um schließlich im alten Bozouls anzukommen. Wer bequemer spazieren gehen möchte, läuft unten am Dourdou den Wanderweg entlang.

Office de Tourisme, place de la Mairie, 12350 Bozouls. ✆ 0565485052, www.bozouls.com.

Sehenswertes

Terra Memoria: Sehr anschauliche und verständliche naturwissenschaftliche Ausstellung über die Entstehung der Erde, die Abläufe der Gebirgsfaltungen und die Entstehung des *trou de Bozouls*.

Eintritt 5,90 €. Zugang über das Touristenbüro, Mitte Nov. bis Mitte Febr geschlossen. 12, allée Paul-Causse, ✆ 0565446927, www.terramemoria.fr.

In der Umgebung von Bozouls

Rodelle: Wie ein Adlerhorst klebt Rodelle mit seinen wenigen Steinhäuschen und der mächtigen Kirche auf einem Felsvorsprung, welcher durch das Tal des Dourdou von dem restlichen Kalkplateau der Causse Comtal getrennt wird. Es ist nicht verwunderlich, dass dieses Nest einmal in Anspielung auf seine Lage *Rutenula* („Klein-Rodez") hieß. Bis 1611 stand hier oben – wen wundert's – eine Burg, die heute jedoch nicht mehr existiert. Das heutige Dorf wurde auf den Ruinen dieser ehemaligen Burg erbaut.

Montrozier

Der 1.200 Einwohner zählende malerische Ort hat sich dank seiner aus dem 13. Jahrhundert stammenden Burg einen Namen gemacht. Diese war im Mittelalter die bevorzugte Residenz der Grafen von Rodez und wurde 1930 von dem Industriellen Maurice Fenaille gekauft und restauriert.

Musée archéologique départemental du Rouergue: Den Besucher erwartet ein lebendig gestaltetes Museum mit wechselnden Ausstellungen über die Geschichte des Rouergue. Auch Besichtigungen der archäolgischen Stätten in der Umgebung sind nach Absprache möglich.

Eintritt 3 €. Mai–Sept. tägl. außer Mo (und Di im Mai) 10–12.30 und 13.30–18.30 Uhr geöffnet, Okt.–April Di–Fr 14–18 Uhr geöffnet. Route de Sévérac (im Ort), ✆ 0565707500.

Sévérac-le-Château

Wer sich der Causse de Sévérac und dem Ort Sévérac auf der Autobahn 75 von Norden nähert (Ausfahrt 42), wird von den imposanten Burgruinen, die sich aus der Ebene erheben, überrascht. Vom Jahre 1000 bis zur Französischen Revolution, fast 800 Jahre lang, haben ganze drei Familien diesen Adlerhorst bewohnt: die *Sévéracs*, die *Armagnacs* und die *Arpajons*. Sie alle nutzten die spektakuläre Lage ihres Wohnsitzes, um das Kommen und Gehen auf dieser Nord-Süd-Achse zu kontrollieren. Es verwundert nicht, dass die ehemalige Festung im Ruf stand, uneinnehmbar zu sein. Die mittelalterliche Ortschaft mit ihren steilen kopfsteingepflasterten Gassen liegt auf der Südostseite des Abhanges und am Fuße der Burg. Von ganz besonderem Charme sind u. a. die Häuser *maison des Consuls* mit seiner bemalten Zimmerdecke, das *maison de Jeanne* aus dem 11. Jahrhundert (übrigens eines der ältesten Häuser im Rouergue) sowie der sogenannte *Sestayral*, ein überdachter Getreideplatz.

Nur zwei Kilometer südöstlich von Sévérac (route de Millau) entspringt in der *Causse de Sévérac* der dem Departement namensgebende Fluss Aveyron.

Office de Tourisme, 12150 Sévérac-le-Château, 5, rue des Douves, ✆ 0565476731, www.aveyron-tourisme.fr.

Sehenswertes

Le Château de Sévérac: Ursprünglich umgab sowohl die Burg als auch das zugehörige Dorf eine Festungsmauer. Später baute man die Festung in eine angenehme Residenz im Renaissance-Stil um. Ihr viergeschössiges Hauptgebäude ist rund 85 Meter lang.

April–Sept geöffet., im Juli/Aug. tägl. 10–19 Uhr, sonst über Mittag geschlossen. Im Sommer werden 45-minütige Führungen angeboten.

Musée archéologique: Das kleine archäologische Museum zeigt Fundstücke aus der Region wie Keramik, die mysteriöse „Hexen-Vase von Villeplaine", Feuersteine etc.

Eintritt mit Ticket von der Burg. April–Aug. nachmittags geöffnet, 5, rue des Douves.

Im Tal von Marcillac

Hier scheint die Zeit stehen geblieben zu sein. Das Tal am Fuße des Aubrac besitzt ein sehr mildes Mikroklima und so ist es kein Zufall, dass hier die Reben für den Marcillac-Wein besonders gut gedeihen.

Aufgrund des starken Eisenoxydgehalts leuchtet die Erde der obst- und weinbewachsenen Hänge schon von weitem rot, wodurch die Grüntöne der Reben und Obstbäume besonders intensiv wirken. Auch die Dörfer sind aus dunkelrotem Sandstein erbaut und leuchten in der Abend- oder der Morgensonne.

Marcillac

Marcillac mit seinen 1.500 Einwohnern ist die „Hauptstadt" des dunkelroten, sehr taninreichen Marcillac-Weines, der sich seit 1990 mit dem AOC-Siegel schmücken darf. Die malerische Altstadt wurde aus großen dunkelroten Sandsteinblöcken um die Kirche (14. Jh.) herum erbaut. Sehenswert ist die kleine Kapelle *Notre-Dame-de-Foncourrieu* mit ihrem runden Turm an der *place de Pénitents* (in der Kurve am Ortsausgang). Ihre Wände sind von oben bis unten mit Malereien versehen. Besichtigungen sind nur am Sonntagnachmittag nach Anmeldung beim Touristenbüro möglich.

Information Office de Tourisme du canton de Marcillac, hier bekommt man eine Liste der Marcillac-Weingüter. 15, place de l'Église, 12330 Marcillac, ✆ 0565 711318, www.tourisme-vallonmarcillac.fr.

Markt Großer und gut besuchter Bauernmarkt mit vielen regionalen Produkten. So vormittags vor den Toren der Altstadt.

Veranstaltungen La Saint-Bourrou, Weinfest des Marcillac-Weines und Dorffest in einem, am Pfingstwochenende.

Marcillac: alle alten Gebäude bestehen aus roten Backsteinen

Salles-la-Source

Bei der Anfahrt stößt man als erstes auf das Wahrzeichen der friedlichen, etwas verschlafenen Ortschaft: einen Wasserfall, der 20 Meter über moosbewachsene Kalksteinstufen in die Tiefe herabstürzt. Die Schieferdächer des sich in drei Etagen gliedernden Dorfes glitzern in der Sonne. Das eigentliche Zentrum befindet sich unten im Tal, in der Mitte liegt *Saint-Laurent* und *Salles* befindet sich oberhalb des Wasserfalls. Dieses „Drei-Stufen-Dorf" erforderte im Mittelalter den Bau von drei Kirchen und fünf Burgen! Übriggeblieben sind das *château Saint-Paul* mit seinen runden Türmchen aus dem 12. Jahrhundert und das *château des Ondes* (oder *Mineur*) mit den markanten Ecktürmen aus dem 15. Jahrhundert. Von den Kirchen stehen noch die *église Saint-Paul* (15. Jh.) mit ihrem achteckigen Glockenturm und die *église Saint-Pierre*, welche gegen Ende des 19. Jahrhunderts wieder aufgebaut wurde.

Die Ortschaft hieß ursprünglich Salles-Comtaux, eine Anspielung auf die vielen *châteaux* der Grafen (frz. *comte*) von Rodez.

Restaurant La Cascade, netter Gasthof mit Terrasse und Ausblick. Gerichte aus der Region, Mittagstisch 11 €. Juli/Aug. tägl. geöffnet außer So- und Mo abends, die restlichen Monate nur mittags und Sa abends offen. Route de Cascade (neben dem Musée du Rouergue), ✆ 0565672908.

Sehenswertes

Musée du Rouergue: Das Museum ist in einer ehemaligen Spinnerei aus dem 19. Jahrhundert untergebracht. Zu sehen gibt es eine interessante Ausstellung zahlreicher alter Handwerkskünste und Werkzeuge aus dem landwirtschaftlichen Alltag im einstigen Rouergue. Im Keller bekommt man im Eilverfahren die Kunst der Weinherstellung beigebracht.
Eintritt 4 €, Geöffnet von April bis Okt. Juli/Aug. Di–Fr 10–12.30 und 13.30–18.30 Uhr, Sa–Mo nur nachmittags offen, sonst tägl. außer Di, 14–18 Uhr. ✆ 0565672896.

Clairvaux

Das gänzlich aus rotem Sandstein erbaute Dorf siedelte sich ursprünglich um ein Kloster herum an. Die zahlreichen alten Häuser aus dem 14. und 15. Jahrhundert sowie ein Stadttor verleihen dieser kleinen Ortschaft einen besonderen mittelalterlichen Charme.

Übernachten/Essen Auberge de la Frégière, liegt mitten im Grünen mit Schwimmbad und Reitstall. Vermietung von chalets und gîtes. Das zugehörige Restaurant hat einen guten Ruf. Menü 20 €. Allée Quo-Vadis, ✆ 0565727140, www.lafregiere.com.

Weingüter Domaine Laurens, die alt eingesessene Winzerfamilie aus Clairvaux hat sich 1998 selbstständig gemacht und ist Mitglied der „Unabhängigen Winzer". 7, avenue de la Tour, ✆ 0565726937, www.domaine-laurens.com.

Wasserfall von Salles-la-Source

🍇 Domaine le Vieux-Porche, auf insgesamt 16 Hektar wird die Rebsorte *Fer Servadou* (Hauptbestandteil des Marcillac-Weins) angebaut. Auf diesem Gut kommen nur mineralische und organische Komponenten zum Einsatz. Mo–Sa 10–12 und 15–19 Uhr geöffnet. Jean-Luc Matha, im Ort Bruéjouls, 12330 Clairvaux, ✆ 0565726329, www.matha-vigneron.fr. ■

Die Seenplatte des Lévézou

Was dem Schwaben sein Schwäbisches Meer (für Nichtschwaben: Bodensee), sind für den *Aveyronais* die zur Stromerzeugung angelegten Wasserflächen zwischen den Tälern des Tarn und des Aveyron: Sie sind sein persönliches Mittelmeer und im Sommer ein beliebtes Urlaubsziel.

Es gibt hier alles, was so ein „Mittelmeer à l'aveyronais" benötigt: Strand, Wellen, zahllose Wassersportangebote und Campingplätze.

Das Rouergue

Die aus fünf Stauseen bestehende Seenplatte des Lévézou liegt auf 900 Metern Höhe, umgeben von Wäldern, Wiesen- und Heideflächen. Viele Wanderwege unterschiedlicher Länge durchqueren die Region (im Touristenbüro kann man gute Wanderbüchlein kaufen) und auch Mountain-Biker finden speziell ausgewiesene Strecken. Auf dem Lévézou-Plateau gibt es nur kleine Siedlungen und ein paar wenige Dörfer, es ist eine recht einsame Gegend. Seit ein paar Jahren wird das Bild der unberührten naturbelassenen Landschaft durch die Installation weithin sichtbarer, riesiger Windräder etwas getrübt.

Die Stauseen *lac de Bages* und *lac la Gourde* sind den Anglern vorbehalten, hier herrscht Bade- und Wassersportverbot. Dagegen bieten die Seen *lac de Pareloup*, *lac de Villefranche de Panat* und *lac de Pont de Salars* Strandflair und Bademöglichkeiten.

Information Office de Tourisme de Pareloup-Lévézou, Verkauf von Wanderkarten und Broschüren über die Region. Place de la Mairie, 12290 Pont-de-Salars, ✆ 0565468990, www.levezou-aveyron.com.

Übernachten Das Gebiet des Lévézou ist vor allem ein Camperparadies: Zahlreiche Campingplätze liegen entlang der Seenplatte, das Angebot geht vom Zelten auf dem Bauernhof bis zum Fünf-Sterne-Campingplatz. Die Hotelangebote sind weniger zahlreich und beschränken sich auf die wenigen Ortschaften rund um die Seen.

Hotel ** Les Tilleuls de Pareloup, Logis de France, liegt im Zentrum der kleinen Ortschaft, fünf Minuten vom lac de Pareloup entfernt. Einfache, renovierte Zimmer mit Doppelfenstern, TV, Tel., WLAN. Bad mit Dusche und Föhn. Es gibt auch Mehrbettzimmer bis fünf Personen. DZ 45–53 €. Mo abends geschlossen. Place de la Mairie, 12410 Salles-Curan, ✆ 0565463308, www.hotel-les-tilleuls.fr.

Camping ***** Le Caussanel, der Luxus-Campingplatz liegt auf einer Halbinsel am lac de Pareloup, abseits von Straße und Verkehr. Badeanlage mit mehreren Becken und Rutschen. Mitte Mai bis Ende Sept. geöffnet. Vermietung von Mobil-Homes und chalets. 12290 Canet-de-Salars, ✆ 0565468519, www.lecaussanel.com.

**** Camping Beau Rivage, beheiztes Schwimmbad, WLAN, Fahrradvermietung. Bootsvermietung 200 Meter entfernt, zahllose Sportarten in der Nähe wie Jet-Ski, Hochseilgarten oder Reiten. Mai–Sept. geöffnet, Vermietung von Mobil-Homes, chalets und Stoffbungalows. Les Vernhes, 12410 Salles-Curan, ✆ 0565463332, www.beaurivage.fr. Anfahrt über die D 243.

*** Saint-Etienne, ebener Platz mit altem Baumbestand am See lac de Panat, etwa einen Kilometer vom Ort entfernt. Haustiere gestattet. Vermietung von Mobil-Homes, chalets und Stoff-Bungalows. Route de Rodez, 12430 Villefranche-de-Panat. ✆ 0565 464518, www.camping-st-etienne.com.

Zehn Monate im Jahr ein einsamer See: lac de Pareloup

Montjaux

Wer vom Hochplateau des Lévézou hinab nach Montjaux fährt, wird das Gefühl nicht los, dem „echten" Mittelmeer nicht mehr fern zu sein. Das sich am Plateau entlangziehende mittelalterliche Burgdorf liegt trotz seines Mittelmeerflairs immer noch auf 600 Metern und zählt heute nur noch knapp 400 Einwohner, im Mittelalter aber hatte es den Rang einer Stadt.

Außer der romanischen Kirche schmücken Brunnen, Waschhaus mit Deckengewölbe sowie zahlreiche Häuser mit interessanten architektonischen Details das Ortsbild des alten Montjaux. Über dem Ort thronen die Ruinen der ersten Burg (13. Jh.) der Grafen von Rodez. Das neue Montjaux zieht sich entlang der Straße Saint-Affrique–Rodez. In der Umgebung befinden sich zahllose Dolmen und *cazelles* (runde, aus Lesesteinen aufgebaute Hirtenunterstände).

> **Tipp: Vom Lévézou zu den Grands Causses**
> Die Straße die das Gebiet des Lévézou mit den Grands Causses verbindet, führt von Montjaux nach Castelnau-Pégayrols und bietet mit die schönsten Ausblicke auf die Grands Causses sowie auf das Viadukt von Millau.

Castelnau-Pégayrols

Die mittelalterliche Ortschaft samt Burg liegt gut geschützt innerhalb ihrer intakten Stadtmauer mit Wachtürmen und ist ein besonderes architektonisches Bonbon: Auf 300 Einwohner kommen fünf denkmalgeschützte historische Gebäude sowie eine einmalige, genial ausgetüftelte Wasserzuleitung, die mit Hilfe mehrerer Mühlen funktioniert. Diese Zuleitung gehört zu den weltweit Einhundert von der Organisation *World Monument Watch* geschützten Bauwerken.

Außer verwinkelten mittelalterlichen Gassen rund um die Burg gibt es im Örtchen auch dunkle enge Fußgängerunterführungen mit schönen Deckengewölben und sehr alte, aus dunklem Sandstein gebaute Wohnhäuser.

Information: am Infostand am Ortseingang, ✆ 0565620505, www.castelnau-pegayrols.fr.
Essen: Café-Restaurant Lou Griffoul, einziges Restaurant im Ort serviert regionale Gerichte, Menü 10–18,50 €. ✆ 0565620495.

Sehenswertes

Die fünf historischen denkmalgeschützten Gebäude kann man im Rahmen einer ganztägigen Führung, Mittagessen inklusive, erkunden. Nicht versäumen sollte man auf jeden Fall die Besichtigung der Burg und des Wasserzulaufsystems.

Château: Schon in der Eingangshalle hat man das Gefühl, einer der Seigneurs schreitet jeden Augenblick majestätisch die Steintreppe herunter, um seine Besucher zu empfangen. Die liebevoll restaurierte Burg wirkt, als wäre sie noch wie anno dazumal bewohnt.

Ursprünglich stammt die Festung aus dem 11./12. Jahrhundert und wurde Ende des 18. Jahrhunderts von der Familie Pégayrolles zu ihrem Sommersitz umgebaut. In 700 Jahren Burggeschichte gab es nur zwei Besitzer: die *Lévézous* und die *Pégayrolles*.

Eintritt 5 €, Juni/Juli tägl. außer Di 14.30–18.30 Uhr geöffnet, sonst unterschiedliche Öffnungszeiten. ✆ 0565620094.

Système hydraulique: Überall im Ort findet man die gemauerten Kanäle der Wasserzuleitungen aus dem 16. Jahrhundert. Wenn man bedenkt, dass Energiegewinnung damals nur durch körperlichen Einsatz von Mensch oder Tier möglich war, so stellt das hydraulische System der damaligen Zeit eine kleine Sensation dar.

Die Wasserversorgung diente u. a. der Landwirtschaft und der „industriellen" Versorgung, denn die vier ortseigenen Getreide- und Nussmühlen wurden über diesen Wasserlauf gespeist.

Saint-Léons

Inmitten eines von Laubwald umgebenen Talkessels liegt der Geburtsort des berühmten Insektenforschers *Jean-Henri Fabre*, der in diesem Ort 1823 das Licht der Welt erblickte. Hier steht auch das, weit über die Landesgrenzen hinaus bekannte, moderne Insektenmuseum *Micropolis*.

Syndicat d'Initiative Monts du Lévézou, 12780 Saint Léons, am Parkplatz des *Micropolis*. 0565618052, http://perso.wanadoo.fr/si-monts-levezou.

Sehenswertes

Micropolis-La Cité des Insectes: Es war eine grandiose Idee, das Werk des Jean-Henri Fabre und die Welt der Insekten in Form eines lebendigen Universums aufleben zu lassen. Die europaweit einzigartige „Stadt der Insekten" präsentiert sich als Museum mit angeschlossenem Insektenpark und ist für Jung und Alt ein großes Erlebnis.

Eintritt 11,80 €. Komplizierte Öffnungszeiten, ganzjährig geöffnet, Juli/Aug. tägl. bis 19 Uhr, April–Juni und Sept. tägl. bis 18 Uhr. 0565585050, www.micropolis-aveyron.com.

Anfahrt über die D 911, liegt auf dem Hochplateau zwischen Rodez und Millau, ist gut ausgeschildert.

Maison natale de Jean-Henri Fabre: Das kleine Privatmuseum in seinem Geburtshaus zeigt sein Leben und viele seiner Arbeiten über die Insekten- und Pflanzenwelt.

Eintritt 3,50 €. Juli/Aug. 10–19 Uhr geöffnet, sonst auf Anfrage. 0565588054, www.musee-jeanhenrifabre.com.

Niedrigwasser am lac de Pareloup

Die karge Karstlandschaft der Grands Causses

Grands Causses

Die steinigen und trockenen Kalkplateaus auf 800 bis 1.000 Metern sind schon seit über 5.000 Jahren das Reich der Lacaune-Schafe, welche die Milch für den bekannten Roquefort-Käse liefern.

Die Causse du Larzac, Causse Noir und Causse de Sauveterre bilden im Süden des Zentralmassivs den *Parc Naturel Régional des Grands Causses*. Die Causse de Méjean gehört zwar ebenfalls zum Gebiet der Grands Causses, befindet sich aber im Departement Lozère und ist somit ein Teil des *Parc National des Cevennes*. Die Kalkplateaus entstanden vor etwa 200 Millionen Jahren und werden u. a. von den tiefen Schluchten des Tarn, der Dourbie und der Jonte durchschnitten. Die typischen Steilwände der Hochebenen sind nicht nur ein Eldorado für Greifvögel, sondern begeistern auch Kletterfreaks aus Nah und Fern. Viele Flüsse in der Gegend bieten hingegen Wassersportlern eine perfekte Freizeitgestaltung.

Damit der Mensch allerdings auf den ariden Hochplateaus überleben konnte, musste er sich nicht nur bezüglich der Wasserversorgung etwas Besonderes einfallen lassen. Heute erfreut man sich auf den Wanderungen quer durch die einsame Landschaft an den großteils überlebenswichtigen „Erfindungen" wie Zisternen, Viehtränken in den Dolinen (frz. *lavognes*), Brunnen, Brotöfen und Sennhütten (frz. *jasses*). Auf den mageren Kalkböden wächst zur Freude von manchem Botaniker eine sehr mannigfaltige, reiche Blütenpracht, wie beispielsweise sehr seltene Orchideen.

Ein bisschen „Laien"-Geologie muss sein...

... um die herrlichen, landschaftlich eindrucksvollen Kalkplateaus der (Grands) Causses etwas besser zu verstehen. Fast alle geologischen Formationen, die man in den Causses vorfindet, entstehen vorrangig durch Regenwasser, das in dem porösen Kalkgestein diverse chemische und physikalische Lösungsvorgänge auslöst, dank der Erosion werden sie für uns sichtbar.

Grotte ist der französische Begriff für die Höhlen im Kalkplateau, die man auch Karsthöhle nennt und welche sehr zahlreich in den Causses vorkommen.

Aven oder **gouffre** bezeichnet auf französisch tiefe „Löcher" in den Kalkplateaus. Ursprünglich war an dieser Stelle eine Karsthöhle, die Höhlendecke wurde jedoch im Laufe der Zeit so dünn und brüchig, dass sie schließlich einbrach. Das sogenannte Karstloch hat immer Verbindung zu einer darunterliegenden Höhle oder einem ganzen Höhlensystem. Bekannte Beispiele sind in den Grands Causses der Aven Armand und im Quercy der Gouffre de Padirac.

Doline ist der gleiche Begriff in beiden Sprachen und bedeutet, dass die Decke einer Höhle durch Lösungsvorgänge mehr oder weniger stark – je nach Stadium – eingesunken ist, sozusagen eine Kuhle bildet.

Bei Wanderungen durch die Causses stößt man immer wieder mitten in der grauen, trockenen Landschaft auf diese unterschiedlich großen, runden, mit saftig grünem Gras oder bestem Getreide bestückten Kuhlen und wundert sich. Die Erklärung ist einfach: Die Verwitterung von Kalkgestein hinterlässt – je nach Reinheit des Gesteins – größere Mengen an Lehm. Da Lehm wasserdicht ist, dichtet er natürlicherweise die Kuhle nach unten ab. So kann sich auf dem sonst trockenen Plateau sogar ein Teich oder Moor bilden. Diesen Umstand machen sich die Bauern zunutze und verwenden diese „abgedichteten" Dolinen entweder als Viehtränke oder als Anbaufläche für ihr Getreide.

Trockentäler, wie sie in allen Causses vorkommen, entstanden in der Eiszeit, als der gefrorene Untergrund das Einsickern des Wassers verhinderte. Als das Klima wieder wärmer wurde und der Untergrund wieder auftaute, versickerte das Flusswasser in dem porösen kalkhaltigen Gestein. Ein wunderschönes Trockental gibt es z. B. im Quercy entlang der D 40 zwischen Limogne und Cirque-Lapopie.

Unterirdische Flüsse oder Seen entstehen, wenn das Oberflächenwasser im Kalkgestein versickert und auf eine unterirdische wasserundurchlässige Schicht trifft, wo es sich sammeln und nicht abfließen kann (See) oder aber Risse und Spalten findet, um abzufließen (Fluss). Manchmal tritt solch ein Fluss irgendwo als Wasserfall zu Tage, wie z. B. in Salle-la-Source bei Rodez.

Intermittierende Quellen sind unterirdische Wasserläufe, die bei heftigen Regefällen so stark anschwellen, dass sie sich durch „Quellen", größere Löcher im Kalkgestein, ihren Weg ins Freie suchen. Ebben die Niederschläge wieder ab, verschwinden die Wasserläufe wieder unter der Erde und die Quellen versiegen.

Dürre: Causse du Larzac im Hochsommer

Causse du Larzac

Die Causse du Larzac ist so, wie man sich ein typisches Kalkplateau vorstellt: Stille, Einsamkeit, steinige Steppenlandschaften, Schafe, Wind und ab und an ein Bauernhof. Auf dieser 100.000 Hektar großen Causse siedelten sich im 12. Jahrhundert die Templer an, errichteten Güter und zu deren Schutz zahlreiche Burgen. Nach Auflösung des Templerordens auf Anordnung der Krone Anfang des 14. Jahrhunderts wurde das Larzac Sitz des Johanniterordens.

Maison du Larzac-La Jasse, in dem einstigen Schafstall fanden in den Siebzigern die Versammlungen gegen die Erweiterungspläne des Militärs statt (s. o.). Heute wird der geschichtsträchtige Raum für Konzerte und Ausstellungen genutzt und es werden regionale Lebensmittel und Kunsthandwerk verkauft. ✆ 0565604358.

An der N 9 zwischen Millau und La Cavalerie.

Sainte-Eulalie-de-Cernon

Eine kleine kurvenreiche Straße führt von der Causse du Larzac hinunter in das liebliche Tal des Flüsschens Cernon, in dem die einstige Komturei der Templer liegt. Die Ortschaft ist nicht nur eng mit dem Orden der Templer, sondern auch mit dem der Johanniter verbunden. Die Komturei wurde nach dem Untergang des Templerordens von den Johannitern umgebaut. Sie errichteten zwei neue Kapellen und umgaben die Komturei mit einer hohen Wehrmauer und vier Türmen. Ein Kuriosum aus dem Jahre 1641 geht auf das Konto der Johanniter: Sie verdrehten die „Richtung" der romanischen Kirche (12. Jh.), indem sie ihren Kircheneingang inmitten des Chorhauptes anbrachten und den alten Eingang einfach zumauerten. Der Ort überstand die allgemeinen Zerstörungen durch die Religionskriege und die Französische Revolution fast schadlos.

Information Point d'accueil touristique, im Erdgeschoss der ehemaligen Komturei. 12230 Sainte-Eulalie-de-Cernon, ✆ 0565627998.

Freizeit Vélorail du Larzac, eine touristische Attraktion der besonderen Art und eine Riesengaudi ist diese Möglichkeit, die Umgebung von Sainte-Eulalie im Stil der guten alten Eisenbahn-Draisine zu entdecken. Auf stillgelegten Gleisen tritt man, bequem auf einer Bank sitzend in die Pedale (erfordert erstaunlich wenig Muskelkraft). Die Fahrt geht runter ins Tal, sich verfahren ist nicht möglich, denn die Schiene ist der Weg. Wer nicht mehr hoch treten möchte, kann sich von einem echten (kleinen) Zug wieder hochziehen lassen.

Hin und zurück mit Draisine 15 €, Rückweg mit Zug 17 €, Hin-und Zurück mit Zug 15 €.

Ganzjährig geöffnet, nur nach Reservierung. Abfahrt jeweils zu festen Zeiten, am ehemaligen Bahnhof von Sainte-Eulalie etwa zwei Kilometer außerhalb der Ortschaft Richtung Viala-du-Pas-de-Jaux. ✆ 0565 587210 oder ✆ 0681666349 (Mobil), www.veloraildularzac.com.

Saut à l'élastique, Bungeespringen vom 50 Meter hohen Viadukt von Sainte-Eulalie. Juli/Aug. Mi und Sa; März–Nov. nur an manchen Samstagen. Antipodes, ✆ 0565 607203, www.saut-elastique-france.com.

Übernachten Auberge La Cardabelle, am Ortsausgang, vier einfach ausgestattete Zimmer mit Dusche, TV. DZ 46–63 €. Restaurant mit regionalen Gerichten, Menü ab 10 €. Di abends Ruhetag, in der Nebensaison auch Mi geschlossen. ✆ 0565627464, www.auberge-la-cardabelle.com.

Essen Lou Sarnou, ein idyllisches Plätzchen auf dem schattigen Kirchplatz. Einfache Gerichte wie Aligot mit Bratwurst. Tagesteller 7,50 €. Ganzjährig tägl. geöffnet, im Winter Mi mittags geschlossen. Place de l'Eglise, ✆ 0565627446.

Vergnüglich: Mit der Fahrrad-Draisine unterwegs

Gardarem lou Larzac!

Retten wir das Larzac! Das war der Schlachtruf in den Siebzigern gegen die unsinnigen Pläne des Militärs, den seit Anfang des 20. Jahrhunderts bestehenden 3.500 Hektar großen Militärübungsplatz in der Causse du Larzac auf 17.000 Hektar zu vergrößern. Dadurch hätten 103 Landwirte auf der Causse ihre Existenz verloren. Das Militär hatte aber die Rechnung ohne die eingeschworene Gemeinschaft der Bauern und deren sprichwörtliche Sturköpfigkeit gemacht. Die betroffenen Bauern probten den Aufstand und schworen 1972, ihr Land nie und unter keinen Umständen zu verkaufen. Nach und nach solidarisierten sich Pazifisten, Abgeordnete, Pfarrer, Käse-Industrielle, Studenten, Hausfrauen und Rechtsanwälte ... Nur ein Jahr später, 1973, waren es schon über 100.000 Personen, darunter auch zahllose Umweltverbände und Privatpersonen aus dem Ausland. Die Causse du Larzac war in aller französischer und internationaler Munde. Der gemeinsame Kampf gegen die Pläne des Militärs nahm Ausmaße an, wie es Frankreich noch nicht erlebt hatte. Es wurde mit allen (friedlichen) Mitteln gekämpft, so gab es neben zahllosen Zeitungsartikeln, Wehrdienstverweigerungen etc. auch einen organisierten Marsch Larzac–Paris. Doch die genialste Idee, den militärischen Gegner zu zermürben, war der tausendfache, quadratmeterweise Verkauf eines von der potentiellen Enteignung betroffenen Geländes. Damit wäre im Falle einer tatsächlichen Enteignung das Militär vor einem unlösbaren juristischen und verwaltungsmäßigen Problem gestanden.
1981 hatte der französische Präsident Mitterand ein Einsehen und legte die Pläne ad acta.

La Couvertoirade

Aus der steinigen und kargen Causse erheben sich die beeindruckend hohen Festungsmauern des einstigen landwirtschaftlichen Gutes der Templer. Die mächtigen Mauern wurden allerdings erst vom Johanniterorden im 15. Jahrhundert errichtet.

Der Besucher betritt die Festung über das Nordtor, auch Nordturm genannt. Gleich daneben steht der im Renaissance-Stil gebaute Bürgerpalast *La Scipione*, zu dem auch der runde Treppenturm gehört. In dieser einstigen Nobelunterkunft ist heute das Touristenbüro untergebracht. Entlang der malerischen Gässchen reihen sich Natursteinhäuser aus dem 15. und 16. Jahrhundert. Besonders sehenswert ist die **rue Droite**, deren Häuser die typische Causse-Bauweise zeigen: Die Eingänge der Häuser liegen im ersten Stock und können über überdachte, an der Außenwand der Häuser hinaufführende, Treppen erreicht werden.

Sehenswert sind auch der quadratische „Südturm" *la Tour Sud*, der zur Zeit wieder aufgebaut wird, und der alte Backofen (frz. four) aus dem 14. Jahrhundert, der noch bis in die fünfziger Jahre in Betrieb war und nun langsam verfällt.

Von der Festungsmauer herunter hat man einen schönen Blick auf ein Meer aus grauen Stein- und roten Rundziegeldächern. Zur Templerburg (12. Jh.), zur Kirche Saint-Christophe (14. Jh.) und dem mit discoidalen Stelen bestückten Friedhof führt eine ausgetretene, in den Fels geschlagene Treppe. Außerhalb der Mauern im Süden liegt eine sogenannte *lavogne*, eine typische Schafstränke der Causse. Diese findet man überall dort auf der Causse, wo Dolinen mit Lehm bedeckt waren, so dass sich natürlicherweise das Regenwasser darin halten kann.

Information Zwei Info-Stellen, die nebeneinander beim Maison de Sciopione liegen: Point d'accueil, am Ortseingang, 12230 La Couvertoirade, ✆ 0565585559, www.lacouvertoirade.com. Office de Tourisme du Larzac Templier Causses et Vallées, ✆ 0565622364, www.ot-larzac-vallees.fr.

Veranstaltungen Les Estivales du Larzac, das Mittelalter wie es leibt und lebt, mit Spielen und Pferdevorführungen. Mehrere Tage im Juli/Aug. ✆ 0565591222 (Conservatoire Larzac Templier et Hospitalier), www.conservatoire-larzac.fr.

La Cavalerie

La Cavalerie war ebenfalls ein landwirtschaftliches Templergut, das sich auf die Pferdezucht spezialisiert hatte. Auch dieses Dorf wurde später von den Johannitern mit Verteidigungsmauern umgeben. Heute ist von der einstigen Templerburg nichts mehr zu sehen und die Verteidigungsmauern bestehen nur noch bruchstückhaft, da sie gegen Ende des 16. Jahrhunderts abgetragen wurden. Es gibt allerdings noch die traditionellen Häuser der Kalkhochflächen, und an die einstige Blütezeit der Siedlung erinnern einige stattliche Bürgerhäuser, die zum Teil im 17. Jahrhundert umgebaut wurden.

Information Office de Tourisme, rue du Pourtalou, 12230 La Cavalerie, ✆ 0565627873, www.lacavalerie.fr.

Essen Le Bonheur est dans le Sud, am Ortseingang, bodenständige Küche mit regionalen Produkten. Mittagsteller ab 11 €. In den Sommermonaten tägl. mittags und abends geöffnet, sonst tägl. mittags und Fr–So auch abends offen. ✆ 0565609463.

Mittelalterliche Architektur

Le Viala-du-Pas-de-Jaux

Noch ein landwirtschaftliches Gut, das als ehemaliger Templersitz zur Komturei in Sainte-Eulalie gehörte. Da der Weiler einen riesigen rechteckigen Getreidespeicher besaß, wurden hier im 15. Jahrhundert keine Wehrmauern gebaut, sondern der Speicher zu einer Art Wachtturm umfunktioniert, der dann im Falle eines Falles genügend Platz für Mensch und Tier bot. Von diesem 30 Meter hohen, mit Pechnasen versehenen Wehrturm hat man einen herrlichen Blick auf die Umgebung.
Point info et acceuil de la tour, ✆ 0565589189.

Saint-Jean-d'Alcas

Betritt man die winzige Befestigungsanlage über einen der zwei vorhandenen Zugänge (wobei einer davon nur aus einer kleinen „Hintertür" besteht), findet man sich plötzlich im romantischen Mittelalter wieder. Hier waren weder Templer noch Johanniter, bis zum 15. Jahrhundert gehörte der Ort ausschließlich den Zisterzienser-Äbtissinnen von *Nonenque*. Kirche und Dorf bekamen mit Beginn des Hundertjährigen Krieges ihren heute noch sichtbaren Wehrcharakter. Neben La Couvertoirade ist Saint-Jean-d'Alcas das am besten erhaltene Wehrdorf des Larzac.

Information La Grange aux Marnes, Syndicat d'Initiative, in einem ehemaligen Schafstall. Hier werden auch regionale Produkte und Kunsthandwerk verkauft. 12250 Saint-Jean-d'Alcas, ✆ 0565976107.

Essen Restaurant La Pourtanelle, innerhalb der Wehrmauern. Einfache und gute Gerichte aus der Region. Mittagsmenü 14,50 €, Gerichte à la carte sind ein bisschen zu teuer. Tägl. außer So abends und Mo geöffnet. ✆ 0565494487.

Roquefort-sur-Soulzon

In der Hauptstadt des Roqueforts, dem König aller Käsesorten im Rouergue, dreht sich alles um Käse. Der Ort zählt nur 680 Einwohner, beschäftigt aber dank seiner Käseherstellung rund 10.000 Menschen, angefangen bei den Schafhaltern auf den Causses mit ihren rund 800.000 Schafen, bis zu den Verkäufern des fertigen Käses. Der Roquefort aus dem kleinen Dorf wird inzwischen in 87 Länder dieser Erde exportiert.

Anfahrt über die A 75 (Clermont-Ferrand-Montpellier), dann Ausfahrt 46.

Information Office de Tourisme, avenue Lauras (am Ortseingang von Millau und Saint-Affrique kommend), ✆ 0565585600, www.roquefort.com.

Sehenswertes

Les caves de Roquefort: Aufgrund des Milchzyklus der Schafe sind die großen Käselaiber nur zwischen Januar und Juni in den Reifekellern zu sehen. In den Gemäuern ist es zwischen 8 und 12 °C kühl, deshalb an den Pullover denken!
Insgesamt vier Roquefortproduzenten bieten eine Besichtigung ihrer Keller an:

Société: Eintritt 3,50 € mit einstündiger Führung. Tägl. geöffnet, Juli/Aug. 9.30–18.00 bzw. 18.30 Uhr, sonst über Mittag geschlossen. Avenue François Galtier, ✆ 0565585438, www.visite-roquefort-societe.com.

Papillon: Eintritt und Führung frei. Tägl. Juli/Aug. 9.30–18.30 Uhr, sonst über Mittag ab 11.30–13.30 Uhr geschlossen. 8 bis, avenue de Lauras (D 23), ✆ 0565585008, www.roquefort-papillon.com.

Gabriel Coulet: Eintritt frei, ohne Führung. Besichtigung eines alten, wieder „hergerichteten" Reifekellers. April–Sept. 9.30–18 Uhr, Juli/Aug. bis 19 Uhr geöffnet, sonst tägl., aber über Mittag geschlossen. 5–7, avenue de Lauras (D 23), ✆ 0565592427, www.gabriel-coulet.fr.

Combes „Le Vieux Berger": Eintritt frei, kein Besuch im Reifekeller, sondern in den Werkstätten, in denen der Käse bearbeitet wird. Erläuterungen anhand eines Films und Beobachtung der einzelnen Schritte durch die Glasscheibe. Mo–Fr 8.30–12 und 13,30–18 Uhr, freitags nur bis 17 Uhr geöffnet. 5–7, avenue de Lauras (D 23), ✆ 0565592427, www.le-vieux-berger.com.

Ausflug in die Causse: Klassischer Spaziergang ab dem Parkplatz von Société (ausgeschildert) hinauf zum Felsen **Rocher Saint-Pierre**, der sich über Roquefort erhebt. Eine Orientierungstafel und schöne Aussichten erwarten den Besucher.

Millau

21.500 Einw.

Bevor die alte Nationalstraße gen Süden zur Autobahn A 75 mit dem grandiosen Viadukt mutierte, war Millau ein beschauliches südfranzösisches Städtchen am Zusammenfluss von Tarn und Dourbie, eingezwängt zwischen kargen weiten Hochflächen, welche auf der Landkarte einen weißen Fleck bildeten.

Sicher, den Roquefort gibt es schon eine ganze Weile, aber verhältnismäßig wenige Käsefreaks nahmen die umständliche Fahrt durch die „Pampa" in Kauf, um die Reifekeller des weltberühmten Käses in der kargen Landschaft zu besichtigen. Auch war Millau viele Jahre ein Geheimtipp unter Extrem- und Wassersportlern, Höhlenforschern und Ruhesuchenden, doch inzwischen verzeichnet die Stadt einen sehr starken touristischen Zulauf.

Heute ist alles anders. Millau ist im Sommer **das** sportliche Zentrum des Rouergue, an dessen erster Stelle das Fliegen steht. Neben Gleitschirm- und Deltafliegen, Klettern und Bungeespringen werden allerdings auch „bodenständigere" Sportarten wie Mountainbiking, Flusswandern und Kanufahren angeboten.

In früheren Zeiten war Millau schon für seine Handschuhproduktion bekannt, heute gilt die Stadt als Hauptstadt des Handschuhs, ihre *Haute Couture*-Handschuhe genießen Weltruf. Auf den Kalkplateaus gab und gibt es jede Menge Schafe, deren Jungtiere alljährlich geschlachtet werden, da nur die Milch der Muttertiere für den berühmten Roquefort-Käse von Interesse ist. Die „Abfallprodukte" sind kleine Lederstücke, gerade groß genug um Handschuhe daraus schneidern zu können. Das erste goldene Handschuhalter dauerte vom 19. Jahrhundert bis ca. 1930, der Zweite Weltkrieg und die sich ändernde Mode ließen die Produktion in den Keller fahren. Doch heute erinnert man sich wieder der alten Handwerkstraditionen: Handschuhe wie auch die modische Umhängetasche der Schafshirten, den *sac de berger*, kann man überall in der Stadt für teures Geld kaufen.

Information Office de Tourisme, organisieren u.a. die Besichtigung des Viadukts. 1, place du Beffroi, 12100 Millau, ✆ 0565 600242, www.ot-millau.fr.

Maison du Parc Régional des Grands Causses, besitzt alle relevanten Informationen bezüglich der Grands Causses. 71, boulevard de l'Ayrolle, ✆ 0565613550.

Verbindungen Zug: Millau liegt an der Strecke Paris–Béziers und ist auch mit Rodez verbunden. Place de la Gare. ✆ 3536.

Bus: Busbahnhof am Place de la Gare (beim Bahnhof). Tägl. Verbindungen nach Rodez, Montpellier, Toulouse, Saint-Affrique, Meyrueis, Saint-Jean-du-Bruel und Nant. ✆ 0565598933.

Autovermietung, Hertz Location Voiture Millau, 85, avenue Jean-Jaurès, ✆ 0565 609546, www.hertz.fr.

Adressen Post, mit Internetzugang, Mo-Fr 8–18.30 Uhr, Sa 9–12 Uhr. 10, avenue Alfred-Merle.

Tierarzt, Mallossane Jean-Pierre, 41, avenue Jean Jaurès, ✆ 0565610920.

Gendarmerie Nationale, 9, rue Pierre Bergie, ✆ 0565614 80.

Parken vor allem in der Hochsaison ist es schwierig in Altstadtnähe einen Parkplatz zu bekommen. Man muss die Straßen um das Zentrum und entlang des Tarn abfahren und schauen wo etwas frei wird.

Markt kleiner Markt mittwochs und großer Markt freitags, jeweils vormittags. Im Juli/Aug Mo abends regionaler Produzentenmarkt mit Verköstigungsmöglichkeit, Musik und Tanz.

Veranstaltungen Festival de jazz, Konzerte von bekannten und (noch) unbekannten Jazzmusikern, eine Woche im Juli, Jahresprogramm im Touristenbüro oder unter www.millauenjazz.net.

Mondial de pétanque, beim internationalen Wettkampf der besten Boule-Spieler ist die „Crème de la Crème" unter sich. Mitte Aug. im Parc de la Victoire.

Freizeit Roc et Canyon, Infos, Material-Verleih und Organisation eines breit gefächerten Sportangebots wie Rafting, Flusswandern, Mountain-Biking, Kanus und Kajaks, Höhlenklettern, Gummiseilspringen etc. 55, avenue Jean-Jaurès, ✆ 0565611777, www.roc-et-canyon.com.

Im Sommer gibt es auch eine Zweigstelle an der route de Nant, etwa 150 Meter hinter der Tarnbrücke in Richtung Gorges de la Dourbie.

Der Donjon von Millau

Antipodes, eine weitere Institution deren Profis mit fünfzehnjähriger Erfahrung diverse sportliche Unternehmungen anbieten, wie zum Beispiel Bungeespringen. 39, avenue Jean-Jaurès, ✆ 0565607203 oder ✆ 0565613883, www.antipodes-millau.com.

Übernachten ** Château de Creissels 9, liegt auf einer Felsnase im, von Millau ca. 2 km entfernten, Ort Creissels, gegenüber der Kirche. Alles sehr gediegen, großteils geräumige Zimmer, DZ 79–122 €. Sehr gutes Restaurant mit herrlicher Terrasse, die von Arkaden „überdacht" wird, schöner Blick auf Millau und das Viadukt. Route de Saint-Affrique, 12100 Creissels, ✆ 0565 601659, www.chateau-de-creissels.com.

》》 Mein Tipp: *** Domaine de Saint-Estève 2, das Hotel mit Schwimmbad besteht aus 19 kleinen chalets, mit jeweils einem geräumigen, klimatisierten Zimmer mit TV, Tel., WLAN, Bad und Terrasse. DZ 89–115 €. Familien haben die Möglichkeit gîtes für 4–6 Personen zu mieten. Restaurant ist von Ende März bis Anfang Nov. mittags und abends geöffnet. Route de Millau Plage, ℡ 0565691212, www.domaine-saint-esteve.fr. «

** Hôtel Emma Calvé ❶, im Zentrum, in einem Bürgerhaus aus dem 19. Jahrhundert untergebracht. Am besten, trotz der Doppelfenster, ein Zimmer zum Garten nehmen. Jedes Zimmer ist anders: *La chambre chapelle* war früher die private Kapelle dieses Bürgerhauses und hat die typischen bunten Kirchenfenster behalten. Alle Zimmer mit WLAN und TV. DZ 52–86 €. 28, avenue Jean-Jaurès, ℡ 0565601349, www.millau-hotel-emmacalve.com.

** Hôtel le Cévénol ❸, 300 Meter vom Zentrum entfernt, großer Gebäudekomplex mit 42 klimatisierten, modern eingerichteten Zimmern mit TV, WLAN. Schwimmbad und Cocktail-Bar. Ganzjährig geöffnet. Dazu gehört das Restaurant **Le Pot d'Etain** ❸, Mittagsmenü 12 €. Ganzjährig geöffnet. 115, rue du Rajol, ℡ 0565607444, www.cevenol-hotel.fr.

Camping In dem Gebiet zwischen Tarn und Dourbie gibt es zahlreiche Campingplätze, die im Sommer schnell belegt sind. Frühzeitige Reservierung ist unbedingt erforderlich.

**** Camping les Rivages, sehr gut beschatteter, ebener, lebhafter Platz unter uralten Bäumen, mit allem was zu vier Sternen gehört ausgestattet: Zwei Schwimmbäder, kleines Becken für Kinder, Spielplatz und Programmgestaltung. WLAN kostenlos. Vermietung von Mobil-Homes. Geöffnet von Mitte April bis Ende Sept. 860, avenue de l'Aigoual, ℡ 0565610107, www.campinglesrivages.com.

*** Camping Côté Sud, gut beschatteter Platz entlang der Dourbie, beheiztes Schwimmbad und Sauna. Haustiere mit Impfpass erlaubt. 12,50–20 €. Avenue de l'Aigoual, ℡ 0565611883, www.camping-cotesud.fr.

** Camping des Deux Rivières, etwa 500 Meter vom Stadtzentrum, gut beschatteter Platz, liegt sowohl zwischen Tarn und Dourbie am Wasser als auch an der Straße. Geräuschempfindliche sollten zusehen, dass sie einen ruhigeren Platz in der hinteren Ecke bekommen. April–Okt geöffnet. 61, avenue de l'Aigoual, ℡ 0565600027.

** Camping Larribal, liegt am Tarn, Schwimmbad, Bar und Spielplatz. Vermietung von Mobil-Homes, Zelt-Bungalows und Wohnwägen. Mai–Sept geöffnet. Avenue de Millau Plage, ℡ 0565590804, www.campinglarribal.com.

** Camping Saint-Martin, ca. vier Kilometer vom Zentrum entfernt in Creissels. Haustiere erlaubt. Vermietung von Mobil-Homes. Geöffnet Ostern bis Ende Sept., ℡ 0565603183 (Saison), ℡ 0607095700 (Mobil, Nebensaison), www.campingsaintmartin.fr.

Essen In der Altstadt und speziell in der *rue de la Capelle* gibt es zahlreiche günstige Restaurants und Kneipen, die mittags von den Einheimischen gut besucht sind.

Le Square ❼, schickes Restaurant mit regionalen Gerichten, Tellergericht ab 11 €, Mittagsmenü 13 €. Tägl. außer Di abends und Mi geöffnet. 10, rue Saint-Martin, ℡ 0565612600.

La Terrasse ❽, regionale Gerichte, Mittagsmenü 16 €. Tägl. außer So abends und Mo geöffnet. 15, rue Saint-Martin, ℡ 0565607489.

Au Jeu de Paume ❻, im Innenhof oder im Gewölbesaal werden einfache Gerichte u. a. vom Holzofengrill und der Plancha serviert. Weinbar und Restaurant in einem, ist die Adresse für Nachteulen tägl. ab 19 Uhr bis Mitternacht geöffnet, in der Nebensaison So geschlossen. 4, rue Saint-Antoine, ℡ 0565602512.

Le Jardin bleu ❺, liegt in der Altstadt, im Sommer stehen ein paar Tische vor der Haustüre in der Fußgängerzone. Traditionelle französische Küche, aber auch regionale Speisen. Mittagsteller ab 10 €. Tägl. außer So mittags geöffnet. 7, rue Peyrollerie, ℡ 0565616239.

»» Mein Tipp: Les Copains d'abord ❹, kleine Pizzeria in der Altstadt. Knusprige Pizzen in zwei verschiedenen Größen und leckere Nudelgerichte. Mittagstisch ab 6 €. 36, rue de la Capelle, ℡ 0565603358. «

Sehenswertes

Le Viaduc: Es werden diverse Führungen sowohl zu Land als auch zu Wasser angeboten. Alle Infos unter www.leviaducdemillau.com.

Millau

Boot: Eine sehr beeindruckende Variante, das Viadukt zu besichtigen, ist die zu Wasser: Im flachen Kahn geht es in den Stromschnellen des Tarn durch eine noch weitgehende unberührte Flusslandschaft, bis einen unvermittelt das 21. Jahrhundert in Form des riesigen Viadukts einholt. Man „paddelt " direkt darunter hindurch. Die Bootsfahrt geht von *Creissels* bis zum mittelalterlichen Felsendorf *Peyre*.

Erw. 22 €, Kinder 12,50 €. Von April bis Ende Okt., Juli/Aug. 9–18.30 Uhr (17.30 Uhr restliche Monate) geöffnet. Les Bateliers du Viaduc, place du 19 mars, 12100 Creissels, ☎ 0565601791, www.bateliersduviaduc.com. Von Millau kommend Richtung Albi/Saint-Affrique.

Das Viadukt in Zahlen

Norman Foster heißt der Architekt der höchsten Schrägseilbrücke der Welt: An der höchsten Stelle 343 Meter hoch (höher als der Eiffelturm), ruht die 2.460 Meter lange Brücke auf nur sieben Pfeilern. Für ihren Bau wurden 206.000 Tonnen Beton verarbeitet, allein ihr Sockel wiegt 36.000 Tonnen. Nach nur 36 Monaten Bauzeit wurde die Brücke im Dezember 2004 in Betrieb genommen. Das Brückenkonzept widersteht angeblich Windgeschwindigkeiten von über 250 km/h und hat eine Garantiezeit von 120 Jahren.

Die A 75 führt über diese weltberühmte Brücke

Bus „cabriolet": Die Besichtigung im „oben-ohne-Bus" führt über die ehemaligen Baustellenpisten.
10 €/Person, Dauer 90 Minuten.

Jardin des Explorateurs: Ein Mitarbeiter der Baufirma führt durch die 6.000 Quadratmeter große Brückenausstellung. Man bekommt auch die Gelegenheit, das „Innenleben" des in Naturgröße nachgebauten Betonpfeilers P2 (das ist der höchste) zu bestaunen.
Einstündige Führung 6 €, jeweils um 11, 14, 16 und 17 Uhr (17 Uhr nur in der Saison von März bis Okt.). Ausgangspunkt: Les Cazalous (s. u.). Reservierung unter ☎ 0565588065 oder contact@ot-millau.fr.

Aussichtsplattform: Einen sehr guten Blick auf das Bauwerk hat man vom wenige Kilometer von Millau entfernten nördlichen belvédère „Aire du Viaduc" auf der A 75 (der Aussichtspunkt ist für Jedermann, **ohne** auf die Autobahn fahren zu müssen, erreichbar): Erst fährt man Richtung A 75, dann folgt man der Beschilderung *Aire du Viaduc* (ab Millau ausgeschildert).

Viaduc Espace Info: Das Infozentrum in *Les Cazalous* (Richtung Albi) am Fuße eines Brückenpfeilers ist Ausgangspunkt für die Führung durch *le Jardin des explorateurs* (s. o.).
In der Saison tägl. 10–19 Uhr, sonst 10–17.30 Uhr geöffnet.

Altstadt: Urige Häuser und verschwiegene, geheimnisvolle Gassen zieren die Altstadt von Millau. Sehenswert sind die alten Häuser in der *rue Peyrollerie* sowie das mysteriös wirkende Einbahnsträßchen *impasse du Concierge*. Die *rue des Cuirs* führt in das alte Handwerkerviertel der Stadt mit dunklen Durchgängen, uralten Haustüren und Innenhöfen mit Wendeltreppen.

Im Viertel *quartier de la Porte Saint-Antoine* sind die *rue Étroite* (übersetzt enge Straße), *l'impasse Foch* und noch weitere Gässchen unter Arkaden sehr malerisch. Nicht vergessen sollte man bei seinem Rundgang das riesige alte Waschhaus (*vieux lavoir*) am boulevard de l'Ayrolle. Es liegt auf der rechten Straßenseite, wenn man die Straße Richtung Tarn hinunter geht. Sehr fotogen und auf vielen Postkarten abgedruckt, ist die alte Mühle aus dem 15. Jahrhundert am *pont Lerouge*. Von der einstigen Brücke aus dem 12. Jahrhundert sind allerdings nur noch Mauerreste übrig. Durch die Altstadt führen ausgeschilderte Rundgänge, deren Beschreibungen im Touristenbüro ausliegen.

Beffroi: Gegenüber vom Touristenbüro steht der 50 Meter hohe Wehrturm aus dem 12. Jahrhundert, der während der Französischen Revolution als Gefängnis diente. Er bietet eine gute Gelegenheit für einen Blick über die Dächer der Stadt und auf das Viadukt.
Eintritt 3 €. Tägl. Juni–Sept. 10–12 und 14–18 Uhr geöffnet.

Musée de Millau-Archéologie et Peau et Gant: Zwei Museen in einem. Im archäologischen Museum wird neben einer Ausstellung über das Leben der Rutener die berühmte dunkelrote Keramik von Graufesenque gezeigt. Man sollte aber zum Verständnis unbedingt auch die archäologische Ausgrabungsstätte von Graufesengue (s. u.) besuchen. Außerdem gibt es noch einen Dino zu sehen. Frankreichs einziges, sehr beeindruckendes Skelett einer Plattenechse (Elasmosaurus) ist vier Meter lang und hat sich zu seinen Lebzeiten in der späten Kreidezeit von Fischen ernährt.
Das Leder und Handschuh-Museum zeigt die Geschichte der Lederverarbeitung und Handschuh-Herstellung in Millau. In der nachgebauten Werkstatt besichtigt man, außer den alten Maschinen, auch die schönsten heimischen Lederprodukte.
Eintritt 5 €. Mai/Juni und Sept. tägl. 10–12 und 14–18 Uhr, Juli/Aug. tägl. durchgehend bis 18 Uhr, sonst tägl. außer Sonn- und Feiertage vormittags und nachmittags geöffnet. Place Maréchal-Foch, ✆ 0565590108.

In der Umgebung von Millau

Site archéologique de la Graufesenque: Die Ausgrabungsstätte war Ende des ersten Jahrhunderts ein bedeutendes Zentrum für die Herstellung römischer Keramik. Das dunkelrote Tafelgeschirr, die sogenannten *Terra Sigillata*, wurde in alle Welt exportiert. Weit über 400 Keramikhersteller waren allein in dieser Ortschaft beschäftigt, deren Grundmauern nun ausgegraben wurden.
Der wasserzuführende Kanal, die riesigen Gemeinschaftsbrennöfen, in denen bis zu 30.000 Stücke gleichzeitig gebrannt werden konnten, die Tonbehälter und die Werkstätten – fast alles konnte wieder rekonstruiert werden.
Eintritt 4,10 €, 45-minütige Führung. Ganzjährig geöffnet außer Mo und Feiertage, Juli/Aug. 10–12.30 und 14.30–19 Uhr; sonst 10–12 und 14–17 Uhr. ✆ 0565601137.

Peyre: Die winzige Ortschaft mit ihren verfallenen Verteidigungsmauern klebt an einer imposanten Felswand über dem Tarn und bietet einen der besten Ausblicke auf das Viadukt von Millau. Steile Treppen führen zwischen den alten und windschiefen Häusern steil bergauf. Nicht nur manche Häuser, auch die Kirche ist in den Felsen gebaut, kurz: Dem Besucher bietet sich ein selten schöner, malerischer Anblick.

Beim Fotografieren sollten Sie sich allerdings entscheiden: Entweder Viadukt oder Dorf. Beide Motive in „einem Aufwasch" digital korrekt festzuhalten, funktioniert nicht besonders gut. Für das „eines-der-schönsten-Dörfer-Frankreichs"-Bild benötigt man die Morgensonne, sonst sind Häuser und Felsen nicht mehr voneinander zu unterscheiden. Hat man aber zusätzlich ein Faible für die berühmte Brückenkonstruktion, die sich hier genau gegenüber von Peyre über den Tarn spannt, sollte man für das perfekte Foto auf die Nachmittagssonne warten.

Anfahrt: Etwa fünf Kilometer westlich von Millau über die route de la Vallée du Tarn (D 41).

Gorges du Tarn et de la Jonte

Der **Tarn** entspringt am Mont de Lozère auf 1.575 Metern Höhe im Departement Lozère und schlängelt sich etwa fünfzig Kilometer durch teilweise 300-500 Meter tiefe spektakuläre Schluchten zwischen der *Causse de Sauveterre* und der *Causse Méjan*. Er erreicht das Departement Aveyron auf der Höhe des Doppelortes von Rozier und Peyreleau.

Einen grandiosen Blick auf die Schlucht und die Causses hat man von dem bekannten Aussichtsplatz *Point Sublime*. In **Rozier** trifft der Tarn dann auf das Flüsschen **Jonte**, das ebenfalls am Mont Lozère entspringt und sich seinen Weg durch eine, nicht minder spektakuläre, Schlucht zwischen der *Causse Méjan* und der *Causse Noir* bahnt. Besonders schön wirken die *Gorges de la Jonte* gegen Abend, wenn die untergehende Sonne in der Schlucht auf die steilen Kalkwände der *Causse Noir* scheint und sie erglühen lässt.

Über den Gorges de la Jonte

> **„Rotes Gold" in der Tarn-Schlucht**
> Östlich von Millau ist die Tarn-Schlucht ein grünes, besonntes Tal, das sich am Fuße der Causse Noir entlang schlängelt. Seit über zweihundert Jahren wachsen in dem Talabschnitt zwischen Millau und Peyreleau Kirschbäume, um deren Wachstum und Absatz sich heute über 350 Produzenten kümmern. Burlat, Reverchon und Hedelfinger heißen die Sorten, die hier angebaut werden. Die Plantagen zwischen Fluss und Steilwand sind klein und seit jeher werden die Kirschen von Hand geerntet, sie sind für ihre Besitzer „rotes Gold".

Paulhe

Der Streckenabschnitt zwischen Millau und Rozier/Peyreleau (D 907) bietet ein paar nette alte Dörfer. Als erste Ortschaft gleich hinter Millau grüßt das malerische Paulhe von seiner erhöhten Lage hinunter in das Tal.

Im **Maison de la Cerise** erfährt man alles über den Kirschenanbau im Tal.
Eintritt frei. Mai bis Mitte Sept., tägl. außer Mo vormittags 10–12.30 und 14.30–18.30 Uhr, im Mai nur nachmittags geöffnet. ✆ 0565590098, www.maison-de-la-cerise.asso.fr.

Compeyre

Auch das nächste mittelalterliche Dorf, das sich in Etagen das Tarnufer hinaufzieht, ist einen Besuch wert. Bekannt wurde der Ort, weil die Bewohner den Wein aus dem Tal in den Höhlen der Steilwände zwischenlagerten.

Das **Maison de la Vigne** bietet im Juli und August Führungen durch das Dorf und die Weinkeller an. Einmal die Woche (nach Anmeldung und nur im Juli/Aug.) findet in dem fünf Kilometer entfernten Rivière-sur-Tarn eine geführte Weintour mit Weinprobe statt, bei der die Tarn-Winzer und ihre Rebberge besucht werden.
✆ 0565598411.

Übernachten Ferme-Auberge de Quiers, insgesamt fünf Zimmer, darunter auch Mehrbettzimmer. Freundliche, mit Naturholzmöbeln ausgestattete Räume. DZ 59 €. April–Okt. geöffnet. Das Restaurant bietet leckere Lamm-und Geflügelgerichte ab 23 €. Juli/Aug. tägl. abends außer Mo geöffnet, sonst So und Mo jeweils abends geschlossen. 12520 Compeyre, ✆ 0565598510, www.quiers.net.

Château de Peyrelade

Von der Straße aus gesehen, kann man kaum glauben, dass die Ruine, die auf dem hoch aufragenden Felsen steht, einst zur größten Festung des Rouergue gehörte. Erst wenn man oben steht, erkennt man das ganze Ausmaß der einstigen Anlage aus dem 11. bis 13. Jahrhundert, die teilweise wieder aufgebaut wurde. Aus ihrer Mitte ragt ein fünfzig Meter hoher Felsen, der im Mittelalter als natürlicher Wach- und Beobachtungsturm genutzt wurde. Der Blick von hier oben über die Tarnschlucht ist – wie kann es anders sein – grandios.
Eintritt 3.50 €, Juni–Sept. geöffnet, Mitte Juli bis Ende Aug. tägl. 10–18 Uhr, in der Nebensaison über Mittag geschlossen und Sa 10–12 Uhr geöffnet. 12640 Boyne, ✆ 0565597428.

Le Rozier und Peyreleau

Le Rozier/Peyreleau liegt am Zusammenfluss von Tarn und Jonte. Hier beginnen flussaufwärts die spektakulären Schluchten des Tarn (entlang der D 907) und der Jonte (entlang der D 996). Die beiden zusammengewachsenen Ortschaften sind ein idealer Ausgangspunkt für verschiedene sportliche Aktivitäten wie Klettern, Wassersport, Mountainbike- und Wandertouren.

Information Office de Tourisme, 48150 Le Rozier, ℡ 0565626089, www.officedetourisme-gorgesdutarn.com.

Freizeit Rafting, Kanu- und Kajaktouren, der Tarn ist eine Eldorado für Wassersportler. Rafting zwischen den Ortschaften Les Vignes und Le Rozier 22 € pro Person, das eigene Auto steht am Endpunkt. Marcel Panafieu, Saint Pal, Route de Millau (D 907), 12720 Mostuéjouls, ℡ 0565626313, www.canoekayakgorgesdutarn.com.

Übernachten *** Grand Hôtel de la Muse et du Rozier, topmodern eingerichtete Zimmer, richtig Zen! Wunderschöne Terrasse mit Blick auf den Tarn, beheiztes Schwimmbad. DZ 85–155 €. April–Okt. geöffnet. Im Weiler Peyreleau, 48150 Le Rozier, ℡ 0565626001, www.hotel-delamuse.fr.

** Hôtel Doussière, steht genau auf der Departementsgrenze: Das Hauptgebäude liegt an der Hauptstraße von Le Rozier (Lozère), das Nebengebäude gegenüber am anderen Jonte-Ufer in Peyreleau (Aveyron). Farbenfrohe Zimmer mit Tel., TV und WLAN, Garten, Haustiere gestattet. DZ 48–61 €, Von April bis Mitte Nov. geöffnet. Le Bourg (Ortsmitte), 48150 Le Rozier-Peyreleau, ℡ 0565626025, www.hotel-doussiere.com.

** Grand Hôtel des Voyageurs, im Zentrum von Le Rozier. Alle Zimmer mit Tel., manche auch mit TV und schönem Blick auf den Tarn. DZ 45–52 €. Von April bis Ende Okt. geöffnet. Route des Gorges du Tarn, 48150 Le Rozier, ℡ 0565606209, www.grandhoteldesvoyageurs.fr

Camping *** Les Prades, entlang des Tarn, sehr gepflegter Platz, Schwimmbad und Spielplatz. Mai bis Mitte Sept. geöffnet. Route de La Cresse (D 187), 12720 Peyreleau. ℡ 0565626209, www.campinglesprades.com.

*** Municipal de Brouillet, schattiger schöner Platz am Ufer der Jonte mit Pool. Hunde nur mit Impfpass und gültiger Tollwutimpfung gestattet. April–Sept.geöffnet. Chemin de Brouillet, 48150 Le Rozier, ℡ 0565626398, www.camping-lerozier.com.

** Les Peupliers, mit 35 Stellplätzen ein kleiner Campingplatz, der abseits vom Durchgangsverkehr idyllisch an den Ufern der Jonte liegt. Mit Spielplatz, Grillplatz und gratis Internetzugang. Die Zufahrt liegt etwas versteckt zwischen zwei anderen Campingplätzen. Mitte Mai bis Mitte Okt. geöffnet. 48150 Le Rozier, ℡ 0565626085 oder ℡ 0565 626418, www.camping-lespeupliers.com.

Essen Auberge Le Terroir, gute regionale Küche, liegt etwas abseits von den sommerlichen Touristenströmen. Menü 12,50–36 €. Ganzjährig geöffnet. La Grave, 12720 Mostuéjouls, ℡ 0565722256.

In der Umgebung von Le Rozier und Peyreleau

Belvédère des Vautours: Film und Ausstellung über die diversen Raubvögel der Gegend. Auf einer Aussichtsplattform über der Jonte sind Fernrohre installiert, mit denen man die Futterplätze und die über der Schlucht kreisenden Raubvögel beobachten kann.

Tipp: Man sollte seinen Besuch auf den späten Vormittag oder frühen Nachmittag legen, morgens kreisen wegen der fehlenden Thermik keine Vögel, weder über der Causse noch über der Schlucht. Mit Glück sieht man Gänsegeier, Königsadler, Schlangenadler und verschiedene Falken.

Eintritt 6,50 €. Mitte März bis Mitte Nov. 10–18 Uhr geöffnet, letzter Einlass eine Stunde vor Schließung. 48150 Le Truel, ℡ 0565626969, www.vautours-lozere.com.

Aven Armand

Das berühmte Karstloch oberhalb der Gorges de la Jonte liegt in der einsamen *Causse Méjean,* unweit von Meyrueis, im Departement Lozère. Auf diesem 33.000 Hektar großen Gebiet leben nur knapp 500 Menschen und die karge Gegend ist von *Aven* und *Grottes* durchlöchert wie ein Schweizer Käse.

Die Aven Armand wurde 1897 von einem Schmied namens Armand aus Le Rozier entdeckt. Der Hauptsaal dieser sagenhaften Höhle besitzt die Ausmaße der Kathedrale Notre-Dame de Paris. Den Besucher erwartet ein „Wald" aus über 400 Stalagmiten, welche, durch die große Höhe des Saals (45 m) bedingt, eine tellerförmige Form annehmen. Hier steht auch der bisher größte Stalagmit, ein sogenannter *Tellerstapelstalagmit* von über 30 Metern Höhe. Alljährlich besuchen rund 200.000 Menschen das 100 Meter tief unter der Erde liegende Karstloch.

Hinweis: Eine Zahnradbahn bringt alle Viertelstunde 50 Personen durch einen künstlichen, 208 Meter langen, Tunnel in die Haupthalle. Aufgrund des enormen Besucheransturms muss man sich vor allem im Juli und August auf längere Wartezeiten einstellen. In der Tiefe beträgt die Temperatur rund 10 °C, man sollte daher die Jacke nicht vergessen.

Eintritt: 9,10 €, zusammen mit der Besichtigung von Montpellier-le-Vieux 12,80 €. Ende März bis Mitte Nov. tägl. 10–18 Uhr, sonst von Mitte Juli bis Ende Aug. über Mittag geschlossen. www.aven-armand.com.

Hyelzas

Nur wenige Kilometer von Aven Armand entfernt, steht in den Causses ein typischer Bauernhof aus dem späten 18. Jahrhundert, der liebevoll als Museumsbauernhof hergerichtet wurde. Bis Mitte des 20. Jahrhunderts war er noch voll in Betrieb. Um das bäuerliche Leben auf dem kargen Kalkplateau für die Besucher wieder aufleben zu lassen, wurde von den umliegenden Höfen so manches Inventar zusammengetragen. Das Leben in den Causses war, und ist auch heute, – trotz aller technischen Errungenschaften – immer noch kein Zuckerschlecken.

Eintritt 5,80 €. April–Juni und Sept. tägl. 12.30–18 Uhr, Juli/Aug. tägl. 11-19.30 Uhr. Hyelzas, 48150 Hures-La Parade, ✆ 0466456525, http://ferme.caussenarde.free.fr/decouverte_hyelzas.htm.

Canyon de la Dourbie

Eingezwängt zwischen der *Causse Noir* und der *Causse de Larzac* sucht sich die Dourbie durch ein wunderschönes Tal den Weg nach Millau, wo sie schließlich in den Tarn fließt. Allein auf den rund 20 Kilometern zwischen La Roque-Sainte-Marguerite und Saint-Jean-du-Bruel stehen sieben romanische Kirchen. Sie wurden alle zwischen 1050 und 1200 erbaut und sind nicht nur ein Meisterwerk der damaligen Steinmetzarbeit, sondern auch ein Zeugnis der Christianisierung dieser ländlichen Gegenden. Die meisten von ihnen entstanden im Zusammenhang mit der Ausbreitung des in Nant ansässigen Benediktinerordens. Andere waren ursprünglich eine Burgkapelle, bevor sie zur Gemeindekirche umfunktioniert wurden. Die Causses rechts und links entlang der Jonte sind gespickt mit diesen interessanten Kapellen und auch Burgen – leider stehen von den meisten nur noch Ruinen.

La Roque-Sainte-Marguerite

Unweit der Felsformation Chaos-de-Montpellier-le-Vieux, am Zusammenfluss von Dourbie und Riou-Sec, zieht sich das malerische 170-köpfige Dorf in Etagen den

Hang hinauf. Ganz oben, an der Stelle einer ehemaligen Festung, von der es noch einen mit Pechnasen versehenen Turm gibt, steht eine Burg aus dem 17. Jahrhundert. Die romanische Kirche des Ortes war ursprünglich eine Burgkapelle.

Saint-Véran

Vor allem durch seine spektakuläre Lage hoch über dem Tal der Dourbie zieht das Dorf Saint-Veran mit seinen Burgruinen viele Touristen an. Es gibt noch Reste der Verteidigungsmauern und einen runden Turm aus längst vergangenen Zeiten zu sehen. Der Platz oben auf dem Gipfel ist so klein, dass für die Kirche kein Platz mehr war und so wurde sie eine Etage tiefer an den Hang gebaut. Von der D 41 im Tal hat man einen schönen Blick auf Dorf und Kirche.

Cantobre

Wie ein Adlernest klebt die winzige Ortschaft auf der überhängenden Felswand hoch über dem Zusammenfluss von Dourbie und Trévezel. Die einstige Festung wurde 1677 von Richelieu dem Erdboden gleichgemacht, nur ein paar Ruinen stehen noch. Das malerische Dorf betritt man über ein befestigtes Stadttor, die steilen, engen Gässchen folgen der Topographie des Felsens und manche Häuser besitzen noch die typische Architektur der Causse: Eine gewölbeähnlich überdachte Außentreppe führt in den ersten Stock. Die einschiffige *Kirche Sainte-Etienne* aus dem 12. bzw. 17. Jahrhundert besitzt ein schönes Tonnengewölbe, nur der Chor stammt noch aus dem 12. Jahrhundert.

Cantobre: kaum von den Felsen zu unterscheiden

Les Cuns

Das urig wirkende, in Trockensteinbauweise erbaute Kirchlein ist vielleicht das Schönste im Dourbie-Tal. Die *église Notre-Dame* aus dem 12. und 13. Jahrhundert wurde im 15. Jahrhundert vergrößert. Mit polygonalem Chor, gotischem Kirchenschiff, befestigtem Eingang sowie figürlichen Kapitellen wirkt sie sehr einfach und authentisch.

Urige Markthalle von Nant

Nant

Der nette 900-Seelen-Ort keltischen Ursprungs wird von einem 800 m hohen Felsen, dem *Roc Nantais*, überragt und ist nicht nur das Tor zum Tal der Dourbie, sondern auch ein idealer Ausgangspunkt für Unternehmungen in die *Causse Noir* oder die *Causse du Larzac*.

Im 10. Jahrhundert ließen sich die Benediktiner in der grünen Ebene nieder und verwandelten diesen Talabschnitt nach und nach in einen „Garten des Rouergue". Die Mönche legten das sumpfige Gelände trocken, pflanzten Obstplantagen und Reben und legten ein Bewässerungssystem für ihre Felder an. Damals zählte Nant über 3.000 Einwohner und jede Woche fand in der malerischen steinernen Markthalle ein Markt statt.

Die ehemalige romanische Klosterkirche *église Saint-Pierre* (12. Jh.) gleicht von außen eher einer Wehrkirche mit Wachturm, doch der Innenraum zeigt eine sehr harmonische romanische Architektur. Über einhundert unterschiedlich verzierte Kapitele aus weißem Sandstein und ein wunderschön geschnitztes Chorgestühl warten darauf, bewundert zu werden.

Information Office de Tourisme, im Zentrum, in der *chapelle des Pénitents*. Infomaterial sowohl über die romanischen Kirchen als auch über Wandermöglichkeiten in der Gegend. 12230 Nant, ✆ 0565622421, www.ot-nant.fr.

Übernachten ** Hôtel-Restaurant Le Durzon, am Ortseingang vom Dourbie-Tal kommend, sehr ruhige Lage in einem Park und am Bächlein. Alle Zimmer sehr einfach möbliert und frisch renoviert, TV, Tel. und WLAN. DZ 44–55 €. ✆ 0565622553, www.durzon.fr.

Camping *** Les Deux Vallées, etwa 700 Meter außerhalb von Nant, ebener Rasenplatz z.T. beschattet, Schwimmbad, Spiel- und Grillplatz, WLAN-Zugang, TV-Raum, Haustiere gegen Aufpreis gestattet. April–Okt. geöffnet. Route de l'Estrade-Basse, ✆ 0565622689, www.lesdeuxvallees.com.

* Camping Les Vernèdes, etwa 400 Meter außerhalb vom Ort mit 45 Stellplätzen unter Obstbäumen, Gemeindeschwimmbad ist nicht weit entfernt. März–Okt. geöffnet. Route du Durzon, ✆ 0565621519, christophe.malzac@orange.fr.

Essen Le Petit Nantais, direkt am Marktplatz mit gemütlicher Terrasse, traditionelle, bezahlbare Gerichte. Mittagsmenü 13 €. Von Mitte Juli bis Mitte Aug. tägl. geöffnet, sonst tägl. außer Mi. 15, place du Claux, ✆ 0565622511.

Der kopflose Ludwig XVI.

In der Eingangshalle des Rathauses von Nant steht eine Statue von Ludwig XVI. – ohne Kopf. Diese Statue musste in ihrem nun 200-jährigen Leben, und solange sie auf dem Marktplatz ihren festen Platz hatte, den Todesvorgang ihres einst lebenden Abbildes gleich dreimal nacherleben. Den ersten Tod starb sie 1811, gleich nach ihrer Einweihung, das zweite Mal zwanzig Jahre später und das dritte Mal 1989, genau zweihundert Jahre nach der Französischen Revolution. Jedesmal verschwand der abgehauene Kopf auf Nimmerwiedersehen. Über die Gründe rätselt man heute noch. Vielleicht eine Anspielung auf den Tod des Originals 1793 unter der Guillotine? Um einer etwaigen vierten Enthauptung zu entgehen, thront Ludwig XVI. nun im Rathaus – ohne Kopf.

Causse Noir

Der Name „schwarzes Kalkplateau" ist schon ein kleiner Hinweis: Soweit das Auge reicht, bestimmen dunkle, graugrüne Kiefern das Landschaftsbild und ihr betörender typischer Duft legt sich im Sommer wie ein Schleier über die 800 bis 1.000 m hohe Causse. Erst beim Wandern entdeckt man zwischen den Wäldern dürre Weideflächen, vereinzelte Getreidefelder und im Frühsommer zahlreiche Orchideen. Versteckt, von Brombeeren und Ginster überwuchert, findet man zusammengefallene Steinhäuser, in Trockenmauerbauweise aufgesetzte Zisternen und eingebrochene Dolinen, in die man – wenn man nicht aufpasst – jederzeit stürzen kann. Die Kiefern werden stellenweise von Felsformationen überragt, welche durch Erosion freigelegt worden waren. Die Kalkfelsen erinnern an Tiere, Charakterköpfe oder gar an ganze Ruinenstädte. Die kleinen Dörfer, die in diesem nur 200 Quadratkilometer großen Gebiet liegen, lassen sich an einer Hand abzählen. Die *Causse Noir* ist mit die kleinste unter den Causses des Zentralmassivs und ihr Gebiet teilen sich gleich drei Departements: Aveyron, Lozère und Gard.

Sehenswertes

Chaos de Montpellier-le-Vieux: Seit 2011 gehört dieses grandiose Felsenmeer inmitten der Kiefernwälder, nur 15 Kilometer östlich von Millau, zum UNESCO Weltkulturerbe. Laut Werbung ist es mit seinen 120 Hektar das größte Felsenmeer dieser Art in Europa. Die beeindruckendsten steinernen Gebilde haben alle einen Namen, so heißt z. B. ein Steinbogen „Tor von Mykene".
Man kann das Felsenmeer auf fünf ausgeschilderten Strecken von unterschiedlicher Dauer (ein bis drei Stunden) durchwandern, es besteht aber auch für „Fußkranke" die Möglichkeit, in ein Zügle zu steigen und sich fahren zu lassen.
Eintritt 5,70 € (ohne Zügle). Von Anfang März bis Mitte Nov. 9.30–17.30 Uhr, im Juli/Aug. durchgehend 9–18.30 Uhr geöffnet. ✆ 0565606630, www.montpellierlevieux.com.

Auberge du Maubert, dieses Restaurant gehört zwar geographisch zu dem Ort Peyreleau im Tarn-Tal, doch der Weiler Maubert liegt nur etwa einen Kilometer vom Chaos de Montpellier entfernt und bietet sich als Rast an. Wenn sich im Sommer

Durch Erosion entstanden: bizarre Felsformationen im Chaos de Montpellier-le-Vieux

die Gäste die Klinke in die Hand geben, kann das Essen auch mal weniger gut sein! Regionale und einfache Speisen, 9,50–17,50 €.

Von Ostern bis Allerheiligen geöffnet. 12720 Peyreleau, Le Maubert, ℡ 0565612528.

Roques-Altes

Auch diese Felsformationen oberhalb der Dourbie-Schlucht, etwa drei Kilometer südlich von Saint-André-de-Vézines, sind grandios, vor allem die vier über 40 Meter hohen Felsentürme, von denen einer *Arc de Triomphe* heißt.

Zufahrt: Über eine kleine geteerte Straße, die dann als unbefestigter Weg weiterführt bis zum Weiler **Rajol**, hier stehen die wirklich spektakulären Felsengebilde.

Grotte de Dargilan

Dank der gigantischen Ausmaße des unterirdischen Saals *Grande Salle du Chaos* mit 140 Metern Länge, 50 Metern Breite und 25 Metern Höhe, gehört sie mit zu den größten Tropfsteinhöhlen Frankreichs. Wegen des leicht rosa Farbtons ihrer Stalagmiten und Stalagtiten wird sie auch „*grotte rose*" genannt. Auf dem über einen Kilometer langen Rundgang gibt es außerdem auch einen kristallklaren unterirdischen See zu bewundern.

Eintritt 8,50 €, April–Juni und Sept. 10–17.30 Uhr, Juli/Aug. 10–18.30 Uhr, Okt. 14–16.30 Uhr während der Schulferien und 10–16.30 Uhr außerhalb der Ferienzeit. 48150 Meyrueis (Departement Lozère), ℡ 0466456020, http://grotte-dargilan.com.

Entlang der Raspes du Tarn

Unweit von Millau, zwischen Saint-Rome-de-Tarn und Brousse-le-Château, sind der Flusslauf und die Umgebung des Tarn besonders naturnah geblieben. Steile, abschüssige Berghänge (frz. raspes) wechseln sich ab mit Rebterrassen, Felsformationen, Wasserfällen, mittelalterlichen Dörfern und zahlreichen Burgen, welche diesen, etwa 40 Kilometer langen, besonders schönen Flussabschnitt säumen.

Weitere Infos unter www.raspes-du-tarn.fr.

Anfahrt: Von Millau geht in Richtung Comprégnac (D 41). Das kleine Sträßchen führt unter dem höchsten Pfeiler des Viadukts hindurch. Weiter geht es auf der D 96 Richtung Saint-Rome-de-Tarn. Die Straße mündet kurz vor dem Ort unten am Fluss (Plage du Mas de la Nauc) in die D 73 und führt nun entlang der Raspes du Tarn.

Saint-Rome-de-Tarn

Diese kleine Ortschaft auf der linken Uferseite über dem Tarn lebte einst vom Weinanbau und seinen Märkten. Heute bildet sie das Tor zu den *Raspes*. Nur fünf Gehminuten entfernt, schießt oberhalb der D 73 der sehr fotogene Wasserfall *Cascade des Beaumes* über mehrere Stufen in das türkisfarbene Wasser des Tarn.

Saint-Victor-et-Melvieu

Der mittelalterliche Ortsteil Saint-Victor besteht im Gegensatz zu Melvieu, das aus rotem Sandstein erbaut wurde, aus hellem Sandstein. Er besitzt eine wunderschöne Kirche, deren Wände und Decke von dem aus Estland stammenden Maler *Nicolaï Greschny* mit byzantinischen Fresken dekoriert wurden. Nicht nur die Terrasse des zinnenbewehrten Wachturms bietet herrliche Ausblicke.

Tipp: Einen der schönsten Blicke auf den Tarn hat man von der Kirche Notre-Dame-du-Désert im Ortsteil **Melvieu**.
Nahe der Abfahrtsstelle des Touristenbähnchens führt ein Weg zu dieser, in schwindelerregender Höhe stehenden, Kirche.

Auberge de la Combe, kleines Restaurant mit Panorama-Terrasse. Großzügige Portionen zu kleinen Preisen. Mittagsmenü 12 €, tägl. mittags und abends geöffnet. 12400 Melvieu, ✆ 0565424328.

Brousse-le-Château

Noch ein winziges mittelalterliches Dorf, das auf den Felsen über dem Tarn thront. Natürlich gehört auch dieses malerische 170-Seelen-Dorf zu den „schönsten Dörfern Frankreichs" und es ist das letzte entlang der *Raspes*, dahinter weitet sich das Tal Richtung Albi.

Ein ausgeschilderter Rundgang führt durch die Gassen, vorbei an den urigen Natursteinhäusern (17./18.Jh.), zu der alten romanischen Steinbrücke über den Tarnzufluss Alrance. Diese war bis Ende des 19. Jahrhunderts der einzige Zugang zum Dorf. Die gotische Kirche ließen die *Seigneurs d'Arpajon* erbauen, ihr Wappen ziert noch heute die Schlusssteine der Decke.

Château de Brousse: Die Burg thront hoch oben auf einem Felsvorsprung und wurde im 9. Jahrhundert erbaut. Sie war einst Sitz der Grafen von Rodez sowie der Herren von Arpajon und steht heute unter Denkmalschutz. Zu besichtigen sind die Befestigungsanlage, die Gemächer der Seigneurs und die Türme. Im Sommer finden in den Räumen Kunst-Ausstellungen statt.
Eintritt 4 €. Mai, Juni und Sept. tägl. 14–18 Uhr, Juli/Aug. tägl. 10–19 Uhr, Febr.–Mai und Okt./Nov. Mi–So 14–17 Uhr geöffnet. ✆ 0565994540, www.brousselechateau.com.

Rote Erde wie in Afrika

Le Rougier de Camarès

Das Wahrzeichen der hügligen Landschaft um Camarès herum sind die eisenoxydhaltigen, tiefroten Böden, wie man sie auch nahe Rodez, im Tal von Marcillac, findet.

In dieser Landschaft, in der fast jedes Dorf eine Burgruine besitzt, fand man zahlreiche Menhir-Statuen, die mit zu den ältesten im Süd-Aveyron zählen (3500-2500 v. Chr.). Inzwischen wurden die Originale gegen Kopien ausgetauscht. Es sind mit Gravuren versehene, senkrecht aufgestellte Steine, die Männer, Frauen oder eine Göttlichkeit darstellen, Genaueres weiß man nicht. Nur eines ist ganz sicher: Die interessanten Originale findet man im *Musée Fenaille* in Rodez.

Camarès

Der Hauptort des „roten Landes" zählt rund 1.000 Einwohner. Es gibt eine Burgruine und eine alte Brücke (11. Jh.) über den Dourdou zu besichtigen. Viel ist das nicht, doch in Camarès steht ein gutbestücktes Touristenbüro mit vielen Infos über die Region. Das ehemals weitläufige Château war ursprünglich von drei Verteidigungsmauern umgeben, zwei Türme und ein Stadttor existieren noch. Oben um die Burg wohnte einst alles was Rang und Namen hatte, während das arbeitende Volk der Gerber, Färber und Weber unten im „Industrieviertel" entlang des Dourdou lebte.

Camarès gehörte zu der Handvoll protestantischer Hochburgen in der Provinz. Als Mitte des 16. Jahrhunderts die Religionskriege ausbrachen, hatte das eine

Abwanderung der Reichen und Adligen samt ihres Vermögens zur Folge und Camarès verarmte.

Office de Tourisme, man erhält hier u. a. Infomaterial über die Burgenstraße im Gebiet von Roquefort, Hinweise zu den Standorten der Statuen-Menhire sowie Vorschläge für Wanderungen und Mountainbiketouren. 12360 Camarès, 9, Grand-Rue (unterm Rathaus), ✆ 0565495376, www.ot-camares.com.

Abbaye de Sylvanès

Die erste Zisterzienser-Abtei im Rouergue liegt in einem sehr schönen, abgeschiedenen, grünen Tal. Sie wurde im 12. Jahrhundert von Mitstreitern des *Saint-Bernard* gegründet. Die Abtei ist in ihrer schlichten klösterlichen Architektur ein besonders schönes Exemplar und Schmuckstück der Zisterzienserarchitektur. Hundertjähriger Krieg, Religionskriege und Französische Revolution haben „nur" die Hälfte der Klostergebäude zerstört. Sehenswert sind die Klosterkirche, die mit ihrem breiten Kirchenschiff und den Seitenkapellen deutlich den Übergang von der romanischen zur gotischen Architektur demonstriert, sowie das Tympanon der alten Sakristei und der zweigeteilte Saal des Skriptoriums (13. Jh.).

Die Abtei ist heute ein Kulturzentrum mit internationalem Ruf. Zahlreiche Veranstaltungen, wie das alljährlich im Sommer stattfindende Kirchenmusik-Festival, Theater, Tanz, Kolloquien und Zusammenkünfte zu ökumenischen und interreligiösen Themen, locken neun Monate im Jahr viele Besucher in das abgeschiedene Tal.

Eintritt frei, Führung 5 €. Im Juli/Aug. zweimal tägl. um 10.30 und 16 Uhr Führungen. Ganzjährig geöffnet, außer von Mitte Dez. bis Anfang Jan. Juli/Aug. tägl. 9.30–13 und 14–19 Uhr, sonst tägl. außer an den Wochenenden von Mitte Nov. bis Mitte März 9.30–12.30 und 14–18 Uhr. ✆ 0565982020, www.sylvanes.com.

Belmont-sur-Rance

Diesen kleinen Ort lokalisiert man schon aus weiter Ferne, denn die rote Sandsteinkirche im gotischen Flammenstil aus dem 15. Jahrhundert besitzt einen 75 Meter hohen Kirchturm, auf dessen Spitze die Statue des Saint-Michel steht. Hier leben viele Milchschafzüchter, deren Tiere die Milch für den Roquefort-Käse liefern. Im Umkreis von drei bis acht Kilometern stehen an die 10 Menhir-Statuen (Kopien), welche aus der Zeit zwischen 1500–2000 v. Chr. stammen.

Montlaur und das Château de Montaigut

Noch eine kleine, charmante mittelalterliche Ortschaft, die aus dem roten Sandstein der Region erbaut wurde. Auf ihrem Marktplatz stehen fünf Reproduktionen der in der nächsten Umgebung gefundenen Menhir-Statuen.

Die Burg wurde originalgetreu restauriert, sie gehört mit zu den beeindruckendsten Burgen in der Region. Von ihrem Sitz hoch auf dem Felsen bietet sie den Besuchern einen weiten Blick über das rote Land. Ursprünglich stammte sie aus dem 10. Jahrhundert, wurde aber bis ins 17. Jahrhundert immer wieder umgebaut. In ihrem Inneren befindet sich eine Nekropole, über der sie offensichtlich erbaut wurde.

Eintritt 5 €. März–Okt. 10–12.30 und 14.30–18.30 Uhr, Juli/Aug. durchgehend bis 18 Uhr geöffnet. 12360 Gissac, ✆ 0565998150, chateaudemontaigut.free.fr.

Idyllisch: der Aveyron bei Montricoux

Das Quercy

Die hauptsächlich von Wasser, Kalk und Flaumeichenwäldern geprägte ehemalige französische Provinz Quercy erstreckt sich vor allem über das heutige Departement L ot. Hier findet man malerische Dörfer und Bastiden, wild zerklüftete Kalkplateaus, geheimnisvolle Tropfsteinhöhlen sowie Flüsse, deren Steilufer von erstaunlichen Burgen und Festungen gesäumt sind und deren grüne Täler aussehen wie riesige Gartenanlagen.

Die Region ist ein einziges heimatkundliches Museum, gespickt mit mysteriösen Steinkreuzen, Dolmen und Menhiren, romanischen Kirchen und einsamen Abteien.  Auch die sprichwörtlichen Gaumenfreuden kommen in dieser grandiosen Landschaft nicht zu kurz: Regionale Zutaten wie Safran, *foie gras*, Trüffel, Lamm und Ziegenkäse stehen auf jeder Speisekarte. Nur Figeac und Cahors mit 10.000 bzw. 20.000 sowie Montauban mit 50.000 Einwohnern unterbrechen die Natur pur. Und doch ist das Quercy nicht nur eine Gegend für die Spezies der Ruhesuchenden und „Faulenzer" unter den Urlaubern: Zahlreiche sportliche Betätigungen wie Wandern, Fahrrad- und Mountainbiketouren, Kajak- und Kanufahrten auf den größeren Flüssen Lot, Dordogne und Célé und vieles mehr stehen zur Auswahl.

Informationen hierzu findet man auch unter www.quercy-tourisme.com oder www.tourisme-lot.com.

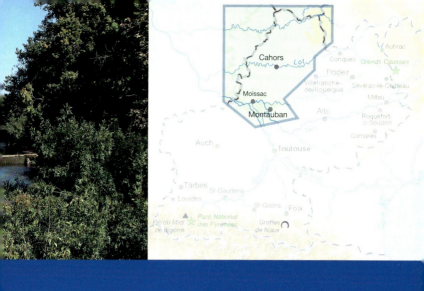

Zwischen Dordogne und Lot

Der Nordosten des Quercy ist eine geschichtsträchtige Region, die reich ist an halbverfallenen Abteien, herrschaftlichen Schlössern und Ritterburgen entlang des malerischen Flusstals.

In diesem Abschnitt hat die insgesamt naturbelassene Dordogne, übrigens mit 490 km Länge einer der längsten Flüsse Frankreichs, ihr Bett tief durch das Vulkangestein des Zentralmassivs gegraben. Bei Souillac ist das Flussbett ziemlich breit und hat viele Sandbänke, auf denen man mit dem Boot anlegen kann. Sie machen das Schippern auf der Dordogne im Bereich des Departements Lot zu einem Riesenvergnügen.

Souillac

Das 4.300-Einwohner-Städtchen an der Dordogne liegt im Norden des Quercy, zwischen der *Causse de Martel* und der *Causse de Gramat*, unweit der Autobahn A 20. Seine romanische Abteikirche Saint-Marie mit ihrem leichtfüßigen Jesaja, ein Meisterwerk der Reliefplastik, hat den Ort berühmt gemacht.

Die Gegend ist seit Urzeiten besiedelt, aber über die Ursprünge gibt es nur Vermutungen: Befand sich hier ursprünglich das römische Gebiet des hohen gallo-römischen Aristokraten *Sollius* oder handelt es sich um einen Namen keltischen Ursprungs (*souilh* bezeichnet einen sumpfige Stelle, an der sich Wildschweine suhlen)? Entscheidend für die Entwicklung der Ortschaft war der Bau des Benediktinerklosters im 9. Jahrhundert. Leider sind von diesem heute nur noch ein paar Fragmente des romanischen Portals zu sehen.

Auf einen Blick

Information Office de Tourisme, boulevard Louis-Jean Malvy (D 820). ✆ 0565378156, www.tourisme-souillac.com.

Anfahrt/Verbindungen Flugzeug: Flugplatz Brive-la-Gaillarde Laroche (25 km von Souillac entfernt), wird von Paris aus angeflogen, www.aeroport-brive-vallee-dordogne.com. ✆ 0555224000.

Zug: Souillac liegt an der SNCF-Strecke Paris–Toulouse, www.sncf.com.

Auto: Auf der Autobahn A20 die Ausfahrt Nr. 55 nehmen, dann die N 20 Richtung Souillac.

Autovermietung am Flughafen **AVIS**, tägl. geöffnet, ✆ 0555245100.

Markt Fr morgens, place Doussot und place Saint-Martin.

Veranstaltungen Jazz-Festival, alljährlich eine Woche lang in der 2. Juli-Hälfte, www.souillacenjazz.net.

Freizeit Stadtführungen von Juni–Sept. durch Stadt und Abteikirche, Kosten 5 €, Infos im Touristenbüro.

Kanu- und Kajakverleih: Copeyre Canoe, Les Ondines (an der Dordognebrücke zwischen Souillac und Pinsac), ✆ 0565327261, www.copeyre.com.

Fahrradverleih: Carrefour du Cycle, tägl. außer Mo 8–12 und 14–19 Uhr, im Juli/Aug. tägl. geöffnet. 23, avenue General de Gaulle, ✆ 0565370752.

Übernachten

Hotel *** Hotel-Restaurant Saint-Martin, das Gebäude aus dem 16. Jahrhundert mit 11 Zimmern befindet sich mitten in der Altstadt. Helle und farbenfrohe Räume mit Wohlfühlambiente, TV und Tel., WLAN kostenlos. Privatgarage 5 €. Im Sommer finden Sa abends allerdings auf dem Platz Konzerte statt, da kann es dann schon laut werden! DZ 49–77 €. 5, place Saint-Martin, ✆ 0565326345, www.hotel-saint-martin-souillac.com.

*** **Grand Hotel**, zeitlos modern eingerichtetes Hotel, DZ 50–98 €, je nach Ausstattung und Saison. Ende Okt. bis Mitte März geschlossen. 1, allée de Verninac, ✆ 0565327830, www.grandhotel-souillac.com, grandhotel-souillac@wanadoo.fr.

Choransicht der Abteikirche Sainte-Marie in Souillac

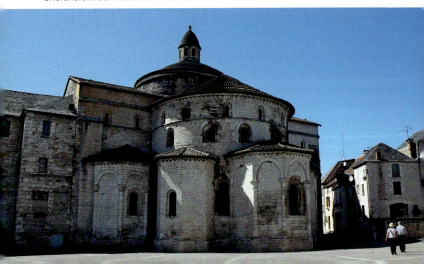

Camping Camping municipal Les Ondines, im Weiler La Borgne, der etwa 500 m außerhalb in Richtung Sarlat liegt (ausgeschildert). Grenzt direkt an den Vergnügungspark Quercyland, Lärmempfindliche sollten daher keinen Platz direkt im Grenzbereich auswählen. Idealerweise hat man aber den Vermieter von Fahrrädern und Booten als direkten Nachbarn! Vermietung von Mobil-Homes. Mai–Sept. geöffnet. ✆ 0565378644, secretariat@mairie-souillac.com.

》》》 **Mein Tipp:** **** La Verte Rive, Campingplatz ca. 3,5 km außerhalb von Souillac an der Route de Pinsac. Die 65 Plätze sind durch alten Baumbestand gut beschattet. Schwimmbad, Strandanlage an der Dordogne und Kanuverleih, WLAN. Vermietung von Mobil-Homes und chalets. Geöffnet von Ende April bis Sept. ✆ 0565378596, www.location-dordogne-chalet.com. 《《《

Essen & Trinken

Le Redouillé, etwa 1 km außerhalb in Richtung Cahors, ein gutes und nicht ganz billiges Restaurant. Unbedingt vorher reservieren! Ruhetag(e) Mo (Juli/Aug.) und So/Mo (Nebensaison). Mittagsmenü 17 €, sonst 25–40 €. 28, avenue de Toulouse, ✆ 0565378725, www.leredouille.c.la.

Capitello, Restaurant und Pizzeria. Tagesessen ist ganz passabel und günstig, die Pizzen wie in Bella Italia. Tagesmenü ab 12,50 €, Pizza ab 7,50 €. Ganzjährig geöffnet, Do Ruhetag ausgenommen Juli/Aug. 64, boulevard Louis-Jean Malvy (Hauptstraße des Ortes), ✆ 0565327110.

Le Beffroi, nettes Restaurant mit regionalen, einfachen Gerichten. Man sitzt im Sommer auf dem großen schattigen Platz neben der Ruine Saint-Martin. Ganzjährig geöffnet, Nov. bis März So/Mo Ruhetag. 6, place Saint-Martin, ✆ 0565378033.

La Vieille Auberge, sehr gute Hausmannskost „wie bei Oma zuhause", nur teurer. Menü 20–68 €. Generell nur abends geöffnet, in der Nebensaison So abends geschlossen. Das dazugehörige Hotel ist nicht zu empfehlen, die Zimmer entsprechen nicht mehr dem heutigen Standard und sind zudem zu teuer. 1, rue de la Recège. ✆ 0565327943, www.la-vieille-auberge.com.

Sehenswertes

Église Sainte Marie: Die mehrkupplige Kirche (s. u.) wurde nach byzantinischem Vorbild erbaut und viele betrachten sie als eines der gelungensten Werke romanischer Baukunst im Südwesten Frankreichs. Das **Tympanon** ihres alten Eingangsportals ist heute die Hauptattraktion von Souillac und wurde aus Sicherheitsgründen innen über dem Portal angebracht. Das Relief des Tympanons erzählt das sogenannte *Wunder des Mönches Theophile*. Theophile schloss einen Pakt mit dem Teufel bereute diesen Schritt aber schnell. Daraufhin geschah ein Wunder, denn die Heilige Jungfrau und ein Erzengel zeigten ihm, dass seine Unterschrift im Buch des Teufels gelöscht war. Eingerahmt wird die Szene links von Benediktus, dem Gründer des Benediktinerordens und rechts von Petrus.

Eine weitere Sehenswürdigkeit ist der **Bestarienpfeiler**, der sich neben „Theophiles Wunder" befindet. Dieser Pfeiler unterteilte das Portal in zwei Teile. Auf der Frontseite des Pfeilers wird der *Höllensturz* der verdammten Kreatur dargestellt und auf seiner linken Seite wird die *Opferung Isaaks* gezeigt.

Ganz besondere Achtung schenken sollte man auch der plastischen Skulptur rechter Hand der inneren Eingangspforte: **Prophet Jesaja**, eine Schriftrolle in der Hand, kündigt in freudiger Ekstase die Ankunft des Erlösers an. Dieser „schwebende Jesaja" wird von der Fachwelt einhellig als Höhpunkt der romanischen Skulptur gesehen und ist eine der bekanntesten Plastiken überhaupt.

Tägl. 8.30–18.30 Uhr geöffnet, ausführliche Erläuterungen zur Kirche liegen auf Deutsch aus. Place de l'Abbaye.

Der „schwebende" Jesaja

Ehemalige Pfarrkirche Saint-Martin: Eingezwängt zwischen den Häusern, ragt die Ruine der alten Kirche an der *place Saint-Martin* in den Himmel. Sie wurde Opfer der Religionskriege, nur der gotische Glockenturm (inzwischen als „*beffroi*" bezeichnet) und ein romanisches Tympanon haben den Zahn der Zeit überstanden.

Musée de l'Automate: Über tausend Ausstellungsstücke entzücken Jung und Alt. Da gibt es wackelnde Köpfe mit witzigen Gesichtern, grazile Tänzerinnen in Ballettröckchen vollführen neckische Kreuzsprünge und sogar eine recht wilde Jazzband ist zu sehen und zu hören. Das Museum für mechanische Puppen aus dem 19./20. Jahrhundert ist europaweit das Größte seiner Art.

Eintritt 6 €. Ganzjährig geöffnet, Juli/Aug. tägl. 10–19 Uhr, sonst unregelmäßige Öffnungszeiten und Mo geschlossen. Place de l'Abbaye (rechter Hand vom Eingang der Abteikirche Sainte-Marie), ✆ 0565370707, www.musee-automate.fr.

In der Umgebung von Souillac

Château de la Treyne: Den schönsten Blick auf das ehemalige Fort mit seiner einmaligen Lage haben Sie von der Brücke über die Dordogne (D 43 zwischen Pinsac und Lacave). Der *Vicomte de Turenne* ordnete 1342 den Bau an, seitdem wechselte es mehrfach die Familie. Der zentrale Turm stammt noch aus der mittelalterlichen Festung. Heute ist das Schloss ein nobles 4-Sterne-Hotel mit Restaurant. Es werden Führungen durch die französischen Gärten und die Kapelle angeboten. Ab und zu finden auch zeitgenössische Ausstellungen statt.

Eintritt 5 €. ✆ 0565276060, www.chateaudelatreyne.com.

**** Hotel-Restaurant Le Château de la Treyne, eine der besten Adressen des ganzen Departements Lot. DZ 180–420 € je nach Komfort. Hotel/Restaurant geöffnet von Mitte März bis Mitte Nov. und in den Weihnachtsferien. Mittagsmenü 48 €, sonst 96–138 €, Restaurant abends tägl. geöffnet, mittags nur Sa–Mo. ✆ 0565276060, www.chateaudelatreyne.com.

Das Wunder des Mönches Theophile

Die Dordogne bei Souillac: ideal zum Baden und Bootsfahren

Château de Belcastel: Schräg gegenüber vom *château de la Treyne* liegt die Burg Belcastel, die ihren Namen („schöne Burg") zu Recht trägt. Nahe der Ortschaft Lacave thront sie 50 m über dem Zusammenfluss von Ouysse und Dordogne auf einem schwindelerregenden Felssporn und trotzt seit Jahrhunderten Mensch und Zeit. Schon im Jahre 930 wurde sie im Testament eines gewissen Adhémar d'Echelles erwähnt. Ihre Lage hoch auf dem Felsen deutet auf ihre ursprüngliche Funktion als Festungsanlage hin, im 16./17.Jahrhundert wurde sie dann stark umgebaut. Leider ist sie nicht zu besichtigen, aber der Ausblick von den Burgterrassen lohnt sich.

Grottes de Lacave: In die hufeisenförmige Tropfsteinhöhle fährt ein elektrischer Zug (die Kleinen werden sich freuen!), dann geht's mit dem Aufzug weiter. Die Höhle besitzt unterirdische Seen und bizarr geformte Stalaktiten und Stalagmiten, fantasiereiche Zeitgenossen sehen Monsterköpfe, Riesenspinnen oder glauben eine versunkene Stadt zu erkennen. Als Krönung erwarten den Besucher – dank schwarzem Licht – sich effektvoll im Wasser spiegelnde funkelnde Konkretionen.
Eintritt 8,70 €, Kinder 5–14 J. 5,50 €. Mitte März bis Anfang Nov. tägl. geöffnet. ✆ 0565378703, www.grottes-de-lacave.fr.

*** Hotel-Restaurant Le Pont de L'Ouysse, liegt mitten in der Felsenlandschaft in der Nähe der Höhle und ist nur etwa 10 km (D 43) von Rocamadour oder Souillac entfernt. Geräumige, nostalgisch eingerichtete Zimmer mit allem Komfort. Beheiztes Schwimmbad. DZ 100–180 € je nach Saison. Viele Sondertarife außerhalb der Sommerzeit machen den Luxus bezahlbar. Frühstück 16 €. Menü 50–140 €. Hotel/Restaurant geöffnet von Mitte März bis Mitte Nov. Mo und Di. mittags (außer Juli/Aug.) geschlossen. 46200 Lacave, ✆ 0565378704, www.lepontdelouysse.fr.

Martel

Die „Stadt der sieben Türme" ist ein interessantes mittelalterliches Städtchen mit vielen gut erhaltenen alten Häusern. Es liegt im nördlichsten und grünsten Kalkplateau des Quercy, in der Causse de Martel. Diese Causse durchziehen zahlreiche Trockentäler (trockengefallene ehemalige Flussläufe) und Dolinen, welche viele Landwirte als Anbauflächen nutzen.

Es sind die einstigen Wachtürme, die hie und da aus der Stadtmauer hervorlugen, darunter der bekannte Turm **Tour Tournemire** (Gefängnis-Turm). Auf dem Marktplatz (place des Consuls) mit der imposanten **Markthalle** aus dem 18. Jahrhundert und den alten Kornmaßen schmeckt der Espresso besonders gut. Beachtenswert ist die einzigartige hölzerne Dachstuhlkonstruktion, die das ganze Dachgewicht der Halle ohne stützenden Mittelpfosten trägt. Das zum Palast umgebaute **hôtel de la Raymondie** war ursprünglich eine Festung aus dem 13. Jahrhundert und gehörte den vicomtes de Turenne. Der Belfried ist 33 m hoch. Heute sind in dem Gebäudekomplex das Rathaus und das Touristenbüro untergebracht. Auf der Südseite des Platzes steht das **hôtel Fabri**, welches auch **maison de Henri Court-Mantel** (das war der Sohn Eleonores von Aquitanien) genannt wird, weil jener in diesem Gebäude starb. Interessant und imposant ist die **Kirche Saint-Maur**, deren Kirchturm eigentlich ein Belfried ist.

Und wenn Sie auf der Umfahrung von Martel unterwegs sind, so befinden Sie sich auf dem mittelalterlichen Verteidigungsgraben, der zugeschüttet und zur Straße umfunktioniert wurde.

Information Office de Tourisme, im Hôtel de la Raymondie. place des Consuls, 46600 Martel. ✆ 0565374344, www.martel.fr.

Markt jeden Mi und Sa in der Markthalle.

Veranstaltungen Festival mexicain, am ersten Wochenende im Juli, alljährliches Straßenfest mit mexikanischen Klängen und Verkaufsständen zu Ehren der Städtepatenschaft Tequila-Martel.

Festivals de bandas, am Wochenende um den 14. Juli, Fanfaren, Fiesta und Bamboula.

Foire de la Laine, im Juli. Wettkampf im Schafscheren mit anschließender „Vesper".

Freizeit Compagnie Sports Nature, bietet ein umfangreiches Sportpaket an : Höhlenerkundungen, Kletter-, Mountainbike- und Kanutouren; auch Kanu- und Kajak- sowie Fahrradverleih. Professionell ausgebildete Höhlenkundler bieten ihr nicht alltägliches Programm schon für Kinder ab 5 Jahren an, klettern darf man ab 7 Jahren. Compagnie Sports Nature Vertical Loisirs, 46600 Gluges. ✆ 0565322759, www.portloisirs.com.

Copeyre Quercyland, Spiel und Spaß für Groß und Klein in diesem Vergnügungspark (Bungeespringen, Baumklettern, Fahrradtouren, Wasserpark u. v. m.). ✆ 0565327261, www.copeyre.com.

Panorama-Zug »» Mein Tipp: Chemin de fer du Haut Quercy „Le Truffadou": Der Zug fährt die Dordogne-Schlucht auf einer Strecke von 16 km in 80 Metern Höhe über dem Fluss entlang. Es ist die einstige Bahnlinie Bordeaux–Aurillac (Cantal). Der Name „Truffadou" stammt aus der Zeit Anfang des 19. Jahrhunderts, als der Zug hauptsächlich die Trüffel von Martel in die weite Welt transportierte. Die Lokomotive bestimmt den Preis 7–9,50 € (Diesel oder Dampfbetrieb) und fährt von April–Sept. Abfahrt am Bhf. Martel, Dauer ca. 1 Std. Auch Abfahrtszeiten und Tage variieren je nach Lokomotive, die Dampflok fährt öfter. ✆ 0565373581, www.trainduhautquercy.info. Reservierung v. a. im Juli/Aug. empfehlenswert! «««

Übernachten Auberge des 7 Tours, kleines Hotel mit wenigen Zimmern, rund 100 m vom Zentrum entfernt. Terrasse, TV, WLAN in allen Zimmern. Haustiere 5 €. DZ 41–50 € je nach Ausstattung. Vorher anschauen! März–Nov. Di–So mittags geöffnet. Mittagsmenü 11,50 €. Avenue de Turenne. ✆ 0565373016, www.auberge7tours.com. Reservierung erforderlich!

Das Quercy → Karte S. 165

Camping *** **Les Falaises**, einfacher Platz mit Dordogne-Strand und Kanuverleih. Mitte Juni bis Mitte Sept. geöffnet. Gluges, 46600 Martel, ✆ 0565373778, www.camping-lesfalaises.com, contact@camping-lesfalaises.com.

*** **La Rivière**, Camperparadies mit 110 Plätzen für aktive Urlauber. Kanu-, Kajak- und Mountainbiketouren sowie Wanderungen werden organisiert. Spielplatz, Schwimmbad, Bademöglichkeit auch in der Dordogne. Man kann sich kleine, lecker gekochte Gerichte bestellen. April bis Ende Sept. geöffnet. La Riviere, 46200 Lacave, ✆ 0565 370204 (Saison) und ✆ 0565414722 (Nebensaison), www.campinglariviere.com.

Gîtes in Floirac, nur 6 km von Martel und Carennac entfernt liegt dieser Gebäudekomplex mit zwei *gîtes* (jeweils 3-4 Pers.). Frisch renovierte Natursteinhäuser mit sehr zentraler Lage zu allen Highlights im nördlichen Quercy. Ruhige Lage nahe der Dordogne. 400–450 €. Le Ban de Gaubert, 46600 Floirac, route de Miers. ✆ 0565637629 (Familie Cerles spricht kein Deutsch, aber es besteht die Möglichkeit Sie auf Deutsch zurückzurufen, wenn Sie ihre Nummer hinterlassen), bertrand.cerles@wanadoo.fr.

Anfahrt über N 140 Martel-Gramat, in Gluges Richtung Floirac.

Essen Le Patio Saint-Anne (nicht mit dem *Relais Saint-Anne* direkt gegenüber verwechseln!), hier wird mit frischen regionalen Zutaten gekocht. Im Sommer speist man im wunderschönen Innenhof. Mittagsmenü 14–18 €. Mo Ruhetag (außer Juli/Aug.). Rue du Pourtanel, ✆ 0565371910. Reservierung notwendig!

🍃 **Au Hasard Balthasar**, in der Altstadt, kulinarisch die beste Adresse von Martel. Produkte aus Entenfleisch in jeglicher Form fabriziert die Familie selbst. Es wird echte regionale Küche serviert. Mittagsmenü 16,50 €. Ostern bis Ende Sept. tägl. außer Mo, in der Nebensaison Mo–Mi geschlossen. Rue Tournemire, ✆ 0565374201. ∎

🍃 **Ferme-Auberge Le Moulin à Huile de Noix**, diese, vor 20 Jahren aus uraltem Gebälk aufgebaute Ölmühle liegt gut 2 km außerhalb von Martel in Richtung Saint-Céré und Bretenoux (ausgeschildert). Im Juli/Aug wird Di und Do jeweils nachmittags Walnussöl hergestellt. Menü zu 15, 18 und 23 €, im Frühjahr und Herbst nur ein Menü zur Auswahl. Hauptzutaten der diversen Gerichte sind natürlich Walnüsse! Ostern bis Allerheiligen geöffnet, Mo Ruhetag, So abends und an Feiertagen generell abends geschlossen. Route de Bretenoux, ✆ 0565 374069. Reservierung notwendig. ∎

In der Umgebung von Martel

Creysse kann gleich zwei Raritäten aufweisen. Es besitzt ein kleines architektonisches Bonbon für Kirchenliebhaber: Der Chorabschluss der romanischen Kirche und einstigen Schlosskapelle besteht aus zwei runden Chorkapellen. Des Weiteren ist überliefert, dass Ludwig der Heilige auf der Durchreise der Kirche einen sehr wertvollen Reliquienschrein mit einem Dorn aus der Dornenkrone Christi geschenkt haben soll.

** **Camping du Port**, das beschattete Gelände mit 100 Plätzen gehört zu einem Bauernhof. Direkter Zugang zur Dordogne mit Strand, Fahrrad und Kanu-Verleih, Imbissstube. Ende April bis Mitte Sept. geöffnet. 46600 Creysse, ✆ 0565322082, www.campingduport.com.

Carennac

Der kleine 340-Seelen-Ort Carennac am Ufer der Dordogne, gehört zu den schönsten Dörfern Frankreichs. Die Vielfältigkeit an Dachneigungen und komplizierten Dachstrukturen sowie das lustige Durcheinander von Türmen, Türmchen und Kaminen machen aus dem Dorf ein architektonisches Wunderwerk. Unter Liebhabern der historischen Baukunst ist das Dorf an der Dordogne für sein sehr gut erhaltenes und sehenswertes Tympanon über dem Haupteingang der Kirche Saint-Pierre und für seine Abtei bekannt. Diese stand erst unter der Aufsicht der Benediktinerabtei von Moissac, später dann gehörte sie zum cluniazensischen Kirchenverband. Nach den üblichen Verwüstungen, die der Hundertjährige Krieg und die Religionskriege mit sich brachten, gelangte das Priorat in die Familie *La Mothe-Fénelon*. François de Salignac de la Mothe-Fénelon (Enkel Ludwig XIV., Erzieher des Herzog von Bourgogne und Autor der berühmten *Aventures de Télémaque*) folgte seinem Onkel 1681 auf den Dekansposten und wurde 14 Jahre später schließlich Erzbischof von Cambrai.

Information Office de Tourisme, cour du Prieuré. ✆ 0565109701, www.tourisme-carennac.com.

Verbindungen Zug: SNCF Bahnhof in Saint-Denis-lès-Martel, 10 km entfernt. ✆ 0565324208.

Markt nur im Juli/Aug, Di 17–20 Uhr.

Veranstaltungen Fête de la prune Reine-Claude de Carennac,. Fest zu Ehren der Reine-Claude, welche die Mönche von Cluny in der ersten Hälfte des 16. Jahrhundert von Franz I. geschenkt bekamen und daraufhin an diesem einsamen Fleckchen Erde mit großem Erfolg anbauten. Erster Mo im Aug.

Grande Fête patronale, Wochenende vor oder nach dem 15. Aug. mit Konzerten, Feuerwerk, Tanz etc.

Fahrradverleih Saga Team, beim camping municipal L'eau Vive (s. u.). Ende April bis Mitte. Okt. tägl. geöffnet, ✆ 0565109739, www.dordogne-soleil.com.

Camping Camping municipal L'eau Vive (Richtung Saint-Céré), gehört zu den ruhigeren Plätzen mit Schwimmbad und Tennisplatz, teilweise liegen die Stellplätze direkt an der Dordogne. Breite Palette an Übernachtungsmöglichkeiten wie Zelt-Bungalows, Wohnwagen und Mobil-Homes. Geöffnet Mai bis Mitte Okt. ✆ 0565109739, www.dordogne-soleil.com.

Sehenswertes

Église Saint-Pierre: Über dem großen Portal der romanischen Kirche befindet sich ein bekanntes Tympanon, in dem Christus die Gläubigen mit zwei erhobenen Fingern segnet. Auch der gotische **Kreuzgang** neben der Kirche ist sehenswert. Im **Kapitelsaal** sieht man auf einer Grablegungsszene (16. Jh.) zwei Jünger, die das

Kirchenportal: Romanik vom Feinsten

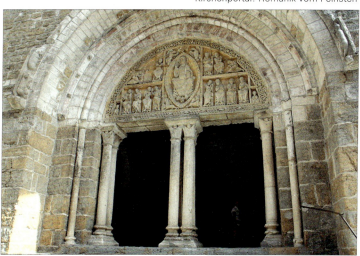

Leichentuch auf dem Christus liegt, anheben. Daneben steht weinend Maria, und Maria Magdalena mit aufgelöstem Haar wischt sich eine Träne weg.

Eintritt Kreuzgang 2,50 € (im Touristenbüro zu bezahlen). Ganzjährig geöffnet, Juli/Aug. tägl. 10–13 und 14–19 Uhr, sonst variable Öffnungszeiten.

Château des Doyens: Hier schrieb, so wird behauptet, Fénelon sein *Télémaque*. Von April bis Nov. finden hier Konzerte, Vorträge und diverse Kurse statt, zudem zeigt eine Dauerausstellung die Geologie, Botanik und Kunstgeschichte aus dieser Ecke des Quercy.

Eintritt frei. Ostern bis Allerheiligen geöffnet, Juli–Sept. tägl. 10–12 und 14–18 Uhr, sonst variable Öffnungszeiten, Mo Ruhetag. ℘ 0565338136.

In der Umgebung von Carennac

Tauriac: Es lohnt sich, die kleine Kirche im knapp 4 km entfernten Tauriac zu besuchen. Die Fresken an ihren Wänden und unter der Kuppel zeigen biblische Szenen. Das Kirchlein wurde als *Monument historique* klassifiziert.

Tägl. 8–18 Uhr geöffnet. Sollte die Kirche geschlossen sein, gibt es den Schlüssel im Rathaus oder bei M. Thierry Oubreyrie, ℘ 0677449171 (Mobil).

Saint-Céré

Saint-Céré, im weiten Tal des Flüsschens Bave, ist ein quirliger Ort (3.500 Einwohner) am Fuß der Festung Saint-Laurent-les-Tours. Zahlreiche interessante mittelalterliche Häuser und verschlungene, gepflasterte Gässchen zieren den Ort.

Auf einen Blick

Information Office de Tourisme du Pays de Saint-Céré, 13, avenue François de Maynard, ℘ 0565381185, www.tourisme-saint-cere.com.

Verbindungen Flugzeug: Flughafen Brive-la-Gaillarde Laroche, www.aeroport-brive-vallee-dordogne.com. ℘ 0555224000.

Zug: Linie Brive–Aurillac, Bhf. in Bretenoux-Biars (ca. 4 km bis Saint-Céré). Rue de la gare, 46130 Biars sur Céré. ℘ 3635 (von Frankreich aus) www.trains-horaires.com.

Markt Sa- und So vormittags, ganzjährig, place de la Republique.

Veranstaltungen Festival de Saint-Céré et du Haut Quercy, Konzerte und Opern finden an so geschichtsträchtigen und bekannten Orten wie Souillac, Martel, Castelnau-Bretenoux, Carennac, Cahors etc. statt. Mitte Juli bis Mitte Aug. Umfangreiches Programmheft liegt im Touristenbüro aus. Reservierungen unter ℘ 0565382808.

Übernachten/Essen & Trinken

Übernachten *** Hotel-Restaurant Les Trois Soleils, etwa 2 km außerhalb Richtung Gramont, gleiche Einfahrt wie das Château Montal. Umgeben von einem 6 Hektar großen Park, Schwimmbad, geräumige Zimmer mit Tel., TV und WLAN. DZ 85,50–119 €. Restaurant in der Nebensaison von So abends bis Di mittags, April bis Ende Sept. nur Mo mittags geschlossen. Mittagsgericht 29,50 €. 46400 Saint Jean-Lespinasse, ℘ 0565101616, www.lestroissoleils.fr.st.

** Hotel-Restaurant de France, etwa 100 m vom Zentrum entfernt Richtung Aurillac. Zimmer teilweise mit Balkon, WLAN-Zugang im gesamten Hotel, beheiztes Schwimmbad, DZ 45–80 €. Das dazugehörige Restaurant ist eine der besten Adressen von Saint-Céré, Menü 24 €. Nur abends sowie So mittags geöffnet, in der Nebensaison Fr geschlossen. 139, avenue François de Maynard, ℘ 0565380216, www.lefrance-hotel.com.

Mittelalterliche Bauweise

** Hotel-Restaurant Victor Hugo, direkt an dem rauschenden Bave, aber auch direkt an der Straße gelegen. Schöne Terrasse überm Fluss. Einige Zimmer wurden modernisiert und haben Klimaanlage. WLAN kostenlos. DZ 47–50 € je nach Ausstattung. Ganzjährig geöffnet. Menü des Hotelrestaurants 17–41 €, Mittagsmenü 14 €. Regionale Küche, aber auch asiatisch angehauchte Gerichte. Mo abends (Hauptsaison) sowie zusätzlich So abends (Nebensaison) geschlossen. 7, avenue des Maquis, ✆ 0565381615, www.hotel-victor-hugo.fr.

Camping *** Le Soulhol, 400 m außerhalb Richtung Leyme (D 48). Gut beschatteter Campingplatz mit Schwimmbad. Haustiere (1,50 €) nur im eigenen Zelt oder Wohnmobil gestattet. Vermietung von *gîtes* und Mobil-Homes. Geöffnet von Mai bis Mitte Sept. Quai Salesse. ✆ 0565381237, www.campinglesoulhol.com.

Wohnmobil-Stellplatz, Parkplatz des Stadions, Wasser und Entleerungsstelle umsonst. Ganzjährig geöffnet.

Essen L'Entre-Pots, traditionelle und regionale Küche, schattige Terrasse. Mittagsteller 8,50 €, Menü ab 11,50 €. Ganzjährig geöffnet, So und Mi abends geschlossen, in der Nebensaison auch Sa mittags. 5, rue Centrale, ✆ 0565337193.

Le 5 Céré, Brasserie und Restaurant. Serviert werden mittags gute und günstige Tagesgerichte. Reger Betrieb um die Mittagszeit, hier speisen viele Berufstätige. Mittagsteller 8 €. 10, place de la République. ✆ 0565106729, www.le5cere.fr.

Le Passé Simple, legendäres Pub und Piano-Bar, änderte 2010 sein Programm: Statt Jazz-Konzerten nun abendliche Theatervorführungen. 62, rue de la République, ✆ 0565383961.

Sehenswertes

Saint-Céré entdeckt man am besten in Form eines Spaziergangs durch die Altstadt. Die **place du Mercadial** (Rathausplatz) ist von mittelalterlichen Fachwerkhäusern umgeben, das **maison des Consuls** nimmt eine ganze Seite des Marktes ein. Auffallend ist an der Hausecke des **maison Jean-de-Séguier** (15. Jh.) eine große Steinplatte, der sogenannte *Taouli*. Darauf breiteten einst die Fischer ihren Fang zum Verkauf aus. Die **rue Mazel**, **impasse Lagarouste** und **rue Saint-Cyr** überraschen mit ihren Renaissance-Häuserfassaden, die über und über mit Skulpturen verziert und mit netten Erkertürmchen versehen sind. Die Kapelle des Klosters **Couvent des Récollets** am quai des Récollets mit ihrer bemalten Holz-Kassettendecke und dem sehr schönen Altar ist der Öffentlichkeit leider nur im Juli/August im Rahmen einer Führung zugänglich (Termine im Touristenbüro). In der **église Sainte-Spérie** (13. Jh.) steht ein riesiger Altar aus Marmor und Holz.

In der Umgebung von Saint-Céré

Saint-Laurent-Les-Tours und das **Atelier-Musée Jean Lurçat**: Es sind die Reste der Burg von Turenne mit ihren zwei mittelalterlichen Bergfrieden, die über Saint-Céré thronen. Von Interesse sind aber weniger die Ruinen, als die hier von dem aus den Vogesen stammenden Künstler Jean Lurçat (1892–1966) geschaffenen und im gleichnamigen Museum ausgestellten Werke. Zahlreiche Wandteppiche (Gobelins), Zeichnungen, Aquarelle, Gemälde, Gravuren und Keramiken sind zu sehen.

Eintritt 2,50 €. Mitte Juli bis Ende Sept. (und eine Woche vor und nach Ostern) tägl. von 9.30–12 und 14.30–18.30 Uhr geöffnet. Zu erreichen per Auto Richtung Bretenoux (ausgeschildert ab dem Kreisverkehr am Krankenhaus) oder per pedes über einen kleinen Fußweg (ca. 20 Min.), der hinter dem Touristenbüro losgeht.

Chapelle Notre-Dame-de-Verdale: Liegt oberhalb von Saint-Céré im engen Tolerme-Tal (ausgeschildert). Ein schattiger Pfad führt entlang des Wildbachs zur Kapelle, die auf einem Felsvorsprung hoch über dem Tal steht. Eine kleine, aber doch anstrengende Wanderung erwartet den Wanderlustigen. Schließlich war die Kapelle als Wallfahrtsort nur den Gläubigen zugänglich, die für die Vergebung ihrer Sünden eine gewisse Mühe auf sich nehmen mussten.

Château de Montal: In Saint-Jean-Lespinasse steht dieses Renaissance-Schloss par excellence. Eine gewisse Jeanne de Balzac d'Entraygues veranlasste im 16. Jahrhundert den Bau dieses Schlosses, es sollte einmal ihrem ältesten Sohn gehören. Dieser zog es jedoch vor, im verführerischen Italien in den Krieg zu ziehen, wo er dann auch umkam. Die Bauarbeiten wurden daraufhin eingestellt und Jeanne ließ ihre Hoffnungslosigkeit in einen Fenstergiebel einritzen: *„plus d'espoir"* (keine Hoffnung mehr). Das Schloss wurde aber dann doch noch Anfang des 20. Jahrhunderts fertig gestellt. Sehenswert ist u. a. die steinerne Renaissance-Treppe, die in einer sehr seltenen und komplizierten Bauweise nach italienischer Manier gefertigt und mit einer Fülle von Skulpturen versehen wurde.

Eintritt 7 €. Mai–Aug. tägl. 10–12.30 und 14–18.30 Uhr geöffnet, in der Nebensaison sehr unregelmäßige Öffnungszeiten, Jan–April geschlossen. ✆ 0565831372, www.monuments-nationaux.fr.

Grotte de Presque: Liegt nur wenige Kilometer von Saint-Céré in Richtung Gramat entfernt, der Höhleneingang befindet sich direkt an der D 673. Die rund 250 Meter lange und stark verzweigte Tropfsteinhöhle besitzt zahlreiche pittoresk aussehende Ablagerungen und meterhohe Stalagmiten, welche durch die Beleuchtung effektvoll in Szene gesetzt werden. Sie ist zwar klein, aber oho!

Eintritt 7 €, Kinder 3,50 €. Mitte Febr. bis Mitte Nov. geöffnet. ✆ 0565403201, www.grottesdepresque.com.

Loubressac

Auch das mittelalterliche befestigte Dorf Loubressac mit seiner einmaligen Lage hoch über dem Tal gehört zu den „schönsten Dörfern Frankreichs" (über die D 30 erreichbar). Die Häuser sind großteils aus dem 15./16. Jahrhundert und aus hellem Kalkstein erbaut. Beim Flanieren durch die engen Gassen sollte man auch auf die uralten Türklopfer achten, seit ihrer Anbringung vor hunderten von Jahren hat man offensichtlich nichts mehr verändert. Das **Château** bleibt leider der Öffentlichkeit verwehrt, aber von dessen Terrasse hat man einen grandiosen Blick in das Bave-Tal, auf den Zusammenfluss mit der Dordogne, auf die Burgen Castelnau und Montal sowie die Türme von Saint-Laurent.

Camping La Garrigue, kleiner Familienbetrieb mit 50 Plätzen, 2 Hektar großes Terrain, gut beschattet, mit Tischtennis, Schwimmbad und Imbissstube. Nach Bedarf gibt's auch Pizza aus dem Holzofen. April–Sept. geöffnet. 46130 Loubressac. ☏ 0565383488, www.camping-lagarrigue.com.

Autoire

Abgeschieden vom Rest der Welt liegt Autoire in einem engen Talkessel. Die meisten noblen Herrenhäuser und alten Scheunen stammen aus dem 16. Jahrhundert. Die Gebäude wirken durch den dunkelvioletten Stein und die dunklen Ziegel etwas düster, was das mittelalterliche Flair unterstreicht. Besonders bemerkenswert sind die romanische Kirche und die Kapitelle (Originale). Oberhalb des Dorfes, das ebenfalls zu der Kategorie „eines der schönsten Dörfer Frankreichs" gehört, genießt man einen imposanten Blick auf den **Cirque d'Autoire** und den 30 m tief herabstürzenden Wasserfall. Bei genauem Hinschauen entdeckt man auch die Ruinen des einstigen **Château des Anglais**, eine in den Fels gebaute Festung. Sie ist aus der Ferne nur schwer zu erkennen, die Farbe ihrer Mauern vermischt sich mit der der Felsen.
Anfahrt von Loubressac auf der D 118.

Auberge de la Fontaine, das Logis-de-France-Hotel steht im Ort an der kleinen Durchgangsstraße. Einfach ausgestattete Zimmer mit TV. DZ 42–47 €, ☏ 0565108540, www.auberge-de-la-fontaine.com.

Die Landschaft bei Autoire

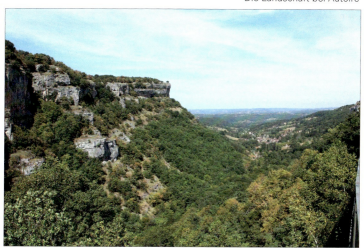

„Bilderbuch-Burg" Castelnau

Castelnau-Bretenoux

Die *Castelnau-Burg* ist eine typische mittelalterliche „Bilderbuch-Burg" mit Rundtürmen, einem mächtigen Bergfried, einem oben an der Mauer entlanglaufenden Band von Pechnasen und den als Bastion angelegten Terrassen. Das Ganze wird von stabilen Festungswällen gestützt. Ein tiefer Burggraben zieht sich um das Bauwerk, davor befand sich noch eine Linie von Befestigungsanlagen, die heute z. T. verschwunden sind. Es handelt sich wohl um eine der prächtigsten Burgen Frankreichs aus der Feudalzeit. Von der Straße zwischen Bretenoux und Prudhomat hat man den schönsten Blick auf sie. Seit dem 11. Jahrhundert thront sie imposant auf dem sanft ansteigenden Hügel am Zusammenfluss der vier Flüsse Dordogne, Céré, Bave und Mamoul, und die roten Steinmauern leuchten weithin sichtbar (vor allem in der Abendsonne!). Ab dem 13. Jahrhundert stattete man sie nach und nach mit Verteidigungsmauern und Wohnungen aus. Im 19. Jahrhundert wurde die Burg Opfer eines Brandes und verfiel daraufhin langsam. Im letzten Jahrhundert kam sie in Privatbesitz und wurde restauriert. Die dazugehörende **Bastide Bretenoux** hat einen wunderschönen Marktplatz (wären da nur nicht die parkenden Autos!); auffallend sind die vier „Reihenhäuschen" der vier *consuls*, stumme Zeitzeugen aus dem mittelalterlichen Bretenoux.

*** **Camping La Bourgnatelle**, liegt am Ortsausgang Richtung Brive und direkt am Céré. Schwimmbad, Spielplatz und Kanuverleih vor Ort. ✆ **0565108904**, www.dordogne-vacances.fr.

Causse de Gramat

Es ist das größte, trockenste und einsamste Kalkplateau der insgesamt fünf Causses, die den Parc Naturel Régional des Causses du Quercy bilden, und ist sozusagen der Prototyp einer Causse.

Dieses an Schluchten und Höhlen reiche Plateau 350 m ü. d. M. im Zentrum des Quercy wird im Norden durch das Dordogne-Tal und im Süden durch das Célé-Tal begrenzt. Auf seinen Höhen genießt man 360°-Rundblicke über die nicht enden wollenden Flaumeichenwälder und die dazwischen liegenden, mit Wacholderbüschen durchsetzten, steinigen Weideflächen.

Gramat

Gramat, vor tausend Jahren als *castrum* mitten auf der Causse gegründet, hat der Kalkhochfläche ihren Namen gegeben und liegt am Schnittpunkt jahrtausendealter Wege. Es ist ein idealer Ausgangspunkt für Ausflüge in die Region, die Pilgerstätte Rocamadour ist nicht weit weg – alles Faktoren, die entscheidend zur touristischen Entwicklung des Städtchens beigetragen haben. Leider ist an Bauwerken aus vergangenen Tagen nicht viel stehen geblieben. Es gibt noch das befestigte Tor **Tour d'Horloge** (Belfried) und die massiv gebaute **Markthalle** aus Ziegel und Stein. In der **rue Saint-Roch** sind ein altes Haus mit Erkertürmchen und in der **rue Saint-Pierre** mittelalterliche Fachwerkhäuser zu bewundern. Der Rundgang ist schnell beendet.

Parc Animalier de Gramat: Für Kinder ist der Tierpark sicher ein großes Erlebnis. Auf 40 Hektar tummeln sich über 1.000 Tiere, darunter Luchse, Bären, Wölfe und Bisons. Außerdem werden auch selten gewordene Vertreter von Hühnern, Schweinen, Ziegen, Eseln und Co. in Freigehegen gehalten.

Eintritt 9 €. Ostern bis Sept. tägl. 9.30–19 Uhr und in den Herbstferien bis 18 Uhr, sonst 14–18 Uhr geöffnet. ✆ 0565388122, www.gramat-parc-animalier.com.

Information Maison du Tourisme Rocamadour-Padirac-Gramat. Di–Sa 10–12 und 14–17 Uhr. Place de la République, ✆ 0565387360, www.rocamadour.com.

Markt Wochenmarkt Di und Fr vormittags, place de la Halle. Bauernmarkt mit regionalen Produkten von Mitte Juli bis Mitte Aug.

Veranstaltungen Festival Country, der Verein *Causse Country Club* veranstaltet Country-Musik-Konzerte, Ausstellungen, Westernreiten etc. 4 Tage Ende Juli/Anfang Aug., ✆ 0565387360, www.gramatcountryfestival46.com.

Les Musicales du Causse de Gramat: Konzerte mit vorrangig klassischer Musik und Recitals. Juli–Okt., www.lesmusicalesducausse.fr.

Übernachten *** Hotel-Brasserie Le Lion d'Or, Zimmer wurden frisch renoviert und sind in angenehmen Pastelltönen gehalten, Klimaanlage, TV und WLAN. DZ 55–95 €. So abends (Hauptsaison) und in der Nebensaison auch zusätzlich montags geschlossen. Die dazugehörende Brasserie ist weniger empfehlenswert. Menü im Stil der *Nouvelle Cuisine* (große Teller, wenig drauf) ab 16 €. 8, place de la République, ✆ 0565104610, www.liondorhotel.fr.

** Le Relais des Gourmands, gegenüber vom Bahnhof. Helle, freundliche Zimmer mit Standardeinrichtung, TV und WLAN. Schwimmbad. DZ 58–60 € mit Sondertarifen fürs Wochenende, Frühstück 8,50 €. Geschlossen während der Schulferien im Febr. sowie So abends und in der Nebensaison auch Mo. Das Restaurant hat in der Region einen guten Ruf. Mittagsmenü 15 €, sonst 17–41 €. 2, avenue de la Gare, ✆ 0565 388392, www.relais-des-gourmands.com.

Spazierfahrt in die Causse de Gramat

Die trockene und „stein-reiche" Welt des Kalkplateaus mit ihren Dörfern, unzähligen *Dolmen*, *lavoirs* (alte Waschhäuschen) und *cazelles* (auf den Weideflächen in Trockenmauerbauweise errichtete kleine Unterstände für die Schafhirten) lässt sich wunderbar an einem Tag mit dem Auto erkunden. Und gleichgültig wo angehalten wird, man befindet sich in einer einsamen, steinigen, mit Wacholder, Eichen und auch Buchs durchsetzten Landschaft, in der nur das Gezirpe der Zikaden zu hören ist. Dazu kommt der würzige Duft, der sich im Sommer wie ein Schleier über das Land legt – all das kann süchtig machen!

Wer etwas Zeit mitbringt, sollte diesen Teil des Naturparks unbedingt auf den menschenleeren, in der Landkarte weiß eingezeichneten, kleinen Departementsträßchen durchfahren. Hier erlebt man die sprichwörtliche Einsamkeit und Weite dieser Landschaft.

Lac de Lacalm: angeblich das meistfotografierte Photomotiv im Quercy

Reilhac: Liegt etwa zehn Kilometer südlich von Gramat an der D 14. Es ist ein Dorf mit vielen Zeugnissen aus der Vergangenheit, welche in der Landschaft ein richtiges Freilichtmuseum bilden. Die für die *Causse* typische Viehtränke und den mittelalterlichen Waschplatz mit der auffallenden Anordnung von Steinen, auf denen die Damen – lang, lang ist's her – ihre Wäsche schrubben mussten, findet man ebenso, wie auch das einstige gemeinschaftliche Backhäuschen und die unendlichen Trockensteinmäuerchen mit ihren Unterständen für die Hirten.

Lunegarde: Thront hoch auf einem Felssporn und bietet einen weiten Blick übers Land. Die Kirche *Saint-Julien-de-Brioude* ist mit gut erhaltenen Wandmalereien aus der Renaissance-Zeit geschmückt.

Caniac-du-Causse: Unter der Dorfkirche ist eine der ältesten romanischen Krypten (Sarkophag des heiligen Namphaise) des Departements Lot versteckt. Saint-Namphaise wurde angeblich auf der Strecke zwischen Quissac und Caniac von einem wild gewordenen Stier getötet. Den Schlüssel für die Kirche bekommt man im Haus neben dem Monument des Morts.

Quissac: Liegt im Reich des geheimnisvollen **Plateau de Braunhie**. Unter den Flaumeichenwäldern verstecken sich unzählige mehr oder weniger tiefe Karstlöcher, man sollte daher auf den Wegen bleiben. Das tiefste Karstloch, der **Gouffre de Planegrèze**, befindet sich bei Planegrèze. Der unheimliche Schlund ist 270 Meter tief und wird von einem unterirdischen Fluss durchflossen. Die Zufahrt zum *gouffre* ist ausgeschildert. 150 Meter weiter befindet sich noch ein schöner Dolmen.

Die ganze Landschaft wird von Trockensteinmäuerchen durchzogen, welche ab und zu von den sogenannten *gariottes* (in die Mauern integrierte kleine, niedrige Unterstände) unterbrochen werden. Die Gegend ist Lebensraum für seltene Orchideen, Schmetterlinge, Smaragdeidechsen etc. Sehr selten gewordene Schlangenadler

Spazierfahrt in die Causse de Gramat

und Wespenbussarde ziehen, zum großen Entzücken der Ornithologen, am Himmel ihre Kreise. Lustig anzusehen sind in diesem menschenleeren Landstrich die hier heimischen Schafe der Rasse *la Caussenarde*, die sich im Sommer nur dank ihrer auffallenden schwarzen „Brille" und den schwarzen Ohren vom dürren Gras abheben.

Espédaillac: War schon in grauer Vorzeit ein beliebter Siedlungsort. Er ist durch das Ordenshaus der Johanniter, die an dieser Stelle Ende des 13. Jahrhunderts ein Hospital erbauten, bekannt geworden. Nahe der Kirche stehen noch Reste von zwei großen Bürgerhäusern mit profilierten Fensterkreuzen aus Stein sowie die umgebaute ehemalige Burg.

Livernon: Der Ort selbst hat nicht viel zu bieten, aber in seiner direkten Umgebung findet man interessante Zeugnisse aus der Vergangenheit der Causses: Der über 20 Tonnen schwere **Dolmen Pierre-Martine** gilt als der bekannteste und größte im Departement Lot und stammt etwa aus der Zeit 2000 v. Chr. Er liegt nördlich von Livernon (ausgeschildert) neben der D 2 Richtung Grèzes, ein Trampelpfad führt in drei Minuten zum Dolmen.

Bei der Anfahrt nach Livernon (über die N 140 und von Norden kommend) stößt man etwa 200 m nach der Kreuzung D 92/D 2 (Richtung Grèzes) am Straßenrand auf einen **Steinunterstand** (frz. *cazelle*) und eine **Viehtränke**, die als **„Lac de Lacalm"** bezeichnet wird. Es handelt sich hierbei angeblich um die meistfotografierte *cazelle*-Szenerie im Quercy. Die Tränke wurde einst von Augustinermönchen ausgehoben, welche übrigens auch den romanischen, vier Etagen hohen Kirchturm von Livernon erbauen ließen.

Assier: Hier steht die beeindruckende Ruine eines authentischen Renaissance-Schlosses von 1561, das **Château d'Assier**. Es gehörte einst einem gewissen *Galiot de Genouillac*, der als Page von Ludwig XI. 1480 die Karriereleiter zu erklimmen begann. Als Chef der Artillerie brachte er so manchen Sieg nach Hause. Die Kirche im Ort beeindruckt mit ihrem 148 m langen Fries an der Außenfassade, dargestellt werden Kriegsszenen, an denen Genouillac beteiligt war.

Chambres d'hôtes, nur vier Kilometer von Assier entfernt, zentrale Lage zwischen Figeac und Gramat, in einer ehemaligen Pferdewechselstation. Drei helle, geräumige und günstige Zimmer in Top-Zustand, wahlweise mit Dusche/WC auf dem Flur oder im Zimmer. DZ 30-41 € inklusive Frühstück, ab 3 Tage Preisnachlass. Route de Figeac, 46120 Le Bourg (D 840), ✆ 0565401384, http://hotes.lagarrigue.free.fr.

Kriegerische Szenen mit Galiot de Genouillac

Soulomès: Heute weist nur noch das riesige Gebäude auf die Geschichte der Ortschaft hin. Es war erst Sitz der Templer, dann Ordenshaus der Johanniter. In der romanisch-gotischen Kirche Sainte-Madeleine sind Wandmalereien aus dem 15. Jahrhundert und ein Taufbecken mit einem in Stein gehauenen Templerkreuz zu sehen.

Montfaucon: Drei Altäre aus dem Hause des berühmten Bildhauers Tournié (17. Jh.) aus Gourdon stehen in der Kirche Saint-Barthelémy. Sie rechtfertigen den kleinen Abstecher in die vom englischen König Eduard I. gegründete Bastide. Kirchenbesichtigung nur Do von 16.30–17.30 Uhr.

Labastide-Murat: Die ehemalige Bastide liegt am Pilgerweg nach Rocamadour und thront 477 m über der Causse. Bekannt geworden ist sie als Geburtsort des jedem Franzosen bekannten *Joachim Murat*, späterer Schwager Napoléons. Im Laufe seines Lebens hatte er viele hohe Posten und Titel inne. Vor allem in Paris ist sein Name ein Begriff, schließlich war er drei Jahre lang stolzer Besitzer des Elysée-Palastes, bis er ihn 1808 an Napoléon verkaufte. Heute tagt das französische Kabinett im *„salle Murat"* (einstiger Ballsaal) und die politische Elite schreitet über die Treppenstufen der *„escalier Murat"*.

Übernachten Hotel-Restaurant La Garissade, Logis de France. Die Natursteinwände im ganzen Haus verbreiten eine sehr angenehme Atmosphäre. Renovierte Zimmer, jedes in einer anderen Farbe, WLAN. DZ 67–73 € je nach Saison, Frühstücksbuffet 8 €. Sehr gute regionale Küche. Mittagsmenü (werktags) 13,50 €, sonst 19–27 €. 20, place de la Mairie (direkt neben dem Rathaus), ☎ 0565211880, www.garissade.com.

Camping Camping municipal d'Estompe, kleiner Campingplatz im Ort, er ist einfach aber ruhig und gut beschattet. Schwimmbad. Geöffnet Ostern bis Allerheiligen. ☎ 0565311150, mairie.labastide-murat@wanadoo.fr.

》》 Mein Tipp: *** Camping du Domaine de la Faurie, etwa 5 km außerhalb (ausgeschildert) im Grünen. Stellplätze im Schutz von Steinmäuerchen und im Schatten von Eichen, beheiztes Schwimmbad, Bar-Restaurant, Abendprogramm Juli/Aug. Sehr angenehmer und schöner Platz. Vermietung von Mobil-Homes, chalets und Stoff-Bungalows. 46240 Séniergues. ☎ 0565211436, www.camping-lafaurie.com. **《《**

Rocamadour

Rocamadour ist das Lourdes des Quercy und klebt völlig verschachtelt in drei, oder besser gesagt in vier, Etagen an der Felswand über dem Alzou-Tal. Ganz in der Nähe befindet sich auch das weltberühmte Karstloch Gouffre de Padirac.

Ein alter Spruch im Quercy besagt: „Die Häuser über'm Bach, die Kirche über den Häusern, die Felsen über der Kirche und die Festung über den Felsen." In Rocamadour wird dieser Spruch Realität, hier strebt der Ort dreimal gen Himmel: Die unterste Etage bilden die Wohnhäuser, die sich auf halber Höhe entlang der Straße hinziehen, darüber türmen sich in einem charmanten architektonischen Durcheinander an den Felsen geklammert die Sanktuarien. Diese werden wiederum von der teilweise überhängenden hohen Felswand überragt. Über dem ganzen Gebäude-Wirrwarr thront die Burg. Wunderbar zu beobachten ist diese schwindelerregende Szenerie von der darunter vorbeiführenden Straße D 32. Den reizvollen Anblick dieses architektonischen Meisterwerks im Morgenlicht kann man aber auch vom direkt nebenan liegenden Weiler **L'Hospitalet** (ehemaliges Pilger-Hospital aus dem 11. Jahrhundert mit der dazugehörenden Kapelle aus dem 13. Jahrhundert) genießen.

Der gesamte Felsenbereich war schon vor über 20.000 Jahren bewohnt, wie die Pferdezeichnungen in der nahegelegenen *Grottes des Merveilles* zeigen. Für die Christen ist Rocamadour seit dem 5. Jahrhundert eine heilige Stätte, um die sich eine Legende rankt. Bei der mumifizierten Leiche, die man 1266 per Zufall am Eingang zu der *Felsenkapelle Notre-Dame* fand, handelte es sich angeblich um den Einsiedler Amadour. Der Ort hieß von nun an „roc Amadour" (Felsen des Amadour) und das Wallfahrtsfieber nahm seinen Anfang. Außerdem gläubigen Fußvolk und der zur Buße verurteilten Banditen pilgerten auch höchste Persönlichkeiten wie Philipp der Schöne, Ludwig der Heilige, Richard Löwenherz oder der heilige Dominikus nach Rocamadour. Das erforderte natürlich den Bau eines entsprechenden Glaubenszentrums, das der *Abt von Saint-Martin* von Tulle noch im 13. Jahrhundert errichten ließ. Viel Authentisches ist aus der damaligen Zeit nicht übrig, die heutigen Bauten stammen von den Renovierungsarbeiten im 19. Jahrhundert. Eine 233-stufige Treppe, die von der einzigen Gasse durch den alten Ortskern nach oben führt, verbindet den weltlichen Teil von Rocamadour mit dem zwischen Himmel und Erde schwebenden kirchlichen Bereich. Die Treppe diente den Gläubigen als schweißtreibende Bußübung.

Rocamadour: Place Saint-Amadour im Zentrum der Sanktuarien

Information/Verbindungen/Diverses

Information Office de Tourisme Rocamadour, das Touristenbüro bietet Führungen durch die Heilige Stätte an. Rue de la Couronnerie (am Rathaus), 46500 Rocamadour, ℅ 0565336259, www.rocamadour.com.

Office de Tourisme L'Hospitalet, liegt direkt an der Hauptstraße des Weilers und ist nicht zu übersehen, ℅ 0565332200, www.rocamadour.com.

Verbindungen Zug: SNCF, Linie Paris–Toulouse bis Bahnhof Souillac, ℅ 0565327821, ab Souillac mit Bahnbus (autocars SNCF).

Bus: Autocars Rocamadour-Padirac, ZA (Zone Artisanale) de la Gare, ℅ 0565336212, www.autocarsarcoutel.com.

Parken/Zugang Sehenswürdigkeiten (s. u.) Kostenloser Parkplatz im Tal, Aufstieg bis zur Cité zu Fuß über die Treppen oder mit dem Straßenzügle (April–Sept. tägl. 10.30–19.30 Uhr im 15 Minutentakt, 2,50 €/Fahrt). ℅ 0565336599, www.lepetittrainderocamadour.com.

Kostenpflichtige Parkplätze: An der Porte du Figuier (Eingang zur Altstadt), freie Plätze gibt's nur frühmorgens.

Im angrenzenden *L'Hospitalet*, dem einstigen Hospiz von Rocamadour und heute ein kleiner Ort, gibt es mehr Parkmöglichkeiten, verbunden mit einem Fußmarsch. Entweder man läuft auf dem alten geschichts-

Das Quercy

trächtigen Pilgerpfad (ab der Kapelle von L'Hospitalet, durch die Porte de l'Hôpital und bergab bis zum Stadttor Porte du Figuier in Rocamadour, Dauer ca. 15–25 Min). Oder man geht oben an der Straße entlang bis zum *Château*.

Oberhalb der Heiligen Stätte direkt am château kostenpflichtiger, bewachter Parkplatz.

Aufzüge Es gibt derer gleich zwei: Der erste zwischen der eigentlichen Ortschaft und den Sanktuarien (*ascenseur de Rocamadour*); ✆ 0565336244, in Betrieb von Anfang Febr. bis Mitte Nov. und Ende Dez., im Juli/Aug. von 8–20 Uhr, sonst nur bis 17 bzw.19 Uhr. Kosten 2 € für die einfache Fahrt, Hin- und zurück 3 €. Wer nicht fußkrank ist, sollte nach alter Pilgermanier marschieren, schließlich kommt man dabei durch den interessantesten Bereich von Rocamadour.

Der zweite Aufzug, eine Zahnradbahn (*ascenseur incliné Solveroc*), verbindet das Schloss mit den unter ihr liegenden Sanktuarien, erspart einem somit den Calvarienweg. 2,50 € für die einfache Fahrt und 4 € hin- und zurück. ✆ 0565336779.

Markt Bauernmarkt in L'Hospitalet mit regionalen Spezialitäten Anfang Juli und Mitte Aug.

Feste Fête du Fromage, dieses Käsefest am Pfingstsonntag ist das einzige Fest dieser Art im Südwesten und ausschließlich dem Käse, vor allem dem kleinen, kräftigen Rocamadour-Käse gewidmet. Ein richtiges Volksfest!

Ballonfahrer-Treffen, immer am letzten So im September.

Übernachten & Essen

Übernachten *** Hôtel-Restaurant Le Troubadour, Logis de France, rund 1 km außerhalb von L'Hospitalet in Richtung Alvignac (D 673). Ausgebaute Scheune (17. Jh.) mit zehn liebevoll eingerichteten Zimmern, Blick auf die Causse oder das hauseigene Schwimmbad. DZ 70–110 €. Achtung, unterschiedliche Öffnungszeiten von Hotel und Restaurant: Hotel durchgehend von Mitte Febr. bis Mitte Nov. geöffnet, das Restaurant ist im Juli/Aug. geschlossen. ✆ 0565337027, www.hotel-troubadour.com.

** Hôtel-Restaurant Le Terminus des Pèlerins, das kleine Logis de France-Hotel im Herzen von Rocamadour (bei der großen Treppe) hat 12 Zimmer und strahlt eine gemütliche Atmosphäre aus. Alle Zimmer mit Tel. und TV, manche mit Balkon. Verglaste Veranda über dem Alzou-Tal. Haustiere erlaubt. DZ 46–71 € je nach Ausstattung. Nov.–März. geschlossen. Place de la Carretta (Ortsmitte). ✆ 0565336214, www.terminus-des-pelerins.com.

** Hôtel-Restaurant Le Lion d'Or, Logis de France, liegt ebenfalls an der einzigen Straße in der Altstadt, 36 Zimmer mit TV und Tel., WLAN. Privatgarage für Fahrräder und Motorrad. DZ 42,50–56 €. Geöffnet von März bis Mitte Dez. Cité médiévale, ✆ 0565336204, www.liondor-rocamadour.com.

Camping *** La Rivière, etwa 8 km entfernt liegt das Camperparadies für Aktive. Organisation von Kanu-, Kajak- und Mountainbiketouren sowie Wanderungen. Spielplatz, Schwimmbad, und Bademöglichkeit in der Dordogne. April–Sept. geöffnet. La Riviere, 46200 Lacave, ✆ 0565370204 (Hauptsaison) und ✆ 0565414722 (Nebensaison), www.campinglariviere.com.

** Camping municipal Beauregard, knapp 1 km von Pinsac entfernt. Gut beschatteter Platz, der einfach und ruhig ist. Spielplatz, Snack-Bar, Kanuverleih. Liegt direkt an einer Dordogne-Schleife unterhalb der Felswand der Burg Beauregard. Vermieten auch drei sehr einfache, aber funktionell eingerichtete Zimmer am Eingang des Campingplatzes. Juni–Sept. geöffnet. ✆ 0565370602 (Saison) und ✆ 0565378583 (Nebensaison).

Camping de la Ferme Branche „Les Campagnes", Campen auf dem Bauernhof, auf Wunsch mit Frühstück. Liegt etwa 1 km außerhalb von L'Hospitalet Richtung Souillac (D 247), Spiel- und Grillplatz, Verkauf von eigenen Erzeugnissen. Von April bis Mitte Nov. geöffnet. Route de Souillac (D 247), 46500 Rocamadour. ✆ 0565336337, www.campingfermebranche.com. yahoo.fr.

Sehenswertes

In den Sommermonaten ist Rocamadour stark überlaufen, deshalb sollte der Besuch entweder auf die Morgen- oder Abendstunden gelegt werden.

Sanktuarien: Die sieben heiligen Stätten sind die **Basilika Saint-Sauveur** (das weitläufigste Gebäude am Vorplatz), die **Kirche Saint-Amadour**, die **Kapelle Notre-Dame**, die drei **Kapellen Saint-Jean-Baptiste, Saint-Blaise et Sainte-Anne** sowie die **Kapelle Saint-Michel**. Sie stehen alle in einem architektonisch interessanten Durcheinander um den kleinen **Platz Saint-Amadour**, der offensichtlich einst eine Nekropole war. Das Allerheiligste aber ist die **Kapelle Notre-Dame**, auch Wunderkapelle genannt, zu der 25 Stufen hinaufführen. Im 15. Jahrhundert wurde sie durch herabfallende Felsen dem Erdboden gleichgemacht, der Bischof von Tulle ließ sie wieder aufbauen. Religionskriege und Revolutionswirren zerstörten sie abermals, was neue Instandsetzungen im 19. Jahrhundert zur Folge hatte. In der von Kerzenruß geschwärzten Kapelle entdeckt man auf dem Altar die nur 69 cm große und aus Holz geschnitzte schwarze Madonnenstatue *Notre-Dame-de-Rocamadour*. Im Gewölbe hängt eine kleine und unscheinbar wirkende Glocke aus dem 9. Jahrhundert, der man nachsagt, sie hätte selbstständig zu läuten angefangen, als Seefahrer im Sturm *Notre-Dame-de-Rocamadour* um Beistand anflehten.

Chapelle Saint-Michel: Die seit dem Mittelalter kaum veränderte Kapelle wurde tief in den Felsen hineingebaut. Ihre winzig kleine Apsis schmückt eine einzigartige romanische Freske aus dem 13. Jahrhundert. Auch die Außenmauer der Kapelle war wahrscheinlich früher gänzlich mit einer Freske bedeckt, leider ist heute nur noch ein kleines Fragment davon erhalten.

Grab des heiligen Amadour: Neben der Kapelle Notre-Dame befindet sich in einer mit Eisengittern verschlossenen Felsnische der leere Sarkophag des heiligen Amadour, angeblich genau an der Stelle, an der einst sein Leichnam gefunden wurde.

Château: Im Jahre 1843 wurde das Pilgerzentrum an die große Mauer der Burg angebaut, um zu vermeiden, dass die Pilgerscharen von oben her in die heilige Stätte absteigen – so bequem wollte der Heilige Stuhl es den büßende Pilgern nun doch nicht machen! Die Festungsmauer bietet einen schwindelerregenden Blick hinunter auf die Sanktuarien.

Im Ort selbst sind außer den drei Stadttoren **Porte de Figuier**, **Porte Salmon** und **Porte Basse** in der rue Couronnerie, der einzigen Straße von Rocamadour, auch mehrere interessante Gebäude aus dem Mittelalter zu sehen.

„Rocamadour by night": In mehreren Sprachen kommentierte und romantisch angehauchte Rundfahrt im kleinen Straßenzügle um das heimelig beleuchtete Rocamadour.

Jeden Abend zwischen Ostern und Ende Sept. Abfahrt 21.30 Uhr an der porte de Figuer, Erwachsene zahlen für die Fahrt 5 €, Kinder 2,50 €.

In der Umgebung von Rocamadour

Rocher des Aigles: Der sogenannte Adler-Felsen ist mit über 400 seltenen Vögeln Europas größte Aufzuchtstation, u. a. gibt es Königsadler, Andenkondore, Aras und Falken zu sehen.

Eintritt 9 €. Von April bis Ende Sept. tägl. geöffnet, in der Nebensaison Mo sowie Anfang Nov. geschlossen. Vorführungen jeweils 11.30, 14.30, 16.30 und im Juli/Aug. auch 17.45 Uhr. In der Nähe der Burg von Rocamadour (gut ausgeschildert), ✆ 0565 336545, www.rocherdesaigles.com.

Forêt des Singes: Der Affenwald befindet sich direkt bei Rocamadour. Auf 24 Hektar Gelände leben frei umherstreifend 130 Barbarie Makaken, eine vom Aussterben bedrohte Affenart. Die Haltung dieser Tiere dient Wissenschaftlern auch zu

Forschungszwecken. Der Park liegt von Gramat kommend kurz vor L'Hospitalet (gut ausgeschildert).
Eintritt 8,50 €. Von Ende März bis Anfang Nov. tägl. 9.30–18.30 Uhr geöffnet, in der Nebensaison über Mittag geschlossen. ✆ 0565336272, www.la-foret-des-singes.com.

Préhistologia: Der größte prähistorische Park Europas ist ein weiterer Superlativ der Midi-Pyrénées. Auf einem Lehrpfad im Gelände durchwandert man mal eben so 15 Milliarden Jahre Erdgeschichte, hält Zwiegespräche mit Dinos und Flugreptilien, nimmt am Dorffalltag der Steinzeitmenschen teil ...
Eintritt 8,80 €, April bis Anfang Nov. geöffnet, Juli/Aug. 10–18.30 Uhr, sonst sehr unterschiedliche Öffnungszeiten. 46200 Lacave (an der D 247). ✆ 0565322828, www.prehistologia.com.

Le Gouffre de Padirac

Nur zwei Kilometer nördlich von Rocamadour befindet sich eine der größten geologischen Sehenswürdigkeiten, die Frankreich zu bieten hat. Um diesen gigantischen Schlund in der Causse du Gramat zu begreifen, ist die Nennung einiger Zahlen notwendig.

Das Loch entstand durch den Deckeneinbruch der einstigen Karsthöhle und hat heute einen Durchmesser von 35 Metern. Am Grunde dieser Höhle angekommen (13 °C!), erwartet den staunenden Besucher in 103 Metern Tiefe ein unterirdischer Fluss, auf dem man 500 Meter weit in einem Flachkahn gestakt wird, vorbei an bis zu 60 Meter hohen Felswänden. Im Regensee (*lac de la Pluie*) befindet sich ein 60 Meter langer Stalaktit (*colonne de Pendeloque*), der die Wasseroberfläche berührt, die große Säule (*la Grande Colonne*) erreicht sogar 75 Meter und die Decke im *salle du Grand Dôme* ist mit 94 Metern eine der höchsten Europas.
Eintritt für die Führung 9,20 € (Dauer circa 1 ½ Std.). Von Anfang April bis Anfang Nov. 10–17 Uhr geöffnet, Juli 9.30–18 Uhr, Aug. 8.30–18.30 Uhr. 46500 Padirac, ✆ 0565336456, www.gouffre-de-padirac.com.

Blick in den Gouffre de Padirac

Gourdon

🌿 **Le Roc du Berger**, nur 2 Autominuten von Padirac in Richtung Rocamadour entfernt, liegt dieses angenehme Restaurant im lichten Eichenwald auf der Causse. Es werden nur Produkte aus der direkten Umgebung verarbeitet, Spezialität sind Ente und Lamm vom Grill, Menü 18–26 €. Nur mit Reservierung! April–Sept. geöffnet. Bois de Belveyre, route de Padirac (D 673), ☎ 0565331999. ■

Im Land der Bouriane

Der bewaldete und hügelige Landstrich La Bouriane zwischen Lot und Dordogne unterscheidet sich völlig von den grauen Kalkplateaus, die ihn umgeben.

Heidekraut und niederes Gehölz, aber auch Esskastanienbäume und Farn bedecken die sandigen und tonigen Böden. Ziemlich abgeschieden vom Rest der Welt ist die Landschaft mit ihren kleinen Dörfern, romanischen Kirchen und Höhlen. Gerade diese Kombination macht die 890 km² große Fläche mit ihrem Geflecht von engen, kurvenreichen Sträßchen so liebenswert und interessant.

Gourdon

Das 4.600 Einwohner zählende kleine Städtchen war im Mittelalter aufgrund seiner strategisch guten Lage heiß umkämpft. Es heißt, die Stadt war auch im Besitz eines gewissen Richard Löwenherz. Heute ist der Ort „Hauptstadt" der Bouriane.

In der Stadt standen zeitweise vier Klöster, die allesamt von dem berühmt-berüchtigten Oberhaupt der Hugenotten, Duras, geplündert und zerstört wurden. Doch damit nicht genug. Weil der damalige Lehnsherr von Gourdon zum falschen Lager gehörte, d. h. nicht zu Ludwig XIII., wurde seine Burg 1651 dem Erdboden gleichgemacht. Im 18. Jahrhundert wurde dann noch zu guter Letzt die Stadtmauer niedergerissen. Auf ihrer Trasse rund um den Ort rollt heute der Verkehr. Der mittelalterliche Stadtkern um die Kirche Saint-Pierre auf dem Hügel ist erhalten geblieben.

Information Office de Tourisme Quercy-Bouriane, rue du Majou, 46300 Gourdon, ☎ 0565275250, www.tourisme-gourdon.com.

Parken kann man am besten entlang der Umfahrung um den alten Ortskern.

Fahrräder verleiht Nature Évasion, Di–Sa geöffnet, avenue Cavaignac. ☎ 0565376512.

Markt Sa vormittags, place de la Poste.

Bauernmarkt an Ostern und Allerheiligen, place de la Poste; und im Juli/Aug. Do vormittags, place Saint-Pierre (Kirchplatz).

Feste Les Médiévales, mittelalterliches Straßenfest am 1. Wochenende im Aug. mit Umzug, Spielen, Jongleuren, Vorstellung alter Handwerkskünste, Gesang, Tanz und Festbankett.

Kammermusik-Festival, Konzerte in den Kirchen der Region, Juli/Aug. ☎ 0565412006, www.gourdon.fr.

Übernachten *** Hostellerie de la Bouriane, kleines Hotel mit Feinschmeckerlokal, Menü 26–49 €, am Fuße der Ortschaft mit Veranda und Parkanlage. Das ganze Haus ist Nichtraucherrevier, Haustiere nicht gestattet. Geräumige nette Zimmer mit Tel., TV, WLAN und teilweise Safe. DZ 74–125 €. Hotel eine Woche im Okt. und von Mitte Jan. bis Anfang Mai geschlossen. Restaurant von Anfang Mai bis Mitte Okt., Di–Sa nur abends und So ganztägig geöffnet, von Mitte Okt. bis Ende April Di–Sa nur abends und So nur mittags geöffnet (gilt nicht für Hotelgäste). Place Forail, ☎ 0565411637, www.hotellabouriane.fr.

** **L'Orange Tree**, die Zimmer des schon betagten Hotels im Zentrum sind leider noch nicht alle renoviert, aber die schon aufgefrischten Zimmer sind nett und gemütlich eingerichtet mit TV und WLAN. DZ 48–69 €. Speisesaal im englischen Café-Lounge-Stil. Im Sommer gute Adresse für Spätesser, es wird bis 16 Uhr auf der Terrasse serviert. Mittagsmenüs 12,50–14 €. Restaurant Mo abends geschlossen. 51,

In der Chapelle Notre-Dame-des-Neiges steht ein vergoldeter Altar von Tournié

boulevard des Martyrs (gegenüber der Post), ✆ 0565410248, www.orangetree.fr.

** La Promenade, Hotel-Restaurant und Pub, Hotel mit 10 Zimmern in vier Stilrichtungen, u. a. Zen (schwarz-weiß) oder british (grün karierte Bettdecke). Alle Zimmer sehr geräumig mit Tel. und TV. Haustiere nicht erlaubt. DZ 45–70 €. Das Restaurant hat eine Speisekarte für jeden Hunger: angefangen vom günstigen Tagesmenü bis zu Fleischspezialitäten vom Grill oder der Plancha. 48, boulevard Galliot de Genouillac, 46300 Gourdon. ✆ 0565414144, www.lapromenadedegourdon.com.

Pub La Promenade, eine der ganz wenigen Adressen, wo man abends in Gourdon noch einen „zürpfeln" kann. Der ideale Ort für Bier- oder Whiskyproben: Über 30 Biersorten unterschiedlichster Herkunft und nicht weniger als 20 Whiskys erwarten Sie. Für die „very britische" Inneneinrichtung sorgt eine echte rote Telefonkabine. Adresse s. o.

Camping *** **Domaine le Quercy**, sehr komfortabler und schöner Platz beim etwa 1 km entfernten Weiler (Richtung Sarlat) mit dem romantischen Namen "Écoute-s'il-Pleut" (lausche ob es regnet). Schwimmbad mit Rutsche, ideal für Kinder. Mobil-Homes und chalets. Von Mitte April bis Ende Sept. geöffnet. ✆ 0565410619, www.domainequercy.com.

Sehenswertes

Mittelalterliches Stadtviertel: Alle bergauf führenden Gässchen enden bei der Kirche Saint-Pierre. Besonders malerisch ist das Altstadtviertel um die Kirche herum mit der einstigen Hauptstraße von Gourdon, der **rue du Majou**. Sie beginnt am Stadttor **Porte Majou** und führt in das ehemalige Weberviertel. Auffallend sind die zahlreichen, ab dem 16. Jahrhundert wieder aufgebauten, imposanten Häuser aus gelbem Sandstein, wie das **hôtel d'Anglars** oder das **maison du Sénéchal** mit Verzierungen aus der Renaissance sowie das Pfarrhaus oder das Rathaus mit seinen Arkaden.

Église Saint-Pierre: Zwei asymmetrische Türme zieren die Kirche. Das fast fensterlose Gebäude mit den Pechnasen und mächtigen Strebepfeilern lässt keinen Zweifel an der ehemaligen Funktion als Wehrkirche zu. Nahe der Kirche steht das einstige Wohnhaus der **Familie Cavaignac**, ein Name, den jeder in Gourdon kennt. *Jean-*

Baptiste Cavaignac, ein überzeugter Anhänger der Französischen Revolution, stimmte für den Tod Ludwigs XVI. und wurde schließlich Berater Napoléons I.

Église des Cordeliers: Die Kirche steht an der Ortsumgehung. Lassen Sie sich nicht vom unscheinbaren Äußeren der Franziskanerkirche abschrecken, sie ist doch einen Besuch wert. Honigfarbene Steine geben dem im gotischen Stil gehaltenen Kirchenraum eine sehr warme Atmosphäre. Man sollte nicht vergessen, einen Blick auf das wunderschöne Taufbecken aus dem 14. Jahrhundert zu werfen. Im Sommer finden hier zeitweise Ausstellungen statt.

La Chapelle Notre-Dame-des-Neiges: Die kleine Kapelle liegt etwa 900 m südlich vom Zentrum (ausgeschildert) am Pilgerweg nach Santiago de Compostela, welcher Rocamadour mit Gourdon verbindet. Die naheliegende „Wunderquelle" hat sie bekannt gemacht. Sehenswert ist der vergoldete Altar von *Tournié*. (Falls die Kapelle geschlossen ist, gibt's den Schlüssel im angrenzenden Haus).

Spazierfahrt in der Umgebung von Gourdon

Wenn man noch ein bisschen mehr von Land, Leuten, Kunst und Geschichte in diesem Gebiet kennenlernen möchte, bietet sich eine Entdeckungsfahrt auf der D 12 an. Dieses Sträßchen verbindet die Dordogne im Norden mit dem Lot im Süden und führt quer durch *La Bouriane*. Auf dieser Strecke, die bequem an einem Tag zu bewältigen ist, stößt man auf zahlreiche kleine architektonisch interessante Dörfer und Burgen. Außerdem trifft man auf die Holzschnitzkunst des aus dem 17. Jahrhundert stammenden und einst hier heimischen Holzschnitzers *Tournié*. Nicht versäumen sollte man folgende Ortschaften, die nur wenige Kilometer südlich oder nördlich von Gourdon liegen:

Im **Süden der Bouriane** folgt die D 12 dem breiten Tal des Cérou. Abgeschiedene mittelalterliche Dörfer, romanische Kirchen und Werke, nicht nur von heimischen Künstlern, erwarten den Besucher.

Peyrilles: Der Ort besitzt eine Burg (keine Besichtigung), die über das Dorf wacht sowie eine romanische Kirche. Die im 14. Jahrhundert umgebaute Kirche Saint-Pierre beeindruckt ihre Besucher mit einem wunderschönes Renaissance-Portal.

Catus: Ist ein malerisches Dorf mit engen mittelalterlichen Gassen. Die Reste der Stadtmauer, der Turm Dépétrat und der alte Brunnen verstärken das Flair vergangener Zeiten. Sehenswert ist auch der vergoldete und farbige Altar in der *Kirche Saint-Astier* (11.-16. Jh.), er stammt wahrscheinlich aus der Werkstatt von *Tournié*.

Les Junies: Ist nur wenige Kilometer westlich von Catus gelegen und hat nicht nur Ruinen eines Klosters aus dem Jahre 1343 vorzuweisen. Eine mächtige gotische Kirche mit flachem Chorhaupt beeindruckt durch ihre einmalig schönen Kirchenfenster (14. Jh.), auf denen geschichtliche Darstellungen zu sehen sind. Der Altar wird – wie in Catus – *Tournié* zugeordnet.

Lherm: Ziemlich einsam in einem bewaldeten Tal gelegen, war der Ort einst Sitz eines Klosters. In diesem Tal wurde nach dem Hundertjährigen Krieg Eisenerz abgebaut. An der *place Carralier* überragt der prächtige *Tour de L'Évêque* (Bischofsturm) aus dem Mittelalter die steilen Hausdächer.

Les Arques: Besticht mit seiner prächtigen romanischen *Kirche Saint-Laurent*, die einst hinter Klostermauern erbaut wurde. Der Hundertjährige Krieg ließ nur den architektonisch interessanten romanischen Chor stehen, der Rest wurde wieder aufgebaut. In dem Ort hat sich der geniale russische Bildhauer *Zadkine* 1934 niedergelassen. Typisch für sein Schaffen sind sehr langgezogene, aus Holz geschnitzte Körper des Christus – eine Veranschaulichung des abgezehrten Körpers.

In der Kirche ist ein solcher Christus zu bewundern. Falls man mehr von Zadkine sehen möchte, gibt es im Ort ein Zadkine-Museum mit Aquarellen, Lithographien, Wandteppichen sowie Holz- und Bronzeskulpturen. Es war auch Zadkine, der 1954 in der kleinen romanischen *Kirche Saint-André*, welche eher einer Scheune als einer Kirche ähnelt, wunderschöne Fresken von hohem künstlerischem Wert entdeckte.

Der **Norden der Bouriane** bietet für Kunstgeschichtler und Kunstinteressierte ebenfalls einige interessante Kirchen und charmante Dörfer. Man verlässt Gourdon am besten wieder auf der D 12, die über die Bahnhofsbrücke führt.

Prouilhac: Beherbergt die schönsten geschnitzten Holzarbeiten des heimischen Kunstschreiners Tournié.

Fajoles: Die romanische Wehrkirche ist mit geschnitzten Türen ausgestattet, welche aus der ehemaligen benachbarten Abtei von Caminel stammen.

Ein typisches Zadkine-Kunstwerk

Lamothe-Fénelon: Die gotische Kirche des Ortes Saint-Sixte mit ihrem Glockengiebel stammt aus dem 15. Jahrhundert. Zu besichtigen gibt es figürliche Kapitele und Wandmalereien aus dem 16. Jahrhundert im Chor.

Restaurant Les Marronniers, im alten Bahnhofsgebäude von Lamothe-Fénelon, liegt circa 1,5 km außerhalb Richtung Gourdon (D 12) im Weiler Lamothe-Haut (ausgeschildert). Deftiges und reichhaltiges Essen wie „bei Oma", ohne jeden Schnickschnack. Im Sommer sitzt man auf der schattigen Terrasse und schaut den vorbeifahrenden Zügen nach. Mittagsmenü (*menu ouvrier*, „Arbeitermenü") 12 €. Tägl. geöffnet außer Di abends und in der Nebensaison zusätzlich Fr geschlossen.

Milhac: War bis zum 14. Jahrhundert „Hauptort" der Bouriane. Aus dieser Zeit stammen die Befestigungsanlagen der Burg, die alten Häuser und ein Pfarrhaus mit Steindach (frz. *lauzes*).

Saint-Cirq-Madelon: Auch diese Ortschaft weist erstaunliche Wandmalereien in ihrer *Kirche Saint-Georges* auf. Wie an den unterschiedlichen Stilen unschwer zu erkennen, entstanden diese Malereien über mehrere Jahrhunderte.

Payrignac liegt auf dem Rückweg nach Gourdon. In der *Kirche Saint-Agapit* steht ein holzgeschnitzter barocker Altar, der von Pélican (1680), einem Schüler von Tournié, stammt.

Cougnac: In den **grottes de Cougnac**, nur drei Kilometer nördlich von Gourdon, sind hunderte von Felsmalereien (Mammuts, Menschen, Riesenhirsche etc.) aus der Magdalenien-Epoche zu bewundern. Hauchdünne Stalaktiten, die zu Tausenden wie eine sehr feine Klöppelspitze von der Decke hängen, bezaubern die Besucher. Es ist eine der wenigen Höhlen, in der so alte Felsmalereien noch der Öffentlichkeit zugänglich sind!

Eintritt 6,50 €. Juli/Aug. 10–18 Uhr, die restlichen Monate über Mittag geschlossen oder nur nachmittags geöffnet. Nov.–Ostern ganz geschlossen. ✆ 0565414754, www.grottesdecougnac.com.

Die Causse zwischen Lot und Célé

Entlang des Célé-Tals

Tief gräbt sich der Célé in die Causses de Quercy, bevor er bei Conduché in den Lot mündet.

Im Sommer verbreitet sich in dem von Figeac stromabwärts liegenden Talabschnitt der intensive Duft von Buchs. Schon seit jeher boten die hohen Felswände entlang des Flusses den Menschen Schutz und in den Flussmäandern liegen saftig grüne Wiesenflächen und Pappelhaine. Da die engen Talabschnitte nur wenig Platz bieten, sind einige der winzigen Dörfer halb in den Fels gehauen.

Figeac

Die Altstadt von Figeac schmücken viele alte Häuser aus dunkelbraunem Fachwerk und roten Backsteinen. Ein besonderes Detail aus der Vergangenheit sind die offenen Galerien (sogenannte Soleilho) unter dem Dachstuhl.

Den Grundstein für das Städtchen legte einst der Frankenkönig und Vater von Karl dem Großen, *Pippin der Kurze*, mit der Gründung der *Abtei Saint-Sauveur* im Jahre 838. Die günstige Lage der Abtei am Kreuzungspunkt der Handelswege aus der Auvergne, dem Quercy und dem Rouergue ließ rasch eine Siedlung wachsen. Der lokale Handel entwickelte sich gut und es dauerte nicht lange, da wurden auch internationale Kontakte hergestellt. Leider machten der Hundertjährige Krieg und die große Pest dem regen Treiben ein jähes und langes Ende. Figeac erwachte erst wieder Anfang des vergangenen Jahrhunderts aus seinem mittelalterlichen Dornröschenschlaf und ist heute ein nettes Touristenstädtchen mit 10.600 Einwohnern.

Das Quercy

Information/Verbindungen/Diverses

Information Office de Tourisme,‚ place Vival,‚ im maison de la Monnaie,‚ 46100 ‚Figeac,‚ ✆ ‚0565340625,‚ www.tourisme-figeac.com.

Verbindungen Zug: vom Gare SNCF tägl. Züge nach Paris, Toulouse und Clermont-Ferrand. ✆ 3635 aus Frankreich 0,34 €/Min.). Der Bahnhof liegt Richtung Villefranche-de-Rouergue.

Bus: ab Bahnhof tägl. zahlreiche Busse in alle Richtungen.

Parken kann man kostenlos entlang der Umgehungsstraße westlich und nördlich von Figeac.

Markt Sa vormittags in der ganzen Altstadt.

Marchés nocturnes, abendlicher Markt mit regionalen Produkten, Handwerkskunst und kulinarischen Gerichten an drei Abenden im Juli und Aug.

Internet Espace Jeune Intercommunal, kostenloser Internetzugang. Mo-Fr 13.30-18 Uhr geöffnet. Avenue Philibert-Delprat, ✆ 0565110943.

WLAN in der Bar Champollion (Adresse s. u.)

Veranstaltungen Festival de Théâtre, Theatervorstellungen, Lesungen, Konzerte, etc. Ende Juli/Anfang Aug, ✆ 0811804646, www.festivaltheatre-figeac.com.

Rencontres musicales de Figeac, Musikfestival in Kirchen und Burgen in und um Figeac an 14 Tagen im Aug., www.festivaldefigeac.com.

Freizeit Im Park Accro Liane können Sie sich an Drahtseilen in luftiger Höhe durch die Bäume hangeln. Verschiedene Schwierigkeitsgrade für Jung (ab 3 J.) und Alt. Avenue de Nayrac, ✆ 0634350909, www.accroliane.com.

Übernachten

*** **Grand Hotel Le Pont d'Or** **6**, Hotelkette Best Western. War bis 1920 Pferdewechselstation, liegt direkt an der Célé-Brücke (Richtung Villefranche-de-Rouergue). Schwimmbad, Sauna, Fitnessraum, Billard, Bar gehören zur Ausstattung. Alle Zimmer mit Satelliten-TV, Klimaanlage, manche Zimmer mit Doppelbetten, sonst franz. Betten (160 cm), WLAN. Nichtraucher! Haustiere 7 €. DZ 76–122 €. Ganzjährig geöffnet, 2, avenue Jean-Jaurès, ✆ 0565509500, www.hotelpontdor.com.

** **Bar-Hôtel Le Champollion** **3**, kleines Hotel mit 10 Zimmern mitten im Zentrum, insgesamt sehr angenehmes Ambiente, auch was die Bar und die Terrasse angeht. Helle, geräumige Zimmer, z. T. mit Blick auf den Platz. Alle Zimmer mit Tel., TV und WLAN. Haustiere erlaubt. DZ ab 50 € (sehr gutes Preis-Leistungs-Verhältnis). Ganzjährig geöffnet. 3, place Champollion, ✆ 0565340437.

** **Hôtel des Bains** **5**, wie der Name schon verrät, handelt es sich um ein ehemaliges öffentliches Badehaus direkt am Célé. 19 renovierte Zimmer (z. T. Mehrbettzimmer) mit Tel. und WLAN. DZ 47–71 €, Frühstück 7,50 €. Sa/So geschlossen. 1, rue du Griffoul, ✆ 0565341089, www.hoteldesbains.fr.

Camping *** **Camping les Rives du Célé** **7**, am Freizeitpark *Base de loisirs du Surgié*, ca. 1,5 km Richtung Capdenac-Rodez (gegenüberliegende Célé-Seite). Rund 100 Stellplätze direkt am Célé mit Wasserrutschbahn, Schwimmbad, Möglichkeiten für Kanufahrten und Ausritte. Vermietung von Mobil-Homes und Stoff-Bungalows. April–Sept. geöffnet.✆ 0565345900, www.lesrivesducele.com.

Essen La Puce à l'Oreille **2**, liegt sehr versteckt in der Altstadt. Der Speisesaal des 600 Jahre alten Gebäudes geht über mehrere Etagen. Die sehr gute regionale Küche gehört zu den Top-Adressen des Städtchens. Tagesgericht 14,50 € und Menü ab 20,50 €. Mo Ruhetag, in der Nebensaison auch So abends geschlossen. Betriebsferien 10 Tage im Juni und drei Wochen im Okt. 5-7, rue Saint-Thomas, ✆ 0565343308.

Le 5 **1**, Bar-Restaurant mit hauptsächlich regionaler Küche, im Sommer leckere gemischte Salatteller. Man sitzt sehr schön am Rande des Platzes und im Schatten der hohen Häuser. Tagesmenü 14 €. Tägl. außer So abends geöffnet, in Nebensaison auch Mo geschlossen. 5, place Champollion, ✆ 0565501081.

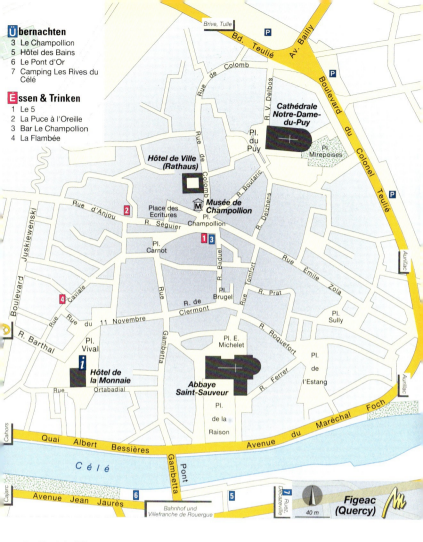

La Flambée 4, kleines und ebenfalls gut verstecktes Restaurant in der Altstadt mit günstiger, traditionell französischer Küche. Tagesteller 7,50 € und Menü ab 12 €.

26, rue Caviale, ✆ 0565347212.

Nachtleben Disco L'Axye Pub, avenue Président Pompidou, ✆ 0565341991.

Sehenswertes

Figeac besitzt eine einmalige Reihe mittelalterlicher Häuser und Wohnpaläste von reichen Händlern, anhand derer man die architektonische Entwicklung über 300 Jahre (12.-15. Jahrhundert) verfolgen kann. Sie sind aus hellem Sandstein, haben kuriose Kamine und teilweise den typischen *Soleilho* unterm Dach, der den reichen Hausbesitzern einen angenehmen hellen und gut durchlüfteten Aufenthalt

Am Place Champollion: gotischer Wohnpalast mit einem Soleilho unterm Dach

im Sommer erlaubte, von dem erhabenen Blick hinunter auf das Geschehen in den Gassen ganz zu schweigen.

Hinweis: Die bedeutendsten Gebäude sind mit einem Schild auf dem ein Schlüssel abgebildet ist versehen und können in Form eines Rundgangs erkundet werden. Informationen gibt es im Touristenbüro.

Maison Griffon: Am *place Champollion* steht eines der ältesten Häuser von Figeac. Es ist mit seinen dreigeteilten Fenstern und relativ niederen Arkaden typisch für das 12. Jahrhundert. Die Kapitelle waren noch aus einem Stück gehauen und da die Grundstücke so schmal waren, endeten die letzten Treppenstufen immer auf der Straße. Die Tür öffnete sich unter einem dicken Türsturz nach außen.

Maison de la Monnaie: Ist ein typisch gotisches Haus aus der Mitte des 13. Jahrhunderts. Es besitzt „nur" noch Doppelfenster und die Arkaden wurden größer gebaut (Schaufenstereffekt), da im Erdgeschoss Handel oder Handwerk stattfand.

Hôtel de Balène: In der rue Balène ist ein gotischer Palast aus dem 14. Jahrhundert zu bestaunen. Die Fenster unterschieden sich zu der Zeit in Form und Größe, je nach Nutzung des dahinterliegenden Raumes. Auch hatten die Häuser immer öfter die offenen Galerien, wie man schön am Gebäude 5, place Champollion erkennen kann. Der Palast bildet einen drastischen Unterschied zum bescheidenen romanischen Nachbarhaus Nr. 8.

Hôtel de Livernon: In der 9, rue Gambetta steht ein typisches Gebäude aus dem 15. Jahrhundert. In Figeac erschienen die ersten Fensterkreuze und zeitgleich verschwanden die Fensterkapitelle und Skulpturen.

Place Vival: Vor allem um diesen Platz gibt es die schönen herrschaftlichen Häuser mit dem typischen Soleilho zu entdecken.

Rue Gambetta: Nicht nur interessant der alten Häuser wegen, diese Straße folgt der alten römischen Trasse, welche Limoges mit Rodez verband.

Place de la Halle: Auch die place Carnot genannt, war ursprünglich der größte Platz der mittelalterlichen Stadt und wie es sich für eine damalige Stadt mit regem Handel gehörte, führten alle engen Gässchen zum Marktplatz. Die gusseiserne Markthalle hat die Ursprüngliche aus Stein im 19. Jahrhundert ersetzt.

Rue Séguier und la place Champollion: Hinter der Fassade der Nr. 4, rue Séguier verbirgt sich das älteste Haus der Stadt mit Elementen aus dem 12. Jahrhundert. Der **Platz Champollion**, früher auch oberer Platz genannt, ist ein weiteres Zentrum, zu dem alle Wege führen. Er hat sich sein Aussehen aus dem 14. Jahrhundert und seine Funktion als oberer Marktplatz bewahrt. Wunderschöne, von Spitzbogenfenstern durchbrochene Fassaden zieren diesen Platz.

Place de l'Écriture: Die riesige schwarze Platte mit einer Vielzahl an Schriftzeichen und Hieroglyphen unterschiedlichster Epochen liegt völlig versteckt in einem Innenhof am Ende der rue des Frères-Champollion und wurde zur Hundertjahrfeier Champollions von dem amerikanischen Künstler Joseph Kosuth geschaffen. Sie stellt eine stark vergrößerte und in Granit gehauene Reproduktion des berühmten Rosetta-Steins (frz. *pierre de Rosette*) dar. Es ist für Figeac so etwas wie ein Wahrzeichen geworden.

Musée Champollion: Das Museum ist im Geburtshaus Jean-François Champollions untergebracht und widmet sich ausschließlich seinem Wirken. Nicht nur viele ägyptische Antiquitäten sind zu sehen, auch einer der seltenen Abgüsse des berühmten Basaltfragments von Rosetta ist zu bestaunen. Auf diesem Stein ist ein Text in drei Schriften (griechisch, demotisch, das in der Zeit von etwa 650 v. Chr. bis 450 n. Chr. im Alten Ägypten von rechts nach links geschrieben wurde sowie in Hieroglyphen) dargestellt. Mit Hilfe dieses Steines konnten die Hieroglyphen überhaupt erst entschlüsselt werden.

Eintritt Erw. 4 €. Im Juli/Aug. tägl. von 10.30–18 Uhr, Okt.–März 14–17.30 Uhr geöffnet, in den restlichen Monaten über die Mittagszeit geschlossen. Place Champollion, ✆ 0565503108, www.ville-figeac.fr.

Musée du Vieux-Figeac: Befindet sich im Touristenbüro (hôtel de la Monnaie). Die Ausstellung zeigt Mineralien, verschiedene Geldstücke, alte Traditionen und Volkskunst.

Eintritt 2 €. ✆ 0565340625 (Touristenbüro).

Abtei Saint-Sauveur: Nur wenige skulptierte Kapitelle sind der einstigen Wallfahrtskirche am Pilgerpfad nach Santiago de Compostela geblieben. Man findet sie bei den beiden Weihwasserbecken in den Kreuzarmen des Querschiffs. Von der einstigen Abtei haben nur die Kirche (1093 geweiht, aber erst im 14. Jahrhundert fertig gestellt) und der Kapitelsaal die vergangenen Jahrhunderte überstanden. Romanisch ist nur noch der unterste Bereich der massiven Rundpfeiler. Je weiter man in dem Gotteshaus aber nach oben schaut, umso gotischer wird's. Das Highlight der Kirche ist der Kapitelsaal aus dem 13. Jahrhundert, welcher zwischenzeitlich in eine Kapelle umgewandelt wurde. Der Innenraum wird durch das Licht, das durch die bemalten Kirchenfenster fällt, in ein sanftes Blau getaucht. Zusammen mit den geschnitzten Holztafeln an den Wänden verströmt die Abtei eine ganz besondere Atmosphäre.

Kirche Notre-Dame-du-Puy: gehört mit Sicherheit zu den ältesten Bauwerken von Figeac und überragt auf einem flachen Hügel die Stadt. In den Chorkapellen finden sich noch ein paar schöne romanische Kapitelle. Im Chor steht ein großer Altaraufsatz aus Nussbaumholz. Von der Terrasse vor der Kirche blickt man auf das dunkle

Auffallend: der Kirchturm von Espagnac-Sainte-Eulalie

Dächer-Mosaik. Hier beginnen auch die von Steinmäuerchen gesäumten engen Gassen, wie die **rue Delzhens**, hinter denen sich geheimnisvolle Gärten verbergen. Besonders bei Dunkelheit fühlt man sich hier ein paar Jahrhunderte zurückversetzt! Tägl. 10–17 Uhr geöffnet.

Espagnac-Sainte-Eulalie

Der Ort, eigentlich ein Gemeindeverband, entwickelte sich um das vom Bischof von Coimbre (Portugal), Aymeric Hébrard, gegründete Augustinerstift aus dem 12. Jahrhundert. Dem Bischof war wohl bewusst, dass es sich hier um ein sehr idyllisches Fleckchen Erde handelte und so nannte er das Stift Notre-Dame-du-Val-Paradis (Unsere Liebe Frau vom Paradiestal). Nomen war hier nicht Omen: Im Hundertjährigen Krieg wurde es zerstört, dann wieder aufgebaut, um während der Revolution schließlich endgültig aufgegeben zu werden. Heute stehen nur noch Mauerreste von der Kirche aus dem 13. Jahrhundert. Man ordnet die drei Grabdenkmäler in der Kirche dem Ritter Hugues de Cardaillac (in Mantelrock, mit Schwert und Schild), seiner schönen Gattin und dem Bischof Aymeric Hébrard zu.

Auffallend ist der an die Kirche angebaute Turm mit einem breiten Obergeschoss aus dunklem Fachwerk und Ziegeln sowie einem achteckigen Dach. Viele alte Wohnhäuser aus dem 17./18. Jahrhundert sind eigentlich ehemalige Klostergebäude.

Führungen ab 2 Pers. in der Hauptsaison um 10.30, 17 und 18.30 Uhr, in der Nebensaison auf Anfrage. Führung 2 €, Dauer ca. 45 Min. ✆ 0565400617.

Übernachten Gîte d'étape municipal, 20 Schlafplätze im 800 Jahre alten Turm des Priorats mitten im Dorf. Es gibt Zweibettzimmer für 26 € und einen Schlafsaal für 10 €/Pers. April–Nov. geöffnet. ✆ 0565 114266, mairie.espagnac@wanadoo.fr.

Camping *** Le Moulin Vieux, 80 Plätze direkt am Célé mit Schwimmbad und Snack-Bar. Vermietung von Kanus und Rückholdienst nach der Kanufahrt. April–Sept. geöffnet. 46320 Brengues (D 41), kurz hinter Espagnac. ✆ 0565400041, www.camping-lemoulinvieux.com.

Camping municipal, liegt unter hohen Pappeln am Célé, neben der Brücke (Abzweig D 41/D 38). Reiner Zeltplatz ohne Vermietungen. Baden im Célé möglich. Warmduscher müssen extra zahlen! Juni–Sept. geöffnet. ✆ 0565400682.

Marcilhac-sur-Célé

Marcilhac, ein winziges Dorf, liegt im weiten, von hohen weißen Kalkfelsen umgebenen Talkessel des Célé. Die wildromantischen Ruinen der ehemals sehr einflussreichen Benediktiner-Abtei überragen alle Dächer. Religionskriege und Hundertjähriger Krieg setzten dem Kloster arg zu. Heute kann man die efeuüberwucherten **romanischen Ruinen** der einstigen Abtei, den **befestigten Glockenturm**, die **gotische Kirche** und den **Kapitelsaal** aus dem 12. Jahrhundert mit seinen phantasiereichen figürlichen Kapitellen besichtigen.

Der Ort selbst besitzt ein paar sehr alte Gebäude, darunter das Fachwerkhaus **maison du Roy**, welches anscheinend 1580 Henri IV. beherbergte. In diesem sind heute das Touristenbüro und ein kleines **Museum mit sakralen Kunstwerken** (Eintritt frei) aus der Dorfkirche untergebracht.
Office de Tourisme, im «maison du Roy». ✆ 0565406844.

** Camping Le Pré du Monsieur, von Pappeln beschatteter einfacher Platz neben der Straße und an den Ufern des Célé. Kanuverleih, Tennisplatz, kleines Schwimmbecken. Auch Vermietung von Wohnwagen und Stoff-Bungalows. Geöffnet von Anfang März bis Anfang Okt. ✆ 0565407788, www.camping-marcilhac.com.

Cabrerets

Unweit des Zusammenflusses von Célé und Lot durchquert man dieses kleine Straßendorf mit seinem interessanten, in den Felsen *Rochecourbe* gebauten **Château des Anglais**, auch *Château du Diable* (Teufelsburg) genannt. Man muss schon genau auf die Felswand über der Straße schauen, um dieses Bauwerk erkennen zu können, dermaßen sind Felsgestein und Mauerwerk farblich miteinander verschmolzen.

Château du Diable: Perfektes Versteck in der Felswand

196 Das Quercy

Es handelt sich um eine Festung aus dem 13. Jahrhundert, in deren dahinterliegende Höhlen sich die plündernden Soldatentruppen (*écorcheurs* oder auch *grandes compagnies* genannt) während des Hundertjährigen Krieges zurückzogen.
Office de Tourisme, 46330 Cabrerets, ℅ 0565312712. Oder das Touristenbüro in Cirq-Lapopie ℅ 0565312906.

Hotel-Restaurant des Grottes, liegt im Dorf am Abzweig zu den Grottes Pech-Merle. Helle und freundliche Zimmer mit/ohne Balkon und Blick auf den Célé oder zur Straße. Einzel-, Zwei- und Dreibettzimmer. Schwimmbad. DZ 25–89 €. April–Okt. So abends geöffnet, in der Nebensaison geschlossen. Restaurant mit schöner beschatteter Terrasse über dem Célé, regionale bodenständige Küche und netter Service. Tellergerichte 8–29 €, Menü 15–39 €. ℅ 0565312702, www.hoteldesgrottes.com.

Sehenswertes in der Umgebung von Cabrerets

Musée de l'Insolite: Direkt an der D 41 Richtung Sauliac (3 km von Cabrerets) verwandelt der „Einsiedler" und Künstler Bertrand Chenu seit 20 Jahren mit viel Humor und Phantasie den Schrott der Wohlstandsgesellschaft in originelle Skulpturen. Immer wenn ein Autofahrer begeistert und verwundert am Straßenrand hält, setzen sich eiserne Radler und Bergsteiger wie von Geisterhand am Felsen in Bewegung (alles in Originalgröße, versteht sich). Aber wehe man möchte nur fotografieren und macht keine Anstalten das Museum zu besuchen, dann brüllt es aus dem Nirgendwo der Felsen und man wird übel beschimpft! Also liebe Besucher: Der Verursacher Ihres Foto-Stopps möchte vor dem Knipsen um Erlaubnis gefragt werden oder lieber noch, dass man sich seine Ausstellung anschaut. Danach darf man alles digital festhalten!
Eintritt 2 €. Ostern bis Allerheiligen tägl. von 9–13 und 14–20 Uhr geöffnet. ℅ 0565302101, www.museedelinsolite.com.

Musée de Cuzals: Das gigantische und sehr informative Freilichtmuseum in Cuzals, nahe Sauliac-sur-Célé, erstreckt sich rund um die Burgruine von Cuzals. Unter verschiedenen Gesichtspunkten wie Geschichte, Soziologie, Geographie, Kultur und Wirtschaft präsentiert sich die Region Quercy in 25 „Kleinmusen" auf einem Gelände von 50 Hektar. Von Mitte Mai bis Sept. herrscht reges Treiben auf dem Gelände: Tage- wie auch themenweise werden einzelne Volksbräuche wieder lebendig, wie zum Beispiel die Ernte einbringen, Brotbacken, Pferde anspannen, Bienenhaltung, Stoffe weben – alles mit alten Originalmaschinen und Handwerkszeug von anno dazumal.
Eintritt 4 €, unter 12 Jahren kostenlos. Juli/Aug. tägl. von 10–19 Uhr geöffnet. Mai/Juni und Sept. Mi–So von 14–18 Uhr. Von Sauliac etwa 5 km Richtung Cahors. ℅ 0565313643, www.quercy-tourisme.com.

La Grotte de Pech-Merle

Diese etwa 3 km nordwestlich von Cabrerets liegende Tropfsteinhöhle besitzt, was sehr selten der Fall ist, über hundert Felsmalereien. Getüpfelte Pferde, Bisons, Auerochsen und vor allem Mammuts in allen Variationen galoppieren über die Felswände, gezeichnet von unseren Vorfahren vor über 15.000 Jahren. Sehr bewegend ist ein weiterer Beweis ihrer Existenz: die von einem Kind stammenden Fußabdrücke auf dem Lehmboden. Es gibt auch einen sogenannten „Hieroglyphen-Saal", in dem es seltsame mit Fingern aufgebrachte Zeichen sowie jede Menge Stalaktiten und Stalagmiten in Form von Scheiben und Falten zu bestaunen gibt. Pech-Merle ist eine der wenigen Höhlen, in denen die sehr seltenen „Höhlenperlen" (rundliche

Tropfsteinbildungen) vorkommen. Die 1.200 Meter langen (der Öffentlichkeit zugänglichen) Gänge der Höhle bergen rund 500 Felsbilder aus der Zeit von 21.000–13.000 v. Chr.

Der Besuch ist ein absolutes Muss für jeden auch nur halbwegs Höhleninteressierten, denn die meisten Höhlen mit Felszeichnungen sind inzwischen für die Öffentlichkeit nicht mehr zugänglich.

Eintritt Höhle 7,50 €. Ohne Reservierung geht hier gar nichts, da die Anzahl der täglichen Besucher strikt auf 700 Personen begrenzt ist. Im Juli/Aug. unbedingt telefonisch 3-4 Tage vorher reservieren oder per Internet eine Woche im Voraus. Wer es auf gut Glück probieren möchte: Ab und zu werden trotz Reservierung morgens noch Karten verkauft. Sa vormittags ist meist weniger los. Von April bis Anfang Nov. tägl. von 9.30–12 und 13.30–17 Uhr geöffnet (Verkauf der Eintrittskarten). ✆ 0565312705, www.pechmerle.com.

Musée Lemozi: Gehört zur Grotte de Pech-Merle und beschäftigt sich mit der regionalen Vorgeschichte der Höhle. Zudem sind Stücke von rund 160 Fundstellen im Quercy ausgestellt, z. B. Feuersteindolche aus der Kupferzeit sowie Schmuck, Schwerter und Äxte aus der mittleren Bronzezeit.
Eintritt für Museum bei Besichtigung der Höhle inklusive. Gleicher Eingang und gleiche Öffnungszeiten wie die Höhle Pech-Merle (s. u). ✆ 0565312333.

Im Lot-Tal

Das besonders feucht-milde Klima im Lot-Tal ermöglichte schon sehr früh eine Besiedlung, und es verwundert nicht, dass seit dem 7. Jahrhundert an den Flussufern Weinanbau betrieben wird. Heute ist das nährstoffreiche Schwemmland der Obst- und Gemüsegarten der Region, in der sogar Spargel problemlos gedeiht.

Der Lot ermöglichte es den Römern vom Landesinneren zum Atlantik vorzudringen und war lange Zeit ein äußerst wichtiger Handelsweg hinaus in die weite Welt. Mühsam war allerdings die Fahrt bis Ende des 19. Jahrhunderts flussaufwärts: Das Boot musste meist von Menschen, manchmal auch von Pferden, mit bis zu 200 m langen Seilen entlang der Treidelpfade gezogen werden (frz. *halage*).
Zu einem sehr wichtigen Exportschlager hat sich der Safran entwickelt, der entlang des Lots angebaut wird. Über 50 Produzenten des „roten Goldes" haben sich im Quercy zu einem Verein zusammengeschlossen und bieten von Juli bis Oktober in und um Cajarc interessante Veranstaltungen bezüglich des wunderbaren aber sündhaft teuren Gewürzes an.

Cahors

Cahors ist mit seinen 20.000 Einwohnern nach Montauban das zweitgrößte Städtchen des Quercy. Die Altstadt von Cahors wurde nicht zu Tode saniert, man findet hier noch die dunklen, feuchten Gassen des Mittelalters, in die nie ein Sonnenstrahl dringt.

Lotabwärts trifft man auf den Höhen und im Hinterland des Flusses auf die kleinen, verteilten Rebflächen des „schwarzen Weines". Die Stadt hat nicht nur den

Blick vom Mont Saint-Cyr auf Cahors

bedeutenden Cahors-Wein, sondern auch bedeutende Persönlichkeiten hervorgebracht. So sind der Gründungsvater der Dritten Republik, *Léon Gambetta* (1838-1882), und der Ende des 16. Jahrhunderts geborene Dichterfürst *Clément Marot* Kinder der Stadt. Für die Altstadt und ihre verschlungenen, dunklen Gassen sollte man sich etwas Zeit nehmen. Die mittelalterlichen Schätzchen in Form von Häusern und Türen muss man im wahrsten Sinne des Wortes erst entdecken. Die Kaufleute des Mittelalters machten die Fassaden ihrer Häuser zum Schaufenster ihres errungenen Reichtums.

Geschichte

Im Siedlungsland der Kelten vom Stamm der *Cadurcen* war *Divona Cadurcorum* einst eine wichtige gallo-römische Stadt. Im Laufe der Jahrhunderte wurde aus Divona Cadurcorum dann Cadurca und schließlich Cahors. Aus der damaligen Zeit sind nur noch der **Arc de Diane** (Dianabogen) und die Grundfesten des Theaters (unter der Landwirtschaftskammer) erhalten geblieben. Es gab auch noch eine den Kelten heilige, reich sprudelnde Divonaquelle, die heutige **Fontaine des Chartreux**. Nach dem Niedergang des Römischen Reiches durchlebte die Stadt Jahre der ständigen Zerstörung, z. B. durch die Mauren, Normannen oder Ungarn aber auch des Wiederaufbaus.

Cahors verdankt seinen Wiederaufbau im 7. Jahrhundert dem Bischofs Saint-Didier. Die Stadt wurde im Mittelalter Bischofssitz, der Bischof bekam das Münzrecht, ließ die große Kathedrale bauen und der Aufstieg war nicht mehr zu stoppen. Nach und nach befreite sich die Stadt auch von der bedrückenden Herrschaft der Grafen von Toulouse. Der Anbau des Cahors-Weines zwischen Cahors und Puy-L'Evêque, der schiffbare Wasserweg und nicht zuletzt der überdurchschnittlich gute Geschäftssinn der Bewohner machten aus Cahors eine der bedeutendsten Städte des Mittelalters. Die lombardischen Bankiers und reichen Kaufleute, die Cahors zu ihrem Stützpunkt in Südfrankreich machten, setzten sich großzügig über das kirchliche Verbot des „wucherischen Geldverleihs" hinweg und verhalfen damit der Stadt zu unermesslichem Reichtum. Bald stand Cahors landauf, landab im Ruf

Cahors 199

der teuflischen Geschäftemacherei. 1270 bekam Cahors die Gemeinderechte, was wiederum eine Rivalität zwischen den neuen Stadtherren, den sogenannten Konsuln, und den ehemaligen tonangebenden Herren der Stadt, den Bischöfen, auslöste. Das alles störte aber den damaligen Papst Johannes XXII. wenig, er stammte nämlich aus Cahors und war insgeheim mächtig stolz auf seine Geburtsstadt. Deshalb schenkte er ihr 1332 die größte Universität im Südwesten des Königreichs, welche im 19. Jahrhundert aber wieder aufgelöst wurde. Durch und durch königstreu hielt die Stadt dem König auch während des Hundertjährigen Kriegs die Stange, was diesen nicht daran hinderte, die Stadt an die Engländer abzutreten. Dieser Verrat war natürlich ein schwerer Schlag und Cahors wurde bis zum endgültigen Kriegsende und dem Abzug der Engländer fast völlig zerstört. Aus dieser Zeit stammen die heute noch existierenden Befestigungsanlagen.

Die Stadt hatte nicht nur schwer mit den Folgen des Hundertjährigen Krieges zu kämpfen, sondern auch mit den „Nachwehen" der Religionskriege. Die Katholiken veranstalteten ein Gemetzel unter ihren protestantischen Mitmenschen. Das wiederum veranlasste Heinrich von Navarra (späterer König Heinrich IV.), die Stadt einzunehmen und zu plündern. Von da an führte Cahors ein Schattendasein. Dank der positiven Entwicklung des Weinanbaus und der Tourismusbranche ging es mit Cahors ab Mitte des 20. Jahrhunderts aber wieder bergauf.

Information/Verbindungen/Diverses

Information Office de Tourisme, mit Internetzugang, place François-Mitterand, 46000 Cahors, ✆ 0565532065, www.tourisme-cahors.com. Im Touristenbüro ist auch das Maison du vin de Cahors untergebracht; Weinprobe auf Anfrage. ✆ 0565232224, www.vindecahors.fr.

Verbindungen Flugzeug: Flughafen Toulouse-Blagnac, dann Zug Toulouse-Paris, www.toulouse.aeroport.fr.

Zug: liegt an der SNCF-Strecke Paris–Toulouse, Züge auch nach Montauban–Bordeaux. Bahnhof: SNCF Cahors, place Jouinot Gambetta, ✆ 0892353535, www.voyages-sncf.com, www.transports.midipyrenees.fr oder www.gares-en-mouvement.com.

Stadtbus: Bahnhof–Innenstadt, Abfahrt vom Bahnhofsvorplatz, Fahrpläne erhält man im Touristenbüro, ✆ 056553007.

Taxi: mehrere Unternehmen am Bahnhof, z. B. Taxi Bernard Sauvagnac, ✆ 0565226060.

Autovermietung: AVIS, place de la gare, ✆ 0565301310.

Markt Mi und Sa großer Markt, der zu den 100 schönsten Märkten Frankreichs gehört, place de la Cathédrale.

Veranstaltungen Festival du blues, großes Festival mit gutem Programm. 5 Tage Mitte Juli, www.cahorsbluesfestival.com.

Bootstouren Bootsfahrten auf dem Lot bieten mehrere an. Diverse Angebote bzgl. Dauer und Strecke. Z. B. Safaraid: Fahrt auf dem Lot, April–Okt. tägl., 8,50 €. Abfahrt vom Anlegeplatz im Juli/Aug. tägl. 13.30, 16.30 und 18 Uhr, sonst 11 und 15 Uhr. ✆ 0565359888.

Andere Möglichkeiten, wie z. B. Boot samt Besatzung für einen Tag mieten oder diverse Ausflüge auf dem Lot, bietet das Unternehmen **croisières Fenelon** an, ✆ 0565 301655, www.bateau-cahors.com.

Übernachten (→ Karte S. 201)

Hotels *** Grand Hôtel Terminus **3**, ein Hotel im Stil vergangener Tage mit geräumigen Zimmern, teilweise mit Balkon und nur 200 m vom Bahnhof entfernt. Das dazugehörige Restaurant Le Balandre hat einen guten Ruf (s. Restaurants). DZ 65–160 € je nach Ausstattung und Lage. Frühstück 8–12 €. Ganzjährig geöffnet. 5, avenue Charles de Freycinet. ✆ 0565533200, www.balandre.com.

*** **La Chartreuse** 🔢, liegt am Lot zwischen den beiden Brücken *Valentré* und *Louis Philippe*. Helle freundliche Zimmer mit TV, Tel., WLAN, Schwimmbad. DZ 65–90 €, Frühstück 8 €. Ganzjährig geöffnet. Rue Saint-Georges, ☎ 0565351737, www.hotel-lachartreuse.com.

** **Le Melchior** 🔢, liegt direkt am Bahnhof. Terrasse und Bar. Kleine Zimmer mit 140 cm Bett, TV und Tel., Klimaanlage nur im Restaurant. DZ 45,50–52 €, Haustiere 4 €. Ganzjährig, ausgenommen die Weihnachtsferien, geöffnet. Place de la gare, ☎ 0565350338, www.lemelchior.com.

** **Jean XXII** 🔢, kleines Hotel mit 9 netten Zimmern in hellen Farbtönen, im ehemaligen *Palais Duèze* aus dem 13. Jahrhundert im oberen Teil der Altstadt gelegen. Es gibt auch Zimmer mit echten Doppelbetten (nach *chambres Twin* fragen). Alle Zimmer mit Telefon, TV und WLAN. Haustiere nicht erlaubt. Klimaanlage 3,30 €/Nacht. DZ 60–67 €, Frühstücksbuffet 7 €. Ganzjährig geöffnet. 2, rue Edmond Albe (diese winzige Gasse ist in den meisten Karten nicht angegeben und auch nicht über GPS zu finden. Es ist besser als Adresse rue de la Tour anzugeben, diese Straße ist rund 10 m entfernt). Hotel befindet sich am Fuß des *Tour du Pape Jean XXII*, ☎ 0565350766, www.hotel-jeanxxii.com.

Auberge de Jeunesse 🔢, Résidence des Cordeliers, nur 10 Gehminuten vom Bahnhof entfernt. 50 Betten sind auf DZ und Mehrbettzimmer verteilt. Manche Zimmer haben ein eigenes WC, die Dusche ist für alle auf dem Flur, Fernsehraum, Bibliothek. 222, rue Joachim-Murat, ☎ 0565356471, www.fjtcordeliers.jimdo.com.

Chambres d'hôtes Chez Lola 🔢, liegt über dem Restaurant Le Lamparo an der place de la Halle. DZ 46–62 €. Schöne farbenfrohe Zimmer und mit viel Liebe eingerichtet. Die nette Madame empfängt ihre Gäste sehr freundlich und zuvorkommend. Anfang Mai geschlossen. 76, rue Georges-Clemenceau, ☎ 0565352593, www.lelamparo.com.

Camping *** Rivière de Cabessut 🔢, am rechten Lotufer (ca. 1,5 km bis zur Stadtmitte), netter Campingplatz (103 Plätze) mit schattigen Plätzen, Minigolf und Kinderspielplatz, Bar, Fernsehraum, Tischfußball, kleiner Lebensmittelladen mit dem Notwendigsten, städtisches Schwimmbad in der Nähe. Vermietung von Mobil-Homes. April–Sept. geöffnet. Rue de la Rivière, ☎ 0565300630, www.cabessut.com.

Essen & Trinken

Le Balandre 🔢, Restaurant des Grand Hotel Terminus (s. o.). Restaurant mit Art-déco- Fenster und edel gedeckten Tischen, Menüs für 42–60 €. Insgesamt speist man hier sehr gut. Günstiger als im Restaurant speist man mittags in der dazugehörigen Bar „La Grignote" für 9–30 €. So/Mo Ruhetag. 5, avenue Charles de Freycinet, ☎ 0565533200, www.balandre.com.

Bateau Au Fil des Douceurs 🔢, ein Ausflugskahn, der zum Restaurant umfunktioniert wurde und vor Anker liegt. Klassisch regionale Küche mit Zutaten wie Trüffel, Ente, Safran, Lamm und Rocamadour-Käse. Man speist auf zwei Schiffsetagen und es herrscht immer Betrieb. Mittagsmenü 14 €, sonst 24–75 €. Mo u. So Ruhetag, zwei Wochen Ende Juni/Anfang Juli geschlossen. 90, quai de la Verrerie (beim *Pont de Cabessut*), ☎ 0565221304.90

L'Ô à la Bouche 🔢, in der Altstadt. Im Sommer speist man in der engen mittelalterlichen Gasse. Einziger Wehrmutstropfen ist ab und zu ein vorbeifahrendes Auto. Leckere Fleisch- oder Fischgerichte. Mittagstisch 13–26,50 €. So/Mo Ruhetag, im Juli/Aug. auch Mo abends geöffnet. Geschlossen an Ostern und Allerheiligen. 134, rue Saint-Urcisse. ☎ 0565356569.

Le Marché 🔢, ein junges Ehepaar, das die regionalen Produkte nicht auf die kalorienreiche „quercynoisische" Weise, sondern auf eine weniger deftige Art zubereitet. Im Sommer stehen ein paar Tische auf dem Platz. Mittagsgerichte 14–19 €. 27, place Chapou (neben der Kathedrale), ☎ 0565352727.

Le Lamparo 🔢, eines der wenigen Restaurants, das bis 23 Uhr (im Sommer bis 23.30 Uhr) serviert, große Terrasse. Sehr abwechslungsreiche Speisekarte, von hausgemachter Pizza bis zum edlen, mit Entenstopfleber verfeinertem, Rinderfilet. Mittagsmenü 11,90 €. Tägl. außer So und an Feiertagen geöffnet. Im Juni eine Woche geschlossen. 76, rue Georges-Clemenceau (place de la Halle), ☎ 0565352593.

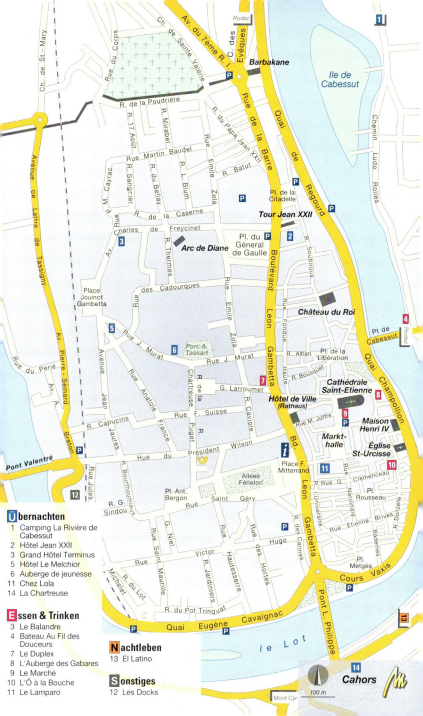

L'Auberge des Gabares **8**, kleines Familienrestaurant, hier gibt es das legendäre Trüffel-Omelette! Tägl. außer So/Mo geöffnet. Menüs ab 14 €. 24, place Champollion, ✆ 0565539147.

Bars/Nachtleben Le Duplex **7**, Bar-Pub, Nachtbar, im Sommer Live-Musik mit viel Blues. Tägl. geöffnet. 16, rue Gustave-Larroumet, ✆ 0565221456.

Les Docks **12**, ehemalige Hafenanlage, ist jetzt ein Treffpunkt für die Junggebliebenen und ein Ort für Konzertveranstaltungen. Internet-Café (Cyper-Café) Di–Sa von 14–18 und 20–23 Uhr geöffnet. 430, allée des Soupirs, ✆ 0565223638, www.myspace.com/lesdocks.

El Latino **13**, Disco für Nachteulen. Quai Lagrive-rue de l'écluse (zwischen Pont de Cabessut und Pont Louis Philippe), Do–Sa geöffnet. ✆ 0565465468.

Sehenswertes

Die Altstadt teilt sich in die Oberstadt (quartier des Soubirous) nördlich der Kathedrale und in die Unterstadt (quartier des Badernes) südlich der Kathedrale. Die heutige Stadtumfahrung und Hauptstraße *boulevard Gambetta* aus dem 19. Jahrhundert stimmt so ziemlich genau mit dem westlichen Verlauf der ehemaligen Stadtmauer und des Verteidigungsgrabens überein. 1670 gestattete der damalige Bischof erstmals den Einwohnern, sich jenseits der Stadtmauer anzusiedeln. Allerdings durften ihre Häuser nur eingeschossig sein.

Cahors besaß ursprünglich drei Brücken über den Lot: Den *Pont Vieux* (ist mit fünf Türmen im heutigen Stadtwappen verewigt), von dem heute nur noch das Fundament existiert, den *Pont-Neuf* (stand einst an der Stelle des heutigen *Pont Cabessut*) und den Pont Valentré.

Pont Valentré: Diese Brücke als Bestandteil der Verteidigungsanlage wurde schon seit jeher als das Meisterwerk der mittelalterlichen Militärarchitektur betrachtet und gilt inzwischen als Wahrzeichen der Stadt. Sie ist die schönste und besterhaltene mittelalterliche Brücke Frankreichs und stellte früher mit ihren drei über 40 m hohen befestigten Türmen eine unüberwindliche Barriere dar. Im sogenannten Teufelsturm befindet sich ein **Schandkäfig**, in dem angeblich Ehebrecher*innen* zur Schau gestellt wurden.

Barbakane: Von zwei Türmen flankiert, diente sie ursprünglich als Vorposten und war damit ein Teil der aus Ziegel und hellem Stein bestehenden ehemaligen Stadtmauer, deren Reste noch links von der Barbakane zu sehen sind.

Hôtel de Roaldès: An der Ecke quai Champollion und rue des Penitents steht eines der bekannteren, besonders schönen Fachwerkhäuser (15. Jh.) mit einer typischen *Soleilho*, einem offenen Gang unterm Dach. Das hôtel de Roaldès diente anscheinend Henri IV. während der Belagerung 1580 als Wohnsitz. Der runde Turm stammt noch vom allerersten Gebäude und ist deshalb rund 200 Jahre älter.
Place Henri IV.

Les Jardins Secrets: Hinter dem Begriff verbergen sich die im Jahre 2002 neu geschaffenen „geheimen Gärten" der Stadt. Cahors rief das Projekt ins Leben, um vernachlässigte, schattige Ecken und unpopuläre Hinterhöfe der Stadt ins rechte Licht zu rücken.
Führungen finden von Juni bis Sept. statt. Erw. 6,50 €. Uhrzeiten und Tage im Office de Tourisme (s. o.) zu erfragen, www.mairie-cahors.fr.

Cathédrale Saint-Etienne und Umgebung: Mit ihren beiden Türmen, die rechts und links an der Fassade zu kleben scheinen, gleicht die im 11. Jahrhundert erbaute Kathedrale eher einer Festung als einer Bischofskirche. Das Kirchenschiff bekam durch die Überwölbung der beiden halbkreisförmigen Kuppeln (wie in Souillac)

Charakterköpfe an der Nordfassade der Kathedrale

einen byzantinischen Touch. Die Wände in der Kirche wurden mit Malereien verschönert, so sieht man in der Kuppel z. B. das Martyrium des Saint-Etienne. Im **Tympanon** des Nordportals, das den bekannten romanischen Portalen der Kirchen von *Moissac* und *Conques* ähnelt, ist die Himmelfahrt dargestellt. Und schaut man an der nördlichen Außenfassade nach oben, dann starren einem entlang der gesamten Wand eine Reihe in Stein gehauener, Grimassen ziehender und grinsender Köpfe entgegen. Auch lohnt es sich, einen Blick in den sehr fein gearbeiteten gotischen **Kreuzgang** zu werfen.

Die **Kapelle Saint-Gausbert** (am Ostflügel des Kreuzgangs) ist der ehemalige Kapitelsaal. Die Wände zieren Fresken und Malereien aus dem 15./16. Jahrhundert. Inzwischen beherbergt der Saal ein Museum für Sakralkunst.

Archidiaconé: An die Kathedrale wurde ein aus zwei Gebäuden bestehender, interessanter Häuserkomplex angebaut, dessen Hoffassade einen reinen Renaissance-Stil aufweist. Den ehemaligen Klostergarten im Innenhof hat man in Anlehnung an seine ursprüngliche Funktion wieder mit alten Gemüsesorten und Würzkräutern bepflanzt.

Stadtviertel der Badernes: Im Mittelalter wohnten in diesem malerischen und von engen Gassen durchzogenen Stadtviertel die reichen Händler, im 17. Jahrhundert ließen sich hier dann die Adeligen nieder. Bis Anfang des 19. Jahrhunderts galt die **rue Nationale**, welche zum *Pont Vieux* führte, als Hauptstraße des Viertels und über diese Straße hielten auch die Bischöfe Einzug in die Stadt. Eine der schönsten Türen von Cahors befindet sich in dem Haus Nr. 116. Sie wurde im 17. Jahrhundert von einem heimischen Künstler geschnitzt. Weitere interessante alte Häuser stehen an der Ecke **rue Nationale** und **rue du Docteur-Bergougnoux**. Eine andere sehr malerische Gasse ist die **rue Lastié**, die an der rue du Docteur-Bergougnoux beginnt.

Église Saint-Urcisse: Das Kirchlein mit seinen drei Schiffen (12. Jh.), die im 14. Jahrhundert umgebaut wurden, hat durch seine Nähe zum Lot schon viele schwere Überschwemmungen überstehen müssen. Dabei wurde so manches Gebäudeteil im Laufe der Jahrhunderte einfach weggespült, wie z. B. das gotische Chorhaupt. Und damit die Kirche eines Tages nicht in den Lot-Fluten verschwindet, waren umfangreiche Stützmaßnahmen und Befestigungsarbeiten notwendig. Die Folgen in Form eines großen Stilbruchs sehen wir vor uns.

Place Saint-Urcisse: Der Platz an sich ist uninteressant, aber hier steht eine hydraulische Uhr, die die Zeit wiegt oder besser gesagt rollt. Sie funktioniert mit Stahlkugeln, die nacheinander auf eine horizontale Waage fallen und diese ausschlagen lassen. Das wiederum bringt über einen Mechanismus den Uhrenzeiger in Bewegung. Man hat vollen Einblick in die Mechanik und kann dabei über die Zeit, wie sie vergeht, nachdenken.

Pont Valentré: ein Meisterwerk der mittelalterlichen Militärarchitektur

Pfusch am Bau vom Pont Valentré

Der Bauherr des Pont Valentré hatte vor und während seines Mammut-Bauvorhabens alle Heiligen um „Unterstützung" angerufen, schließlich war so ein Brückenbau in der damaligen Zeit kein Pappenstiel. Doch die Himmelsbewohner verweigerten ihm ihren göttlichen Segen und der Bau geriet ins Stocken. Der gute Mann kam ins Schwitzen. Was tun? In seiner Verzweiflung wandte er sich an den Teufel. Der war natürlich hocherfreut, suchte er doch stets nach neuen Seelen. Für die Bauherrenseele gab es eine einzige Bedingung: Der Teufel musste das Jahrhundertbauwerk beenden. So machte jener sich ans Werk und im Höllentempo wuchs die Brücke. Nachdem die Brücke dank des Teufels Hilfe fast fertig gestellt war – nur der letzte Schlussstein fehlte noch – begann der Baumeister seinen Teufelspakt zu bereuen und wollte unbedingt seine Seele retten. Er hatte auch einen genialen Einfall: Als der letzte Schlussstein einzementiert werden sollte, schickte er den Teufel mit einem Sieb los, um darin Wasser für den Mörtel zu holen. Der Teufel rannte und rannte, doch das Wasser versickerte im Boden, bevor er damit an der Baustelle ankam. Er begriff, dass er die Brücke nicht vollenden konnte – der letzte Schlussstein fehlte ja. Und ohne Brückenvollendung keine Bauherrenseele ... Er tobte.

Aber was ist seit dieser Zeit mit dem letzten Schlussstein ganz oben am Turm los? Trotz festen Einmauerns, lockert er sich immer wieder, es ist wie verhext. Der Wind kann es nicht sein ...

Im Gedenken an diese Legende ließ Violett-le-Duc bei den Renovierungsarbeiten 1879 an dem sich immer wieder lösenden Schlussstein des mittleren Turms einen kleinen Teufel anbringen.

Stadtviertel Soubirous: Viele Stadtpaläste der Herren, die im mittelalterlichen Cahors das Sagen hatten, stehen in Soubirous. Die mittelalterliche Nord-Süd-Hauptachse durch dieses Viertel bildeten die **rue du Château du Roi, rue du Soubirous** und die **rue Saint-Barthélemy**. In diesen Straßen stehen einige dieser herrschaftlichen Häuser und Paläste. Das **Château du Roi** in der rue du Château du Roi wurde von dem Neffen des Papstes Jean XXII. gebaut. Im 19. Jahrhundert wurde es dann teilweise abgerissen und in ein Gefängnis umfunktioniert. Weithin sichtbar ist der 34 m hohe, zinnenbewehrte **Turm Saint-Jean XXII.**, auch Turm der Gehängten (frz. *tour des Pendus*) genannt, er steht in der rue Saint-Barthélemy.

Zeugnisse römischer Vergangenheit: Der **Arc de Diane** in der avenue Charles-de-Freycinet ist ein Mauerbogen aus runden Kieseln und rotem Ziegel. Er gehörte einst zu den römischen Thermen. Das dafür notwendige Wasser wurde über ein Aquädukt aus dem Tal des Vers hergeleitet.

In der avenue Jean-Jaurès, gegenüber vom Bahnhof, stehen noch die Reste eines **gallo-römischen Theaters**, die unter dem Fundament der Landwirtschaftskammer (frz. *chambre d'agriculture*) gefunden wurden.

Und auch die **Grundmauern eines riesigen runden Tempels** gibt es zu sehen: In der rue Wilson legte man bei Erdarbeiten Mauerreste frei, die ca. aus dem 1. Jahrhundert n. Chr. stammen. Die Fachwelt kennt nur ein einziges anderes vergleichbares französisches Beispiel, welches in *Perigueux* steht.

La Fontaine des Chartreux: Man muss den Pont Valentré überqueren und dann 250 m flussaufwärts gehen. Hier sprudeln rund 2 m³ Trinkwasser pro Sekunde aus dem Berg. Nach der *Fontaine de Vaucluse* ist Cahors die zweitgrößte Quelle in Frankreich. In 138 m Tiefe hat man über 1.000 römische Geldstücke gefunden. Ein Zeichen dafür, dass diese der Göttin Divona geweihte Quelle einst verehrt wurde.

In der Umgebung von Cahors

Mont Saint-Cyr: Die Höhen der Causse bieten einen atemberaubenden Blick auf Cahors und den Lot-Mäander. Wer die notwendige Kondition besitzt, kann auch in etwa einer Stunde zu Fuß aufsteigen.

Anfahrt über die Brücke Louis Philippe Richtung Lalbenque (ausgeschildert).

Von Cahors nach Capdenac

Cahors ist ein guter Ausgangspunkt für lohnenswerte eintägige Erkundungstouren lotauf- und lotabwärts. Die kleinen mittelalterlichen Dörfer, die sich wie an einer Perlenschnur aneinanderreihen, sind entweder über die felswandgesäumte „Uferstraße" oder über die schmalen Sträßchen durch die Causse, hoch über dem Fluss, zu erreichen.

Laroque-des-Arcs

Allein der Name erinnert noch daran, dass hier einst ein gallo-römisches Aquädukt von der Größenordnung eines *Pont du Gard* in der Provence stand. Es wurde aber im Hundertjährigen Krieg aus Angst, die Engländer könnten sich dahinter verschanzen, hemmungslos zerstört. Doch etwas ist aus früheren Zeiten übriggeblieben: **La Tour des Fatsilières**, die ehemalige Zahlstelle für den Flusstransport, die **Chapelle Saint-Roch** (herrlicher Blick über den Lot, keine Besichtigung) und das **Château Polminhac**.

Vers

Am Zusammenfluss von Vers und Lot wird das bisher liebliche, breite und fruchtbare Lot-Tal enger, steile Felswände säumen ab nun den Flusslauf. Etwa 1 km vor dem Ort Vers mit seinen urigen mittelalterlichen Häusern steht die kleine **Kapelle Notre-Dame-de-Velles**. Ihr Name erinnert an die Schutzpatronin der Seefahrer (frz. *voiles*, Segel). Ein mit dem Märtyrer Saint-Etienne (heiliger Stephanus) geschmücktes Kapitell, mehrere interessante Skulpturen und die mythischen Monster in der Apsis machen das Kirchlein, das unter alten Pappeln steht, sehenswert.

Château des Anglais

Die pittoreske D 662 führt entlang des Lot. Man fährt durch dunkle enge Tunnel und unter tief hängenden Felswänden hindurch. Eine ganz besonders enge Stelle zwischen Fluss und Felswand wird *Défilé* oder *Château des Anglais* genannt. Genau hier, an der schmalen Brücke über den Lot Richtung Cirq-Lapopie, steht zwischen zwei Felsen eingezwängt eine gemauerte und mit zwei Öffnungen versehene Wand, die die dahinterliegenden Felsenwohnungen und ihre Bewohner einst vor Feinden schützte (keine Besichtigung).

Saint-Cirq-Lapopie

Rund 100 m über dem Lot befindet sich „eines der schönsten mittelalterlichen Dörfer Frankreichs", das übrigens als eines der ersten unter Denkmalschutz gestellt worden war. Was sagte doch schon der Meister des Surrealismus *André Breton* 1951 über Cirq-Lapopie, als er den Ort zum ersten Mal erblickte: „Wie eine Rose der Nacht, ich habe aufgehört, mich nach einem anderen Ort zu sehnen."

Als erstes fallen dem Ankömmling die aneinandergebauten Ruinen der drei mächtigsten, aufeinanderfolgenden Dynastien des Dorfes auf: **Château occidental des Lapopie, château median des Gourdon** und **château oriental des Cardaillac.**

Die schiefen, erkergeschmückten Fachwerkhäuser mit ihren steinernen Fensterkreuzen und nicht zuletzt die Ruinen und Wachttürme versetzen den Besucher – vor allem wenn vom Lot-Tal die Morgennebel hochsteigen – mühelos ins Mittelalter zurück.

An die seit dem 13. Jahrhundert im Ort ansässigen Handwerkszünfte der Hähnedrechsler (frz. *roubinetaïres)*, Kupferschmiede und Lederhersteller knüpfen heute wieder Handwerker und Künstler an. Sie ließen sich in den mittelalterlichen Ateliers ihrer Vorgänger nieder.

Information Office de Tourisme, place du Sombral, ✆ 0565313131, www.saint-cirq lapopie.com.

Parken mehrere kostenpflichtige Parkplätze oberhalb und unterhalb des Dorfes (3 €/ Tag, Kleingeld notwendig) und ein großer kostenloser Parkplatz unten am Lot (ca. 1 km außerhalb, von Tour de Faure kommend).

Führungen Maison de Patrimoine (La Fourdonne), April–Sept. Di–Sa 11 Uhr, 4 €/ Pers. (inkl. Museumsbesuch). ✆ 0565312151.

Übernachten ** Hotel Les Gabarres, liegt im Nachbarort direkt an der Lot-Brücke, etwa 3 km von Cirq-Lapopie entfernt, hat keinen Restaurant-Betrieb. Zimmer (wie Frühstücksraum) einfach und unpersönlich, aber funktionell eingerichtet mit TV, WLAN. DZ 56 €. Geöffnet von Mitte April bis Mitte Okt. Le Roucayral, 46330 La Tour de Faure. ✆ 0565302457, www.hotel-les-gabarres.com.

Camping *** Camping de la Plage, etwa 2 km entfernt Richtung Tour-de-Faure, direkt am Lot. Ganzjährig geöffnet. Vermietung von chalets und Mobil-Homes. Gut ausgestatteter Platz, im Juli/Aug. mit Badeüberwachung am Fluss. Vermietung von Kanus, Kajaks und Fahrrädern. Tante Emma-Laden 500 m entfernt. ℘ 0565302951, www.campingplage.com.

》》 Mein Tipp: *** **La Truffière**, der schöne schattige Platz liegt abseits vom Touristentrubel etwa 3 km oberhalb in den Causses. Angebot an vielen sportlichen Aktivitäten, beheiztes Schwimmbad, Einkaufsmöglichkeit, Bar-Restaurant. April–Sept. geöffnet. Route de Concots, (ausgeschildert, von Tour de la Faure kommend kurz vor dem Ort links ab). ℘ 0565302022, www.campingtruffiere.com. **《《**

Essen Le Cantou, im Ort. Mit Terrasse, regionaler Küche und nettem Empfang. Menü 10–25 €. April–Sept., Sa Ruhetag (Nebensaison). Bourg (Straße, die rechts neben dem Touristenbüro abwärts führt). ℘ 0565355903.

Restaurant Bar Pizzeria L'Oilo, gute alternative Adresse zum Speisen oder auch nur für einen Drink, wenn man dem Touristenrummel im Dorf entgehen möchte. Nicht nur Pizzas, auch traditionelle Küche frisch zubereitet. Abends, bei Musikeinlagen, schöner Blick auf das beleuchtete Saint-Cirq-Lapopie. Menü 12–25 €. Juni–Sept. tägl. und nur abends geöffnet. Liegt an der Hauptstraße, 46330 Tour-de-Faure. ℘ 0565247891.

Bouziès

Ein einmaliges Erlebnis ist der Spaziergang auf dem in die Felswand gehauenen **Treidelpfad**. Er beginnt am großen, gut ausgeschilderten Parkplatz in Bouziès (liegt unterhalb von Cirq-Lapopie am Lot). Auf dem Parkplatz steht eine Informationstafel mit diversen Wandervorschlägen.

Der Weinkeller rettete die Burg Cénevières

Die Burg konnte den Brandschatzungen während der Französischen Revolution nur entkommen, weil der Burgherr den glorreichen Einfall hatte, die Angreifer mit weit geöffnetem und gut gefülltem Weinkeller zu empfangen. Der rote Saft verfehlte die erhoffte Wirkung nicht: Die Burg wurde nicht niedergebrannt, sondern nur etwas geplündert und auch nur teilweise zerstört.

Château de Cénevières

Wenige Kilometer von Saint-Cirq-Lapopie entfernt und auf der gleichen Uferseite liegt flussaufwärts die faszinierende Burg Cénevières. Sie kam im 13. Jahrhundert in den Besitz der mächtigen Herren von Gourdon. Heute beherbergt sie viele Prunkstücke und wahrt so manches Geheimnis, wie z. B. den kleinen freskengeschmückten Alchemieraum mit seinem Ofen – was da wohl gebraut wurde? Im großen Salon erwarten den Besucher eine kunstvoll bemalte Renaissance-Kassettendecke und gut erhaltene Gobelins (15. und 16. Jh.) aus Flandern. Die beiden Wohntrakte aus dem 15. Jahrhundert wurden im 16. Jahrhundert durch eine sehr „italienisch angehauchte" Säulenreihe im schönsten Renaissance-Stil miteinander verbunden. Es ist eine Burg, die noch nicht zum Museum erstarrt ist und die zu besichtigen, sich absolut lohnt.

Eintritt 6 €. Führungen tägl. außer So vormittags von Ostern bis Allerheiligen, 10–12 und 14–18 Uhr (Okt. bis 17 Uhr). In der Nebensaison auf Anfrage. ℘ 0565312733.

Camping municipal Le Grand Pré, ein kleiner Platz, der neben dem Fußballplatz direkt am Lot und am Fuße der Burg Cénevières liegt (gut ausgeschildert). Juni–Sept. geöffnet, 9 €. ℘ 0565312816, mairie. cenevieres@wanadoo.fr

In Toulzanie baute man aus Platzmangel die Häuser in den Felsen

La Toulzanie

Ein Straßendorf mit interessanten alten Häusern, die nicht nur unter die Felswand, sondern auch in sie hineingebaut wurden.

Larnagol

Nur die Ruinen der Burg sind noch zu sehen. Ehemals war Larnagol ein heiß begehrter Ort, denn er lag an einer strategisch hochinteressanten Stelle, direkt am Lot. Man konnte alles und jeden kontrollieren und vor allem abkassieren! Davon profitierten die diversen Lehnsherren (die Liste ist lang), wie u. a. die mächtigen Cardaillac, Simon de Montfort oder Beduer.

Cajarc

Das ehemalige Castrum liegt sehr idyllisch von Felsen umgeben im Lot-Tal. Die oval angelegte Altstadt wurde typischerweise um die Kirche gebaut. Es gab hier im Mittelalter auch eine Burg, übriggeblieben davon ist nur das mit Spitzbogenfenstern verzierte große **maison L'Hébrardie**.
Cajarc hat in den letzten Jahrzehnten so manche Persönlichkeit kommen und gehen sehen. Die berühmte französische Schriftstellerin Françoise Sagan wurde in Cajarc geboren und der ehemalige Präsident Georges Pompidou hat sich in diesen 1.130-Seelen-Ort mit seinen zahlreichen mittelalterlichen Fachwerkhäusern verliebt und sich zur Erholung zeitweise hier niedergelassen. An seine Stippvisiten erinnert das **Musée des Arts – Centre d'Art Contemporain Georges Pompidou**. Es stellt zeitgenössische Kunst aus.

Eintritt frei. Geöffnet im Sommer tägl. von 10–13 und 15–19 Uhr. Route de Gréalou. ℡ 0565407819, www.magp.fr.

Information Office de Tourisme, in den Gemäuern der neugotischen Kapelle Saint-Madeleine. Wenn es geschlossen ist, ist auch das Touristenbüro Figeac zuständig. Place du Forail, ✆ 0565407289.

Markt Wochenmarkt Sa nachmittags. Jahrmarkt jeden 2. und letzten Samstag im Monat.

Safran-Markt mit Angeboten rund um den Safran, Anfang Juli.

Veranstaltungen Tag der offenen Tür bei den **Safran-Produzenten**, Anfang Okt., www.safran-du-quercy.com.

Fête de Safran, dem roten Gold des Quercy ist das letzte Oktoberwochenende gewidmet, www.safran-du-quercy.com.

Africajarc, ein Festival, bei dem sich alles um Afrika dreht, 4 Tage Ende Juli, www.africajarc.com.

Übernachten *** Hôtel-Restaurant La Ségalière, Logis de France, von außen wenig ansprechend (Betonbau), aber moderne, angenehme Innenausstattung. Renovierte, Zimmer mit viel Platz, TV, WLAN, Tel., die meisten mit Terrasse oder Balkon. Schönes Schwimmbad in parkähnlicher Anlage. DZ 65–95 €. Restaurant mit traditionellen und regionalen Gerichten. Mittagsmenü 17 €, sonst Menüs 23–34 €. Geöffnet von Mitte März bis Mitte Nov., tägl. abends (Saison) und sonst Mo–Fr (Nebensaison). 380, avenue François Mitterand (route de Capdenac), D 662. ✆ 0565406535, www.lasegaliere.com, hotel@lasegaliere.com.

Camping ** Camping municipal du Terriol, etwas außerhalb in Richtung Cahors (ausgeschildert). Kleiner einfacher Platz, gut beschattet, öffentliches Schwimmbad in der Nähe. Mai–Sept. geöffnet. Rue du Couzoul, ✆ 0565407274 oder ✆ 0565406520 (Rathaus), mairie.cajarc@wanadoo.fr.

Essen Le Cajarc Gourmand, im Sommer sitzt man auf dem Kirchplatz (mitten in der Altstadt). Diverse Salatteller, Fischgerichte und die typisch regionale Küche mit Entenleberpastete und Ente in allen Varianten. Menü 15–26 €. Ganzjährig geöffnet, Mai–Sept. tägl. von 12–14 und 19–21.30 Uhr, Okt.–April tägl. außer Mi sowie Do mittags.

Telefonische Reservierung im Sommer erforderlich. Place de l'Église, ✆ 0565406950.

Saut de la Mounine – Der Sprung des Affenweibchen(s)

Um diesen erhabenen Ort rankt sich eine grausige Legende. Die Tochter des Burgherren von Montbrun und der junge Bursche aus dem Hause Salvagnac, zwei Nachbarskinder, waren unsterblich ineinander verliebt. Aber die Eltern der beiden Turteltauben waren Erzfeinde und so kam die Liaison für den Vater, *Sire de Montbrun*, einem Affront gleich. Er entschied, dass die Tochter dafür mit ihrem Leben bezahlen müsse und beschloss, sie von diesem Aussichtspunkt in die Tiefe stürzen zu lassen. Alle Welt war entsetzt über den grausamen und unwiderruflichen Beschluss. Ein Einsiedler hatte Erbarmen mit der jungen Maid und schlug ihr eine List vor: Sein Affenweibchen sollte ihre Kleider tragen und anstatt ihrer hinuntergestoßen werden. Gesagt, getan. Den Vater, der den vermeintlichen Todessturz seiner Tochter von seiner Burg Montbrun aus beobachtete, packte große Reue und Trübsal. Als das Mädchen eines schönen Tages lebend vor ihm stand, war er so froh darüber, dass er ihr vergab. Die jungen Liebenden durften endlich den Bund der Ehe eingehen.

In der Umgebung von Cajarc

Saut de la Mounine: Aus dem grünen Becken von Cajarc steigt die D 127 steil zwischen Eichen und Wacholder an, um schließlich den grandiosen Aussichtspunkt *Saut de la Mounine* („mounine" heißt auf Okzitanisch Affenweibchen) zu erreichen. Hier oben, hoch über einer der Lotschleifen, reicht der Blick weit bis nach Cajarc und zum gegenüberliegenden *Château de Salvagnac* (keine Besichtigung).

Warnhinweis: An diesem exponierten Punkt ist absolute Vorsicht ist geboten! Es herrscht echte Absturzgefahr, da keinerlei Absperrung anzeigt, wo das Buchsgestrüpp aufhört und der darunter versteckte Abgrund anfängt!

Château de Larroque-Toirac

Eine total verschachtelte Burg klebt in Etagen am Felsen und wacht über das 150-Seelen-Dorf. Sie hat von außen eine imposante mittelalterliche Erscheinung, was man von ihrem Inneren nicht behaupten kann. Am Fuße der Burg steht ein besonders schönes Exemplar von einem freistehenden Taubentürmchen auf vier „Beinen".

Besichtigung für Erw. 6 €. Juli–Sept. tägl. 10.30–12.15 und 14–18.15 Uhr geöffnet, sonst nur für Gruppen auf Anfrage. ✆ 0612374839 oder ✆ 0660088010 (beides Mobil), www.chateautoirac.com.

Saint-Pierre-Toirac

Wäre da nicht die kleine Apsis, würde man die befestigte Wehrkirche mit ihren Pechnasen und Schießscharten glatt für einen Bergfried halten. Sie besitzt herrliche Skulpturen, wie z. B. das seltsame Fabeltier, das im Zweikampf vom Engel des Guten besiegt wird. Hinter der Kirche liegen Sarkophage aus einem alten merowingischen Friedhof.

Capdenac

Capdenac besteht aus zwei Ortsteilen und untersteht zwei Verwaltungsbezirken, denn es erstreckt sich über die zwei Departements Aveyron und Lot. **Capdenac-Gare** liegt in der fruchtbaren Mäanderschleife des Lot und stammt aus der neueren Zeit. Das geheimnisvolle uralte **Capdenac-Le Haut** dagegen thront hoch oben über dem Lot. Wie Ausgrabungen belegen, bauten einst die Gallier auf dieser Felsnase ein Oppidum. Manche Historiker und Archäologen behaupten, Capdenac-Le Haut sei das berühmte **Uxellodunum**. Leider macht Julius Cäsar in seinem Werk *Der Gallische Krieg* kaum Angaben über die genaue Lage des Ortes des letzten und tragischen Widerstands der Gallier. Es gibt keinen eindeutigen Beweis, obwohl die Felswand, der von den römischen Truppen trockengelegte Cäsar-Brunnen sowie der Fluss, wie von Cäsar beschrieben, vorhanden sind. Die Befestigungen existieren heute noch. Barbakane, Bergfried, Stadtmauern, Stadttore und Wachtürmchen hielten die Feinde auf Distanz, schließlich war der Ort wegen seiner strategisch sehr guten Lage ständig umkämpft.

Eine steile **hundertstufige Treppe** führt von Capdenac-Le Haut zu dem römischen Brunnen **Fontaine des Anglais** hinunter.

Information Office de Tourisme, im Donjon in Capdenac-Le Haut, ansonsten ist das Office de Tourisme in Figeac zuständig.

Übernachten Relais de la Tour, renoviertes Hotel mit Restaurant und Café. Modern eingerichtete, geräumige Zimmer in frischen Farbtönen mit Tel., TV und WLAN. DZ 65–91 € (inklusive Frühstücksbuffet). Auch Dreibett-Zimmer. Restaurant in der Nebensaison So abends und Mo geschlossen. Regionale Küche mit Mittagstisch 12–14 €. Place Lucter, 46100 Capdenac-Le Haut, ✆ 0565110699, www.lerelaisdelatour.fr.

Burgenlandschaft im Reich des Cahors-Weines

Lotabwärts zwischen Cahors und Duravel liegt das Reich des Cahors-Weines, dessen Reben an den Hängen des Lots und im Hinterland wachsen.

Die Gegend ist aber auch ein Eldorado für Burgenfreunde. Fast jedes Dorf hat eine davon, eine schöner als die andere, und manche sind auch zu besichtigen. Vielleicht war es gerade diese Kombination – schützende Burgen und spritziger Wein – weswegen dieser Landstrich früher fest in der Hand der Bischöfe war!
Jedes Touristenbüro entlang des Lot hält eine Liste der Wein-Produzenten bereit.

Douelle

Das kleine Dorf am Lot besitzt einen alten Hafen, von wo aus die mit Cahors-Wein gefüllten Barrique-Fässer in alle Welt verschifft wurden. Graffitis des Künstlers *Didier Chamizo* erzählen entlang der Quai-Mauer die Geschichte des Cahors-Weins (die bunte Pracht entschlüsselt man am besten von der gegenüberliegenden Seite).

Kanu-/Fahrradverleih Antinéa Loisirs, bei der alten Backsteinbrücke im „Zentrum für Wassersport", geöffnet Mitte Juni bis Anfang Sept. ✆ 0565309579.

Übernachten Camping de l'Écluse-Antina Loisirs, gut beschatteter und sehr ruhiger, gemeindeeigener Platz am Ortsrand. Geöffnet von Mitte Juni bis Anfang Sept. ✆ 0565309579.

Kunst zum Thema Wein: Graffiti auf der Kaimauer

Mercuès

Mercuès erreicht man von Cahors über die D 811 oder direkt über die Brücke von *Douelle*. Weithin sichtbar grüßt die Burg mit ihren Türmen und Wachttürmchen. Ursprünglich war sie ein beliebter Wohnsitz der Bischöfe von Cahors, heute beherbergt das Gemäuer ein Luxushotel auf dessen Terrasse man auch einfach nur ein Gläschen trinken und dabei die Aussicht genießen kann.

Hotel-Restaurant Le Vinois, absolutes Top-Hotel. Alle Zimmer im ultramodernen Stil, mit Schwimmbad. DZ 89–150 €. Hotel tägl. geöffnet. Restaurant auf Sternekoch-Niveau, Küche „à la quercynoise": Lamm, Ente, Trüffel. Mittagsmenü 17,50 €. Geöffnet im Juli/Aug. tägl. außer So abends, Mo- und Di mittags und in der Nebensaison tägl. außer Mo/Di. 46140 Caillac, ✆ 0565305360, www.levinois.com.

Crayssac

Nicht einer Burg, sondern dem „Pterosaurier-Strand" (*plage aux Ptérosaures*) hat der Ort seine einzigartige Berühmtheit zu verdanken. In dem Steinbruch von **Mas de Pégourdy** wurden vor nicht allzu langer Zeit Spuren und Abdrücke eines fast kompletten Ökosystems entdeckt, dessen Bewohner sich vor 140 Millionen Jahren hier tummelten. Dazu gehören u. a. kriechende und fliegende „Dinos", Schildkröten, Krokodile und Mollusken.

Office de Tourisme von Catus, ✆ 0565208640.

Luzech

Hier, in den letzten Ausläufern des Zentralmassivs, formte der Lot einen fast perfekten Mäander. Die Lotschleife wurde 1840 für die Schifffahrt durch einen **Schleusen-Kanal** an ihrer engsten Stelle (90 m) durchbrochen, dieser ist jedoch inzwischen zugeschüttet. Es gibt ein archäologisches **Museum** (Eintritt 3 €, tägl. außer So, Mai-Sept. 10-13 und 14-17 Uhr) in dem **maison des Consuls** aus dem 13. Jahrhundert. An der engsten Stelle des Mäanders steht ein **Donjon** (12. Jh.), der ursprünglich zum Bischofspalast gehörte. Eines der romantischsten Gässchen des Dorfes ist die **rue des Mariniers**, die direkt zu den Lot-Ufern führt. Auch die aus Ziegel gebaute **Porte du Capsol**, an der man im Mittelalter eine Abgabe auf die Fische („capsole") entrichten musste, ist sehenswert.

Erläuterungstafeln an den interessantesten Gebäuden weisen den Besuchern den Weg.

Office de Tourisme, im maison des Consuls. Rue de la Ville, 46140 Luzech. ✆ 0565201727, www.ville-luzech.fr.

Albas

Der Bischofspalast (heute in Privatbesitz) war durch seine herausragende Lage ein beliebter Aufenthaltsort der Bischöfe von Cahors. Einer dieser Herren (welcher, darüber schweigt man sich aus) verweilte dort dermaßen oft und lange, dass ihm sein Umfeld, ziemlich irritiert, den Spitznamen Monsieur d'Albas verpasste!

Weinfest Steht unter dem Motto: „Die gute Luft befindet sich in den Weinkellern" (frz. *Le bon air est dans les caves*). Immer am Wochenende nach Himmelfahrt. Es ist die beste Gelegenheit in den diversen Weinkellern bei Orchestermusik alles zu probieren, was dunkelrot im Glas funkelt (Weinprobe rund 15 €). ✆ 0565221910 (Rathaus) oder beim Touristenbüro in Luzech (s. o.).

Puy-L'Évêque

Wie ein Aquarell spiegelt sich der einst wichtige Ort im Lot, die Häuser ziehen sich ockerfarben den Hang hinauf. Ganz oben thront ein mächtiger Bergfried der **Tour de l'Évêque**. Leider wird er zeitweise zu Werbezwecken für den hiesigen Cahors-Wein missbraucht. Daneben steht das Schloss **Château de L'Ychairie** (keine Besichtigung). Der Ortsname kommt nicht von ungefähr: Jahrhundertelang diente die Stadt als Rückzugsgebiet für die Bischöfe von Cahors; der Ortsnamen lautet übersetzt „Bischofshügel". Im Hundertjährigen Krieg wurde die Ortschaft von den Engländern eingenommen und in der Folge befestigt. Im alten Hafen **Port de la Cale** kontrollierte man während der Religionskriege den Warentransport über den Lot und „sahnte" dabei kräftig ab.

Information Office de Tourisme, 46700 Puy l'Évêque, 12, Grand-Rue, ✆ 0565213763, www.puy-leveque.fr.

Markt Di vormittags, place de la Truffière.

Wein Les Reflets de Puy-l'Évêque, Weinprobe und Verkauf durch ortsansässige Produzenten. Nur im Sommer geöffnet, Di–Sa 10–13 und 15–19 Uhr, So/Mo 11–13 und 18–20 Uhr. 14, Grand-Rue (neben dem Touristenbüro), ✆ 0565243847.

Übernachten *** Hotel Bellevue, liegt hoch über dem Lot. Sehr elegante, frisch renovierte und geräumige Zimmer mit TV und Tel. DZ 76–96 €. Place de la Truffière (oben, neben dem Bergfried). ✆ 0565360660. www.hotelbellevue-puyleveque.com.

** Hotel-Restaurant Henry, einfaches Logis de France-Hotel mit renovierten Zimmern, wobei die mit Balkon/Terrasse zum Garten hin um einiges besser sind. DZ 38–44 € zur Straßenseite (Doppelfenster) und 50 € zur Gartenseite. Kostenlose Privatgarage, Haustiere erlaubt. Rue du Docteur-Rouma (am Ortseingang unten im Ort). ✆ 0565213224. www.hotel-henry.com.

Essen Restaurant Côté Lot, gehört zum Hotel Bellevue, Speisesaal mit Panoramablick über das Lot-Tal. Gerichte etwas extravagant mit Produkten wie Entenleber, Jakobsmuscheln oder Gambas. Menü 25–46 €. Tägl. außer So/Mo geöffnet. Place de la Truffière. ✆ 0565360660.

Brasserie L'Aganit, gehört ebenfalls zum Hotel Bellevue, Spezialitäten aus der Region. Tellergericht ab 10 €. Mittagsmenü 13,50 €. Tägl. geöffnet. Place de la Truffière. ✆ 0565360660.

Puy-l'Evêque

Duravel

Nicht versäumen sollte man den Besuch dieses kleinen Dorfes mit seiner interessanten romanischen Kirche, der Krypta (12. Jh.) und den alten Häusern. Das Kloster gehörte früher zur Abtei von Moissac.
Office de Tourisme, place de la Mairie, ✆ 0565246550, www.duravel.com.

Grèzels

Das ursprünglich aus dem 13. Jahrhundert stammende **Château de la Coste** im Ort ist heute ein Cahors-Wein-Museum.
Eintritt ins Museum 2 €, Juli/Aug. tägl. 15–18 Uhr. Die Burg kann man auf Anfrage zweimal die Woche besichtigen (Führung), Eintritt 4 €, ✆ 0565213581 (Mr. Delmon). ✆ 0565213828.

Bélaye

Das ehemalige *Castrum* war im Hundertjährigen Krieg für den Feind eine strategische Herausforderung. Zu besichtigen sind die Reste der Wehrmauer sowie der barocke Altar in der *Kirche Saint-Aignan*, den ein gewisser *Maréchal Bessières* aus Spanien mitbrachte.

Festung Bonaguil

Zwischen Quercy und Aquitanien liegt ein absolutes Muss für Freaks der Militär-Architektur des 13., 14. und vor allem des 15. und 16. Jahrhunderts. Die Burg des *Baron Bérenger de Roquefeuil* ist ein Meisterwerk der Abschreckung für alle potentiellen Angreifer – die Burg wurde übrigens nie angegriffen! In dieser Zitadelle erwarten den Besucher nicht weniger als dreizehn Türme und Türmchen, unterirdische Gänge, sieben Zugbrücken, ein bugförmiger Bergfried ... Die Besichtigung ist

Eine Burg wie im Bilderbuch

ein Augenschmaus und eine echte Bereicherung. Alljährlich gibt es im Sommer Veranstaltungen für Jung und Alt.

Eintritt 7 €, ganzjährig geöffnet, Juli/Aug. tägl. 10–19 Uhr, in der Nebensaison komplizierte Öffnungszeiten, bitte erfragen. ✆ 0553719033, www.bonaguil.com.

Quercy blanc (Weißer Quercy)

Im Süden von Cahors erstreckt sich ein arides und weißes Kalkplateau, das sanft zum Tal der Garonne abfällt und seinen Ursprung im Tertiär hat.

Die schneeweißen Kreide-Feldwege im gleißenden Sonnenlicht sind schon ein ungewohnter Anblick. Südliches Flair macht sich breit. Zusätzlich machen zahllose kleine romanische Kapellen und Kirchen, früher auch unzählige Windmühlen (hier wird das Land wohl besonders gut „durchlüftet"!), den Charme dieser Landschaft aus. Der Rebanbau wird Richtung Süden und Westen immer mehr von Tabak-, Sonnenblumen- und Getreidefeldern abgelöst. Am besten erreicht man diese Gegend von Cahors über die D 653, die sogenannte *Petite Barguelonne.*

Das winzige Dorf hoch auf dem Berg ist stolzer Besitzer eines mächtigen 24 m hohen Bergfrieds (tolle Aussicht, Aufstieg 2 €, tägl. im Sommer 15–19 Uhr) und wunderschön restaurierter mittelalterlicher Fachwerkhäuser und Arkaden entlang der Hauptgasse rue Montmartre (sie ist fast ebenso steil, wie ihr Namensgeber in Paris). Die einstige zweite Stadtmauer wurde durch eine winzige Ringgasse ersetzt.

Markt immer am So vormittags.

Essen Café de France, eine echte Dorfkneipe, in der ein reges Kommen und Gehen herrscht. Einfache regionale Kost, am besten ist man mit dem Tagesmenü bedient, die Zubereitung erfolgt schnell und es schmeckt gut (10–12,50 €). Im Sommer tägl. geöffnet, in der Nebensaison So abends und Mo geschlossen. Place de la République, ✆ 0565229029.

In der Umgebung von Montcuq

Grottes de Roland: Die prähistorische Überwinterungshöhle für die in grauer Vorzeit lebenden Bären liegt vier Kilometer nördlich von Montcuq.

Eintritt 5,50 €. Geöffnet von April bis Allerheiligen, Juli/Aug. tägl. vor- und nachmittags, sonst sehr unterschiedliche Öffnungszeiten. Route du Boulvé (ausgeschildert), ✆ 0565229990.

Lauzerte

Den Grafen von Toulouse ist die Bastide im Herzen des Weißen Quercy an dieser strategisch äußerst günstigen Stelle zu verdanken. Direkt am Jakobsweg liegend, gehört sie heute zum „Club" der schönsten Dörfer Frankreichs. Sehenswert sind der Marktplatz mit seinen Arkaden, Fachwerkhäuser aus rotem Backstein und die gotische **Kirche Saint-Barthélemy**. In der kleinen **Karmeliterkirche** (*église des Carmes*) steht ein sehr pompöser Altaraufsatz aus dem Jahre 1689, verziert mit gedrehten Säulen, Girlanden und Statuen.

Castelnau-Montratier

Ursprünglich war der Ort ein *Castrum* mit dem Namen *Castelnau-de-Vaux*, dieses wurde aber von Simon de Montfort und seinen Truppen während der Albigenser-Kreuzzüge dem Erdboden gleichgemacht. Ein paar Jahre später wollte

Der byzantinische Touch ist unverkennbar

dann der Lehnsherr *Ratier de Castelnau* den Ort wieder aufbauen und errichtete eine gut befestigte Bastide auf dem Hügel (frz. *mont*) – der Name „Castelnau-Montratier" war geboren.

Der zentrale, von Arkaden gesäumte, Marktplatz hat eine langgezogene, dreieckige Form. Etwas erhöht steht die wuchtige byzantinische Kirche mit ihren von Säulen getragenen Türmchen und erinnert irgendwie an die *Sacré-Coeur* von Paris (eigentlich nicht verwunderlich, handelt es sich doch um ein und denselben Architekten, *Paul Abadie*). Das **maison des Consuls** (heute Rathaus) wird von einem Belfried überragt.

Information Office de Tourisme du Pays de Castelnau-Montratier, 27, rue Clemenceau (Hauptstraße). ✆ 0565218439, www.castelnau-montratier.fr.

Markt So vormittags und Bauernmarkt im Juli/Aug. mittwochs 17–20 Uhr.

Flaugnac

Hoch auf einem Felsen liegt das winzige ehemalige *Castrum* Flaugnac. Die mittelalterlichen Häuser wurden mit den weißen Steinen des Weißen Quercy gebaut. Die Landschaft erinnert stark an die Toscana, hier oben ist es einfach schön!

Auf der Straße von Flaugnac nach Cahors kommt man an der betriebsbereiten **Windmühle von Boisse** vorbei (ca. 1,5 km vom Ort entfernt). Sie ist sicher die Schönste im Revier.

Montpezat-de-Quercy

Die Bastide mit ihrem sehr gut erhaltenen Stadtbild erhebt sich mitten aus der „Pampa" des Quercy. Sie hat eine sehr bewegte Vergangenheit hinter sich, die sie dank des Familienclans *des Près* problemlos überwinden konnte. Trotz Plünderungen im Hundertjährigen Krieg durch die Engländer wurde der Ort unter dem Einfluss dieser wohlhabenden Familie im Laufe der Jahrhunderte immer reicher und schöner. Aus der Familie *des Près* gingen zahlreiche Bischöfe hervor. Es verwundert daher nicht, dass die **Stiftskirche Saint-Martin** mit zu den am schönsten ausgeschmückten Kirchen der ganzen Region gehört. Berühmt sind die fünf **Wandteppiche** aus Flandern, die eigens für diese Kirche angefertigt wurden. Auf 25 m Länge und 2 m Breite, und pro Quadratmeter über 100 Kilogramm schwer, wird darauf das beispielhafte Leben des heiligen Martin erzählt. Dabei besonders treffend, ist die Figur des Teufels dargestellt: Er besitzt eine pustelübersäte, haarige Haut, lange Ohren und die Zunge hängt ihm weit aus dem Hals heraus. Die Familie *des Près* ist auch in der Kirche verewigt: Die Schlusssteine des Spitzbogengewölbes tragen das Wappen der Familie und die Grabdenkmäler des Gründers der Stiftskirche, Kardinal *Pierre des Près*, und des Bischofs *Jean des Près* befinden sich hier.

Die kleinen engen Gassen sind von uralten und wunderbar erhaltenen Fachwerkhäuschen gesäumt. Schief und krumm stehen sie auch um den Marktplatz, die Arkaden werden durch wuchtige Steinsäulen gestützt. Leider hat auch hier niemand Hemmungen, den Bogengang als überdachten Parkplatz zu nutzen.

Le Causse de Limogne

Noch eine Causse. Das südlichste Kalkplateau des Parc Naturel Régional des Causses du Quercy ist nicht nur reich an Dolmen, hier finden sich auch zahllose mit religiösen und figürlichen Ornamenten verzierte Steinkreuze.

Die flechtenüberzogenen Kreuze in der Landschaft sind stumme Zeitzeugen. Sie schmücken viele Weg- und Straßenkreuzungen, wie z. B. bei *Cieurac*, *Lalbenque*, *Beauregard* und *Laramière*. Sie erinnern an jene Epoche, als die Bauern alljährlich in Prozessionen von Wegkreuz zu Wegkreuz zogen, um den Segen für eine gute Ernte zu erbitten. Authentische Dörfer mit uralten Waschplätzen und unzähligen *cazelles* runden das breite Spektrum der heimatkundlich interessanten Vergangenheit ab. In dieser Region kam auch der Gaumen nie zu kurz: Die *Limogne* ist ein bekanntes Trüffelgebiet. Die teure Knolle gedeiht in den unendlich weiten Eichenwäldern bestens, Stacheldraht und breite Eisentore sind ein untrügliches Zeichen für das Vorkommen des „schwarzen Goldes" hinter dem Zaun.

Cazelle, der Hirtenunterstand wurde mit Lesesteinen aufgebaut

Limogne-en-Quercy

Obwohl die kleine Ortschaft außer einer Straßenkreuzung nichts zu bieten hat, ist fast immer Betrieb. Im Sommer machen die Jakobspilger auf ihrem Durchmarsch zum entfernten Santiago de Compostela in der kleinen Bar an der Straßenkreuzung Rast. Und wenn im Winter die schwarzen Trüffel auf dem wöchentlichen Sonntagsmarkt verkauft werden, ist in dem 788-Seelen-Ort besonders viel los.

Von hier führen schöne Wanderwege durch die Causse, vorbei an *cazelles*, *lavoirs*, *Dolmen* und *Menhiren*. So gibt es z. B. den 8 km langen Dolmen-Rundwanderweg (ca. 2 ½ Std.). Die dazugehörige Wegbeschreibung und Erläuterungen in Form einer kleinen Broschüre erhält man im Touristenbüro.

Information Office de Tourisme Maison du Pays de Limogne, 55, place d'Occitanie (direkt an der Straßenkreuzung), 46260 Limogne, ✆ 0565243428, www.tourisme-limogne.com.

Markt Wochenmarkt So vormittags, ist nicht zu übersehen. **Trüffelmarkt** Fr vormittags um genau 10.30 Uhr von Mitte Dez. bis Ende Febr., ebenfalls nicht zu übersehen!

Museum Kleines Museum über das frühere Leben im Quercy. Eintritt frei, im Maison du Pays de Quercy (Touristenbüro).

Camping *** Camping Bel Air, 50 beschattete gemeindeeigene Plätze, Spielplatz, Schwimmbad. Geöffnet von Anfang Mai bis Mitte Sept. 311, rue de la Piscine, ✆ 0565243275, www.tourisme-limogne.com.

Essen/Trinken Le Vieux Quercy, regionale und frisch zubereitete Gerichte von sehr freundlichem Personal serviert. Menü 15–30 €. Ganzjährig geöffnet, Nebensaison Mo-Fr nur mittags. ✆ 0565315117. 61, rue Lugagnac (Straße nach Loubanac).

Au Rince Cochon, kleines Restaurant mitten in der Altstadt mit ruhiger, beschatteter Terrasse. Am Markttag (So) ist allerdings die Hölle los, da ist der Service auch mal langsamer! Kleine Speisekarte, dafür aber sehr gute und frisch zubereitete regionale Gerichte mit Gemüse der Saison. Tagesessen 18 €, Menü 24 €. Tägl. außer Mi und in der Nebensaison tägl. außer Mo, Di und Mi geöffnet. Geschlossen im Nov. und in der erste Juliwoche. 14, rue de Cénevières, ✆ 0565238720.

Café-Bar Le Galopin, hier gilt: Sehen und gesehen werden. Man sitzt an der eingangs schon erwähnten Straßenkreuzung und am „Nabel der Welt" von Limogne und löscht dort seinen Durst. Den Hunger sollte man allerdings besser in einem der beiden Restaurants bekämpfen! Ganzjährig geöffnet, Mo Ruhetag.

In der Umgebung von Limogne-en-Quercy

Les Phosphatières du Cloup d'Aural: Die alten Phosphatminen des 19. Jahrhunderts liegen tief versteckt in den Eichenwäldern der Causse, aber doch direkt an der D 19. Dieser einstigen Phosphatgewinnung im Tagebau ist es zu verdanken, dass großartige fossile Funde gemacht wurden. Zudem hat sich an die feucht-frischen Bereiche zwischen Licht und Dunkelheit der tiefen, offenen Tagebaulöcher eine ganz spezielle Pflanzenwelt angepasst. Das Quercy ist heute weltweit die einzige Region, in der man den Klimawandel und die Entwicklung der Tierwelt über den unvorstellbaren Zeitraum von 30 Millionen Jahren zurückverfolgen kann. Auf themenspezifischen Pfaden wird die „angewandte Paläontologie" oder die „fossile Welt" erklärt und auf dem interessant angelegten „Weg der Zeit" kann jeder noch so Fußkranke 100 Millionen Jahre Entwicklungsgeschichte des Quercy in wenigen Minuten durchschreiten.

Eintritt 6,50 € (beinhaltet die 45-minütige Führung durch den einstigen Abbaubereich und die Erkundung der Themenpfade auf eigene Faust). Im Juli/Aug. tägl. von 11– 18 Uhr geöffnet, sonst komplizierte Öffnungszeiten (bitte erfragen). Die Führung beginnt zu jeder vollen Stunde. Route de Varaire, 46230 Bach (D 19 von Limogne-en-

Quercy Richtung Lalbenque, die Mine liegt auf halbem Weg zwischen Bach und Varaire). ✆ 0603934591 (Mobil) oder während der Besuchszeit. ✆ 0565200672, www.phosphatieres.com.

Beauregard: In der vom Abt von Marcilhac gegründeten Bastide stehen unter der mit massiven Steinplatten gedeckten Markthalle uralte **Getreidemaße**. Ihr gelber Stein, blank poliert durch den Durchfluss des Getreides über die Jahrhunderte, glänzt im Gegenlicht. In der Nähe gibt es unzählige Dolmen und Menhire, wie den bekannten **Dolmen La Borie du Bois** (rechts von der D 55 Richtung Laramière).

Prieuré de Laramière

Sehenswert ist das ehemalige Kloster *Notre-Dame-de-Laramière*. Es gehört zu den vom Augustinerorden gegründeten Klöstern, die der Abtei von *La Couronne* in der *Charente* unterstanden und sich entlang des Pilgerwegs aneinanderreihten. Während der Religionskriege wurde es schwer verwüstet, Jesuiten retteten es aber vor dem endgültigen Verfall. Der Kapitelsaal enthält Kapitele mit dem Bildnis *Ludwig des Heiligen* und seiner Mutter *Blanche de Castille*. Zu den Nebengebäuden gehört auch eine Getreidemühle aus dem 14. Jahrhundert.
Eintritt: 5 €, ✆ 0680881313 (Mobil), www.laramiere.new.fr.

Lalbenque

Die Trüffel machten Lalbenque bekannt: Jeden Winter findet in der „Hauptstadt der schwarzen Trüffel" ein weit über die Lande hinaus bekannter Trüffelmarkt statt und die Trüffelfreaks kommen aus dem ganzen Südwesten angereist (die A 20 ist nicht weit). Und wer noch keinen Taubenturm aus der Nähe betrachtet hat: Am Ortseingang **place de Mercadiol** (Richtung Aujols) stehen ein markanter **Taubenturm** und ein gut erhaltenes steinernes Wegkreuz.

Information Office de Tourisme du Pays de Lalbenque. Seit 2010 gibt es eine sehr informative Broschüre über die Taubentürme um Lalbenque. Place de la Bascule, ✆ 0565315008, www.lalbenque.net.

Trüffelmarkt nur von Dezember bis Ende Febr./Anfang März. Genaueres unter www.lalbenque.net.

Veranstaltungen rund um die Trüffel (ebenfalls nur im Winter): Vormittags alles Wissenswerte über das „schwarze Gold" und nachmittags Trüffelsuche mit dem Hund, 8 €/Pers. Nur nach Voranmeldung. Weitere Infos und Anmeldung im Touristenbüro.

Sehenswertes in der Umgebung von Lalbenque

Laburgade: In dem Ort gibt es auf wenigen hundert Metern über 12 kleine Brunnenhäuschen, sie wurden während der Revolution angelegt. Das Kuriose daran ist, dass jeder Brunnen aus einer anderen Quelle gespeist wird!

Aujols: Der Ort ist wegen seines großen und antiken Waschplatzes sehenswert. Die typisch schmetterlingsförmigen Steine zum Wäscherubbeln sind um einen Teich angelegt.

Château de Cieurac: Das aus dem 15. Jahrhundert stammende Schloss liegt nur 15 Autominuten von Cahors (N 20 oder A 20 in Richtung Montauban) entfernt. Es wurde als *Monument historique* klassifiziert und ist komplett mit Möbeln und Wandteppichen ausgestattet. Beeindruckend sind die Renaissance-Fassade und die Gartenanlage im französischen Stil. Im Park steht noch eine voll intakte **Windmühle**.
Eintritt 6 €. Besichtigung nur mit Führung (1 Std.) von Juli bis Mitte Sept. tägl. außer Mo 14–18.30 Uhr, im Juni und Okt. nur am Wochenende 14–18.30 Uhr geöffnet. ✆ 0565316428, www.chateaudecieurac.com.

Place Nationale in Montauban

Montauban

Die Bastide Montauban mit ihren rund 55.000 Einwohnern wird als die röteste der drei roten Städte (Toulouse, Albi, Montauban) bezeichnet. Die Rede ist hier nicht von der politischen Gesinnung, sondern von den mittelalterlichen Backsteingebäuden und Brücken.

Das ziegelrote Zentrum wird von einem weitläufigen Industriegebiet umschlossen. Montauban galt als Prototyp für alle nachfolgenden mittelalterlichen Neubausiedlungen im Südwesten. Ihr winziger zentraler Marktplatz liegt gut versteckt zwischen hohen Ziegelhäusern mit doppelreihigen Arkadengängen.

Geschichte

Das ursprüngliche Montauban am Tarn wurde 1144 im Auftrag des Toulouser Grafen *Alphonse Jourdain* auf dem Brachland zwischen dem hügeligen Randbereich des südlichen Quercy und dem fruchtbaren Schwemmland der beiden Flüsse Tarn und Garonne nach dem konkreten geometrischen Bauplan einer Bastide aus dem Boden gestampft. Es gab bereits im 8. Jahrhundert eine Siedlung im Bereich des heutigen Vorortes *Moustier*. Als dann das Benediktinerkloster gegründet wurde, entwickelte sich der Ort *Montauriol* um das Kloster. Die damalige Bevölkerung litt sehr unter den Auflagen und Abgabenforderungen des Abtes von Montauriol. Und so baten sie in ihrer Not ihren Lehnsherren, den Grafen von Toulouse, um Hilfe und Schutz. Dieser erkannte die strategisch hervorragende Lage des Ortes und so dauerte es nicht lange, bis auf dem Plateau die erste Bastide mit dem Namen *mons albanus* entstand. Aus *mons albanus* wurde dann eines Tages Montauban.

Während der Religionskriege entwickelte sich die Stadt zur Hochburg der Protestanten. 1561 setzten protestantische Bürger die Kathedrale in Brand, das gleiche Los erfuhren auch die Klöster und anderen Kirchen, mit Ausnahme der *église*

Montauban 221

Saint-Jacques, die man rechtzeitig in eine Festung verwandelt hatte. Erst Jahre nachdem es dem katholischen Louis XIII. 1629 gelungen war, Montauban zurückzuerobern, konnte mit der „Rekatholisierung" der Stadt begonnen werden. Alle wichtigen Verwaltungsdienststellen wie die königliche Steuerverwaltung und der Finanzgerichtshof verlegte man von Cahors nach Montauban und besetzte sie mit königs- und kirchentreuen Beamten. Dennoch wurde die freie Ausübung des protestantischen Glaubens weiterhin geduldet. Montauban entwickelte sich in der Folgezeit zu einer reichen Stadt. Es ging alles solange gut, bis Sonnenkönig *Ludwig XIV.* an die Macht kam. Dieser verbot 1685 den protestantischen Glauben und schloss alle Protestanten von öffentlichen Ämtern aus. Das 1598 von Henri IV. unterzeichnete *Edikt von Nantes* (religiöse Toleranz und volle Bürgerrechte für die Hugenotten) wurde von Ludwig XIV. wieder aufgehoben. Wie im ganzen Land, so flüchtete auch aus Montauban alles, was protestantisch war. Das wiederum hatte den wirtschaftlichen Niedergang der Stadt zur Folge.

Die Stadt blühte im 17./18. Jahrhundert dank des neuangesiedelten Tuchhandels wieder auf. Der feste Stoff aus Montauban wurde bis nach Kanada exportiert. Montauban war zu diesem Zeitpunkt nach Toulouse und Bordeaux mit 27.000 Einwohnern drittgrößte Metropole im Südwesten. Das nächste Tief für Montauban kam mit der Französischen Revolution, die der Stadt eine politische Herabstufung brachte. Erst mit der Machtergreifung Napoleons 1808 keimte wieder Hoffnung für einen politischen Aufstieg. Dieser gründete das Departement Tarn-et-Garonne, indem er ringsum von den fünf historisch gewachsenen Provinzen Quercy, Languedoc, Agenois, Lomagne und Rouergue hier ein wenig Land und da ein paar Städte und Dörfer „abkoppelte". So ist heute das Departement Tarn-et-Garonne ein Gebiet ohne eigene Identität und ohne eigene Geschichte. Trotz des neuen politischen Status und der Departementgründung war der wirtschaftliche Niedergang für die Stadt unaufhaltbar. Erst um 1960 erreichte Montauban wieder die Einwohnerzahl aus der Zeit der Revolution.

Auf einen Blick

Information Office de Tourisme, 4, rue du Collège, 82002 Montauban. ✆ 0563636060, www.montauban-tourisme.com oder www.montauban.com.

Verbindungen Montauban liegt am Kreuzungspunkt der beiden Autobahnen A 62 (Bordeaux-Toulouse) und A 20 (Paris-Toulouse).

Flugzeug: Kleiner Flughafen in Montauban für Touristen- und Geschäftsflüge, ✆ 0563 664744. Der Flughafen Toulouse-Blagnac International ist nur 30 Autominuten von Montauban entfernt, ✆ 0825380000, www.toulouse.aeroport.fr.

Zug: Die TGV-Trassen Bordeaux-Nizza und Paris-Toulouse-Spanien kreuzen sich in Montauban, aber auch die Regionalzüge Corail Téoz, Corail Lunéa, Intercités und der TER Midi-Pyrénées fahren durch Montauban. Place de la Gare (liegt auf der linken Tarnseite, Anfahrt über den Pont Vieux). Verbindungen in alle vier Himmelsrichtungen: Toulouse, Agen, Bordeaux, Carcassonne, Foix, Narbonne, Montpellier, Marseille, Nîmes, Nantes, Lorient, Quimper, Brest. Auskunft ✆ 0892353535 oder ✆ 3635 (0,34 €/Min und nur innerhalb Frankreichs).

Bus: In und um Montauban verkehren regelmäßig (nicht an Sonn- und Feiertagen) Busse der Firma *Hespérides*, Busbahnhof befindet sich auf der linken Tarnseite, www.transports-montalbanais.com.

Tägl. mehrere Busse vom Busunternehmen *Ruban Bleu* (✆ 0565738606) nach Rodez und Villefranche-de-Rouergue im Departement Aveyron.

Mehrere Busse tägl. nach Toulouse. Unternehmen *Courriers de la Garonne*, (✆ 0562723723).

222 Das Quercy

Schiff: Der Garonne-Seitenkanal durchquert das Departement Tarn-et-Garonne und dank der Abzweigung in Montech können Boots-Urlauber bis zum Hafen in Montauban schippern. Bootsverleih ✆ 0563205524.

Parken In Montauban sind alle Sehenswürdigkeiten zu Fuß zu erreichen – es ist nicht einfach im Zentrum einen Parkplatz zu finden. Unterhalb des Museums Ingres gibt es kostenlose Parkplätze, andere Parkplätze (ausgeschildert) sind kostenpflichtig.

Markt Gemüsemarkt Mi vormittags, place Lalaque und Sa vormittags allée Mortarieu sowie allée du Consul.

Veranstaltungen Festival „Alors Chante", Festival des französischen Chansons. Mehrere Tage im Mai. ✆ 0563636677, www.alorschante.com.

Fête du Goût et des Saveurs, Bauernmarkt mit regionalen Spezialitäten wie Trüffel, Lavendel- oder Veilchenöl und Mohairwolle... Hier bietet sich die Gelegenheit, mal mit dem Traktor zu fahren oder von Hand zu melken. Großes Büfett mit regionalen Speisen. Ein Sonntag in der zweiten Julihälfte, ferme La Tome du Ramier, Route St. Etienne de Tulmont, 82000 Montauban, www.latomeduramier.com.

Festival de Jazz, die Konzerte finden sowohl in Montauban als auch in den umliegenden Dörfern statt, mit Jazz-Musikern aus aller Herren Länder, auch aus Übersee. Zehn Tage im Juli, ✆ 0563204672, www.jazzmontauban.com.

Sport Vélo Voie Verte, der Radweg führt ab Montauban auf dem alten Treidelpfad und unter alten Platanen entlang des Garonne-Seitenkanals bis nach Montech (etwa 20 km). Infos im Touristenbüro, info@tourisme82.com.

Übernachten
7 Hôtel-Restaurant Mercure
8 Hôtel du Commerce
9 Hôtel-Restaurant d'Orsay

Essen & Trinken
1 Le Refuge
2 Au Fil de l'Eau
3 Lulu la Nantaise
4 Crumble Tea
5 Le Ventadour
6 Les Saveurs d'Ingres
10 Café Agora
11 Le Maracana

Übernachten/Essen

Übernachten Noch eine Stadt in den Midi-Pyrénées, in der man die Hotels suchen muss, nicht weil sie versteckt liegen, sondern weil es nicht viele gibt! In den beiden Industriegebieten stehen ein paar der üblichen Billig-Hotelketten mit hellhörigen Zimmern, in denen u. U. der Geruch von kaltem Rauch in der Luft hängt. Im Zentrum finden sich dagegen nur wenige Unterkünfte, in denen man komfortabel übernachten kann.

*** **Hôtel-Restaurant Mercure** 7, es handelt sich um eine teurere Hotelkette, speziell dieses Hotel im Zentrum ist sehr schön. Geräumige und modern eingerichtete Zimmer mit TV, Tel. und WLAN. DZ 104 €. Ganzjährig geöffnet. 12, rue Notre-Dame, ✆ 0563631723, www.mercure.com.

** **Hôtel du Commerce** 8, liegt im Zentrum neben der Kathedrale. Das Gebäude aus dem 18. Jahrhundert wurde vor nicht langer Zeit vollständig renoviert. Zimmer teilweise

sehr klein (ca. 12 m²), in hellen Farben mit *grands lits* oder zwei Einzelbetten, TV, Tel., Internetzugang, einige Zimmer mit Klimaanlage. Haustiere erlaubt. DZ 59–77,50 €. Reichhaltiges Frühstücksbüfett 9 €. Parkhaus gegenüber (kostenpflichtig, Parkkarte beim Hotel anfordern). Zum Gepäck ausladen gibt's eine Parkgelegenheit direkt vorm Eingang. 9, place Franklin-Roosevelt, ☏ 0563663132, www.hotel-commerce-montauban.com.

** **Hôtel-Restaurant d'Orsay** 9, gegenüber vom Bahnhof. Hotel ohne jeglichen Charme, aber korrekt. Zimmer mit Dusche, TV, Tel., Doppelfenster. DZ 55–75 €. 29, rue Roger-Salengro, ☏ 0563660666, www.hotel-restaurant-orsay.com.

Übernachten/Außerhalb ** Hôtel Campanile, das 6 km außerhalb vom Zentrum gelegene Gästehaus bietet Zimmer mit TV und Tel. DZ ab 44 €, reichhaltiges Frühstücksbüfett. Haustiere gegen Aufpreis gestattet. Tägl. geöffnet. 3, rue Louis Lepine, Parc–Albasud. ☏ 0563230002, montauban@campanile.fr.

Von der A 62 Toulouse-Bordeaux kommend: die Ausfahrt 10 (Montauban) nehmen, dann der A 20 folgen und nach der Zahlstelle die Ausfahrt 66 Richtung Castres/Bressols nehmen. Am ersten Kreisverkehr erste Straße rechts, am nächsten Kreisverkehr wieder erste rechts in Richtung Albasud info.

Von Limoges /Cahors (N 20) kommend: auf der Umfahrung Richtung Toulouse bleiben, dann Ausfahrt 66 (s. o.) und am Kreisverkehr in Richtung Albasud info.

Essen Au Fil de L'Eau 2, eine der besonders guten Adressen an den Ufern des Tarn, aber leider ohne Terrasse. Mittagsmenü 18 €. So, Mo und Mi abends (außer im Sommer) geschlossen. 14, quai du Docteur-Lafforgue, ✆ 0563661185.

Les Saveurs d'Ingres 6, noch eine besondere Adresse, direkt neben dem Ingres-Museum. Interieur in schwarz-weiß gehalten. Mittagsmenü 28 €. Geöffnet Di–Sa. 11, rue de l'hôtel de Ville. ✆ 0563912642.

Le Ventadour 5, ein von Einheimischen viel besuchtes Restaurant auf der Höhe des Ingres-Museums, aber auf der linken Tarnseite. Gespeist wird im rustikalen roten Backsteingewölbe, das im Sommer schön kühl bleibt. Exzellente Küche mit einem angenehmen Service. Mittagsmenü 22 €. Samstagmittag, So und Mo geschlossen. 23, quai Villbourbon, ✆ 0563633458.

Le Refuge 1, bretonische und savoyardische Spezialitäten (wie z. B. Tartiflette, Raclette, Fondue Savoyarde etc.). An bretonischen Spezialitäten werden Crèpes (süß) oder Galettes (salzige Crèpes aus Buchweizenmehl) und hausgemachte Desserts geboten. Menü mit Nachschlag ohne Ende (menu all star) 25 €. Tägl. mittags und abends geöffnet. 31, rue Comédie (beim Theater), ✆ 0563915806.

Bar-Restaurant Lulu la Nantaise 3, mit einfacher, aber guter Küche, abends Musikveranstaltungen. Mittagsteller 10 €. So geschlossen, Fr bis Mitternacht geöffnet. Place du Coq, ✆ 0563630099.

Tee-Salon Crumble Tea 4, die gemütliche Teestube am Ende der Passage (s. u.) ist very british. Hauptklientel ist die Damenwelt. Mittags kleine Gerichte wie Kuchen oder Quiches, Salate, Dessert, das Tagesgericht 10 €. Geöffnet Mo–Sa 10–19 Uhr. Mitte Aug. eine Woche sowie an manchen Feiertagen geschlossen. 25, rue de la Republique/Passage du Vieux Palais. ✆ 0563203943.

Café Agora 10, im Sommer angenehm kühle Terrasse unter den Backstein-Arkaden, an Markttagen sehr gut besucht. Tägl. mittags außer So und Mo geöffnet. 9, place Nationale, ✆ 0563630574.

Le Maracana 11, eine weitere Adresse unter den Arkaden. Mittags kleine Gerichte wie Salate und Bruschetta. Okt.–März tägl. bis 20 Uhr geöffnet. 3, place Nationale, ✆ 0563200573.

Sehenswertes

Cathédrale Notre-Dame: Schon von der Autobahn sieht man die wuchtige weiße Kathedrale mit ihrem von Grünspan überzogenen Kupferdach herüberleuchten. Sie wurde nicht wie die anderen historischen Gebäude der Stadt aus rotem Ziegel, sondern aus teurem weißen Stein im klassizistischen Stil errichtet. Es gibt nur wenige Beispiele für im klassizistischen Stil erbaute Kathedralen. Die Kirche und vor allem auch Ludwig XIV. demonstrierten mit diesem prunkvollen Kirchengebäude ihre Macht und ihren Triumph über den Protestantismus. Das riesige Kirchenportal zwischen den beiden Viereckürmen ist das höchste Europas – unglaublich, aber wahr: Es ist höher als das Portal des Peterdoms in Rom. Die Säulenhalle mit den vier imposanten Evangelisten-Skulpturen wirkt ziemlich nüchtern und kalt, was wohl auch am Baustil liegt. Kopien der vier Evangelisten sind auch über dem Eingangsportal angebracht. Von besonderem Interesse ist das große, berühmte Gemälde von *Ingres* im linken Querschiff, welches von ihm speziell für diese Kathedrale angefertigt wurde: *Le Voeu de Louis XIII*. (Das Gelöbnis von Ludwig XIII.). Das Bild entstand 1820-1824 in Florenz. Die Kuppel über der Vierung ist mit den göttlichen Tugenden wunderschön verziert.

Place de la Cathédrale: Am Platz steht noch ein mit Kariatiden verziertes Haus im neoklassizistischen Stil. Hergestellt wurden diese Kariatiden aus gebranntem Ton in der Toulouser Manufaktur Virebent. Leider kommt der majestätische Sakralbau aufgrund der umliegenden neuzeitlichen Bausünden kaum zur Geltung:

Cathédrale Notre-Dame: im klassizistischen Stil und aus teurem Stein erbaut

Die Stadt hat den gesamten Platz vor der Kathedrale in einen banalen Parkplatz mit Parkhaus umgewandelt.

Église Saint-Jacques: Am Rand der Altstadt steht die mächtige Wehrkirche aus dunkelrotem Backstein mit einem Glockenturm im Toulouser Stil. Da die Pilger auf ihrem Weg zum Grab des Apostels in Santiago de Compostela auch durch Montauban pilgerten, wurde sie auf Initiative der Ratsherren im 13. Jahrhundert erbaut. An der Turmfassade sind noch immer die Einschläge der Kanonenkugeln sichtbar, die die königliche Artillerie während der Belagerung 1621 abfeuerte. Nach der Zurückeroberung durch die Katholiken wurde die Kirche zehn Jahre lang – bis zur Fertigstellung der heutigen Kathedrale Notre-Dame – in den Rang einer Kathedrale gestellt. Diese Kirche am Place Victor Hugo ist das älteste Gebäude der Stadt.

Musée Ingres: Das Museum neben dem Pont Vieux existiert seit 1843 und ist im ehemaligen Bischofspalast von 1664 untergebracht. Ursprünglich standen an dieser Stelle einmal zwei Burgen. Die erste ließ der Graf von Toulouse erbauen, doch sie wurde 1229 während der Albigenserkriege dem Erdboden gleichgemacht. Im Hundertjährigen Krieg erbauten die Engländer an gleicher Stelle eine Festung. Allerdings blieb es beim Erdgeschoss, weil zwischenzeitlich wieder die Franzosen an die Herrschaft kamen. Aus dieser Epoche stammen noch ein paar Säle im Untergeschoss des heutigen Gebäudes. Die Hauptattraktion des Museums – die Werke von Ingres – befindet sich im ersten Stock. Es ist vielleicht sinnvoll und interessant, die geschichtliche Chronologie des Gebäudes und des Museums bei der Besichtigung zu berücksichtigen.

Eintritt 4–7 € ohne Ausstellungen. Juli/Aug. tägl. (außer 14. Juli) 10–18 Uhr, in der Nebensaison 10–12 und 14–18 Uhr geöffnet, So vormittags, Mo und an Feiertagen von Okt. bis Ende März geschlossen. 19, rue de l'Hôtel de Ville. ☏ 0563221291, www.montauban.com.

Place Nationale: Wer zum ersten Mal Montauban besucht, muss diesen fotogenen, zentralen Marktplatz meist erst mal suchen. Obwohl man vielleicht nur wenige

Meter davor steht, man erkennt ihn nicht. Er ist mit einem doppelten Arkadengang umgeben und liegt völlig versteckt zwischen den Gebäuden. Alle vier Seiten sind von schmalen, hohen Häusern aus Ziegelstein umgeben und von jeder Ecke des Marktplatzes führt nur eine enge Gasse – ebenfalls unter einer äußeren Eckarkade versteckt – in die Altstadt. Man wird auf diesem Platz das Gefühl nicht los, in einer tiefen roten Kiste ohne Deckel zu stehen.

Je nach städtischem Oberhaupt war dieser Platz mal königlich, mal kaiserlich oder wie heute national. Hier wurden im Mittelalter Diebe gehängt und Betrüger am Schand-Pfeiler zur Schau gestellt (ein Holzkreuz an einer der Arkaden erinnert daran). Am ersten Pfeiler an der Ecke der *rue Malcousinat* befindet sich ein altes Metermaß der Tuchhändler.

Altstadt: Die Hauptstadt des Departements Tarn et Garonne hat schöne neoklassizistische Gebäude. So das ehemalige **hôtel des Postes** (place de la Cathédrale), **l'hôtel Albrespy** (allées de Mortarieu) und das **maison Dorée** (grand-rue Villenouvelle).

Bei einem Stadtrundgang entdeckt man weitere sehenswerte Häuser. Dabei stößt man unweigerlich auf die zahlreich aufgestellten Skulpturen des hier 1861 geborenen Künstlers *Emile Bourdelle*. Beispiele finden sich u. a. gegenüber dem Museum Ingres, hier stirbt der Zentaurus (*Le Centaure Mourant*), und im Hof desselben Museums steht **La Victoire**. Vor dem Touristenbüro grüßt **Pénélopé**, Bourdelle's **Selbstportrait** befindet sich am square de Picquart und im *Jardin des Plantes* (botanischer Garten) steht die Büste des Dichters **Auguste Quercy**, der 1899 in Montauban starb.

Pont Vieux: Die Stadt profitierte 1303 vom Besuch *Philipp des Schönen*, welcher die Region bereiste, um die mit dem ständigen Hochwasser verbundenen Probleme zu beseitigen. Die Bürger baten ihn um Subventionen für den Bau einer Brücke, die endlich den fürchterlichen Hochwässern des Tarn standhalten sollte. Die dafür notwendigen Ziegel mussten erst einmal gebrannt werden und dafür war Brennholz notwendig. Allein für die Ziegel dieser Brücke wurden mehrere tausend Bäume „verheizt". Der Bau des 205 m langen Übergangs dauerte 25 Jahre. Das Besondere an der Brücke: Sie überspannt den Tarn nicht bogenförmig, sondern platt wie ein Tisch – eine Bauweise, die im Mittelalter eigentlich noch nicht üblich war.

Den schönsten Blick auf die alte Brücke genießt man von der Terrasse der Brasserie an der place Leon-Bourjade.

In der Umgebung von Montauban

Montech: Mit dem Namen Montech verbinden Kenner der Örtlichkeiten ein sehr originelles und ungewöhnliches Wasserkeil-Hebewerk, wegen seines Aussehens auch als „schiefe Rinne" bekannt. Dieser Boots-Aufzug steht am Garonne-Seitenkanal und schob in einer tatsächlich schiefen Rinne, die 443 Meter lang ist und 3 % Steigung hat, die einfahrenden Boote in zwanzig Minuten 30 Meter höher. Das ersparte den Kapitänen fünf Schleusendurchgänge und somit 45 Minuten Zeit. Seit 2010 ist die Schleuse wegen Bauarbeiten geschlossen, der Termin der Neueröffnung ist noch nicht bekannt. Im Ort selbst stehen nur ein paar alte Backstein- und Fachwerkhäuser sowie die im meridional gotischen Stil erbaute Kirche *Notre-Dame-de-la-Visitation* aus dem 15. Jahrhundert. Der Kirchturm im Toulouser Stil ragt 54 Meter hoch in den Himmel.

Die Anfahrt erfolgt von Montauban über die D 928 Richtung Auch. Nach der Brücke über die Garonne (immer noch D 928) geht's rechts ab. Das Hebewerk befindet sich etwa 1.500 Meter vom Bootshafen stromabwärts.

Information Office de Tourisme intercommunal, Gutes Infomaterial über das Departement mit Karten für Fahrradtouren und Wanderungen. Place Jean-Jaurès, 82700 Montech, ✆ 0563641632, www.cc-garonne-canal.fr.

Verbindungen Bus, tägl. mehrere Verbindungen nach Montauban und Castelsarrasin (während der Schulzeit). Busunternehmen *Autocars Barrière*, ✆ 0563933434 und *Courriers de la Garonne* (Busse nach Montauban), ✆ 0562723723.

Veranstaltungen Dorffest, Mitte Juli großes Fest mit Feuerwerk, Tanz, Musik und Zirkus.

Marché nocturne, abendlicher regionaler Bauernmarkt mit Musik, Essensständen, regionalen Spezialitäten, Wein etc. I. d. R. letztes Augustwochenende.

Markt: Di vormittags Bauernmarkt place Jean-Jaurès, So vormittags Markthalle.

Bootsfahrt Montech Navigation, mit diversen Programmpunkten wie kleinen Wanderungen, Abend-/Mittagessen während der Fahrt. Leider erlebt man die „schiefe Rinne" zur Zeit nicht live – seit 2 Jahren ist sie eine Baustelle und geschlossen. Wiedereröffnung noch unbekannt. Preise je nach Programm und Essen ab 11 €/Pers. ✆ 0563263115. Nur mit Reservierung. Abfahrt am Anleger.

Essen La Maison de L'Éclusier, das Restaurant ist ein ehemaliges Schleusenwärterhäuschen am Kanal. Auf der Speisekarte stehen marinierter Lachs und in Schmalz eingelegte Lammschulter. Mittagsmenü 13–24 €. Mitte Juni bis Ende Aug. Mo, Di- und Sa mittags geschlossen, in der Nebensaison Mo, Sa mittags und So abends geschlossen. 25, rue de l'Usine, ✆ 0563653761.

Restaurant à la ferme Les Chamberts, liegt etwas außerhalb von Montech Richtung Agen-Castelsarrasin (N 113). In einem ehemaligen landwirtschaftlichen Gebäude wurden zwei Speisesäle eingerichtet – typische französische *ferme-auberge* (Bauerngasthof), in der man sich sofort wohl fühlt. Gute regionale Küche mit großen Portionen. Mittagsmenü 12,50 €. Tägl. außer So abends und Mo geöffnet. Nur mit Reservierung. ✆ 0563647970.

Moissac

13.500 Einw.

Wie heißt es so schön: „Qui n'a pas vu Moissac, n'a rien vu." (Wer Moissac nicht gesehen hat, hat nichts gesehen) – und damit ist nicht der Ort, sondern die Benediktiner-Abtei mit ihrem beeindruckenden Kreuzgang gemeint.

Moissac liegt an der Südspitze des Quercy und hierher kommt nur, wer sich für die wohl schönste Benediktiner-Abtei Frankreichs interessiert oder sich auf dem Pilgerweg nach Santiago de Compostela befindet. Die Abtei besitzt nicht nur den ältesten, sondern auch den einzigen romanischen Kreuzgang, dessen Kapitele noch den kompletten Skulpturendekor besitzen.

Geschichte

Die Abtei wurde im 7. Jahrhundert auf Veranlassung des Bischofs Didier von Cahors an der Stelle einer ehemaligen Kapelle gegründet. Während der nächsten vier Jahrhunderte wurde die Abtei zweimal von den Sarazenen zerstört und stand nach dem zweiten Wiederaufbau kurz vor dem Aus. Als dann noch die Kirche einstürzte und die Klostergebäude vom Vizegrafen der Lomagne in Brand gesetzt wurden, kam die Rettung für das Kloster in letzter Sekunde durch den Grafen von Toulouse und den Bischof von Cahors. Sie unterstellten die Abtei dem Schutz der Abtei von Cluny im Burgund. Ein gewisser *Odilo von Cluny* setzte den Abt *Durand de Bredon* ein, welcher durch geschickte Verhandlungen dem Mutterkloster in Cluny viele Privilegien abrang. So blieb Moissac selbstständige Abtei und hatte das Recht, sich einen eigenen Klosterverband aufzubauen. Dank der religiösen Reform ging es mit dem Kloster in Moissac schnell wieder bergauf, vor allem auch finanziell. Die Kirche – zu klein geworden für den zunehmenden Strom an Pilgern – wurde

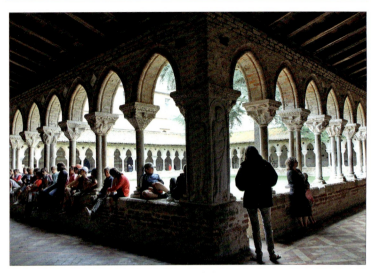

Moissac: Kreuzgang im Spiel von Licht und Schatten

abgerissen und an ihrer Stelle eine größere gebaut. 1212 wendete sich das Blatt zum Bösen: Auf der Jagd nach Andersgläubigen zündeten Simon de Montforts Truppen während der Albigenserkreuzzüge die Kirche an und zerstörten Teile des Kreuzgangs. Obwohl im 15. Jahrhundert die Kirche zum dritten Mal in ihrer Geschichte wieder aufgebaut und der Kreuzgang rekonstruiert wurde, erholte sich das Kloster von diesem Schlag nicht mehr. Schließlich wurde die Abteikirche im Zuge der Säkularisierung 1626 in eine Stiftskirche umgewandelt.

In der Französischen Revolution wurden auch die Klostergebäude von Moissac als Staatsgut verkauft und fortan völlig zweckentfremdet genutzt. 1840 nahm sich das Denkmalschutzamt der Abtei an, seitdem wird sie Stück für Stück wieder restauriert.

Wer sich in Moissac über die vielen Häuser aus den 1930er Jahren wundert: 1930 zerstörte ein fürchterliches Hochwasser des Tarn über 600 Häuser und riss 100 Menschen in den Tod.

Information Office de Tourisme, direkt neben der Abtei. 6, place Durand-de-Bredon, 82200 Moissac. ℡ 0563040185, www.moissac.fr.

Verbindungen Zug, von der ständig befahrenen TGV-Strecke Paris-Bordeaux-Toulouse gehen ab Agen oder Montauban regelmäßig TER-Züge nach Moissac.

Veranstaltungen Markt, jeden Vormittag außer Mo, großer Markt Sa- und So morgens.

Concerts de musique classique, Juli/Aug. in der Abteikirche und im Klostergang. ℡ 0563040681.

Festival de la Voix, sehr breite Konzertpalette, Privatleute öffnen ihre Gärten Märchenerzählern; musikalische Veranstaltungen. Das Festival findet alljährlich in der ersten Julihälfte statt.

Übernachten ** Hôtel Le Chapon Fin, Inter-Hotel-Kette mit 22 Zimmern, wenige Schritte von der Altstadt entfernt. Einige Zimmer sind schon renoviert, Rest folgt nach und nach. DZ 50–60 €. Haustiere erlaubt (4 €). 3, place des Récollets (Marktplatz), ℡ 0563040422, www.lechaponfinmoissac.com.

Moissac

L'Ancien Carmel (Centre international d'accueil et de séjour de Moissac), die internationale Begegnungsstätte befindet sich in dem kleinen ehemaligen Karmeliterkloster aus dem 19. Jahrhundert, schön versteckt im Grünen. Übernachtungsangebote sind ursprünglich für Pilger und Wanderer gedacht. Insgesamt 70 Schlafplätze, aufgeteilt in Zwei-, Vier- und Sechs-Bett-Zimmer. 13,70 €/Pers im Mehrbettzimmer und 19,80 €/Pers. im DZ. Frühstück 4,80 €. Anfahrt über die D 7 in Richtung Brassac. Ganzjährig geöffnet. 5, sente de Calvaire. ✆ 0563046221, www.gitecarmel-moissac.fr.

Camping *** Camping de l'île du Bidounet, liegt auf einer Insel des Tarn. Großer, gut beschatteter Platz mit 100 Stellplätzen, Schwimmbad, Spielplatz, Bar. April–Sept. geöffnet, ✆ 0563325252, www.camping-moissac.com.

Essen L'Auberge du Cloître, leichte Küche, Weinkarte mit lokalen Weinen. Mittagsmenü 12,60 €. So abends, Mo und in der Nebensaison auch Mi abends geschlossen. 5, place Durand-de-Bredon, ✆ 0563043750.

Sehenswertes

Abbaye de Saint-Pierre: Die Abtei hat zwei Highlights vorzuweisen: Den großen Kreuzgang und das Kirchenportal der Abteikirche in der Turmvorhalle. Die Abteikirche selbst wurde im 15. Jahrhundert im Stil der meridionalen Gotik rekonstruiert. Die Turmvorhalle und der untere Teil des Kirchenschiffs sind noch im Originalzustand aus dem 11. und 12. Jahrhundert. In der Kirche sind u. a. eine hochinteressante Grablegung wie auch „Die Flucht nach Ägypten", beide aus bunt bemaltem Holz geschnitzt, zu sehen.

Portal: Das romanische Stufenportal der Abteikirche im südlichen Bereich der Turmvorhalle besitzt ein Tympanon, das zu den vollendetsten Meisterwerken der romanischen Portalplastik zählt.

Kreuzgang: Manch einen packt die Ehrfurcht, wenn er hier im ältesten Kreuzgang des christlichen Abendlandes aus dem Jahre 1100 steht. Fast alle 76 Kapitelle sind in Kalkstein gemeißelt und sitzen auf rosa, weißen, grünlichen oder grauen Marmorsäulen. Die mit biblischen Szenen verzierten Kapitelle stellen alle Zeitalter der Menschheitsgeschichte dar. Den Beginn machen Adam und Eva und die Zukunft ist durch Bilder der Apokalypse vertreten.

Detailansicht des romanischen Portals

Besichtigung: Eintritt 6 €, Eingang über das Touristenbüro. Es gibt eine kleine, sehr informative Broschüre (auch auf Deutsch) von Éditions Sud-Ouest über diese Abtei. Im Juli/Aug. jeden Do von 21–23 Uhr abendliche Führung durch den beleuchteten Kreuzgang, im Winter jeden So um 14.30 Uhr. Mai–Sept. Ausstellungen über die romanische Kunst. Es ist ratsam, in der Hauptsaison den Kreuzgang gleich morgens bei Öffnung zu besichtigen, sonst ist es mit der Ruhe vorbei und man hat Mühe, die Kapitelle aus der Nähe zu betrachten.

Sehenswertes in der Umgebung von Moissac

Pont-Canal de Cacor: 1853 wurde aus weißem Quercy-Stein und roten Ziegelsteinen die imposante 350 Meter lange Kanalbrücke des Garonne-Seitenkanals über den Tarn gemauert, sie ist damit eine der längsten Kanalbrücken Frankreichs. Dem schrecklichen Hochwasser von 1930, das nicht nur halb Moissac wegriss, sondern auch die ursprüngliche Eisenbahnbrücke, hat sie problemlos widerstanden. Es bietet sich an, dieses schöne Bauwerk südöstlich von Moissac bei einem Spaziergang auf dem Treidelpfad zu besichtigen. Dieser beginnt am Yachthafen des Garonne-Seitenkanals und endet an der besagten Kanalbrücke.

Canal des Deux Mers: Da die Garonne erst 56 Kilometer vor Bordeaux schiffbar wird, wurde der *Canal des Deux Mers* (Kanal der zwei Meere) gebaut. Es handelt sich hierbei um den in Toulouse beginnenden Garonne-Seitenkanal. Zusammen mit dem *Canal du Midi* verbinden diese beiden Kanäle Mittelmeer und Atlantik.

Saint-Nicolas-De-La-Grave: Das 2.000-Seelen-Dorf ist vor allem als Geburtsort des Ritters *de Lamothe-Cadillac* (1658–1730), der mit richtigem Namen *Antoine Laumet* hieß, bekannt geworden. Dieser wanderte mit 25 Jahren nach Amerika aus. Als Abenteurer, Visionär und späterer Gouverneur von Louisiana gründete er u. a. das *Fort de Detroit*, aus dem sich eines Tages die Autostadt Detroit entwickeln sollte. Nach ihm wurde auch das amerikanische Kultauto Cadillac benannt. Eine weitere Berühmtheit, Richard Löwenherz, wird mit dem Ort in Verbindung gebracht. Er hielt sich des Öfteren in der Burg von Saint-Nicolas-de-La-Grave auf, von der nur noch die vier mächtigen Türme und der Wohntrakt stehen. Sportfreaks kennen die Ortschaft zwischen Moissac und Castelsarrasin vor allem wegen ihrer für Wassersport ausgewiesenen 400 Hektar großen Wasserfläche am Zusammenfluss von Tarn und Garonne.

Information Office de Tourisme place du Château, 82210 Saint-Nicolas-De-La-Grave. ✆ 0563948281.

Sport Base nautique et loisir, Segelschule, Bootsvermietung, Tretboote für 8 €/Std., Kanu– und Kajakverleih, auch Fahrräder und Mountainbikes sind zu mieten. Es herrscht Badeverbot, auch dürfen die Inseln nicht betreten werden (Vogelbrutgebiete), ✆ 0563955000. Segelboot-Verleih unter ✆ 0563292055. In der kalten Jahreszeit ist der See eines der dicht bevölkertsten Vogel-Überwinterungsgebiete der Midi-Pyrénées, Informationen unter ✆ 0563914443.

Übernachten ** Camping du Plan d'Eau, liegt an der ausgewiesenen Freizeit- und Wassersportanlage am Zusammenfluss von Garonne und Tarn. Die Stellplätze sind nicht durch Hecken voneinander getrennt. Schwimmbad. Anfahrt über Castelsarrasin (N 113) zwischen Moissac und Valence d'Agen. Geöffnet Mitte Juni bis Mitte Sept., ✆ 0563955002, www.cg82.fr.

Abbaye de Belleperche

Es ist nicht mehr viel übrig von der ehemaligen mittelalterlichen Zisterzienser-Abtei, die im 13. Jahrhundert mit zu den größten und reichsten Abteien in ganz Südfrankreich gehörte. Aber die imposante Lage hoch über der Garonne und die wuchtige 90 Meter lange Fassade bleiben jedem in Erinnerung. Dieser markante Gebäudeteil der Abtei wurde im 18. Jahrhundert rekonstruiert. Schuld an den Zerstörungen waren Hundertjähriger Krieg, Religionskriege und Materialklau für andere Bauten. Die Abtei ist schon seit geraumer Zeit eine Baustelle, aber man kann sie trotzdem besichtigen. Sie liegt fünf Kilometer südlich von Castelsarrasin und ist über die D 45 und D 14 erreichbar.

Eintritt frei. Mai–Sept. Di–Sa 10–12 und 14–18 Uhr, So 14–18 Uhr. ✆ 0563956275.

Auvillar

Der kleine malerische Ort besitzt eine Kuriosität der besonderen Art: Einen dreieckigen Marktplatz mit runder Markthalle. Auvillar war schon – wie Ausgrabungen zeigten – zur Römerzeit besiedelt und man nannte den Ort damals *Alta Villa* („hohes Haus"). Kein Wunder, denn die erhabene Lage direkt über der Garonne bot sich als Aussichts- bzw. Überwachungsposten an und eignete sich zudem bestens als Unterschlupf. Im 10. Jahrhundert war Auvillar ein einfaches Fischerdorf, das sich dann aber bald zu einer Vizegrafschaft entwickelte, deren Herren sich nicht genierten, Steuern auf die Schiffsware, die den Hafen passierte, zu erheben. Anfang des 18. Jahrhunderts entwickelte sich im Ort das Töpferhandwerk. Bis Anfang des 20. Jahrhunderts wurden dann die typischen farbenfrohen Fayencen hergestellt. All das verhalf der Ortschaft zu beträchtlichem Reichtum. Ende des 17. und auch noch im 18. Jahrhundert bewohnten den Ort rund 2.000 Menschen, davon übten allein 300 bis 400 das Töpferhandwerk aus. Die dritte Haupteinnahmequelle des Ortes war die Herstellung von Schreibfedern aus Gänsekielen, die Ahnen unserer Füller. Auvillar zählt im 21. Jahrhundert 920 Einwohner und hat seinen besonderen Charme nicht verloren. Die Zeit ist hier einfach stehengeblieben und der Ort zählt mit zu den schönsten Dörfern Frankreichs.

Information Office de Tourisme, place de la Halle, 82340 Auvillar. ✆ 0563398982, www.auvillar.com.

Markt Bauernmarkt So vormittags.

Marché des Potiers: Großer Töpfermarkt mit über 60 Künstlern aus dem ganzen Südwesten. Es werden Ausstellungen, Vorträge etc. organisiert. Für Liebhaber der *poterie* ein absolutes Muss. Immer am zweiten Wochenende im Oktober.

Übernachten ** Hôtel-Restaurant L'Horloge, Zimmer z. T. ziemlich klein, alle mit Badewanne oder Dusche, TV, Tel. und großen Betten. DZ 52–58 €. Im Restaurant speist man unter herrlichen schattenspendenden Platanen. Mittagsmenü (sog. menue „bouchon") ist gut und günstig. 2, place de l'Horloge, ✆ 0563399161, www.auvillar.com.

Essen Auberge de Bardigues, der Ort Bardigues liegt unweit der Autobahn und nur vier Kilometer südlich von Auvillar (D 11). Im Sommer sitzt man draußen auf der Terrasse und genießt die gute regionale Küche Mittagsmenü 17 €. Tägl. außer Mo geöffnet, in der Nebensaison auch So- und Mi abends geschlossen. ✆ 0563390558.

Sehenswertes

Um zum Marktplatz zu gelangen, muss man erst den aus Stein und Ziegel gebauten **Tour d'Horloge** passieren – ein mächtiges Stadttor aus der Zeit Ludwig XIV. Der dreieckige Marktplatz mit runder Markthalle auf toskanischen Säulen ist schon etwas Besonderes. Auch die alten Getreidemaße an der Markthalle existieren noch. Den Besucher erwarten im Zentrum gepflasterte Gassen, gesäumt von alten Fachwerkhäusern, ein Waschhaus sowie der unvergessliche Ausblick vom Schlossplatz über den Flusslauf der Garonne und die grünen Hügel des Quercy. Die witzige Architektur der **église Saint-Pierre** ist inzwischen denkmalgeschützt. Sie ist eine der größten Kirchen im Departement Tarn et Garonne und besitzt einen prunkvollen barocken Altar. Am Hafen und entlang der Garonne stehen kleine Fischerhäuschen aus alter Zeit.

Musée du Vieil Auvillar: Volkskunstmuseum mit einer großen Sammlung alter Töpferware aus dem 18. und 19. Jahrhundert.

Eintritt 2,50 €. Nur Mitte April bis Mitte Okt. tägl. außer Di von 14.30–18.30 Uhr, Sa/So bis 17.30 Uhr geöffnet.

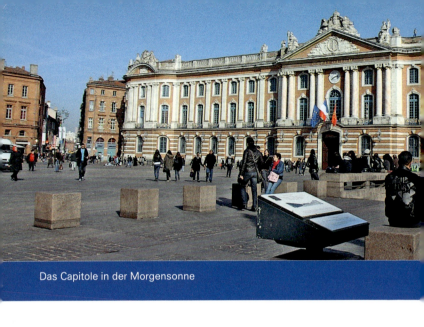

Das Capitole in der Morgensonne

Toulouse, Albi und Umgebung

Toulouse und Albi haben einiges gemeinsam: Beide Städte wurden mit roten Ziegelsteinen erbaut und durch den Anbau von Färberwaid, einer Pflanze, die im Mittelalter den wertvollen blauen Farbstoff lieferte, sehr reich. Im französischen Volksmund nennt man den Färberwaid auch Pastel. Aus jener Zeit existieren in den beiden Städten noch zahllose herrschaftliche Bürgerpaläste (s. u.). Beide Städte blicken auch auf eine ereignisreiche Vergangenheit zurück und bieten ihren Besuchern nicht nur hochkarätige Kunst und Kultur, sondern auch zahllose gemütliche Kneipen für die Kaffepause zwischendurch. Die Hauptstadt der Region Midi-Pyrénées und das kleine Departementhauptstädtchen Albi bieten ein auffallend abwechslungsreiches kulturelles Jahresprogramm.

Toulouse

Ein Morgenkaffee an der place du Capitole, ein Spaziergang entlang der Ufer der Garonne in der Abendsonne, die bunten Sonnenstrahlen hinter den Kirchenfenstern der Kirche Les Jacobins an einem späten Sommervormittag, herbstliche Stimmung am Canal du Midi oder die lautlosen Gassen der Altstadtviertel im Winter: Die überschaubare „ville rose" bietet ihren Besuchern zu jeder Jahreszeit unendlich

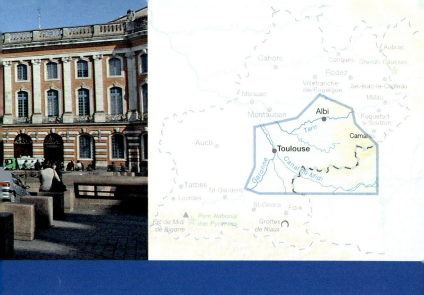

Das Ballungsgebiet Toulouse ist mit seinen rund 750.000 Einwohnern die viertgrößte Stadt Frankreichs. Sie wird von ihren Bewohnern wegen ihrer roten Backsteinhäuser liebevoll *ville rose* genannt und tickt in mancherlei Hinsicht anders als andere französische Großstädte. So fährt zum Beispiel der öffentliche Nahverkehr die diversen Touristenattraktionen nicht – wie andernorts meist üblich – direkt an und bietet den Besuchern somit die Möglichkeit, auch die jeweilige Umgebung zu inspizieren. Und im Gegensatz zu anderen großen Städten wie Paris oder Lyon trennt in Toulouse keine Schnellstraße die Stadt von ihrem Fluss. Ende der siebziger Jahre gab es zwar Pläne, unterhalb der Uferpromenade eine solche zu bauen, doch das Vorhaben wurde dank dem Widerstand der Einwohner nie realisiert. Die Altstadt mit ihren Quais und zahllosen Bistros schließt „nahtlos" an die Garonne an.

Die Abendsonne über dem Fluss, in den Ohren den Klang der Wellen und in der Nase den typischen Duft des Flusswassers, genau das macht den eingangs erwähnten Abendspaziergang oder ein letztes Gute-Nacht-Bierchen an der Garonne so attraktiv.

Toulouse nannte man einst die Stadt der „hundert Türme". Die durch den Pastelhandel sehr reich gewordenen Bürger, Parlamentarier und Kirchenväter hatten alle nur ein Bestreben: Der an ihren Wohnpalast angebaute Turm musste höher als der des Nachbarn sein. Allein rund 70 Türme gehörten ursprünglich zu den noblen Bürgerhäusern, etwa 50 davon zeugen heute noch von dem einst immensen Reichtum der Pastelhändler. Rechnet man zu diesen Palast-Türmen die inzwischen verschwundenen Türme der Kirchen und Klöster hinzu, kommt man leicht auf die Zahl 100! Mitschuld an ihrem Verschwinden war der verheerende Brand 1463, bei dem dreiviertel der Stadt vernichtet wurden. Man baute einen Teil der Gebäude samt Türmen wieder auf - natürlich aus Backsteinen. Den notwendigen Lehm für die Backsteine bekam man aus dem Hügel von *Jolimont*, heute ein Vorort im Osten der Stadt, der seinen dörflichen Charakter von anno dazumal bewahrt hat.

Toulouse

Toulouse ist heute Zentrum des Flugzeugbaus, dessen Geschichte während des Ersten Weltkriegs begann. Ein gewisser P. Latécoère ließ an der Garonne, weit weg vom Ort des deutsch-französischen Kriegsgeschehens, die ersten Flugapparate bauen. Er ahnte damals nicht, welche großartigen Folgen dies für die wirtschaftliche Entwicklung der Stadt Toulouse eines Tages haben würde. 1919 wurde die erste Luftpostverbindung mit Nordafrika eingerichtet, in den zwanziger und dreißiger Jahren starteten regelmäßig Fracht- und Luftpostflüge nach Spanien, später auch nach Westafrika und Südamerika. Die mutigen Flieger hießen u. a. *Saint-Exupéry, Ader, Mermoz*, die zwischen ihren Flügen im dafür legendär gewordenen Hotel *Le Grand Balcon* nahe der *place du Capitole* übernachteten.

Nach dem ersten Weltkrieg ging es mit dem Erfolg der Luftfahrtsindustrie rasant bergauf. Militärflugzeuge wie die Transall und Breguet Atlantic wurden gebaut und ab 1960 erblickten die ersten Düsenverkehrsflugzeuge das Licht der Welt. Das erste Überschallverkehrsflugzeug, die Concorde, ebenfalls von Toulouser Ingenieuren entwickelt, war ein Prestigeprojekt unter dem damaligen Präsidenten Charles de Gaulle. Doch der „Rolls Royce" unter den Fliegern entpuppte sich auf die Dauer als zu teuer und aus ökologischer Sicht nicht vertretbar, der Betrieb wurde 2003 eingestellt. Auch der riesige Airbus 380 wird in Toulouse zusammengebaut und es ist immer wieder eine Sensation für die vielen Schaulustigen, wenn morgens zwischen 3 und 4 Uhr die gigantischen Einzelteile auf Schwerlastern in Millimeterarbeit durch den Toulouser Vorort Blagnac zum Werk manövriert werden.

In den 70er und 80er Jahren, als die Dezentralisierung im Land immer mehr an Bedeutung gewann, profitierte Toulouse von seiner durch die Luftfahrtindustrie schon bestehenden Infrastruktur. Mit der Ansiedlung der 1970 ins Leben gerufenen französischen Luft- und Raumfahrtgesellschaft Aerospatial Matra in Toulouse ließen sich in Folge zahlreiche andere Firmen aus der Elektronikbranche, der Luft- und Raumfahrt sowie der Waffenindustrie in der Region nieder.

Mit der ältesten Akademie Europas, welche ausschließlich zur Pflege der Dichtkunst gegründet wurde, besitzt Toulouse einen weiteren Superlativ. Sie entstand, da einige Bürger mit Rang und Namen im frühen 14. Jahrhundert die okzitanische Sprache der in Vergessenheit geratenen Minnesänger retten wollten. Zu diesem Zwecke erfanden sie die sogenannten „Blumenspiele" (frz. *jeux floraux*), hinter denen sich ein alljährlich stattfindender Dichterwettkampf verbarg. Erster und zweiter Preis waren eine aus Gold geschmiedete Amaranth-Pflanze bzw. eine silberne Rose. 1324 schlossen sich die Initiatoren zum „Kollegium der heiteren

Wissenschaft" (frz. *collège du gai-savoir*) zusammen, welchem Ludwig XIV. dann 1694 offiziell seinen Segen gab, indem er es nach dem Muster der *Académie Française* in den Stand der *Académie des Jeux Floraux* hob. Noch heute bekommen auserwählte Dichter jeweils am 3. Mai eines jeden Jahres den Preis in Form einer goldgeschmiedeten Blume verliehen, Victor Hugo gehörte beispielsweise einst zu diesen Auserwählten.

> ### L'hôtel ist nicht immer ein Hotel!
> Im französischen Sprachgebrauch gibt es viele *hôtels*, doch nicht immer entspricht der französische Begriff dem Hotel in der deutschen Sprache. *L'hôtel de ville* z. B. ist das Rathaus und *l'hôtel-Dieu* ist ein Krankenhaus. In Toulouse, Albi und den umliegenden Ortschaften gibt es zahlreiche „*hôtel de ...*", welche, verbunden mit einem Familiennamen, den herrschaftlichen Wohnpalast des jeweiligen ehemaligen reichen Bürgers bezeichnen. Bekannte Beispiele in Toulouse sind u. a. **l'hôtel de Pierre d'Assézat** und **l'hôtel de Jean de Bernuy**.
> Der eigentliche Prunk der Häuser offenbart sich einem erst, wenn man es wagt, die Eingangspforte aufzustoßen und bis in den Innenhof vorzudringen. (Nur Mut, es ist auf jeden Fall gestattet, in den Innenhof zu schauen, und wenn nicht, dann bleibt die Hauptpforte sowieso durch eine Zahlenkombination verschlossen). Diese Paläste sind eine der bekannten Attraktionen der Stadt.

Geschichte

Die Geschichte der Stadt unterlag einem ständigen Auf und Ab, auf jede Blütezeit folgte wieder ein mehr oder minder ausgeprägter Absturz in die Bedeutungslosigkeit.

Schon um das dritte Jahrhundert vor unserer Zeit erkannte der keltische Volksstamm der *Tectosagen* die Vorzüge der Hügellage südlich der Garonne: Der Fluss bot einen leichten Zugang zum Atlantik, das Klima war mild und der Boden fruchtbar. Die Römer, die sich nach den *Tectosagen* an gleicher Stelle niederließen, zerstörten deren Siedlung und erbauten an gleicher Stelle ihr römisches *Tolosa*. Bei Ausgrabungen im heutigen Stadtviertel *Vieille-Toulouse* fand man Überreste beider Kulturen.

Die Stadt war ein Knotenpunkt diverser Handelsstraßen zwischen Mittelmeer und Atlantik, u. a. der „Weinstraße" Narbonne-Toulouse-Bordeaux, und entwickelte sich daher schnell zu einem der wichtigsten Binnenhäfen mit über 20.000 Einwohnern. Auch nach dem Untergang des römischen Reiches behielt die ehemalige Römerstadt ihre Vormachtstellung.
Anfang des 5. Jahrhunderts machten die Westgoten die befestigte Stadt zur Hauptstadt des *Tolosanischen Reiches*. Später wurde sie fränkisch und auch unter den darauffolgenden Dynastien der Merowinger und später der Karolinger nahm Toulouse eine wichtige Position ein.

Nach dem Tod Karls des Großen 814 wussten die Grafen von Toulouse den Machtverlust der Karolinger politisch geschickt zu nutzen. Innerhalb weniger Jahrzehnte entwickelte sich die Dynastie der Raymonds zur wichtigsten im Südwesten, denn die Grafen schafften es, sich sukzessive aus der Abhängigkeit der französischen Krone zu lösen. Zwischen dem 11. und 13. Jahrhundert, unter der Herrschaft der Raymonds, war Toulouse nicht nur eine kulturelle Hochburg, die Stadt gehörte auch mit zu den dicht bevölkertsten Städten Europas.

Während der Katharerkriege stand Toulouse auf der Seite der „Andersdenkenden" und bot ihnen Unterschlupf. Doch damit stand die Stadt nun ganz oben auf der „Abschussliste" des Königshauses. Die Stadt hielt den Belagerungen durch die Kreuzfahrer stand und schickte deren Anführer, *Simon de Montfort*, durch das Geschoss einer Steinschleuder, die angeblich von der Toulouser Damenwelt bedient wurde, an der Stadtmauer in den Tod.

Im anschließenden Friedensvertrag von Paris-Meaux 1229 musste der Toulouser Graf schließlich die Oberhand des Königs, zu der Zeit war das noch der unmündige Louis IX., anerkennen. Mit anderen Worten: Okzitanien verlor seine autonome Stellung gegenüber der französischen Krone.
Aber das war ja nicht die einzige „Kröte", die Graf Raymond VII. schlucken musste. Der Vertrag enthielt noch eine ganz entscheidende Klausel, nämlich die Heirat zwischen der einzigen Erbtochter des Grafen, *Johanna de Toulouse*, und einem Bruder des Königs, *Alphonse de Poitiers*. Diese erzwungene Heirat, die in Folge auch noch kinderlos blieb, führte letztendlich dazu, dass der restliche gräfliche Besitz ebenfalls an die Krone fiel und die Dynastie der Raymonds zu Ende ging. 1271 fiel die Grafschaft Toulouse endgültig an das französische Königshaus.

In jene Zeit fiel auch die Gründung der dem Dominikanerorden unterstehenden katholischen Toulouser Universität (Sie wissen schon, das ist der Orden, der die Katharer mit am brutalsten verfolgte und dem sie die Inquisition verdankten.)

Nach dem Hundertjährigen Krieg (1337-1453) folgte für Toulouse – im wahrsten Sinn des Wortes – eine Blütezeit: Es war die Zeit des Pastelhandels, die den Händlern – im Volksmund auch Pastelprinzen genannt – zwischen 1463 und 1560 unermesslichen Reichtum bescherte. Mit dem Ausbruch der Religionskriege und den damit verbundenen enormen Verwüstungen, ging die Pastel-Ära zu Ende. Hinzu kam außerdem der Umstand, dass es zum kostbaren Pastelblau inzwischen eine billige Konkurrenz gab: das Indigoblau. Beide Ereignisse brachen der Toulouser Wirtschaft das Genick.

Zwar versuchte Napoléon, den Pastel-Handel mit einem Einfuhrverbot von Indigo aus England und dem Wunsch, dass seine blauen Uniformen mit heimischem Pastel gefärbt werden sollten, noch mal in Schwung zu bringen. Aber letztendlich dauerte es ihm zu lange, bis die ganze Pastel-Geschichte wieder ins Rollen kam und so verwarf er schließlich die Idee.

Die Fertigstellung des *Canal du Midi* und der damit verbundene erneute wirtschaftliche Aufschwung hoben die Stadt aus ihrer Bedeutungslosigkeit. Der Kanal entwickelte sich zur Hauptverkehrsader für den Personen- und Güterverkehr zwischen Atlantik und Mittelmeer, und erst die günstigeren Transportkosten der später gebauten Eisenbahn drängten die Binnenschifffahrt langsam ins Abseits.
Nach der Französischen Revolution wurde Toulouse zur Hauptstadt des Departements Haute-Garonne ernannt. Der andauernde Aufschwung in der Luft- und Raumfahrtindustrie nach dem Ersten Weltkrieg machte sich für die Stadt letztendlich auch politisch bemerkbar: Im Zuge der Dezentralisierung ernannte man Toulouse 1982 auch zur Hauptstadt der Region Midi-Pyrénées.

Pastel, das „blaue Gold" der Midi-Pyrénées

Toulouse war Hauptumschlagplatz für die Endprodukte der östlich von Toulouse angebauten riesigen Pastel-Monokulturen. Der gelbe Kreuzblütler, mit botanischem Namen *Isatis tinctori*, wird im deutschen Volksmund auch Färberwaid genannt, in der Region nennt man ihn einfach Pastel. Seit der Antike ist diese Pflanze bekannt, Plinius der Ältere (1. Jh.) hat sie in seinem naturwissenschaftlichen Werk *Naturalis historia* als Heil- und Färbepflanze beschrieben. Später behauptete Cäsar, die Gallier hätten ihre Körper vor den Kämpfen mit Pastel eingerieben, um dadurch eine besonders abschreckende Erscheinung abzugeben. Bis zum 12. Jahrhundert war die Farbe Rot angesagt, Blau war die Farbe der Armen, doch das sollte sich ändern. Mit der Erfindung der Konservierung des Pastel-Rohmaterials in Form von sogenannten „*cocagnes*", unfermentierten und getrockneten Färberwaid-Bällchen, hatte man die Voraussetzung geschaffen, damit in aller Welt Handel zu treiben. Und da die Techniken der Herstellung und damit auch die Qualität im Laufe der Zeit immer besser wurden, hatte die Farbe ihren Preis: Mit diesem Luxusartikel ließ sich Unmengen von Geld verdienen. Zur Schau gestellt wurde der Reichtum in Form von luxuriösen Wohnpalästen, die sich die Händler bauen ließen.

Pastelblau war plötzlich „in" und Rot (fast) „out". Marien-Figuren, bisher in Rot und Blau gehalten, wurden nur noch in reinem Blau gestrichen, Krone und Adel hüllten sich immer mehr in Blau und auch die Kirchenfenster schienen immer blauer zu werden.

Die Umwandlung von der Pflanze bis zum blauen Farbstoff dauerte rund 6 Monate und unterlag einem interessanten Prozedere, bei dem eine ganze Reihe von Manipulationen notwendig waren: Als erstes wurden die Blätter (nur diese liefern den blauen Farbstoff) der fast einen Meter hohen Pflanze um den Johannistag geerntet, gewaschen und ausgebreitet und bevor sie welk wurden unter einem Mühlstein zerquetscht. Diese pastenähnliche Masse ließ man in Form von kleinen Häufchen auf einem schrägen Untergrund zwei bis drei Wochen abtropfen. Dann wurden sie zu Bällchen (frz. *cocagnes*) geformt und in Holzständern getrocknet, bis sie drei Viertel ihres Gewichts verloren hatten. Ein einziger dieser Holzbehälter konnte zwischen 60.000 und 100.000 solcher Bällchen (entsprach 12-20 t) aufnehmen. Die Verarbeitung verlief bis zu diesem Punkt relativ unspektakulär, sauber und geruchsfrei.

Aber um eine stärkere Färbewirkung und konzentriertere Farbpigmente zu bekommen, mussten die trockenen Bällchen für die Weiterverarbeitung unterm Mühlstein pulverisiert und zum Fermentieren gebracht werden. Und dazu wurde die pudrige Masse vor allem mit menschlichem Urin und Abwässern angefeuchtet. Der „Duft" musste bestialisch gewesen sein. Dieser stinkende Brei wurde in einem Becken bis zu 80 cm hoch aufgeschichtet und vier Monate lang alle drei Tage umgeschichtet und jedes Mal von neuem mit Urin und Abwässern angefeuchtet. Erst danach wurde die Masse zwei Monate lang getrocknet, um dann schließlich als eigentliches Färbemittel für den Verkauf in 80 bis 165 Kilogramm schwere Stoffballen gepackt zu werden. Aus 1.000 Kilogramm Pflanzenblätter konnte man in der damaligen Zeit 300 Kilogramm transportfähige trockne Bällchen und letztendlich nur 150 Kilogramm Färbemittel gewinnen.

Auf einen Blick (→ S. 242/243)

Information Office de Tourisme, hier gibt es die Ermäßigungskarte *carte privilège Toulouse en liberté* für 10 € (Kinder 5 €, Familie 25 €). Sie berechtigt zu zahlreichen Preisermäßigungen, auch bei vielen Zwei- bis Vier-Sterne-Hotels der Stadt (Reservierung mindestens eine Woche vorher). Eine Alternative bietet die Karte *Toulouse Festivals* für den kurzen Aufenthalt in der Stadt (ein bis vier Übernachtungen in diversen Hotels während der Festival-Zeit und ermäßigte Eintritte). In den städtischen Museen gibt es einen sogenannten *Passeport* für 6 oder 9 €, der für 3 bzw. 6 Museumsbesuche gilt und zu ermäßigten Preisen oder auch freien Eintritten verhilft. Donjon du Capitole (direkt hinter dem Capitole), square Charles de Gaulle, ✆ 0892180180 (0,34 €/Min.), www.toulouse-tourisme.com.

Adressen Commissariat central: 23, boulevard de l'Embouchure, ✆ 0561127777 oder die 17.

Notarzt: ✆ 0561493333 oder die 15.

Hauptpost: 9, rue Lafayette (zwischen Capitole und place Wilson), Mo–Fr 9-19 Uhr, Sa 8–12 Uhr.

Internetzugang: Internet-Café Le ch@t de la Voisine, 25, rue des Sept-Troubadours, Mo–Fr 10–24 Uhr, Wochenende und Feiertag 12–24 Uhr. Bei der Metro-Station Jean-Jaurès, ✆ 0561573618, www.lechatdelavoisine.com.

Waschsalon Lavomat, tägl. 7–22 Uhr, 20, rue Arnaud-Bernard.

Einkaufen *La Fleurée du Pastel*, ein Ehepaar aus Belgien hat die Idee des Färbens mit Pastel wieder aufgegriffen und pflanzt in Lectoure (Departement Gers) Färberwaid an und verarbeitet ihn nach alter Väter Sitte. Ihre pastelgefärbten Endprodukte werden außer in Lectoure auch in Toulouse in einem original Bürgerpalast verkauft. Rue de la Bourse, ✆ 0561120594.

Verbindungen Flug: Flughafen Toulouse-Blagnac, liegt ca. 12 Kilometer nordwestlich vom Zentrum und wird u. a. von Bremen, Düsseldorf, Frankfurt, Hamburg, München und Mulhouse-Bâle angeflogen. Regelmäßige Flüge von und nach Paris. ✆ 0825380000 (0,15 €/Min nur innerhalb Frankreichs) oder ✆ 0033-170467474 (nur aus dem Ausland), www.toulouse.aeroport.fr.

Shuttle-Service: Navettes aéroport Flybus, tägl. (außer 1. Mai) alle 20 Minuten vom Flughafen ins Zentrum von 7.35–00.15 Uhr (Fahrzeit zwischen 20 und 45 Minuten). Und vom Stadtzentrum-Blagnac zum Flughafen: 5–20.20 Uhr, Abfahrt: Busbahnhof (frz. *gare routière*), weitere Haltestellen: Place Jean-Jaurès nahe der Métro-Station, place Jeanne-d'Arc und Compans-Caffarelli (Kongresszentrum). 5 € pro Fahrt, 20 € für 6 Fahrten. ✆ 0534606400, www.tisseo.com.

Autovermietung: Advantage (gehört zur Firma Hertz), am Flughafen. Interessante Preise. 6, rue Dieudonné-Costes, ✆ 0561789513, www.advantage.com.

Zug: Gare SNCF Toulouse-Matabiau, tägl. ca. zehn direkte Zugverbindungen in Richtung Paris und Bordeaux. Verbindungen zu fast allen Städten Frankreichs und zu einigen nach Spanien. 80, boulevard Pierre-Sémard. ✆ 3635 (0,34 €/Min., nur innerhalb Frankreichs), www.sncf.fr.

Bus: Es gibt ca. 12 regionale Busgesellschaften, die die Dörfer und Städte in the Departement und in der Region anfahren. Preise und Fahrzeiten sind per Telefon zu erfagen. Das größte Busunternehmen, *Les Courriers de la Garonne*, ✆ 0562723723, fährt die Strecke Carcassonne-Agen. Ein anderes großes Unternehmen ist *Cap Pays Cathare*, ✆ 0561518022. Toulouse und die Vororte werden von der Firma TISSEO mit Bus, Métro und der Straßenbahn angefahren. ✆ 0561417070, www.tisseo.fr.

Métro, Bus und **Straßenbahn**: Zwei vollautomatische führerlose Métro-Linien durchqueren Toulouse kreuzförmig: Die Linie A vom Südwesten (Basso-Cambo) nach Nordosten (Balma-Gramont) über das Zentrum (Capitole) und den Bahnhof (Matabiau). Die Linie B verbindet den Nordwesten (ab Borderouge und les Minimes) mit dem Südosten (Ramonville). Seit Ende 2010 gibt es eine dritte Strecke: Die Linie C ist eine brandneue Straßenbahntrasse und führt ebenfalls über das Zentrum.

Für nur einen Tagesaufenthalt im Zentrum genügt pro Person eine sogenannte Tageskarte mit zwei Fahrten für 2,70 € (frz. *deux déplacements/journée*). Im Zentrum kann man alles bequem zu Fuß ablaufen! Pro Fahrt kann man dreimal auf drei verschiedenen

Strecken innerhalb einer Stunde umsteigen. Die Karte gibt's am Automaten (nimmt nur Kleingeld!) an den Haltestellen (auch auf deutsch erklärt). Alle Infos unter www.tisseo.fr oder in den Métro-Stationen *Esquirol* und *Capitole*.

Parken Als Ortsfremder in Toulouse außerhalb der Parkhäuser freie Parkplätze zu finden ist fast hoffnungslos. Es gibt im und um das Zentrum herum rund 15 gebührenpflichtige Parkplätze und Parkhäuser, zum Teil rund um die Uhr geöffnet wie Capitole, Carmes, Compans-Caffarelli und Victor-Hugo, ansonsten muss man alle zwei Stunden (ca. 3 €) neu einwerfen. Die Parkplätze sind an der Altstadt-Umfahrung gut ausgeschildert.

Sinnvoller ist es, das Auto an einem der, schon an den Autobahnausfahrten ausgeschilderten, kostenlosen Métro-Parkplätze stehen zu lassen und mit der Metro ins Zentrum weiterzufahren. Parkplätze befinden sich an der Linie A in Basso-Cambo, Arènes, Jolimont, Argoulet, Balma-Gramont und an der Linie B: Borderouge, La Vache, Ramonville, www.toulouse.fr/cadre-vie/stationner.

Fahrradverleih Toulouse ist im Vergleich zu anderen südfranzösischen Städten sehr fahrradfreundlich (liegt wohl an den vielen Studenten), http://toulousevelo.free.fr.

VéloToulouse: Erste halbe Stunde umsonst, die weitere Stunde 0,50-1 €, zahlbar mit der Kreditkarte. Alle 200 oder 300 m gibt's eine „Haltestelle", daneben steht gleich die Zahlstelle. Insgesamt gibt es über 250 Stationen, an denen man den Drahtesel mieten und wieder abstellen kann (das grüne Licht mit zweifach-Piepser zeigt, dass das Rad wieder gut verschlossen ist). Nachteulen müssen allerdings nach 2 Uhr morgens zu Fuß gehen. www.velo.toulouse.fr.

Vinci Park: Wer an dieser Metro-Station parkt, bekommt kostenlos ein Fahrrad geliehen. ℡ 0561217006.

Association Vélo: Der Verein setzt sich für eine bessere Fahrrad-Infrastruktur in Toulouse ein und organisiert von März bis Okt. abendliche Fahrradtouren (etwa 12 Kilometer, Dauer 2 Stunden) durch die Stadt. Immer am letzten Freitagabend eines jeden Monats um 20.30 Uhr, place Saint-Sernin. Besitzen auch gutes Kartenmaterial für Radtouren entlang des Canal du Midi und Canal de Garonne, http://toulousevelo.free.fr.

Rikschafahrt AlternMobil: Toulouse bequem in einer Rikscha (zwei Plätze) besichtigen. Mo–Sa 11–19 Uhr. Reservierung und Treffpunkt per Tel. oder unterwegs einen Fahrer anhalten (sofern er frei ist). Kosten: 1 € fürs Anheuern zuzüglich 1 €/Pers./km. Kommentierte Führung 19 €/Stunde. 3, Grand rue Saint-Nicolas, ℡ 0561480635, www.alternmobil.net.

Schifffahrt Schiff: VNF (voies navigables de France), zuständig für die schiffbaren Wasserstraßen Frankreichs. Hier erhält man alle Infos bezüglich Bootsfahren auf dem *Canal du Midi* und dem *Canal de Garonne* sowie alle Informationen über Veranstaltungen entlang der Wasserstraßen. Tägl. 9–12 und 14–16 Uhr. 2, port Saint-Etienne, 31073 Toulouse, ℡ 0561362424, www.vnf.fr.

Kreuzfahrten: Es gibt mehrere Firmen, die eine Fahrt auf der Garonne und den Kanälen anbieten. Péniche Baladine: Bieten unterschiedliche lange Fahrten mit/ohne Essen an. Febr.–Dez., ℡ 0674645236 (Mobil), www.bateaux-toulousains.com.

L'Occitania: Liegt am Canal du Midi vor Anker (in der Nähe des SNCF-Bhf). Kreuzfahrten mit Mittagessen oder Abendessen. Nur nach Reservierung, 4, boulevard de Bonrepos, ℡ 0561630606, www.loccitania.fr.

Toulouse Croisières: Liegt am quai de Daurade vor Anker. Ganzjährig in Betrieb. ℡ 0561257257, www.toulouse-croisières.com.

Markt Gemüsemarkt: an verschiedenen Plätzen, tägl. außer Mo vormittags 6–13 Uhr in den Markthallen an der place Victor-Hugo, place des Carmes und place Saint-Cyprien und unter den Platanen am boulevard de Strasbourg. Mi vormittags Gemüsemarkt und Di und Sa Biomarkt an der place de Capitole.

Flohmarkt: Sa und So vormittags um die Basilika Saint-Sernin.

Bauernmarkt: So vormittags place Saint-Aubin, ein sehr malerischer Markt mit vielen heimischen Produkten.

Alle Toulouser Märkte auch unter www.toulouseweb.com/facile/marches.php.

Veranstaltungen Die Studentenstadt Toulouse hält das ganze Jahr über jeden Monat ein reichhaltiges kulturelles Angebot parat. Das komplette Programm ist beim Touristenbüro oder unter **www.toulouse-tourisme.com** zu erfahren.

Juni: Vier Tage Open-Air Festival mit Konzerten, Ausstellungen, Theaterveranstaltun-

Auf einen Blick 241

gen in den *Prairie des Filtres* und auf der Deichpromenade *Cours Dillon*, www.rio-loco.org.

Juli/Aug.: Toulouse d'été, von der Stadt organisierte Konzerte, finden an unterschiedlichen Orten statt. ☏ 0562276060, www.toulousedete.org.

September: Festival international Piano aux Jacobins, drei Wochen lang Konzerte im Kreuzgang, in der Kirche und im Kapitelsaal der Jakobiner. Unbedingt frühzeitig reservieren! ☏ 0561224005, www.pianojacobins.com.

Kino Cinémathèque de Toulouse, Programme per Anrufbeantworter. 69, rue du Taur, ☏ 0562303011 (Programmansage), www.lacinemathequedetoulouse.com.

Le Cratère, 95, Grand-Rue Saint-Michel, ☏ 0561535053, www.cinemalecratere.com.

Theater Théatre Daniel-Sorano: Im ehemaligen Amphitheater der medizinischen Fakultät. Aufführung 19 €. 35, allées Jules-Guesde, Metrostation Palais de Justice, ☏ 0534316716, www.theatresorano.com.

Schwimmen Piscine municipale Alfred-Nakache: Das städtische Freibad liegt im Parc des Sports im Süden von Toulouse auf der Île de Ramier. Allée Gabriel Biènes, ☏ 0561223135.

Nachtleben Planète Roc, liegt außerhalb an der Straße nach Albi. Do–Sa und Vorabend von Feiertagen, ab 23 Uhr geöffnet. Eintritt frei. Rock'n' Roll, Pop und Rock von Bill Haley bis Rage against the Machine. Chemin de Lanusse, ☏ 0561114500.

Le Bazar Di–Sa von Mitternacht bis zum Morgengrauen. Musik Querbeet. Kleine Disco in den Kellern der Altstadt, korrekte Kleidung zwingend, Eintritt frei. 11, rue des Puits-Clos, ☏ 0561120718.

Sonstiges Zenith, das größte Veranstaltungsgebäude Frankreichs fasst mehr als 9000 Zuschauer. Ein breites Veranstaltungsangebot wird hier angeboten: Rock'nRoll, Tänze, Zirkus, Motocross, Variétévorstellungen, Tennis, Eiskunstlauf etc. 11, avenue Raymond Badiou, ☏ 0562744949, www.toulouse.fr. Anfahrt über die westliche Stadtumfahrung (Rocade Ouest) Großrichtung Tarbes, Ausfahrt Metrostation Patte d'Oie.

Übernachten Die meisten Hotels in Toulouse sind reine Schlafhotels ohne Restaurantbetrieb, was aber in Anbetracht der vielen netten Kneipen und Restaurants nicht von Nachteil ist. Auf jeden Fall sollte man außerhalb der Ferienzeit frühzeitig reservieren, denn die „ville rose" ist aufgrund unzähliger Kongresse und sonstiger wichtiger Veranstaltungen oft ausgebucht. Die Hotelreservierung kann man beim Hotel selbst oder über die kostenlose Institution *Reserv'Hotels* unter ☏ 0892700297 (ab Frankreich 0,34 €/Min), www.reserv-hotels.com vornehmen. Weitere Möglichkeiten: *Toulouse Hôtels*, www.hotel-toulouse-reservation.com und *Réservation Hôtel Toulouse*, ☏ 0534454244, www.reservationhoteltoulouse.com.

*** Hôtel Le Grand Balcon 12, sehr modernes, renoviertes Luxus-Hotel beim *Capitole*. Berühmte Flugpioniere stiegen hier zwischen ihren Flügen in den zwanziger Jahren ab. So nächtigte Saint-Exupéry im Zimmer Nr. 32. Durch einige witzige Details, wie z. B. der Hotelflur, der an eine Landebahn erinnert, sollen die illustren Gäste nicht in Vergessenheit geraten. Top-Zimmerausstattung mit Minibar, Tresor etc. DZ 155-300 € (während der Ferien und am Wochenende stark reduzierte Preise). 8-10, rue Romiguières, ☏ 0534254409, www.grandbalconhotel.com.

*** Hôtel Les Bains Douches 23, im Südzipfel des Viertels Saint-Aubin, neben der *Halle aux Grains*. Der Name sagt es, es handelt sich hier um ein ehemaliges öffentliches Bäderhaus der Stadt. Gesamte Innenausstattung schwer futuristisch angehaucht. Zimmer mit allem Komfort und WLAN. DZ 160-210 €. Parkplatz 12 €. 4, rue du Pont-Guilheméry, ☏ 0562725252, www.hotel-bainsdouches.com.

*** Le Clos des Potiers 28, kleines aber feines Hotel in einem ehemaligen Herrenhaus aus dem 19. Jahrhundert, etwa 200 Meter von der Kathedrale Saint-Etienne entfernt. 9 geräumige Zimmer, davon zwei Suiten, teilweise mit offenen Kaminen und sehr schönen Bädern. Kostenpflichtiger Privatparkplatz. WLAN. DZ 100-125 €. Ganzjährig geöffnet. 12, rue des Potiers, ☏ 0561471515, www.le-clos-des-potiers.com.

*** Hôtel Saint-Sernin 4, zentrale und trotzdem ruhige Lage. Modern eingerichtete Zimmer in den vornehmen Farbtönen grau-beige, TV, Tel. und WLAN. Betten mit guten neuen Matrazen, manche Zimmer haben Blick auf die Basilika. DZ 92-112 €. 2, rue Saint-Bernard, ☏ 0561217308, www.hotelstsernin.com.

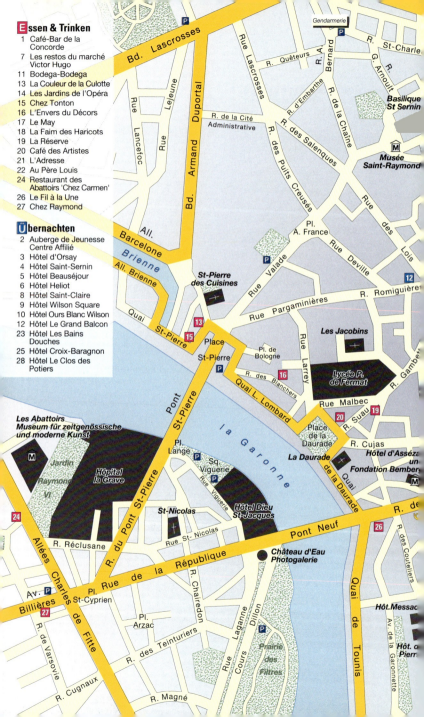

** **Hôtel Saint-Claire** 8, kleines, sehr angenehmes Hotel im Viertel Saint-Aubin unweit vom historischen Zentrum, in einer Seitenstraße der allée Jean-Jaurès. Helle, ruhige und klimatisierte Zimmer. Tel., TV, WLAN. DZ 83-118 €. Interessante Wochenendangebote. 29, place Nicolas-Bachelier, ℅ 0534405888, www.stclairehotel.fr.

** **Hôtel Ours Blanc Wilson** 10, es gibt in Toulouse drei Häuser des Hotels Ours Blanc, im Zentrum, an der place Wilson und an der place Victor Hugo. Dieses hier liegt beim place Wilson in einem Gebäude aus den dreißiger Jahren. Kleine Zimmer mit TV, Tel., Klimaanlage. DZ 83-89 €. 2, rue Victor-Hugo, ℅ 0561216240, www.hotel-oursblanc.com.

** **Hôtel d'Orsay** 3, in Bahnhofsnähe, alle Zimmer klimatisiert mit Tel., TV, WLAN. Kostenpflichtiger Parkplatz. DZ 52-61 €. Zimmer zur Straße sollten Lärmempfindliche trotz der Doppelfenster meiden. 8, boulevard Bonrepos (Der Boulevard-Name „Bonrepos" (angenehme Ruhe) stammt wohl noch aus einer verkehrsärmeren Zeit). ℅ 0561627161, www.hotel-dorsay.com.

** **Hôtel Wilson Square** 9, Zimmer mit TV, Doppelfenstern und WLAN, manche Zimmer klimatisiert. DZ 63-80 €. 12, rue d'Austerlitz, ℅ 0561216757, www.hotel-wilson.com.

»» **Mein Tipp:** ** **Hôtel Heliot** 6, kleines, einfaches und komfortables Nichtraucher-Hotel in einer ruhigen Seitenstraße, sehr zentrale Lage durch die Nähe von Bahnhof und Busbahnhof und 15-Gehminuten bis zum Capitole, Metro-Station Jean-Jaurès, Parkplatz Jean-Jaurès (Fußgängerausgang „place d'Arménie"). Zubringerdienst zum Flugplatz. Zimmer sind geräumig und frisch renoviert, manche gehen nach hinten in den Garten, WLAN. DZ 65-75 €. 3, rue Héliot, ℅ 0534413941, www.hotel-heliot.com. ««

Hôtel Croix-Baragnon 25, sehr einfaches Hotel nahe der Kathedrale Saint-Etienne. Zimmer mit Dusche, WC, Tel., die hinteren Zimmer zum Hof sind besser. DZ 55 €, Dreibettzimmer 65 € und Vierbettzimmer 70 €. 17, rue Croix-Baragnon, ℅ 0561526010, www.hotelcroixbaragnon.com.

Hôtel Beauséjour 5, günstiges kleines Hotel, meist gut belegt, da nur fünf Gehminuten vom Bahnhof und 10 Gehminuten vom Capitole entfernt. Sehr frühe Buchung erforderlich. Zimmer sind sauber und ruhig. Die billigsten Zimmer haben Dusche und WC auf dem Flur. DZ 38-42 €, Dreibettzimmer 42 €. 4, rue Caffarelli, ℅ 0561627759, hotel.beausejour@hotmail.fr.

Auberge de Jeunesse Centre Affilié 2, modern eingerichtete Jugendherberge etwa 500 Meter vom Bahnhof entfernt. Übernachtung ab 16,60 €. Résidence Jolimont (Metro A, Station Jolimont), 2, avenue Yves Brunaud, ℅ 05634304280.

Camping ** Camping municipal Le Ramier, Schöner schattiger Platz an den Ufern der Ariège mit etwas veralteten sanitären Anlagen. Viele Dauercamper verbringen hier ihren Urlaub. Ganzjährig geöffnet. 31810 Vernet (Gemeinde Venerque), ca. 20 Kilometer südlich von Toulouse (D 820). ℅ 0561725607 oder ℅ 0561085047 (Rathaus).

Anfahrt: Von Vernet kommend in Richtung Venerque, vor dem Fluss erst rechts (Richtung Lagardelle-sur-Lèze) dann links abbiegen.

** **Camping Les Violettes**, der Platz ist schön beschattet, leider etwas laut durch die Straße. Haustiere nicht gestattet. Vermietung von Mobil-Homes. 31450 Deyme (D 813), ℅ 0561817207.

Südlich von Toulouse etwa 15 Kilometer auf der N 113 Richtung Carcassonne. Der Platz liegt etwa 7 Kilometer hinter Castanet-Tolosan.

** **Camping Le Rupé**, ca. 7 Kilometer nördlich vom Toulouser Zentrum in der Grünzone *Sesquières* (an der Anschlussstelle A 62 und Rocade Ouest). Schattige Plätze, Wasserski, Tennis u. a. sportliche Aktivitäten in der Nähe möglich, kleiner Krämerladen. Vermietung von Mobil-Homes. WLAN nicht kostenlos. Ganzjährig geöffnet. 21, chemin du Pont-de-Rupé, ℅ 0561700735, www.camping-toulouse.com.

Die D 120 Richtung Agen-Montauban nehmen oder den Bus Nr. 59 ab place Jeanne d'Arc bis zur Haltestelle „Rupé", man muss den Kanal überqueren, der Platz liegt etwa 300 Meter weiter.

Camping municipal de Roques-sur-Garonne, liegt rund 12 Kilometer südlich der Stadt Nette, schattige Plätze an den Ufern der Garonne. Diverse Wassersportarten möglich, wie z. B. Kajak fahren, in der Nähe befindet sich auch der See *Lac Lamartine*.

Kreditkarten werden nicht akzeptiert. Mai–Okt., im Sommer unbedingt rechtzeitig reservieren. 1, rue Source, 31120 Roques, ✆ 0561725607.

Auf der A 64 die Ausfahrt 36 Roques nehmen oder mit der Metro bis Station Basso-Combo, dann weiter mit dem Bus Nr. 50 bis Roques.

Essen Fakt ist: sonntagabends ist Toulouse, egal zu welcher Jahreszeit, wie ausgestorben. Und man fragt sich, sind da nun die meisten Restaurants geschlossen weil nichts los ist oder ist nichts los, weil die Restaurants geschlossen sind?

Les Jardins de l'Opéra 14, ein Nobel-Restaurant am Capitole. Mittagsmenü nur 19 € (Wein und Kaffee inklusive), sonst 29–95 €. Tägl. geöffnet außer So/Mo. 1, place du Capitole. ✆ 0561230776.

Le May 17, kleines Restaurant mitten in der Altstadt mit unschlagbar günstigen hausgemachten Gerichten. Mittagsmenü zwischen 8 und 10 €. So mittags geschlossen. Ohne Reservierung geht fast gar nichts (nicht mal im Winter). 4, rue du May, ✆ 0561239876.

》》》 **Mein Tipp:** **Les restos du marché Victor-Hugo** 7, gleich fünf kleine Restaurants mit verschiedenen Geschmacksrichtungen reihen sich im ersten Stock der Markthalle aneinander: *Le Bon Graillon*, *L'Impériale*, *Le Magret*, *Chez Attila* und *Le Louchébem*. Sie sind eine Institution in Toulouse und alle sehr gut besucht. Am besten kommt man sehr früh oder sehr spät oder aber man muss viel Geduld aufbringen und warten bis was frei wird. Mittagsmenü ab 12 €, am Wochenende und Feiertagen 17 €. Tägl. außer Mo nur mittags von 11.45–14.30 Uhr geöffnet. Place Victor-Hugo, ✆ 0561123310 (Vereinigung der fünf Markt-Restaurants). 《《《

》》》 **Mein Tipp:** **La Faim des Haricots** 18, hier lacht das Vegetarier-Herz! Nur wenige Schritte von der Hauptachse der Altstadt, der rue Saint-Rome, entfernt, bietet dieses einfache kleine Restaurant **echte vegetarische** Gerichte an. Rohkostbüfett und Quiches, alles vom Feinsten. Einige Gerichte mit Nachschlag! Mittagsmenü 11-15,50 €. Tägl. außer

La Réserve 19, italienisch geprägte Küche mit z.B. großer Auswahl an Nudelgerichten. Die Portionen des ein oder anderen Gerichts mögen bei großem Hunger vielleicht etwas klein erscheinen. Mittagsmenü tägl. 12,90 €. Kein Ruhetag, Service bis 23 Uhr. 8, rue Jean-Suau, ✆ 0561218400.

L'Adresse 21, zwischen place du Capitole und place Esquirol liegt dieses mediterran angehauchte Restaurant mit hervorragenden Menüs. Mittagsmenü zwischen 14,50 und 19 €. Tägl. außer So, Mo und Di abends geöffnet. Betriebsferien eine Woche im Jan. und drei Wochen im Aug. 4, rue Baronie, ✆ 0561225548.

Chez Raymond 27, im Viertel Saint-Cyprien. Einfache aber reichhaltige Gerichte. In dieser noch authentischen „Kneipe" des Viertels, speisen die Arbeiter und Rentner des Wohngebietes Ellenbogen an Ellenbogen. Mittagsgericht 12 €. Tägl. außer Sa abends und So geöffnet. Betriebsferien zwei Wochen im August. 9, place Roguet (westlich vom place Saint-Cyprien). ✆ 0561427756.

Restaurant des Abattoirs „Chez Carmen" 24, keine Angst, der gegenüberliegende Schlachthof ist längst geschlossen und zum Zentrum für zeitgenössische Kunst umfunktioniert. Schickes Restaurant im Viertel Saint-Cyprien mit vielen guten Fleischgerichten (vor allem vom Rind). Mittagsmenü 19 €. Di–Sa mittags, Abendservice bis 23 Uhr, im Aug. geschlossen. 97, allées Charles-de-Fitte. ✆ 0561420495.

L'Envers du Décor 16, in einer Seitenstraße nicht weit von der Garonne entfernt. Das Publikum besteht aus vielen Mittdreißigern. Phantasievolle z. T. exotische Gerichte mit ebenso phantasievollen Namen, aber absolut korrekt und gut. Mittagssteller 10,50-11,50 €. Tägl. 20-24 Uhr, Mi-Sa auch mittags geöffnet. 22, rue des Blanchers, ✆ 0561238533.

》》》 **Mein Tipp:** **Le Fil à la Une** 26, Bar-Restaurant mit Backstein-Gewölbekeller an der Garonne. Fleischgerichte berechnen sich nach dem gewünschten Fleischgewicht. An der Bar leckere *tastous*, das sind Tapas «à la toulousaine», die man auch als Vorspeise essen kann. Terrasse leider mit Straßenverkehr. Mittags Tellergericht 8,50 €, Tagesteller plus Dessert 11,50 €. Menü abends 22-25 €. Geschlossen So- und Mo mittags. 8, place du Pont-Neuf, ✆ 0562262714. 《《《

Cafés/Kneipen Die zahlreichen Terrassen der *Bars* und *Brasserien* an der place de Capitole, place Wilson und place Saint-Georges bieten sich an, die müden Großstadtbeine etwas auszustrecken und einen Drink oder Apéritif zu sich zu nehmen. Aber auch andere Plätze haben nette Bars:

Place Daurade: Das **Café des Artistes** 20 an der Garonne und der ehemaligen Hafenanlage bietet tagsüber einen interessanten Logenplatz direkt an der Einflugschneise zum Flughafen Blagnac. Gegen Abend gesellt sich zu diesem „Lande-Schauspiel" noch die untergehende Sonne über der Garonne.

Place Saint-Pierre und Umgebung: Nett ist es auch am späteren Abend an der place Saint-Pierre, hier herrscht eine super Ambiente. Bekannte Café-Bars findet man in diesem Viertel. Wie sie heißen? **Chez Tonton** 15 (beim Onkel), 16, place Saint-Pierre, ✆ 0561218954 oder die bei Einheimischen sehr beliebte Nachtbar **La couleur de la culotte** (26) (die Farbe der Unterhose), 14, place Saint-Pierre, ✆ 0534449701, www.lacouleurdelaculotte.com.

Bodega-Bodega 11, Bar-Restaurant mit Diskobetrieb ab 22 Uhr. Ein sehr beliebter Treff im Viertel, spanische Spezialitäten wie Tapas werden hier serviert. Ab 22.30 Uhr, Eintritt 6 €. Tägl. 19–2 Uhr, Sa bis 6 Uhr. 1, rue Gabriel-Péri, ✆ 0561630363.

Café-Bar de la Concorde 1, das ältestes Café von Toulouse (Mitte des 19. Jahrhunderts), war ursprünglich nur den Adligen vorbehalten. Seine Fassade ist inzwischen denkmalgeschützt. Raucherecke im hinteren Teil. Do abends (außerhalb der Ferienzeit) 19.30–22 Uhr kleine Konzerte mit Jazz, französischen Chansons, Soul etc. (Beitrag 2 €). Tägl. außer So nachmittags geöffnet. 17, rue de la Concorde, ✆ 0561625052.

Au Père Louis 22, noch eine Institution aus dem 19. Jahrhundert, mit die älteste Weinbar von Toulouse. Inzwischen denkmalgeschützt. Innenausstattung hat sich seit 1889 fast nicht verändert. Tägl. außer So geöffnet. Betriebsferien im August, an Weihnachten und Neujahr. 45, rue des Tourneurs, ✆ 0561213345.

Sehenswertes

In dem relativ kleinen Altstadtbereich existiert großteils noch das verwinkelte mittelalterliche Labyrinth (den Stadtplan sollte man immer bei sich tragen) aus winzigen Plätzen und engen Gassen, in die sich selten ein Auto verirrt. Man hat den Stadtkern in einer guten halben Stunde zu Fuß durchquert.

Es bietet sich an, das Zentrum mit seinen Wohnpalästen wochentags zu besichtigen, sonntags sind die meisten Portale zu den Innenhöfen verschlossen und am Samstagnachmittag schieben sich die Menschenmassen durch die schmalen Gässchen. Die noblen Unterkünfte stehen vor allem in zwei Vierteln: Zum einen findet man die prachtvollen Bauten der Händler und *capitouls* (Ratsherren) rund um die *rue de Rome* und *rue des Changes.* Zum anderen befinden sich die Häuser der einstigen Parlamentarier im südlichen Zipfel der Stadt, zwischen dem *Palais de Justice* (place du Salin), dem *Viertel Saint-Etienne* und der *rue de la Dalbade*. Der bekannteste Architekt dieser Bauten war *Nicolas Bachelier*, seinem Namen begegnet man in Toulouse überall.

Über den Dächern von Toulouse gibt es drei Orte, von denen aus es möglich ist, das Dächermeer der roten Stadt von oben zu betrachten. Vom 7. Stock (Aufzug geht nur bis zum 6. Stock) des **Parkhauses place des Carmes** hat man einen super Rundum-Blick: Von der Garonne schweift er über die mit Grünspan überzogene Kuppel der Kapelle Saint-Joseph des ehemaligen Hospizes am gegenüberliegenden Garonne-Ufer, dann über die Jakobiner-Kirche, die Basilika Saint-Sernin, die Kathedrale Saint-Etienne und zurück zum Lauf der Garonne. Nicht minder spektakulär sind die Ausblicke vom **Marché Victor-Hugo** und von der Terrasse des Warenhauses **Galerie Lafayette** (nördlich place Saint-Georges).

Im Viertel Saint-Sernin

Im Norden der ehemaligen römischen Siedlung, entlang der *rue du Taur* und um das Grab des *Saint-Saturnin* hat sich das Viertel Saint-Sernin entwickelt. Saint-Saturnin, Namensgeber der gleichnamigen Kirche Saint-Sernin, war der erste Bischof von Toulouse und starb im Jahre 250 den Märtyrertod. Es heißt, er wurde von einem Stier (frz. *taur*) durch dieses Sträßchen zu Tode geschleift (daher der Straßenname rue du Taur).

Zahlreiche religiöse Orden ließen sich hinter den dicken Stadtmauern des 15. Jahrhunderts in Toulouse nieder, im 19. Jahrhundert wurden diese Mauern dann durch die breiten Boulevards *de Strasbourg* und *Armand-Duportal* ersetzt. In diesem Stadtteil befanden sich im 13. Jahrhundert die renommierte Universität für Rechtslehre sowie zahlreiche Schulen für arme Studenten. Bis heute hat er ein wenig das Flair eines Studentenviertels, dank zahlloser Buchläden und Antiquariate.

Capitole: Hinter der mehr als 100 Meter langen, eleganten neo-klassizistischen Fassade des Capitole residiert im linken Flügel der Toulouser Bürgermeister, während im rechten Flügel das *Théâtre du Capitole* seit 1737 untergebracht ist. Die acht Marmorsäulen über dem Hauptportal stehen symbolisch für die acht *capitouls* (Ratsherren), die die Stadt im 12. Jahrhundert regierten und deren Wappen die Balkone zieren. Im Innenhof **Cour Henri IV** des Capitole, der 1189 noch völlig anders aussah, stößt man auf ein prunkvolles Renaissance-Portal, über dem die namensgebende Statue des Henri IV. thront. Sie wurde noch zu seinen Lebzeiten dort aufgestellt. Die im Pflaster eingelassene schwarze Platte erinnert an die Hinrichtung des Herzogs *Henry de Montmorency* im Jahre 1632, seinerzeit Gouverneur des Languedoc und ein Enkel des Königs (s. Geschichte). Die sehenswerten barocken **Prunksäle** im ersten Stock sind für das Publikum an Werktagen von 8.30-17 Uhr, Samstag 9-12 und Sonntag 10-19 Uhr geöffnet. Man kann sie kostenlos besichtigen. Das Touristenbüro bietet auch Führungen an.

Place du Capitole: Riesige 12.000 Quadratmeter groß, so präsentiert sich der beliebte Platz und Treffpunkt der Toulouser Bevölkerung vor dem Capitole. Ein fast 20 Tonnen schweres, und mit einem Durchmesser von 18 Metern riesiges, okzitanisches Kreuz (frz. *Croix du Languedoc*) bestehend aus Bronzebändern, ist in den Boden eingelassen und glitzert im hellen Sonnenschein. Selbst an Markttagen wird es respektiert und von keinem Stand verdeckt. Die endgültige Namensfindung des Platzes, für den sehr viele Häuser weichen mussten, war ein langer Weg. Er ist mit der ereignisreichen Vergangenheit der Stadt direkt verflochten: Erst hieß der Platz place Royale, schließlich gab der König dafür den Auftrag. Später, unter dem Einfluss der Französischen Revolution, hieß er natürlich place de la Liberté. Als die Zeiten ruhiger wurden, wandelte sich der Name in place Commune, dann in place de la Mairie. Ab 1812 wurde aus dem Rathausplatz place Impériale und seit 1848 existiert der heutige Name place du Capitole.

Le Donjon: Am *square Charles-de-Gaulle*, von den Toulousern kurz *Jardin du Capitole* genannt, steht dieser Backsteinturm aus den Anfängen des 16. Jahrhunderts. Zwar ähnelt er mit seinen Pechnasen, Zinnen und Schießscharten einem echten Verteidigungsturm, aber er war nie einer. Er gehörte zum ursprünglichen mittelalterlichen Capitole und als Teil des großen kommunalen Gebäudekomplexes diente er der Archivierung der Kapitularien. Als man bei Umbauten im 19. Jahrhundert die Rückseite des Capitole öffnete, ließ man ihn stehen. Heute ist im Turm das Touristenbüro untergebracht.

Unter den Arkaden der Place du Capitole: La „Galerue"

La „Galerue": (Wahrscheinlich eine Wortneuschöpfung aus **Gale**rie und **rue**, zu deutsch Straßengalerie.) Unter den Arkaden des place du Capitole ließ 1997 der Künstler *Raymond Moretti* die Geschichte und die Persönlichkeiten der „ville rose" in 29 Deckengemälden wieder aufleben. So steht am Anfang der Deckengalerie (gegenüber von C&A) die *Venus de Lespugue* (Originalstatue im *musée Fenaille* in Rodez) stellvertretend für die erste prähistorische Besiedlung der Region. Weitere Gemälde berichten vom Wirken der *capitouls* und der Troubadoure, erinnern an den Albigenserkreuzzug mit der Belagerung durch Simon de Monfort und an die großen Musiker Carlos Gardel (Tango) und Claude Nougaro (Jazz und Chanson). Auch Rugby und die Raumfahrt werden nicht vergessen. Das Schlussbild der Galerie ist ein verzierter Spiegel: Er ist eine Hommage an die Toulouser Passanten, die darunter flanieren.

Die Originalgemälde (unter den Arkaden befinden sich nur vergrößerte Nachdrucke) sind im *musée Paul Dupuy* zu bestaunen. Vom gleichen Künstler stammt übrigens auch das bronzene okzitanische Kreuz an der place du Capitole. Leider sieht der Künstler selbst es nicht mehr in der Sonne glänzen, er verstarb 2005 an einer Lungenembolie.

Zwischen Capitole und Saint-Sernin

Rue du Taur: Der Name der Gasse erinnert an das grausige Martyrium des ersten Bischofs von Toulouse, Saturninus (später Sernin), und bildet die direkte Verbindung zwischen der *place du Capitole* und der *place Saint-Sernin* mit der gleichnamigen Basilika. In dieser schmalen Straße steht, perfekt in die Häuserreihen eingefügt, die aus dem 14. Jahrhundert stammende Église Notre-Dame-Du-Taur. Bis zum 16. Jahrhundert nannte man sie *Saint-Sernin-du-Taur*, da sie über dem Grab des Saint-Sernin errichtet wurde. Es lohnt sich, einen Blick nach oben zu werfen: Die Kirche besitzt einen wunderschönen zweistöckigen Glockengiebel. Im Innern zeigen Wandmalereien das Martyrium des Bischofs.

Chapelle des Carmélites: Nahe dem Platz Saint-Sernin biegt man in die *rue du Périgord* ab, hier stößt man auf ein Kirchlein, das von den Einheimischen liebevoll die „Kleine Sixtinische Kapelle" genannt wird. Ihren Grundstein legte Ludwig XIII.

Zwischen Capitole und Saint-Sernin 249

am 1. Juli 1622. Sehenswert ist die - ganz nach ihrem großen Vorbild in Rom - bemalte Holzdecke aus Eichendielen.

Tägl. Mai–Sept. 9.30–13 und 14–18 Uhr, sonst 10–13 und 14–17 Uhr geöffnet, Mo geschlossen.

Musée Saint-Raymond: Das Museum wird auch **musée des Antiques de Toulouse** genannt und ist in einem vorbildlich restaurierten Renaissancegebäude aus dem 13. Jahrhundert untergebracht. Es beherbergt auf drei Etagen die antiken Funde aus Toulouse und Umgebung. Sarkophage aus frühchristlichen Nekropolen, Büsten – auch Kaiser Augustus ist vertreten – sowie zahlreiche Skulpturen, welche mit der 2.000-jährigen Stadtgeschichte verbunden sind. Besonders interessant ist die Sammlung römischer Kaiser-Köpfe, sie gilt als die schönste Frankreichs.

Eintritt 3 €, unter 18 Jahren frei. Tägl. außer Di 10–18 Uhr, Juni–Aug. bis 19 Uhr geöffnet. Place Saint-Sernin, ✆ 0561223144.

Les Jacobins: Das Mutterkloster des Dominikanerordens *Les Jacobins* (in Frankreich werden die Dominikaner auch Jakobiner genannt) liegt gut versteckt zwischen den engen Häuserzeilen der Altstadt unweit des Capitole. Obwohl der Heilige Dominikus schon 1206 in der Nähe von Toulouse ein Missionszentrum gegen die Katharer gegründet hatte und wenige Jahre später ein Predigerheim in der Stadt entstand, wollte Papst Innozenz III. den Orden nicht anerkennen. Erst sein Nachfolger holte diesen Schritt 1216 nach. Mit der Mission, das Ketzertum zu beseitigen, verbreitete sich der Orden vom Gründungsort Toulouse rasch in ganz Europa. Die Dominikaner wurden gewissermaßen die „Ziehväter" der Inquisition. Zwar mussten sie schon ein Jahr später wegen der Kriegswirren Toulouse fluchtartig verlassen, konnten aber zwölf Jahre später mit dem Friedensschluss 1229 zurückkehren.

Der Friedensvertrag sah die Gründung einer Universität unter katholischer Ägide vor, die Leitung hatten die Dominikaner. Sie ist – nach der Sorbonne – die zweitälteste Universität Frankreichs.

Nach der Französischen Revolution, im ersten Kaiserreich, wurde das Kloster aufgelöst und die Armee richtete in dem Gebäudekomplex ihre Kaserne ein. Die entweihte Kirche wurde bis 1865 als Pferdestall zweckentfremdet.

Heute strahlt der Kirchenraum der Backsteinkirche, verstärkt durch das gedämpfte Licht der Sonne, das durch die bunten Kirchenfenster dringt, eine tiefe Ruhe aus.

Sehenswert: Palmengewölbe der Klosterkirche Les Jacobins

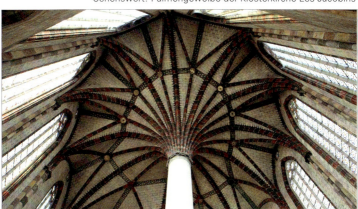

Die Rundpfeiler, welche das Kirchenschiff zweiteilen, sind im Vergleich zur Größe des Raumes verhältnismäßig zierlich und rufen ein Gefühl der Schwerelosigkeit hervor. Wunderschön sind auch die an Palmwedel erinnernden bunten Bögen der filigranen Tragepfeiler direkt unter der Decke. Hier wurde der seltene Bautyp einer zweischiffigen Kirchenhalle sicher in seiner schönsten Form verwirklicht.

Im krassen Gegensatz zum makellosen Inneren steht der Anblick von außen: Der schmucklose, massige Backsteinbau wirkt sehr kalt und abweisend.

Die Reliquien des **heiligen Thomas von Aquin** (1226-1274), einem der bedeutendsten Theologen des Mittelalters, liegen in einem goldenen Schrein unter dem Altar. Dass sie hier in der Jakobinerkirche ruhen dürfen, war 1369 ein Beschluss des Papstes Urban V., nachdem ein Streit zwischen Bologna, Paris und Toulouse um den Beisetzungsort der heiligen Gebeine entbrannt war. Doch für den Papst war klar: Toulouse besaß mit der Kirche *Les Jacobins* die mit Abstand schönste Kirche und nur sie allein war würdig genug, dem großen Kirchengelehrten die letzte Ruhe zu gewähren.

Der aus dem 13. Jahrhundert stammende weitläufige **Kreuzgang** ist sehr schlicht gehalten. Der angrenzende **Kapitelsaal** dagegen ist ein Wunderwerk der späten Gotik. In ihm wird der Raumgedanke der Kirche aufgegriffen und perfektioniert: Die zwei Säulen in der Raummitte, die das Kreuzrippengewölbe tragen, sind dermaßen dünn, dass man sich fragt, wie das statisch noch zu verantworten ist.

Ein absolutes Highlight ist der Besuch eines Klavierkonzerts in den heiligen Gemäuern dieser Kirche während des *Festival Piano aux Jacobins*!

Kirche kostenlos, Kreuzgang und Kapitelsaal 3 €. Tägl. 9–19 Uhr geöffnet. Rue Lakanal, www.jacobins.mairie-toulouse.fr.

Hôtel de Bernuy: Nur wenige Schritte von der Jakobinerkirche entfernt, steht einer der schönsten Renaissance-Prunkbauten aus der Blütezeit des Pastelanbaus. Der von der Inquisition aus Spanien vertriebene jüdische Pastelhändler de Bernuy ließ ihn zwischen 1505 und 1539 erbauen. Zwei wunderschöne Innenhöfe gehören zu dem Gebäudetrakt: Der erste, im italienischen Renaissance-Stil gehalten, ist reich verziert mit Skulpturen, Säulen, offener Loggia und Kassettengewölbe. Der zweite Hof besitzt einen achteckigen Treppenturm, welcher zu den höchsten in der Altstadt zählt. Heute gehört der Gebäudekomplex zum Lycée Pierre-de-Fermat (Gymnasium).

Besichtigung der beiden Innenhöfe nur während der Schulzeit, 8–18.30 Uhr. 1, rue de Gambetta.

Basilique Saint-Sernin

Von der *place du Capitole* erblickt man am Ende der *rue du Taur* den typischen achteckigen und sich auf fünf Etagen nach oben verjüngenden Glockenturm der Basilika. Die Gestalt dieses Vierungsturmes wurde im Südwesten Frankreichs zum Vorbild zahlloser Nachahmungen und wird in der Region bei Kirchtürmen gemeinhin als „Toulouser Stil" bezeichnet. Die dazugehörige Basilika ist übrigens die größte romanische Kirche, die heute in Europa erhalten geblieben ist. Wenn man die Kirche betritt, fallen einem als erstes die riesigen Dimensionen des Kirchenschiffs auf, kein Wunder bei 115 Meter Länge, 64 Meter Breite und 21 Meter Höhe. Man befindet sich im Prototyp einer riesigen Pilgerkirche, die Massen von Menschen aufnehmen musste.

Die Wallfahrtskirche Saint-Sernin lag an einer der wichtigsten Pilgerstrecken nach Santiago de Compostela und war ein begehrtes Ziel der Pilger, denn Karl der Große hatte sie großzügig mit Reliquien ausgestattet, hier lag - nach Rom - der reichste Reliquienschatz. Vor allem aus statischen Gründen und nebenbei wohl auch, um die Pilgermassen aufnehmen zu können, wurde die Kirche nicht als Basilika, sondern als fünfschiffige Emporenkirche mit breitem Mittelschiff und beidseitig jeweils zwei

Basilique Saint-Sernin 251

Seitenschiffen konzipiert, außerdem gibt es einen Chorumgang. Die Seitenschiffe waren für die Pilgerscharen der eigentliche Zugang zu den Reliquien. Die wichtigsten Pilgerkirchen Frankreichs, wie die *Sainte-Foy* in Conques, und auch die *Santiago de Compostela* in Spanien kopierten diese Architektur.

Porte des Comtes: Auch in Bezug auf die Skulpturen wurden in Saint-Sernin Meilensteine gesetzt. Das zweitorige Portal aus dem 11. Jahrhundert im südlichen Querhaus war Saint-Sernin gewidmet und ist eines der ersten Stufenportale des europäischen Mittelalters. Links vom Portal, in einer mit einem Gitter versehenen Nische, befinden sich vier Sarkophage, in denen Grafen von Toulouse beigesetzt wurden und die für den Namen des Portals Pate standen.

Porte Miégeville: Anfang des 12. Jahrhunderts kam bei den romanischen Bildhauerarbeiten an den Kirchenportalen das Tympanon hinzu. Zusammen mit dem Türsturz bildet es eine thematische Einheit. Die romanische *Porte Miégeville* zeigte erstmals die Himmelfahrt Christi, was rasch Nachahmer in ganz Frankreich, vor allem im Burgund, fand.

Chorumgang: Einen Quantensprung in der Entwicklung der romanischen Skulptur zeigen die in den Chorumgang eingemauerten Reliefplatten aus der Zeit um 1100. Ursprünglich stammen sie aus anderen, inzwischen abgerissenen, Kirchen in Toulouse. Diese Reliefs zeigen – im Gegensatz zu den Bildhauerarbeiten vor dem 11. Jahrhundert – genaue Details in den Formen der Gewänder und stellen richtige Charakterköpfe dar. Das bedeutendste Relief im Chorumgang zeigt den thronenden Christus, wegen seines kleinen Bäuchleins auch von manchem Mitmenschen liebevoll „*Dieu obèse*" (molliger Gott) genannt.

Basilika: Juli–Sept. 8.30–18.15 Uhr, außerhalb der Saison Mo–Sa 8.30–11.45 und 14–17.45 Uhr, So 9–12.30 und 14–19.30 Uhr geöffnet.

Krypta und Chorumgang: Eintritt 2 €. Juni–Sept. tägl. 10-18 Uhr, So ab 11.30 Uhr, die restliche Zeit tägl. 10–12 und 14–17.30 Uhr geöffnet, So vormittags geschlossen. Place Saint-Sernin, Metrostation Capitole, www.basilique-st-sernin-toulouse.fr.

Chorpartie der Basilika Saint-Sernin

Mönchsrevolte im mittelalterlichen Saint-Sernin

Die Wallfahrtskirche Saint-Sernin ist eigentlich das Ergebnis eines Mönchsaufstandes in Folge eines handfesten kirchenpolitischen Skandals. Der Abt Hunaldus von Moissac versuchte im 11. Jahrhundert, das bis dahin freie Kloster dem cluniazensischen Kirchenverband einzuverleiben. Rückendeckung bekam er nicht nur vom Papst und dem Bischof Isarnus von Toulouse, sondern auch der Abt Hugo von Cluny und sogar der Graf von Toulouse unterstützten ihn bei seinem Versuch der „feindlichen Übernahme". Natürlich wehrten sich die Mönche und gingen auf die Barrikaden. Als nichts half, verließen sie demonstrativ den Ort des Begehrens. So unter Druck gesetzt, machten Papst, Bischof, Abt und Graf einen Rückzieher und Hunaldus aus Moissac stand mit seinem Anliegen alleine da. Für die Mönche in Moissac war wegen der unmöglichen Amtsführung des Hunaldus das Maß schon lange voll und sie zwangen ihn nun 1085 zum Rücktritt. Zufrieden über den Abgang des unmöglichen Abtes kehrten die Mönche von Saint-Sernin daraufhin in ihr Toulouser Kloster zurück, nicht ohne noch eins draufzusetzen: Sie begannen die aus dem Jahre 400 stammende Basilika durch einem Bau, der weithin ihr Selbstbewusstsein demonstrierte, zu ersetzen.

Entlang der Garonne

Die *place Saint-Pierre* oberhalb des alten Hafens ist ein romantischer Platz, um bei Sonnenuntergang einen Drink (s. Cafés/Kneipen) zu sich zu nehmen. Er bietet sich auch als Ausgangspunkt für eine kleine, etwa 60-90 minütige, Rundwanderung entlang der beidseitigen Uferpromenaden der Garonne (sozusagen einmal im Viereck) an.

Spaziergang entlang der Garonne: Von der *place Saint-Pierre* (an der Brücke Saint-Pierre) geht man durch den Park und die Treppe rechts von der Brücke hinunter zur Uferpromenade. Dort wendet man sich nach links und geht unter der Brücke durch stromaufwärts, immer entlang der *promenade Henry Martin*, bis zur ältesten Brücke der Stadt, dem *Pont-Neuf*. Auf der anderen Garonneseite angekommen, biegt man rechts in die *rue Viguerie* ein und marschiert wieder zurück Richtung pont Saint-Pierre, welchen man überquert und wieder am Platz Saint-Pierre ankommt.

Die Garonne und die Chapelle Saint-Joseph

Entlang der Garonne 253

Der „mollige Gott" in der Basilika Saint-Sernin

Pont Saint-Michel: Ganz Toulouse auf einen Blick! Quasi in Verlängerung der mittelalterlichen Festungsmauern wurde diese „Panorama"-Brücke im 19. Jahrhundert gebaut. Von hier hat man den schönsten Blick auf die Garonne und die Stadt: Die Prairie des Filtres, galerie du Château d'Eau, Kuppel des hôpital Saint-Joseph-de-la-Grave, Pont-Neuf, église de la Daurade, die Kirchtürme von Les Jacobins und Saint-Sernin sind zu sehen.

Église Notre-Dame-de-la-Daurade: Die Toulouser Bürger lieben diese äußerst düstere Kirche, welche, so wie sie heute dasteht, aus dem 18. Jahrhundert stammt. Vor allem für die jüngere Generation der Damen gab es früher einen triftigen Grund, ihr einen Besuch abzustatten. Die schwarze *Madonna von Notre-Dame-de-la-Daurade* sorgte angeblich dafür, dass bei der Entbindung alles glatt lief. Eine Art Hauseingang führt in den gewöhnungsbedürftigen, sehr dunklen und etwas abweisend wirkenden Innenraum. Der Name geht nicht auf den Fisch *daurade* (Goldbrasse) zurück, sondern auf die erste Kirche aus dem fünften Jahrhundert, die mit goldenen Mosaiken überzogen war.

Pont-Neuf: Es handelt sich um die älteste Brücke der Stadt und nicht – wie die Übersetzung vermuten lässt – um eine neue Brücke. Franz I. ordnete ihren Bau über die Garonne an. Nach 88 Jahren Bauzeit wurde sie 1632 endlich fertiggestellt und steht seitdem wie ein „Fels in der Brandung". Interessant sind die riesigen „Löcher" in jedem Brückenpfeiler. Bei Hochwasser dienen diese *oculus* als zusätzliche Wasserdurchlässe und schützen die Brückenpfeiler vor dem massiven Wasserdruck und somit vor dem Einstürzen. In der französischen Sprache gibt es eine Redewendung „*solide comme le Pont-Neuf*", welche auf die besondere Standfestigkeit dieser alten Brücken hinweist.

Quai de Tounis: Auf dieser 600 Meter langen und nur 150 Meter breiten Landzunge zwischen Garonne und Garonnette (ehemaliger Seitenkanal der Garonne, seit 1954 zugeschüttet) befand sich bis Anfang des 19. Jahrhunderts das Armenviertel. Hier wohnten die Gerber, Weber und Fischer. Dann entdeckte die Bourgeoisie dieses „Dorf in der Stadt" und das Image änderte sich nach und nach. Heute merkt man nichts mehr von der einstigen Insellage, die sich in früheren Zeiten am heutigen *quais de Tournis* entlangzog.

Saint-Pierre-des-Cuisines: Das älteste „religiöse" Gebäude des Südwestens (4. Jh.) wurde über einer römischen Nekropole erbaut und besitzt ein romanisches Portal. In der Krypta wurden Sarkophage gefunden. Heute beherbergen die Gemäuer das Auditorium der Musikhochschule.

Eintritt 2 €, mit Führung 4,50 €. Im Aug. tägl. 10-12 und 14-19 Uhr geöffnet, restliche Monate die Zeiten bitte erfragen. Tel. 0561223144 (musée Saint-Raymond).

Die Altstadt

Die Altstadt ist sehr kompakt und ihre Sehenswürdigkeiten liegen dicht beieinander. Sie lassen sich wunderbar zu Fuß erkunden. Mehr als rund 30 Minuten benötigt man nicht, um das Zentrum in Nord-Süd- bzw. Ost-West-Richtung zu durchqueren.

Rue Saint-Rome und Umgebung: Zur Zeit der Römer bildeten die heutige *rue Saint-Rome* und deren Verlängerungen, die rue *des Changes, des Filatiers* und *du Pharaon*, die sogenannte römische *Cardo*. Diese Nord-Südachse verband die römischen Stadttore des *Capitole* und der *place du Salin* im Karmeliterviertel miteinander. Im Mittelalter nannte man dann diese wichtige Verkehrsachse und Handelsstraße die *Grand-Rue*. In den zahlreichen Arkaden unter den Backsteinfassaden, zum Teil durch moderne Schaufenster in den Boutiquen ersetzt, waren im Mittelalter die Verkaufsstände. Bis 1870 war die *rue Saint-Rome* die breiteste Straße von Toulouse, heute ist sie eine belebte Fußgängerzone, in der sich Boutique an Boutique und Restaurant an Restaurant reihen. Rechts und links von dieser Achse errichtete man später die Prunkbauten. Die meisten Gassen in diesem Viertel wurden im 19. Jahrhundert leider begradigt.

In der *rue Saint-Rome* gibt es noch einige noble Herrenhäuser aus vergangenen Tagen. Um ihre ganze Pracht bestaunen zu können, muss man nur das Eingangstor aufstoßen und in den Innenhof gehen. Die Prunkbauten selbst sind meist in Privatbesitz und nicht zu besichtigen. Die Höfe und deren Fassaden sind jedoch in der Regel der Öffentlichkeit zugänglich. So befindet sich z. B. am Ende des Ganges der Nr. 39, rue de Saint-Rome, das *hôtel d'Augier-Ferrier* mit einer wunderschönen Renaissance-Fassade. Sein ehemaliger Besitzer war seiner Zeit Mediziner und Astrologe der Katharina von Medici. Weitere noble Bürgerhäuser stehen u. a. in der 4, *rue Jules-Chalande* (*hôtel de Séguy*, 16. Jh.) und in der 14, *rue Tripière*.

Nicht versäumen sollte man außerdem die *rue de la Bourse* und die *place de la Bourse*. Dieser ehemalige Handelsplatz entstand 1549 und befindet sich im einstigen Viertel der Tuchmacher. Auch heute handeln hier noch Großhändler mit Textilien. In der 20, rue de la Bourse, im einstigen *hôtel Defau*, dessen Besitzer seinerzeit Pastelhändler war, verkauft heute der bekannte Pastelladen *Fleurée de Pastel* (✆ 0561120594) seine Produkte. Hier gibt es z. B. mit Pastel eingefärbte Hemden, Schals und Kosmetik. Auch das *hôtel de Nupces* von 1716 (mit der Hausnummer 15) ist sehenswert und überrascht durch sein mächtiges Eingangstor und den weiten arkadenbestückten Innenhof. Weitere Prunkbauten aus der Pastel-Zeit findet man in der *Nr. 11, rue Malcousinat*, deren Besitzer gleich zwei Bauten mit einem über 26 Meter hohen Turm besaßen. An der Ecke *rue des Changes* und *rue Malcousinat* steht außerdem ein interessantes Fachwerkhaus aus dem Jahre 1504.

Musée du Vieux Toulouse: Im ehemaligen glanzvollen Bürgerhaus *hôtel Dumay* (16. Jh.) ist das kleine Heimatkundemuseum untergebracht. Es existiert seit 1904 und zeigt eine bunt zusammengewürfelte Sammlung aus dem alten Toulouse, z. B. eine Reihe Toulouser Keramik aus dem 18. bis 19. Jahrhundert, Werke von lokalen Malern und Trachten. Träger des Museums ist der Verein *Les Toulousains de Toulouse* (die Toulouser von Toulouse).

Eintritt 2 €. Von Anfang Mai bis Ende Okt. Mo–Sa. 14–18 Uhr geöffnet. 7, rue du May, ✆ 0562271150.

Die Altstadt

Veilchen, das blaue Wahrzeichen von Toulouse

Der Siegeszug des Parma-Veilchens in Toulouse begann mit der Einfuhr des blauen Blümchens im 19. Jahrhundert. Französische Soldaten hatten es aus dem italienischen Parma, wo sie während der napoleonischen Kriege gegen Italien kämpften, mitgebracht Das Veilchen wurde zum blauen Glück der Toulouser Fleuristen, Parfumeure und Zuckerbäcker (kandierte Veilchen-Blüten wurden zu einer beliebten Spezialität). Das blaue, duftende Blümchen wird auch heute noch im großen Stile angebaut. Anfang des 20. Jahrhunderts exportierte man rund 600.000 Sträuße nach Paris, Nordeuropa und sogar nach Kanada. Souvenirläden und Konditoreien, die etwas auf sich halten, bieten auch im 21. Jahrhundert Produkte auf der Basis von Veilchen an, und wenn es nur das Veilchen-Emblem auf einem Geschirrtuch ist. Immer ein nettes Ereignis ist das Veilchenfest Ende Februar in Toulouse.

Place Esquirol und Umgebung: An der *place Esquirol* mit seinen Cafés halten sowohl die Metro als auch viele Busse verschiedener Linien. Die unterirdischen Bauarbeiten haben den römischen Abwasser-Sammelkanal, die *cloaca,* und Reste des ehemaligen Capitol-Tempels freigelegt.

Im Mittelalter stand an der place Esquirol eine aus Stein erbaute Markthalle, die im 19. Jahrhundert abgerissen wurde, um den heutigen Platz zu schaffen. Der Namensgeber, ein gewisser *Jean Etienne Esquirol,* war im 18. Jahrhundert „Irrenarzt" und wohnte im Haus Nr. 9.

Toulouse ist nicht nur eine Stadt der Prunkbauten und roten Backsteinhäuser, sondern auch der gusseisernen Balkongitter aus dem 19. Jahrhundert. Besonders schöne Exemplare findet man in der *rue des Marchands,* nahe der place Esquirol. Das bekannteste ist wohl das mit Karyatiden verzierte Haus Nr. 8.

Rue des Filatiers: Dieser Straßenabschnitt in Verlängerung der rue Saint-Rome war im Mittelalter die Domäne der Leinenspinnereien und später der Goldschmieden. Hier stehen einige schöne Fachwerkhäuser, von denen es in Toulouse insgesamt noch rund 250 gibt. Erwähnenswert sind das Gebäude mit der Nr. 9, eine ehemalige Goldschmiede aus dem Jahre 1577, und das Haus mit der Nr. 50, in dem *Jean Calas* wohnte, der an der place Saint-Georges hingerichtet wurde und so zu trauriger Berühmtheit gelangte.

Jean Calas

Jean Calas, ein gichtkranker Kaufmann, betrieb in der rue des Filatiers einen Stoffhandel. Der 63-jährige Protestant stand im Verdacht, seinen Sohn erhängt zu haben, weil dieser angeblich zum Katholizismus übertreten wollte. Und so wurde er am 9. März 1762 an der place Saint-Georges, jenem Platz, auf dem schon 1562 etwa 4.000 Hugenotten erschlagen wurden, nach grausamen Folterungen gerädert. **Voltaire**, der von der Unschuld des Kaufmanns überzeugt war, erreichte durch seine Schrift »*Traite sur la tolérance à l'occasion de la mort de Jean Calas*« (Abhandlung über die Toleranz anlässlich des Todes von Jean Calas, 1763*),* dass der Hingerichtete in einem Wiederaufnahmeverfahren nach seinem Tode für unschuldig erklärt wurde.

Hôtel d'Assézat und die Fondation Bemberg: Dies ist wohl der bekannteste private Prunkbau von Toulouse. In dem prachtvollen Renaissance-Palais befindet sich die Kunstsammlung der *Fondation Bemberg*, benannt nach seinem argentinischen, milliardenschweren Stifter Bemberg. Ein breites Spektrum an Ausstellungsstücken wartet auf den kunstinteressierten Besucher. Die Ausstellung beherbergt die weltweit größte Bildersammlung von Pierre Bonnard. Außerdem gibt es Bronzestatuen aus der Renaissance und Gemälde u. a. von Dürer und Cranach. Auch Kunstwerke aus dem 19. und 20. Jahrhundert von Gauguin, Braque, Matisse, Pissarro, Vlaminck, Monet, Utrillo und anderen sind ausgestellt.

Die *Fondation Bemberg* (Eintritt 5 €) ist tägl. außer Mo 10–12.30 und 13.30–18 Uhr geöffnet. Place d'Assézat und rue de l'Écharpe, ✆ 0561120689, www.fondation-bemberg.fr.

Les Carmes und Umgebung

Schwer vorstellbar, dass hier, wo heute ein siebenstöckiges Parkhaus die Altstadt etwas verunziert, im Mittelalter ein Karmeliterkloster stand. Aber etwas Gutes hat der luftige Parkplatz, denn von seinem obersten Stockwerk aus genießt man eine wunderbare Sicht über die Dächer der „roten Stadt". Im Erdgeschoss des Parkhauses befindet sich eine der Toulouser Markthallen, die jeden Vormittag geöffnet ist. 1442 wurde das Viertel ein Opfer der Flammen. Nach der Gründung des Parlaments an der place du Salin kauften im 16. Jahrhundert zahlreiche Parlamentarier in diesem Viertel Parzellen, um ihre Paläste dort zu errichten. In der *rue de la Dalbade* reihen sich die noblen Wohnsitze aneinander. Einer der prunkvollsten privaten Bauten der Stadt ist das Haus Nr. 32, das sogenannte *hôtel de Clary*, einst ehrfurchtsvoll das *„maison de pierre"* (das Steinhaus) genannt.

> ### „Hôtel de Pierre"
> Für den Bau des *hôtel de Clary*, im Volksmund wegen seines Baumaterials auch *hôtel de Pierre* genannt, wurden erstmals für einen Privatbau in Toulouse Steine verwendet. Da diese nicht aus der Gegend stammten und daher sehr teuer waren, regte dies die Phantasie der damaligen Zeitgenossen an: Man vermutete, dass es beim Bau dieses Palastes nicht mit rechten Dingen zuging. Da zur gleichen Zeit ganz in der Nähe auch der Pont-Neuf gebaut wurde, gab es auf der Brücken-Baustelle Steine in Hülle und Fülle. Die Toulouser Gesellschaft munkelte: *Il y a plus de pierres du pont à l'hôtel de Pierre que des pierres au pont!* Übersetzt: „Beim Steinhaus gibt es mehr Steine von der Brücke, als es Steine bei der Brücke gibt".

Église Notre-Dame-de-la-Dalbade: Die ursprüngliche Kirche Sancta Maria de Albata besaß weiß getünchte Wände (daher der Name) und wurde bei einem Brand 1442 zerstört. Man baute sie im 16. Jahrhundert wieder auf. Ihr 84 Meter hoher Glockenturm stürzte 1926 ein, wurde aber ebenfalls wieder aufgebaut. Besonders hübsch ist das Tympanon aus bunter Keramik (19. Jh.) in dem Renaissance-Portal.

Institut catholique und **Musée archéologique**: In der *rue de la Fonderie* (Verlängerung der *rue de la Dalbade*) befindet sich im ehemaligen Klarissenkloster das katholische Institut, in welches man das archäologische Museum integrierte. Während der Revolution wurde das Kloster entweiht, von 1793 bis 1866 goss man hier die Kanonenkugeln, schließlich brauchten die Franzosen, u. a. im Krieg gegen

Les Carmes und Umgebung

Schön bunt: das Tympanon der église Notre-Dame-de-la-Dalbade

die Spanier, Munition. Die Ausstellungen in dem kleinen Museum drehen sich um drei Hauptthemen: Antike und Mittelalter, Gießerei, Tradition und Volkskunst. Von besonderem Interesse sind nicht nur die Reste der römischen Stadtmauer, welche höchstwahrscheinlich aus der Zeit Ende des 3. Jahrhunderts n. Chr. stammen, sondern auch einige antike Skulpturen und ein Sarkophag aus dem 1. Jahrhundert unserer Zeitrechnung.

Eintritt frei, aber es wird eine Spende erwartet. Nur am ersten So im Monat geöffnet, Führung 15 Uhr wochentags nach Vereinbarung für Gruppen ab 5 Pers. ✆ 0561368100, www.ict-toulouse.fr/musee.

Château Narbonnais: An der Stelle des heutigen Justizpalastes befand sich erst das südliche Stadttor der römischen Siedlung, dann wurde hier 1444 das Parlamentsgebäude errichtet und anschließend residierten hier an der place du Salin die Grafen von Toulouse.

Maison Seilhan: Im parlamentarischen Viertel, welches sich im südlichen Zipfel der Altstadt befindet, steht an der Nr. 7, place du Parlement, das *maison de l'Inquisition*. In dem Gebäude wurde der Dominikanerorden ins Leben gerufen, der später im Jakobinerkloster residierte. Hier wohnten von 1234 bis 1575 die als Inquisitoren tätigen Dominikanermönche. Die Kapelle, inzwischen in ein Amphitheater umgewandelt, besitzt noch die wunderschön bemalte Kassettendecke aus dem 17. Jahrhundert, die das Leben des heiligen Dominikus nachzeichnet.

Eintritt frei. Di, Mi und Sa 14-18 Uhr. ✆ 0561328327.

Hôtel Béringuier-Maynier, auch **hôtel du Vieux-Raisin** genannt, gehört mit zu den prunkvollsten Privathäusern der Stadt und steht nur einen Steinwurf von der „belle Paule" entfernt in der *36, rue du Languedoc*. Eine Ähnlichkeit zu den Schlössern der Loire ist unverkennbar, der Gebäudekomplex am Ende des Hofes zeigt gewissermaßen erste Anzeichen einer „italienisierten" Renaissance in Toulouse, während die Seitenflügel eher zum Barock tendieren.

Und wer von den Prachtbauten noch nicht genug hat, auch in der *rue du Languedoc*, in der *rue Ozenne*, *rue Espinasse* und *rue Vélane* stehen viele der edlen Häuser.

La Belle Paule

Das **hôtel de la belle Paule Viguier** in der 16, rue du Languedoc, war im 16. Jahrhundert Wohnsitz der wunderschönen Paule de Viguier, deren sagenhafte Schönheit über die Grenzen hinaus bekannt war. Nicht umsonst nannte sie der durch ihre Vollkommenheit völlig verzauberte Franz I. *La Belle Paule*. Auf Anordnung der Stadtherren und zur größten Freude der Toulouser musste (!) Paule sich zweimal wöchentlich auf ihrem Balkon dem Volk zeigen, so konnte jeder ihre lieblichen Reize bestaunen.

Auch man selbst hat heute noch die Möglichkeit sich ein Urteil zu bilden: La belle Paule wurde in der *Salle des Illustres* im Capitole malerisch verewigt.

Musée Paul-Dupuy: Das kleine Kunsthandwerk-Museum wurde in den 1980er-Jahren von Paul Dupuy, Sohn eines Gurken-Händlers, ins Leben gerufen und ist ein echtes Schatzkästchen, das man in diesem Winkel der Stadt gar nicht vermuten würde. Es befindet sich – wie kann es anders sein – ebenfalls in einem reichen Bürgerhaus aus dem 17. Jahrhundert, dem *hôtel de Besson*. Ein berühmtes Ausstellungsstück ist der Olifant des Helden Roland (Rolandslied), ein elfenbeinernes Signalhorn aus dem 11. Jahrhundert, das angeblich aus dem Kirchenschatz Saint-Sernins stammt.

Auch eine sehr kostbare Porzellansammlung aus der Zeit 17. bis 19. Jahrhundert gibt es zu bestaunen. Des Weiteren befindet sich hier eine unglaubliche Uhrensammlung, es ist die drittgrößte weltweit, mit kostbaren Raritäten wie z. B. der sogenannten Öl-Uhr, die die Zeit, die beim Verbrennen der Flüssigkeit vergeht, angibt.

Eintritt 3 €, unter 18 Jahren frei. Tägl. außer Di und Feiertag 10–17 Uhr, Juni–Sept. 10–18 Uhr. 13, rue de la Pleau, ✆ 0561146550.

Cathédrale Saint-Etienne: In den meisten Städten steht die Kathedrale als das bedeutendste Gebäude im Zentrum der Stadt – nicht so in Toulouse: Hier steht sie fast verloren am Rande der Altstadt, *Saint-Sernin* und *Les Jacobins* sind die bekannteren Kirchengebäude. Der Besucher blickt verwundert über die weite *place Saint-Etienne* auf ein Stilgemisch, das seinesgleichen sucht. Sogar der Laie erkennt beim aufmerksamen Hinsehen die großen Ungereimtheiten in der Architektur, oder anders ausgedrückt: den Pfusch am Bau. So stehen z. B. das Kirchenschiff und der Chor nicht in einer Achse.

Der Bau dieser Kathedrale zog sich vom 12. bis ins 17. Jahrhundert hin und stand wohl von Anfang an unter keinem guten Stern. Katharerkriege, Machtwechsel und der damit verbundene Stilwechsel sowie Geldmangel machten den aufeinanderfolgenden Bauherren einen Strich durch ihre jeweiligen Pläne. Hier steht ein Zwischending aus romanischer Kirche und prächtiger gotischer Kathedrale. Damit die Bauruine eines Tages überhaupt als Kirche erkannt und genutzt werden konnte, wurde nicht nur im 13. Jahrhundert in die schmucklose Fassade des ursprünglichen Kirchenschiffs eine Rosette eingearbeitet, sondern auch im 15. Jahrhundert ein Hauptportal eingesetzt. Der quadratische Kirchturm aus dem 16. Jahrhundert vervollständigte den architektonischen Stilbruch. Schließlich vereinigte man den gotischen Chor mit dem etwas versetzt stehenden romanischen Kirchenschiff von 1209 (dieses sollte ja eines Tages abgerissen werden und dem „neuen" gotischen Prachtbau Platz machen, nur kam es nie dazu), und fertig war die Kathedrale von Toulouse.

Les Carmes und Umgebung

Erstaunliche Architektur: Kathedrale Saint-Etienne

Interessant: Am Verbindungspunkt von Chor und Kirchenschiff steht der Pfeiler *Pilier d'Orléans*, an dessen Fuß sich das Grab des 1680 verstorbenen Erbauers des Canal de Midi, *Pierre-Paul Riquet*, befindet. Das Gewölbe ist an dieser Stelle 19 Meter breit, das Gewölbe der romanischen Kirche dagegen nur 9 Meter. Die in Toulouse hergestellten Wandteppiche aus dem 16. und 17. Jahrhundert zeigen das Leben des Saint-Etienne.
Tägl. 8–19 Uhr, So 9–19 Uhr geöffnet.

Place Saint-Etienne: Mit zu den ältesten Plätzen der Stadt gehört der große, weite Platz vor der Kathedrale und hier steht, etwas verloren angesichts der weiten Fläche, der erste öffentliche Brunnen der Stadt von 1546. Die Toulouser nennen ihn *Griffoul*. An diesem Mini-Obelisken pinkelten fast 300 Jahre lang vier kleine steinerne Knirpse ungeniert und absolut naturgetreu dargestellt ins darunterliegende Wasserbecken. Im 19. Jahrhundert war dieser Anblick für so manchen Toulouser Bürger wohl zu anstößig, die kleinen Burschen wurden ihrer wichtigsten Körperteile beraubt und das Wasser rinnt seitdem diskret durch einen kleinen Delphin in ihrer Hand in das Brunnenbecken.

Auch südlich der Kathedrale hatten sich einst viele reiche Pastelhändler in ihren Prachtbauten niedergelassen. Eines der ersten privaten Renaissance-Häuser in Toulouse war das *hôtel Jean d'Ullmo* in der *rue Ninau*. Der Besitzer, ein hoher Ratsherr im 16. Jahrhundert, wurde wegen Korruption gehängt.

Musée des Augustins: Das Kunstmuseum der Stadt ist im Gebäudekomplex des einstigen Augustinerklosters (14./15. Jh.) untergebracht. Im wunderschönen großen Kreuzgang wurde z. B. eine Sammlung frühchristlicher Steindenkmäler zusammengetragen und im Kapitelsaal kann man die bekannte *Notre-Dame-de-Grasse* mit dem Kind bewundern. Der reiche und weite Faltenwurf ihres Gewandes und ihre ungewöhnliche Haltung versetzen die Besucher immer wieder in Erstaunen. Das Herzstück des Museums befindet sich im Westflügel und besteht aus einer bedeutenden Sammlung romanischer Kapitelle. Sie alle sind Fundstücke aus anderen Kreuzgängen der Stadt, welche während der Revolution zerstört wurden. Das älteste Kapitell stammt aus dem *Kloster Notre-Dame-de-la- Daurade*. Dieser Kreuzgang war wohl wegen seiner vergoldeten Verzierungen der prächtigste unter allen romanischen Kreuzgängen Europas.

Eine Gemäldegalerie u. a. mit Gemälden von Delacroix, Toulouse-Lautrec, Manet und Ingres sowie eine Sammlung spätmittelalterlicher und neuzeitlicher Skulpturen vervollständigen das Museum.

Eintritt 3 €. Tägl. 10–18 Uhr, mittwochs bis 21 Uhr (mit Orgelkonzert um 20 Uhr). 21, rue de Metz (Square Eduard-Privat), ✆ 0561222182, www.augustins.org.

Place Saint-Georges: Nur wenige Meter vom Augustinermuseum entfernt, befindet sich einer der ältesten Plätze von Toulouse, die rund 700 Jahre alte *place Saint-Georges*. Bar-Restaurants und Crèperien umrahmen die große Terrasse in der Mitte. Alter Baumbestand macht ihn im Sommer zu einer angenehm kühlen Oase. Mit dem Flair eines Dorfplatzes steht er in der Beliebtheitsskala der Toulouser ganz oben. Daran ändert auch der Schatten der Vergangenheit nichts, der über ihm schwebt: Toulouse hatte den zweifelhaften Ruf, ein äußerst blutrünstiges Parlament zu besitzen und just dieser malerische nette Platz wurde im Mittelalter für Hinrichtungen genutzt. Hier wurde der besagte unschuldige *Jean Calas* aus der rue des Filatiers gerädert und schließlich, als er trotz der grausigen Prozedur einfach nicht sterben wollte, vom Henker aus Mitleid erlöst und exekutiert. In der Platzmitte erinnert eine kleine Plakette an diesen furchtbaren Vorfall.

Parkanlagen in Toulouse

Die „grüne Lunge" von Toulouse in der südöstlichen Ecke der Altstadt wurde Mitte des 18. Jahrhunderts angelegt, um reiche Familien in der Stadt zu halten und um diejenigen, die schon aufs Land abgewandert waren, wieder zurückzuholen. Für die Umsetzung musste ein Teil der Stadtmauer weichen.

Place Saint-Georges, der einstige Henkersplatz

Die Grünanlage setzt sich aus drei unterschiedlich angelegten Parkflächen zusammen: Der **Grand-Rond**, auch **Jardin du Boulingrin** genannt (*boulingrin* sind mit niederen Hecken umgebene Rasenflächen), besteht aus geometrisch angelegten Grünflächen, die durch kleine Wege miteinander verbunden sind. Ein Musik-Pavillon und ein riesiges Wasserbecken vervollständigen die Parkanlage. Der **Jardin des Plantes** südlich vom Grand-Rond dagegen, ist mit seinen Teichen und Spielplätzen ein Familienparadies und die größte der drei Parkanlagen. Hier und da stößt man auf archäologische Reste wie z. B. die ehemaligen Tore des Capitols. Den erholsamsten und ältesten Teil des Parks bildet der **Jardin Royal** aus dem Jahre 1754, er war die erste öffentliche Grünanlage in Toulouse. Im Schatten seiner Zedern und Magnolien stehen ein paar Erinnerungen an die Luftfahrtsgeschichte und in der Parkmitte erwartet den Besucher die Statue von Saint-Exupéry mit seinem Kleinen Prinzen.

Muséum d'Histoire naturelle: Das Naturkundemuseum im Jardin des Plantes ist europaweit eines der größten seiner Art und zeigt die Entwicklung der Erde und ihrer Bewohner. Nicht nur ausgestopfte Tiere (u. a. über 4.500 Vogelarten und das Skelett des größten, bisher bekannten, Flugsauriers) erwarten den Besucher, es werden auch ökologische Zusammenhänge aufgezeigt und die Evolution erläutert. Der angrenzende botanische Garten **Jardin botanique Henri-Gaussen** ist im Eintritt inbegriffen.

Eintritt 6 €, jeden ersten So im Monat frei. Tägl. Di–So 10–18 Uhr, Juli/Aug.10–19 Uhr, Ruhetag 1. Mai. 35, allée Jules-Guesdes (Zugang über die Parkanlage Jardin des Plantes), Métro Linie B, Station Carmes oder Palais de Justice. ✆ 0567738484, www.museum.toulouse.fr.

Jardins du muséum: Ergänzend zu dem Naturkundemuseum gibt es den riesigen Museumsgarten im Norden von Toulouse. Auf über 7.000 Quadratmetern werden u. a. Gemüsegärten aus aller Welt vorgestellt. Das Sumpfgebiet mit seinen diversen Teichen kann nur am Wochenende im Rahmen einer Führung besichtigt werden. Der Eintritt ist im Preis vom Naturkundemuseum enthalten.
Ende Juni bis Okt Di–So 10–18 Uhr geöffnet, Métro Station Borderouge oder Bus Linie 36, Haltestelle Ségla, www.museum.toulouse.fr.

Nachmittagsspaziergang entlang des Canal du Midi

Unter den schattigen Bäumen des Kanals lässt es sich wunderbar Radfahren oder spazieren gehen. Ein sehr schöner Bereich ist die Strecke zwischen Port Saint-Sauveur und dem Boulevard Monplaisir.

Ausgangspunkt: Place Dupuy. Zuerst geht's über die rue des Potiers zu den Parkanlagen Grand Rond und Jardin des Plantes, die man beide durchquert, Letztere auf dem linken Weg, welcher parallel zur allée Frédéric-Mistral verläuft. Auf halber Strecke stößt man dann auf ein Renaissance-Portal, das einst zum Capitole gehörte. An dem sehr modernen Resistance-Denkmal biegt man in die allée des Desmoiselles ab, welche von uralten Platanen und Nobelvillen der Belle Époque gesäumt ist. Am Ende der Straße geht es links in die rue du Japon, in der sich auch das *musée Labit* befindet. Am Kanal angekommen, spaziert man entlang des Kanalufers auf dem boulevard Monplaisir bis zum Kanalübergang auf der Höhe der allée des Soupirs. Hier überquert man den Kanal und geht auf der anderen Seite auf der allée Saint-Sauveur weiter. Über die rue du Pont Montaudran findet man dann zurück zum Ausgangspunkt place Dupuy. **Musée Georges-Labit**: Ende des 19. Jahrhunderts legte der reiche Kaufmannssohn Georges Labit in seiner maurischen Villa eine phantastische,

sehr umfangreiche Kunst- und Antiquitätensammlung aus Asien und Afrika an. Schwerpunkt bilden Kunstgegenstände aus Fernost und ägyptische Antiquitäten. Ein interessantes Museum mit vielen kostbaren Raritäten.
Eintritt 3 €. Tägl. außer Di und Feiertag, 10–17 Uhr, Juli/Aug.10–18 Uhr. 17, rue du Japon (wenige Gehminuten vom *Jardin des Plantes* entfernt). ✆ 0561146550.

Halle aux Grains: An der *place Dupuy* steht diese erstaunliche sechseckige Backsteinhalle, die eine wundersame Wandlung von der Markthalle Mitte des 19. Jahrhunderts zum originellen Konzerthaus im Jahre 1974 durchgemacht hat. Der einer Arena nicht unähnliche Konzertsaal ist Dank seiner sagenhaften Akustik europaweit bekannt und bietet rund 2.500 Konzertbesuchern bequem Platz.
Einheitspreis 14 € für sonntägliche Konzerte, Reservierung unter ✆ 0561631313.

Im Viertel Saint-Cyprien

Blickt man vom Pont-Neuf über die Garonne, fällt einem sofort das runde, mit Grünspan überzogene Kuppeldach der *Chapelle Saint-Joseph* des *Hospice de la Grave* nahe des Pont Saint-Pierre auf. In diesem, einst sumpfigen und häufig von Hochwasser heimgesuchten, Viertel am linken Garonneufer hausten im Mittelalter die Ärmsten von Toulouse. Später ließen sich spanische Immigranten, Franzosen aus den nordafrikanischen Kolonien und Zigeuner hier nieder. Bis heute haben sich das dörfliche Flair, die einfache Baustruktur und ein gemeinschaftliches Miteinander dieser bunt zusammengewürfelten Bewohner erhalten. Der Stadtteil hat sich zu einer sehr beliebten Wohngegend entwickelt.

Château d'Eau: Der backsteinerne Wasserturm nahe des Garonne-Schwemmlandes versorgte von 1823 bis 1870 die Brunnen und Wasserstellen der Stadt. Doch seine Kapazität wurde schnell zu klein. 1974 „entdeckte" ihn ein Toulouser Fotograf für seine Zwecke und richtete sich dort häuslich ein. Einmalig in Europa, entstand in dem Turm eine Fotogalerie mit den Werken der bekanntesten Koryphäen auf dem Gebiet der Fotografie.
Eintritt 2,50 €. Tägl. außer Mo und Feiertag 13–19 Uhr geöffnet. 1, place Laganne (am Ende des Pont-Neuf), ✆ 0561770940, www.galeriechateaudeau.com.

Prairie des Filtres: Die größte zentrumsnahe Toulouser Grünanlage zieht sich linksseitig, direkt hinter dem ehemaligen Wasserturm, entlang der Garonne. Ihren Namen verdankt sie dem abgelagerten Schwemmsand, der als Filteranlage an das Pumpsystem des Wasserturms gekoppelt war. Auf den weiten Wiesenflächen trainierte Ende des 19. Jahrhunderts das Toulouser Rugby-Team, heute, im 21. Jahrhundert, nehmen vor allem Angler und Sonnenhungrige die Grünflächen in Beschlag.

Cours Dillon: Um die fürchterlichen Hochwasser und das ständige „Land unter" in den Griff zu bekommen, wurde Ende des 18. Jahrhunderts der Deich entlang der Prairie des Filtres gebaut. Die Deichpromenade war damals eine beliebte „Spazierstrecke" der jungen Damen aus gutem Hause, ganz nach dem Motto: Sehen und Gesehen werden. Im Juni findet hier das Festival Rio Loco (s. Veranstaltungen) statt.

L'hôtel-Dieu Saint-Jacques: Die wachsende Anzahl von Pilgern ab dem 12. Jahrhundert machte den Bau von Hospizen und Krankenhäusern notwendig und so dienten die roten Backsteingebäude bis Anfang des 15. Jahrhunderts als Hospiz. Anschließend wurde der Komplex in ein Krankenhaus umgewandelt. Aus der Hospizzeit stammt noch der riesige Saal (*salle des Pèlerins*), der gänzlich – inklusive der Saaldecke – mit Holz vertäfelt ist.
Im 16. Jahrhundert wurden die Hospizgebäude in *hôtels-Dieu* (Krankenhaus) umbenannt, im 17. Jahrhundert begann man die mittelalterlichen Gebäude umzubauen.

Im Viertel Saint-Cyprien

Canal de Brienne: verbindet die Garonne mit dem Canal du Midi

Bis 1987 war hier das Toulouser Krankenhaus, jetzt sind in dem Gebäudekomplex diverse Verwaltungen untergebracht. Seit 1998 gehört das einstige Hospiz zum UNESCO-Weltkulturerbe.
Im Gebäudeflügel Viguerie befinden sich zwei Museen:

Musée d'Histoire de la Médecine de Toulouse: Zu sehen gibt's u.a. eine alte Apotheke aus dem 18. Jahrhundert, alte Instrumente, schreckliche Gravuren und Bilder von Syphiliskranken und krebsentstellten Gesichtern. Die Nachbildung eines Riesen-Krankenbettes verdeutlicht beeindruckend den Schlafkomfort im mittelalterlichen Krankenhaus: Bis zu fünf Personen hatten darin Platz, Fieberkranke legte man grundsätzlich in die Mitte, so wurden die kranken Mitschläfer rechts und links mitgewärmt. Auch eine Kinderklappe anno 1540 ist im ehemaligen Hospiz vorhanden!
Eintritt frei. Do, Fr und So 11–17 Uhr geöffnet. 2, rue Viguerie. ✆ 0561778425, www.musee-medecine.com.

Musée des Instruments de médecine: Gezeigt wird eine interessante Sammlung von medizinischen Instrumenten aus dem 19. Jahrhundert, die eher wie Folterinstrumente aussehen.
Do/Fr 13–17 Uhr und erster So im Monat 10—18 Uhr. Mitte Juli bis Mitte August geschlossen. 2, rue Viguerie. ✆ 0561778272.

Bazacle: Nur wenige Schritte von der Hospizkapelle *Saint-Joseph* entfernt, befand sich die einzige Furt, die es erlaubte, die Garonne bei Niedrigwasser zu durchqueren. Hier standen ab dem 12. Jahrhundert Gerbereien, Färbereien und Wassermühlen. Auch die älteste Mühle der Stadt steht hier.

Les Abattoirs: Das ehemalige Schlachthaus der Stadt ist heute ein Kulturzentrum und beherbergt das **Museum für Moderne und Zeitgenössische Kunst** mit über 2.500 Werken vom *Kubismus* über den *Expressionismus* bis zur *arte povera* (ital. Arme Kunst). Es wurde im Jahre 2000 ins Leben gerufen und ist jetzt schon nach nur zehn Jahren weltbekannt.. Zu sehen ist u. a. ein 8,30 x 13,25 Meter großes

Bühnenbild, das von *Pablo Picasso* für das Theaterstück *Le 14 Juillet* von *Romain Rolland* im Jahre 1936 erstellt wurde. 1965 schenkte er es der Stadt Toulouse. Leider wird es zu seinem Schutz nur sechs Monate im Jahr ausgestellt.
Eintritt je nach Ausstellung 5–10 €. Juli–Sept. Mi–So 11–19 Uhr. Okt.–Juni Mi–Fr 10–18 Uhr und Sa/So 11–19 Uhr. 76, alleés Charles-de-Fitte, Metrostation Saint-Cyprien-République oder Bus Nr. 1 ab dem Zentrum. ✆ 0534511060, www.lesabattoirs.org.

In der Umgebung von Toulouse

Airbus: Das europaweit größte Flugzeugbau-Zentrum liegt bei Blagnac, rund zehn Kilometer westlich von Toulouse. Hier werden sie zusammengesetzt, die A 330, A 380 usw. Die geführte Besichtigung für Einzelpersonen muss mindestens 3 Tage und für Gruppen 4 Wochen vorher beim *Service Taxiway* reserviert werden. Hinweis: Ohne Personalausweis geht gar nichts, das betrifft auch Ihre Kinder.

Anfahrt: Von der westlichen Umfahrung von Toulouse in Richtung *Blagnac Aéroport*, dann die *Abfahrt 4 „Aéroportuaire Nord"* nehmen. Auf der D 902 Richtung Beauzelle die Abfahrt in Richtung *ZAC „Aéroconstellation"* nehmen und immer weiter in Richtung ZAC „Aéroconstellation" fahren, dann Richtung ZAC Sud P1/P2, Besucherparkplätze sind ausgeschildert. Der Haupteingang befindet sich in dem mit einem Teilstück des A 380 dekorierten Gebäude.

Eintritt 9,50 € für die Besichtigung des A 330/A 340. 14 € für den A 380 (sogenannter *circuit Jean-Luc Lagardière*), Besichtigungsdauer etwa 90 Minuten. 11 € für die *circuit Concorde*, Dauer ebenfalls 90 Minuten. Für die Besichtigung des A 380 plus Concorde sind 4,50 € zusätzlich zu berappen. Rue Franz-Josef Strauss, 31700 Blagnac. ✆ 0534394200, reservation@taxiway.fr und www.taxiway.fr.

Musée des Ailes anciennes: Eine Ausstellung alter Flugzeuge ab 1940, wie z. B. die Caravelle, die schon das „Privatspielzeug" von Kaiser Bokassa war.
Ausweispapiere nicht vergessen (auch für Kinder erforderlich)!

Anfahrt: Stadtautobahn Richtung Auch, Ausfahrt Nr. 3 „Parc aéronautique". Am ersten Kreisverkehr geht's nach rechts ab und am zweiten geradeaus (ausgeschildert).
Eintritt 5 €. Führungen Sa um 9.30 und 10.30 Uhr. Treffpunkt am Wachposten Louis-Breguet des Airbus-Unternehmens, avenue Édouard-Serne, 31770 Colomiers (etwa fünfzehn Kilometer westlich vom Stadtzentrum). ✆ 0561217001, www.aatlse.org.

Cité de l'Éspace: Die 53 Meter hohe, maßstabsgetreue Kopie der Trägerrakete Ariane 5 ist das Wahrzeichen des Weltraum-Erlebnis-Museums, das 1997 eröffnet wurde. Auf rund 2.000 Quadratmetern gibt die Dauerausstellung recht eindrucksvolle Einblicke sowohl in die Weltraum- als auch in die Menschheitsgeschichte. Sehr beeindruckend werden auf dem *Terr@dome*, einer Halbkugel mit 25 Metern Durchmesser, fünf Milliarden Jahre Erdentwicklung mit Spezialeffekten und bisher unveröffentlichten Aufnahmen nachgestellt. Außerdem lernt man u. a. den Tages- und Arbeitsablauf der Astronauten in der nachgebauten Raumstation MIR im All kennen. Auch die nachgebaute Raketen-Abschussrampe von Kourou in Französisch-Guyana fehlt nicht. Ein wirklich empfehlenswertes Museum.

Anfahrt mit Auto: Ausfahrt 17 der Stadtautobahn Est (Ost) in Richtung Montpellier und Ausfahrt 18 auf der Stadtautobahn Ouest (West) in Richtung Bordeaux. Oder: Metro Linie A Station *Jolimont*, dann Bus Nr. 37 bis Haltestelle *Cité-de-l'Espace*. An So und Feiertagen Bus Nr. 37 ab Metro-Station Marengo-Gare (SCNF), Linie A.
Eintritt 19 € (22,50 € Hochsaison). Tägl. außer Mo 9.30–17 Uhr, Sa/So und Ferien 9.30–19 Uhr geöffnet. Parc de la Plaine, avenue J. Gonord, www.cite-espace.com.

Das Toulouser Umland

In der Landschaft östlich von Toulouse, dem Lauragais mit seinen fruchtbaren Lehmböden, leuchteten früher die Färberwaidfelder zwischen den niedrigen Hügeln. Heute wird hier Getreide angebaut. Viele Erhebungen in der Gegend sind mit Burgen, Bastiden und Wehrkirchen besetzt. Letztere machen deutlich, dass man sich in einem einstigen Invasoren-Durchzugsgebiet befindet.

Das milde Klima im Winter, die feuchte Witterung im Frühjahr sowie die gute Bodenqualität sind ideale Voraussetzungen für die landwirtschaftliche Nutzung dieser Gegend. Nicht umsonst nannte man früher das Gebiet auch *pays de cocagne*, was soviel wie Schlaraffenland bedeutet. Besonders häufig trifft man hier auf Taubentürmchen (frz. *pigeonnier*). Ihr zahlreiches Vorkommen in den Feldern hat seinen Grund: Im Hauptanbaugebiet des Pastel benötigte man im 16. und 17. Jahrhundert Unmengen von Taubenkot als Dünger.

Nailloux

Von den ehemals 500 Windmühlen, die das Departement zählte, sind die meisten zu Ruinen verfallen, nur wenige mahlen noch Mehl. Eine davon gehört zu diesem 1.800-Seelen-Ort. *Le Moulin à six Ailes*, eine Windmühle mit sechs(!) Flügeln sieht man nicht alle Tage. Es wird erzählt, dass der Müller Anfang des 20. Jahrhunderts zu den vier Flügeln seiner Mühle noch zwei weitere anbringen musste, weil das hohe Haus des Nachbarn den Wind größtenteils abhielt. Anscheinend hatte der „böse" Nachbar sein Gebäude mit Absicht aufgestockt.
Die Mühle liegt etwa dreieinhalb Kilometer vom Ort entfernt, in Richtung Saint-Léon, nahe der A 66.

Eintritt 2,50 €. Febr.–Nov, Mo–Fr außer Feiertage 15–18 Uhr und nach Anmeldung. Chemin du Gril, ✆ 0534669798.

Lac de la Thésauques: Der See mit einem kleinen Vergnügungspark liegt nur zwei Kilometer außerhalb von Nailloux in Richtung Villefranche-de-Lauragais und ist ideal zum Picknicken, Spazierengehen und Baden.

Lavaur

9.000 Einwohner

Uralte rote Backsteinhäuser zieren die Gassen des malerischen mittelalterlichen Städtchens am Flüsschen Agout. Es liegt auf halbem Weg zwischen Toulouse und Albi im Herzen des Pastel-Landes, eine halbe Autostunde von Toulouse entfernt. Der Ort entstand einst um die Burg und war im 11. Jahrhundert mit einer dicken Festungsmauer umgeben. Ein Überbleibsel aus jener Zeit ist der *Tour des Rondes* (heutiges Touristenbüro).
Die ehemalige Hochburg der Katharer erlebte im Jahre 1211 unter dem Anführer der Kreuzfahrer, Simon de Montfort, nach einer 37-tägigen Belagerung eines der schlimmsten Massaker gegen die „Andersdenkenden". Selbst die Burgfrau *Dame Guiraude de Laurac*, Anführerin der ansässigen Katharer, entkam dem grausigen Schicksal nicht: Montfort überließ sie zuerst den Soldaten, um sie danach noch lebend in den Brunnen werfen zu lassen. Anschließend schüttete man den Brunnen

mit einer Ladung Steine zu. Ihre Mitstreiter wurden gehängt, im wahrsten Sinne des Wortes abgeschlachtet oder lebend verbrannt. 400 Katharer (doppelt so viele wie am Mont Montségur) wollten ihrem Glauben nicht abschwören und verbrannten bei lebendigem Leibe auf dem größten Scheiterhaufen der Katharergeschichte. Wie auch in Albi demonstrierte die Kirche ihre Macht über die Häresie durch den Bau einer wuchtigen Kathedrale mit massivem Wehrcharakter. Lavaur war von 1318 bis zur Französischen Revolution Bischofssitz.

Information Office de Tourisme, Infomaterial über die Region, u.a. auch die Beschreibung eines Taubenturmchenweges rund um Lavaur. (Außerdem gibt es eine Infostelle an der Kathedrale Saint-Alain). Tour des Rondes, ✆ 0563580200 www.tourisme-lavaur.fr.

Markt Sa vormittags.

Veranstaltungen Les jeudis au Jardin, heißt übersetzt „die Donnerstage im Garten". Konzertveranstaltungen jeden Do abends ab 20.30 Uhr in den „Bischofsgärten", im Juli. Eintritt frei.

Les Estivales, zahlreiche Konzerte, Theateraufführungen und Tanzveranstaltungen an verschiedenen Orten der Stadt. Juli/August. Genaues Programm im Touristenbüro erhältlich.

Fahrradverleih Sport Services, 36, avenue du Pont Saint-Roch, ✆ 0563345870 oder ✆ 0623812674 (Mobil).

Übernachten ** Hôtel Ibis, 58 Zimmer mit gewohnt korrektem IBIS-Hotel-Standard. Zimmer mit Tel., TV, WLAN, Gartenterrasse. DZ 57–74 €, Frühstücksbüfett 8 €. 1, avenue Georges Pompidou, ✆ 0563830808, www.ibishotel.com.

Chambres d'hôtes Domaine de la Buissardière, geräumige, gemütliche Zimmer, jedes anders eingerichtet. Die Zimmer besitzen unterschiedlich breite Betten. Parkähnliche Gartenanlage mit Schwimmbad. DZ 72 € inklusive Frühstück. 1, rue Castel-Florit, ✆ 0563585826, http://buissardiere.free.fr.

Camping *** Le Plan d'Eau de Saint-Charles, liegt etwa 15 Kilometer entfernt in Richtung Castres (D 112). 3 Hektar großer Teich mit abgegrenztem Badebereich und Strand, Aquapark, Freilichtkino, Tischtennis etc. In der Nähe sind zahlreiche sportliche Aktivitäten möglich wie z. B. Kajak, Kanu und Golf. Ein Campingplatz der für Kinder wie geschaffen ist! Vermietung von Stoff-Bungalows, Mobil-Homes, chalets und cottages. April–Okt. geöffnet. 81220 Damiatte, ✆ 0563706607, www.campingplandeau.com.

Essen La Pitcholina, im Stil eines Bistro eingerichtet, katalanische und baskische Küche mit Tapas und Plancha-Gerichten. Mittagsmenü 10–12 €. Tägl. außer So geöffnet. 3, avenue du Pont-Saint-Roch, ✆ 0563585380.

Grand Café Les Américains, gut besuchte Brasserie in der man mittags günstig speist. Für 12 € bekommt man unter der Woche ein einfaches, aber komplettes Menü mit Vorspeise, Hauptspeise, Dessert, ¼ l Wein und Kaffee. 1, allée Jean-Jaurès, ✆ 0563345531.

Ô Saveur, nette Teestube in der Altstadt, im Sommer stehen auch draußen ein paar Tische. Einfache Gerichte wie Suppe, Quiches, Gemüsekuchen und gemischte Salate. Mittagsteller 9,50 €. Di–Sa 11.30–19 Uhr geöffnet. 2, rue Peyras, ✆ 0563582310.

Sehenswertes

Cathédrale Saint-Alain: Aus rotem Backstein und im, für den Südwesten typischen, meridionalen gotischen Stil erbaut, wird die Kirche oft als die "kleine Schwester" der Kathedrale Saint-Cécile in Albi bezeichnet. Das Kirchenportal besticht durch kräftige Blau-Grün- und Rottöne. Sie besitzt noch Elemente der ursprünglichen, von den Kreuzfahrern zerstörten, romanischen Kirche, wie z. B. den kleinen Uhrenturm (ohne den *Jacquemart*, der wurde später hinzugefügt, s. u.). Im ziemlich düster wirkenden Inneren steht ein schöner romanischer Altar, der aus der Zeit um 1100 stammt. Sehenswert in der Kirche auch die älteste Orgel der Midi-Pyrénées (1524).

In der Umgebung von Lavaur

Le Plô: Heißt auf okzitanisch soviel wie „kleines Plateau auf einer etwas erhöhten Stelle", und genau an der Stelle stand im Jahre 884 eine Burg, die auch im Stadtwappen von Lavaur noch zu sehen ist. Hier, an diesem Platz, fand 1211 das fürchterliche Massaker an den Bürgern, Katharern und der Burgherrin statt. Die beiden Straßen *rue Villeneuve* und *rue Dame Guiraude* führen zu diesem geschichtsträchtigen Platz.

Église Saint-François: Die Fassade der Franziskanerkirche aus dem 14. und 15. Jahrhundert geht fast nahtlos in die Häuserfassade der *Grand-Rue* über. Interessanterweise hat diese Kirche den gleichen Baustil wie die Kathedrale Saint-Alain.

Jardins de l'Évêché: Die gepflegte Grünanlage im Stil der englischen Gärten befindet sich an der Stelle, an der sich bis zur Französischen Revolution der Bischofssitz befand. Von der Terrasse hat man einen schönen Blick auf zwei für die damalige Zeit recht gewagte Baukonstruktionen: die Brücke *pont Saint-Roch* aus dem Jahre 1786 und das hundert Jahre später erbaute Viadukt *viaduque de Séjourné*.

Jacquemart, der Glockenschläger

Es wird erzählt, dass während der Religionskriege in Frankreich der Führer der Protestanten, ein gewisser Jacques-Marc, im Turm der Kathedrale gefangen gehalten wurde. Um eine etwaige Flucht zu verhindern bzw. diese schnell zu bemerken, musste er Tag und Nacht zu jeder Stunde die Glocken läuten. Aber Jacques-Marc, von Haus aus ein begnadeter Tüftler, bastelte neben seiner stündlichen Pflicht ein System zusammen, das das Läuten ohne seinen persönlichen Einsatz übernehmen konnte. Und während diese mechanische Vorrichtung stündlich die Glocke bediente, konnte der Protestant in aller Ruhe seinen Feinden entkommen. Zu sehen ist der hölzerne Jacquemart von 1523 in dem kleinen Uhrentürmchen auf dem Dach. Einzigartig in der Region, es gibt in ganz Frankreich nur 24 solcher *Jacquemarts* - so werden diese mechanischen Glockenschläger seit dieser Zeit genannt.

In der Umgebung von Lavaur

Château-Musée de Magrin: Schon die Anfahrt zur Burg ist ein Augenschmaus, denn die kleine Straße zwischen Lavaur und Puylaurens bietet in der hügeligen Landschaft immer wieder weite Ausblicke über die Pyrenäen-Kette, die *Montagne Noire* und den Wald *La Grésigne*.

In der Burg ist das einzige Pastel-Museum Frankreichs untergebracht. Es beherbergt das letzte gut erhaltene Pastel-Mühlradsystem, das aus einem über zwei Tonnen schweren Mühlrad aus Granit besteht. Dank einer speziellen Aufhängung und einem ausgeklügelten Mechanismus ist es sehr leicht zu bewegen. Ein weiteres „Schätzchen" unter den Ausstellungsstücken ist ein Trockengestell für die sogenannten *cocagnes* (zerquetschte und getrocknete Färberwaid-Bällchen). In diesem Museum dreht sich alles um das „blaue Gold".

Ganzjährig, tägl. außer von Mitte Dez. bis Mitte Jan. 15–18 Uhr geöffnet. 90-minütige Führung und Preise auf Anfrage, Audio-Kassetten auf Deutsch. 81220 Saint-Paul-Cap-de-Joux, ✆ 0563706382, www.pastel-chateau-musee.com.

Revel

9.200 Einwohner

Die ehemalige Bastide liegt nur vier Kilometer vom Stausee Saint-Férreol (s. u.) entfernt und eignet sich gut als Übernachtungsstopp. Einen Namen hat sich das Städtchen mit Stilmöbeln gemacht. Seit dem 19. Jahrhundert werden hier wertvolle Dufthölzer wie Kirschbaumholz sowie das Rosen- oder Zitronenbaumholz zu hochwertigen Möbeln verarbeitet. Die Branche exportiert bis in die Emirate und nach Amerika.

Auf dem arkadenumgebenen Marktplatz steht die ursprünglich aus dem 14. Jahrhundert stammende „turmbestückte" **Markthalle**, die mit einer Grundfläche von 1.500 m² mit die größte Frankreichs ist. Das Holzbalkengewirr des Dachstuhls ist noch sehr gut erhalten, ebenso die Getreidemaße aus der Zeit der Revolution. Vom Turm aus hat man einen schönen Blick über die Montagne Noire, das weite Land des Lauragais und natürlich über die Stadt. Die Architektur der Häuser (z. T. aus Stein) deutet auf den einstigen Reichtum der Bürger hin, die durch den Pastelhandel ein Vermögen verdienten (s. Toulouse).

Eintritt für den Turm 1,50 €, geöffnet Mi und Wochenende, Sa nur in der Nebensaison um 10, 11, 15 und 16 Uhr.

Information Office de Tourisme, place Philippe-VI-de-Valois (im Belfried der Markthalle), 31250 Revel. ✆ 0534666768, www.tourisme-revel.com.

Eine Zweigstelle des Touristenbüros befindet sich am Lac Saint-Férreol, am Parkplatz der avenue de la Plage.

Markt sehr schöner Markt Sa vormittags.

Übernachten ** Hôtel du Midi, die ehemalige Pferdewechselstation ist heute ein nettes Hotel mit guter Küche. Zimmer alle unterschiedlich und farbenfroh eingerichtet, DZ mit Badewanne oder Dusche 49–70 € (die teuren haben Blick auf den Garten). Mittagsmenü 13,50 €, Restaurant So abends und Mo geschlossen. 34, boulevard Gambetta, ✆ 0561835050, www.hotelrestaurantdumidi.com.

Auberge des Maziès, umgebauter Bauernhof in sehr ruhiger Lage etwa drei Kilometer außerhalb (route de Castres) im Weiler Couffinal. Nur sieben Zimmer, alle ganz in Weiß und modern eingerichtet, manche mit Klimaanlage. Abendessen nur für Hotelgäste. DZ 62–67 €. ✆ 0561240438, www.hotel-restaurant-mazies.fr.

Camping municipal du Moulin du Roy, städtischer Campingplatz etwa ein Kilometer vom Zentrum entfernt, manche Plätze sind nicht beschattet und liegen zum Teil entlang der Straße. Grillplatz, kostenlose Nutzung des Tennisplatzes und des öffentlichen Schwimmbades. Kreditkarten werden nicht angenommen. Geöffnet von Juni–Sept. Route de Sorèze, ✆ 0561833247, mairie@mairie-revel.fr.

Essen Sucre et Sel, leckere crêpes (süße Pfannkuchen) und galettes (salzige Pfannkuchen) in allen Variationen. Liegt bei der Markthalle in einer Seitenstraße. Menü 12–16 €. Geschlossen So, Mo und in der Nebensaison Do abends, Betriebsferien erste drei Augustwochen. 14, rue de Vauré, ✆ 0562189031.

Sehenswertes

Musée du Bois et de la Marqueterie: Das Museum informiert über die verschiedenen Holzarten in der Möbelherstellung und über alte Holz-Handwerkskünste.

Eintritt 4 €. April–Sept. Mo–Fr 9–12 und 14–18 Uhr, erstes und drittes Wochenende im Monat 14–18 Uhr geöffnet. 13, rue Jean-Moulin, ✆ 0561275302, www.pmart.fr.

Saint-Felix-Lauragais

Die 1.300 Einwohner der Bastide leben auf einem Felsvorsprung. Nicht umsonst nannte man die einstige Hauptstadt des Lauragais während der Französischen Revolution auch „Bellevue" (schöne Aussicht), denn bei klarem Wetter reicht der atemberaubende Blick vom *Sidobre*, über die *Montagne Noire* und den katalanischen Kultberg *Canigou*, bis zum höchsten Pyrenäen-Gipfel der Midi-Pyrénées, dem *Pic du Midi de Bigorre*. Kein Wunder also, dass dieses Fleckchen Erde schon seit Urzeiten den Menschen als Wohnstätte diente. Zu sehen gibt es hier einiges. Alte Fachwerkhäuser umgeben den **Marktplatz** mit der malerischen **Markthalle** aus dem 13. Jahrhundert samt „Aussichtstürmchen". Der heute noch vorhandene Turm und die Wehrmauer der Burg waren einst Zeuge des ersten Konzils der Katharer im Jahre 1167. Sehenswert sind auch die Stiftskirche aus dem 14. Jahrhundert sowie ihre wunderschöne Orgel (18. Jh.). Zu Ehren des hier geborenen Komponisten Déodat-de-Sévérac (1872-1921) veranstalten die Bürger der Stadt jedes Jahr ein Festival.

Veranstaltungen Festival Déodat-de-Sévérac: Konzerte mit klassischer Musik, Juni–Sept. ✆ 0561830183.

Fête de la Cocagne: Man lässt die Epoche des Pastelhandels wieder aufleben, mit Umzügen, Trachtengruppen, Jongleuren und traditionellen Spielen. Osterwochenende.

Übernachten *** Auberge du Poids Public, geräumige Zimmer mit moderner Ausstattung, Klimaanlage, TV, Tel. Minibar WLAN. Haustiere gestattet (6 €). DZ 72–105 €, Frühstück 10,50 €. Restaurant der gehobenen Klasse zählt zu den besten in der Gegend. So außer Juli/Aug. geschlossen. Faubourg Saint-Roch, ✆ 0562188500, www.auberge-du-poids-public.fr.

Saint-Julia-de-Gras-Capou

Das malerische kleine Festungsdorf besitzt eine architektonisch interessante Kirche. Ihr Glockenturm besteht aus einem Glockengiebel mit fünf sehr wertvollen Glocken. Die größte von ihnen ist zugleich auch die älteste der Region und stammt noch aus dem Jahre 1396. Während der Kriegswirren der Französischen Revolution hatte man sie 1793 alle sehr sorgfältig versteckt, damit sie nicht zu Kanonenkugeln eingeschmolzen werden konnten.

Auberge des Remparts, Dorfgasthaus mit beschatteter Terrasse im Sommer, einfaches Mittagsmenü 12,50 €. Mo ganztägig sowie Di- und So abends geschlossen. Nur mit Reservierung. Rue du Vinaigre, ✆ 0561830479.

Lac Saint-Ferréol

Der älteste, von Wäldern umgebene, Stausee Europas ist 67 Hektar groß und wurde zwischen 1667 und 1672 nur gebaut, um die Wassermenge des *Canal du Midi* zu regulieren. Die dazugehörende Staumauer ist 871 m lang und war das erste Bauwerk dieser Art in Frankreich. Der gesamte Bereich gehört heute zum Weltkulturerbe der UNESCO. Viele Toulouser verbringen ihr Wochenende mit Baden und Segeln im ausgewiesenen Freizeitbereich.

Base de loisirs: Bade- und Sportzentrum mit großem Wassersportangebot, Strandanlage, Tennisplätzen, Fahrrad-Verleih, Reitsportmöglichkeiten etc. Manche Sportaktivitäten muss man vorher reservieren.

Information beim Club Nautique, tägl. Juli/Aug. 9–19 Uhr geöffnet. ✆ 0561835468 und Le Bivouac, ✆ 0607411600 (Mobil).

Musée et Jardins du Canal du Midi: Das Museum besteht erst seit 2008 und wurde am Fuße der Staumauer im einstigen "Ingenieurs-Haus" untergebracht. Die Entstehungsgeschichte des Mittelmeerkanals wird hier, nach Themen sortiert, nachgezeichnet.

Eintritt 4 €. April–Juni und Sept./Okt. tägl. außer Mo 10.30–12.30 und 14.30–18 Uhr. Nov.–März tägl. außer Mo 14–17 Uhr. Juli/Aug. tägl. durchgehend geöffnet. Boulevard Pierre-Paul-Riquet (auf der Staumauer). ✆ 0561805757, www.museecanaldumidi.fr.

Das achte Weltwunder

Schon die Römer liebäugelten mit der Idee, den Atlantik mit dem Mittelmeer durch eine Wasserstraße zu verbinden. Den gleichen Traum träumten Kaiser Augustus, Kaiser Nero, Karl der Große, Franz I., Karl IX. und Heinrich IV, doch es blieb beim Traum, denn Kosten und technische Probleme schienen unüberwindbar.

Erst dem über 50-jährigen steinreichen Ingenieur Pierre-Paul Riquet (1609-1680) gelang es endlich, eine Lösung für das Problem der Wasserzufuhr und zur Überwindung der Wasserscheide auf der 240 Kilometer langen Strecke zu finden.

In vierzehnjähriger Bauzeit hoben rund 12.000 Arbeiter, nur mit Spitzhacke und Schaufel ausgestattet, über sieben Millionen Kubikmeter Erde auf einer Länge von 241 Kilometern aus. 350 Bauwerke mussten errichtet werden: Brücken, Schleusen (Riquet erfand z. B. die ovale Schleusenform, die dem enormen Wasserdruck besser standhalten konnte) und Aquädukte. Außerdem musste der Stausee Lac Saint-Férreol bei Revel im Departement Haute-Garonne, der die Wasserzufuhr in den Kanal reguliert, angelegt werden. 45.000 Bäume wurden zur Ufersicherung entlang des Kanals gepflanzt. Dann endlich, am 24. Mai 1681, wurde der fast 2.000 Jahre alte Traum Wirklichkeit und der Kanal feierlich eingeweiht – ohne seinen Erbauer, denn der starb sieben Monate vor der Fertigstellung. Die Landschaft war um ein „achtes Weltwunder" reicher, Riquet dagegen hinterließ bei seinem Tode eine völlig ruinierte Familie mit einem immensen Schuldenberg. Aber er hatte vorgesorgt: Wohlweislich sicherte er durch einen Vertrag mit dem Königshaus seinen Nachkommen gewisse Rechte. Die Familie bekam nicht nur das Steuermonopol, auch der Kanal selbst wurde erbliches Lehen mit allen dazugehörenden Rechten (bei der Absegnung dieser Klausel hatte die Krone wohl nicht mehr an die Vollendung des Werkes geglaubt). Damit konnte die Familie im Laufe der Jahre nicht nur die Schulden abbauen, sondern auch wieder ein Vermögen anhäufen. Leider setzte die Revolution dem Geldsegen ein Ende, denn der Kanal wurde konfisziert. Seit 1996 gehört der Mittelmeerkanal zum UNESCO-Weltkulturerbe.

Übernachten ** Hôtellerie du Lac, liegt etwas abseits der Straße und hat in der Region einen guten Ruf. Moderne, helle Nichtraucher-Zimmer, manche mit Blick auf den See, TV, Tel., WLAN. Beheiztes Schwimmbad und Sauna. Haustiere nicht gestattet. DZ 67 €. Avenue Paul-Riquet, ✆ 0562187080, www.hotellerie-du-lac.com.

》》 Mein Tipp: La Comtadine Hôtel, kleines Hotel nur 50 Meter vom See entfernt.

Das ganze Haus ist rauchfreie Zone. Moderne helle Zimmer mit TV und DVD Player. Großes Schwimmbad. DZ 60-82 €. Ganzjährig geöffnet. Lac de Férreol, 31250 Revel, ✆ 0561817303, www.lacomtadine.com.

Anfahrt: In Saint-Férreol die D 629 in Richtung Cammazes nehmen, dann rechts ab Richtung Sorèze. «

Camping *** Camping d'En Salvan, großer, beschatteter Platz nahe am See bei Vaudreuille. Schwimmbad, Wasserrutsche, Spielplatz, WLAN-Bereich kostenlos, TV-Raum, Haustiere gestattet. Vermietung von Mobil-Homes und chalets. April–Okt. geöffnet. Lac Saint-Férreol, 31250 Vaudreuille, ✆ 0561835595, www.campingensalvan.com.

Le Volvestre

Eigentlich schade, dass die meisten Touristen das hügelige Gebiet südlich von Toulouse nur als schnelle Transitstrecke nach Spanien nutzen, denn es gibt ein paar nette Ecken, an denen ein Halt sich durchaus lohnt.

Rieux-Volvestre

Der sehr malerische Ort an dem Flüsschen Arize war von 1317 bis 1801 Bischofssitz und hat einiges an interessanter Architektur zu bieten: von der mittelalterlichen Brücke, über die urigen windschiefen roten Backstein-Fachwerkhäuschen (das Gebäude gegenüber dem Kirchenportal war das erste Wohnhaus der Bischöfe) bis zur bizarren Wehrkirche und der Kathedrale Saint-Marie in L-Form. Diese L-Form entstand durch den Anbau eines zweiten Chores, der nur den Domherren vorbehalten war. Interessant auch das flache Chorhaupt, das mit der Uferböschung der Arize abschließt und sich im Flüsschen widerspiegelt. Besondere Aufmerksamkeit hat auch der Reliquienschatz verdient, insbesondere die Büste der Saint-Cizy. Im Frühjahr und Herbst hat man von Rieux einen traumhaft schönen Blick auf die schneebedeckte Pyrenäenkette.

Information Office de Tourisme, 9, rue de l'Évêché, 31310 Rieux-Volvestre, ✆ 0561876333, www.tourisme-volvestre.com.

Veranstaltungen Fête du Papogay, Papogay bedeutet Papagei. Seit 1585 gibt es das traditionelle Pfeil- und Bogenschießen in Rieux-Volvestre. Um diese Tradition aufrechtzuerhalten hat sich das „Papageienabschießen" (kein echter Vogel sondern eine Holzattrappe!) aus luftigen 45 Metern Höhe mit Hilfe von Pfeil und Bogen eingebürgert. Auf los geht's los und dann fliegen an die hundert Pfeile der Vereinsmitglieder gleichzeitig Richtung Holzvogel. Ein in Frankreich einmaliges Fest! Erster Sonntag im Mai, papogay.free.fr.

Camping Camping du Plan d'Eau, liegt etwa 1,5 Kilometer außerhalb in Richtung Carbonne (ausgeschildert) am Ufer der Garonne, mit Schwimmbad. Stellplätze von April bis Okt. geöffnet, Vermietungen von Mobil-Homes und chalets ganzjährig. ✆ 0561772459, www.camping-rieux.eu.

Essen L'Auberge du Plan d'Eau, etwas außerhalb in Richtung Carbonne (direkt neben dem Campingplatz, s. o.). Selbstbedienung am Vorspeisen-Buffet, regionale Küche. Mittagsmenü 12 €. Tägl. mittags sowie Sa abends geöffnet. Über Neujahr geschlossen. ✆ 0561874914.

Saint-Julien

Fans von Asterix, Obelix und Idefix sind hier genau richtig. Das Gallierdorf, wenige Kilometer südwestlich von Saint-Julien, lässt die beiden Helden lebendig werden. Palisadenzaun, Wachturm und reetgedeckte Hütten, alles sieht aus, wie in den Komikheften gezeichnet. Auch das Leben der Gallier und deren Berufe, wie z. B. die

Montesquieu-Volvestre

2.500 Einwohner

Der Toulouser Graf Raymond VII. ließ im 13. Jahrhundert die Bastide in einer Flussschleife des Arize erbauen. Alles erinnert ein bisschen an die mittelalterliche Vergangenheit: Schachbrettartig angeordnete Straßen, alte Fachwerkhäuser und die große Markthalle auf dem Marktplatz. Der Kirchturm der *église Saint-Victor* hat nicht wie sein Toulouser Vorbild Saint-Sernin acht, sondern gleich 16 Ecken.
Von den Hügeln auf der rechten Uferseite (über die D 2 zwischen Rieux und Montesquieux-Volvestre zu ereichen) hat man einen wunderbaren Blick über den gesamten Ort.

Information Office de Tourisme, 20, place de la Halle, 31310 Montesquieu-Volvestre. ☎ 0561901955, www.mairie-montesquieu-volvestre.fr/patrimoine.asp.

Markt Di vormittags, Bauernmarkt. Sa vormittags, Jahrmarkt und Kunsthandwerk jeden dritten Di im Monat.

Veranstaltungen Journée des Moulins: Tag der offenen (Mühlen-)Tür, Mitte Juni. Gelegenheit die Moulin de Barrau (s. u.) zu besichtigen.

Fête de Saint-Victor: Großes Volksfest mit Tanz, allabendlichen Konzerten, Feuerwerk und Wettangeln. Hauptattraktion ist der in der Region bekannte Umzug mit blumengeschmückten Wägen. Fünf Tage um das letzte Augustwochenende.

Chambres d'hôtes La Halte du Temps, nur wenige Schritte vom Marktplatz entfernt. Ehemaliges Wohngebäude (17. Jh.) des Marquis de la Loubère von Montesquieu. Entsprechend nobel ist sowohl die Architektur als auch Inneneinrichtung, eine Louis XIII-Holztreppe führt zu den fünf geräumigen Zimmern mit Stilmöbeln. Schwimmbad, Spa-Bereich und im lauschigen Garten sitzt man unter Palmen. DZ 75 € inklusive Frühstück. Abendessen 25 € (Reservierung erforderlich). Ganzjährig geöffnet. 72, rue Mage, ☎ 0561975610, www.lahaltedutemps.com.

Essen L'Olivier, im Sommer leichte Küche mit Salaten oder Pizzas, ansonsten auch deftigere, regionale Gerichte. Mittagsmenü 10,50–12,50 €. Tägl. geöffnet, von Mitte Sept. bis Mitte Juni. Mo abends, Di und Mi geschlossen. Im Sommer wird im Garten serviert. 1, rue du Moulin, ☎ 0561972800.

Sehenswertes

Église Saint-Victor: Wuchtige, asymetrische Wehrkirche. Die fast fensterlose Fassade ist mit kleinen Wachtürmen „geschmückt". Im Inneren sollte man sich die meisterhafte, 2,40 m lange und in Stein gehauene *Grablegung* aus dem 15. Jahrhundert anschauen (1608 wurde sie koloriert). Die Fachwelt hält sie für die schönste Grablegungsszene der gesamten Midi-Pyrénées, wohl auch deshalb, weil sie über all die Jahrhunderte heil geblieben ist. Von großem künstlerischen Wert und ein weiteres Highlight ist das (3,35 x 2,35 m große) Gemälde „Kreuzniederlegung" des Malers *Girodet de Coussy* (1767-1824). Es war eines seiner ersten Werke und wurde in vielen bekannten Museen von Paris, New York, Chicago und Montréal ausgestellt.

Le Moulin à Barrau: Die Mühle steht, von Rieux kommend, am Ortseingang gegenüber dem Friedhof. Eine Besichtigung ist nur an dem, für alle historischen Gebäude alljährlich stattfindenden, „Tag der offenen Tür" möglich.
Drittes Wochenende im Sept. ☎ 0561904016.

Albi: die Kathedrale Saint-Cécile

Albi
51.500 Einw.

„Albi, la Rouge", so wird die ehemalige Bischofsstadt an den Ufern des Tarn auch genannt. In der Abendsonne erglühen die Backsteinfassaden der alles überragenden Kathedrale und des nicht minder wuchtigen Bischofspalastes. Ein enges, dunkles Gassengewirr mit zahlreichen herrschaftlichen Wohnpalästen aus dem Zeitalter des „blauen Goldes" bildet das historische Zentrum.

Der Geburtsort des berühmten französischen Malers Toulouse-Lautrec ist im Sommer-Halbjahr ein sehr quirliges Städtchen, im Winterhalbjahr dagegen, wenn die Touristen wieder zuhause sind, geht es sehr viel gemächlicher zu. Der Ort hat so manche Persönlichkeit in ihren jungen Jahren, als die anvisierte Karriere noch in den Kinderschuhen steckte, beherbergt und ernährt. Georges Pompidou, in den sechziger Jahren französischer Präsident, drückte im *Lycée Lapérouse* die Schulbank und Jean Jaurès begann seinen Aufstieg zum sozialistischen Politiker und Historiker als Philosophie-Lehrer an eben diesem Gymnasium.
Zahlreich sind die Boutiquen, Cafés und Restaurants die die gepflasterten Fußgängerzonen der verwinkelten Altstadt säumen. Alle Sehenswürdigkeiten der Hauptstadt des Departements Tarn kann man bequem zu Fuß erreichen. Auf drei ausgewiesenen Rundwegen ist das mittelalterliche Zentrum auch ohne Führung zu erkunden, Täfelchen an den Fassaden weisen auf die jeweilige Bedeutung der Gebäude hin. Albi wurde 2010 in die Liste des UNESCO Weltkulturerbes aufgenommen.

Geschichte

Erste zivilisatorische Spuren in der Gegend von Albi reichen bis in die Zeit 200.000 bis 80.000 Jahre v. Chr. zurück. Sehr viel später siedelten hier auch die Kelten und ab 1000 v. Chr. die Römer, dann die Westgoten und schließlich die Franken. Ab Mitte des 9. Jahrhunderts wurde Albi an das französische Königshaus angegliedert, bevor die Stadt im 11. Jahrhundert an die mächtigen Toulouser Grafen fiel. Mit dem Bau der alten Steinbrücke *Pont Vieux* über den Tarn im gleichen Jahrhundert ging es mit Albi finanziell bergauf und die Stadt gewann an Macht. Der Handel begann zu florieren und nebenbei konnte die Stadt in den nächsten Jahrhunderten Brückenzoll kassieren. Vor allem der Handel mit *Pastel*, dem „blauen Gold", brachte Albi den Reichtum.

Aber bevor das goldene Zeitalter anbrach, mussten erstmal die unsicheren Zeiten ab dem 12. Jahrhundert überstanden werden und so umgab sich Albi mit einer Stadtmauer, die bis ins 18. Jahrhundert hinein viel Schaden abwehrte. Dank der Wehrmauer überstand die Stadt nicht nur die drei großen Geiseln des Südwestens, den Albigenserkreuzzug, den Hundertjährigen Krieg und die Religionskriege, ohne allzu große Schäden, auch zahlreiche Kulturgüter blieben unversehrt für die Nachwelt erhalten.

Das heutige Stadtwappen macht deutlich, wer im mittelalterlichen Albi das Sagen hatte: Ganz oben im Emblem befindet sich der Bischofsstab, darunter dann ein Löwe, der die zinnenbewehrte Stadtmauer beschützt. Die Bischöfe waren die obersten Herren der Stadt. Ihre Macht wuchs im Kreuzzug gegen die Katharer dermaßen, dass sie diesbezüglich den Grafen in nichts mehr nachstanden. Sie schreckten vor nichts zurück und demonstrierten ihre Macht durch Protzen mit Vermögen: Der Bischof *Bernard de Combret* gab während seiner Amtszeit von 1254-1271 den Bau des Bischofspalastes, den sogenannten *Palais de Berbie*, in Auftrag, nur fünf Jahre später protzte sein Nachfolger *Bernard de Castanet* über 30 Jahre lang mit dem Bau der Kathedrale Saint-Cécile, die von so manchem Bürger nach ihrer Fertigstellung auch als „Festung Gottes" bezeichnet wurde. Doch er überspannte wohl etwas den Bogen, denn der Papst verbannte ihn schließlich in ein Kloster. Auch über 160 Jahre später machte der Bischof *Louis d'Amboise*, der von 1473-1502 das Zepter in der Hand hielt, den gleichen Fehler und musste abdanken. Heute würde so eine Vorgehensweise unter „Verschwendung öffentlicher Gelder" laufen.

Blütezeit und Zerstörung lagen in Albi nahe beieinander. Gegen Anfang des Hundertjährigen Krieges starb fast die Hälfte der Einwohner an der Schwarzen Pest. Doch dann kam zwischen 1450 und 1560 das goldene Zeitalter des Pastels und es entstanden, wie in Toulouse, die noblen privaten Renaissance-Paläste der reichen Pastel-Händler. Nach der Französischen Revolution gewann Albi das Rennen gegen Castres und wurde Hauptstadt des neu gegründeten Departements Tarn.

Im 19. und 20. Jahrhundert profitierte die Stadt von den expandierenden Koh-

Aufforderung zu einem kleinen Drink

leminen bei Carmaux-Cagnac, da man für den Abtransport auf dem Tarn an der Brücke *Pont Vieux* in Albi den schon erwähnten Brückenzoll entrichten musste. Die aufkommende Metallverarbeitung und die Hutherstellung füllten ebenfalls die Stadtkassen und Albi konnte seine industrielle Vorrangstellung ausbauen.

Inzwischen ist die rote Stadt mit rund 50.000 Einwohnern, zählt man das Umland mit, sind es sogar an die 75.000 Einwohner, die drittgrößte Stadt der Midi-Pyrénées und die Firmenansiedlung nimmt kein Ende. Mit der Schaffung einer *École des Mines* und drei Fakultäten ist Albi nun Universitätsstadt.

Auf einen Blick (Karte → S. 277)

Information Office de Tourisme, liegt direkt neben dem Toulouse-Lautrec-Museum. Man erhält hier den *Albi-Pass* (Erw. 6,50 €) und Informationen über das kulturelle Programm der Stadt. Place Saint-Cécile, 81000 Albi. ✆ 0563363600, www.albi-tourisme.fr.

Adressen Post: 14, place du Vigan.

Internet: Internet Café (Cyper), Mo–Fr 10–19 Uhr geöffnet. 2, place Edmont Canet, ✆ 0563384768.

Waschsalon: Lavotop, tägl. 7–21 Uhr geöffnet. 10, rue Emile Grand, ✆ 0686603609.

Sonstiges Der **Parkplatz** *Le Bondidou* ist über Mittag kostenlos.

Verbindungen Zug: Tägl. mehrere Verbindungen von und nach Paris und Toulouse. Place Stalingrad, nur zehn Gehminuten von der Altstadt entfernt. Bahnhof SNCF. ✆ 3635 (0,34 €/Min innerhalb Frankreichs).

Bus: Verbindungen Mo–Fr nach Gaillac, Castres, Cordes, Rodez etc. Busbahnhof, place Jean-Jaurès, ✆ 0563545861.

Stadtbus: Albibus, fährt zwischen Stadt und Industriegebiet. Buspläne gibt's im Touristenbüro. ✆ 0563384343.

Touristenzüge: Stadtrundfahrt 6 €, Juni bis Sept. tägl. Abfahrt place Saint-Cécile.

Autovermietung: Rent.Car, am Rond-point de Caussels, 6, route de Millau, ✆ 0563477930, albi@rentacar.fr oder www.elocationdevoitures.fr.

Fahrrad-Verleih: Basile SARL, 28, avenue du Maréchal-Foch, ✆ 0563384309.

Abendspaziergang durch das mittelalterliche Albi: Im Aug. immer Mi abends. Nähere Informationen im Touristenbüro.

Markt Es gibt mehrere Märkte in der Stadt.

Bauernmarkt: Sa vormittags an der place Fernand-Pelloutier und boulevard Strasbourg. Gemüsemarkt: Di–Fr und So 8–13 Uhr in der Markthalle und Sa vormittags in den Straßen um die Markthalle.

Biomarkt: Di 17–19 Uhr, place Fernand-Pelloutier.

Flohmarkt: Sa vormittags place du Castelviel.

Veranstaltungen Acthéa: Europäisches Uni-Festival der Straßenkünste und des Theaters, im April.

Pause Guitar: Festival der französischen Chansons am Fuße der Kathedrale (schließlich ist Saint-Cécile die Schutzpatronin der Musik), in einigen Innenhöfen und auf diversen Plätzen, vier Tage in der ersten Julihälfte.

Concerts d'orgue: Orgelkonzerte in der Kathedrale, Eintritt frei. Juli/Aug. jeweils Mi 17 Uhr und So 16 Uhr.

Place aux artistes: Straßenkonzerte, Straßentheater, Lesungen, Kindervorstellungen etc. Ein abwechslungsreiches Veranstaltungsprogramm auf den diversen Plätzen der Stadt.

Grand Prix automobile: Erstes Wochenende im Sept.

Übernachten Albi ist eine der wenigen Städte in den Midi-Pyrénées, die viele gute Restaurants und auch Hotels in allen Preisklassen besitzt.

**** Hostellerie Saint-Antoine **13**, die erste Adresse der Stadt. DZ 125–250 €. 17, rue Saint-Antoine, ✆ 0563540404, www.hotel-saint-antoine-albi.com.

**** Hôtel La Réserve **1**, gehört zur Gruppe *Relais et Château*. Eine weitere gute Adresse, die keine Wünsche offen lässt, liegt nur wenige Kilometer außerhalb der Stadt in einer parkähnlichen Anlage direkt am Tarn. DZ 148–398 €. Betriebsferien Ende Okt. bis Anfang Mai. 81, route de Cordes. ✆ 0563608080, www.relaischateaux.com/reservealbi. Anfahrt von Albi über die D 600 Richtung Cordes-sur-Ciel.

»› Mein Tipp: *** Hôtel-Restaurant Chiffre **11**, das Gebäude ist eine ehemalige Pferdewechselstation, nur wenige Fußminuten von der Altstadt entfernt. Es besitzt einen netten Innenhof, renovierte und helle Zimmer mit getrennten Betten (sogenannte *twin*) oder 1,60 Meter breiten französischen Betten (*grand lit*), Tel., TV, WLAN. DZ 67–169 €. 50, rue Séré de Rivières, ✆ 0563485848, www.hotelchiffre.com. ‹‹‹

*** Hôtel Cantepau **17**, Logis de France, auf der anderen Tarn-Seite gegenüber der Altstadt. Wirkt von außen nicht sehr einladend, hat innen aber eine korrekte und gemütliche Ausstattung. Freundlich wirkende Zimmer mit Doppelfenstern, Tel., TV, WLAN und Minibar. DZ 54–80 €. Ganzjährig geöffnet. 9, rue Cantepau, ✆ 0563607580, www.hotelcantepau.fr.

** Hôtel La Régence und George V **16**, ein Besitzer – zwei nebeneinanderliegende Hotels im Verwaltungsviertel und nur 150 m vom Bahnhof entfernt, 15 Gehminuten in die Altstadt. Einfache aber geräumige Zimmer mit TV, einige renoviert, zur Straße hin mit Doppelfenstern. DZ im Régence 50 € und im George V 60 €, Frühstück im Sommer auf der Terrasse. 27-29, avenue du Maréchal-Joffre, ✆ 0563542416, www.laregence-georgev.fr.

** Hôtel Saint-Clair **7**, Logis de France, mitten in der Altstadt nur 3 Gehminuten von der Kathedrale entfernt. Zum Kofferausladen ruhig vor dem Haus parken und nicht nervös werden, wenn einer hinten dran hupt! Privatgarage, 15 Zimmer alle mit Geschmack renoviert, WLAN, kein TV in den billigeren Zimmern, Klimaanlage in Nebenbau. Gemütliche Sitzecke im Patio. DZ 48–75 €. 8, rue Saint-Clair, ✆ 0563542566, www.hotel-albi-saintclair.com.

** Hôtel-Restaurant Le Vieil Alby **8**, Logis de France, liegt wenige Meter vom Geburtshaus von Toulouse-Lautrec entfernt, am Rande der Altstadt. Geräumige Zimmer, Hotel gut in Schuss, WLAN. DZ 47–63 €. 25, rue Toulouse-Lautrec, ✆ 0563541469, levieilalbi@live.fr, www.levieilalby.com.

»› Mein Tipp: ** Hôtel Les Pasteliers **14**, Logis de France, jedes der 17 Zimmer ist anders ausgestattet, entweder mit zwei Einzelbetten oder einem *grand lit* (1,40 Meter breit), es gibt aber auch 3-Bettzimmer. Im Zimmer Nr. 215 steht mitten im Raum ein rundes Bett. Alle Zimmer mit Klimaanlage, Tel., TV, WLAN. Haustiere gestattet. DZ 65–85 €. 3, rue Honoré de Balzac, ✆ 0563542651, www.hotellespasteliers.com. ‹‹‹

Hôtel Première Classe, eine der Betonbunker-Hotelketten an Ausfallstraßen oder im Industriegebiet, zwar ohne jeglichen Charme aber mit allem Notwendigen ausgestattet und sehr billig. Zugang über Außentreppe. Haustiere erlaubt. DZ 32–65 €. Industriegebiet Zone Albipôle RN 88 (route de Toulouse), 81150 Terssac. ✆ 0563381335.

Etap Hôtel, noch ein Schlafbunker im Industriegebiet ohne jeglichen Reiz, dafür aber ebenfalls sehr günstig. WLAN, TV, Haustiere erlaubt. DZ 40–55 €. 16, rue Castelginest, 81000 Albi, ✆ 0892684016, www.etaphotel.com.

Camping Wohnmobil-Stellplatz: 9 Plätze sind auf dem Parkplatz der Kathedrale reserviert, für max. 48 Std. sind sie kostenlos. Nächste Service-Station: Richtung Carmaux an der Ecke avenue Paul Perret.
Anfahrt: Boulevard Strasbourg bis zur Avenue Albert Thomas.

Essen Le Lautrec **12**, befindet sich in den ehemaligen Stallungen von Toulouse-Lautrec nur wenige Meter von seinem Geburtshaus entfernt, im Sommer speist man in einem sehr schönen Patio. Mediterran und regional angehauchte, sehr gute Küche. Mit Albi-Pass kostenloser Aperitif. Mittagsmenü 15–18 €. Tägl. geöffnet außer So abends, Mo und an Feiertagen. 13, rue Toulouse-Lautrec, ✆ 0563548655.

L'Auberge du Vieux Pont **2**, abwechslungsreiche Gerichte in urigem Ambiente. Mit Albi-Pass ein Aperitif oder einen Kaffee umsonst. Menü ab 17 €. Di abends, Mi und Sa mittags geschlossen. ✆ 0563776173.

Le Vieil Alby **8**, gehört zum o. g. Hotel. Sehr gutes Restaurant. Patio, der mittags auch von vielen Einheimischen besucht wird. Mittags *assiette du marché* (Teller vom Markt) 14 €, auch vegetarisch. Menü ab 17,50 €. Geschlossen So- und Mi abends sowie Mo in der Nebensaison und So/Mo im Juni/Juli. 25, rue Toulouse-Lautrec, ✆ 0563382823, www.levieilalby.com.

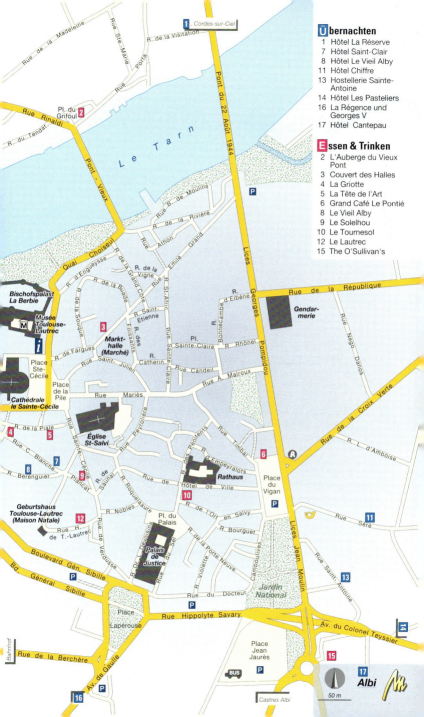

Couvert des Halles 3, Brasserie-Bistrot in der Preislage 15–30 €. Mit Albi-Pass kostenloser Aperitif. Tägl. geöffnet außer So, Mo und in der Nebensaison auch Di abends geschlossen. 15, rue Emile Grand (neben der Markthalle), ℡ 0563541952.

La Tête de L'Art 5, regionale Küche, aber auch Fischgerichte von der Plancha. Mittagsmenü 14 €. Mit Albi-Pass kostenlos hausgemachter Punsch oder Kir zu jedem Essen. Di und Mi Ruhetag. 7, rue Piale. ℡ 0563384475.

»» Mein Tipp: Le Tournesol 10, für Vegetarier ein Eldorado! Mittags 10 €. 11, rue de l'Ort en Salvy, (kleine Seitengasse an der place du Vigan). ℡ 0563383814. **«««**

Le Solelhou 9, winzige sympathische Teestube mit diversen Quiches, Salaten etc. Einfach, frisch und gut, genau richtig für den kleinen Hunger. Mittagsteller 9,50 €. Tägl. mittags außer am Wochenende, Juli/Aug. auch Sa mittags geöffnet. Keine Kreditkarten! 13, rue Plancat, ℡ 0563490351.

Grand Café Le Pontié 6, Brasserie und Pizzeria. Knusprige, saftige Pizzen und diverse Salate am großen Platz. Mittags sehr gut von Einheimischen besucht (gegen 12 Uhr gibt's eventuell noch Plätze), Service ist dann manchmal überfordert. Pizza ab 9,50 €. Tägl. bis 23.30 Uhr geöffnet. Place du Vigan, ℡ 0563541634.

La Griotte 4, „der Italiener" schlechthin mit unschlagbaren Preisen: Mittags ab 8 €, abends 14 €. Tägl. außer Mi und So in der Nebensaison sowie So im Juli/Aug. geöffnet. 25, rue Croix Blanche, ℡ 0563470424, www.resto-la-griotte.fr.

Cafés/Kneipen Grand Café Le Pontié, s. o. unter Essen. Place du Vigan.

The O'Sullivans's 15, mit rustikalem, authentischem irischen Flair. Im Sommer meist volle Terrasse, aber es ist einen Versuch wert. Mittags Snack-Angebote. Tägl. bis 2 Uhr geöffnet. WLAN-Zugang. 44, place Jean-Jaurès, ℡ 0563434612.

Albi-Pass

Dieser Pass für Erwachsene (6,50 €) und Junioren von 6-14 Jahren (1,50 €) berechtigt zu Ermäßigungen in Museen, bei zahlreichen sommerlichen Veranstaltungen wie Theater und Konzerten sowie zur Besichtigung des Chors der Kathedrale. Restaurants stiften den Passinhabern zu jedem Essen entweder einen Aperitif (meist einen *Kir*, das ist hier Rotwein mit einem Schuss Brombeer- oder schwarzem Johannisbeerlikör) oder einen Kaffee.

Sehenswertes

Cathédrale Saint-Cécile: Größer als bei dieser Kathedrale aus dem 13. Jahrhundert kann ein Kontrast zwischen Außen- und Innenansicht nicht sein. Das gesamte Kirchenschiff der mächtigen, mit Schießscharten versehenen Backstein-Festung schimmert in gold-blauen Farbtönen. Auf die Wände wurden Akanthusblätter sowie Gold-und Silberleuchter vor blauem Hintergrund gemalt. Vollbracht haben dieses Werk italienische Künstler Anfang des 16. Jahrhunderts. Der Lettner - er trennt den Chor vom Kirchenschiff - ist ein in Kalkstein gearbeitetes filigranes Meisterwerk flamboyanter Gotik und gilt als das prächtigste von ganz Frankreich.
Auf der Rückseite der Westfassade befindet sich eine der weltweit größten Fresken aus dem 15. Jahrhundert, mit dem bombastischen Ausmaß von 270 Quadratmetern. Sie stellt das Jüngste Gericht dar. Besondere Aufmerksamkeit verdient die Darstellung der Strafen, die die Verdammten erleiden müssen. Sie sind sehr real und besonders grauenvoll dargestellt. Leider fehlt diesem, von Ludwig I. bei einer flämischen Schule in Auftrag gegebenen, Werk im mittleren Bereich gut ein Drittel der ursprünglichen Freske, u. a. die Darstellung von Christus in seiner

ganzen Herrlichkeit. Schuld daran war ein gewisser *Monsignore Le Goux de la Berchère*, der 1693 keine Skrupel hatte, einen direkten Zugang durch den großen freskenverzierten Rundbogen in die dahinterliegende Kapelle Saint-Clair schaffen zu lassen.

Eintritt 3 € für den Chor und die Schatzkammer. Juni–Sept. 9–18 Uhr, sonst 9–12 und 14–18 Uhr geöffnet.

Palais de la Berbie: Mit dem Bau des Bischofspalastes wurde, wie mit dem der Kathedrale auch, im 13. Jahrhundert begonnen. Als Sitz der Bischöfe war er in jener Epoche auch gleichzeitig Sitz der Inquisition, was den massiven militärischen Festungscharakter des Gebäudekomplexes erklärt. Im Zeitalter der Katharerkreuzzüge war das Bollwerk und Machtinstrument gegen die „Andersdenkenden" um einiges wehrhafter ausgestattet, z. B. mit mehreren Türmen, Pechnasen und Wehrgängen. Henri IV. ließ nach den Religionskriegen den ursprünglich 50 Meter hohen Turm Saint-Catherine mit seinen 7 Meter dicken Mauern abtragen.

Nach der Zeit der Kreuzzüge und Inquisition hatten die nachfolgenden Bischöfe die Aufgabe, die uneinnehmbare Festung in einen freundlichen Bischofspalast umzuwandeln. Das Ergebnis steht heute vor uns. Zu besichtigen sind nur die Gärten und die in eine Promenade umgewandelte Zwischenfassade des Palastes.

Gartenbesichtigung Juni bis Sept. 8–19 Uhr, sonst 8–18 Uhr.

Musée Toulouse-Lautrec: Nach dem Tod des Malers bot die Mutter dessen gesammelte Werke dem Pariser *Louvre* an, aber dort wollte man Toulouse-Lautrec nicht haben. Und so kam die kostbare Sammlung von rund 1.000 Werken in seine Geburtsstadt Albi. Zur Dauerausstellung gehören knapp 600 Werke, darunter Skizzen, Portraits, Zeichnungen aus seinen Jugendjahren, Karikaturen und zahlreiche Lithographien, wie z. B. das bekannte Plakat *Le Moulin Rouge-La Goulue*. Außerdem sind im Museum noch Werke von bekannten Malern wie Matisse, Marquet, Bonnard, Vuillard und Vlaminck zu sehen. Seit 2002 sind die dringend notwendigen

Place du Cloître

Renovierungsarbeiten für 20 Millionen Euro im Gange und sollten bis Ende 2011 abgeschlossen sein.

Eintritt 5,50 €. Juli/Aug. tägl. 9–18 Uhr, Juni und Sept. 9–12 und 14–18 Uhr, sonst 10–12 und 14–17 Uhr geöffnet. Tonbanderläuterungen auf Deutsch. Im ehemaligen Bischofspalast de la Berbie, ✆ 0563494870, www.musee-toulouse-lautrec.com.

Altstadt: Der mittelalterliche Stadtkern von Albi ist klein und in 1-2 Stunden gut zu erkunden. Im Touristenbüro gibt es einen kleinen Stadtführer, in dem jedes interessante Gebäude aufgelistet ist, zudem sind an den betreffenden Häusern kleine Täfelchen angebracht. Auf jeden Fall sollte man sich in den folgenden Gassen die Fassaden einiger Häuser näher anschauen, meist sind es die ehemaligen Prunkpaläste der Pastelhändler (s. Toulouse).

In der *rue des Prêtres* gibt es gleich zwei malerische Innenhöfe aus dem 13. Jahrhundert mit uralten Brunnen, aber auch in der abzweigenden *rue Puech-Bérengier* gibt es interessante Gebäude. In der *rue de la Croix Blanche* steht das fotogene Fachwerkhaus und Heimatmuseum **Maison du Vieil Alby**, es zeigt eine Ausstellung über die Stadt.

Eintritt 2 €. Tägl. außer So und Mo morgens geöffnet, ✆ 0563549638.

Das unscheinbare Geburtshaus (Hôtel du Bosc) des genialen Malers Toulouse-Lautrec in der *14, rue Henri-de-Toulouse-Lautrec* (in der Kurve), ist nicht zu besichtigen. Interessante Häuserfassaden gibt es noch an der Ecke *rue des Pénitents* und *rue Timbal* sowie das **hôtel Reynès** in der *14, rue Timbal*, das einst dem reichsten Pastelhändler von Albi gehörte.

Spaziergang durch das weniger touristische Albi

Dieser Spaziergang führt in die kleinen authentischen Ecken der Altstadt von Albi, in die sich nur wenige Touristen verirren.

Ausgangspunkt ist die *rue Basse-des-Moulins* (linkes Tarnufer an der Brücke Pont du 22 Août-1944, D 988 Richtung Carmaux und Rodez). Der Weg führt über die *rue de la Grande-Côte* in die *rue de la Vigne*, die sich in Treppenform präsentiert. Weiter geht es durch die *rue Émile-Grand* bis zur im rechten Winkel abgehenden malerischen *rue Saint-Etienne*, in der uralte Fachwerkhäuser stehen, die kurz vor dem Einstürzen zu sein scheinen. Von hier sind es nur noch wenige Schritte bis zum Marktplatz und der Kathedrale.

Collégiale Saint-Salvi: Nur wenige Schritte von der Kathedrale entfernt, steht zwischen Wohngebäuden und Boutiquen eingepfercht die aus hellem Stein und dunkelrotem Backstein erbaute Stiftskirche (11.-13. Jh.). Große Ruhe strahlt ihr wunderschöner Kreuzgang mit seinen zierlichen romanischen und gotischen Säulen aus, welcher einen liebevoll angelegten Kräutergarten umgibt. Der direkte Zugang zum Kreuzgang führt von der *rue Saint-Cécile* durch einen Torbogen einige Stufen hinauf.

Anciens Moulins albigeois: Am rechten Tarnufer, nahe der Brücke *Pont du 22 Août-1944* und gegenüber der Kathedrale, befindet sich ein rotes Stadtviertel mit einigen uralten baufälligen Backsteinhäusern. Hier klapperten einst die Wasserräder von Albis Mühlen. Heute beherbergen die Gebäude entlang des Tarn u. a. das *Luxushotel Mercure*, das *Museum Lapérouse* (das den Abenteuern des 1792 in der Nähe von Albi geborenen hochdotierten Seefahrers Jean-Francois de Galaup und dem Grafen von La Pérouse gewidmet ist) und *le Comité Départemental du Tourisme*. Außerdem sind hier auch die Ausstellungsräume des Kunstforums *Laboratoire artistique international du Tarn* (abgekürzt LAIT) unter-

Mittagspause im Kreuzgang von Saint-Salvy

gebracht. In ihnen finden wechselnde Ausstellungen, Filmvorführungen, Konferenzen und Kolloquien statt.
Eintritt 2 €. April–Okt., Mi–So 14–19 Uhr geöffnet. ✆ 0563383591, www.centredartlelait.com.

Tipp: Von den Terrassen dieses Gebäudekomplexes hat man einen besonders schönen Blick auf den Tarn, den Pont Vieux und die gegenüberliegende Kathedrale samt Bischofssitz.

Pont Vieux: Es ist eine der ältesten Brücken Frankreichs mit Brückenbereichen aus dem Jahre 1035. Von hier aus hat man einen großartigen Blick auf den mächtigen Turm der Kathedrale, die Befestigungsanlagen des Bischofspalastes und die ehemaligen Mühlen.

Le Sentier du Train: In Albi beginnt dieser gelb gekennzeichnete Weg, ein etwa 45 Kilometer langer Rad- und Fußweg, welcher der ehemaligen Eisenbahnlinie Albi-Castres durch die liebliche Landschaft des Departements Tarn bis nach Castres folgt. Die Strecke bekam 2007 den *„europäischen Preis der grünen Wege"*.
Nähere Infos im Touristenbüro.

Das Umland von Albi

Ambialet

Allein schon die Lage der kleinen Ortschaft ist grandios. Ambialet, im Westen von Albi gelegen, wird von einer Tarnschleife umspült und es ist nur noch eine Frage der Zeit, bis aus der knapp drei Kilometer langen Halbinsel - der Geologe nennt es *Umlaufberg* (der Fluss umläuft den Berg) - eine Insel wird. Aber zurzeit ist der Ort noch durch eine „Nabelschnur", die an ihrer engsten Stelle kaum zwanzig Meter breit ist, mit dem Rest der Welt verbunden. Sie stehen hier übrigens vor einem der schönsten Umlaufberge Frankreichs.

Das Umland von Albi

Der Ort Ambialet teilt sich in zwei Ortschaften:

Ambialet-le-Haut (über die route de Villeneuve Trébas zu erreichen) zieht sich auf dem Felssporn der Halbinsel hin. Von der Terrasse des aus dem 11. Jahrhundert stammenden Klosters (nicht zu besichtigen) hat man den schönsten Blick auf den sagenhaften Mäander des Tarn und die herrliche Hügellandschaft der Umgebung. Um hier hoch zu kommen, gibt's zwei Möglichkeiten: Entweder man nimmt einen ziemlich steilen Fußweg ab dem Dorf (ausgeschildert) oder man fährt mit dem Auto auf einer Straße, die links vom Café de la Presqu'île beginnt und sich über zwei Kilometer um den Berg herum in die Höhe schraubt.

Ambialet-le-Bas hingegen liegt am Fuße des Klosters und war bis zur Französischen Revolution Sitz der Trencavels, einst Vizegrafen von Albi und Nîmes.

Information Syndicat d'Initiative d'Ambialet, 81430 Ambialet. ℡ 0563553914, www.si-ambialet.fr.

Übernachten ** Hôtel-Restaurant du Pont d'Ambialet, Logis de France, klassisch eingerichtete Zimmer mit Klimaanlage, manche mit WLAN, Einzelbetten oder *grand lits*, mit Blick entweder auf den Tarn oder auf das Dorf, Garten und Schwimmbad am Tarn. 50 Meter entfernt werden noch zusätzlich vier kleine Bungalows für jeweils 4 Personen vermietet. DZ 63–70 €. Das Restaurant hat in der Umgebung einen guten Ruf. Mittagsmenü 15 €. Hotel liegt im Ortsteil La Moulinquié. ℡ 0563553207, www.hotel-du-pont.com.

Camping/gîte Camping und gîte d'étape du Pont d'Ambialet, liegt ebenfalls in La Moulinquié. Kleiner, sehr ruhiger und gut beschatteter Platz am Wasser. Sanitäre Anlagen sind etwas karg ausgestattet. Camping von Mai–Sept. Die gîte ist ganzjährig geöffnet. Sportliche Aktivitäten wie Badminton, Angeln, Kanu-Kajakfahren oder Tennisplatz ca. 500 Meter entfernt. ℡ 0563654353 oder 0563553957.

Anfahrt: Am Ortsausgang auf der rechten Uferseite nach dem Gasthaus Auberge du Pont, erste Straße links und etwa 300 Meter der Straße folgen.

Sehenswertes

Église Notre-Dame-de-l'Auder: Die romanische Kirche in Ambialet-le-Haut war ursprünglich die Kapelle der Vizegrafen Trencavel und ist die Älteste der Region. Sie ist ein wunderbares Beispiel für die reine, ursprüngliche romanische Kunst. Die Kirche stammt aus dem 11. Jahrhundert und alles an ihr ist noch original, nichts wurde verändert oder hinzugefügt.

Auch sie hat, wie viele andere Kirchen und Kathedralen, einen leichten Knick in der Achse zwischen Chor und Kirchenschiff. Den Grund dafür kennt man nicht, aber es gibt Vermutungen. Eine davon ist, dass je nach Sonnenstand und Zeit die Lichtstrahlen, die durch den Okulus über dem Eingang hereinfallen, das Kirchenschiff für wenige Minuten in ein Licht ohne den geringsten Schatten tauchen. Zu beobachten ist das Phänomen vom Eingang unter dem Okulus aus. Aber wie gesagt, es ist eine von vielen Vermutungen.

Tägl. geöffnet.

Sehenswertes in der Umgebung von Ambialet

Alban: Freunde zeitgenössischer Fresken finden sicher Gefallen an der Kirche in Alban. Nikolai Greschny (1912-1985), ein Meister der byzantinischen Kunst und in den Midi-Pyrénées überall präsent, hat ihre Wände vom Boden bis zur Decke mit Fresken zu Ehren der Heiligen Jungfrau versehen. Es handelt sich hier nicht nur um sein größtes gemaltes, sondern sicher auch um eines seiner wichtigsten Werke. Von hier oben hat man einen sehr weiten Blick, der bei klarem Wetter bis zu den Höhen des *Aubrac* reicht.

Anfahrt über die Ortschaft Saint-André.

Carmaux

10.200 Einw.

Wer sich Albi von Norden nähert, kommt unweigerlich durch den „Kohlepott" des Departements Tarn mit seinem Hauptort Carmaux. Es ist ein typisches Straßendorf mit einheitlichen kleinen Arbeiterhäuschen entlang der Hauptstraße.

Carmaux ist nicht durch Sehenswürdigkeiten berühmt geworden, sondern durch den Streik seiner Minenarbeiter. Seit dem Mittelalter wurde im *Bassin de Carmaux*, am südlichen Rand des *Segala-Plateaus*, Kohle abgebaut, doch war der Abbau bis zum 18. Jahrhundert nur von geringer Bedeutung. Erst die Investitionen in eine modernere Technik brachten den Aufschwung und die Kohleminen der Familie Solages wurden ein lukratives Geschäft. Etwa zur gleichen Zeit entwickelte sich auch die Glasindustrie, deren Öfen man mit Kohle befeuerte. So stieg mit der beginnenden Industrialisierung und dem Einsatz von Dampfmaschinen die Nachfrage nach Kohle und der Kohleabbau gewann dadurch immer mehr an Bedeutung. Aus Landarbeitern wurden Bergarbeiter und sie zogen nach Carmaux. Zwischen 1800 und 1900 verzehnfachte sich die Einwohnerzahl des Ortes. Mit dem Aufkommen anderer Energiequellen wie Erdöl und Atomstrom ging es mit der Kohleindustrie bergab, 1997 musste der Abbau eingestellt werden. Durch den Tagebau entstand eine heute noch sichtbare riesige offene Wunde in der Landschaft. Im Jahre 2002 hat man die Fläche zu einem Freizeitpark umgestaltet (s. u.). Carmaux sucht nun seit den 1990er Jahren eine neue ökonomische Existenz, denn die Ortschaft lebte ja nur für und durch den Kohleabbau.

Arbeiterstreik in den Minen von Carmaux

1892 kam es zu einem großen Streik der Minenarbeiter von Carmaux. Eigentlich wollten sie damit nur ihrem Minenkumpel, dem sozialistisch gewählten Bürgermeister Calvignac, der nebenbei auch in der Mine arbeitete, helfen. Dieser wurde eines Tages vom Minenboss und Abgeordneten der Nationalversammlung Solages entlassen. Der Vorwurf: Calvignac vernachlässige durch die Ausführung seiner bürgermeisterlichen Pflichten seine Arbeit in der Mine. Die Regierung schickte 1.500 Soldaten nach Carmaux, um den Aufstand der Minenarbeiter zu beenden, jedoch ohne Erfolg. Daraufhin mischte sich der Sozialist Jean Jaurès (s. u. Castres) ein, durch ihn gelangte das Problem an die breite Öffentlichkeit. Jean Jaurès setzte durch seine Öffentlichkeitsarbeit die Regierung derart unter Druck, dass sie als Schiedsrichter im Rechtsstreit zwischen Calvignac und Solages letztendlich zugunsten des Bürgermeisters Calvignac entschied. Solages trat als Abgeordneter zurück und für Jean Jaurès war es der Beginn einer erfolgreichen Laufbahn als Verteidiger der Arbeiterrechte. Er gründete u. a. in Albi die berühmt gewordene „Arbeiterglaserei".

Information Office de Tourisme, es gibt einen Museumspass, der vier Besuche zum Preis für zwei bietet. Hôtel de Ville, place Gambetta, 81400 Carmaux. ✆ 0563767667, www.carmaux.fr.

Markt Fr vormittags und von Mitte Juni bis Sept. auch Mi nachmittags ab 18.30 Uhr.

Übernachten ** Hôtel Le Gambetta, einfaches, renoviertes Hotel (ohne Restaurant) im Ort am großen Parkplatz. Zimmer mit

Doppelfenstern, Klimaanlage, TV. WLAN kostenlos. DZ 53–73 €. ℡ 0563765121, www.hotelgambetta.info.

Essen Achtung: Vermeiden Sie in Carmaux am Sonntag Essen gehen zu wollen: Alle Restaurants sind geschlossen!

Chez Martine, ein gutes und günstiges Restaurant mit traditioneller Küche. Mittagsgericht 9,20 €. Im Sommer auch leichtere Gerichte für den kleinen Hunger. Nur mittags Mo–Fr geöffnet, Betriebsferien drei Wochen im Aug. 16, place Jean-Jaurès, ℡ 0563765108.

In der Umgebung von Carmaux

Musée de la Mine: Das Museum in Cagnac-les-Mines ist eine Kohlemine, die von ehemaligen Minenarbeitern nachgebaut wurde. Der Besucher „irrt" durch die 350 Meter langen Gänge und erfährt viel über die damaligen Arbeits- und Lebensbedingungen. Sogar eine Schlagwetter-Explosion kann er miterleben. Es ist eines der besten Kohle-Museen Frankreichs.

Eintritt 7 €. Juli/Aug. tägl. 9–19 Uhr. Mai–Okt. tägl. 10–12 und 14–18 Uhr. Nov–.April Di–Sa 10–12 und 14–17 Uhr, So 10–12 und 14–18 Uhr. Letzte Führung eine Stunde vor Schließung. 2, avenue Saint-Sernin, 81130 Cagnac-les-Mines. ℡ 0563539170, http://musees-departementaux.tarn.fr.

Cap'Découverte: Der ehemalige Steinkohle-Tagebau bei Blaye-les-Mines wurde nach seiner Schließung 1997 in ein riesiges Freizeitgelände von mehreren hundert Hektar umgewandelt. Möglich sind Skaten, Mountain-Biken, Mini Kart, Schwimmen, Wasserskifahren etc. Zwei Konzerthallen fassen über 1.000 Gäste und das große Festgelände bietet Platz für über 20.000 Festival-Besucher.
81400 Blaye-les-Mines, ℡ 0563801515, www.capdecouverte.com. Anfahrt: Zwischen Blaye-les-Mines und Le Garric geht es ab (D 25), ist ausgeschildert.

Monestiès

Nur acht Kilometer westlich von Carmaux, an der D 91, liegt im Tal des Cerou das mittelalterliche Städtchen Monestiès, das zu den schönsten Dörfern Frankreichs gehört und trotz seiner Nähe zum Kohlenpott nichts mit Kohle zu tun hat. In dem malerischen 1.500-Seelen-Ort kann man selbst im Hochsommer in Ruhe die traditionelle Tarnaiser Architektur studieren, hier geht es jahrein, jahraus sehr beschaulich zu.

Monestiès hat sich vor allem dank seiner zwanzig mehrfarbigen, in Kalkstein gehauenen, lebensgroßen Statuen aus dem 15. Jahrhundert einen Namen gemacht. Sie gehören zum Weltkulturerbe der UNESCO und stehen in der **Kapelle Saint-Jacques** des ehemaligen Pilgerhospitals. Die Figuren stellen in drei Szenen die Passion Christi dar, besonders beeindruckend und bekannt ist die Darstellung der Grablegung. Eintritt 3 €.
Office de Tourisme, place de la Mairie, ℡ 0563761917, www.tourisme-monesties.fr.

Cordes-sur-Ciel

Malerisch thront auf der freistehenden Bergkuppe im Cerou-Tal das mittelalterliche Städtchen Cordes-sur-Ciel. Diese älteste aller Bastiden, mit ihren zahlreichen gotischen Häusern und unzähligen Spitzbogenfenstern, hebt sich leuchtend hell gegen den bewaldeten Hintergrund ab und zieht schon aus weiter Ferne jeden Besucher in ihren Bann.

Wer glaubt, er könne diese imposante Erscheinung an der D 922 zwischen Villefranche-de-Rouergue und Gaillac bequem mit dem Auto erklimmen, wird eines Besseren belehrt. Cordes ist im Sommer autofrei, darauf deuten die zahlreichen gebührenpflichtigen Parkplätze am Fuße der Erhebung unmissverständlich hin. Aber während der Saison von Mai bis September wird dem Besucher die Eroberung dieser Bastide leicht gemacht. Man steigt in das Touristenbähnchen (2,50 €), das neben dem Touristenbüro stationiert ist, und tuckert ein paar Minuten gemütlich dem Himmel entgegen. Beeindruckender ist jedoch der – je nach Route und eigener Fitness – etwa 20-minütige Aufstieg zu Fuß auf unebenen Pflastersteinen durch enge und teilweise sehr steile Gassen. Dabei bekommt man eine leise Ahnung, wie schwierig eine Eroberung dieser Ortschaft im Mittelalter gewesen sein muss. Oben angekommen, erwartet den Gipfelstürmer ein grandioser 360°-Ausblick über die landschaftlich sehr reizvolle Umgebung. Es verwundert nicht, dass der Ortsname Cordes 1993 auf eine Initiative der Bürger hin in Cordes-sur-Ciel (*ciel* = Himmel) umgeändert wurde.

Geschichte

Cordes-sur-Ciel entstand, wie alle Bastiden im Südwesten Frankreichs, im Zusammenhang mit den Albigenserkreuzzügen (s. Geschichte). Der damalige Graf von Toulouse, Raymond VII., ließ die Bastide 1222 als Ersatz für das von Simon de Montfort dem Erdboden gleichgemachte Örtchen Saint-Marcel errichten, das ganz in der Nähe lag. Die Hauptverbindung ins Rouergue und Quercy lief hier durch das Cerou-Tal und damit hatte die Bastide eine wichtige strategische Funktion. Ihre einzigartige Lage in luftiger Höhe strahlte offensichtlich auch große Sicherheit auf die im Tal verstreut siedelnden Menschen aus, denn die Tuchmacher, Weber, Gerber u. a. ließen sich in Scharen innerhalb ihrer Mauern nieder. Die Stadtmauern mussten zweimal erweitert werden, aus der ursprünglich doppelten Wehrmauer wurde im Laufe der Zeit eine vier-, im östlichen Bereich sogar fünffache Verteidigungsanlage. Das am Fuß des Berges liegende Viertel *La Bouteillerie* wurde im 14. Jahrhundert mit eingeschlossen, da betrug die Bevölkerungszahl schon mal rund 5.500. Heute ist Cordes ein kleiner Ort mit rund 1.300 Einwohnern.

Cordes-sur-Ciel

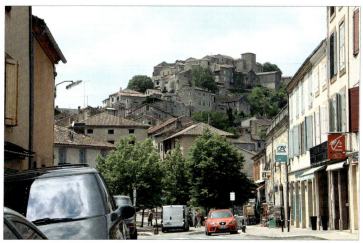

Das Umland von Albi

Bis Mitte des 14. Jahrhunderts florierte der Tuchhandel und der Handel mit Lederwaren. Die zahlreichen, aus hellem Sandstein erbauten, gotischen Bürgerhäuser reicher Händler und Bürger stammen aus jener Zeit. Die Religionskriege ab Mitte des 16. Jahrhunderts versetzten die Gegend dann in ständige Unruhen und mit dem Handel ging es langsam, aber sicher bergab. Das endgültige Aus für Cordes als Handelsstadt aber leitete Ende des 17. Jahrhunderts der Bau des 240 km langen Canal du Midi ein, der die Garonne in Toulouse mit dem Mittelmeer verbindet. Er wurde zwar zur wichtigsten Handelsverbindung der Region, aber Cordes befand sich abseits seiner Landzufahrtswege. Zweimal konnte sich die Bastide anschließend noch ins Rampenlicht setzen. Zum einen dank des Bürgers Albert Gorsse, der im 19. Jahrhundert die maschinelle Stickerei aus dem Schweizer Sankt Gallen nach Cordes brachte und das Unternehmen 50 Jahre lang erfolgreich führte. Das stattliche Haus Gorsse zeugt heute noch von dieser Erfolgsepisode. Zum anderen ließ sich während des 2. Weltkriegs eine Gruppe Künstler in Cordes nieder und hauchte dem Ort neues Leben ein. An den zahlreichen Kunsthandwerkstätten erfreuen sich nun Touristen.

Information/Verbindungen/Diverses

Information Office de Tourisme, kostenloser Stadtplan und Veranstaltungskalender. Kompetentes, freundliches Personal. Place Jeanne Ramels-Cals (Ecke Grand Rue de l'Horloge); ℡ 0563560052, www.cordesurciel.eu.

Verbindungen Bahn: mehrmals täglich über die Bahnlinie Toulouse – Figeac – Brive-la-Gaillarde zu erreichen. Bahnhof 5 km außerhalb von Cordes in Vindrac; Möglichkeit, sich per Taxi für 5 €/Person (℡ 0563561480) abholen zu lassen. Ansonsten Fußmarsch entlang der Straße. Fahrpläne gibt es im Touristenbüro. TER Midi-Pyrénées: ℡ 0891677677, www.ter-sncf.com.

Mountainbike-Verleih „La Vaurelle", der Hof liegt etwa 3 km außerhalb von Les Cabannes;" unbedingt vorher anmelden! Kompetente Beratung und Verleih von hochwertigen Fahrrädern. Reservierung notwendig. ℡ 0563560868, www.locat-vtt-scooter.com.

Anfahrt: in der Ortsmitte von Les Cabannes (in Richtung Villefranche-de-Rouergue) rechts ab (D 7 Richtung Les Riols), nach der Brücke über den Cerou zweite Straße links (D 30 Richtung Monzieys-Panens), dann rechts abbiegen Richtung „Les Vaurelles" (ist klein ausgeschildert) und immer gerade aus bis zum Hof „Vaurelles", der linker Hand liegt.

Veranstaltungen Im Gegensatz zu vielen anderen Orten bietet Cordes nicht nur in den Sommermonaten ein äußerst interessantes Kultur- und Konzertprogramm. Das Ganzjahresprogramm ist im Touristenbüro erhältlich.

Fêtes médiévales du Grand Fauconnier, nicht versäumen sollte man Mitte Juli in 2-tägigen mittelalterlichen Ausnahmezustand, in den das Straßenfest zu Ehren des Grand Fauconnier die Bastide versetzt. Ritter in Rüstung hoch zu Ross, noble Damen in noch nobleren Kostümen und Gaukler, die mit ungewohnten Klängen die Touristen beeindrucken, zieren das Straßenbild. In den Gassen stehen Guillotine und Folterinstrumente, es wird geschmiedet und getanzt: Cordes wie es leibt und lebt im Mittelalter.

Markt Sa vormittags, place de la Bouteillerie. Mi vormittags im angrenzenden Nachbarort Les Cabannes.

Übernachten/Camping

Die folgenden drei Hotels gehören dem preisgekrönten Gastronomen und Pâtissier Yves Thuriès (übrigens die einzigen Hotels in der Altstadt). Zum Ausladen können die Hotels von Osten her (über die Grand Rue de l'Horloge) angefahren werden. Der Parkplatz (parking des Lices) wird einem dann vom Personal gezeigt.

*** Hôstellerie du Vieux Cordes, Logis de France, große Zimmer mit Stilmöbeln und in antikem Dekor; mit Bad oder Dusche, TV, Tel. und Internetanschluss. Je nach Zimmer Blick auf das Cerou-Tal, in den Innenhof oder auf die uralte, kopfsteingepflasterte Grand Rue Raymond VII. Ganz besonderen Charme besitzt der Innenhof mit seiner 200-jährigen Glyzinie. DZ 52–116 €. 21, rue St. Michel. ✆ 0563537920, www.vieuxcordes.com.

** Hôtel de la Cité, alle Zimmer mit Stilmöbeln und in antikem Dekor; Internetanschluss, Tel., TV. DZ 59–72 €. Mitte Okt. bis Anfang Mai geschlossen. Haut de la Cité; ✆ 0563560353, www.vieuxcordes.com.

》》》 Mein Tipp: ** Domaine Château de Laborde/Hôtel de la Métairie, Logis de France, etwa 1,5 km außerhalb der Bastide. Das Hotel liegt sehr ruhig in einem großen Park entlang des Cerou. Sehr helle, große, farbenfrohe und modern eingerichtete, familienfreundliche Zimmer mit Blick auf Park oder Garten. Einige Zimmer behindertengerecht mit separatem Zugang und Aufzug, WLAN, Wellnessbereich (Eintritt 10 €/Person) mit beheiztem und überdachtem Schwimmbad, Sauna und Whirlpool sowie diversen Fitnessgeräten. DZ 58–63 €. ✆ 0563563563, www.chateaudelaborde.com.

Anfahrt: Richtung Carmaux fahren, dann links abbiegen. 《《

Chambres d'hôtes/gîtes In Cordes und Umgebung gibt es zahlreiche Fremdenzimmer.

Le Cayrols, liegt etwas außerhalb von Cordes. Sehr schönes und ruhiges Ambiente, ideal für Familien mit Kindern, Schwimmbad, Wasserrutschbahn, Minigolf. DZ 60–70 €. Außerdem werden vier *gîtes* für 2, 4, 6 und 8 Personen vermietet. Alle drei Wohnungen sind liebevoll eingerichtet und bieten viel Platz, die Zimmer haben z. T. Natursteinmauern ✆ 0563652246, www.lecayrols.com.

Anfahrt: Man fährt auf der D 600 ca. 3 km in Richtung Albi und biegt oben auf der Kuppe am Schild „Mairie de Livers-Cazelles" links ab, dann die zweite Straße rechts (ist gut ausgeschildert).

Camping *** Le Garissou, etwas außerhalb des angrenzenden Nachbarortes Les Cabannes an der D 600 in Richtung Villefranche-de-Rouergue gelegen. Chalets, Zeltplatz und Stellplätze für Wohnmobile, große Schwimmanlage mit Wasserrutschen, Whirlpool und Tennisplatz. Neuanlage, daher noch wenig beschattet. Zahlreiche auch behindertengerechte chalets, 250–625 €. ✆ 0563562714, www.aquadisloisirs.com.

》》》 Mein Tipp: *** Moulin de Julien, ca. 2 km außerhalb. In Richtung Gaillac (D 600) fahren, dann links abbiegen (ist ausgeschildert). Im Tal gelegen, schöne schattige Lage mit altem Baumbestand. Zeltplatz mit chalets und Mobil-Homes. Kinderschwimmbad mit Rutsche und Schwimmbecken für Schwimmer, Haustiere nicht gestattet. ✆ 0563561110, www.campingmoulindejulien.com. 《《

Wohnmobilstellplatz Großer, aber liebloser Stellplatz mit noch jungen Bäumen, daher wenig Schatten. Ganzjährig geöffnet, aber von Dez. bis März wird das Wasser abgestellt. Es gibt die Möglichkeit, sich in diesem Zeitraum am nahegelegenen Stadion mit Wasser zu versorgen. Zu Fuß 150 m bis zum Touristenbüro. Gebühren werden in der Saison abends von einem Gemeindebediensteten abkassiert. Parkplatz Les Tuilleries (P1).

Anfahrt: Am Ortseingang von Les Cabannes geht's ab in Richtung Stade (rue du Cerou).

Essen

Es gibt in der Altstadt um die Markthalle zahlreiche Bistros und Restaurants, aber nicht alle sind wirklich gut. Die Küchen der Nobelhotels sind hervorragend, dafür jedoch teurer. Meist wird - Straße rauf oder runter - die typische regionale "Südwestküche" mit Ente, Aligot oder Cassoulet angeboten.

L'Escuelle des Chevaliers, das etwas oberhalb der Porte des Ormeaux gelegene Restaurant hat sich ganz dem Mittelalter verschrieben: Die Speisen sind mittelalterlichen Rezepten nachempfunden und es wird mit interessanten Gewürzmischungen gekocht. Essgeschirr besteht nur aus Löffel und Keramikschale, den Wein trinkt man aus Keramikbechern. Das Personal bedient zumindest im Sommer in mittelalterlichen Kostümen und während des Speisens begleiten den Gast mittelalterliche Klänge. Menü 17–20 €. 87, Grand Rue Raymond VII, ✆ 0563531440.

L'Auberge de la Cité, der Gastraum besteht aus einem rustikalen Gewölbekeller mit Natursteinmauern, nicht nur "Südwestküche", auch abwechslungsreiche Menüs schon ab 11 €. Eine absolute Rarität in diesem Landstrich sind die vegetarischen Tellergerichte ab 11 €. 45, Grand Rue Raymond VII (place de la Halle), ✆ 0563561559.

Place Charles Portal, kleiner, namenloser Tante-Emma-Bioladen auf dem place Charles Portal, der zur Mittagszeit zwei bis drei einfache, aber leckere Tellergerichte (auch vegetarisch) aus biologisch angebauten Zutaten für 10–12 € anbietet. Keine Reservierung.

La Grand'Rue, kleine Pizzeria im urigen Gewölbekeller, leckere Pizzen aber auch Nudelgerichte. Einheitspreis für alle Pizzen 8,50 €, zum Mitnehmen 8 €. 18, Grand Rue de l'Horloge, ✆ 0563532064.

Sehenswertes

Altstadt: Während der Hauptferienzeit ist man gut beraten, den Besuch auf die Morgen- oder Abendstunden zu verlegen, um in Ruhe den Hauch des Mittelalters spüren zu können, der immer noch durch die Bastide weht.

Die Hauptstraße der Altstadt (Grand Rue Raymond VII) verläuft seit jeher über den Bergrücken in Ost-West-Richtung (vom *Portail Paint* bis zur Porte des Ormeaux). Wer gut zu Fuß ist, sollte die Besichtigung unten am *Marktplatz Jeanne Ramels-Cals de la Bouteillerie* beginnen, hier befindet sich auch das Touristenbüro. Über den langgezogenen, steilen, kopfsteingepflasterten Teil der Grand Rue de l'Horloge steigt der Besucher dann ins Zentrum auf den Berg. Von Osten kommend, durchwandert man nacheinander die Tore der vier Stadtmauern Porte de l'Horloge, Barbacane, Porte du Planol und Portail Paint. Die aufgesetzte Turmuhr des Uhrenportals (frz. porte de l'Horloge) an der vierten östlichen Stadtmauer wurde im 16. Jahrhundert nach Zerstörung wieder aufgebaut und funktioniert noch per Hammerschlag. Sie erschreckt jeden ahnungslosen Besucher, der zur vollen Stunde zufällig danebensteht. Kurios ist, am Turm des Vorpostens Barbacane (dritte östliche Stadtmauer), die winzige Quellfassung am Felsen, welche – ganzjährig – das Sickerwasser aus der Felsspalte auffängt.

Cordes-sur-Ciel: Fernblick und Durchblick

Von Westen her, z. B. ab der *Porte de la Jane* oder der *Porte des Ormeaux*, ist der Aufstieg in die Altstadt weniger beschwerlich und um einiges kürzer. Einmal oben angekommen, fallen, zusätzlich zur phänomenalen Lage, die zahlreichen gut erhaltenen, mit Spitzbogenfenstern versehenen gotischen Bürgerhäuser auf. Besonders erwähnenswert sind drei Häuser, in deren Sandsteinfassaden Szenen eingemeißelt sind. So ist das *maison du Grand Veneur* (Haus des großen Jägers) das bekannteste und das einzige dreistöckige Gebäude in Cordes. Es zeigt neben den Jagdszenen auch ängstliche Gesichter und Gestalten, deren Bedeutung bis heute ein großes Rätsel darstellt. Ebenfalls rätselhaft sind die am *maison du Grand Ecuyer* (Haus des großen Stallmeisters) in Stein gemeißelten bizarren Fabelwesen. Einst beherbergte das Gebäude das noble Vier-Sterne-Hotel „Le Grand Ecuyer", und im *maison du Grand Fauconnier* (Haus des großen Falkners) wurde die Post eingerichtet. Die Häusernamen wurden erst im 19. Jahrhundert erfunden und beziehen sich auf die Figuren an der jeweiligen Fassade und nicht etwa auf den Beruf des ehemaligen Besitzers.

Der Marktplatz ist nicht, wie sonst für Bastiden typisch, von Arkaden umgeben. Dafür besitzt Cordes als einzige Bastide dieser Epoche eine überdachte Markthalle, welche auf 24 Sandsteinsäulen ruht. Man muss schon genau hinschauen, um nicht den 114 m tiefen Brunnen am Rande der Markthalle zu übersehen. Er stellte im 13. Jahrhundert eine technische Meisterleistung dar. Der gemauerte Brunnenaufbau lässt leider in keiner Weise erahnen, welch großartiges Bauwerk sich darunter verbirgt - der Blick in den Brunnenschacht wird durch ein dichtes Gitter versperrt. Das danebenstehende mannshohe Eisenkreuz (16. Jh.) erinnert daran (so besagt es zumindest eine Legende), wie die damaligen Bewohner Cordes' mit drei lästigen Inquisitoren kurzen Prozess machten: Sie wurden kurzerhand in den Brunnen geworfen.

Musée de l'Art du Sucre: Kaum zu glauben, dass die über 100 Kunstwerke des preisgekrönten Cordaiser Gastronomen Yves Thuriès nicht aus buntem Glas oder weißem Porzellan, sondern aus purem Zucker hergestellt wurden. Gut gesichert hinter Glas, erwarten den Besucher detailgetreue Tiere, Gegenstände und Szenen aus dem Leben – wirklich sehenswert!
Eintritt 3 €. Von Mitte Juni bis Mitte Sept. tägl. 10.30–12.30 und 13.30–19 Uhr geöffnet, in der Nebensaison unterschiedliche Öffnungszeiten und Mo geschlossen. 33, Grand Rue Raymond VII. ✆ 0563561479, www.thuries.fr.

Historama de Cordes-sur-Ciel: Beeindruckendes Wachsfigurenkabinett mit über 80 lebensgroßen, liebevoll gestalteten Wachspuppen, die verschiedene Szenen aus dem mittelalterlichen Leben der Cordaiser darstellen.
Eintritt 4 €. Mai–Aug. tägl. 10.30–12.30 und 14.30–19.30 Uhr; Sept. tägl. 10.30–12 und 14.30–19.30 Uhr; sonst nur nachmittags geöffnet. 20, Grand Rue Raymond VII. ✆ 0563562533, www.cordessurciel.eu.

Musée Charles Portal: Das Museum wurde vom Freundeskreis „Altes Cordes" ins Leben gerufen und ist das einzige militärische Gebäude aus dem 18. Jahrhundert (*porte des Ormeaux*), das von innen besichtigt werden kann. Gezeigt werden die Geschichte der Bastide Cordes mit Erläuterungen zur Bauweise des Brunnens und eine Ausstellung von alten Maßeinheiten für Getreide etc. Besonderes Bonbon: das eiserne Buch „libre ferrat" (frz. *livre ferré*) aus dem 13. Jahrhundert, das auf okzitanisch die großen Ereignisse der Bastide beschreibt.
Eintritt 2,50 €. Juli/Aug. Mo und Mi–So 14–18 Uhr, Di Ruhetag; in der Nebensaison nur Sa/So 14–17 Uhr geöffnet. 1, place Saint-Michel, ✆ 0563805172, www.savieuxcordescanal blog.com oder www.cordessurciel.eu.

Castelnau-de-Montmiral

Das mittelalterliche Wehrdorf (zählt zu den schönsten im Land) thront hoch auf einem Felssporn über dem Vère-Tal und besitzt eine bunte Mischung aus Fachwerk-, Stein- und Backsteinhäusern. Die ehemalige Bastide besaß einmal sechs Stadttore, heute ist nur noch eines davon erhalten. Durch diese *Porte de Garrics* betritt man - zu Fuß - die Bastide. Von Castenau-de-Montmirail hat man schöne Ausblicke auf den naheliegenden Wald *Forêt de Grésigne*.

Der Ort wurde, wie Cordes-sur-Ciel, von dem Grafen von Toulouse Raymond VII. als zweite Bastide im gleichen Jahr gegründet, ist jedoch weniger bekannt und somit im Sommer nicht überlaufen. Der kleine Marktplatz ist mit Arkaden und urigen Häusern aus dem 16. und 17. Jahrhundert umgeben. In der Kirche Notre-Dame (15. Jh.) steht eine Pietà aus dem gleichen Jahrhundert. Das Reliquienkreuz in einem kleinen Raum neben dem Chor schenkte der letzte Graf von Armagnac dem Ort im 15. Jahrhundert. Ursprünglich war das aus dem 13. Jahrhundert stammende Kreuz mit 450 Edelsteinen bestückt, im Laufe der Jahrhunderte verschwanden 140 von ihnen auf Nimmerwiedersehen.

Information Office de Tourisme, Ausstellung über die Geschichte des 900-Seelen-Dorfes vom Mittelalter bis heute. Ein kleines Faltblatt beschreibt den Rundweg durch die schönsten Gassen. Place des Arcades, 81140 Castelnau-Montmirail, ✆ 0563331511, www.castelnaudemontmiral-tourisme.com.

Markt Di vormittags.

Freizeit Wassersport: Base de loisirs de Vère-Grésigne, der Freizeitpark mit See ist nur drei Kilometer entfernt (Richtung Caussade an der D 964) und lädt im Hochsommer zum Baden, Bootfahren, Minigolf etc. ein. Juli/Aug. tägl., Ostern bis Juni nur So nachmittags geöffnet. ✆ 0563331600.

Übernachten ≫ Mein Tipp: ** Hôtel des Consuls, das Gebäude stammt aus dem 17. Jahrhundert. 14 nette Zimmer, jedes anders eingerichtet, z. T. mit Steinwänden. Die billigeren Zimmer sind etwas klein geraten. Kleines Schwimmbecken, gerade recht zum Abkühlen. DZ 48-89 €. Place des Arcades, ✆ 0563331744, www.hoteldesconsuls.com. ⋘

*** **Camping du Chêne Vert**, liegt drei Kilometer entfernt in Rieutort. Ruhiger, schattiger Platz mit Schwimmbad. Haustiere erlaubt. Stellplätze von April bis Okt., Mobil-Homes ganzjährig in Betrieb. ✆ 0563331610, www.camping-du-chene-vert.com.

Anfahrt: Richtung Caussade, nach dem Freizeitpark Vère-Grésigne rechts abbiegen, ab da ausgeschildert.

Camping municipal, in dem Ort Cahuzac-sur-Vère, neun Kilometer entfernt Richtung Cordes-sur-Ciel. Reiner Campingplatz, Nutzung von Gemeindeschwimmbad und Tennisplatz im Preis inbegriffen. Juli/Aug. geöffnet. ✆ 0563339018 (Rathaus), mairie.cahuzacsurvere@wanadoo.fr.

Essen La Table des Consuls, gehört zum o. g. Hotel, Speisekarte mit lokaler Küche und regionalen Produkten. Mittagsmenü 16 €. Juli/Aug. Mi–So mittags und abends, in der Nebensaison Do–Sa nur abends sowie So mittags geöffnet. Place des Arcades, ✆ 0563406355.

Auberge des Arcades, die Bar ist Treffpunkt für die Einheimischen. Auf der Speisekarte stehen auch Wildgerichte, Mittagsmenü 8–16 €. Tägl. abends bis 21 Uhr geöffnet. Place des Arcades, ✆ 0563332088.

Puycelsi

Hoch oben auf dem Felsgrat über dem Flüsschen Vère liegt dieses wildromantische, winzige mittelalterliche „Nest". Seine Entstehung geht auf Mönche der Abtei Aurillac zurück, die es den Grafen von Toulouse überließen. Mit seinen zwei Stadttoren und sieben Wachtürmen war es uneinnehmbar. Es flaniert sich wunderbar in den, von gotischen Häusern gesäumten, engen Gassen. Die Decke der *église Sainte-Corneille* (14. Jh.) ist mit hübschen Fresken verziert und man sollte nicht versäumen auch einen Blick auf die romanischen Kapitele und die Pièta aus dem 15. Jahrhundert zu werfen. Der befestigte Glockenturm ist knapp 800 Jahre jünger als der Rest der Kirche.

Hinweis: Das Auto muss man am Fuß des Örtchens stehenlassen. Bei der Anfahrt auf der D 46 durch den *Forêt de Grésigne* bietet sich ein atemberaubender Blick auf das Dorf.

Veranstaltungen Festival de Puycelsi-Grésigne: Konzerte, Tanz und diverse Veranstaltungen sowohl im Dorf als auch in der Umgebung, an mehreren Tagen Ende Juli.

Fête du village: Ein echtes Dorffest wie früher, mit Manege für die Kleinen und Ständen für die Großen.

Einkaufen Vielleicht wollten Sie schon immer mal nach mittelalterlicher Rezeptur hergestellte Kekse knabbern? In der **Boulangerie-Biscuiterie Monidom** haben sie dazu Gelegenheit! Tägl. außer Mi 7.30–17 Uhr geöffnet. 6, place de l'Église, ✆ 0563404306. ∎

Übernachten *** L'Ancienne Auberge, kleines Hotel mit acht hellen Zimmern, *grand lit*, Tel., TV, WLAN. DZ 75–120 €. Restaurant tägl. geöffnet außer So abends und Mo (betrifft nicht die Hotelgäste), Bistro ganztägig geöffnet. Mittagessen im Bistro 7,50–22,50 €, im Restaurant 24–36 €. Angenehme Terrasse mit Blick auf die Kirche. Place de l'Église, ✆ 0563336590, www.ancienne-auberge.com.

Camping à la ferme und chambres d'hôtes, in Laval, etwa drei Kilometer von Puycelsi entfernt. Einfacher Campingplatz mit sechs Stellplätzen, Unterstand mit Tisch und Stühlen für Regenwetter. Gas, Kühlschrank und Gefrierschrank zur freien Verfügung. Von April bis Nov. geöffnet. Zwei geräumige und rustikal möblierte Fremdenzimmer werden ebenfalls vermietet, DZ 38 €. ✆ 0563331107.

Anfahrt: D 964 Richtung Gaillac, dann rechts abbiegen (ausgeschildert).

》》》 Mein Tipp: Restaurant Le Val d'Aran, nur drei Kilometer von Puycelsi entfernt Richtung Bruniquel. Eine echte Dorfkneipe wie man sie nur noch selten findet, im Zentrum von Val d'Aran. Veranda- und Terrassennutzung je nach Witterung. Tägl. nur mittags außer Sa mittags geöffnet. Betriebsferien letzte Juni- und letzte Dezemberwoche. Mittagsgericht 12 € (Vor-Haupt- und Nachspeise). 81140 Larroque, Val d'Aran, ✆ 0563331115. 《《《

In der Umgebung von Puycelsi

Forêt de Gresigne: Der ca. 4.000 Hektar große Roteichen- und Hainbuchenwald besitzt über 60 % Roteichen und zählt zu den schönsten und größten Roteichenwäldern im südlichen Frankreich. Er liegt auf 300-500 Metern Höhe zwischen den Kalkplateaus des Quercy und denen des Bereichs von Albi (dem sogenannten *Albigeois*). Ludwig XIV. machte ihn zur königlichen Domäne. Seit eh und je haben die Menschen hier von den Schätzen des Waldes gelebt: Das Eichenholz war Baustoff für Häuser, Weinfässer und Weberschiffchen. Eine Zeit lang waren die Eichen allerdings der königlichen Marine für den Schiffsbau vorbehalten. Die Köhler der Grésigne zogen noch bis 1945 in den benachbarten Orten von Tür zu Tür um ihre Holzkohle zu verkaufen.

Man findet bei *Tonnac* und vor allem in *Vaour* Siedlungsspuren in Form von Menhiren und Dolmen aus längst vergangenen Zeiten. Heute ist der Wald Staatsforst und gehört aufgrund seiner Artenvielfalt und seltenen Flora und Fauna zum europäischen Naturschutzprogramm *Natura 2000*. Im Wald von Grésigne sind Flusskrebse und Salamander ebenso zu Hause wie Schwarzkehlchen und Sommergoldhähnchen. Außerdem gibt es hier zahlreiche seltene Orchideen und noch seltenere Käfer. Die Wanderwege eignen sich sowohl für kleine Spaziergänge wie auch für Tagestouren.

ns Albi

Gaillac
13.500 Einw.

Das Wein-Städtchen Gaillac entstand im 10. Jahrhundert im Zusammenhang mit dem Rebanbau. Das Rebland um Gaillac gehört mit zu den ältesten Weinanbaugebieten Frankreichs. Man nimmt an, dass in der Region schon im 6. Jahrhundert vor unserer Zeitrechnung Wein angebaut wurde. Nach den Römern war der Rebanbau aber anscheinend wieder eingeschlafen. Erst die Mönche des Klosters Moissac, die sich im 10. Jahrhundert im hiesigen Benediktiner-Kloster Saint-Michel niederließen, brachten die Reben mit. Sie waren es, die die Weinherstellung unter strengen Auflagen auf Vordermann brachten. Und so verwundert es nicht, dass sich der Name einer für den Gaillac-Wein typischen Rebsorte, *Mauzac*, phonetisch auf Moissac zurückführen lässt. Der Gebäudetrakt des einstigen Klosters beherbergt ein Museum, das die Geschichte des hiesigen Weinanbaus und die Archäologie der Region zeigt.

Unweit von Gaillac, in *Montans* (s. u.), befand sich im 2. Jahrhundert ein großes Töpferzentrum. Sowohl in Südspanien als auch im Norden Schottlands wurden Scherben der in Montans hergestellten Amphoren gefunden. Es gilt als erwiesen, dass die Weine von Gaillac schon sehr früh über die heimischen Flüsse Tarn und Garonne via Bordeaux und dann über den Seeweg in andere Länder exportiert wurden. Gaillac steht an erster Stelle für den hier angebauten Wein, er machte die Stadt reich.

Auf einen Blick

Information Office de Tourisme, sehr große Auswahl an Informationsmaterial über Land, Leute und Wein in der Gegend. In der Abtei Saint-Michel, place Saint-Michel, 81600 Gaillac, ✆ 0563571465, www.tourisme-vignoble-bastides.com.

Adressen Post: Avenue Jean Calvet.

Internet: Accord Informatique, Mo–Fr 9–12.30 und 14–18.30 Uhr (Fr bis 17 Uhr). 53, avenue Saint-Exupéry, ✆ 0563540756.

Verbindungen Bahnhof SNCF: Avenue Georges-Clemenceau, ✆ 3635 (0,34 €/Min innerhalb Frankreichs).

Markt So morgens place de Griffoul, Fr morgens im ganzen Zentrum, Biomarkt Di nachmittags place de Griffoul.

Einkaufen Bioladen: Nature et Santé, 30, rue de la Madeleine.

Veranstaltungen Fête des Vins: Über sechzig Winzer stellen ihre Weine vor. Eintritt zum Parkgelände kostenlos. In der Regel erstes Wochenende im August, Parc de Foucaud, www.vins-gaillac.com und www.gaillacinfo.fr.

Caveau de la Maison des vins: Haus des Weines, Weinprobe und Verkauf der Gaillac-Weine. Gegenüber vom Touristenbüro, ganzjährig, Juli/Aug. 10–12.45 und 14–18.45 Uhr, sonst 10–12 und 14–18 Uhr geöffnet, nur an manchen Feiertagen geschlossen.

Übernachten ** Hôtel L'Occitan, Logis de France, in Bahnhofsnähe. Angenehmes Hotel mit renovierten Zimmern in Pastelltönen, Doppelfenster, TV. DZ 50 €. 41, avenue Georges-Clemenceau, ✆ 0563571152, www.hotel-occitan-gaillac.com.

》》 Mein Tipp: ** Hôtel-Restaurant La Verrerie, Logis de France (mit Logis de France-Auszeichnung, Drei Kochtöpfe und drei Lampen), liegt an der route de Montauban im hoteleigenen Park. Gebäude ist eine ehemalige Glaserei um 1900. Geräumige ruhige Zimmer mit TV und Tel., WLAN. Schwimmbad. DZ 55–85 €. Gutes Restaurant mit Mittagsmenü 15 €. 1, rue de l'Égalité, ✆ 0563573277, www.la-verrerie.com. 《《

Essen Les Sarments, Restaurant im Gewölbekeller (14. und 16. Jh.) aus rotem Backstein im alten Viertel der *Portanelle* hinter der Basilika Saint-Michel. Abwechslungsreiche Speisekarte. Mittagsmenü 22–24 €. Tägl. geöffnet außer So abends, Mo, Mi abends sowie in der Nebensaison auch noch Di und Feiertage. 27, rue Cabrol, ℘ 0563576261.

La Table du Sommelier, am schönsten Platz von Gaillac, abends sehr romantisch mit beleuchteten Arkaden. Gutes Essen, obwohl im Sommer auch schon mal im Touristenstress „Ausrutscher" passieren können. Tägl. außer So und Mo, Juli/Aug. auch So geöffnet. Mittagsmenü 13–16 €. 36, place du Griffoul, ℘ 0563812010.

L'Ispiens Port, im Ortsteil les Brisses, von Einheimischen gut besuchtes Lokal, regionale Gerichte, aber auch Riesenschnitzel mit Pommes oder Fischfilet mit getrocknetem Schinken vom Lacaune. Tägl. geöffnet außer Mo. Mittagsmenü 12 €. Route de Saurs. ℘ 0563335681.

Anfahrt: Richtung Montauban, dann Lisle-sur-Tarn. Am Kreisel (Mac Do) geradeaus, dann den kleinen Weg rechts rein.

Sehenswertes

Abbatiale Saint-Michel: Hoch über den Ufern des Tarn steht die mächtige ockergelbe Abteikirche des Benediktinerklosters. Die Kirche, deren Bau vom 10. bis zum 14. Jahrhundert dauerte, wurde während des Kreuzzugs gegen die Katharer und den Religionskriegen gebrandschatzt und schwer zerstört. Im 17. Jahrhundert begann man sie teilweise wieder aufzubauen. Sie besitzt noch den originalen Chorumgang aus dem 13. Jahrhundert. Das Portal aus dem 14. Jahrhundert ist eines der ältesten gotischen Portale der Region.

In den Gärten werden im Sommer um 19 Uhr „Apéritif-Konzerte" organisiert.

Eintritt 5 €, tägl. 9–18 Uhr geöffnet. ℘ 0563575174.

Musée de l'Abbaye: Ist im sehenswerten Gewölbekeller neben der Abteikirche untergebracht. Zu sehen gibt es u. a. Kapitelle, Steininschriften, die Geschichte des Weinanbaus in Gaillac, diverse Gerätschaften alter Handwerksberufe und traditionelle Volkskunst. Der Eingang führt durch das Touristenbüro.

Eintritt 2,50 €. Juli/Aug. tägl. 9.30–13 und 14–19 Uhr, sonst tägl. 10–12 und 14–18 Uhr geöffnet. ℘ 0563575174.

Gaillac im Licht der Abendsonne

Das Umland von Albi

Marktplatz: In der Mitte des von Arkaden und Fachwerkhäusern umgebenen Platzes steht seit dem 16. Jahrhundert ein witziger Brunnen mit Marmorbecken und vier wasserspeienden Bronze-Statuen, über denen ein Hahn thront.

Église Saint-Pierre: Die Kirche steht hinter der *place de la Libération* und stammt aus der gleichen Epoche wie die Abteikirche Saint-Michel. Ihr gotisches Eingangsportal mit jeweils rechts und links neun Steinsäulen gehört, wie das der Abteikirche Saint-Michel, zu den ältesten in der Region.

Erwähnenswert ist auch, dass im Glockenturm die sogenannte „*Candelho*", eine große Glocke aus dem 15. Jahrhundert, hängt. Sie schlug immer nur zu einer bestimmten Stunde, zum Beispiel verkündete sie den Arbeitern in den Reben den Beginn einer Pause oder den Feierabend. Auch heute weist sie der arbeitenden Bevölkerung noch die Stunde, denn sie schlägt Punkt 8, 12 und 18 Uhr.

Altstadt: Die roten, zum Teil uralten, Backsteinhäuser breiten sich vor allem um die Kirche Saint-Pierre und den place du Griffoul aus. Ein enges Gassengewirr wartet darauf, entdeckt zu werden. Besonders malerisch ist das sehr alte und teilweise restaurierte Viertel *La Portanelle* hinter der Abteikirche mit den Gassen rue Cabrol, place Guérin, place du Boutge und rue Pech-de-Galez.

Weinverkostungskeller in der Umgebung von Gaillac

Es gibt in der Umgebung sehr viele Winzer und Wein-Kooperativen, die dem Publikum ihre Keller öffnen und eine Weinprobe anbieten. Adressen gibt es im *Caveau de la Maison des vins* in Gaillac (s. o.).

Cave de Labastide de Lévis: Erste Winzergenossenschaft, die ihre Weinbergpforte dem breiten Publikum öffnete, hat sich seit 1958 auf Perlwein spezialisiert. Breite Palette an Weinen im Angebot.
  81150 Marsac-sur Tarn, ✆ 0563537373, www.cave-labastide.com.

Cave de Rabastens: Produzieren hauptsächlich Rot- und Weißweine.
  Besichtigungen Mo–Sa, 10–12.30 und 14.30–19 Uhr, So und Feiertag, 10–12.30 Uhr. 33, route d'Albi, 81800 Rabastens, ✆ 0563337380, www.cavederabastens.com.

Cave de Técou: Erste Kooperative, die ihren Wein *Passion* im Barrique ausbaut, gutes Preis-Leistungs-Verhältnis.
  Besichtigung tägl. außer So, 8–12 und 14–18 Uhr. 81600 Técou, ✆ 0563330080, www.cavedetecou.fr.

Domaine Plageoles: Zwei Kilometer außerhalb des Ortes in Richtung Gaillac. Besichtigung am liebsten nach Voranmeldung.
  Tägl. 8–12 und 14–18 Uhr (im Sommer 15–19 Uhr). Domaine des Très Cants, 81140 Cahuzac-sur-Vère, ✆ 0563339040.

Domaine Labarthe: Die Familie Albert ist seit dem 16. Jahrhundert mit dem Weinanbau verbunden. Sie arbeiten heute noch großteils nach dem typischen Verfahren ihrer Vorfahren „à la gaillaçoise".
  81150 Castanet, ✆ 0563568014, www.vinlabarthe.com.

Château de Terride: Auch die Winzerin Alix hat sich der Methode „gaillçaoise" verschrieben, welche diesen aromatischen, prickelnden Wein mit Apfel-Birnen-Geschmack hervorbringt. Ihrer schmeckt besonders gut.
  81140 Puycelci, route des Barrières. ✆ 0563332663, www.chateau-de-terride.com.

Parc et Château de Foucaud: Wunderschön sind die terrassenförmig angelegten Englischen und Französischen Gärten.
Zutritt frei, tägl. 8–19 Uhr (21 Uhr im Sommer) geöffnet.

Musée des Beaux-Arts: Das Schloss aus dem 17. Jahrhundert beherbergt Werke hauptsächlich regionaler Künstler aus dem 19. Jahrhundert.
Eintritt 2,50 €. Ostern bis Allerheiligen tägl. außer Di 10–12 und 14–18 Uhr geöffnet. ✆ 0563571825.

In der Umgebung von Gaillac

L'Archéosite de Montans: Fünf Kilometer südlich von Gaillac liegt der Ort Montans mit einem kleinen, aber hochinteressanten Museum. Gezeigt werden u. a. Ausstellungsstücke, die aus einem der größten Keramikproduktionszentren in Montans stammen. Auch wurde ein Haus aufgebaut und eingerichtet wie es zu gallorömischen Zeiten üblich war. Eigentlich kein großer Unterschied zum 21. Jahrhundert!
Eintritt: 4 €. Tägl. Mo–Fr 9–12 und 14–18 Uhr, am Wochenende 14–18 Uhr geöffnet. 81600 Montans, ✆ 0563575916, www.archeosite.com.

Château de Mauriac: Auf einem Hügel über der Reblandschaft des Gaillac thront diese ursprünglich befestigte Burg im sieben Kilometer entfernten Senouillac. Sie stammt aus dem 14. und 15. Jahrhundert und wurde von dem aus Albi stammenden Maler Bernard Bistes vor dem endgültigen Zerfall gerettet. Er ließ sie zu einem herrschaftlichen Wohnhaus umbauen, in das er dann 1962 einzog.
Quasi alle Räumlichkeiten tragen die Handschrift des begnadeten Malers in Form von bemalten Holzdecken und holzgetäfelten Wänden. Im sogenannten Herbarium-Zimmer wurden über 400 Pflanzenarten auf die Holzdecke gemalt und auf diese Weise verewigt.
Eintritt: 6 €, einstündige Führungen. Mai–Okt. tägl. 15–18 Uhr, sonst nur So und feiertags geöffnet. 81600 Senouillac, ✆ 0563417118, www.bistes.com.

Graulhet

Nur zwanzig Kilometer südlich von Gaillac liegt dieses 13.000 Einwohner zählende Städtchen, dessen windschiefe Backstein-Fachwerkhäuser die engen dunklen Gassen des mittelalterlich gebliebenen, malerischen Stadtviertels Panessac säumen.

Der Ort ist vor allem durch seine Lederwaren-Industrie weltweit bekannt geworden. Nach dem Zweiten Weltkrieg holte man sich die Arbeitskräfte aus Tunesien und Marokko und stellte ihnen für ihre Glaubensangelegenheiten kurzerhand die Kirche Saint-Jean-de-la-Rive zur Verfügung. Inzwischen mussten die meisten Firmen wegen der billigen Konkurrenz aus dem Ausland ihre Tore schließen.
Trotzdem ist Graulhet immer noch **die** Leder-Stadt und das größte französische Zentrum für die Weißgerberei. Rund zehn Hersteller vertreiben ihre Ware aus marokkanischem Saffianleder über den Direktverkauf. Von der alten denkmalgeschützten Brücke Pont Vieux (13. Jh.) hat man einen schönen Blick auf die über 900 Jahre alte Mühle *moulin du Seigneur*, die sich im Viertel Saint-Jean befindet. Eines der ältesten Gebäude des Südwesten Frankreichs ist die Hostellerie du Lyon

d'Or. Sie wird zur Zeit renoviert und man entdeckte in der Bausubstanz noch 900 Jahre alte Original-Holzbalken.

Information Office de Tourisme, square Maréchal-Foch, 81300 Graulhet. ✆ 0563428727, www.tourisme-vignoble-bastides.com.

Markt Di vormittags an der place Bosquet, Do- und So vormittags an der place du Jourdain.

Veranstaltungen Fête de la Ville: Stadtfest, zwei Tage Mitte Juli.

Grand spectacle historique: Live-Darstellung der Stadtgeschichte, letztes Wochenende im Juli.

Übernachten ** Camping du lac de Nabeillou, nur einen Kilometer von Graulhet entfernt und unweit des gleichnamigen Angelsees liegt dieser gut ausgestattete Platz. Schwimmbad (Shorts als Badehose nicht gestattet), Camping-Gäste haben freien Zutritt zum gemeindeeigenen Tennisplatz. Vermietung von chalets und Mobil-Homes. April–Okt. geöffnet. Route de Cabanès, ✆ 0563346004, www.nabeillou.com.

Essen Opéra Prestige, der, für eine Kleinstadt in der „Pampa", gewagte Ausstattungs-Stil-Mix passt gut zur etwas anderen regionalen Küche. Neben süß-salzigen Gerichten und kräftigen Gewürzmischungen sorgt auch der Nachtisch für eine Überraschung: Das Basilikum-Eis sollte man einfach mal ausprobieren. Der Wein ist in Bezug auf sein Qualitäts/Preis/Verhältnis etwas teuer. Mittagsgericht 11 €. Tägl. geöffnet außer Mo, Sa mittags und So abends sowie zusätzlich in der Nebensaison Di-und Mi abends. 5, rue Docteur-Rouzet, ✆ 0563583255.

Lisle-sur-Tarn

4.200 Einwohner

Diese Bastide liegt im Tal direkt an den Ufern des Tarn. Im Zentrum der Ortschaft befindet sich der größte mittelalterliche Marktplatz des Südwestens, mit rund 4.500 Quadratmetern, in dessen Mitte ein riesiger runder Brunnen (13. Jh.) aus Blei steht. Er war ein Geschenk von Philippe de Poitiers, dem Bruder des Königs Saint-Louis.

Typisch für das Städtchen sind die alten Fachwerkhäuser, die teilweise mit sogenannten *pontets* (kleine Brücken) miteinander verbunden sind. Vom einstigen Hafen sieht man leider heute fast nichts mehr. Von hier aus wurde der Wein in den sogenannten *gabarres*, eine Art flache Kähne, über den Tarn und die Garonne via Bordeaux nach England und Nordeuropa verschifft. Doch nicht nur der Wein, auch der Pastelhandel trug dazu bei, dass sich die „Stadtsäckl" füllten. Und sie füllten sich gut – Lisle-sur-Tarn war eine reiche Stadt. Gegründet wurde sie von Graf Raymond VII. im Jahr 1229, das Jahr, in dem die Grafschaft von Toulouse an die französische Krone fiel.

Markt So morgens.

Sehenswertes

Musée au Chocolat: Ein Muss für alle Schokofreaks. Kreative Schokoladenschöpfungen warten auf den Besucher. Zum Beispiel der braune Schoko-Pilger von Santiago de Compostela, ganze 100 Kilogramm bringt er auf die Waage. Damit bei soviel Schokolade keine Frustration aufkommt, gibt's am Ende der Ausstellung für jeden ein Versucherle.

Eintritt 3,50 €. Di–So 10–12.30 und 14–19 Uhr (Jan–März nur bis 18 Uhr) geöffnet. 45-minütige Führung, die letzte eine Stunde vor Schließung. Damit nichts schmilzt wird die Temperatur der Räumlichkeiten auf 18 °C gehalten, wer leicht fröstelt, sollte eine Weste mitnehmen. 13, place Paul-Saissac, ✆ 0563336979, www.musee-art-chocolat.com.

Rabastens

4.500 Einwohner

Die Silhouette der mächtigen befestigten *Kirche Notre-Dame-du-Bourg* überragt die rostroten Ziegel-Häuser von Rabastens und die massive Stadtmauer zieht sich oberhalb des Tarn entlang des Flusses. Der Ort besitzt einige malerische Viertel und Straßenzüge. Im ehemaligen Priorat ist seit 1811 das Rathaus untergebracht. In der Stadt hatten einst viele reiche Toulouser Parlamentarier, die am Wochenende bessere Landluft schnuppern wollten, ihren Zweitwohnsitz. So zählte man im 19. Jahrhundert über fünfzig dieser schönen roten Nobelbleiben. Einige davon kann man noch bewundern.

Le Relais des Deux Vallées, zwölf Kilometer von Rabastens entfernt. Einfache und korrekte Zimmer mit TV und Tel., Terrasse mit Panoramablick. DZ 48 €. Restaurant bietet regionale Küche, Mittagsteller 11 €. Ende Aug. eine Woche geschlossen. Grand-Rue, 81630 Salvagnac. ✆ 0563336190, www.hotel-tarn.com.

Sehenswertes

Église Notre-Dame-du-Bourg: Die geräumige Kirche (13. und 14. Jh.) ist dank ihrer mittelalterlichen Wandfresken, die im 19. Jahrhundert aus purem Zufall unter einer Schicht dickem Verputz entdeckt wurden, über Nacht bekannt geworden. Die Fresken zeigen in leuchtenden Farben (vor allem das berühmte Pastel-Blau ist vertreten) Szenen aus dem Alten und Neuen Testament. Sie stammen aus dem Zeitraum von 1250 bis 1318. Sehenswert ist auch das Portal mit seinen acht Kapitellen (das ist übrigens das Einzige, was von dem ursprünglich romanischen Kirchengebäude übrig geblieben ist). Einzigartig ist das *Triforium* im Chor, das zwischen den Kapellen und den Oberfenstern verläuft, es stellt eine große Rarität in den meridionalen Kirchen der Epoche dar. Die Kirche gehört inzwischen zum UNESCO-Weltkulturerbe.

Musée du Pays rabastinois: Ein sehr abwechslungsreiches Museum mit mehreren Themen: Regionale Malereien aus dem 19. und 20. Jahrhundert, eine archäologische Ausstellung, religiöse Malereien, wunderschöne Keramikstücke aus Girrousens und Bildhauerkunst.
Eintritt 2,50 €. Mitte Jan.–Nov. Di–Fr 10–12 und 14–18 Uhr, Wochenende und Feiertage 15–18 Uhr geöffnet. Hôtel de la Fite, ✆ 0563406565.

In der Umgebung von Rabastens

Saint-Sulpice-La-Pointe: Von den Ruinen der ehemaligen Burgkapelle überragt, liegt diese nette Bastide am Zusammenfluss von Tarn und Agout. Schon lange sind die Zeiten vorbei, in denen hier die mit den *cocagnes de pastel* schwer beladenen, flachen Kähne auf ihrem Weg nach Bordeaux gemächlich vorbeizogen.
Die Kirche, die der Graf von Foix, Gaston Phébus, erbauen ließ, taucht vor einem auf wie eine Theaterkulisse. Sie beeindruckt durch ihren mächtigen Glockengiebel, der von drei spitzen Türmen überragt wird. Am beeindruckendsten in Saint-Sulpice-La-Pointe aber ist das 142 Meter lange Souterrain, das im Mittelalter unter der ehemaligen Burg durch die Felsen geschlagen wurde. Vier Gewölbekeller, 2,50 Meter hoch, dienten als Refugium und Vorratsräume.

Souterrain du Castela: Die ältesten unterirdischen Gänge des Departements Tarn geben Einblicke in die Funktionsweise der unterirdischen Fluchtburgen im 12. Jahrhundert.
Eintritt 3 €. Tägl. 14.30–18.30 Uhr Führung. ✆ 0563418950 (Touristenbüro vom Ort).

Giroussens

Schon allein die einmalige Aussicht über das Tal des Agout ist einen Besuch der Bastide, in der sich einmal alles um Keramik drehte, wert. Die schönsten Stücke sind im *musée Paul-Dupuy* in Toulouse und im *musée du Pays rabastinois* in Rabastens ausgestellt. Die Faïence-Blütezeit hielt vom 15. Jahrhundert bis zur Französischen Revolution an. 1735 gab es 91 Keramikhersteller im Ort, deren Produkte man sowohl in Quebec als auch in den Vereinigten Staaten kannte.

Jedes Jahr im April gibt es einen gut besuchten Keramikmarkt mit zahlreichen Ausstellern auch von auswärts.

L'Echauguette, kleine Speisekarte, doch die regionalen Gerichte sind dafür mit viel Geschmack gekocht. Mittagsmenü 12,50 €. Tägl. geöffnet außer So abends im Juli/Aug. In den restlichen Monaten auch Mo und Do abends geschlossen. Grand Rue (Hauptstraße), ✆ 0563416365.

Sehenswertes

Maison de la Céramique contemporaine: Ausstellung und Geschichte der Keramik von Giroussens im ehemaligen Atelier der aus den Anfängen des 20. Jahrhunderts stammenden Malerin und Bildhauerin *Lucie Bouniol*. Mit Verkaufsboutique.

Eintritt 2,50 €. April–Sept. tägl. 10–12 und 14–19 Uhr, sonst tägl. 14–18 Uhr und Mi geschlossen. Place Lucie-Bouniol, 81500 Giroussens. ✆ 0563416822.

Jardin des Martels: Nur einen Kilometer entfernt, Richtung Lavaur, liegt die 35.000 Quadratmeter große Gartenanlage mit über 2.500 Pflanzenspezies, die es in den unterschiedlichsten Gartentypen und Gewächshäusern zu entdecken gilt. Ein Mini-Bauernhof vervollständigt die Ausstellung. Die Anlage gilt als eine der schönsten Frankreichs und bietet dem Besucher auch die Möglichkeit, die Pflanzen, die ihm gefallen, zu kaufen.

Mai–Aug. tägl. 10–18 Uhr, April und Sept. tägl. 13–18 Uhr, Öffnungszeiten im Okt. bitte erfragen. 81500 Giroussens, Les Martels. ✆ 0563416142, www.jardinsdesmartels.com.

Hinweis: es besteht die Möglichkeit, den Besuch des botanischen Gartens mit einer Dampflok-Fahrt zu verbinden (s. u.).

In der Umgebung von Giroussens

Petit train touristique à vapeur: Die Dampflok stammt aus der Zeit zu Beginn des 20. Jahrhunderts und fährt auf der alten Trasse der Dampf-Tramway des Tarn von Saint-Lieux-lès-Lavaur nach Les Martels (s. o.) und wieder zurück. Man kann eine Besichtigung des botanischen Gartens einschieben und mit dem nächsten oder übernächsten Zug wieder zurückdampfen. Nur bei der letzten Runde um 17.30 ist ein Besuch in Les Martels zeitlich nicht mehr möglich.

Die sieben Kilometer lange Fahrt dauert etwa 50 Minuten und führt durch Wald, Felder und über das 130 m lange Viadukt, zwanzig Meter über dem Agout. Es ist ein nettes Vergnügen für Jung und Alt.

Hin- und Rückfahrkarte 6,50 €. Abfahrt: Bahnhof in 81500 Saint-Lieux-lès-Lavaur, jede Stunde 14.30–17.30 Uhr einschließlich. Mitte Juli bis Ende Aug. tägl., zweite Aprilhälfte bis Mitte Juli sowie von Anfang Sept. bis Ende Okt. nur an Sonn- und Feiertagen. Keine Reservierung möglich. ✆ 0561474452, www.cftt.org.

Hausfassaden am Agout

Castres

47.000 Einwohner

Die alten rosa, gelben, grünen, blauen und beigen Häuserfassaden mit ihren winzigen Balkonen und Erkern säumen den Fluss Agout und spiegeln sich in der Nachmittagssonne im Wasser. Sie könnten fast an einem canale in Venedig stehen...

Es sind die Häuser der einstigen Gerber, Färber und Weber, die der Geburtsstadt von *Jean Jaurès* ihr malerisches Aussehen geben. Lange Jahre hat die Textilindustrie für den Reichtum des Städtchens gesorgt. Castres ist inzwischen, nach Toulouse und Tarbes, zum drittgrößten Industriegebiet in der Region Midi-Pyrénées avanciert. Hier ist u. a. der multinationale Pharmazie- und Kosmetik-Konzern Laboratoires Pierre Fabre angesiedelt.

Geschichte

Der Name Castres lässt sich aus dem lateinischen *castrum*, was soviel wie „befestigter Ort" bedeutet, herleiten. Anfang des 9. Jahrhunderts bauten Benediktinermönche die Abtei Bellecelle (Saint-Benoït), die direkt der Krone unterstand. Die in der Abtei aufbewahrten Reliquien des Heiligen Vinzenz von Saragossa machten den Ort zu einer Pilgerstation auf dem Weg nach Santiago de Compostela. Somit war ein gewisser Wohlstand für die Ortschaft nur noch eine Frage der Zeit. Im 12. Jahrhundert begann die Macht der französischen Krone zu schwächeln und die Abtei wurde dem Schutz der Vizegrafen Trencavel (Albi und Lautrec) unterstellt. Später bekam auch die Stadt ihre Unabhängigkeit, d. h. die Stadtverwaltung lag nun in den Händen der von den Bürgern gewählten Ratsherren, den sogenannten *capitouls.*

Das Umland von Albi

Während des Albigenserkreuzzuges unterwarf sich Castres der Herrschaft von Simon de Montfort und blieb von den Kriegsverwüstungen weitestgehend verschont. Einhundert Jahre später, im Jahre 1317, wurde die Stadt Bischofssitz. Im Laufe des 16. Jahrhunderts traten immer mehr Bürger zum protestantischen Glauben über. Nachdem auch die Stadträte dem katholischen Glauben abgeschworen hatten, entwickelte sich Castres zu einer Hochburg der Kalvinisten, welche unter den Religionskriegen wahnsinnig litten. Anfang des 17. Jahrhunderts ließ Richelieu die Festungsmauern niedermachen und die Verteidigungsgräben auffüllen. Im gleichen Jahrhundert wurde die Stadt Sitz einer der vier konfessionell gemischten Gerichtshöfe. Dies war eine Auflage, welche im *Edikt von Nantes* festgelegt wurde, um weitere Auseinandersetzungen zwischen Katholiken und Protestanten zu vermeiden. Es war eine Zeit des Wohlstandes und aus dieser Epoche stammen der Bischofspalast und die herrschaftlichen privaten Stadtpaläste der damaligen Kaufleute und Richter. Die Religionsstreitigkeiten flammten aber nach der Aufhebung des Ediktes von Nantes erneut auf und dauerten bis zur Französischen Revolution an. In dieser Zeit wurde erst Castres zur Hauptstadt des ganz neu gegründeten Departements Tarn ernannt, letztendlich wurde es aber 1797 die Stadt Albi.

Im 19. Jahrhundert machten die Niederlassung der Garnisonen wie auch die Entwicklung der Textil- und Papierindustrie aus Castres eine florierende, wohlhabende Stadt.

Auf einen Blick

Information Office de Tourisme, 2, place de la République, 81100 Castres. ✆ 0563626362, www.tourisme-castres.fr.

Verbindungen Flug: Direktflüge (Hex'air) von und nach Paris und Lyon (unter der Woche) und So abends von und nach Paris (Airlinair). Flughafen Castres-Mazamet (6 km von Castres), 81290 Labruguière. ✆ 0563703477, www.castres-mazamet.aeroport.fr

Zug: Regelmäßige Verbindungen nach Toulouse. Der Bahnhof SCNF liegt etwa eine Kilometer südwestlich vom Zentrum entfernt, avenue Albert 1er. ✆ 0891677677, www.voyages-sncf.com oder www.tersncf.fr.

Bus: Taxi-Bus von Castres zum Flughafen Toulouse-Blagnac und zurück. ✆ 0534508900. Regelmäßige tägl. Bus-Verbindungen nach Albi, Gaillac, Béziers, Toulouse und Carcassonne. Busbahnhof (frz. *gare routière*) nur fünf Gehminuten östlich vom Zentrum. Place Soult. ✆ 0563353731.

Markt Di, Do–Sa jeweils vormittags, place Jean Jaurès. Während des Festivals *Les Extravadanses* und dem Weihnachtsmarkt, ist der wöchentliche Markt an der place Soult.

Marché couvert de L'Albingue (Markthalle): Obst- und Gemüsemarkt tägl. außer Mo, place de l'Albingue.

Biomarkt (marché biologique Noctambio): Do 16–20 Uhr, Markthalle, place de l'Albingue.

Veranstaltungen Im Sommer finden mehrere Straßenfeste mit Konzerten, Tanz und Straßentheater statt. Komplettes Programm im Touristenbüro erhältlich.

Festivals Les Extravadanses: Tanz, Musik (u. a. Chansons), Straßentheater. Zehn Tage Anfang Juli. Infos unter ✆ 0563715657, Reservierung ✆ 0563715658.

Festival à portée de rue: Eine Woche lang klassische Konzerte an verschiedenen Orten in der Stadt. Eintritt frei, ab Mitte Juli.

Castres, la Noctambule: Eine abendliche 90-minütige Führung der etwas anderen Art durch das mittelalterliche Zentrum. Bei jedem Halt spielen Schauspieler eine kleine Szene aus der Geschichte der Stadt. Für den französisch sprechenden Besucher eine schöne Bereicherung! Im Aug., jeden Do abends 21.30 Uhr. Anmeldung im Touristenbüro.

Fêtes médiévales: Mittelalterliches Straßenfest. Kosten 2 €. Ende Aug. Stadtzentrum und im Parc Gourjade.

Schwimmen L'Archipel, riesiges Badezentrum mit mehreren Becken, Wasserrutschen, Restaurant, etc. Im Sommer 10–20 Uhr geöffnet. Avenue Georges-Pompidou ✆ 0563625400.

Castres

Einkaufen Le panier biologique, Bioladen, 60, avenue Augustin Malroux.

Post Boulevard des Docteurs Aribat.

Internet TépaNet-Cyper Café, Mo–Do 12–24 Uhr, Fr 12–2 und Sa 14–2 Uhr geöffnet. 3, boulevard Clemenceau, ℅ 0563711974.

Waschen Laverie du Centre, 3, rue Sabatier.

Übernachten Castres besitzt einige Drei-Sterne-Hotels, aber fast nichts in den unteren Kategorien.

*** Restaurant L'Occitan, etwa eineinhalb Kilometer vom Zentrum entfernt Richtung Mazamet. Wird viel von Geschäftsleuten gebucht. Zimmer mit TV, Tel., Internetzugang, WLAN. Parkplatz kostenfrei, überdachtes, beheiztes Schwimmbad, Sauna, Spa (kostenpflichtig). DZ 67–97 €. 201, avenue Charles de Gaulle, ℅ 0563353420, www.hotel-restaurant-l-occitan.fr.

*** Hôtel Le Miredames, Logis de France, am Agout. Geräumige Zimmer mit Klimaanlage, Tel., TV. Hinweis: Alle Zimmer über dem Fluss sind auch direkt über der Restaurant-Terrasse! Kostenpflichtiger Parkplatz. DZ 65 € unter der Woche, 59 € am Wochenende. 1, place Roger-Salengro, ℅ 0563713818, www.hotel-miredames.com.

*** Hôtel-Restaurant de L'Europe, in der Altstadt in einem Gebäude aus dem 17. Jahrhundert untergebracht, nur 50 m vom place Jean-Jaurès entfernt. Zimmer in unterschiedlichen Stilrichtungen, z. T. mit Stilmöbeln, teilweise auch mit Himmelbett. Standardmäßig TV, Tel. und Klimaanlage, kleiner romantischer Innenhof. Falls Sie ein Zimmer in der 3. oder 4. Etage buchen: Das Hotel besitzt keinen Aufzug! Haustiere gestattet. Ganzjährig geöffnet, DZ 55–60 €. 5, rue Victor-Hugo, ℅ 0563590033, www.hotel-europe-castres.fr.

** Hôtel Rivière, farbenfrohe Zimmer, Parkplatz kostenpflichtig, DZ 55 €, aber auch DZ für 28 € mit WC auf dem Flur. Trotz der Doppelfenster besser Zimmer nach hinten raus nehmen! 10, quai Tourcaudière, ℅ 0563590453.

Camping *** Camping de Gourjade, liegt im Vergnügungspark de Gourjade im Norden der Stadt (Richtung Roquecourbe). Wassersport, Golf, Schwimmbad gleich nebenan. Haustiere 1 €. Vermietung von Zelt-Bungalow und Mobil-Homes. April–Sept. geöffnet. ℅ 0563593351, www.campingde gourjade.net.

Essen L'Eau à la Bouche, liegt versteckt in der Altstadt in einer kleinen ruhigen Gasse. Die Gerichte sind mediterran angehaucht, wie z. B. die Lammkeule mit Knoblauch-Chutney. Mittagsmenü 13 € (Wein inklusive), tägl. außer So abends und Mo geöffnet. Rue Malpas, ℅ 05637228336.

》》 Mein Tipp: Le Pescadou, der Restaurantbesitzer und Fischhändler stammt aus einer Fischerfamilie am Mittelmeer. Wenn sein Restaurant voll ist, werden einfach ein paar Tische im Fischladen nebenan aufgestellt. Klar, die Küche ist auf Fisch ausgerichtet und die Bouillabaise fester Bestandteil der Speisekarte. Mittagsmenü 12,50 €. Tägl. außer So/Mo und Feiertags geöffnet, Betriebsferien Mitte bis Ende Aug. 18–20, rue des Trois-Rois, ℅ 0563723222. 《《

Restaurant de l'Hôtel de l'Europe, gehört zum gleichnamigen Hotel (s. o.). Bietet mittags und abends sehr günstiges und gutes Büffet an. Mittagsbüffet 10–12 €, (Sonn- und Feiertags geschlossen). Adresse s. o.

Resto des Halles, eine Brasserie im ersten Stock der Markthalle Baltard, ist unter den Einheimischen eine beliebte Adresse. Die Zutaten stammen frisch vom Markt im Erdgeschoss. Gut und günstig sind die Fleischgerichte. Mittagsgericht 9 €. Tägl. außer So und Mo abends und feiertags geöffnet. Place de l'Albingue, ℅ 0563627070.

Champs du Sud, Teestube mit urgemütlichen Sesseln, großer Tee- und Kaffeeauswahl aus biologischem Anbau, hervorragendem selbstgemachten Eis und Kuchen. Mittags werden kleine Gerichte wie Salatteller und diverse Quiches angeboten. Mittagsgericht 9,50 €. Mo 10–14 Uhr, Di–Sa 10–18 Uhr (im Sommer auch länger) geöffnet. 3, rue Beaujeu.

Sehenswertes

Cathédrale Saint Benoît: Die barocke Kathedrale von Castres, die ein sehr breites Kirchenschiff und keine Seitenschiffe besitzt, ist dem heiligen Benedikt von Nursia geweiht. Sie steht an der Stelle der einstigen Abteikirche des im 9. Jahrhundert von

Benediktinermönchen gegründeten Klosters. Der Bau der Kathedrale begann 1678 mit dem Chor und wurden nur vier Jahre später wegen des Todes des Erbauers unterbrochen. Erst 1710 nahm sich ein weiterer Bauherr der kirchlichen Baustelle an, allerdings mit anderen, bescheideneren Vorstellungen als sein Vorgänger.
Place du 8-Mai-1945

Tour Saint-Benoît: Der Turm (11. Jh.) gegenüber vom Kircheneingang ist das einzige Bauwerk der einstigen Benediktiner-Abtei Bellecelle, das die vielen Jahrhunderte überdauert hat. Heute beherbergt es das Goya-Museum.

Église Notre-Dame-de-la-Platé: Manche behaupten, die dezente und 1754 rekonstruierte barocke Kirche sei die schönste in Castres. Ihr Glockenturm im Stil der Florentiner Glockentürme besitzt mit 33 Glocken eines der größten Glockenspiele der Region. Der freie Zugang zum Glockenspiel führt durch die grüne Tür gegenüber dem Haupteingang der Kirche. Im Allgemeinen ist diese Tür von Mai bis Okt. Mo–Sa ab 11.45 Uhr offen. Jeden ersten So im Monat um 11 Uhr findet ein einstündiges Glockenspiel-Konzert statt. Es lohnt sich, die steilen 120 Stufen während des Spiels hinaufzusteigen.

Leider ist die Kirche selbst wegen Renovierungsarbeiten schon seit geraumer Zeit geschlossen, Näheres über die Wiedereröffnung ist noch nicht bekannt.
Rue Victor Hugo.

Musée Jean-Jaurès: Das Museum gibt Einblick in das Leben und Wirken des Politikers Jean Jaurès, der 1859 in Castres geboren wurde.
Eintritt 2 €. Juli/Aug. 10–12 und 14–18 Uhr, sonst bis 17 Uhr geöffnet. Mo (außer Juli/Aug.) und So sowie von April–Okt. und an manchen Feiertagen geschlossen. 2, place Pélisson, ✆ 0563624183, www.amis-musees-castres.asso.fr.

Musée Goya:. Das Museum hat sich auf die spanische Kunst von der Antike bis in das 20. Jahrhundert spezialisiert und beherbergt, nach dem Louvre, Frankreichs größte Sammlung der spanischen Malerei. Die Bilder stammen aus der Privatsammlung des aus Castres stammenden Malers *Marcel Briguiboul*, dessen Sohn sie 1893 der Stadt vermachte.

Ständig ausgestellt sind die Meisterwerke „Selbstportrait mit Brille" und die „Versammlung der Gesellschaft der Philippinen" von *Francisco de Goya* (1746-1828). Außerdem werden Werke von Velázquez („Porträt von Philipp IV."), Ribera, Murillo und anderen Künstlern gezeigt. Einige von Goyas bekannten Gravuren sind nur während spezieller Ausstellungen zu sehen.

Das Museum befindet sich im ehemaligen Bischofssitz und heutigen Rathaus. Der Zugang führt durch den Park der einstigen bischöflichen Gärten. Diese wurden im 17. Jahrhundert von dem berühmten königlichen Landschaftsgärtner *André Le Nôtre*, der auch federführend bei der Entstehung des Versailler Schlossparks tätig war, entworfen.
Eintritt 3 €. Juli/Aug. tägl. 10–18 Uhr, sonst tägl. (außer Mo) 9–12 und 14–18 Uhr geöffnet, So erst ab 10 Uhr und im Winter nur bis 17 Uhr geöffnet. ✆ 0563715927, www.amis-musees-castres-asso.fr.

Altstadt: Im Zentrum reihen sich entlang des Agout die malerischen Häuser der ehemaligen Gerber und Färber. Castres besitzt auch einige schöne Renaissance-Bürgerhäuser ehemaliger reicher Kaufleute und Richter, wie zum Beispiel das *hôtel de Nayrac* in der rue Frédéric-Thomas, einer sehr malerischen mittelalterlichen Gasse. Das *hôtel de Viviès* (16. Jh.) mit seiner wunderschön verzierten Fassade steht in der rue Chambre-de-l'Édit (hinter dem Theater). Das Gebäude beherbergt heute das Kunstforum LAIT. Ebenfalls einen Abstecher wert, ist das *hôtel Jean-Leroy* mit seinem Ecktürmchen aus Backstein aus dem 17. Jahrhundert. Leider kann man von den prächtigen Bauten jeweils nur die Fassaden bewundern.

Jean Jaurès und der Reformsozialismus
Am 3. September 1859 kam in Castres Jean Jaurès auf die Welt. Der zukünftige Reformsozialist und brillante Redner ging in Albi auf das Gymnasium (es trägt heute seinen Namen), studierte dann in Paris und kehrte als Philosophie-Lehrer an das Gymnasium in Albi zurück. In Toulouse unterrichtete er als Dozent für Philosophie an der Kunsthochschule. 1885 wurde er im französischen Parlament Abgeordneter bei den Republikanern, ohne wiedergewählt zu werden. Und so promovierte er zwischenzeitlich und mischte in der Lokalpolitik mit. Dabei wandte er sich immer mehr dem sozialistischen Lager zu. Während des Streiks der Minenarbeiter in Carmaux 1892 (s. Carmaux) stellte er sich auf die Seite der Streikenden, was ihnen letztendlich zum Sieg verhalf. Er wurde daraufhin in die Nationalversammlung gewählt, verlor als er in der *Dreyfus-Affaire* die Revision des Prozesses forderte aber seinen Sitz. 1902 war er unter den Mitbegründern der Vereinigten Sozialistischen Partei S.F.I.O. (Section Française de L'Internationale Ouvrière). Er gründete 1904 deren Parteizeitung, die heute noch existierende und bekannte sozialistische Zeitung „L'Humanité", und übernahm den Vorsitz der frisch ins Leben gerufenen Partei.
Als der Erste Weltkrieg auszubrechen drohte, kämpfte er vehement für den Frieden und die Verbrüderung der Völker. Er ließ keine Gelegenheit aus, sich für die Verständigung mit Deutschland stark zu machen. Das ging solange gut, bis Jaurès am 31. Juli 1914 im Café du Croissant in Paris ermordet wurde: Zwei Tage später erklärte Deutschland Frankreich den Krieg.

Lautrec
Hoch auf einem Felsmassiv erbaut, liegt dem mittelalterlich anmutenden Ort mit seinen alten Backsteinhäusern die Welt zu Füßen. Der Blick reicht bis zur *Montagne Noire* und den *Monts de Lacaune*. Schon seit jeher war Lautrec aufgrund seiner erhabenen Lage von großem militärischen Interesse. Früher ergänzte noch eine rund einen Kilometer lange Festungsmauer den Festungscharakter der Ortschaft.
Von den ursprünglich acht Stadttoren existiert nur noch die *Porte de la Caussade.* Unter der Hauptstraße der Ortschaft befanden sich einst die Speicher der Getreidesilos (bei der *Porte de la Caussade* kann man durch ein Gitter hineinschauen, Lichtschalter befindet sich auf der Innenseite des Gitters). Doch das eigentliche Wahrzeichen des Dorfes ist der landesweit bekannte rosa Knoblauch, der aufgrund seiner guten Haltbarkeit besonders geschätzt wird.
Es lohnt sich auch, einen Blick in die **Stiftskirche Saint-Rémy** zu werfen, die eine wunderschön bemalte Decke besitzt, bei der die Pastel-Blautöne besonders hervorstechen.

Eine der letzten **Windmühlen** in den Midi-Pyrénées steht oberhalb des Ortes. Bei genügend Wind mahlt sie noch das Korn.
Führung 2 €, geöffnet von April–Okt. Mi–So 10–12 und 14–17.30 Uhr, Infos im Touristenbüro.

Die **archäologische Ausstellung** und das **Heimatkundemuseum** über dem Touristenbüro zeigen u. a. Keramik und Öllampen sowie eine Ausstellung über die Geschichte des Ortes.
Eintritt 1 €, gleiche Öffnungszeiten wie das Touristenbüro.

Information Office de Tourisme, das Büro befindet sich zusammen mit dem Rathaus und dem archäologischen Museum im ehemaligen Benediktiner-Kloster aus dem 17. Jahrhundert. Rue du Mercadial, 81440 Lautrec. ✆ 0563753140, www.lautrec.fr.

Markt Von Mitte Juli bis Dez. Fr vormittags. Direktvermarktung der rosa Knoblauchknollen.

Veranstaltungen Fête des Moulins et vide-greniers, Tag der offenen (Mühlen)-Tür, mit Mahl-Demonstration, im Dorf selbst findet ein großer Flohmarkt statt. Dritter So im Juni.

Fête du Sabot et de l'Artisanat, überall im Dorf finden Vorstellungen alter Handwerkskünste und Kunsthandwerke statt, in der Windmühle wird z. B. Mehl gemahlen, auf dem Bauernmarkt bieten die Bauern ihre Produkte (vor allem Knoblauch) an und man kann die berühmte Knoblauchsuppe probieren. Dritter So im Juli.

Fête de l'Ail rose: Ist das wichtigste Fest in Lautrec, Wettkampf im Knoblauchzöpfe flechten, Umzug und zu Mittag gibt's Knoblauchsuppe gratis für Alle. Erster Freitag im Aug.

Le Sidobre

Das bewaldete, 650 Meter hohe und 290 Millionen Jahre alte Sidobre-Massiv ist eine geheimnisvolle Welt für sich. Durch Erosion freigelegte Granitblöcke in allen Formen und Größen regen die Fantasie eines Jeden an.

Da gibt es z. B. den bekanntesten Koloss, den *Peyro Clabado*, einen 780 Tonnen schweren und sich im Gleichgewicht befindenden „Wackelstein". Mehrere kurze Wanderwege führen vorbei an Ruinen riesiger Gebäude, die aber gar keine Gebäude, sondern Granitfelsen sind, oder entlang an einem „steinernen Fluss". Die Formationen besitzen alle sehr mysteriöse Namen, in der Landschaft liegen und stehen u. a. der Teufelssessel (frz. *fauteuil du diable*) oder der Priestershut (frz. *chapeau du curé*).

Wer von Stadt, Kultur und Museen genug hat, findet nur wenige Kilometer von Castres entfernt Natur pur. Stauseen laden zum Bootfahren ein, kleine verwunschene Täler lassen das Herz von Moutainbikern höher schlagen und Wanderer können die bizarren Felsformationen in schattigen Wäldern zu Fuß entdecken.

Kleine kurvenreiche Sträßchen durchziehen das Gebiet, welches zum *Parc Naturel Régional du Haut-Languedoc* gehört und nur fünfzehn Kilometer lang und rund sieben Kilometer breit ist. Einst bot dieser Landstrich nicht nur verbannten Priestern während der Revolution oder Widerstandskämpfern im Zweiten Weltkrieg Unterschlupf. Hier befindet sich auch Frankreichs größter Steinbruch, in dem Granit abgebaut und verarbeitet wird.

Anfahrt: Von Castres über die D 89 in Richtung Roquecourbe bis zur Abzweigung Les Salvages, man fährt durch den Ort Les Salvages durch und weiter bis man auf die D 58 stößt. Auf dieser bleibt man dann bis Burlats. Ab hier sind die „Rochers du Sidobre" ausgeschildert.

Le Sidobre

Aus Granit: grandiose Felsformationen

Auf einen Blick

Information Maison du Sidobre, ganzjährig geöffnet, organisierte 90 minütige Führungen durch eine der bedeutendsten Granitlagerstätten (6 €). Route du Lac-de-Merle, Weiler Vialavert, 81260 Le-Bez. ☎ 0563746338, www.sidobre.biz.

Veranstaltungen Pâques en Sidobre: Man sollte am Ostersonntag zu diesem Ostereiersuchen der besonderen Art mit seinen Kindern kommen, denn die Einheimischen verstecken rund um die bekanntesten Granitblöcke rohe Eier. Wenn die Kleinen alle gefunden und zurückgebracht haben, wird aus den über 3.000 Eiern ein Riesenomelett gebacken, das dann unter allen aufgeteilt wird.

Freizeit Kajak- und Kanufahrten auf dem Agout: Castres Burlats Vanoe Kayak, in 81100 Burlats. Der halbe Tag 13–25 €, ganzer Tag 25–40 €. Reservierung am Vortag notwendig. Es gibt zwei Anlegestellen: Base Maynadier, Juli/Aug. geöffnet, route de Castres, ☎ 0563518369 und Base Adélaide neben dem Rathaus von Burlats, Sept.–Juni offen, ☎ 0563357077.

Übernachten Le Café de Paris, einfaches, rustikales Landhotel mit Restaurantbetrieb in Familienbesitz, liegt in der Ortsmitte und ist von drei Straßen (fast kein Verkehr) umgeben. Zimmer mit Doppelfenstern. DZ mit Badewanne und TV 40–60 €. Das Restaurant serviert einfache und gute Küche im Stil „Fleisch mit Beilage", Mittagsmenü 11 €. 8, place de L'Hôtel de Ville, 81260 Brassac, ☎ 0563740031.

》》》 Mein Tipp: Le Castel de Burlats, gehört zur Hotel-Vereinigung "Hôtel de Charme". Das Hotel im Schloss aus dem 14. und 16. Jahrhundert liegt in einem Park im Ort, gegenüber den Ruinen der Stiftskirche. Alle zehn Zimmer sind geräumig und unterschiedlich möbliert, Tel., TV, WLAN. DZ 75–85 €. 8, place du 8-Mai-1945, 81100 Burlats. ☎ 0563352920, www.lecasteldeburlats.fr.st. 《《《

Camping 》》》 Mein Tipp: ** Camping Le Plô, der Platz mit 50, zum Teil gut beschatteten (vor allem die mit Stromanschluss), Stellplätzen liegt im Grünen. Schwimmbad, Spielplatz WLAN. Kinder werden sinnvoll beschäftigt (z. B. gemeinsames Holzsammeln für anschließendes Grillfest). Keine Zahlung per Kreditkarte. Vermietung von großen, voll eingerichteten (auch die Küche) Zelten. Mai–Sept. geöffnet. 811260 Le Bez, ☎ 0563740082, www.leplo.com. 《《《

Das Umland von Albi → Karte S. 234/235

Essen L'Auberge du Tilleul, man isst in diesem Dorflokal sehr gut und reichlich: Suppe, Vorspeisenbüffet, Hauptgang, Käse und Dessert, ein Mittagsmenü zu 13 €. Restaurant tägl. mittags geöffnet. Vermieten auch ein paar Zimmer mit einfacher Ausstattung, DZ 42 €. 81260 Guyor-en-Sidobre, ✆ 0563740184.

Le Clos du Roc, gut besuchtes Restaurant im Dorf, die regionalen Gerichte werden in einer umgebauten Scheune serviert. Mittagsmenü 12 €. Tägl. außer Mo, Mi- und So abends geöffnet. Reservierung sinnvoll. 81490 Saint Salvy-de-la-Balme, ✆ 0563505723.

La Montagne Noire

Der wenig besiedelte und bis auf 1.200 Meter aufsteigende Bergrücken Montagne Noire ist der letzte südliche Ausläufer des Zentralmassivs und zu über 80 % bewaldet. Gegen den südlichen Horizont zeichnet er sich als eine hohe, dunkle Silhouette ab, daher stammt wohl auch der Name des „schwarzen Gebirges".

La Montagne Noire ist Bestandteil des *Parc Naturel Régional du Haut Languedoc* und grenzt an das landwirtschaftlich geprägte Gebiet des Lauragais. Der Bergzug bildet mit seinem über 60 Kilometer von Ost nach West verlaufenden Kamm nicht nur die Wasserscheide zwischen Atlantik und Mittelmeer, sondern auch eine Klimascheide, hinter der endgültig das milde mediterrane Klima beginnt.

In der Montagne Noire hat auch der Canal du Midi seinen Ursprung. Über einen Kanal werden die Wasser des Flüsschens Alzeau in den Speichersee Saint-Ferréol geleitet, welcher die Wassermassen des Canal du Midi reguliert. Die zahllosen Wasserläufe an den Hängen der Montagne Noire haben eine regelrecht industrielle Entwicklung entlang der Bach- und Flussläufe hervorgebracht: Textilindustrie, Messing- und Kupferschmieden sowie die Weißgerberei sind ein paar Beispiele. So befindet sich in **Durfort** die letzte voll funktionstüchtige Hammerschmiede (*martinet de la Claverie*) Europas. Aber die Gegend ist nicht nur aus kulturhistorischer Sicht ein Bonbon, sie ist ein Eldorado für sportlich Aktive. Hier kommen Mountain-Biker, Wanderer und Wassersportler voll auf ihre Kosten.

Sorèze

Die 2.100 Einwohner zählende malerische Ortschaft am Fuße des Massivs besitzt einige sehr urige Fachwerkhäuser aus längst vergangenen Zeiten. Wie ein Leuchtturm ragt einer der schönsten achteckigen Kirchtürme des Departements über das Dorf. Er stammt von der während den Religionskriegen zerstörten Dorfkirche.

Information Bureau d'information touristique, im runden Turm (frz. *tour ronde*), rue Saint-Martin, 81540 Sorèze. ✆ 0563741628, www.ville-soreze.fr.

Übernachten Die Hôtellerie de l'Abbaye-École de Sorèze in der ehemaligen Abtei bietet gleich zwei Hotels an, in die auch Haustiere mitgebracht werden dürfen. Der riesige Gebäudekomplex besitzt ein Nobel-Restaurant, das **Les Collets Rouges**, mit Ente, Meeresfrüchten und Fisch auf der Speisekarte. Mittagessen 18 €. Tägl. außer So abends geöffnet. Gleiche Adresse und Telefonnummer wie die Hotels.

*** Le Logis des Pères, die ehemaligen Zellen der Dominikaner-Mönche wurden in charmante Zimmer umgewandelt. Nach Wahl mit *grand lit* oder echten Doppelbetten.

** Le Pavillon des Hôtes, der ehemalige Dominikanerinnen-Schlafsaal wurde in einfache und kleine Zimmer über zwei

Etagen (ohne Aufzug) um einen Innenhof umgebaut.

Die Preise der beiden Hotels variieren, DZ 75–159 €. 18, rue Lacordaire, ✆ 0563744480, www.hotelfp-soreze.com.

Essen Le Tournesol, ein bodenständiges Lokal mitten im Ort mit zwei Speisesälen und regionaler Küche, die mit Klassikern wie *cassoulet* und *confit de canard* (Entenschmalzfleisch) auftrumpft. Mittagstisch 17 €. Tägl. geöffnet außer Mo abends, in der Nebensaison auch Di geschlossen. 26, rue du Maquis (in der Nähe place du vieux village) ✆ 0563741110.

Sehenswertes

Clocher Saint-Martin: Dieses imposante achteckige Überbleibsel der einstigen Kirche ist zinnenbewehrt, mit Pechnasen versehen und diente als Spähturm. Man kann ihn besteigen.
Eintritt 1 €. Juni–Sept. Mo, Mi und Fr jeweils 11 und 16.30 Uhr geöffnet. Infos im Touristenbüro.

Abbaye-École: Der einstige Sitz der großen Benediktinerabtei Notre-Dame-de-la-Sagne war unter Ludwig XVI. im 18. Jahrhundert eine der 12 Militärakademien in Frankreich, die von zahllosen ausländischen Schülern besucht wurde. Mitte des 19. Jahrhunderts wurde sie dann eine private dominikanische Schule und blieb es bis 1978. Heute beherbergt sie viele Künstler, wie Steinmetze und Maler, die ihr Atelier den Besuchern öffnen. Außerdem wurden darin zwei Hotels untergebracht (s. o.).
Eintritt 3 €. April–Sept. tägl. 10–12 und 14–18 Uhr geöffnet, sonst tägl. 14–17.30 Uhr. 1. Mai Ruhetag. Rue Saint-Martin, neben dem Kirchturm Saint-Martin.

Dourgne

Der kleine Ort am Nordrand der Montagne Noire ist ebenfalls einen Abstecher wert, denn er besitzt zwei Zwillings-Abteien: *Saint-Benoît-d'En-Calcat* beherbergt 60 Mönche und in *Sainte-Scholastique* leben 70 Benediktinerinnen. Die beiden Abtei-Namensgeber waren interessanterweise Zwillinge.

Das urprüngliche Dourgne aus dem 13. Jahrhundert wurde von Simon de Montfort, dem Anführer des Kreuzzuges gegen die Katharer, zerstört. Doch König Philipp der Schöne ließ den Ort als Bastide wieder aufbauen. Diese sehr alte Ortschaft mit etwas über 1.000 Einwohnern stammt in ihrer jetzigen Struktur aus dem 18. Jahrhundert.

Mazamet

15.000 Einw.

Nicht etwa historische Überbleibsel machten das protestantische Mazamet bekannt, sondern die wollverarbeitende Industrie, welche Ende des 19. Jahrhunderts ins Leben gerufen wurde. Besonders mit der Entwollung oder dem Wollablösen (frz. *délainage*) von den Fellen und dem Reinigen der abgelösten Wolle ist die Stadt sehr reich geworden. Nicht zu verwechseln ist diese Technik mit der Gewinnung von Schurwolle, bei der die Schafe lebend geschoren werden. Aus Argentinien, Neuseeland und vor allem Australien wurden massenhaft Schlachttierfelle billig aufgekauft, denn in diesen Ländern galten sie als Abfallprodukte. Von den Fellen wurde dann durch ein einfaches Verfahren, zu dem nur klares, kalkfreies Wasser notwendig ist, die Wolle von der Haut getrennt und gereinigt. Die abgelöste und vom Fett gereinigte Wolle wurde nach England, Italien und Deutschland exportiert,

308 Das Umland von Albi

das Leder verarbeitete man degegen vor Ort oder in anderen französischen Gerbereien. Anfang der siebziger Jahre verarbeitete man hier täglich rund 100.000 Schaffelle, doch die inzwischen eingetretene Rohstoffknappheit (die Australier z. B. verschiffen ihre Schafe inzwischen lebend in den Nahen Osten) machte der Mazameter Industrie sehr zu schaffen. Viele Firmen gingen zugrunde, nur die leeren Hallen auf einer Länge von 25 Kilometern entlang des sprudelnden Flüsschens Arnette stehen noch.

Im Gegensatz zur Entwollungsindustrie, steht die Textilindustrie heute auf mehreren Standbeinen und produziert für die Auto-, Medizin- und Raumfahrtindustrie. Einige wenige Wollablöse- und Tuchmacherbetriebe sind im Thoré-Tal noch in Betrieb. Das Vallée du Thoré liegt östl. von Mazamet (N 112) in Richtung Saint-Pons.

Auf einen Blick

Information Office de Tourisme, befindet sich im *Maison des Mémoires de Mazamet* und ist sehr gut bestückt mit regionalem Infomaterial, u. a. über Wandermöglichkeiten und Busverbindungen. Rue des Casernes, 81200 Mazamet, ✆ 0563612707, www.tourisme-mazamet.com.

Markt Di-, Sa- und So vormittags im Zentrum, Bauernmarkt der regionalen Produzenten Mo abends im Juli/Aug.

Veranstaltungen Festival de cornemuses (Hörner): Hornbläser geben ihr Können zum Besten. Im Juli.

Fêtes médiévales: Mittelalterliches Fest in Mazamet am ersten Wochenende im Aug.

Internet Ludi.com, geöffnet Mo–Do 10–19.30 Uhr und Fr/Sa 10–21 Uhr. 10, place Gambetta (im Zentrum), ✆ 0563970904.

Camping *** Camping municipal de la Lauze, der städtische Campingplatz liegt in einem parkähnlichen Gelände zwei Kilometer außerhalb der Stadt Richtung Beziers (ausgeschildert). In der Hauptsaison ist die Nutzung des städtischen Schwimmbads und der naheliegenden Tennisplätze im Preis inbegriffen. Ganzjährige Vermietung von Mobil-Homes. Vermietung von Moutainbikes. Mai–Sept. geöffnet. ✆ 0563612469, www.camping-mazamet.com.

Essen Le Grand Balcon, drei Speisesäle stehen den Hungrigen zur Verfügung. Traditionelle französische Küche mit einem guten Preis-Leistungs-Verhältnis. Das Restaurant wird häufig von Einheimischen frequentiert. Mittagsgericht 10 €. Tägl. außer So geöffnet. Square Gaston-Tournier, ✆ 0563610102.

Le Pot éthique, im Deutschen würde man das Lokal als Szenenkneipe bezeichnen. Nur Mi und Fr 9–19 Uhr geöffnet und Sa 14–24 Uhr. Manchmal Fr- und Sa abends kulturelle Abendveranstaltungen. Mittags kleine einfache Gerichte oder belegte Baguettes für den Hunger zwischendurch. 34, rue Saint-Jacques, ✆ 0563612125, www.lepotethique.org.

In der Umgebung von Mazamet

La Maison du Bois et du Jouet: Im Weiler *Moulin-de-L'Oule*, ca. vier Kilometer außerhalb Mazamets (ausgeschildert). Ausstellung über die reichen Naturschätze der Montagne Noire und das wichtigste Produkt dieser Region: Holz, aus dem man traditionelles Holzspielzeug baute. Außerdem stehen im Spielsaal jede Menge Billardtische.

Eintritt 5 €. Juli/Aug. und Ferien tägl. 14–19 Uhr, sonst Mi, Wochenende und an Feiertagen 14–18 Uhr geöffnet. ✆ 0563614270, www.hautpoul.com.

Hautpoul: Drei Kilometer südlich des heutigen Mazamet liegt auf der felsigen Höhe über dem Flüsschen Arnette dieser kleine befestigte Ort wie ein Adlerhorst. Er gilt als der Ursprung von Mazamet und wurde wahrscheinlich von den Westgo-

ten gegründet. Unterhalb dieser Mini-Ortschaft mit ihren sehr steilen Gassen stehen noch die Ruinen der ersten Kirche aus dem 10. Jahrhundert.
Anfahrt: Richtung *Pradelles-Cabardes*, im Weiler *Castaunouze* geht's dann rechts ab. Eine weitere Möglichkeit in den Ort zu kommen ist die D 118 Richtung Carcassonne.

Monts de Lacaune

Auf dem von vielen als mythisch bezeichneten Berggipfel Roc de Montalet (1259 m) bietet sich dem Besucher ein 360°-Blick über die Höhen der Monts Lacaune und das angrenzende Land. Und die 770 Kilogramm schwere gusseiserne Marienstatue schaut einem von ihrem neun Meter hohen Betonsockel dabei zu.

Die Monts Lacaune sind, wie das Gebiet des Sidobre und die Montagne Noire, ein wunderbares Terrain für Radsportler. Es gibt im Departement Tarn 27 markierte Rundstrecken, von sehr leicht bis sehr schwer, die beim Comité Départemental du Tourisme du Tarn (abgekürzt CDT) in Form einer Broschüre erhältlich sind (www.tourisme-tarn.com). Eine ganz besondere Ecke, die sich landschaftlich völlig vom restlichen Gebiet abhebt, ist das zwischen Mazamet und Nages gelegene **Plateau des Lacs** mit seinen vier aufgestauten Seen, die teilweise schon zur Region Languedoc-Rousillon gehören. Diese Seenlandschaft vermittelt dem Besucher stellenweise das Gefühl, sich im hintersten Winkel Kanadas zu befinden.

Die beiden Seen **lac du Laouzas** und **lac de la Ravièje** sind touristisch gut erschlossen und bieten viele Wassersportmöglichkeiten, an den Wochenenden im Sommer sind sie oft sehr gut besucht, wenn nicht sogar überlaufen.

Für Ruhesuchende und Naturliebhaber eignet sich der touristisch wenig erschlossene **lac des Saint-Peyres**, der von Wäldern und Feldern umgeben ist, sowie der völlig unberührte **lac de Vesoles**, der sich zwischen Heidekrautflächen erstreckt.
Anfahrt zum Lac de Vesoles geht über die D 907 ab La Salvetat-sur-Agoût oder Saint-Ponsde-Thomières oder aber über Fraisse-sur-Agout und die Straße D 169.

Information Syndicat d'Initiative du Lac du Laouzas, Rieu-Montagné (Weiler direkt am See), 81320 Nages. ✆ 0563370601, www.laouzas.com.

Übernachten Hôtel Lou Castel, typisches Dorfrestaurant mit ein paar einfachen Zimmern in den Gemäuern des ehemaligen Schlosses von Nages. DZ 38 €. Für einen längeren Aufenthalt gibt es auch besser ausgestattete Zimmer in einem Seitenflügel zu annehmbaren Preisen. Ganzjährig geöffnet. Restaurant serviert Produkte der Region, Mittagstisch um die 14 €. Place du village, ✆ 0563370612.

Maison de Payrac, der ehemalige Bauernhof aus dem 19. Jahrhundert liegt völlig ab von der Welt auf über 850 Metern Höhe und beherbergt im Sommer nicht nur eine Antiquitätenausstellung (Eintritt frei), sondern auch eine günstige Übernachtungsmöglichkeit nach dem Motto: Zurück zur Natur. Hüttenkomfort ohne Strom, das Licht gibt es in Form von Gaslampen und Kerzen, die gestellt werden. 10 €/Nacht.
Achtung, es existieren etwas komplizierte Übernachtungsdaten: Mai/Juni und Sept. sowie an Sonn- und Feiertagen tägl. geöffnet, im Juli/Aug. tägl. außer Di und Fr. Regionale Produzenten stellen im Juli/Aug. ihre reiche Palette an Produkten an und man kann für 10 € einen Teller voll Gegrilltem essen. ✆ 0563371229 (Museum), www.payrac.com.
Anfahrt: Von der D 62 Le Salvetat-Nages am südlichen Zipfel des Lac du Lauzas geht die D 62 Richtung Crozes ab. Von dieser Straße geht es dann ab zum Maison de Payrac (ausgeschildert).

Camping Aire naturelle Les Rives du Lac, in Rieu-Montagné. Rund zehn beschattete Stellplätze sowie einige chalets direkt am See, gemeinschaftlicher Grillplatz. Keine Zahlung mit Kreditkarte. ✆ 0563374576, www.lesrivesdulac.com.

Lacaune-les-Bains

Das kleine Bergstädtchen liegt auf 850 Metern Höhe und vertreibt nicht nur leckere Wurstwaren, sondern bietet auch Erholung in seinen heißen Thermen. Die alten Häuser stammen teilweise aus dem 14. Jahrhundert und gehörten einst den reichen Wurstwarenfabrikanten. Aus seiner Thermenvergangenheit stammt das Recht ein Kasino zu betreiben und die natürlichen Mineralwässer des *Mont Roucous*, die reinsten aller Mineralwässer Frankreichs, gibt es überall in den Midi-Pyrénées zu kaufen.

Seit 2003 gibt es wieder ein Thermal-Badezentrum, erbaut an der Stelle der ehemaligen Thermen und gespeist mit heißem Quellwasser. Heute werden in dieser Region die bekannten Trockenwürste und Schinken von Lacaune hergestellt, doch gibt es auf den Bauernhöfen längst keine Hausschlachtung mehr.

Auf einen Blick

Information Office de Tourisme, gutes Infomaterial über Fahrradtouren, die Strecken in dem Gebiet variieren von sehr einfach bis sehr schwierig. Es gibt auch eine Broschüre mit Adressen der Direktvermarkter von Wurstprodukten aus dem Lacaune. Place du Général-de-Gaulle, 81230 Lacaune-les-Bains, ✆ 0563370498, www.lacaune.com.

Veranstaltungen Les Musicales de Lacaune: Diverse Konzerte (Gospel, Orgel, Trompete, baskische Gesänge etc.), Juli/Aug. in der Kirche Notre-Dame.

Fête de la Randonnée, einen ganzen Tag widmet der Ort der „Bewegung nur zum Vergnügen". Ob zu Fuß, per Mountainbike, hoch zu Ross oder mit dem Motorrad. Infos gibt es im Touristenbüro. Anfang Sept.

Internet Ludo'Média, 13, boulevard Jean-Jaurès, ✆ 0563372639.

Übernachten ** Hôtel-Restaurant Calas, kleines Hotel im Zentrum, sechzehn einfache Zimmer mit Blick auf den Dorfplatz, Parkanlage, Schwimmpark und Spielplatz. Ganzjährig geöffnet. DZ 46–50 €. Die dazugehörige Auberge ist der eigentliche Anziehungspunkt und bietet eine gute regionale Küche mit u. a. Wild- und Fischgerichten. 4, place de la Vierge, ✆ 0563370328, www.pageloisirs.com/calas.

》》 Mein Tipp: *** Le Relais de Fusiès, die ehemalige Postkutschenstation von 1690 ist in Lacaune zu einer Instituition geworden. Geräumige Zimmer, in denen, wie im gesamten Hotel übrigens, die Rottöne überwiegen. Internet, Minibar, TV in jedem Zimmer. Wintergärten, Weinbar, Schwimmbad. DZ 70–80 €. Dazugehöriges Restaurant mit guter regionaler Küche, Mittagsmenü 12,50 €. Tägl. außer Mo geöffnet. 2, rue de la République, ✆ 0563370203, www.hotelfusies.fr. 《《

Camping ** Camping du Clôt, im vier Kilometer entfernten Weiler Les Vidals (Richtung Murat-sur-Vèbre). Der ehemalige Bauernhof sowie die dazugehörende gîte liegen auf knapp 1000 Metern Höhe und sind von Wald und Wiesen umgeben. Die rund 25 Stellplätze besitzen alle Stromversorgung. Von Mitte Febr. bis Mitte Dez. geöffnet. Kleiner Restaurantbetrieb, auf Wunsch gibt's Frühstück, ansonsten abends und So mittags ein Tagesmenü. Restaurantbetrieb von Mitte Mai bis Mitte Sept. geöffnet. ✆ 0563370359, www.pageloisirs.com/le-clot.

Sehenswertes

Fontaine des Pisseurs: Der von den einstigen Ratsherren im Jahre 1399 initiierte Bau des bronzenen Brunnens brauchte über 150 Jahre bis zu seiner Vollendung. Vier „pinkelnde Buben" weisen auf die harntreibende Wirkung des heimischen Quellwassers hin. Um diese Wirkung wusste man auch schon in der Antike. Der Brunnen ist heute denkmalgeschützt und steht an der place du Griffoul.

Musée du Vieux-Lacaune: Das Museumsgebäude ist ein ehemaliges Schulgebäude aus dem 16. Jahrhundert. Das tägliche Leben, diverse Handwerksberufe und die Geschichte der Thermen zwischen dem 18. Jahrhundert bis Mitte des 20. Jahrhunderts werden sehr ansprechend dargestellt.

Eintritt 1 €. Juli/Aug tägl. 14.30–18 Uhr, Mai/Juni und Sept. tägl. außer Mo 15–18 Uhr geöffnet. Place du Griffoul, ✆ 0563372538.

Espace des sources chaudes: Thermal-Badezentrum mit Rutschen für die Kleinen und Entspannungsprogramm für die Großen.

Eintritt 3–4 € je nach Saison. Ganzjährig geöffnet mit sehr unterschiedlichen Öffnungszeiten. Grundsätzlich ist nachmittags bis in den Abend geöffnet. ✆ 0563376990, www.lacaune.com.

Vallée du Gijou

Versteckt zwischen dem Sidobre und den Monts de Lacaune liegt dieses abgelegene, stille und auch ein bisschen verwunschene Tal mit seinen malerischen Dörfern wie **Gijounet** und **Lacaze**.

Vor allem zwischen dem rund 30 Kilometer langen, kurvenreichen und sehr abwechslungsreichen Abschnitt *Gijounet* und *Vabre* bieten sich dem Besucher herrliche Ausblicke auf schroffe Felsen und sanfte Hügel. Für ruhesuchende Camper ist dieses Tal ein idealer Ort.

Es lohnt sich auch, einen kleinen Stopp in dem geschichtsträchtigen Örtchen **Vabre** einzulegen. Protestanten errichteten hier einst zahlreiche Spinnereien und zogen eine gut gehende Textilindustrie auf. Wunderschöne Häuser zeugen von dem gut gehenden Wirtschaftszweig der vergangenen Tage. Von den ursprünglichen Festungsmauern steht nur noch der Belfried. In und um **Montredon-Labessonnié** erinnern die Burgruinen an die Kämpfe um das heißbegehrte Land der Vizegrafen von Lautrec. Interessant ist auch der *Tour-Observatoire*, der 1610 von dem Theologen und Astronomen Guillaume Le Castelfranc, auch *Le Nautonier* genannt, unter Henri IV. erbaut wurde. Es ist eines der ersten Observatorien, das man in Frankreich errichtete.

Anfahrt: Liegt an der Zufahrt zum Château de Castelfranc. Infos unter ✆ 0563705291.

Information La Maison de la Vallée du Gijou, Pont de Sénégats, 81330 Lacaze, ✆ 0563745405.

Camping *** Camping Le Jardin, der Familienbetrieb liegt im Tal des Gijou auf rund 500 Metern Höhe. Schwimmbad, Spielplatz, TV im Empfangsraum. Vermietung von chalets, Mobil-Homes und Stoff-Bungalows. April–Okt. geöffnet. 81330 Lacaze, ✆ 0563371708, www.campinglejardin.com.

** Camping La Vallée de Roussy, ganz einfacher Campingplatz am Flüsschen Agout und weit weg von jeder Lärmquelle. Natur pur! Vermietung von Wohnzelten und Mobil-Homes. April–Sept geöffnet. Der Platz liegt etwa 5 km von Vabre entfernt in Richtung Roquecourbe (D 55). 81330 Vabre, ✆ 0563730544, www.campinglavalleederoussy.com.

Hinweis für Wohnwagen- und Wohnmobilfahrer: Wenn Sie von Montredon-Labessonié anfahren, sollten Sie nicht die kürzere Strecke Richtung Vabre und Vallée d'Agout nehmen (die Straße ist für Ihr Gefährt definitiv zu eng), sondern die etwas längere Umfahrung für Laster.

Essen La Chaumière, im Ort. In moderner Einrichtung wird eine gute, stark regional angehauchte Küche serviert. Das Lokal ist unter den Einheimischen in der Umgebung für seine guten Speisen bekannt. Menüs 17–36 €. So abends, Mo und Di abends geschlossen. Betriebsferien letzte Juni- und erste Juliwoche. 14, allée du Général-de-Gaulle, 81210 Roquecourbe ✆ 0563756088.

Sonnenblumen – so weit das Auge reicht

Die östliche Gascogne

Unendlich weite Sonnenblumenfelder strahlen im Sommer mit der Sonne um die Wette. Sie sind ebenso eine Augenweide wie das „Wellenmeer" aus asymmetrischen Tälern, deren Hänge auf einer Seite steiler abfallen als auf der anderen. Keiner dieser Hügel ist höher als 200 m und doch bieten sie dem Besucher einen grandiosen freien Rundumblick, der sich bis zum Horizont erstreckt. Dieser Teil der Gascogne ist ein Eldorado für Ruhesuchende: Die liebliche, grüne Landschaft ist gespickt mit architektonisch interessanten Taubentürmchen, Burgen, Schlössern, Wind- und Wassermühlen. Die üppige, leckere Küche, inklusive des Weins, lässt einem das Wasser im Munde zusammenlaufen – was will man mehr?

Zwischen der Toulouser Ebene im Osten und den, vom letzten Orkan zum großen Teil flachgelegten, Pinienwälder im Westen liegt das Herzstück der historischen Gascogne. Es gehört hauptsächlich zum Departement Gers, weshalb man das Gebiet auch als *Gascogne gersoise* bezeichnet. Drei Viertel der Kommunen in der ländlichsten Gegend Frankreichs zählen weniger als 250 Einwohner, entsprechend niedrig fällt die Bevölkerungsdichte aus: ganze 27 Einwohner/km². Damit gehört der Gers neben Lozère, Cantal und Aveyron zu den vier am dünnsten besiedelten Departements Frankreichs. Mehr als drei Viertel der Fläche nutzen die wenigen „Hügelbewohner" landwirtschaftlich. Das ist nicht verwunderlich, denn Wassermangel kennt die Gascogne nicht, dank der vielen Brunnen, Quellen, Stauseen, Kanäle und sonstigen Systeme, die das Wasser der Pyrenäen in die hintersten Winkel leiten. So laden einige Talsperren zum Baden und Wassersport ein. Das Klima wird vom Atlantik beeinflusst, d. h. es gibt milde Winter und angenehme Sommer, die Jahresdurchschnittstemperatur beträgt 15 °C.

Viele kleine, einfache Burgen grüßen von der buckeligen Landschaft ins Tal. Sie stammen noch aus der Zeit, als die Gascogne genau zwischen den Fronten der englisch-französischen Streitigkeiten lag: Frankreich besaß Toulouse und den Engländern gehörte Bordeaux. In jener Zeit wurden in aller Eile Burgen auf fast jedem Hügel hochgezogen, schließlich mussten Land und Bevölkerung geschützt werden. Im Laufe der Jahrhunderte entstanden dann die Dörfer um die Burgen, sogenannte Burgdörfer oder -siedlungen (frz. *castelnau*). Ihre Vielzahl im südlichen Bereich des Departements Gers führte zu der Einrichtung einer *route des castelnaux*. Und was die zahllosen Kapellen und Pilgerkirchen betrifft, sie stehen alle entlang des Jakobsweges, der quer durch die Region führt.

Wer die Gascogne besucht, weiß oft nicht, wo er mit den Besichtigungen beginnen soll. Oft besucht man die Hauptstadt einer Region oder eines Departements. In der *Gascogne gersoise* gibt es allerdings viele „Hauptstädtchen". So ist Auch die Hauptstadt der Gascogne, Condom und Eauze (eos ausgesprochen) sind die zwei Hauptstädte des Armagnac, Mirande ist die Hauptstadt der ehemaligen Grafschaft Astarac, Lectoure die Hauptstadt der ehemaligen Grafschaft Lomagne und Samatan die „Hauptstadt" der Enten- und Gänseleberpastete. Kurz: Es ist ein Landstrich, in dem „Milch und Honig" fließen. Viele Gastronomen behaupten, in der östlichen Gascogne gebe es die besten Gänse- und Entenstopflebern. Hier

ist nicht nur der Armagnac zuhause (der übrigens nach dem gleichen Verfahren wie der bekanntere Cognac hergestellt wird), sondern auch Weine wie z. B. *Madiran, Côtes de Gascogne, St. Mont* und nicht zu vergessen der *Floc de Gascogne*, der als Aperitif getrunken wird.

Im Zentrum der östlichen Gascogne

Das Zentrum der östlichen Gascogne mit seinen urigen kleinen Dörfern kann man bequem mit dem Auto an einem Tag besichtigen. Auch im Sommer fährt man durch eine menschenleere hügelige Landschaft, vorbei an gelben Sonnenblumenfeldern und durch authentische mittelalterliche Ortschaften, in denen die Zeit stehen geblieben ist.

Musketier D'Artagnan

Wie schrieb doch schon Friedrich Wencker-Wildberg 1919: „Sein Name klingt hell und schmetternd wie eine Trompetenfanfare, in die rollender Trommelwirbel einfällt. Wir brauchen ihn nur zu hören oder auszusprechen, und sogleich steigt aus der Grabesnacht versunkener Jahrhunderte der Musketier des Königs empor, schüttelt Staub und Moder von Federhut und Samtwams; sporenklirrend tritt er keck ans Licht unserer Zeit und fragt, auf den Knauf seines guten Schwertes gestützt, herausfordernden Blickes nach unserem Begehr. Doch er erscheint nicht allein - ihn begleiten seine drei unzertrennlichen Kameraden und Freunde Athos, Porthos und Aramis, die Sekundanten seiner zahllosen Duelle und Abenteuer, die ihm durch Leben und bis übers Grab hinaus treue Gefolgschaft leisteten. Nun ist das Kleeblatt fertig: Das Lilienbanner bauscht sich im Winde, Degen klirren, und die atemlose, wilde Jagd der drei Musketiere beginnt."

Viele denken bei Musketier D'Artagnan an Alexandre Dumas Abenteuerroman „Die drei Musketiere" und ahnen nicht, dass die vier Romanhelden wirklich existierten. D'Artagnan war ein waschechter Gascogner, der mit richtigem Namen Charles de Batz-Castelmore hieß und 1623 auf Schloss Castelmore bei Lupiac geboren wurde. Ebenso existierten seine drei Freunde Athos, Porthos und Aramis. Anfang des 17. Jahrhunderts dienten sie erst zusammen in der königlichen Gardekompanie von Ludwig XIII. D'Artagnan machte sich durch sein Draufgängertum und unerschütterlichen Mut in den Kriegen u. a. gegen Spanien sehr schnell einen Namen und so landete er bei den Musketieren. Und bei ihnen stieg er unentwegt die Karriereleiter nach oben, bis er schließlich zum „Patron" der ersten Kompanie der Musketiere ernannt wurde. Eine Ehre, die man bis dahin nur hochstehenden Edelleuten des Königreiches gewährte.

Er starb wie er es sich immer gewünscht hatte: durch eine Kugel während des siegreichen Sturms der Franzosen auf die Stadt Maastricht im Jahre 1673.

Östliche Gascogne

Auch

Die kleine Provinzstadt Auch (osch ausgesprochen) erhebt sich über dem Fluss Gers und besitzt eine der bedeutendsten Kirchen Frankreichs. Die mächtige, weithin sichtbare spätgotische Kathedrale Sainte-Marie prägt zusammen mit den sogenannten pousterles das malerische Gesicht der Altstadt. Diese steilen engen Gässchen verbinden die alte Oberstadt mit der an den Ufern des Gers liegenden neueren Unterstadt.

Als Hauptstadt der ehemaligen Grafschaft Fezensac wurde Auch, als Napoleon das Sagen hatte, Verwaltungssitz des nach dem Fluss Gers benannten Departements.

Die östliche Gascogne

Der aquitanische Keltenstamm *Auscii* besiedelte einst den Hügel, während sich später die Römer im Tal niederließen, um die Stadt *Augusta-Auscorum* zu gründen. Sie gehörte im 3. Jahrhundert zum südlichen Bereich des antiken Aquitanien, dem sogenannten *Novempopulanie*, dem Aquitanien der „neuen Völker". Mit dem Zusammenbruch des römischen Reiches begannen die kriegerischen Machtansprüche auf das Land und die Stadt. Westgoten, Merowinger und Karolinger machten sie sich untertan. Unter den Eroberern waren im 6. Jahrhundert auch die Vasconen (Basken), die das Land überrollten, denn sie selbst wurden von den Westgoten aus dem südlichen Pyrenäenbereich vertrieben. So wurde aus dem bis dahin bestehenden römischen Distrikt Novempopulanie die Provinz *Vasconie* - die zukünftige Gascogne - und Auch erzbischöflicher Sitz. Die Bevölkerung flüchtete nach den jahrhundertelangen Angriffen auf die Hügel. Auch bekam nach und nach das typische Aussehen einer mittelalterlichen Stadt. Zahlreiche Überbleibsel aus jener Zeit, in der Auch die Pilgerströme Richtung Santiago de Compostela vorbeiziehen sah, können wir noch bewundern. Bis in das 18. Jahrhundert gab es keine nennenswerten städtebaulichen Veränderungen, dann aber änderte der königliche Intendant *d'Etigny* zwischen 1751 und 1767 einiges am Stadtbild. Doch den Wandel von einer mittelalterlichen zu einer neuzeitlichen Stadt vollzog Auch erst mit den wirklich großen städtebaulichen Änderungen unter Napoleon III.

Informationen/Verbindungen/Diverses

Information Office de Tourisme, hier bekommt man den im Departement Gers gültigen *passeport Privilège*, welcher von Ostern bis zum Jahresende zu zahlreichen Ermäßigungen u. a. für Eintritte in Museen und bei regionalen Produkten berechtigt. 1, rue Dessoles (maison de Fedel), 32000 Auch. ✆ 0562052289, www.auch-tourisme.com.

Verbindungen **Flugzeug:** regelmäßige Flüge nach Toulouse-Blagnac, ✆ 0561424400, www.toulouse.aeroport.fr, nach Bordeaux-Mérignac, ✆ 0556345050, www.bordeaux.aeroport.fr, nach Agen-La Garenne, ✆ 0553770088, www.aeroport-agen.com.

Zug: Regelmäßiger Zugverkehr von und nach Toulouse und Agen. Avenue Pierre-Mendès-France (Richtung Toulouse, in Verlängerung des Pont du Prieuré). ✆ 3635 (0,34 €/Min. nur innerhalb Frankreich gültig), www.sncf.com.

Bus: Busse von und nach Montauban, Tarbes, Mont-de-Marsan, Agen, Lectoure, Fleurance, Beaumont-de-Lomagne, Mirande, Condom und Toulouse. Busbahnhof neben dem SNCF-Bahnhof (s. o.). ✆ 0562057637, www.gers-gascogne.com.

Markt Do vormittags in der Unterstadt (quai Lissagaray), Sa vormittags auf dem Platz vor der Kathedrale (Oberstadt).

Veranstaltungen Claviers d'été, Orgelkonzerte in der Kathedrale Sainte-Marie, Eintritt frei. Jeden So 18 Uhr von Mitte Juli bis Ende Aug.

Festival Eclats de Voix, ein Festival mit Konzerten und Recitals. In „Clairfont" 32810 Preignan. An drei Wochenenden von Mitte Juni bis Anfang Juli. www.eclatsdevoix.com.

Nachtleben Discothèque La Banque, nichts ist unmöglich: Eine Disko in den vier Wänden eines ehemaligen Franziskaner-Klosters! Auf drei Etagen kann man sich Ambiente, Sound und Bar aussuchen. 3, rue Gambetta, ✆ 0562619642.

Adressen Hauptpost 10, rue Gambetta.

Tierarzt, Clinique Vétérinaire des Docteurs Dupin et Roux, route de Toulouse, ✆ 0562053802.

Internet, IMAJ-Bureau Jeunesse. Geöffnet Mo-Sa 13-18 Uhr. Kostenloser www-Zugang Mi und Sa. 16 bis, rue Rouget-de-Lisle, ✆ 0562602121.

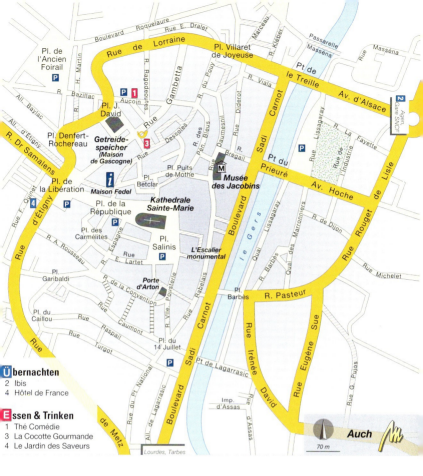

Übernachten

- 2 Ibis
- 4 Hôtel de France

Essen & Trinken

- 1 Thé Comédie
- 3 La Cocotte Gourmande
- 4 Le Jardin des Saveurs

Übernachten/Essen

Übernachten Der seit Jahrzehnten herrschende Hotel-Notstand in Auch ist in der Reisebranche bekannt. Bis heute hat sich (fast) nichts geändert. Man sollte besser ins Grüne ausweichen, wenn man nicht im Nobel-Hotel oder in der Hotelkette IBIS (die im Grunde genommen nicht schlecht ist) übernachten möchte.

** **Hotel-Restaurant de France** 4; Logis de France, durch das einst sehr desolate Hotel gegenüber der Kathedrale weht ein frischer (und auch teurer) Wind. Geräumige Zimmer mit Doppelfenster, Tel., TV und WLAN. DZ 70-120 €. Fragen Sie am besten nach den renovierten Zimmern! 1, place de la Libération, ✆ 0562617171, www.hoteldefrance-auch.com.

** **IBIS** 2, Hotelkette IBIS, liegt wenige Kilometer nördlich vom Zentrum entfernt im Industriegebiet (ZI) d'Endoumingue und unweit der nördlichen Umgehungsstraße N 124. Die Zimmer haben ein korrektes Preis-Leistungs-Vehältnis und für 1-2 Nächte ist diese Hotelkette sicher eine gute Lösung. Zimmer mit Tel., TV und WLAN. DZ ab 60 €. Avenue Jean Jaurès, 32000 Auch. ✆ 0562635544, www.ibishotel.com.

Anfahrt: in Richtung Agen beim Hippodrome de la Ribère.

Hotel-Restaurant Oh Bon Plaisir, in 32200 Aubiet, rund 15 km östl. von Auch Richtung Gimont (s. Übernachtung Gimont).

318 Die östliche Gascogne

Camping *** Le Castagné, etwa 4 km außerhalb (wird nach ca. 2 km in Richtung Toulouse ausgeschildert). Dieser sehr angenehme, in Terrassen angelegte und gut beschattete Platz an einem See liegt oberhalb der *route de Toulouse*. Im Übernachtungspreis ist die Schwimmbadnutzung inbegriffen. Campingplatz nur von Mai bis Mitte Okt. geöffnet. Ganzjährige Vermietung von chalets und Mobil-Homes sowie sehr schönen chambres d'hôtes. Haustiere erlaubt. ✆ 0562633256 oder ✆ 0607974037 (Mobil), www.domainelecastagne.com.

Essen Le Jardin des Saveurs **4**, das Restaurant gehört zum o. g. Hotel de France und hat sich einen guten Namen gemacht, leider ist alles ziemlich teuer. Das Mittagsmenü 19 €, doch in der danebenliegenden und ebenfalls zum Hotel gehörenden Brasserie ist das nicht minder gute Mittagsmenü schon für 11,50 € zu haben. 2, place de la Libération. Reservierung nicht vergessen.

La Cocotte Gourmande **3**, ein Restaurant, das immer gut besucht ist. Die Fleischgerichte wie Lamm, Entenfilet sowie Fischgerichte werden in verschieden großen gusseisernen Kochtöpfen (frz. *cocotte*) nicht nur gekocht, sondern auch serviert. Die ganze Speisekarte bietet nichts für den kleinen Hunger, die Portionen sind riesig! Mittagsmenü ab 12 €. So abends und Mo geschlossen. 1, rue Mazagran. ✆ 0562050847. Reservierung erforderlich.

Thé Comédie **1**, nur mittags und von Di bis Sa geöffnet. Ein sympathisches kleines Lokal, in dem man tägl. gut und günstig speist. Zu empfehlen sind auch die leckeren Desserts und *„tartes"* (mit Obst belegte Mürbeteigböden). Hier speist vor allem die „arbeitende Bevölkerung". Menü 12 €, à la carte unter 15 €. Rue Louis-Aucoin, ✆ 0562058113.

Sehenswertes

Cathédrale Sainte-Marie: Die Kathedrale von Auch (UNESCO Weltkulturerbe) liegt am Jakobsweg und ist sowohl eine der jüngsten als auch eine der größten Kathedralen Frankreichs. Die Fassade versetzt so manchen Architekturkundigen ins Staunen, denn hier verschmelzen auf wunderbare Weise zwei Baustile (Spätgotik und Renaissance). Das verwundert nicht, wenn man bedenkt, dass die Bauzeit dieses 104 Meter langen und 40 Meter breiten Gotteshauses zwischen dem ersten Spatenstich der Krypta 1489 bis zur Anbringung der Deckengewölbe des Chors über 200 Jahre gedauert hat. Sie beherbergt gleich zwei Meisterwerke aus der Zeit der Renaissance, die man auf keinen Fall verpassen sollte: Zum einen die, von dem aus der Gascogne stammenden *Arnaud de Moles* zwischen 1507 und 1513 geschaffenen, Kirchenfenster im Chor und in den Seitenkapellen, zum anderen das einzigartig geschnitzte Chorgestühl aus der ersten Hälfte des 16. Jahrhunderts.

Auf drei der insgesamt 18 farbenfrohen **Kirchenfenster** sind die Hauptthemen des Alten und Neuen Testaments zu sehen: Schöpfungsgeschichte, Kreuzigung und Auferstehung Christi. Die anderen Fenster zeigen diverse biblische Szenen. Insgesamt sind rund 60 biblische Gestalten dargestellt.

Der rundum geschlossene **Chor** besitzt 113 reich geschnitzte Chorstühle. Rund 1500 in Eichenholz geschnitzte Figuren und 3000 unterschiedliche Motive wurden in 50 Jahren geschaffen. Die Orgel aus dem 17. Jahrhundert war in der damaligen Zeit die größte Frankreichs und ist heute landesweit das einzige komplette Exemplar aus dieser Epoche.
Besichtigung der Kathedrale: Außer während der Messen tägl. 8.30-12 und 14-18 Uhr, von Mitte Juli bis Ende Aug. durchgängig geöffnet. Chorbesichtigung 2 €.

Tour d'Armagnac: Wie ein Leuchtturm ragt dieser aus dem 14. Jahrhundert stammende Turm 40 Meter hoch in den Himmel. Er diente als Gefängnis des Bistums, in dem jeder Insasse ein Stockwerk für sich hatte, denn jede Etage entsprach einer Zelle.
Keine Besichtigung.

600 Jahre alt: Maison Fedel

Ancien Archévêché: Die Fassade des ehemaligen Erzbischofspalastes (heute Präfektur) mit ihren korinthischen Pilastern grenzt an die Nordfassade der Kathedrale und wurde im 18. Jahrhundert restauriert. Eine Besichtigung der Innenräume ist nur an Tagen der „Offenen Tür" möglich, aber man hat freien Zugang zum Innenhof.

Éscalier monumental mit der **statue D'Artagnan**: Die riesige Freitreppe aus dem Jahre 1863 verband die Altstadt (Oberstadt) mit den neueren Vierteln (Unterstadt). 35 Höhenmeter sind über insgesamt 370 Stufen zu überwinden, allein die Haupttreppe besitzt 235 (da aber jeder auf eine andere Zahl kommt, zählt man am besten selbst). Auf halber Höhe begegnet man dem riesigen Denkmal des wohl bekanntesten Gascogners *D'Artagnan*, der seine Kindheit und Jugend hier verbrachte.

Rundgang durch die Altstadt

Den Rundgang durch die Altstadt beginnt man an der Kathedrale, denn hier beginnen auch die engen Gässchen. An der *place de la République* (Kirchplatz vor der Kathedrale) steht das **maison Fedel**, ein sehr fotogenes Fachwerkhaus (15. Jh.), in dem das Touristenbüro untergebracht ist. Hier beginnt auf der östlichen Seite der Kathedrale die *rue Dessoles*, eine geschäftige Hauptgasse und Fußgängerzone mit Restaurants, Terrassen und Boutiquen, und hier befindet sich auch das Viertel der „**pousterles**". Jene, inzwischen berühmten, mittelalterlichen, sehr abschüssigen und engen Gässchen führten zum Stadttor (frz. *porte* oder *poterne* und lat. *posterula*) und verbanden die Ober- mit der Unterstadt. Es waren sozusagen die Zufahrtswege zum Gers, denn dort mussten die Bewohner ihr Wasser im Mittelalter schöpfen. Einige der *pousterles* existieren noch.

Zugang zu den pousterles: Über die Gasse *rue Fabre-d'Églantine* mit dem Stadttor **porte d'Arton**, dessen Obergeschoss dem Torwächter sozusagen als mittelalterliche Dienstwohnung diente. Nach dem Tordurchgang biegt man rechts in die *rue*

Vieille-Pousterle und gleich wieder rechts in die *rue de la Convention*. Man kreuzt die *pousterles des Coulomats* und *de las Oumettos*. Über die *rue Espagne* geht es vorbei an ein paar interessanten Häusern und wunderschönen Innenhöfen zurück zur Kathedrale.

Mairie: Das aus dem Jahre 1759 stammende Rathaus liegt im neueren Viertel der Oberstadt gegenüber der Kathedrale. Es beherbergt ein kleines Theater im italienischen Stil sowie den salle des Illustres mit 50, im 19. Jahrhundert angefertigten, Portraits der bekanntesten Gascogner. In beide Räume darf man normalerweise einen Blick werfen, vorausgesetzt man fragt sehr freundlich.

Maison de Gascogne: Der ehemalige Getreidespeicher wurde zwischen 1837 und 1843 erbaut. Inzwischen finden hier das ganze Jahr über Veranstaltungen statt, wie z. B. die traditionelle Ausstellung handwerklicher und gastronomischer Produkte aus der Region im Juli und August. Place Jean-David.

Musée des Jacobins: Das einstige Jakobinerkloster ist heute ein Museum mit umfangreicher Kunstsammlung und diversen Ausstellungen auf drei Etagen verteilt. Man besichtigt z. B. hochkarätige präkolumbianische Kunst aus dem 18. Jh., Volkskunst aus der Gascogne, romanische Kapitele, römische Sarkophage und vieles mehr.

Eintritt 4 €, jeden ersten So im Monat sowie unter 18 Jahren Eintritt frei. Juli/Aug. tägl. außer feiertags geöffnet, sonst am Wochenende und über Mittag geschlossen. 4, place Louis-Blanc, ✆ 0562057479.

Montaut-les-Créneaux

Nicht nur gut erhaltene alte Fachwerkhäuser machen den Reiz dieses Ortes aus. Die ehemalige Burg der ersten Grafen von Fezensac besitzt einen der ältesten Bergfriede im Südwesten. Um den Bergfried und ein einflussreiches Priorat von Cluny entwickelte sich ab dem 11. Jahrhundert das Burgdorf (frz. *castelnau*). Die Kirche wurde ab Mitte des 12. Jahrhunderts erneuert und bekam gleich drei Kirchenschiffe (von außen leicht erkennbar an den drei Ausbuchtungen des Chorhauptes).

Lavardens

Weithin sichtbar überragen die mächtige, kastenförmige Burg **Château de Lavardens** und eine nicht minder wuchtige Kirche (ehemaliger Bergfried) den, aus nur wenigen Häusern bestehenden, Ort. Beeindruckend sind die noch gut erhaltenen Pechnasen, die sich wie ein Schmuckband um das Burggemäuer ziehen. Im Besitz von *Antoine de Roquelaure*, Marschall von Frankreich und Freund von Henri IV., wurde sie im 17. Jahrhundert wieder aufgebaut. Der Wiederaufbau stoppte als 1653 die Pest ausbrach. Die Architektur dieser Burg ähnelt interessanterweise in der Form dem Segelschiffbug der alten spanischen Galeonen. Unterhalb der Burg befinden sich noch Reste der quadratischen Türme der ehemaligen Stadtmauer. An der Burg gibt es einen großen kostenlosen Parkplatz.

Besichtigung 5 €, Eintrittspreise variieren je nach Ausstellung. Juli/Aug. tägl. 10-19 Uhr, Sept.-Juni tägl. 10.30-12.30 und 14-17 Uhr. ℡ 0562581061, www.chateaulavardens.com.

>>> **Mein Tipp:** Restaurant du Château, liegt am Fuß der Burg in den Gemäuern der ehemaligen Pferdeställe. Sehr gute und einfache Küche mit frischen Produkten aus der Region. Im Sommer sitzt man wunderbar im Schatten von Feigenbäumen und wildem Wein. Mittagsmenü 16 €. Geöffnet tägl. außer So abends und Mo. ℡ 0562645890. <<<

Grillenfangen: Eine internationale Wettkampf-Disziplin!

Lavardens ist weltbekannt, aber nicht wegen seiner Burg oder Kirche - nein - wegen seines seit 1981 jährlich im Juni stattfindenden Wettkampfes im Grillenfangen. Aus aller Welt kommen die Grillen-Dompteure angereist und versuchen die zirpenden, braunen Insekten mit allen Mitteln aus ihren Löchern zu locken. Ein äußerst schwieriges Unterfangen! Sieger ist, wer als erstes drei Grillen gefangen- (lebend, versteht sich) und im Schächtelchen untergebracht hat. Natürlich werden die kleinen Tierchen nach der Siegerehrung wieder in die Freiheit entlassen. Ein verrückter und faszinierender Wettkampf, bei dem man auch als Zuschauer seinen Spaß hat. Die Franzosen nennen diese Disziplin übrigens *Championnat du Monde des Tuteurs de Grillons*.

Biran

Das ehemalige *castrum* mit seinem schlanken mittelalterlichen Turm liegt wie eine Kappe auf der ovalen Erhebung. Einst stand hier die Burg der Herren von Armagnac, und wie so oft hat auch hier die Kirche einen der Verteidigungstürme der ehemaligen Stadtmauer annektiert und zum Glockenturm umfunktioniert.

Wehrhaft: Pechnasen des Château de Lavardens

Ganz in der Nähe, unterhalb des Ortes (Süden) beim Weiler du Mas, steht ein **gallo-römischer Pfeiler** (frz. *pile gallo-romaine de Turraque*) aus dem 1. Jahrhundert, angeblich soll er an einen mächtigen, römischen Gutsherren erinnern.

Jegun

In dem kleinen Dorf findet man weder einen öffentlichen Platz noch eine Kirche und die riesige Markthalle ist zwischen zwei Straßen eingekeilt. Ursprünglich stand das Dorf nämlich an einer anderen Stelle, dort wurde es allerdings zerstört. Die Grafen D'Armagnac haben dann etwas abseits des ersten Burgdorfs diesen Ort aufbauen lassen. Und so befindet sich die ehemalige *Stiftskirche Sainte-Candide* aus den Anfängen des 13. Jahrhunderts jetzt außerhalb der heutigen Ortschaft. Am zweiten Samstag im August findet in der Markthalle eine Wein- und Schnapsausstellung statt.

Office de Tourisme Coeur de Gascogne, 31, place de la Bascule, 32360 **Jégun**. 0562642445, www.tourisme-coeurdegascogne.com.

Corrida und Courses landaises - Stierkampf im Südwesten

Es gibt zwei Arten von Stierkampf in Frankreich: Zum einen den im Mittelmeerraum und Spanien beheimateten Stierkampf **La Corrida**, der aber auch alljährlich in Vic-Fezensac veranstaltet wird. Hier fließt viel Blut und zwar das des Stieres, der immer getötet wird. Zum anderen gibt es speziell im Gers die für den Stier unblutige Variante **courses landaises** - „landaise", da ursprünglich die aus den Landes (Aquitanien) stammende Rinderasse *landaise* dafür herhalten musste. Dem jungen Stier wird bei dieser Variante kein Haar gekrümmt, er darf nicht einmal berührt werden, aber die tollkühnen Männer setzen dabei ihr Leben aufs Spiel. Seit 1973 sind die *courses landaises* eine anerkannte „Sportart". Die wilden, aber seit 1923 aus Sicherheitsgründen immer an einem Seil geführten Rinder mit ihren inzwischen auch dick gepolsterten Hörnern werden zum Angriff provoziert. Dabei sind immer mehrere Menschen beteiligt: einer der das Tier an der Leine führt, einer der den Vierbeiner im Vorfeld bis aufs Blut reizt und der eigentliche Held, der sogenannte **torero landais**, der in letzter Sekunde dem heranpreschenden Rind durch eine Vierteldrehung ausweicht oder einen waghalsigen Sprung über das rasende Tier wagt, um nicht aufgespießt zu werden. Besonders Mutige wagen den *salto mortale*. Vorgegeben sind zwei Standardfiguren: der Sprung und das Ausweichen. Man könnte das Ganze als Mutprobe oder athletische Übung ansehen. Schon bei den alten Griechen gab es ein ähnliches Vergnügen, den sogenannten „Stiersprung". Welches behörnte Jungrind in den Ring darf, entscheidet im Vorfeld das Publikum, das die Rinder begutachtet und ein Urteil abgibt. Bis 1923 gab es bei den courses landaises mehr Tote als bei der Corrida und die Rede ist hier von Menschen. Von da an wurden die Hörner gepolstert und das wilde Tier an die lange Leine gelegt. Trotzdem mussten in den letzten 65 Jahren acht Menschen daran glauben (der letzte 1987): sieben, die dem Tier mit der berühmten Vierteldrehung ausweichen wollten und 1972 ein zu wagemutiger Springer. *Die courses landaises* haben in der Gascogne eine jahrhundertelange Tradition und finden zwischen März und Oktober statt.

Information: www.courselandaise.org

Vic-Fezensac

Vic-Fezensac, dieser Ortsname steht vor allem für eines: *Corrida* und *courses landaises*. Die Gemeinde gehört zusammen mit Nogaro und Eauze zum Stierkampf-Dreieck in den Midi-Pyrénées. Der Ort selbst hat nur 3.700 Einwohner, aber an Pfingsten strömen alljährlich um die 150.000 Besucher zu den *corridas* und *courses landaises*.

Information Office de Tourisme, liegt im Zentrum am Platz. Das Touristenbüro organisiert 90-minütige Führungen durch die Arena (2 €). 22, place Julie-Saint-Avit, 32190 Vic-Fezensac. ✆ 0562063490, www.vic-fezensac.com.

Markt Wochenmarkt Fr vormittags in der Innenstadt, abendlicher Bauernmarkt mit Verköstigung und Produkten der Region, immer mittwochs jeweils zweimal im Juli und Aug.

Veranstaltungen Feria de Pentecôte (Stierkampf an Pfingsten): An Pfingsten, Reservierung sehr lange im Voraus erforderlich! ✆ 0562065655, www.clubtaurinvicois.com oder www.vic.fezensac.com.

Festival de Musique Latine, für drei Tage kommen Freunde südamerikanischer Musik auf dem Arena-Gelände (liegt direkt an der Hauptstraße in Richtung Eauze) voll auf ihre Kosten. Letztes Wochenende im Juli, www.tempo-latino.com.

Essen Restaurant Le petit chez soi (frei übersetzt: Das traute Heim). In dem berühmten Gebäude des kleinen Restaurants nächtigte am 25. April 1660 Ludwig XIV. Sehr netter Empfang, traditionelle Gerichte wie z. B. Entenfleisch in Schmalz (frz. *confit de canard*). Mittagsmenü 12 €. Tägl. geöffnet außer So abends, in der Nebensaison auch Mo und Mi abends geschlossen. 7, rue Henri Rougeon (zwischen Kirche Saint-Pierre und place Julie-Saint-Avit), ✆ 0562580105.

Stierkampfarena: alljährliches Ziel von zigtausend Besuchern

Urig: die Häuser in Montesquiou

Zwischen Auch und Val d'Adour

Zum Reiz der Landschaft tragen wesentlich die malerischen und z. T. winzigen Bastiden und Burgdörfer bei. Einige bieten außer dem historischen und architektonischen Aspekt noch atemberaubende Ausblicke oder gute Restaurants oder beides zusammen. Die Straße D 943 zwischen Auch und dem südwestlich gelegenen Marciac wird „route des bastides et castelnaux" genannt.

Barran

Die flächenmäßig ziemlich ausgedehnte Bastide ist wegen ihrem witzigen, schneckenförmig verdrehten Glockenturm bekannt geworden. Der immer noch mittelalterlich anmutende Ort ist Mitglied des europäischen „Verein der verdrehten Glockentürme".

L'Isle-de-Noé

Am Zusammenfluss der beiden Seitenarme der Baïse steht eine Kartause, sie war einst Sitz der beiden Grafen *de Noé*. Einer der beiden Herren mit Künstlernamen Cham (anscheinend eine Anspielung auf Noahs Sohn Cham im Alten Testament) hatte im 19. Jahrhundert großen Erfolg mit seinen humoristischen Zeichnungen, die man bewundern kann.

Montesquiou

Der Ort verkörpert das klassische Bild einer runden Burgsiedlung, obwohl von der Burg selbst nichts mehr zu sehen ist. Das malerische Dorf ist umgeben von einer lieblichen Landschaft und besitzt noch Reste seiner Vergangenheit. Zur romanischen Kirche aus dem gleichen Jahrhundert wie die ehemalige Burg (12. Jh.) gehört noch ein Original-Glockenturm. Reste der Festungsmauer, alte Gassen, die von Fachwerkhäuschen gesäumt werden, und ein befestigtes Stadttor vervollständigen das mittelalterliche Dorfbild. Die Gegend bezeichnet man oft als „französische Toskana". Dieses *castelnau* war die Wiege der berühmten Familie *Montesquiou-D'Artagnan*, aus der die Mutter des bekannten D'Artagnan stammte.

Information Syndicat d'Initiative, im Rathaus, 32320 Montesquiou. ✆ 0562709858, www.montesquiou.info. In der Umgebung gibt es schöne Wanderwege (Varianten des Fernwanderwegs GR 653), Infos dazu im syndicat d'Initiative.

Übernachten/Camping *** Hotel Château Le Haget (ca.1 km Richtung Montclar). Das Nobelhotel mit sehr geräumigen Zimmern befindet sich in einem der schönsten Schlösser des Gers. Es liegt in einer Parkanlage mit Schwimmbad und Spielplatz. Dazu gehören ein Nobel-Restaurant sowie ein Campingplatz (s. u.). Der gesamte Komplex ist unter einer Adresse zu erreichen. Route de Mielan, ✆ 0562709580, www.lehaget.com.

*** **Camping du Château Le Haget**, gehört zum o. g. château und liegt ebenfalls in der Parkanlage. Sanitäre Anlagen wurden in der ehemaligen Orangerie des Schlosses untergebracht. April-Okt geöffnet.

Bassoues

Es ist ein ungewohnter und seltener Anblick: Die Dorfstraße führt durch die überdachte Markthalle, Autos fahren auf der einen Seite wie durch ein Scheunentor hinein und auf der anderen Seite wieder raus. Malerisch säumen uralte schiefe Fachwerkhäuser und Arkaden diese Markthalle.

Doch das urigste an diesem noch authentischen Dorf ist die Speisetafel des einzigen Wirtshauses: Unter den krummen und immens dicken Eichenbalken der Arkaden ist über die gesamte Länge eine Reihe Tische aufgebaut. Arkadennutzung in Frankreich einmal anders: Gemeinsam unter Arkaden speisen anstatt gemeinsam darunter parken!

Der mit seinen 43 Höhenmetern uneinnehmbare Belfried (ca. 1370) des Neffen von Papst Innocent IV. thront über einer der kuriosesten Bastiden des Gers und bringt Freaks der mittelalterlichen Militärarchitektur zum Schwärmen.

Beim nahegelegenen Friedhof von Bassoues erhebt sich in Sichtweite vom Dorf die **Basilika Saint-Fris** aus dem 15. Jahrhundert, im 19. Jahrhundert wurde sie dann umgebaut. In ihrer Krypta steht der Sarkophag des Neffen von Charles Martel. Jener kam wohl bei einem der letzten Kämpfe im ersten Drittel des 8. Jahrhunderts gegen die Sarazenen ums Leben. Den Schlüssel für die Basilika bekommt man im Belfried.

Information Syndicat d'Initiative, Büro befindet sich im Belfried, 32320 Bassoues. ✆ 0562709734, www.bassoues.net.
Turmbesichtigung 4 €.
Essen Café-Restaurant du Centre, der Treffpunkt für das ganze Dorf. Wer an der langen Tafel Platz nimmt gehört dazu. Regionale Gerichte gut und günstig. Mittagsmenü 11 €. Juli/Aug. tägl. außer Mo abends, in der Nebensaison auch Di abends geschlossen. ✆ 0562709044.

Marciac

Schon von weitem weisen zwei Kirchturmspitzen, eine davon ist mit über 80 Metern die höchste im Gers, den Weg zu der königlichen Bastide. Der wirklich riesige Marktplatz ist mit den Maßen 130x75 m definitiv der größte in den Midi-Pyrénées.

Er steht damit in keinem Verhältnis zu der kleinen Ortschaft mit ihren 1.200 Einwohnern, aber die Kirchturmspitze ist ja auch ein bisschen zu hoch geraten ... Dieser Platz wird einmal im Jahr zur Bühne für das sehr bekannte, zweiwöchige internationale Jazz-Festival. Alles was Rang und Namen in der Jazz-Szene hat, trifft sich dann in Marciac. Von der ehemaligen Markthalle auf 35 Pfeilern aus behauenen Steinen ist nichts mehr zu sehen, sie wurde 1871 wohl wegen Baufälligkeit abgerissen.

Information Office de Tourisme, 25, place de l'Hôtel-de-Ville, 32230 Marciac, ✆ 0562082660, www.marciactourisme.com.

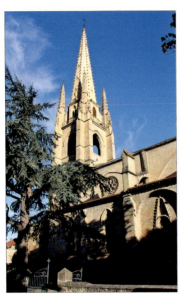

Die höchste Kirchturmspitze im Gers

Adressen Internet, im Touristenbüro.

Post 45, place de L'Hôtel de Ville (am Marktplatz).

Markt Mi vormittags, Marktplatz.

Veranstaltungen Festival de Jazz, seit 1977 alljährlich in der ersten Augusthälfte, eines der europaweit (!) bekanntesten und beliebtesten Jazz-Festivals. Infos unter ✆ 0562093198, www.jazzinmarciac.com.

Museum Les Territoires du Jazz (Jazz-Museum), neben dem Touristenbüro. Jeder Raum präsentiert eine Jazz-Epoche, Musik über Kopfhörer. Eintritt 5 €. Im Sommer Di–Sa 14.30–18.30 Uhr, während des Festivals tägl. 11-19 Uhr.

Baden Base nautique, 500 m außerhalb des Ortes Richtung Plaisance (D 3), erreichbar auch über einen Gehweg entlang der Straße. Juni–Sept. geöffnet. Es herrscht Badeverbot im See, aber daneben liegt ein weitläufiges Badezentrum mit Schwimmbecken, Rutschen, Gegenstrom-Schwimmanlage, Massageduschen... Eintritt 3,50 €. ✆ 0562037066.

Übernachten/Camping Während des Jazz-Festivals Anfang August ist in und im weiten Umkreis von Marciac so ziemlich alles ausgebucht, entweder man reserviert weit im Voraus oder man macht einen großen Bogen um diese Gegend.

** Hotel Les Comtes de Pardiac, Logis de France, direkt am Marktplatz. Hotel hat seit 2010 drei Sterne, was etwas überzogen ist, denn in Ausstattung und Komfort hat sich zu den vorherigen zwei Sternen nichts geändert. Zimmer mit TV, Tel. und Internetzugang, im Hinterhof Whirlpool und ein weiterer Hoteltrakt. Leider sind in diesem sonst sehr ruhigen Gartenbereich zeitweise (auch nachts) Ventilatorgeräusche zu hören. Nur Frühstücksservice, Abendessen muss auswärts eingenommen werden (direkt nebenan ist ein sehr gutes Restaurant). DZ 55–65 € (während des Festivals mindestens doppelt so teuer!). 28, place de l'Hôtel-de-Ville, ✆ 0562082000, www.hotel-marciac.com.

Camping du Lac, liegt etwas außerhalb und wenige Meter vom See entfernt (D 3 Richtung Plaisance). Ruhige schattenspendende Anlage, Fahrrad-Verleih, Schwimmbad. Haustiere erlaubt. Vermietung von Mobil-Homes und chalets. Geöffnet Mitte März bis Ende Okt. ✆ 0562082119, www.camping-marciac.com.

Essen La Petite Auberge, am Marktplatz, gemütlicher Speisesaal mit überdachtem Patio. Die Speisekarte bietet nicht nur Ente, Stopfleber und Co, auch an Vegetarier wird gedacht. Mittags viel Betrieb, Mittagsmenü 12.50 €, sonst 19–36 €. Tägl. außer Mi abends und Do geöffnet. Betriebsferien von Mitte Okt. bis Mitte Nov. 16–18, place de l'Hôtel-de-Ville, ✆ 0562093133.

La Péniche, Bar-Restaurant am Seeufer (Richtung Plaisance). Der Kahn ist aus Beton und die Vertäuung eine Attrappe, trotzdem ein sehr angenehmer Ort zum Speisen. Treffpunkt für berühmte Jazz-Musiker wie Lionel Hampton und Dee Dee Bridgewater nach ihrem Auftritt beim Jazz-Festival und ein idealer Ort für private Feten. Tägl. außer Mo und Di geöffnet, am besten reservieren! Menü 12–25 €. ✆ 0562093846.

Le Monde à l'Envers, Teestube und Restaurant. Mittagsmenü 12,50 €. Di–Sa 10–19 Uhr geöffnet, Betriebsferien Okt. bis Mai. Während des Jazz-Festivals auch Do und So abends offen. 20, place de l'Hôtel-de-Ville, ✆ 0562082528.

In der Umgebung von Marciac

Église Saint-Christophe von Saint-Christaud: Diese imposante, romanisch-gotische, aus rotem Backstein erbaute Kirche steht völlig frei auf einem Hügel und bietet einen tollen Blick über die Feld-, Wald- und Wiesenlandschaft. Der Name Saint-Christaud leitet sich angeblich vom französischen *christ haut* (hoher Christ) ab. Man nimmt an, dass die Kirche aus dem Jahre 1260 stammt, denn es gibt für die Jahreszahl einen „Beweisstein" (frz. *pierre témoin*), der aus einem der Pfeiler stammt und Rückschlüsse auf die Jahreszahl zulässt. Er wird im entfernten *musée des Augustins* in Toulouse aufbewahrt. Die mit sage und schreibe zwölf Stützmauern abgestützte Kirche steht am Kreuzungspunkt zweier alter Wege: Der sogenannte „Tenarèze", auch „route de César" genannt, verband Bordeaux mit den Pyrenäen via Saint-Bertrand-de-Comminges. Auf diesem mussten Reisende keinen einzigen Fluss überqueren, weil auf dieser Strecke die Wasserscheide zwischen den beiden Ebenen von Adour und Garonne verläuft. Hier führt außerdem der Pilgerweg von Arles nach Santiago de Compostela vorbei. Die Kirche wurde vom *Antoniter-Orden* gebaut. Dieser Orden behandelte und pflegte die am *Antoniusfeuer* Erkrankten, eine im Mittelalter sehr verbreitete Krankheit, die durch den Mutterkornpilz im Getreide verursacht wurde. Doch damals kannte man die Zusammenhänge zwischen Pilz und Getreide noch nicht.

Anfahrt: östlich von Marciac über die D 943, beim Weiler Castille die D 159 nehmen, das Kirchlein steht an der Kreuzung D 159 und D 156.

Tillac: Der Ort liegt nur wenige Kilometer von Marciac entfernt. Schiefe, winzige, mittelalterlich anmutende Fachwerkhäuschen (17. Jh.), die auf noch krummeren Eichenbalken aufsitzen, säumen die einzige Straße des 300-Seelen-Dorfes. Es ist eine gute Adresse, um eine angenehme Mittagsrast einzulegen.

Le Relais de la Tour, befindet sich direkt neben dem Stadttor, schattige Terrasse an der Stadtmauer. Gutes Preis-Leistungs-Verhältnis, Mittagsmenü 13 €. 32170 Tillac, ✆ 0562618584.

In Tillac ist die Zeit stehengeblieben

Lupiac

Lupiac, eines der ältesten Burgdörfer der Gascogne, hat sein mittelalterliches Gesicht bewahrt. Außerhalb der Hauptferienzeit ist der von Arkaden und alten Häusern umgebene Marktplatz völlig ausgestorben. Seit der Zeit D'Artagnans hat sich hier kaum etwas verändert, obwohl der berühmte Gascogner gleich nebenan im *château Castelmore* (route de Parré) das Licht der Welt erblickte und sich deshalb so mancher Tourist hierher „verirrt". Das Schloss ist der Öffentlichkeit leider nicht zugänglich. Ganz in der Nähe liegt ein kleiner Freizeitpark, der im Sommer zum Baden einlädt. Der Ort besitzt ein kleines Museum, das *Charles de Batz Castelmore* alias D'Artagnan (**musée D'Artagnan**) gewidmet ist: Ein Video und zahlreiche Bilder erinnern an sein Leben.

Eintritt 5 €. Juli/Aug. tägl.10.30-19 Uhr, Sept.-Juni tägl. außer Mo, 25. Dez. 14-18 Uhr geöffnet. Letzter Einlass eine Stunde vor Schließung. Chapelle Notre Dame, ✆ 0562092409.

Camping Camping à la ferme, der kleine von Feldern umgebene Campingplatz mit nur 6 Stellplätzen und Bauernhof-Flair liegt 4 km von Lupiac entfernt. Kleines Schwimmbad und Grillstelle vorhanden. Vermietung von gîtes und Wohnwagen. Ostern bis Allerheiligen geöffnet. La Côte-de-Boué, 32320 Peyrusse-Grande, (D 102 in Richtung Bassouès, ist dann ausgeschildert). ✆ 0562092735, lacotedeboue@wanadoo.fr.

Essen La Guinguette, kleiner Schnellimbiss mit angenehmem Ambiente direkt am See, Abendveranstaltungen wie z. B. Konzerte, Kostümabende, Theater- oder Marionettenvorführungen. Etwa 1 km außerhalb in Richtung Belmont (ausgeschildert). Mittagstisch 8-10 €, Abendmenü 10-12 €. Nur Juli/Aug., dafür aber tägl. geöffnet. ✆ 0616124206 (Mobil).

Termes-d'Armagnac

Im Vordergrund die alles überragende Ruine und im Hintergrund die schneebedeckten Pyrenäengipfel. Dieses Bild, das Ihnen in vielen Zeitschriften und Reiseführern über das Departement Gers ins Auge springt, zeigt den schönsten Blickwinkel auf die Burgruine Termes d'Armagnac. Sie bekommen diese Postkartenansicht bei der Anfahrt über *Aignan* und *Sabazan* (D 111), ein 150-Seelen-Dorf, dessen Kirchturm in einer Fachwerk-Turmspitze endet. Vielleicht schauen sich bei der Gelegenheit auch noch die, auf der Fahrtroute liegende, *Chapelle du Bouzonnet* aus dem 11. Jahrhundert an. Sie ist über die D 48 zu erreichen und liegt am Ortsende von *Bouzon-Gellenave* (ausgeschildert).

Der beeindruckende 36 m hohe Turm von Termes (14. Jh.) thront über dem Tal des Adour wie ein Leuchtturm. Die Burgruine an der Grenze von Armagnac und Béarn gehörte einst *Thibaut d'Armagnac*, dem Feudalherren von Termes und Mitstreiter von *Jeanne d'Arc*. Wer die 150 Stufen der Wendeltreppe auf sich nimmt, hat einen unvergesslichen Blick auf die Pyrenäenkette und das Béarn. Der Turm beherbergt ein kleines Museum in dem lokale Volkskunst und ein Waffensaal bewundert werden können.

Öffnungszeiten Turm: Juli/Aug. tägl. 10-19 Uhr, sonst tägl. außer Di 14-18 Uhr, Museumseintritt 5 €, Öffnungszeiten s. Turm.
Bureau d'accueil (im Turm). ✆ 0562692512, www.tourdetermes.fr.

Nogaro

Die kleine Gemeinde im Nordwesten der Gascogne ist auf den ersten Blick kein angenehmes Pflaster. Tag und Nacht brettern unzählige Lastwagen durch die

1.800 Einwohner zählende Ortschaft. Doch ist der Name allen Rennsportfans, zumindest in Frankreich, ein Begriff. Zum einen gibt es hier eine Auto-Rennstrecke, die auch als Teststrecke für Formel 1 Rennwagen dient (www.circuit-nogaro.com), zum anderen findet hier alljährlich die *courses landaises* (s. o.) statt, welche tausende Menschen anzieht. Kunsthistoriker lieben die romanische Kirche aus dem 11. Jahrhundert, deren Fresken (11./12. Jh.) das Leben des *Saint-Laurent* darstellen. Sie sind nicht nur mit die ältesten, sondern bilden auch die größte mit Fresken bemalte Wandfläche im Departement. Es ist - sieht man vom Verkehr im Ort einmal ab - ein friedlicher und erholsamer Landstrich. Die Reben des *Bas-Armagnac* wachsen hier und das wunderbare Resultat daraus, der *Armagnac* des *Bas-Armagnac*, verhalf der Region, weit über Frankreichs Grenzen hinaus, bekannt zu werden.

Information Office de Tourisme, 77, rue Nationale, 32110 Nogaro. ℡ 0562091330, www.nogaro-tourisme.fr.

Markt Mi- und Sa vormittags, rue Nationale.

Markt/Veranstaltungen Auto-, Motorrad- und Lastwagenrennen: Etwa 12 Rennen im Jahr, die bekanntesten sind an Ostern und der Grand Prix „camions" (Lastwagen) im Juni. Man kann auch bei Testrennen zuschauen. ℡ 0562090249, www.circuit-nogaro.com.

Fahrradverleih H. Lamothe, 73, rue Nationale (100 m von der Kirche entfernt) ℡ 0562091971.

Übernachten/Essen Hotel Solenca, liegt von Eauze kommend (D 931) am Ortseingang, gegenüber der Rennstrecke. Die Lage ist zwar nicht sehr ansprechend (außer für Motorrad- und Auto-Freaks), aber ideal für Unternehmungen in der Region. 50 renovierte Zimmer mit Doppelfenstern, 1,60 m breiten Betten, TV, Klimaanlage. Schwimmbad, Sauna, Tennis. Restaurant serviert regionale Küche. DZ 65-116 €, bei Rennen sind die Zimmer teurer und das Hotel ausgebucht, rechtzeitig nach den Rennterminen erkundigen! Avenue de Daniate. ℡ 0562090908, www.solenca.com.

Gîte d'étape, avenue des Sports (route d'Auch). Moderne unpersönliche Herberge, aber „gut in Schuss". Insgesamt sind 26 Betten auf Schlafsaal und DZ verteilt. Schlafsaal 9 €/Pers, DZ 22 €. Von April bis Okt. geöffnet ℡ 0562690615.

Der Turm von Termes d'Armagnac bietet schönste Ausblicke

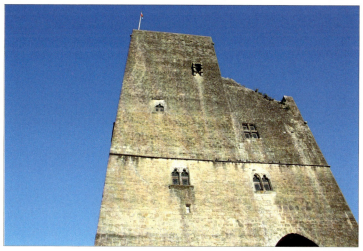

Sonntägliche Ruhe in Condom

L'Armagnac

Die kurvenreiche Straße schlängelt sich endlos zwischen den Weinberghügeln, malerische mittelalterliche Dörfer tauchen unerwartet vor einem auf. Der Atlantik, das flache Hinterland und die ausgedehnten Pinienwälder (beziehungsweise das, was der letzte Orkan davon noch stehen ließ) sind nicht mehr weit und vom südlichen Horizont grüßen die Pyrenäen.

Der Westen des Departements ist das Land der Reben und des Armagnac. Floc de Gascogne, Côtes de Gascogne, Madiran und der Côtes-de-Saint-Mont sind klingende Namen für die aus den Reben gewonnenen Produkte, die Sie hier direkt vom Erzeuger kaufen können.

Condom

Gleichgültig ob sich der Besucher aus Agen, Mézin oder Nogaro nähert, die Häuser von Condom bleiben vorerst unsichtbar. Nur die beeindruckende, aus hellem Sandstein gebaute, Kathedrale Saint-Pierre fällt schon aus der Ferne auf, zumal der wuchtige viereckige Kirchturm eher an eine Festung als an ein Gotteshaus erinnert.

Der Name dieser Unterpräfektur im Norden der *Gascogne gersoise* lässt so manchen Besucher schmunzeln, doch er hat absolut nichts mit dem was er vermuten lässt zu tun. Seine heutige Bedeutung verdankt Condom vor allem dem Alkohol. Der Ort ist in eine liebliche und von runden Buckeln durchzogene Landschaft, dem

Ténarèze, eingebettet. Der Name steht für das beste Anbaugebiet der Armagnac-Reben. Genießer des Ténarèze-Armagnacs bekommen beim Klang des Namens leuchtende Augen. Die Stadt lag einst am Schnittpunkt mehrerer wichtiger Handelswege und wurde im 18. Jahrhundert durch ihren Handel mit Weinen und Spirituosen sehr reich. Der Ausbau des Flusses Baïse ermöglichte den Export der Spirituosen via Bordeaux ins Ausland.

Auf diesen einstigen Reichtum deuten die heutigen Adressen der öffentlichen Verwaltungsgebäude hin, sie sind quasi alle in historischen Bürgerpalästen untergebracht, wie z. B. das Touristenbüro. Das Rathaus weilt im Kloster, die Unterpräfektur im alten Bischofspalast, das Armagnac-Museum in den ehemaligen Stallungen des Bischofssitzes.

Die Ursprünge der 7.500 Einwohner zählenden Kleinstadt gehen auf die alte Benediktiner-Abtei Saint-Pierre zurück, welche 1317 durch ein päpstliches Edikt zum Bischofssitz ernannt wurde – sie blieb es bis zur Französischen Revolution.

Information/Verbindungen/Diverses

Information Office de Tourisme, einmal wöchentlich Führung durch die Kathedrale und den Kreuzgang (3,50 €). 50, boulevard de la Libération, 32100 Condom, ✆ 0562280080, www.tourisme-tenareze.com.

Adressen Post 15, rue Gambetta.

Tierarzt: Clinique vétérinaire des Docteurs Bonnet et Colnat, 75, boulevard Saint-Jacques, ✆ 0562281060.

Verbindungen Bus: Ab Busbahnhof (*gare routière*), mehrmals tägl. Busverbindungen nach Auch, Toulouse, Agen, Pau, Bordeaux… Fahrpläne gibt es im Touristenbüro. Boulevard de la Libération, ✆ 0562281313, www.gers-gascogne.com.

Zug: SCNF-Bahnhof, Condom liegt an der Strecke Bordeaux-Agen und Toulouse-Auch. Boulevard de la Libération, ✆ 0562281536, www.voyages-sncf.com oder www.ter-sncf.com.

Markt Mi ganztägig und Sa vormittags in der Markthalle, So vormittags im Viertel la Bouquerie.

Veranstaltungen Europäisches Festival der Bandas y Penas: Zweites Mai-Wochenende. Die gesamte Stadt ist dann zwei Tage lang für den Verkehr gesperrt. Die Straßen gehören der Menschenmenge, den Bandas und Bodegas. Es herrscht eine super Ambiente!

Baden Centre Aqualudique: Das große Badezentrum mit mehreren Becken, Wasserrutschen, Spa-bereich u. v. m. lässt große und kleine Herzen höher schlagen! Eintritt 4 €, Kinder 2,40 €. Juli/Aug. tägl. 10-20 Uhr, im Juni nur am Wochenende von 14-20 Uhr geöffnet. Avenue des Mousquetaires (route d'Eauze). ✆ 0562291748, www.tourisme-tenareze.com/.

Bootsfahrt Gascogne Navigation: 1 1/2 stündige Bootsfahrt auf der Baïse (Mindestteilnehmerzahl 12). Erwachsene 8,20 €. Juli/Aug. tägl. 15 Uhr, in der Nebensaison nur an manchen Sonntagen. Abfahrt am Hafen von Condom, quai de la Bouquerie),. ✆ 0562284646, www.gascogne-navigation.com.

Übernachten/Essen

Übernachten ** Hotel-Restaurant Continental, das renovierte Gebäude aus dem 19. Jahrhundert besitzt eine schöne gemütliche Innenausstattung und liegt direkt an der Baïse, aber etwas außerhalb der Altstadt. Die 25 Zimmer mit Dusche oder Badewanne sind alle mit TV und Tel. ausgestattet, WLAN-Zugang im ganzen Hotel. Trotz Doppelfenstern, sind die Zimmer hinten hinaus angenehmer. DZ 43-68 €. 20, rue du Maréchal-Foch, ✆ 0562683700, www.lecontinental.net.

»› Mein Tipp: ** Le Logis des Cordeliers, kleines, sehr ruhiges Hotel mit Schwimmbad, aber ohne Restaurant, 5 Min. zu Fuß von der

Altstadt mit Restaurants entfernt. Helle ruhige Zimmer mit TV und Tel., die meisten auch mit Balkon. Hier steigen viele Pilger ab. DZ 48-68 €. 2 bis, rue de la Paix, ✆ 0562280368, www.logisdescordeliers.com. «

*** **Camping Municipal L'Argenté**, beim Sportplatz. Platz ist gut beschattet, aber man sitzt etwas auf dem „Präsentierteller". Freizeitsport in der Nähe (Kanu- und Mountainbikeverleih, Schwimmbad). Vermietung von chalets. Geöffnet von April bis Anfang Sept. Chemin de L'Argenté (route d'Eauze), ✆ 0562281732, camping.municipal@condom.org.

Essen Les Jardins de la Baïse (die Gärten der Baïse), gehört zum Hotel Continental und bietet regionale Küche, Mittagsmenü 12,50 €. Ganzjährig außer an Weihnachten, von Mitte Juli bis Ende Sept. tägl. und von Okt. bis Mitte Juli tägl. außer Mo, Sa mittags und So abends geöffnet. 20, rue du Maréchal Foch. ✆ 0562683700, www.lecontinental.net.

》》》 Mein Tipp: Restaurant-Pizzeria L'Origan, kleine Pizzeria mit Holzofen, sehr leckere Pizzen, Nudelgerichte und Salate. Hier wird auch vegetarisch gekocht! Im Sommer sitzt man draußen in einer kleinen, engen Fußgängerzone zwischen hohen kühlen Mauern. Menü 14,50 €, Pizza 9-11,50 € je nach Größe. Di-Sa ab 10 Uhr und nachmittags ab 17.30 Uhr geöffnet. Betriebsferien im September. 4, rue Cadéot, ✆ 0562682484. Reservierung im Sommer notwendig! «

》》》 Mein Tipp: Restaurant Flora, liegt neben der Kathedrale, bietet regionale Küche. Hungrige werden bei den riesigen Portionen so richtig satt. Tagesmenü 12 €. Tägl. außer So abends geöffnet. Place Bossuet, ✆ 0562684895. «

Moulin du Petit Gascon, Lokal etwas außerhalb des Ortes Richtung Eauze. Netter Sitzplatz im Freien direkt neben der Schleuse. Keine große Auswahl, aber die Gerichte sind sehr gut, wie z. B. das stundenlang in Schmalz gekochte Entenfleisch (confit du canard). Menü ab 20 €. So abends und Mo geschlossen. Route d'Eauze, ✆ 0562282842.

Sehenswertes

Cathédrale Saint-Pierre: Für die Wandlung von der ursprünglichen Abteikirche aus dem 11. Jahrhundert zur mächtigen spätgotischen Kathedrale Saint-Pierre, so wie sie heute zu bewundern ist, benötigte es mehrere Anläufe. Einstürze und Zerstörungen erforderten immer wieder einen Neuanfang. Der vorerst letzte war im 16. Jahrhundert. Beinahe wäre das Gebäude während der Hugenottenkriege 1569 durch den protestantischen Anführer Montgomery noch einmal zerstört worden. Nur durch die Zahlung eines beträchtlichen Lösegeldes konnte verhindert werden, dass sie gänzlich dem Erdboden gleichgemacht wurde. Sie ist eine der letzten Kathedralen, die in dem für Südfrankreich typischen – allerdings hier schon nicht mehr ganz reinen - meridionalen gotischen Baustil erbaut wurde. Nur die Kapelle hinter dem Chor ist ein Überbleibsel der ersten Kathedrale um 1400. Wunderschön sind die bemalten Schlusssteine in der Gewölbedecke. Wenig Gefühl und Ehrfurcht vor historischen Gebäuden zeigten die Gemeindeoberen und die Elektriker bei der Verlegung der elektrischen Kabel im angrenzenden Kreuzgang aus dem 16. Jahrhundert. Er ist kein Ort der Ruhe mehr, sondern öffentliche Passage und wird durch die Errungenschaften der heutigen Zeit ziemlich heftig verschandelt.

In der kleinen **Altstadt** um die Kathedrale gibt es einige Bürgerhäuser aus dem 17. und 18. Jahrhundert wie z. B. das *hôtel de Cugnac* mit seinem alten Weinlager (frz. *chai*) und seiner Brennerei, beides zu besichtigen (wunderbare Ergänzung zum Armagnac-Museum). Es handelt sich hier um die Armagnac-Marke Ryst-Dupeyron, deren Weinkeller im Rahmen einer Weinprobe besichtigt werden können.

Mo-Fr 8-12 und 14-17 Uhr, Juli/Aug. auch am Wochenende 14.30-17.30 Uhr. Eingang rue Daunou, ✆ 0562280808, www.vintageandco.com.

Musée de l'Armagnac: Alles was zur Armagnac-Herstellung einst benötigt wurde, ist hier ausgestellt. Ein echter Hingucker ist die 18 Tonnen schwere Traubenpresse aus dem 19. Jahrhundert.

Eintritt 2,20 €. April bis Okt. tägl. außer Di 10-12 und 15-18 Uhr, die restlichen Monate Mi-So 14-17 Uhr, im Januar und an Feiertagen geschlossen. 2, rue Jules-Ferry, ℡ 0562284717.

La Romieu

Einem Bollwerk gleich erhebt sich aus den Feldern nur wenige Kilometer östlich von Condom die Stiftskirche mit ihren beiden über 30 m hohen Türmen. Kurioserweise liegt sie außerhalb der mittelalterlichen 550-Seelen-Gemeinde.

La Romieu, auf gaskonisch „Larroumieu", bedeutet Pilger und so verwundert es nicht, dass der Ort im 11. Jahrhundert von Pilgern gegründet wurde, er liegt direkt am Pilgerweg nach Santiago de Compostela. Einen weiteren Hinweis auf die Lage am Pilgerweg bietet die heutige Pilger-Übernachtungsstätte, die sogenannte *gîte d'étapes*. Sie wurde im ältesten Gebäude des Ortes, der ersten Kirche Saint Jean de Rouède, eingerichtet. An der Straße Richtung Condom fällt dem Durchreisenden noch ein riesiges Gebäude auf: Einst Kloster der *Klarissen*, wurde der mächtige Bau zum Pilgerhospital Saint-Jacques umfunktioniert.

Nicht nur Blumen verschönern ein Dorf: In La Romieu sind es neben Blumen vor allem (steinerne) Katzen. Zahlreiche Katzenstatuen in allen Variationen lauern auf Fensterbänken und in Mauernischen rund um den zentralen Platz. Sie sollen an die *Legende von Angeline* erinnern. Die Katzen wurden von einem begeisterten Steinmetz, der hier zu Besuch war, in Anlehnung an diese Geschichte hergestellt.

La Romieu und die Katzen

Es gab einmal in Romieu ein so schreckliches Hungerjahr, dass der Bevölkerung nichts anderes übrig blieb, als alle Katzen im Dorf auf den Speiseplan zu setzen. Angeline, ein junges Mädchen aus dem Ort, liebte aber ihre Katzen dermaßen, dass sie es nicht übers Herz brachte, sie für den Kochtopf zu opfern und diese deshalb gut versteckte. Als die Notzeit vorüber war und das Korn wieder wuchs, kamen auch die gefräßigen Ratten zurück und drohten das gesamte Korn zu fressen. Die Menschen bedauerten zutiefst, ihre Ratten- und Mäusefänger verspeist zu haben. Gott sei Dank vermehrten sich aber nicht nur die gefräßigen Nager, sondern auch Angelines Katzen in ihrem sicheren Versteck. Diese konnte sie nun endlich gefahrlos in die Freiheit entlassen, waren ihre Samtpfoten doch unerwartete Retter in der großen Not. Rasch dezimierten die Katzen die gefräßigen Mit-Esser und es gab keine erneute Hungersnot.

Information Office de Tourisme: Eintrittskarten für die Stiftskirche erhält man hier. Rue Docteur-Lucante (neben der Stiftskirche), 32480 La Romieu. ℡ 0562288633, www.la-romieu.com.

Veranstaltungen Festival International du Chat: Eine Art Katzen-Kirmes, das alljährliche Stubentiger-Fest soll an die Legende von Angéline erinnern. Zweites Wochenende im August.

Essen Restaurant Le Cardinal, liegt mitten im Ort mit Terrasse unter den Arkaden. Kleine Speisekarte mit einfachen regionalen Gerichten. Menü 17 €. Tägl. außer Mo in der Nebensaison geöffnet. Place Etienne-Bouet. ℡ 0562684275.

Sehenswertes

Collégiale Saint-Pierre: Seit 1998 gehört der Gebäudekomplex mit der gotischen Stiftskirche zum Weltkulturerbe der UNESCO. Ursprünglich bedeckten Malereien den gesamten Kirchenraum, der mit seinen 9x36 Metern Grundfläche und einer Höhe von 15 Metern sehr ungewöhnliche Maße aufweist. Auch Kreuzgang, Glockenturm und der achteckige sogenannte Kardinalsturm sind einen Besuch wert. Letzterer ist übrigens das einzige Überbleibsel des Palastes von *Kardinal Arnaud d'Aux*, späterer *Bischof von Poitiers* und Gründer der Stiftskirche. Im Erdgeschoss des Kardinalturmes befindet sich die Sakristei, welche reich mit Wandmalereien aus dem 14. Jahrhundert verziert ist.

Wer der französischen Sprache ausreichend mächtig ist, sollte unbedingt die mit geschichtlichen Anekdoten untermalte und alles andere als „trockene" einstündige Führung durch Kirche, Kreuzgang und Kardinalsturm mitmachen, es ist eine Zeitreise zurück ins Mittelalter.

Eintritt 4,80 €. Mai-Sept., geöffnet. Mo-Sa 9.30-18.30 Uhr, Juli/Aug. bis 19.30 Uhr (letzter Eintritt 45 Minuten vor Schließung). ✆ 0562288633.

Jardins de Coursiana: In dieser Gartenanlage etwa einen Kilometer außerhalb von La Romieu wachsen auf 6 ha Gelände über 700 Bäume und Sträucher aus aller Herren Länder. Es ist einer der größten botanischen Gärten Frankreichs. Auch ein englischer Garten, ein Kräuter- und Gemüsegarten fehlen nicht. Die kleine Teestube verkauft auch Zwetschgen, die ringsum wachsen, auch Pflanzensprösslinge.

Eintritt 6,50 €. Mitte April bis Anfang Nov. tägl. außer Mi vormittags und So (Ausnahme machen die drei ersten Wochenenden im Mai) 10-20 Uhr geöffnet. Weiler La Bourdette (ausgeschildert), ✆ 0562682280, www.jardinsdecoursiana.com.

Valence-sur-Baïse und Abbaye de Flaran

Die kleine Bastide mit ihren 1.200 Einwohnern erhebt sich auf einem felsigen Hügel südlich von Condom. Den beeindruckendsten Blick auf den Ort hat man, wenn man sich ihm von Süden her nähert. Er wurde 1274 von der Abtei Flaran und dem Grafen von Armagnac gegründet. Leider ist von der mittelalterlichen Stätte außer großen Teilen der Stadtmauer und dem südlich gelegenen Stadttor *porte d'Espagne* nicht viel übriggeblieben. Von großem Interesse ist die in der Nähe liegende **Zisterzienserabtei Flaran**.

Abbaye de Flaran: Die Mitte des 12. Jahrhunderts gegründete Zisterzienserabtei ist eine „Zweigstelle" des Klosters *Escaladieu* am Fuße der Pyrenäen und liegt in einem weitläufigen Park nur einen Kilometer außerhalb von Valence-sur-Baïse. Sie ist eines der bemerkenswertesten architektonischen Bauwerke des ganzen Departement Gers. Mit dieser Abtei erreichten die Zisterzienser sozusagen den Höhepunkt ihrer Baukunst. Leider wurde sie im Laufe der Jahrhunderte immer wieder zerstört: Hundertjähriger Krieg, Religionskriege, Französische Revolution und eine Brandstiftung 1970 hinterließen heftige Spuren. Schließlich wurde die Abtei auch noch als landwirtschaftliches Gebäude für die Lagerung von Armagnac-Fässern zweckentfremdet. Erst 1972 begann der Generalrat (frz. *conseil général*) als neuer Besitzer die Restaurierungsarbeiten. Heute ist Flaran **das** Kulturzentrum des Departements Gers mit zahlreichen Ausstellungen - von Umweltthemen über die zeitgenössische Kunst bis zur Archäologie.

Zu besichtigen ist der Kreuzgang mit seinen Arkaden aus dem 14. Jahrhundert. Obwohl nur eine Galerie den Hundertjährigen Krieg überlebt hat, ist er trotzdem sehenswert. In der ersten Etage wurden Fresken freigelegt. Die Kirche mit ihrer romanischen Fassade, der architektonisch interessante Kapitelsaal sowie die Bibliothek (frz. *l'armarium*) und der ehemalige Schlafsaal der Mönche (wurde im 18. Jahrhundert in sechs große Schlafräume unterteilt) gehören zum Rundgang.

Eintritt 4 €, ganzjährig geöffnet, Juli/Aug. 9.30-19 Uhr, sonst 9.30-12.30 und 14-18 Uhr. ℡ 0562285019, www.gers-gascogne.com.

Larressingle

Meterhohe zinnenbewehrte Verteidigungsmauern und ein breiter Burggraben umgeben das kleinste Festungsdorf Frankreichs aus dem 13. Jahrhundert, das wegen seines Aussehens auch als das «Carcassonne des Gers» bezeichnet wird. Diese Miniaturausgabe liegt mitten im besten Armagnac-Anbaugebiet und bietet dem Besucher nur über eine Zugbrücke Zugang. Der Ort gehört zu den schönsten Dörfern Frankreichs.

Ursprünglich stand an dieser Stelle nur eine einfache Kirche, die im 12. Jahrhundert durch eine Neue mit Verteidigungscharakter ersetzt wurde. Als dann im Hundertjährigen Krieg die Gascogne Schauplatz der Streitereien von Frankreich und England um das Gebiet Aquitanien wurde, begann man damit, die Siedlung und Ortschaften landauf, landab zu befestigen. Auch Larressingle, im Besitz der Condomer Bischöfe, bekam einen äußerst wehrhaften Charakter, obwohl es eigentlich „nur" dazu diente, den Bauern der Umgebung Unterschlupf zu bieten. Bis 1589 blieb die kleine Festung unbehelligt. Erst die Hugenotten nahmen während der Religionskriege die Mini-Festung ein und nutzten sie als Stützpunkt. Schließlich wurde die Burg im 17. Jahrhundert zugunsten der in der Nähe liegenden moderneren Burg *Cassaigne* aufgegeben. Auch aufgegebene Festungen besitzen viel Wiederverwertbares: Ende des 18. Jahrhunderts ließ der damalige und letzte

Stadttor der Minifestung

Bischof von Condom das Dach der verwaisten Burg abbauen und das Holzgebälk nach Cassaigne bringen. Mit diesem Akt fiel der letzte Respekt vor dem aufgegebenen Ort und alles was nicht niet- und nagelfest war, wurde im wahrsten Sinne des Wortes verscherbelt. Larressingle geriet in Vergessenheit, man wohnte in den friedlichen Zeiten besser außerhalb der Festungsmauern. Die Rettung der übriggebliebenen Gemäuer nahte in Form einer Initiative des Herzogs von Trévise. Dieser gründete in Boston ein Komitee zu Rettung der verfallenen Festung und die Spenden aus Übersee flossen bis 1938 in den eigens dafür geschaffenen Hilfsfonds; heute kümmert sich der Verein „Amis de Larressingle" um den Erhalt. Den Besucher erwartet eine praktisch intakte Festung, in der die alten Häuser liebevoll renoviert wurden, das ehemalige Schloss aber immer noch ohne Dach dasteht. Eine Rarität stellt die Kirche dar: Weil das Schloss innerhalb der engen Mauern zuviel Platz einnahm, konnte man den zu klein gewordenen Kirchenraum nicht ordnungsgemäß vergrößern. Man löste das Problem, indem man kurzerhand einen Durchbruch im Chor schaffte - mit dem Ergebnis, dass die Kirche nun zwei Chorräume besitzt.

Information Office de Tourisme, am Eingang zur Festung. ✆ 0562682249, www.tourisme-tenareze.com.

Essen Bar-Crêperie du Château, in der kleinen Crêperie am Fuße der Burgmauer gibt es zahlreiche süße (frz. *crêpe*) und salzige (frz. *galette*) Pfannkuchen sowie diverse gemischte Salatteller. Man sollte, bis man satt ist, mit rund 15 € /Person rechnen. Tägl. von Ostern bis Fronleichnam geöffnet, sonst geschlossen. ✆ 0562684893. Reservierung Juli/Aug. notwendig.

Sonstiges Verteidigungscamp: Eine Attraktion nicht nur für Erwachsene ist das rekonstruierte Verteidigungscamp. Hier können Jung und Alt unter fachkundiger Anleitung versuchen, den imaginären Feind mit Kriegsmitteln aus dem 13. Jahrhundert sozusagen „à la Mittelalter" zu besiegen. Die Verteidigungswaffen heißen Steinschleuder, Katapult, Armbrust ,etc.

Eintritt 8 €, Familientarif (2 Erw., 2 Ki.) 6,80 €. Von März bis Mitte Nov. tägl. 14-18 Uhr, Juli/Aug. durchgehend 10-19 Uhr geöffnet. ✆ 0562683388.

In der Umgebung von Larressingle

Pont de l'Artigue: An der Straße zwischen Larressingle und Beaumont-de-Lomagne (ausgeschildert) liegt eine uralte Steinbrücke aus dem 12. Jahrhundert, über die seit jeher die Pilgerscharen über das Flüsschen Osse pilgern. Sie besitzt vier ungleiche Brückenbögen, wobei die seitlichen Bögen dazu dienten, bei Hochwasser den enormen Wasserdruck auf die Brücke abzuschwächen.

Château de Cassaigne: Mit rund 50.000 Besuchern im Jahr gehört die, auf dem felsigen Hügel liegende, ehemalige Residenz der Condomer Bischöfe (bis zur Französischen Revolution) inzwischen zu den viel besuchten Stätten der Gascogne gersoise. Im Laufe der letzten Jahrhunderte hat der Gebäudekomplex zahlreiche Umbauten mitgemacht. Heute ist er ein privates Weingut, das sich dem Tourismus verschrieben hat. Ein kleines Museum informiert nicht nur über das Thema Reben, auch eine urige Küche aus dem 16. Jahrhundert mit Tonnengewölbe, riesiger alter Feuerstelle und dem gemauerten Brotbackofen gehört zur Ausstellung. In der ehemaligen Waffenkammer befindet sich heute das Armagnac-Lager. Kostproben und Verkauf von Armagnac, Floc de Gascogne und Jahrgangsweinen.

Tägl. außer So vormittags 9-12 und 14-18 Uhr, in der Nebensaison zusätzlich Mo geschlossen. ✆ 0562280402, www.chateaudecassaigne.com.

Fourcès: uriges Burgdorf

Fourcès

Foucès präsentiert sich dem Besucher als ein großer, kreisförmiger, platanenbesetzter grüner Platz, der von kleinen, windschiefen, mittelalterlichen Fachwerkhäusern und Arkaden umsäumt ist.

Fourcès war einst ein *castelnau*, ein Burgdorf, bei dem sich die Häuser um das ehemalige, zentral gelegene Schloss verteilten. Im Hundertjährigen Krieg war der Ort „Grenzstadt" von Armagnac (französisch) und Aquitanien (englisch) und wechselte mehrere Male die Fronten. 1488 wurde die zentrale Wohnburg dem Erdboden gleichgemacht und übrig blieb ein leerer runder Platz. Aber schon drei Jahre später baute man ein neues Schloss am Ortsrand, nahe der alten Steinbrücke. Heute ist darin ein Luxushotel (DZ 195 €, www.chateau-fources.com) untergebracht. Ein paar Boutiquen, die unter anderem sehr guten Armagnac und Floc de Gascogne verkaufen, ein kleines Restaurant und zwei, drei Souvenirläden – mehr hat Fourcès nicht zu bieten, und trotzdem ist es ein malerisches angenehmes Örtchen voller Leben, in dem man gerne eine Pause unter den wuchtigen Eichenarkaden einlegt. Es werden Führungen angeboten.

Informationen s. Condom, www.tourisme-tenareze.com.

Markt Flohmarkt von Mai bis einschließlich Nov. jeden zweiten So im Monat; Büchermarkt für antiquarische Bücher, ein Wochenende Mitte Juli.

Essen Auberge de Fourcès, kleine gemütliche Gaststätte mit Terrasse am Platz, leicht exotisch angehauchte, regionale Küche. Menü ab 15 €. Tägl. außer Mi geöffnet, in der Nebensaison auch So, Mo und Di abends geschlossen. Place Armand-Fallières, ✆ 0562294010.

Typisch Bastide: Die Kirche steht am Rande des Marktplatzes

Montréal-du-Gers

Die älteste Bastide der Gascogne aus dem Jahre 1255 liegt auf einem Felssporn nur 6 km südlich von Fourcès. Der von Alphonse de Poitiers gegründete Ort mit seinen heute rund 1.200 Einwohnern ist ein wunderschönes Beispiel für die typische Bauweise der Bastiden: Die Kirche befindet sich außerhalb des malerischen, arkadenumsäumten Platzes und ist in diesem Fall Teil der Stadtmauer.

Information Touristenbüro unter den Arkaden am Platz, beinhaltet ein kleines Museum, das einen Einblick in die archäologischen Funde (Schmuck, Mosaiken, Geldstücke und Objekte aus dem täglichen Leben) im nahegelegenen Séviac geben. 32250 Montréal. ✆ 0562294285, www.tourisme-tenareze.com.

Markt Fr vormittags, Markthalle.

Essen Restaurant Daubin „Chez Simone", hauptsächlich regionale Küche, mit gutem Ruf. Das Menü wird gerne auf Wunsch etwas abgewandelt. Mittagsmenü 16 €. Preise sind je nach Zutaten und auch Saison etwas variabel. Im Sommer beschattete Terrasse. Eingang entweder über das Bistro (Straßenseite) oder direkt über die Terrasse. Tägl. außer So abends, Mo und Mi geöffnet. ✆ 0562294440.

In der Umgebung von Montréal-du-Gers

Gallo-römische Villa von Séviac: Nur einen Katzensprung von Montréal-du-Gers entfernt, liegt die Ausgrabungsstätte eines luxuriösen gallo-römischen Palastes aus der Zeit des 4. und 5. Jahrhunderts. Eine Sensation sind die hervorragend erhaltenen über 450 m² großen Mosaiken. In manchen Wohnräumen sind gut erhaltene antike Fußbodenheizungen vorhanden. Es handelt sich dabei um das sogenannte *Hypocaustum-System* – ein unter dem Fußboden liegender Heizraum, der Abzüge für die heiße Luft und die Abgase enthielt.

Eintritt 4 €, Juli/Aug. tägl. 10-19 Uhr, sonst tägl. 10-12 und 14-18 Uhr. ✆ 0562294857, www.seviac-villa.com.

… Éauze 339

Éauze
4.000 Einw.

Éauze, im Nordosten des Gers und im Herzen der Weinbergregion gelegen, ist die „Hauptstadt" des Armagnac. Hier wird die gesamte Verwaltung, den Armagnac-Handel betreffend, abgewickelt. Bei starkem Westwind kann man den Duft der eingangs schon erwähnten nahegelegenen Pinienwälder der *Landes* riechen und von den Höhen der hügeligen Landschaft hat man bei klarem Wetter eine Sicht bis zu den schneebedeckten Pyrenäen.

Die malerische kleine Altstadt punktet mit gemütlichen Café-Bars unter den Arkaden. Interessant ist das, gegenüber der Kathedrale liegende, historische Fachwerkhaus aus dem 15. Jahrhundert, das *maison Jeanne d'Albret*. Das Haus wurde nach seiner Käuferin benannt: Jeanne d´Albert, die Mutter von Henri IV., erwarb es, denn die königliche Familie legte auf ihren Reisen zwischen dem Béarn und Nérac hier regelmäßig eine Rast ein.

Information Office de Tourisme, neben der Kathedrale. Im Sommer werden an zwei Tagen geführte Nachmittagswanderungen (ab Touristenbüro) organisiert. 2, rue Félix-Soules, 32800 Eauze. ✆0562098562. www.tourisme-eauze.com.

Adressen Internet: Elusa Informatique, 2, place de la Liberté. ✆ 0562037215. Geöffnet Mo-Fr 9-12.30 und 14-19 Uhr, Do und So geschlossen.

Post: 34, boulevard D'Artagnan.

Tierarzt: Denis Connefroy, 32, avenue de la Ténarèze, ✆ 0562098138.

Markt Do vormittags, Marktplatz.

Veranstaltungen Armagnac-Fest: eine Art Kirmes rund um den Armagnac, gekoppelt mit einem Flohmarkt, in der Pfingstwoche.

Feria: Mit beiden Stierkampfvarianten Corridas und courses landaises, erste Woche im Juli.

Festival Gallo-Romain: Das Leben im Gallier-Camps historisch aufbereitet. Das Wochenende nach dem 14. Juli.

Camping ** Camping Le Moulin municipal du Pouy, route de Condom (ausgeschildert). Sehr idyllisch gelegener gemeindeeigener Platz, etwa 2 km außerhalb in einer bewaldeten Landschaft, Schwimmbad. Ganzjährig geöffnet. ✆ 0562690751 oder ✆ 0562088330 (Rathaus).

Essen La Vie en Rose, Tagesmenü gut und günstig und schnell serviert, Gerichte à la carte dauern länger und sind um einiges teurer, im Sommer Terrasse. Mittagsmenü 14 € (ein Viertel Rotwein inklusive). Tägl. außer Di abends und Mi geöffnet, Ostern und Fronleichnam geschlossen. 22, rue Saint-July, ✆ 0562098329.

Sehenswertes

Cathédrale Saint-Luperc: Die aus dem 16. Jahrhundert stammende Kathedrale hat einen achteckigen Glockenturm und ein sehr schmales, einfaches Kirchenschiff. Durch ihre Form und die Mischung von hellem Gestein und rotem Ziegel wird dem Besucher ein ganz besonderes und beeindruckendes Gefühl von Schwerelosigkeit vermittelt.

Musée archéologique: Dieses Museum an der *place de la République* besitzt einen echten Schatz, wohl den größten, der jemals in Frankreich gefunden wurde: Über 28.000 Münzen und andere wertvolle Stücke wie Schmuck, Messer, ungemünztes Gold etc. aus dem 3. Jahrhundert sind hier ausgestellt. Gefunden wurde er 1985 in der Nähe des Bahnhofs.

Eintritt 4,50 €, Juni bis Sept. 10-12.30 und 14-18 Uhr, in den anderen Monaten 14-17 Uhr. Di, an Feiertagen und im Jan. geschlossen.

Ausgrabungsstätte von Elusa: von Eauze nur 1,5 km entfernt (D 931 in Richtung Condom). Die Römer errichteten hier ihre 40 ha große Hauptstadt der Provinz von *Novempopulanie* (s. Auch).

Freier Zugang, nur Juli/Aug. geöffnet. ✆ 0562097138 (Museum).

Festungsähnliches Schloss in Flamarens

La Lomagne

Die abwechslungsreiche Landschaft im Nordosten von Auch mit Wiesenflächen, Reben, bewaldeten Hügeln, Getreide- und Sonnenblumenfeldern zieht viele Radsportler an. Sie finden hier die idealen Voraussetzungen, die das Radeln zum Vergnügen machen. Es ist das Land der Bastiden, der Burgen (über 150 davon hat man allein in der Lomagne gezählt) und des weißen Knoblauchs. Auffallend sind die zahlreichen uralten Zypressen und Zedern, die sowohl in der freien Landschaft als auch in der Nähe von Höfen stehen. Sie verleihen dieser Gegend ein bisschen Toskana-Flair.

Lectoure

Innerhalb der größtteils erhalten gebliebenen Stadtmauern aus dem 15. und 16. Jahrhundert reihen sich, entlang der engen malerischen Gassen, einige schöne Bürgerhäuser und Fachwerkhäuser. Es ist eine lebhafte Kleinstadt, das Straßenbild wird von vielen jungen Leuten geprägt. Bekannt geworden ist die Hauptstadt der Lomagne vor allem durch eine Frucht: Die süßen, saftigen melons de Lectoure sind im wahrsten Sinne des Wortes in aller französischer Munde.

Lectoure war erst gallo-römische Siedlung, dann Hauptstadt der römischen Provinz Novempopulanie, die mit Ausnahme des Baskenlandes, die heutige Region des Südwestens umfasste. Zahlreiche Funde wie Kunstgegenstände, Brennöfen und Töpfereien, Sarkophage und Altäre wurden gemacht. Die Stadt hieß zu römischer Zeit

Lactorates und war ein Zentrum des *Kybele-Kultes* (ein, wie auch der Mithraskult, im gesamten römischen Reich verbreiteter Mysterienkult der Bluttaufe). Im 4. Jahrhundert begann die Christianisierung und bereits im 5. Jahrhundert wurde Lectoure Bischofssitz und blieb es bis zur Französischen Revolution. Die Grafen von Armagnac machten unter ihrer Herrschaft Lectoure zur Hauptstadt der Lomagne. Sie war eine heiß begehrte und stark umkämpfte Stadt und musste sich nicht nur gegen die Truppen von Karl VII. und Ludwig XI. wehren. In den Streitigkeiten um die Erbfolge verteidigte 1473 *Graf Jean d'Armagnac* Lectoure gegen den von Ludwig IX. entsandten Erzbischof von Albi. Jener schreckte nicht davor zurück, fast die gesamte Bevölkerung umbringen zu lassen und große Verwüstungen anzurichten. Aber wie schon in der Vergangenheit erholte sich Lectoure auch davon und blühte vor allem in der Renaissance, einer Zeit ohne große militärische Konflikte, wieder auf. Während der Religionskriege schlugen sich die Bewohner auf die Seite der Protestanten und prompt wurde ihr Wohnort 1562 von den Katholiken wieder einmal zerstört. Der zukünftige König Henri IV. bemächtigte sich schließlich der Stadt, was den Bürgern von Lectoure viele Freiheiten und Begünstigungen bescherte. Als ein gewisser *Herzog von Montmorency*, der den weiblichen Reizen besonders zugetan war, in einem Aufstand mit unzufriedenen Adligen rebellierte, wurde er kurzerhand eingesperrt. Die Damenwelt wollte ihm zur Flucht verhelfen und sandte ihm im Kuchen eingebackene Seidentücher. Diese waren jedoch nicht lang genug und der Herzog brach sich beim Abseilen den Knöchel. Er wurde wieder geschnappt und auf Order von Richelieu auf dem Innenhof des Toulouser Capitole hingerichtet (s. Toulouse). Als die Französische Revolution ausbrach, waren viele Lectourer Feuer und Flamme und zogen fort, um ihre Heimat zu verteidigen. Die Portraits der mutigsten Generäle hängen heute in der Rathaushalle. Im 19. und 20. Jahrhundert versank Lectoure in die Bedeutungslosigkeit und die Einwohnerzahl nahm ständig ab.

Kathedrale Saint-Gervais-et-Saint-Protais

Information Office de Tourisme, öffentlicher Internetzugang. Place du Général-de-Gaulle (Platz vor der Kathedrale), 32700 Lectoure. ✆ 0562687698, www.lectoure.fr.

Adressen Le Bastion Cyber Café, Internet-Café, place du Bastion (gegenüber der Post). Tägl. 9-24 Uhr geöffnet. ✆ 0562688176.

Post: Place du Bastion.

Tierarzt: Cabinet vétérinaire Dr. De Guernon, 19, rue Alsace Lorraine (N 21), ✆ 0562687655.

Atelier du Bleu de Lectoure: In den Ateliers der ehemaligen königlichen Gerberei hat eine Firma die Kunst der Farbstoffgewinnung und das Färben der Stoffe mit den Pigmenten des Pastels wieder aufgenommen. Das Ausgangsprodukt ist der Kreuzblütler Färberwaid, botanisch Isatis tinctoria (s. u. Toulouse). Verkauf von Pastelprodukten. Geöffnet Mo-Sa 9.30-12.30 und 14-18 Uhr, So 14-18 Uhr. Ancienne Tannerie, Chemin de Pont de Pile (am westl. Ortsausgang, D 7 Richtung Condom) ✆ 0562687830, www.bleu-de-lectoure.com.

342 Die östliche Gascogne

Verbindungen Bus: Mehrmals tägl. Busse nach Auch, Fleurance, Agen (Aquitanien).

Markt Fr vormittags im Zentrum.

Veranstaltungen Fête du Melon: Verkaufsstände mit Melonen, ganztägig Mitte August in der rue Nationale. Abends ab 20 Uhr Tanz an der promenade du Bastion.

Festival Pyrotechnique: Feuerwerk, erstes Septemberwochenende im Stadion.

Thermen Thermes de Lectoure: Thermalbad. Einstündiger Besuch 6 €. Öffnungszeiten des Entspannungs- und Schönheitsbereichs: Ganzjährig tägl. nur nachmittags. 125, rue Nationale, ✆ 0562685600, www.valvital.fr oder www.valvital.fr/documentations-et-tarifs-lectoure.html.

Sport Mountainbike-Touren: Über 400 km ausgeschilderte Strecken, verschiedene Schwierigkeitsgrade. Limac's VTT Club, Patrick Marconato, ✆ 0562687807 oder ✆ 0608701793 (Mobil), vttlectoure.free.fr.

Übernachten **** Camping Lac des Trois Vallées, ca. 4 km südlich von Lectoure in Richtung Fleurance (N 21). Auf 140 ha Gelände schöner, beschatteter Platz mit allem Komfort für Jung und Alt: Große Badeanlage mit Riesenrutschen, Wellnessbereich, Kinderspielplatz, Wassergymnastikkurse am Vormittag, Restaurant, Bar, Fernsehraum. Vermietung von chalets und Mobil-Homes. Mitte Mai bis Mitte Sept. geöffnet. ✆ 0562688233, www.lacdes3vallees.fr.

》》》 **Mein Tipp:** *** Hotel-Restaurant Bastard, Logis de France, kleines Hotel mit viel Charme in altem Gemäuer aus dem 18. Jahrhundert, liegt ziemlich versteckt in der verwinkelten Altstadt. Geschmackvoll eingerichtete kleine Zimmer mit TV, Tel., z. T. Mansardenzimmer. Schwimmbad, abgeschlossene Garage. DZ 50-80 € je nach Ausstattung und Saison. Tägl. außer So abends, Mo und Di mittags geöffnet. Mitte Dez. bis Anfang Feb. geschlossen. Rue Lagrange, ✆ 0562688244, www.hotel-de-bastard.com, hoteldebastard@wanadoo.fr. 《《《

In Lectoure gibt es viele Pilger

Essen Bar-Pub La Cigale et la Fourmi, gutes Preis-Leistungs-Verhältnis, Tagesmenü wird zügig serviert. Empfehlenswert u. a. der gebratene Lachs: Außen knusprig und innen saftig. Ab 12.30 Uhr wird es voll im Hinterhof. Tagesessen ab 8 €. Tägl. 11-24 Uhr geöffnet. 31, rue Nationale, ✆ 0562286425.

》》》 **Mein Tipp:** Restaurant Bastard, dieses hervorragende Restaurant gehört zum o. g. Hotel. Im Sommer große Terrasse mit schattenspendenden Sonnenschirmen. Mittagsmenü 18 €. Reservierung nicht vergessen! ✆ 0562688244, www.hotel-de-bastard.com. 《《《

Sehenswertes

Cathédrale Saint-Gervais-et-Saint-Protais: Die aus weißem Stein gebaute Kathedrale hatte einmal eine 80 m hohe Turmspitze. So wie sie heute vor uns steht, besitzt sie Bauabschnitte aus dem 14., 15. und 16. Jahrhundert. Erkennbar ist noch die ursprünglich romanische Struktur des Kirchenschiffs mit einer Reihe von Kuppeln, den Chor baute man im 16. Jahrhundert an. Aus der gleichen Zeit stammt auch der 50 m hohe viereckige Turm. Im Übergang vom Kirchenschiff zum Chor sind noch vereinzelt gotische Elemente erkennbar.

Führung durch Kathedrale und Besichtigung der Kirchenschätze im Museum 3 €, mit Turmbesteigung 5 €. Infos im Touristenbüro.

Lectoure 343

Mairie: Der prunkvolle Palast mit terrassenförmig angelegten Gärten war bis zur Französischen Revolution bischöfliche Residenz und beherbergt heute die Rathausverwaltung. Im *salle des Illustres* hängen Portraits der wichtigsten Persönlichkeiten aus der Region, die, wie z. B. *Jean Lannes* (einst Marschall unter Napoleon), hier einen Ehrenplatz bekommen haben.

Musée lapidaire und **les Trois Salles**: Im Gewölbekeller des „bischöflichen" Rathauses befindet sich ein interessantes archäologisches Museum mit einer außergewöhnlichen Sammlung von steinernen und marmornen Altären aus dem 2. und 3. Jahrhundert für Stieropfer zur Verehrung von *Kybele* und *Mithras* (s. o.). Des Weiteren sind u. a. zahlreiche Gegenstände aus der gallorömischen und merowingischen Zeit zu sehen.

Von den sogenannten „drei Sälen" ist einer dem, aus Lectoure stammenden, Marschall Lannes, der Seite an Seite mit Bonaparte in Austerlitz kämpfte, gewidmet. Ein weiterer Raum zeigt eine Apotheke inklusive Labor aus dem 19. Jahrhundert und der dritte Saal wurde zu Ehren des Admirals Boué de Lapeyrère eingerichtet, der seiner Zeit erst Admiral der Seefahrtsdivision des Atlantiks von 1904-1906 und später Minister der Marine war.

Eintritt 3 €, 4 € mit Besichtigung der drei Säle, jeden ersten So im Monat von Nov. bis März Eintritt frei. Tägl. außer Di und Feiertag 10-17 Uhr, geöffnet. Führungen stündlich außer um 13 Uhr.

Fontaine de Diane: Den Brunnen der Diane kannten schon die Römer, die noble und gleichzeitig malerische Brunnenfassung wurde beim Bau der Stadtmauer im 13. Jahrhundert in diese integriert. Man erreicht ihn über die rue Fontélie.

Ganz in der Nähe liegt die unter Denkmalschutz gestellte ehemalige **königliche Gerberei** (frz. *tannerie royale*). Sie ist ein gutes Beispiel für die Industriearchitektur des 18. Jahrhunderts und beherbergt das **Atelier du Bleu de Lectoure** (s. u. Adressen).
Chemin de Pont de Pile.

Die Taubentürme der Midi-Pyrénées

Die *pigeonniers* sind so etwas wie ein architektonisches Wahrzeichen der Region. Mal stehen sie in allen Formen und Variationen vereinzelt und sehr repräsentativ in der freien Landschaft, oft sind sie - vor allem im Rouergue - in abgespeckter Form als „Taubentürmchen" direkt an oder auf den Wohngebäuden angebracht. Die freistehenden Exemplare setzten immer großen Reichtum voraus, denn das Recht auf Taubenhaltung hing von der Größe des Grundbesitzes ab. Nur wer als Grundherr soviel Land besaß, dass die Vögel nicht die Saat von den nachbarlichen Feldern fressen konnten, hatte das Recht, Tauben zu halten; pro Taubenpaar oder Nistplatz waren das je nach Region 2.000-3.000 m² kultivierbares Land.

Ab dem 17. Jahrhundert waren im Südwesten bürgerliche und adlige Grundherren gleichgestellt – im Gegensatz zum nordwestlichen Frankreich – wo diese Vorrangstellung der Adligen erst in der Französischen Revolution abgeschafft wurde.

Abgesehen davon, dass man Tauben essen konnte, wurden mit dem anfallenden Taubenmist die berühmten Färberwaidfelder gedüngt. Daher war er auch als Brautmitgift sehr gefragt.

Beaumont-de-Lomagne

Zusammen mit Saint-Clar gehört die Gemeinde zu den Hauptanbaugebieten des weißen Knoblauchs. Sie besitzt eine riesige quadratische Markthalle aus dem 14. Jahrhundert, die von 38 schweren und original alten Eichenbalken gestützt wird. Ihr Dachgebälk ist ein kleines Wunderwerk der Statik. Die wuchtige Kirche aus dem 13. Jahrhundert mit ihrem hohen Kirchturm im Toulouser Stil befindet sich, wie es sich für königliche Bastiden der Gascogne gehört, außerhalb des Platzes. Es bietet sich ein kleiner Rundgang durch das alte Zentrum mit seiner spätmittelalterlichen Architektur an. Man beginnt am besten in der *rue du Presbytère*, schlendert durch *die rue de l'Église* und *route de Montauban*. Von der ehemaligen, über 5 m dicken, Stadtmauer ist leider nichts mehr zu sehen, ebenso wenig von der ehemaligen Burg im Nordwesten des Ortes, die Ludwig XIII. dem Erdboden gleichmachen ließ.

Information Office de Tourisme, kompetentes Personal, das auch Vorschläge für Ausflüge in die Region macht. 3, rue Pierre de Fermat (im Geburtshaus des gleichnamigen in Frankreich bekannten Mathematikers), 82500 Beaumont de Lomagne. ✆ 0563024232, www.tourisme-en-lomagne.com.

Markt Sa vormittags in der Markthalle. Knoblauchmarkt nur für Großabnehmer von Juli bis Dez Di 10-11 Uhr. Der Markt ist zwar für das allgemeine Publikum zugänglich, aber es gibt keinen Verkauf von Kleinstmengen.

Veranstaltungen Fête de l'ail: Knoblauchfest mit Spiel und Animation rund um den „Knofi" und den hier gebürtigen Mathematiker *Pierre de Fermat*, Kochdemonstration und Wettkochen des besten *tourin* (hiesige Knoblauchsuppe). Ausstellung von Knoblauchgebinde, mathematische Spiele im Gedenken an den berühmten Rechner. Dritter So im Juli.

Übernachten/Essen Hotel-Restaurant Le Commerce, wenige Meter von der Markthalle, typisches "Provinz-Hotel", Zimmer sind korrekt, aber etwas altmodisch eingerichtet. Restaurant mit echter „Dorfkneipen-Atmosphäre", gute regionale Küche mit Entenschmalzfleisch, Hühnereintopf (*galinail*), cassoulet. DZ 46-52 €. Betriebsferien von Mitte Dez. bis Mitte Jan. 58, rue du Maréchal-Foch, ✆ 0563023102, www.hotellecommerce.com.

Das Dachgebälk: eine statische Meisterleistung

*** **Camping le Lomagnol**, gehört zum Feriendorf **Village de loisirs Le Lomagnol**. Liegt etwas außerhalb vom Dorf direkt am See, gute Ausstattung, Fahrrad-Verleih, Schwimmbad (Juli/Aug.), Sauna, Whirlpool. Einkaufsmöglichkeiten in der Nähe. Separater Platz für Wohnmobile. Haustiere erlaubt. Zeltplatz von April bis Okt. geöffnet. Ganzjährige Vermietung von gîtes und Mobil-Homes. Avenue du Lac, ✆ 0563261200, www.villagelelomagnol.fr.

Gramont

Das 150-Seelen-Dorf an der westlichen Grenze des Departements *Tarn et Garonne* scheint ausschließlich aus der Burg (13./14. Jh.) zu bestehen. Schöne mittelalterliche Gässchen, ein gutes Restaurant und das Honigmuseum vervollständigen den kleinen Ort. Im Laufe der Jahrhunderte wechselte die Burg mehrmals ihre Besitzer, dadurch änderte sich auch jedes Mal ihr Verwendungszweck. Es gesellten sich nach und nach zu dem ursprünglichen Bergfried aus dem 12. Jahrhundert eine Festung und die mächtige Renaissance-Residenz. So manche bekannte und illustre Persönlichkeit, wie Ludwig XIII., hat hier schon gelebt. Hinter den Gemäuern befindet sich einer der schönsten Gärten „à la française", wenn nicht der schönste des Departements, im Stil des 16. Jahrhunderts angelegt.

Eintritt für die Schlossbesichtigung 5 €. Juli/Aug. tägl. 10-12.30 und 14-18.30 Uhr, Mai/Juni bis 18 Uhr und die restlichen Monate nur Di-So geöffnet und Mo Ruhetag, im Winter nur nach Anmeldung. ✆ 0563940526.

Sehenswertes

Musée du Miel: Kleines, aber sehr umfangreiches und interessantes Honigmuseum rund um die Bienenhaltung und Honigherstellung. Man sieht Bienenstöcke in allen Formen und Größen aus aller Herren Länder, wie die indonesischen aus Baumfarn geflochtenen Bienenkörbe, in Afrika sind es richtige Körbe ... und in der Lomagne formte man sie noch im 19. Jahrhundert aus Kuhmist. Verkauf von eigenen Honigprodukten.

Eintritt 3 €. Juni bis Mitte Sept. tägl. außer Mi 10-12 und 14-19 Uhr, im Mai nur an den Wochenenden und feiertags geöffnet. Der Besuch dauert 1 Std. daher letzter Einlass Punkt 11 und 18 Uhr. ✆ 0563940020. ■

Auberge Le Petit Feuillant, im Dorf neben dem Schloss. Die Auberge ist in der ganzen Umgebung für ihre sehr gute regionale Küche bekannt. Tägl. außer So abends, feiertags und mittwochs geöffnet. Menü 17-35 €. Reservierung unerlässlich. ✆ 0563940008, www.gastronomie-petit-feuillant.com.

Flamarens

Die winzige Bastide im nordöstlichen Zipfel der Lomagne scheint menschenleer, nur ein paar Katzen zeigen sich. Der festungsähnliche Gebäudekomplex mit seinem pechnasenbesetzten Rundturm, heute in Privatbesitz, überragt die wenigen Häuser und gehörte einst zu einem imposanten Schloss (15./16. Jh.). Im Jahre 1943 vernichtete ein fürchterlicher Brand das Dorf, das Schloss und die Kirche. Letztere ist immer noch eine Ruine, seit 1976 kümmert sich der Verein *„Les Amis de Flamarans"* um deren Wiederaufbau.

Saint-Mère

Schmucklos und wuchtig, quasi ohne Öffnungen, außer den Schießscharten, und von zwei ungleichen Türmen eingerahmt, so präsentiert sich der einstige Sitz der

Bischöfe von Lectoure. Er ist einer der typischsten Vertreter der Burgen in der Gascogne, leider ist auch er nicht zu besichtigen.

Plieux

Ebenso wie in Saint-Mère strahlt die, aus dem 14. Jahrhundert stammende, Burg Plieux diese in der Region oft anzutreffende feudale Strenge des gaskonischen Stils aus, daran ändern auch die wenigen baulichen Veränderungen aus dem 15. Jahrhundert nichts. Im Sommer finden in der Burg jedes Jahr Kunstausstellungen statt. Nähere Information im Touristenbüro Lectoure.

Lachapelle

Nur wenige Kilometer südöstlich von Flamarens erhebt sich dieser ehemalige Wohnsitz der Vizegrafen der Lomagne, der zuvor schon Sitz der Templer war. Beeindruckend ist die polygonale Stadtmauer mit ihren kreuzförmig gemauerten Schießscharten für die Armbrustschützen. Die jetzige *Kirche Saint-Pierre* war ursprünglich die Burgkapelle, deren Nutzung ausschließlich den Templern vorbehalten war. Erst als sich die Menschen nach dem Hundertjährigen Krieg aus Sicherheitsgründen um die Burg ansiedelten, funktionierte man sie zu einer Gemeindekirche um. Seit den Restaurationsarbeiten Mitte des 18. Jahrhunderts erinnert ihr Inneres eher an ein italienisches Theater als an eine Dorfkirche. Sie ist über und über mit farbigen Holzschnitzereien und Malereien versehen; Kanzel, Altar, Gebetsstühle - alles ist bunt - „barocker" geht es nicht mehr!

Saint-Clar

Saint-Clar ist ein Kuriosum unter den Bastiden, denn sie besitzt als Einzige gleich zwei von Arkaden umgebene zentrale Plätze. Tatsächlich kann man an der heutigen Dorfstruktur die Entwicklungsgeschichte dieses Ortes ablesen. Im südlichen Saint-Clar befindet sich der ältere Platz, der einstige sogenannte Marktflecken. Dieser arkadenumsäumte Platz befand sich damals innerhalb der ehemaligen Burgsiedlung und war Umschlagplatz für den Viehhandel. Die alte Kirche im Zentrum des Viertels wurde im Laufe der Jahrhunderte viel umgebaut, u. a. auch gekürzt, doch sie besitzt noch drei Grabnischen und ihren Glockenturm aus dem 11. Jahrhundert. Die Burgsiedlung mutierte dann im 13. Jahrhundert unter englischer Herrschaft zu einer Bastide, die sich heute im nördlichen Bereich des 1.000-Seelen-Städtchens befindet. Hier steht auf dem quadratischen Platz die aus dem 13. Jahrhundert stammende Markthalle auf alten Holzpfeilern. Das an die Halle angrenzende Gebäude mit dem netten Uhrenturm ist das Rathaus. Hier finden der Wochenmarkt und sommerliche Festivitäten statt. Schöne Steinhäuser aus dem 18. Jahrhundert haben die uralten mittelalterlichen Häuser ersetzt. Saint-Clar hat sich inzwischen einen Namen als Frankreichs größter weißer Knoblauch-Produzent gemacht.
www.tourisme-saint-clar-gers.com.

Markt Wochenmarkt Do vormittags, Knoblauchmarkt Juli bis Ende Sept. ebenfalls Do vormittags.

Veranstaltungen Fête de l'ail, Knoblauchfest mit Verkaufsständen für Knoblauch, Verköstigung und Musik. Erster Do im Aug.

Concours de l'ail, Wettbewerb im Knoblauch-Gestecke herstellen. Dritter Do im Aug.

Übernachten In Saint-Clar gibt es nicht viele Möglichkeiten sein Haupt zu betten, aber was angeboten wird ist korrekt, wenn auch nicht ganz billig.

Chambres d'hôtes « La Garlande », nobles Bürgerhaus aus dem 17. Jahrhundert über den Arkaden am „Markthallen-Platz". Drei große Zimmer mit Blick auf den Marktplatz, gepflegte alte Parkettböden und moderne Badezimmer. Das reichhaltige Frühstück wird in der großen auf alt getrimmten Essküche serviert. Praktisch: Die Vermieterin, Madame Counot, betreut das Touristenbüro und hat daher alle Touristeninfos parat. DZ 61-69 € je nach Bettenbreite (inkl. Frühstück), DZ mit WC auf dem Flur 43 €. Letzte Märzwoche bis Mitte Nov. geöffnet. 12, place de la Mairie. ✆ 0562664731, www.lagarlande.com.

≫ Mein Tipp: Ferme des Etoiles, im Weiler Le Corneillon, 32380 Mauroux. Geräumige farbenfrohe Zimmer, Schwimmbad (darf nur im Beisein der Eigentümer benutzt werden). Die passionierten Hofbesitzer bieten ein umfangreiches Programm für interessierte „Sternegucker" an. Patenschaft für die Idee und den „Sternen-Hof" übernahm der Astrophysiker Hubert Reeves, der Sternenblick ist daher absolut professionell aufgezogen. Eine spannende Übernachtung mal anders! DZ inklusive Frühstück 72 €, chalet 2 Pers. inklusive Frühstück 24 €, „astronomisches Dinner" 35 €. Geschlossen Nov. bis Ende März. ✆ 0562060976, www.fermedesetoiles.com.
Anfahrt: Von Saint-Clar die D 13 in Richtung Lavit bis Mauroux. Der Sternenhof liegt am Ortsausgang linker Hand (ausgeschildert). ≪

Sehenswertes

Musée de l'école publique: Eine Reise in die Schulvergangenheit des 19. und 20. Jahrhunderts: Klassenzimmer und Lehrerküche aus dem Jahre 1930. Auch der Duft nach Bohnerwachs, die Schiefertafel und die Landkarten an der Wand fehlen nicht. Dauerausstellung über die Schule in der Zeit von 1789 bis 1960. Die in Frankreich so beliebten „Dictées", Rechtschreibwettbewerbe für Erwachsene, finden am ersten und dritten Do im Aug. statt (kann ein wunderbarer Test für deutsche Französisch-Lehrer sein!), Uhrzeit auf Anfrage.
Eintritt 4 €. Juni bis Sept. 15-19 Uhr, sonst 14-18 Uhr, sonntags sowie Mitte Jan. bis Mitte Febr. geschlossen. Neben der Post. ✆ 0562663278, www.musee-ecole-publique.fr.

Maison de l'ail: Etwas außerhalb von Saint-Clar. In Richung Lectoure fahren, dann die D 287 (ist ausgeschildert). Ausstellung über den weißen und violetten Knoblauch, Herstellung von „Knofi"-Zöpfen und Verkauf.
Mitte Juni bis Mitte Okt. Mo-Sa., ✆ 0562664057, www.maison-de-lail.com.

Fleurance

Der Ort präsentiert sich auf den ersten Blick als recht unscheinbar und da die ehemalige Bastide aus dem 13. Jahrhundert unter dem Hundertjährigen Krieg und den Religionskriegen fürchterlich gelitten hat, sind so gut wie keine alten Häuser mehr vorhanden. Doch der zweite Blick enthüllt den wahren Charme: Die auf dicke Steinsäulen gestützte, mächtige **Markthalle** aus dem 19. Jahrhundert hat die mittelalterliche Version mit 24 Holzpfeilern ersetzt und nimmt quasi den gesamten Raum des Marktplatzes ein. Witzig präsentiert sich das Rathaus, es befindet sich wie einst im Mittelalter sozusagen unter dem Dach der Markthalle (s. auch Solomiac). Ein Besuch der *Kirche Saint-Laurent* lohnt sich alleine schon wegen der drei wunderschönen Kirchenfenster in der Apsis, ein weiteres Meisterwerk von *Arnaud de Moles*. Die dicken stämmigen Pfeiler und Verstrebungen unterm Dach des Kirchenschiffes lassen den Verteidigungscharakter der Kirche erkennen.

Information Office de Tourisme, 112 bis, rue de la République, 32500 Fleurance. ✆ 0562640000, www.tourisme-fleurance.com.

Adressen Post: 79, rue Gambetta.
Polizei: Police municipale, 23, place de la République, ✆ 0562640325

Kino: Cinéma Grand Angle, 2, rue du Moulin, ✆ 0562066005.

Tierarzt: Cabinet vétérinaire, boulevard Paul Valéry, ✆ 0562062187.

Markt Di vormittags, place de la République. Bauernmarkt Sa, Markthalle.

Veranstaltungen Festival d'Astronomie: Je nach Vollmond erste oder zweite Augustwoche. Anhand von Ausstellungen und Vorträgen werden Sonne, Mond und Sterne von anerkannten Kapazitäten dem Laien auf einfache Art und Weise näher gebracht. ✆ 0562066276 (s. u. Saint-Clar, Übernachten, ferme des étoiles, www.fermedesetoiles.com).

Übernachten/Camping *** Le Fleurance, am Ortsausgang in Richtung Lectoure. In einem großen Park, Zimmer im Stil der 70er Jahre renoviert mit Dusche oder Badewanne, TV, WLAN, Minibar, z. T. mit Klimaanlage, Balkon oder Gartenzugang, Schwimmbad. DZ 60-88 €. Restaurant tägl. geöffnet außer Sa nachmittags und So abends. Route d'Agen, ✆ 0562061485, www.hotel-gers.com.

Camping Au Gré du Vent, „Camping auf dem Bauernhof",) in einem Nachbarort von Fleurance. Der schattige Platz liegt ca. 11 km südöstlich von Fleurance und etwa 1 km außerhalb der Ortschaft. Schwimmbad, je nach Jahreszeit, inmitten von Mais- oder Sonnenblumenfeldern, Teich zum Angeln in der Nähe. Vermietung von Mobil-Homes. Juni bis Mitte Okt. geöffnet. Restaurantbetrieb nur nach Reservierung, Menü 19-28 € inklusive Aperitif, Wein und Kaffee. 32120 Taybosc (D 654 Richtung Montfort oder Mauvezin, dann D 105). ✆ 0562651759.

Essen Restaurant La Tour du Fleurance, gehört zum o. g. Hotel Le Fleurance. Mittags v. a. Berufstätige, regionale Küche. Mittagstisch 12,50 €, sonst Menü 23-45 €.

La Pause, Mo-Fr nur mittags, sowie Fr und So abends geöffnet, Sa geschlossen. Kein besonders schöner Speisesaal, aber gutes Preis-Leistungs-Verhältnis und schneller Service. Klassische französische Küche. Mittagstisch 14 €, Menüs 24-29 €. 70, rue Gambetta (ist eine Seitenstraße der N 21: Im Süden von Fleurance in Richtung Auch, an der Ecke avenue du Général de Gaulle und allée Aristide Briand rechts rein). ✆ 0562066805.

Salon de Thé, kleine Teestube unter den Arkaden mit Mittagstisch, Tellergerichte für 8-10 €. 26, place de la Mairie, ✆ 0562610599.

Fleurance: 1. Stock Rathaus – Erdgeschoss Markthalle

Solomiac: Ratszimmer in luftiger Höhe

Zwischen Auch und Toulouse

Im Bereich zwischen Auch und Toulouse befinden sich, eingebettet in kleine Täler und Sonnenblumenfelder, zahlreiche malerische Bastiden und Burgsiedlungen. Jeder noch so winzige Ort hat seinen ganz besonderen Charme und es gibt immer wieder etwas Neues zu entdecken.

Solomiac

Hier fährt man - wenn man es nicht weiß – garantiert an einer der urigsten Markthallen der Region vorbei. Sie liegt direkt an der Durchgangsstraße, doch man muss sich schon unter sie stellen, den Kopf in den Nacken legen und nach oben blicken, um das Besondere an ihr überhaupt erkennen zu können: Wie ein Wespennest klebt da unter ihrem Dach das mittelalterliche „Ein-Zimmer-Fachwerk-Rathaus" und wären da nicht die vier Steinpfeiler, die diese schwindelerregende Konstruktion stützten ... Auch interessant sind die Reste mittelalterlicher „Verkaufsboutiquen" unter den Arkaden rund um die Markthalle.

Sarrant

Liegt nur wenige Kilometer von Solomiac entfernt und ist die perfekte Miniaturausgabe einer befestigten Burgsiedlung, allerdings inzwischen ohne Burg, denn auf dem einstigen zentralen Burgplatz steht jetzt eine Kirche. Die fast runde, mächtige Stadtmauer kennzeichnet den Verlauf des äußeren Burggrabens, den kleine Gemüse- und Blumengärtchen schmücken. Beim Überschreiten der Zugbrücke durchquert der Besucher das wuchtige Stadttor mit seinen Pechnasen und kreuzförmigen Armbrustscharten und bekommt eine leichte Ahnung von der Wehrhaftigkeit dieser alten Siedlung. Hinter den Mauern ändert sich das wehrhafte Aussehen dieses Dorfes schlagartig: Wunderschöne farbige Fachwerkhäuser säumen die innere Ringgasse und komplettieren das malerische Bild der Mini-Festung.

Veranstaltungen In der zweiten Augustwoche findet innerhalb der Festungsmauern ein mittelalterliches Fest statt, mit allem was so zum Feiern gehört: Konzerte, Tanz, Vorträge, mittelalterliches Festbankett, Reiterspiele…

Essen Eine **Teestube** der besonderen Art ist der kleine und einzige Buchladen mit dem Namen: „Les Livres et Vous" (Sie und die Bücher). Belegte Baguettes und ein Nachtisch werden für 10 € zwischen den überhäuften Bücherregalen an ein paar winzigen Tischen serviert. Gegen den Durst helfen Fruchtsäfte. Nette Adresse für den kleinen Hunger zwischendurch. An Wochenenden und in der Ferienzeit geöffnet ✆ 0562650951.

Cologne

Die Markthalle dieser einst königlichen Bastide wird oft als die schönste der Region bezeichnet. Sie besitzt ein auf das Dach aufgesetztes „Rathauszimmer", auf dem wiederum der Belfried thront. Diese Variante der Drei-Etagen-Konstruktion (Halle-Verwaltungszimmer-Belfried) war in den mittelalterlichen Bastiden weit verbreitet. An einem Eckpfeiler der Markthalle ist noch ein altes und (vom vielen durchrieselnden Getreide) blank gescheuertes Getreidemaß zu sehen. Den Marktplatz säumen die Arkaden mit den liebevoll restaurierten Hausfassaden aus unterschiedlichsten Materialen wie Ziegel, Stein oder Fachwerk.

Getreidemaß aus vergangenen Zeiten

Information Syndicat d'Initiative, 12, place de la Halle, 32430 Cologne. ✆ 0562069930, domisyndicat@wanadoo.fr.

Camping *** Camping de la Base de Loisirs du Lac de Thoux, 32430 Thoux, an der D 654 in Richtung L'Isle-Jourdan. Ebener Platz direkt am 70 ha großen Badesee. Strand mit überwachtem Badebetrieb, u. a. Tretboot- und Kanuverleih, Tischtennis, beheiztes Schwimmbad, Surfkurse Vermietung von Mobil-Homes. Zeltplatz nur April bis Okt. geöffnet, Vermietungen ganzjährig. ✆ 0562657129, www.lacdethoux.com.

Gimont

Der Ort zieht sich fast einen Kilometer lang auf dem Kamm entlang und gehört mit seinen 2.800 Einwohnern zu den größten Bastiden im Departement Gers. Ihre Gründung ist das gemeinsame Werk der Mönche von Planselve und dem äußerst eifrigen Bastidengründer Alphonse de Poitiers (zur Erinnerung, es handelt sich um den Bruder des französischen Königs Ludwig IX., auch Ludwig der Heilige genannt). Die Hauptstraße führt steil zur Ortsmitte hoch und der Durchgangsverkehr fährt gnadenlos mitten durch die immense, aus Holzbalken bestehende, Markthalle. Gimont ist eine der ersten Adressen der, v. a. im Winter gut besuchten, *marchés au gras* (Markt, auf dem ausschließlich Stopfenten und Stopfgänse verkauft werden sowie die im Südwesten allgegenwärtige Stopfleber). Die Backsteinkirche Notre-Dame ist aus rotem Klinker im Stil der meridionalen Gotik erbaut (Saalkirche mit Seitenkapellen), besitzt einen achteckigen Kirchturm im Toulouser Stil und steht, so wie es sich für die Bastiden gehört, etwas abseits vom Marktplatz.

Farbenfrohe Fachwerkhäuser

Etwa ein Kilometer von Gimont entfernt in Richtung Saramon liegt die **Chapelle Notre-Dame-de-Cahuzac**. Dem Besucher präsentiert sich eine der ältesten Pilgerstationen in der Region. Die aus Ziegeln erbaute Kapelle stammt aus dem Jahre 1515 und besitzt uralte, sehr schöne Kirchenfenster (16. Jh.), ebenso sehenswert ist der Altar (17. Jh.).
Anfahrt ist ausgeschildert.

Information Office de Tourisme, 53, boulevard du Nord, 32200 Gimont. ✆ 0562677787, www.tourisme-gimont.com.

Verbindungen Zug: liegt an der Linie Toulouse-Gimont, Bahnhof etwas außerhalb von Gimont im Weiler Cahuzac unweit der N 124, avenue de la Gare. www.trainshoraires.com/gares/gimont.

Markt Marché au gras: Im Sommer Mi vormittags 9.30-10.30 Uhr (zu dieser Jahreszeit ist noch nicht viel los) und Nov. bis März auch So vormittags 10 Uhr (Hauptsaison für Ente und Gans). Markthalle und Umgebung.

Übernachten *** Hotel Villa Cahuzac, Logis de France, in einem ehemaligen Bürgerhaus aus dem 19. Jahrhundert. Gleicher Besitzer wie das Restaurant Ducs de Gascogne (s. u.). Zimmer und Bad puristisch, doch sehr modern mit allem Komfort ausgestattet. Ein sehr angenehmes Haus das i. d. R. keine Wünsche offen lässt. DZ 89-120 €, Reservierung fürs Abendessen im Hotel-Restaurant (nur abends) unter ✆ 0562621000. 1 avenue de Cahuzac, www.villacahuzac.com.

*** **Château de Larroque**, im ehemaligen Schloss von 1804 mit großem Park, nur 1,5 km von Gimont entfernt. Große Zimmer mit allem Komfort und z. T. mit Balkon. Wintergarten, Schwimmbad und Tennisplatz. DZ 89-115 €. Menüs 22-57 € (eine leichte Küche im Land des Entenschmalzes). Route de Toulouse, 32200 Gimont, ✆ 0562677744, www.chateaularroque.fr.

Hotel-Restaurant Oh Bon Plaisir, „Oh schönes Vergnügen"! Welch ein Namen für ein Hotel. Logis de France, nur 8 km von Gimont Richtung Auch. Tägl. außer So abends geöffnet. Weihnachten geschlossen. Total verschlafenes „Nest", Hotel mit ein paar in frischen, kräftigen Farben gestrichenen Zimmern, Tel. und TV. Haustiere gestattet. Auch Dreibettzimmer vorhanden. DZ 50-55 €. Frühstück 7,50 € Hauseigenes Restaurant, Menüs 13-25 €, Schnellgerichte ab 7,50 €. Route d'Auch, 32270 Aubiet, ✆ 0562659465, www.ohbonplaisir.com.

Gîte und Camping de Lamothe, liegt 12 km von Gimont entfernt in L'Isle-Arné am Pilgerweg nach Santiago de Compostela. Im Sommer gut besucht. Die gîte wurde mit

Naturmaterialien (Holz, Lehm, Hanf, Farbpigmente) wunderschön restauriert. Schlafsaal mit 7 Betten, ein DZ und ein Zimmer mit Empore für drei Personen. Ein Badezimmer für alle Zimmer. Im Winter Kaminfeuer im Gemeinschaftssaal. Schlafsaal 15 €/Pers., DZ/Dreibettzimmer 20 €/Pers. Bettwäsche 3 €/Pers. Besitzer geben Kurse im Restaurieren alter Gebäude mit Naturmaterialien. ℡ 0562659054, matinemoulet@gmail.com.

Anfahrt: Im Zentrum von L'Isle-Arné dem Schild „briquetterie" folgen.

Essen Ducs de Gascogne, liegt an der N 124 am Ortsaugang von Gimont in Richtung Auch, direkt neben dem Hotel Villa Cahuzac. Top-Adresse für die typischen Gerichte der Gascogne: Entenschmalzfleisch, Entenbrust, Cassoulet... Mittagsgerichte um die 12,50 €, Menü 15-30 €. Hinter dem Restaurant befindet sich die zum Haus gehörende „Konservenfabrik" (Kostproben und Verkauf). Di bis So mittags geöffnet. Im Obergeschoß wurde ein kleines Enten- und Gänsemuseum eingerichtet, in der die Geschichte der Stopfleberherstellung erläutert wird. Eintritt frei. 3, avenue de Cahuzac. ℡ 0562678475.

Mauvezin

Als erstes fällt in dem 1.750-Seelen-Ort die große Markthalle (noch eine!) mit dem interessanten hölzernen Dachgebälk auf, dessen gesamte Konstruktion von 24 Steinpfeilern gestützt wird. Die Post befindet sich in einem noblen Gebäude aus dem 18. Jahrhundert mit dem Namen *maison d'Henri IV*. Nicht weit entfernt (über die rue du Vieux Temple), stößt man auf den Turm *Tour de Jeanne d'Albret* (das war die Mutter von Henri IV.) Die Hauptstadt der ehemaligen *Grafschaft Fezensaguet* war während der Religionskriege eine Protestanten-Hochburg.

Es gibt eine witzige Interpretation der Entstehung des Namens Mauvezin: In einschlägigen Kreisen gab man der in der Umgebung gefürchteten, weil nicht einnehmbaren, Ortschaft den Beinamen *mau vesin* (okzitanisch), was auf Französisch so viel bedeutet wie „mauvais voisin" (schlechter Nachbar).

Markt Mo vormittags und kleinerer Markt Sa vormittags, Marktplatz.

Veranstaltungen Festival de l'ail (Knoblauchfest): Knoblauchgestecke in Hülle und

Hirseanbau in der östlichen Gascogne

Fülle, abends Stände mit Knoblauchgerichten. Erster Montag nach dem 15. Aug.

Übernachten Die Gemeinde hat ein besonderes Nutzungskonzept für leerstehende Häuser im Stadtzentrum entwickelt: Sie wurden liebevoll restauriert und werden jetzt als *gîtes de vacances* (Ferienherbergen) vermietet. Insgesamt wurden so 60 gîtes mit 400 Betten geschaffen.

Infos dazu bei **VAL-VVF** „Le Fezenguet", La Rapière, 2, rue des Justices, ✆ 0562067597, www.valvvf.fr, ebaud@valvvf.fr.

Essen Le Tire-Bouchon, Café-Bar am Platz, kleine Gerichte, die ihr Geld wert sind. Tellergericht ab 10 €. 6, place de la Libération, ✆ 0562643630.

Montfort

Es gibt in dieser kleinen malerischen Bastide mit ihren 440 Einwohnern nur eine Straße. In dem schönen Renaissance-Haus neben der Kirche wurde 1544 der protestantische Dichter *Saluste de Bartas* geboren. In seinem bekanntesten Werk *La Semaine* (die Woche) schwärmte er für die Landschaft seiner Heimat. Sein Werk wiederum, wurde von unserem guten alten Goethe bewundert. Man sollte nicht versäumen, einen Blick auf die bunten Fresken im Chor und in die Seitenkapellen der aus dem 13. Jahrhundert stammenden *Kirche Saint-Clément* zu werfen.

La Grignotière, unter den Arkaden gegenüber der Kirche. Sehr „entenlastige" Speisekarte, aber alles wird wunderbar gekocht. Mittagstisch 11,50 €. Im Sommer tägl. außer Mo und Di abends geöffnet, außerhalb der Saison tägl. außer Sa mittags sowie Di bis Do abends. Betriebsferien Ende Aug. bis Mitte Sept. Place de l'Hôtel-de-Ville, ✆ 0562069633.

Zwischen Adour und Garonne

Die liebliche Landschaft im Südwesten von Auch wird von Tälern und bewaldeten Hängen durchzogen und immer wieder bieten sich Ausblicke auf die Pyrenäenkette. Es ist eine weitere Burgenlandschaft par excellence.

Samatan

Samatan ist eine kleine, geschäftige und für Frankreichs Gastronomen sehr wichtige Ortschaft mit 2.250 Einwohnern. Sie besitzt gleich zwei riesige Markthallen aus dem 19. Jahrhundert und einige schön restaurierte Bürgerhäuser. Aber es sind nicht allein die alten Häuser, sondern vor allem auch der Freitagsmarkt, der den Ort in der Gascogne so berühmt macht. Hier wird das „rosa Gold" an den Mann/die Frau gebracht: die in Deutschland verbotene und von den Franzosen heißgeliebte Stopfleber. Samatan streitet sich mit Gimont um den Titel „Mekka der Stopfleber", denn auch hier heißt es: Dies ist der bekannteste und größte Stopflebermarkt Frankreichs.

Information Office de Tourisme, beherbergt ein kleines Museum über die Geschichte der Stopfleber. Außerdem wird Volkskunst und eine allmonatlich wechselnde Ausstellung von heimischen Künstlern gezeigt. 3, rue du Chanoine-Dieuzaide, 32130 Samatan. ✆ 0562625540, www.samatan-porte-du-gers.com.

Verbindungen Bus: Tägl. mehrere Verbindungen nach Toulouse. ✆ 0561417070.

Markt Marché au gras: Stopflebermarkt ganzjährig Mo vormittags in den Markthallen, April bis Sept. ab 10 Uhr und Okt. bis März ab 9.30 Uhr geöffnet. Traditioneller Gemüsemarkt ebenfalls Mo vormittags.

Veranstaltungen Festival de Théatre: Straßentheater, Theater-Seminare…, dritte Woche im Juli.

Soirées gourmandes: Stände mit Spezialitäten aus der Region, Straßenkonzert, zwei Abende jeweils im Juli und Aug.

Internet Beim Point d'Information Jeunesse (PLJ), kostenlos, Mo 10-13 und 14-18 Uhr, Di, Mi und Fr jeweils 14-18 Uhr. Place des Cordeliers, ✆ 0562625190.

Übernachten 》》 **Mein Tipp:** *** **Les Logis du Canard**, Logis de France, klein und fein: Nur 6 Zimmer, alle sehr komfortabel, farbenfroh und nur für Nichtraucher, alle mit TV, WLAN. Schöner Innenhof mit Whirlpool. DZ 75-95 €. La Rente, ✆ 0562623575, www.aucanardgourmand.com. 《《

》》 **Mein Tipp:** **Les Rivages de Samatan**, Feriendorf mit Hotel und gîtes am nahegelegenen See (Badebetrieb nur Juli/Aug.), die ganze Anlage ist funktionell und ohne jeglichen Charme. Hotel mit modern eingerichteten Zimmern, TV und Tel., Blick auf den See. Haustiere nur in gîtes erlaubt. DZ 53-71 €, ganzjährig geöffnet. ✆ 0562623564, www.vacanciel.com. Anfahrt: Richtung Lombez. 《《

Essen Au Canard Gourmand, gehört zum Hotel Logis de Canard (s. o.). Speisesaal sehr gemütlich und ebenso geschmackvoll und farbenfroh wie die Hotelzimmer. Speisekarte rund um die Ente mit einfallsreich abgeschmeckten Gerichten (z. B. mit Vanille verfeinert). Mittagsmenü 13 €. Geöffnet von Mi abends bis einschließlich Mo mittags. Adresse s. o.

Lombez

Die aus dem 15. Jahrhundert stammende Kathedrale *Sainte-Marie* in dem ehemaligen Bischofssitz unweit von Samatan ist sicher einen kurzen Halt wert. Sie ähnelt sehr der Jakobinerkirche *Les Jacobins* in Toulouse. Ihre zwei ungleich großen Kirchenschiffe sind durch einen Säulengang voneinander getrennt. Manche der Kirchenfenster werden Arnaud Moles zugeordnet, das Chorgestühl besitzt Schnitzereien aus dem 17. Jahrhundert. Sehr beeindruckend ist auch das fast 800 Jahre alte Taufbecken aus Blei, das sich in der ehemaligen Taufkapelle befindet.

Hotel-Restaurant Le Val de Save, ein günstiges Hotel mit frisch renovierten, einfachen Zimmern, im Sommer steht ein kleines Schwimmbad zur Verfügung. Restaurant tägl. außer an den Abenden von Mo, Do und So geöffnet. Mittagsmenü 12 €. DZ 45-60 €. 18, boulevard des Pyrénées, ✆ 0562625572, www.levaldesave.com.

Château de Caumont

Nördlich von Samatan, in Cazaux-Savès, steht in einem 50 ha großen bewaldeten Park eines der bezauberndsten Renaissance-Schlösser in diesem Gebiet. Es war einst im Besitz des Herzog d'Epernon (Günstling von Henri III.) und kann im Rahmen einer Führung besichtigt werden.

Eintritt 5 €. Juli/Aug. So bis Fr 15-18 Uhr, Mai/Juni und Sept./Okt. nur an Sonn- und Feiertagen 15-18 Uhr geöffnet. Geführte Besichtigung. ✆ 0562079420, www.caumont.org.

Simorre

Der 700-Seelen-Ort im Herzen der ehemaligen *Grafschaft Astarac* ist nicht nur eine der ältesten Klostersiedlungen der Gascogne, sondern war auch eine der Mächtigsten. Die rote Backstein-Abteikirche bildet ein Bollwerk, flankiert von pyramidenförmigen Festungstürmen. Im Inneren erwarten den Besucher bemerkenswerte Kirchenfenster aus dem 14. und 16. Jahrhundert, manche davon werden dem im Südwesten bekannten Glasermeister Arnaud Moles zugeordnet (zur Erinnerung: von ihm stammen die 18 bekannten Kirchenfenster der Kathedrale von

Auch). Alte Fachwerkhäuser und lauschige, schattige Plätzchen vervollständigen das malerische Dorfbild.

Information Syndicat d'Initiative, rue de la Mairie, ✆ 0562653634, www.simorre.com.

Camping Camping municipal du Stade, etwa 500 m außerhalb der Ortschaft Mini-Campingplatz mit 12 schattigen Stellplätzen an den Ufern des Gimone. Von Juni bis Sept. geöffnet. Route de Sauveterre. ✆ 056265-3413 oder -3022 (Rathaus).

Essen Auberge d'Astarac- Le Bouchon Gascon, Terrasse im Grünen, weit ab von jeglichem Rummel. Menü 25-45 €. Von Mai bis Sept. Mi-Sa sowie an Feiertagen abends und So mittags geöffnet. Nur mit Reservierung! 32260 Moncorneil-Grazan (ausgeschildert). ✆ 0562654881.

In der Umgebung von Simorre

Lac d'Astarac: Zwischen Masseube und Simorre führt die Straße D 40 am 1970 gebauten Stausee vorbei. Der Deich bietet einen atemberaubenden Blick auf die Pyrenäenkette mit dem höchsten Pyrenäenberg der Midi-Pyrénées, dem Pic du Midi, und die Ortschaft Mont d'Astarac mit Kirchturm und Wasserschloss. Im Laufe der letzten 40 Jahre entwickelte sich der See mit seinen sehr abwechslungsreichen Ufern zu einem ornithologischen Eldorado. Er ist begehrter Rastplatz für über 160 Zugvogelarten auf dem Weg in ihre Sommer- und Winterquartiere. Ein schöner Uferweg lädt zum Spaziergang ein.

Informationen im Syndicat d'Initiative in Simorre.

Mirande

4000 Einw.

Viele Geschäfte und gemütliche Bar-Cafés bringen Leben in das Zentrum. Obwohl nur noch zwei der vier Häuserreihen Arkaden besitzen, gehört die Bastide in der ehemaligen Grafschaft Astarac zu jenen Ortschaften, bei denen der ursprüngliche akkurate Bauplan mit am besten erhalten ist. Die ursprünglichen Baumaße sind

Die Kathedrale Sainte-Marie besitzt einen imposanten Portalvorbau

Die östliche Gascogne

genau nachzuvollziehen. Vom zentralen Marktplatz gehen an jeder Ecke jeweils im rechten Winkel die Straßen ab, die Gebäude werden dadurch in 50 m lange Häuserblocks unterteilt und bilden ein fast perfektes Schachbrettmuster.

Die gotische Kathedrale *Sainte-Marie* besitzt einen imposanten Portalvorbau, der den Glockenturm abstützt und dabei die ganze Straße überspannt. Das Innere ziert ein kunstvoll geschnitztes Chorgestühl. Einige schöne Bürgerhäuser aus dem 15. Jahrhundert und Reste der alten Stadtmauer sind noch zu sehen.

Information Office de Tourisme, in der Hochsaison gibt es einmal die Woche eine kostenlose Stadtführung. 13, rue de l'Évêché, 32300 Mirande, ✆ 0562666810, http://ot-mirande.com.

Adressen Internet-Zugang: M@ngo Technologies, geöffnet tägl. außer Di vormittags und So, 9-12 und 14.30-19 Uhr. 8, rue Gambetta, ✆ 0562668079.

Post: 23, rue Victor Hugo.

Tierarzt: Groupe Vétérinaire Nuytten Mathieu, 10, rue Valentées, ✆ 0562665439.

Verbindungen Bus : Regelmäßig Busse nach Tarbes und Auch (Infos im Touristenbüro).

Markt Markt Mo- und Sa vormittags, Markthalle und Marktplatz.

Veranstaltungen Festival de Country Music: 5 Tage country-music mit zahlreichen amerikanischen Country-Sängern, Western-Tanz.. Anfang Juli., www.countrymusic.com.

Fête de la ville (Stadtfest): Bauernmarkt, Folklore-Fest und Feuerwerk, Wochenende um den 15. Aug.

Übernachten Wie vielerorts in den Midi-Pyrénées sind auch hier Hotels Mangelware, man muss nehmen was kommt…

** **Europ Hôtel de Maupas**, freundliches Personal. Eckhaus liegt zwischen zwei Straßen (eine davon ist Nationalstraße), am besten nach einem Erdgeschoss-Zimmer nach hinten raus fragen, trotzdem insgesamt ziemlich hellhörig. Noch nicht alle Zimmer renoviert, aber alle mit TV und Internetzugang. Doppelbetten nur 1,40 m breit, z. T. Drei-Bett-Zimmer mit 1x 1,40 m und 1x 0,90 m. DZ 52-62 €. Restaurant schwimmt auf der „Gers-Welle": canard, canard und immer wieder canard (Ente), Mi-Sa geöffnet. Betriebsferien Nov. bis Ende April. 2, avenue d'Etigny, ✆ 0562665142, www.europhotel-maupas.com.

** **Hôtel Metropole de Gascogne**, Logis de France, wenige Schritte vom Marktplatz. Zimmer unterschiedlicher Größe und teilweise renoviert. DZ 48-52 € (wird teurer während des Festivals im Juli). Restaurant mit gutem Preis-Leistungs-Verhältnis, Mittagstisch 8,50-12,50 €, sonst 17-32 €. Tägl. außer So abends und Mo geöffnet. 31, rue Victor-Hugo, ✆ 0562665025, hotel.metropole32@wanadoo.fr.

La Brasserie des Art, fünf liebevoll renovierte, farbenfrohe Zimmer. Das alte Gemäuer (19. Jh., ebenfalls super restauriert) liegt im Zentrum. Sehr freundlicher Empfang. DZ ab 50 €. 5, boulevard Centulle III, ✆ 0562665027, www.brasseriedesarts.fr.

*** **Camping de L'Ile-du-Pont**, gemeindeeigener, schöner 5 ha großer Platz von der Baïse umflossen (mit Räumungsplan bei Hochwasser!), 200 m vom Zentrum entfernt und vis-à-vis vom Europ Hôtel de Maupas. Schwimmbad, Fahrrad-Verleih, Tennisplatz, Mobil-Homes, chalets und Zelt-Bungalows. Kreditkarten werden nicht angenommen. Mitte Mai bis Mitte Sept. geöffnet. ✆ 0562666411, mirande@templibre-vacances.com.

Essen Auberge de la Halle, einfaches und gemütliches Restaurant mit Barbetrieb, traditioneller Küche und reichlichen Portionen. Mittags hauptsächlich von Berufstätigen besucht, montags (Markttag) herrscht Hochbetrieb. Mittagsmenü 12,50 €, sonst 16-23 €. Tägl. außer am Wochenende geöffnet, Betriebsferien in den ersten drei Augustwochen. 7-9, rue de l'Ecole (hinter der Kirche und gegenüber der Markthalle). ✆ 0562667681.

In der Umgebung von Mirande

Berdoues: Südlich von Mirandes (D 939) liegen die Ruinen der Zisterzienser-Abtei von Berdoues. Fährt man dann auf der D 939 noch ein paar Kilometer weiter Richtung Süden, geht es links nach **Belloc** ab.

Chapelle Saint-Clamens: Gegenüber dem Kircheneingang von **Belloc** sieht man zwei Hügel mit einem riesigen Hof. Dort steht die kleine, aus dem 11. Jahrhundert stammende, Kapelle mitten in den Feldern auf den Grundmauern eines gallo-römischen Tempels. Im Chor befindet sich ein mit Skulpturen verzierter Sarkophag (4. Jh.) aus Marmor. Auch sind ein paar Fresken-Fragmente aus unterschiedlichen Jahrhunderten zu erkennen. Bei der Nachbarin erhält man den Schlüssel gegen Eintrag seines Namens in ein Heft (größtes Haus im Weiler nahe der Kapelle).

Lac de Miélan: Auf halbem Weg zwischen Auch und Tarbes liegt dieser touristisch gut erschlossene, 77 Hektar große, langgezogene Stausee, an dem Wassersport und Badebetrieb im Sommer gestattet sind.

*** Camping Les Reflets du Lac, großer Platz mit 109 schattigen Plätzen, etwa 1,5 km von der netten Bastide Miélan in Richtung Auch), an der N 21. Schwimmbad, Rutsche, alle möglichen Sportarten für Jung und Alt (Kanu, Tretboot, Volleyball, Badminton, Tischtennis, Spiele für die Allerkleinsten….), Restaurant- und Bar-Betrieb. Mai bis Okt. geöffnet. Achtung: Rechtzeitig reservieren wenn Jazz-Festival in Marciac (erste Augusthälfte) und Country-Music-Festival in Mirande (um den 14. Juli herum) stattfinden! ✆ 0562675159, www.lac-mielan.com.

In den Weinbergen von Madiran, Viella und Saint-Mont

Weinliebhaber sollten unbedingt eine kleine Erkundungstour zu den Weingütern in der Umgebung von Marciac machen, um den einen oder anderen grand cru (Spitzenjahrgang) im Rahmen einer Weinprobe zu erstehen (besser vorher anmelden).

Im „grenznahen" Bereich zu Aquitanien wachsen die edlen Tropfen mit den Namen Madiran, Pacherenc und Saint-Mont. Ein paar Zahlen für interessierte Weintrinker: Der Großteil des Departements Gers, das heißt über 20.000 ha Land, besteht aus Weinbergen, davon sind allein 2.000 ha dem Armagnac vorbehalten, 3.000 ha für die zwei AOC-Weine und einen AOVDQS (s. auch Kapitel Trinken). Aus dem Rest der Weinreben, die über 600.000 hl ergeben, werden die *vins de pays*, Landweine, unter der Bezeichnung *Côtes-de-Gascogne* hergestellt.

Maubourguet

Die erste Ortschaft auf dem Weg von Marciac ins westlich gelegene „Weinrevier" ist vor allem als Nachtquartier interessant, denn diese Weingegend im breiten Tal des Adour ist - kaum zu glauben, aber wahr - noch sparsamer als der Rest der Region mit Übernachtungsmöglichkeiten ausgestattet. Es ist ein netter Ort mit interessanten alten Häuserfassaden aus grauen Flusskieselsteinen, kleinen Kanälen und einer schattenspendenden Platanenallee. Der Pilgerweg von Arles nach Santiago de Compostela führt hier durch und so verwundert es nicht, auch auf eine romanische Kirche aus dem 12. Jahrhundert zu stoßen.

Übernachten/Essen ** Hotel-Restaurant de France, Logis de France, im Zentrum an der Platanenallee. Zimmer mit Doppelfenstern, TV, Tel. WLAN, funktionell ohne Schnick-Schnack eingerichtet (Zimmer 5 mit Balkon). DZ 59-65 €, Mittagsgericht 9,50-13,50 €, schöne Terrasse mit Pergola. Tägl. außer So abends geöffnet. 75, allées Labarnés, 65700 Maubourguet (etwa 15 km südlich von Madiran). ℡ 0562960101, www.hoteldefrance-maubourguet.com.

Camping municipal de l'Echez, nur 200 m vom Zentrum entfernt, mit zum Teil gut beschatteten Plätzen und ruhiger Lage direkt am Ufer des Echez (Nebenfluss des Adour). Grillplatz, Tischtennis, Spielplatz. Frühstück und Brunch auf dem Platz möglich. Sehr netter Empfang. Für die Zeit Anfang Aug. rechtzeitige Reservierung notwendig (Jazz-Festival in Marciac). Vermietung von Jurten (4-6 P.) Kreditkarten werden nicht angenommen. Von Mai bis Mitte Sept. geöffnet. Rue Jean-Clos-Pucheu. ℡ 0562963744.

Madiran

Der winzige und aus architektonischer Sicht recht unscheinbare Ort ist aus einer ehemaligen Benediktiner-Klostersiedlung entstanden. Man ist über die Dorfstruktur fast ein bisschen enttäuscht, aber das eigentlich Wichtige gibt's hier an fast jeder Ecke: den tanninreichen, kräftigen Madiran. Der erste Weg sollte auf jeden Fall ins Priorat führen. Hier befindet sich das Informationszentrum rund um die beiden Weine *Madiran* und den weißen *Pacherenc de Vic-Bilh*. Der Madiran wurde übrigens lange Zeit ausschließlich als Messwein zelebriert und erst durch die Jakobspilger als „nicht christlicher", normaler Wein unters Volk gebracht. Die 1.300 Hektar Rebland des Madiran erstrecken sich über die Randbereiche der drei Departements Hautes-Pyrénées, Gers und Pyrénées-Atlantiques. Weniger bekannt, aber nicht minder süffig, ist der weiße Pacherenc, der mit einem „nur" 270 Hektar großen Anbaugebiet vertreten ist.

Wein Maison des Vins im Gebäudetrakt des Priorats. Tägl. im Sommer. 10-18 Uhr, Nebensaison Di-Sa 9-12.30 und 14-17.30 Uhr geöffnet. Infoblatt mit detaillierten Angaben und Adressen aller Weinkeller, bieten ganzjährig kostenlose Weinproben und Weinverkauf an. 4, rue de l'Église, ℡ 0562319067.

Essen Restaurant-„Notunterkunft" Le Prieuré, neben dem Wein-Info-Zentrum. Falls man einen (oder mehrere) über den Durst getrunken hat, es ist vorgesorgt: Im ersten Stock erwarten die fahruntüchtigen Gäste ein paar einfache Schlafkammern (ehemalige Mönchszellen). DZ 40 €. Der Speiseraum des Restaurants befindet sich in einem großen Saal des ehemaligen Klosters. Die Madiran-Weinkarte bietet eine riesige Auswahl. Mittagsmenü 13 € sonst 18-25 €. Tägl. außer So abends, Mo und Di geöffnet, in der Nebensaison auch Do abends geschlossen. 4, rue de l'Église, ℡ 0562314452, www.leprieure-madiran.com.

Winzerkeller in der Umgebung

Le Château d'Aydie, 5 km nordwestlich von Madiran in 64330 Aydie (gehört schon zur Region Aquitanien). Hier wird der Madiran angebaut, ein Familienunternehmen, bei dem jedes der fünf Familienmitglieder seine genau definierte Aufgabe hat (z. B. empfängt das Familienoberhaupt die Besucher...). Hofbesichtigung und Weinprobe kostenlos. Man sollte unbedingt ihren *Maydie* kosten, einen Aperitif aus der Rebsorte Tannat.
Besichtigung tägl. 9-12.30 und 14-19 Uhr (Sa 18 Uhr) ℡ 0559040800.

Le Domaine Damiens (ebenfalls in Aydie), kleine Domäne mit nur 15 ha Anbaufläche. Mo-Sa vor- und nachmittags Besichtigung, So nur nach Vereinbarung. ℡ 0559040313 (André und Pierre-Michel Béheity).

Le Domaine Pichard in 65700 Soublecause, 4 km südöstlich von Madiran. Dank der vollbesonnten Hänge und den entsprechenden Böden können hier Weine von

Madiran/Winzerkeller in der Umgebung 359

ganz besonderer Qualität reifen. Verkauf von bis zu 20 Jahre alten Jahrgangsweinen. Die Besichtigung ist sehr aufschlussreich und super organisiert.
Tägl. 9-12 und 14-19 Uhr. ✆ 0562963573.

Le Château de Viella, in 32400 Viella (bei Alain Bortolussi). Im Sommer werden jeden zweiten Donnerstag Aufführungen bei einem guten Essen inszeniert (nur mit Reservierung). Kostenlose Weinprobe und Rebbesichtigung.
Besichtigung Mo-Sa 8-12 und 14-19 Uhr, So nach Vereinbarung. Route de Maumusson, ✆ 0562697581, www.chateauviella.com.

Le Château Montus-Bouscassé (Alain Brumont), befindet sich an zwei Orten: **Le château Montus** ist in 65700 Castelnau-Rivière-Basse und **Bouscassé** in 32400 Maumusson. Alain Brumont schlug 1985 andere Wege ein, als damals beim Weinbau üblich: Sein *Montus Prestige* war der erste zu 100 % aus der Tannat-Traube gewonnene Madiran, der ausschließlich in Barrique-Fässern aus frischem Eichenholz reifen durfte – zur damaligen Zeit eine Revolution. Dieser edle Tropfen wurde von der Weinprominenz aus aller Welt als absoluter Spitzenwein unter den Madiran-Weinen (frz. *„Petrus de Madiran"*) bewertet. Sicher der bekannteste Winzerkeller im Revier!

Besichtigung mit oder ohne Führung tägl. außer So 9-12 und 14-18 Uhr, Fr bis 17 Uhr. ✆ 0562697467, www.brumont.fr.

Anfahrt von Madiran: Über die D 48 in Richtung Viella, dann die D 164 in Richtung Riscle, ab dann ausgeschildert. ■

La Cave Torus, in Castelnau-Rivière-Basse, ca. 4 km von Madiran an der D 935. Kleine Weinkooperative, nur Verkauf und keine Besichtigung.
Di-Sa 10-12.30 und 15-18 Uhr.

Bekannt sind auch: **Château-Laffitte-Teston** in Maumusson, ✆ 0562697458, die **Domäne d'Héchac** in Soublecause, ✆ 0562963575 und... und.... und... Unter **vin.de.madiran.free.fr** finden Sie eine lange Liste der Produzenten in und um Madiran.

In den Weinbergen des Madiran

Saint-Girons am Flüsschen Salat

Die Pyrenäen der Midi-Pyrénées

Die abwechslungsreiche Landschaft hat ihren Urlaubern viel zu bieten: Prähistorische Höhlen, romanische Kirchen mit den für die Region typischen Glockengiebeln (frz. clocher à peigne), mächtige Klöster, Burgen und zugige Burgruinen warten darauf, entdeckt zu werden. Schroffe Felswände, wilde Flüsse, Hochgebirge und unzählige Wanderwege lassen die Herzen der sportlichen Urlauber höher schlagen und Gläubige finden in Lourdes das Pilgermekka. Nicht zu vergessen sind die zahlreichen bis zu 76° C heißen Quellen, in denen schon die Römer kurten. Kurz: Diese Region hat im Sommer wie im Winter für jeden Geschmack und für jedes Bedürfnis etwas zu bieten.

Die drei Departements Haute-Pyrénées, Haute-Garonne und Ariège der Region Midi-Pyrénées teilen sich rund 170 km der insgesamt 430 km langen Grenzlinie zwischen Frankreich und Spanien und sind Teil der sogenannten Zentralpyrenäen.

Das bewaldete und hügelige Pyrenäenvorland auf der französischen Seite bildet, ganz im Gegensatz zur spanischen Vorbergzone auf der Südseite, ein relativ schmales Band. Dahinter erhebt sich eine gerade Wand von Zwei- und Dreitausendern. Ein Blick auf die Landkarte bestätigt diese erstaunliche „Mauerlinie" des vor ca. 50 bis 100 Millionen Jahren entstandenen einzigartigen Faltengebirges. In der Würmeiszeit waren die Pyrenäen von einer geschlossene Eisdecke überzogen, was das Vorkommen der vielen Hängetäler, Gletscherseen und tiefen Taleinschnitte erklärt.

Im Pyrenäenvorland ist das Klima angenehm, die Winter sind mild. So verwundert es nicht, dass das Land schon sehr früh besiedelt war. Grandiose Karsthöhlen mit

Wandmalereien aus Asche, Bisonfett und Blut lassen Rückschlüsse auf die frühzeitlichen Bewohner zu; die berühmtesten Beispiele sind die Höhlen von Niaux und Bédeilhac bei Tarascon-en-Ariège.

Bis Mitte des 20. Jahrhunderts spielte in dieser grenznahen und von unzähligen Tälern durchzogenen, unübersichtlichen Region der Schmuggel von hauptsächlich Tabak und Alkohol eine große Rolle. Die Menschen leben heute von Weidewirtschaft mit Schafen und Rindern, Marmorabbau, Textilindustrie und Tourismus, wobei jedes Gebiet seine eigenen wirtschaftlichen Schwerpunkte hat.

La Bigorre

Die ehemalige Grafschaft Bigorre im Departement Hautes-Pyrénées ist ein landschaftlich äußerst abwechslungsreiches Gebiet. Im Norden reicht es bis zu den Weinbergen des bekannten Madiran, im Osten umfasst es das Hochplateau von Lannemezan und der südliche Bereich mit seinen Dreitausendern bildet die Grenze zu Spanien.

Tarbes   46.000 Einwohner

Tarbes, wegen seiner zahlreichen Springbrunnen auch „Stadt der Brunnen" genannt liegt in der Ebene und bietet einen atemberaubenden Panoramablick auf die nahe gelegene, oft auch im Sommer noch schneebedeckte, Bergkulisse.

Nur 20 Kilometer nördlich des weltberühmten Wallfahrtsortes *Lourdes* gelegen, wird die Universitäts- und Hauptstadt des Departements wegen ihrer verkehrsgünstigen Lage zu den Pyrenäen auch als das westliche Tor zur Midi-Pyrénées-Bergwelt bezeichnet. Über die Autobahn *La Pyrénéenne* (A 64) und den Flughafen Tarbes-Lourdes-Pyrénées erreichen die Menschen Sommer wie Winter

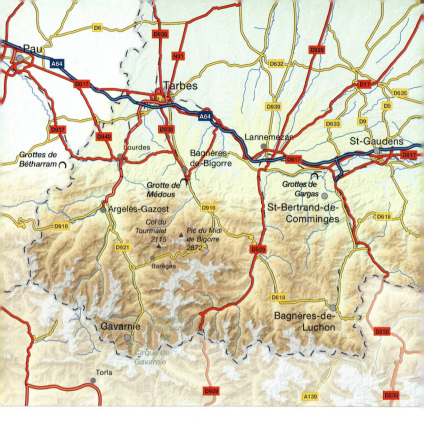

direkt die Stadt, leider bekommt Tarbes dadurch ein bisschen den Touch einer Durchgangsstation.

Marschall Ferdinand Foch empfängt die Besucher seiner Geburtsstadt grünspanüberzogen und hoch zu Ross. Im 1. Weltkrieg hatte er das Kommando über die gesamte Ostfront Frankreichs und nahm die Waffenstillstandsunterzeichnung durch die deutsche Republik entgegen. Nach wie vor sind in Tarbes Soldaten stationiert, hier lebt die Militärtradition weiter.

Geschichte

Die Stadtgründung lässt sich anhand von Ausgrabungen bis ins 3. Jahrhundert v. Chr. zurückverfolgen. Offensichtlich hatten nicht nur aquitanische Salzkarawanen die Vorzüge dieses Platzes am Adour erkannt, auch die Gallier und die Römer ließen sich hier nieder. Man entdeckte Funde von Töpferwerkstätten und Webereien, die heute im Museum Massey ausgestellt sind. Zahlreiche Barbarenüberfälle im 5. und 6. Jahrhundert zwangen die Menschen, ihre Häuser im Schutz eines *castrums* zu errichten. Mauerreste im hinteren Hofteil der heutigen Präfektur sind stumme Zeugen aus dieser Zeit. Zwar widerstand Tarbes den Attacken der Westgoten im 5. Jahrhundert, wurde aber 400 Jahre später durch die Wikinger völlig zerstört. Der damalige Bischof von Bigorre ließ die Stadt wieder

aufbauen und setzte, indem er den Bau der Kathedrale von Tarbes in die Wege leitete, ein deutliches Zeichen seiner Macht. Während der Religionskriege kamen zahllose Bewohner um, die Stadt samt Kathedrale und Bischofssitz wurde abermals zerstört. Aber wie ein Stehaufmännchen erholte sich Tarbes immer wieder von den schweren Schlägen. Die Errichtung des Pferdegestüts unter Napoleon und auch der Aufbau der Fabrik für Kriegswaffen (*l'Arsenal*) leitete eine neue Epoche ein. Tarbes entwickelte sich zu einer wichtigen Industrie- und Militärstadt, heute ist sie aber v. a. auch Universitätsstadt.

Auf einen Blick

Information Office de Tourisme, 3, cours Gambetta, 65000 Tarbes. ✆ 0562513031, www.tarbes.com.

Maison du Parc National des Pyrénées, Infozentrum über den Nationalpark Pyrenäen,. Wer im Nationalpark wandern möchte, findet hier eine große Auswahl an Vorschlägen, Streckenpläne für Radtouren usw. 2, rue du IV Septembre, ✆ 0562541675, www.tourisme-hautes-pyrenees.com.

Verbindungen Flugzeug: Der internationale Flughafen Tarbes-Lourdes-Pyrénées/LDE ist nur 10 km von Tarbes entfernt. ✆ 0562329222, www.tlp.aeroport.fr.

Verbindung in die Innenstadt entweder mit der Buslinie „Maligne des Gaves" (s. u.) oder mit dem Taxi (etwa 20-25 €/Pers.), ✆ 0562311010.

Zug: Tägl. mehrere SNCF-Zugverbindungen nach Lourdes, Toulouse, Paris, Irun und Pau, www.ter-sncf.com/midi_pyrenees.

364 Die Pyrenäen der Midi-Pyrénées

Tipp: Wer sein Rad per Zug transportieren möchte und über Paris anreist, findet alle Informationen unter www.radreise-wiki.de/Pariser_Bahnhöfe.

Bus: Die Buslinie „Maligne des Gaves" fährt auch den Flughafen an. Busbahnhof (gare routière), place aux Bois.

> **Hinweis:**
> **Unterwegs in der Region**
>
> Die Buslinie Nr. 2 „Maligne des Gaves" pendelt täglich zwischen Tarbes, Lourdes, Argelès-Gazost, Luz-Saint-Sauveur und Barèges (Einheitspreis pro Strecke für das ganze Departement Hautes-Pyrénées: Erw. 2 €, Kinder 1 €). Wichtig: Sie müssen sich an den Haltestellen bemerkbar machen, denn die Busfahrer halten nur bei Bedarf! Fahrpläne unter www.transports-maligne.fr.

Kostenloser Transport in die Innenstadt: Rundkurs alle 20 Min. zwischen Busbahnhof, SNCF-Bahnhof, place de Verdun und place Marcadieu. Mo–Sa 7.30–12.30 Uhr und 13.30–19.25 Uhr.

Autoverleih Avis Location: 45, rue Victor Hugo, ✆ 0562342676, www.avis.fr.

Europcar: 54, avenue Aristide Briand, ✆ 0562512021, www.europcar.fr.

Fahrradverleih vel'en ville, kostenloser Service der Stadt Tarbes gegen Hinterlegung einer Kaution von 50 €, **Restbezahlung im Büro.** Zwei „Verleihstellen": Place Marcadieu und place du Foirail, Büro: 17, place du Forail, ✆ 0562901378, www.tarbes.fr.

Markt Bauernmarkt tägl. 6–13 Uhr, Halle Brauhauban und großer Markt, Do vormittags, place Marcadieu.

Veranstaltungen Tarbes en Tango, 7-tägiges internationales argentinisches Tangofestival (Mitte August), www.tarbesentango.fr.

Equestria, Festival Européen de la Création Equestre (5 Tage Ende Juli). Alles rund um Pferdezucht, Ausstellungen und Pferdeveranstaltungen. www.festivalequestria.com.

Sonstiges Kino: Cinema Mega CGR, 91, rue Maréchal Foch, ✆ 0892688588.

Internet: Internetcafé Webtime, wenige Schritte von der Markthalle entfernt. Mo 14.30-19.30 Uhr, Di-Fr 9.30-19.30 Uhr, Sa 9.30-19 Uhr geöffnet. 1, avenue de la Marne, ✆ 0562348410.

Discothèque Oxygene, eine der größten Diskotheken des Südwestens, in der sich bis zu 3000 Menschen austoben können. Verschiedene Themenabende (DJ, Salsa, Elektro …). Eintritt 10 €, Long Drink 8 €. Geöffnet Do–Sa 23–5 Uhr. Chemin de Juillan, Z.I. Bastillac. ✆ 0562519565.

Stadt- und Parkbesichtigung in der Pferdekutsche, Abfahrt am Parkkiosk, Mitte Juni bis Mitte Sept. tägl. ab 14 Uhr. 15-minütige Runde durch den Park: Erw. 2,50 €; Stadtrundfahrt (ca. 45 Min.): Erw. 8 €.

Übernachten/Essen & Trinken

Übernachten *** HENRI IV **4**, im Zentrum 200 m vom Bahnhof entfernt in einer ruhigen Seitenstraße. Etwas in die Jahre gekommene Innenausstattung. Die Zimmer sind unterschiedlich ausgestattet; am besten vorher zeigen lassen! Tel., TV, Internet, Aufzug, kleiner Innenhof, Lesesaal. DZ 79–98 €, Privatgarage 6 €. Kein Restaurantbetrieb, aber wenige Gehminuten entfernt jede Menge kleiner Restaurants und Brasseries rund um die place de Verdun. Zum Einchecken und Kofferausladen nur mutig in der zweiten Reihe parken, alle machen es so! 7, avenue B. Barère, ✆ 0562340168, www.henri4.fr.

*** Hôtel de la Marne **6**, gehört zur Hotelkette Citotel. Standardausstattung ohne besonderen Schnickschnack, WLAN kostenlos, TV. Der Vierbeiner schlägt mit 9 € zu Buche. DZ 60-85 €, privater Parkplatz kostenlos. Hotelbar, kein Restaurantbetrieb. 4, avenue de la Marne, ✆ 0562930364, www.hotel-tarbes.com/.

** Hotel de l'Avenue **1**, nur wenige Meter vom Bahnhof entfernt in einer ruhigen Seitenstraße. Netter Empfang in familiärem Ambiente. Neutrale Zimmerausstattung mit Fenstern zum Innenhof oder lärmisolierten Fenstern zur Straße hin. WLAN vorhanden. DZ 40–48 €. 80, avenue

Übernachten
1 Hôtel de l'Avenue
4 HENRI IV
6 Hôtel de la Marne

Essen & Trinken
2 Le Petit Gourmand
3 Le Fil à la Patte
5 Le Patati-Patata
7 Bistrot La Fontaine

Tarbes

Bertrand-Barère, ☏ 0562930636, www.hotel-avenue-tarbes.fr.

Essen & Trinken Für ein Bierchen oder einen Espresso zwischendurch bieten sich die Brasserien rund um die place de Verdun an.

Le Petit Gourmand 2, ein Restaurant, in dem viele Einheimische speisen. Menüs ab 17 €. Sa mittags, So abends und Mo geschlossen. 62, avenue Bertrand-Barère (zwischen Bahnhof und place de Verdun), ☏ 0562342686.

Le Patati-Patata 5, Brasserie-Restaurant am großen Springbrunnen, das sowohl von Geschäftsleuten als auch von Studenten besucht wird. Tagesgericht 12 €. Mo-Sa 10-23 Uhr geöffnet, So Ruhetag. 5, place de Verdun, ☏ 0562569931.

Le Fil à la Patte 3, winziges Restaurant mit nur wenigen Tischen im Bistro-Stil. Innovative Küche im Stil der Nouvelle Cuisine. Mittagstisch 13,50 €. Tischreservierung unbedingt erforderlich. 30, rue Georges-Lassalle, ☏ 0562933923.

Bistrot La Fontaine 7, liegt zentral bei der place Marcadieu. Ein sympathisches, bodenständiges Bistro mit traditioneller französischer Küche. Wählen Sie das Mittagsgericht für 10 €, hier stimmt das Preis-Leistungs-Verhältnis. Die Preise für Menüs und à-la-carte zwischen 22 und 30 € sind aber etwas überzogen. Ruhetage So und Mo. 2, rue Jean Pellet, ☏ 0562933795.

Sehenswertes

Haras National und **maison du Cheval**: Das Pferdegestüt, inzwischen als *Monument historique* klassifiziert, hatte Napoleon I. im Jahre 1806 anlässlich des Spanienkrieges gegründet, hier werden heute noch Pferde der Rasse Anglo Araber gezüchtet. Zu sehen bekommt man alte Pferdekutschen (teilweise echte Raritäten!), prächtige Pferdeställe im Empire Stil, Futtertröge aus Marmor u. v. m.

Mo–Fr 14, 15 und 16 Uhr einstündige Führung durchs Gestüt, Eintritt 5,50 €. 70, rue du Régiment de Bigorre. Besuchereingang: Chemin de Mauhourat. ℂ 0562563080, www.haras-nationaux.fr.

Jardin Massey: In der weitläufigen 11 Hektar großen Parkanlage lässt es sich im Schatten der z. T. 150 Jahre alten und seltenen Baumbestandes aus aller Herren Länder wunderbar flanieren. Zum Park gehören auch der Kreuzgang der ehemaligen *Abtei von Saint-Sever-de-Rustan* (14. Jh.) und das im maurischen Stil erbaute und ganzjährig geöffnete *musée Massey* (s. u.) an der place Henri Bordes.

Musée Massey: Das Museum beherbergt zahlreiche Ausstellungsstücke aus Kunst und Archäologie, u. a. die (angebliche) Bronzemaske des Pyrenäengottes Ergé sowie Gemälde aus der französischen, flandrischen, italienischen und spanischen Schule (15. Jh.).

Place Henri Bordes, ℂ 0562443690 oder 0562513031.

Maison natale du Maréchal Foch: Das Geburtshaus von Marschall Ferdinand Foch beherbergt heute eine kleine Ausstellung mit Fotos und Andenken an den berühmten Oberbefehlshaber.

Eintritt frei, Juli/August tägl., Vor- und Nachsaison tägl. außer Di, 9.30–12.15 und 14–17.15 Uhr. 2, rue de la Victoire, ℂ 0562931902.

Place de Marcadieu: Die *Fontaine des Quatre Vallées* ist sicher der schönste Springbrunnen der Stadt. Die imposanten Steinmetzarbeiten des Brunnens repräsentieren den Reichtum der Pyrenäen und symbolisieren die vier Täler mit ihren Ortschaften.

Lourdes
16.000 Einwohner

Noch Anfang des 19. Jahrhunderts war Lourdes ein kleines, beschauliches Dorf, das sich am Fuße der Pyrenäen an seine steil aufragende Festung schmiegte. Doch das änderte sich einige Jahrzehnte später schlagartig, als Lourdes einen kometenhaften Aufstieg zu einem der meistbesuchten Wallfahrtsorte Europas erlebte.

Und das alles, weil der armen und kränklichen 14-jährigen Bernadette Soubirous am 11. September 1858 beim Holzsammeln in der *grotte Massabielle* die Muttergottes erschien. Ob die inzwischen weltberühmte Quelle dabei „nur zufällig" entdeckt wurde oder im Zusammenhang mit der Erscheinung entstand, darüber stritten sich einst die katholischen und sonstigen Geister. Letztendlich aber siegte die Version, die der katholischen Kirche am meisten Ansehen bringen sollte: die Neuentstehung im Zusammenhang mit Bernadettes Erscheinung. Unter der Obhut der Katholiken stand der Vermarktung des „heiligen Wassers" nun nichts mehr im Weg. Die Pilgerscharen ließen nicht lange auf sich warten. Anfangs kamen sie aufgrund der fehlenden Infrastruktur ausschließlich aus der Region, was sich jedoch in der zweiten Hälfte des 19. Jahrhunderts nach dem Bau der Eisenbahn änderte. Und heute? Millionen Kranke erhoffen sich Heilung durch das Quellwasser in der Grotte. Jahr für Jahr reisen 750.000 Besucher allein mit der Bahn an, über 500.000 landen auf dem Flughafen Tarbes-Lourdes-Pyrénées. Die jährlich über 6 Millionen Übernachtungen lassen Lourdes gleich nach Paris an die zweite Stelle der Orte mit den meisten Übernachtungen in Frankreich rücken. Fast jedes Gebäude in Lourdes beherbergt ein Hotel oder sonst irgendeine Übernachtungsmöglichkeit.

Bernadette und die Statuen der Heiligen Jungfrau

... Herr Fabisch aus Lyon setzte der Jungfrau eine Statue, eben jene, die heute noch in der Grotte steht. Er ließ sich von Bernadette die Erscheinung beschreiben, war tief gerührt von der weichen Frömmigkeit der Kleinen und lieferte das Äußerste an Talentlosigkeit. Die Statue hat 7.000 Francs gekostet, genau die gleiche Summe zuviel. Als man Bernadette das Werk zeigte, lief sie zunächst fort, ein beachtliches und gutes Zeichen von Kunstverstand. Dann wurde sie beruhigt, noch einmal an die Figur herangeführt, die aussieht, wie wenn sie aus Seife wäre, und man fragte sie: „Ist das deine Jungfrau, so, wie du sie gesehen hast?" – Und sie: "Keine Spur". Aber Fabisch kassierte ein, und die Priester aus Lourdes stellten sie auf ...

Bernadette hat kein Glück mit den Statuen. In der Ordenskapelle der Schwestern von Nevers zu Lourdes steht eine, von der hat sie gesagt: „C'est la moins laide de toutes!"(„Das ist die am wenigsten Hässliche!")...

Aus: Ein Pyrenäenbuch, von Kurt Tucholsky

Auf einen Blick

Information Office de Tourisme, place Peyramale, 65100 Lourdes. ✆ 0562427740, www.lourdes-infotourisme.com.

Verbindungen Flugzeug: Der internationale Flughafen Tarbes-Lourdes-Pyrénées/LDE ist an die größten europäischen Flughäfen angeschlossen und liegt nur wenige Kilometer nördlich von Lourdes direkt an der Autobahn A 64 (Ausfahrt 12 Tarbes-Ouest) und der N 21. ✆ 0562329222, www.tlp.aeroport.fr.

Touristen mit Behinderung bekommen alle Auskünfte bezüglich der Flüge unter Service SAPHIR (ein Unternehmen von Air France), aus Deutschland ✆ 0180505 4911 (0,12 €/Min.).

Taxi Flughafen: ✆ 0562311010.

Zug: Ab SNCF-Bahnhof mit Verbindungen in alle großen französischen Städte wie Toulouse oder Lyon, TGV Paris–Lourdes mehrmals tägl., ebenso Schlafwagen Paris–Lourdes und im Sommer Autozug. Bahnhof: 33, avenue de la Gare. Für Fahrpläne ✆ 0836353535, allgemeine Auskunft ✆ 0562464562, www.sncf.com.

Bus: In Lourdes und Umgebung gute Linienbus-Verbindungen. Fahrpläne unter www.transports-maligne.fr.

Busverbindungen von und nach Tarbes, Argelès-Gazost, Luz-Saint-Sauveur und Barèges: Linie Nr. 2 „Maligne des Gaves", www.transports-maligne.fr.

Taxi: Avenue de la Gare, ✆ 0562420808, www.taxisserviceslourdes.fr.

Autovermietung Die wichtigsten Autovermieter haben ihren Stand in der Ankunftshalle des Flughafens. Avis: ✆ 0562342676, www.avis.fr. Europcar: ✆ 0562512021, www.europcar.fr.

Parkplätze Lourdes besitzt 3000 gebührenfreie und rund 2500 gebührenpflichtige Parkplätze, die rings um den Ort verteilt liegen und gut ausgeschildert sind. Ein großer kostenpflichtiger Platz befindet sich direkt vor den Sanktuarien.

Markt tägl. 6.30–13.30 Uhr, außerdem jeden 2. Do ganztägig, Markthalle place du Champ Commun.

Fahrradverleih Cycles Antonio Oliveira, verleiht Mountainbikes. 14, avenue Alexandre Marqui, ☏ 0562422424.

Übernachten/Essen & Trinken

Lourdes besteht fast nur aus Hotels, Restaurants und Souvenirläden. Die Zimmer sind in der Regel winzig, das Essen „so lala". Das Gute daran: Die Preise sind überall sehr moderat und ändern sich auch bei vielen nicht im Jahresverlauf. Am besten übernachtet man in diesem überlaufenen Ort noch in den Hotelketten, deren Ausstattung und Größe einer Standardvorgabe unterliegen. Leider befinden sich viele davon direkt an der Hauptstraße.

Übernachten *** Citotel La Vallée, Hotelkette Citotel, helle Zimmer mit modernem Mobiliar, Tel. und TV, WLAN kostenlos. DZ 65 €, Frühstücksbuffet. Geöffnet von März bis Mitte Nov. 28, rue des Pyrénées, ☏ 0562947171, www.lavallee-lourdes.com.

** Ibis, Hotel der Ibis-Kette, liegt direkt an der Zufahrtsstraße D 914 ins Zentrum, alle Zimmer klimatisiert, TV, Internetzugang, WLAN, Haustiere willkommen. Ganzjährig geöffnet, DZ 64–109 €. 5, chaussée Maransin, ☏ 0562943838, www.ibishotel.com.

Camping 11 Campingplätze kleinerer und mittlerer Größe (35–135 Stellplätze), im Familienbetrieb bewirtschaftet, haben sich zu dem Verein "Lourdes-Pyrénées-Campings" zusammengeschlossen. Die Plätze haben ein gutes Preis-Leistungs-Verhältnis.

*** Plein Soleil, liegt am Ortseingang von Lourdes oberhalb der N 21. Terrassenförmig angelegter Platz, ist gut beschattet und wird nachts bewacht. Bar, WLAN, Schwimmbad, Kinderspielplatz. Mobil-Homes. Ostern bis Mitte Okt. geöffnet. 11, avenue du Monge. ☏ 0562944093, www.camping-pleinsoleil.com.

** Vieux Berger, liegt oberhalb der Straße nach Argelès-Gazost und wurde 2010 neu angelegt. Einfache Anlage mit 58 Stellplätzen, z. T. beschattet, warme Dusche kostenlos. Die junge Besitzerin spricht gut Deutsch (ist aber nur Juli/Aug. anwesend). Anfang April bis Mitte Okt. geöffnet. 2, route de Julos. ☏ 0562946057, campingvieuxberger@gmail.com.

** Domec, liegt direkt oberhalb des „Vieux Berger" (s. o.), terrassenförmig angelegt, in ruhiger Lage und gut beschattet. Bäcker bringt morgens frisches Baguette. Vermietung von Mobil-Homes und Wohnwagen. Anfang April bis Mitte Okt. geöffnet. 3, route de Julos, ☏ 0562940879, www.camping-domec-lourdes.com.

Wohnmobil-Stellplatz kostenlos, auf den öffentlichen Parkplätzen der Stadt ist das Abstellen des Wohnmobils tagsüber bis 20 Uhr gestattet, für eine Übernachtung ist der Parkplatz des Supermarkts E.Leclerc vorgesehen, hier ist auch eine Entleerungsstelle vorhanden.

Essen Casa Italia, bietet außer Pasta und Pizza auch regionale Gerichte zu moderaten Preisen und ist ein beliebter Treffpunkt auch für Einheimische; liegt an der Brücke zu den Sanktuarien. Die Pizza gibt's ab 7 €, man kann auch am Buffet für 11 € sein Menü selber zusammenstellen. 17, quai Saint-Jean, Anfang April bis Ende Nov. tägl. geöffnet. ☏ 0562941433.

Le Magret, Feinschmeckerlokal mit traditioneller regionaler Küche, liegt direkt hinter dem Office de Tourisme und wird oft von Einheimischen besucht. Viele Gerichte auf Entenbasis. Mittagsmenü ab 14 €. Mi Ruhetag. 10, rue des 4 Frères Soulas, ☏ 0562942055, www.lemagret.com.

Citotel La Vallée, Restaurant des gleichnamigen Hotels (s. o.), bietet vegetarische Gerichte. Menü ab 16 €, gemischter Riesensalat 8,50 €. Geöffnet von März bis Mitte Nov. 28, rue des Pyrénées, ☏ 0562947171, www.lavallee-lourdes.com.

Sehenswertes

Sanctuaires de Notre Dame de Lourdes: Die Heilige Stätte von Lourdes, ursprünglich war das nur die **Grotte Massabielle** mit der hellblau-weißen Statue der Heiligen Jungfrau aus Carrera-Marmor von Monsieur Fabisch, wurde entsprechend den anwachsenden Menschenmassen nach und nach erweitert und hat sich inzwischen auf über 51 ha ausgedehnt. Dann entstand die **Krypta**, die jedoch auch bald zu klein wurde. Nur zehn Jahre später, 1876, erbaute man die **Basilika der Unbefleckten Empfängnis** (frz. *basilique de l'Immaculée-Conception*) im neugotischen Stil, auch **Obere Basilika** (frz. *basilique Superieure*) genannt, deren Kirchturmspitze 94 m in den Himmel ragt. Die **Rosenkranz-Basilika** (frz. *basilique Notre-Dame-du-Rosaire*) oder **Untere Basilika** im römisch-byzantinischen Baustil entstand dann 1901. Sie wird von den zwei Freitreppen eingerahmt und bietet mit 2.000 m² für rund 1.500 Menschen Raum. Zum hundertjährigen Jahrestag der Erscheinung und auch, um den stetig wachsenden Pilgermassen, die mindestens einmal täglich beten, Herr zu werden, wurde 1958 im Stil einer Betonbunkeranlage die 201 m lange und 81 m breite **unterirdische Basilika des heiligen Pius X.** (frz. *basilique Saint-Pie-X*) gebaut. Sie kann im Falle eines Falles ganz Lourdes aufnehmen, 20.000 Seelen finden in ihr Platz. Die **Kirche Sainte-Bernadette** mit noch mal 5.000 Plätzen am gegenüberliegenden Ufer des Flusses beschließt vorerst das Neubaukapitel innerhalb der Sanktuarien. Wenn um 17 Uhr die Kranken in einer Prozession von der Grotte über den weihrauchgeschwängerten Vorplatz, der 40.000 Menschen aufnehmen kann, zur *basilique Saint-Pie-X* geschoben werden, überkommt so manchen schaulustigen Touristen ein komisches Gefühl. Dieses verstärkt sich meist noch, wenn man dem um 21 Uhr stattfindenden Fackelzug beiwohnt, der vor der oberen Basilika mit dem Segen endet. Jeder dieser ungezählten und z. T. todkranken Menschen ist ein Einzelschicksal und klammert sich als letzte Hoffnung an das heilige Quellwasser. Und das, obwohl eine Wunderheilung einem Sechser im Lotto gleichkommt. Nur 67 Heilungen wurden bisher vom Vatikan offiziell als Wunder attestiert, in 150 Jahren Pilgergeschichte und bei Millionen von Heilung Suchenden.

Sekretariat: ✆ 0562427878, www.lourdes-france.org.

Alles, was auch nur im Entferntesten mit Bernadette und ihrer Familie zu tun hat, wird in Form von Besichtigungen zu Geld gemacht. Die Autorin hat sich erlaubt, nur eine kleine Auswahl aufzulisten. Sie haben aber trotzdem die Qual der Wahl.

Selten ist der Vorplatz so leer

Moulin Boly: Geburtshaus der Bernadette; die Mühle und das Zimmer, in dem Bernadette geboren wurde...
Eintritt frei, geöffnet März bis Ende Okt. 9–12 und 14–18.30 Uhr, sonst nachmittags 15–17 Uhr. 12, rue Bernadette Soubirous, ✆ 0562421636.

Moulin Lacade: Es ist Bernadettes Elternhaus; zu besichtigen sind u. a. die Mühle, Bernadettes Schlafzimmer, die Küche sowie diverse Gegenstände und Bilder.
Eintritt 1,50 €. Geöffnet Ende März bis 1. Nov. 9–12.15 und 14.15–19 Uhr. 2, rue Bernadette Soubirous, www.maisonpaternelledesaintebernadette.com.

Cachot (Kerker): War bis 1824 das Gefängnis, diente der verarmten sechsköpfigen Familie Soubirous zwei Jahre lang als Unterkunft.
Gleiche Öffnungszeiten wie Mühle Boly. 15, rue des Petits-Fossés, ✆ 0562945130.

Église Sacré-Coeur: Wurde nach einem Brand wieder aufgebaut, in ihr befindet sich Bernadettes Taufbecken.
Tägl. geöffnet 8.30–12 und 14–19 Uhr, Place Peyramale.

Barthrès (4 km nördlich von Lourdes): In diesem Ort verbrachte Bernadette ein paar Monate bei ihrer Amme Marie Lagües und hütete Schafe; Schafstall und Umgebung haben sich seit 1856 kaum verändert.

Museen: Mehrere kleine Museen laden die Pilger und Touristen zum Besuch ein. So gibt es das **musée du Trésor**, in dem Kultobjekte, Kirchenschmuck und Reliquien ausgestellt sind (1, avenue Monseigneur Théas). Das **musée Grévin de Lourdes** (Wachsmuseum) zeichnet die Geschichte von Bernadette und Christus als Wachsfigurenkabinett nach (87, rue de la Grotte). Das Leben in Lourdes im Jahre der Erscheinungen kann man im **musée de Lourdes** (11, rue de l'Égalité) und im **musée du Petit Lourdes** (68, rue Peyramale) bewundern.

Musée de Gemmail: Interessant ist die Gemmail-Technik, die hier gezeigt wird, und die v. a. für Kirchenfenster verwendet wird. Dabei werden bunte Glassplitter als Mosaike übereinander geklebt. Den Effekt ergibt dann das Zusammenspiel von Farbe, Glas und Licht. Das Museum selbst ist eigentlich ein Verkaufsladen und stellt Werke aus die nach Gemälden von Rembrandt, Manet oder Van Gogh in einer Pariser Werkstatt hergestellt wurden. Leonardo da Vincis Mona Lisa oder Gauguins Südseeparadies in Gemmail-Technik – mal was anderes.
Eintritt frei, offensichtlich bringen die Bernadette-Gemmails den erwünschten Erlös. 74, rue de la Grotte.

Château-fort und musée Pyrénéen: Die Festung auf dem Kalkfelsen über Lourdes war einst Sitz der Grafen von Bigorre, dann im 17. und 18. Jahrhundert Gefängnis und seit den 1990er Jahren beherbergt sie das Pyrenäen-Museum. Räume und Gemäuer der Festung bilden die Kulisse für das Volkskunde- und Kunstmuseum. Gezeigt wird vor allem das Alltagsleben im 19. Jahrhundert: alte Handwerkstraditionen, eine typische béarnaiser Küche samt Steingut und Möbeln. In der Außenanlage der Burg stehen *en miniature* diverse nachgebaute Gebäude wie z. B. ein baskisches Haus, eine Wehrkirche und eine Abtei. Einen tollen Blick auf die Sanktuarien und auf die Pyrenäen bietet der Bergfried (Donjon) aus dem 14. Jahrhundert. Man beachte die deutlich sichtbare ovale Rasenfläche, welche die Größe der unterirdischen Beton-Basilika Saint-Pie X verdeutlicht.

Eine 131-stufige Sarazenentreppe führt auf die Festung hinauf, echte und falsche Fußkranke können auch den Aufzug nehmen, und für Rollstuhlfahrer gibt es eine Rampe (alles ausgeschildert).
Eintritt: 5 €. Von April bis Sept. tägl. 9–12 und 13.30–18.30 Uhr, ansonsten tägl. 9–12 und 14–18 Uhr. 25, rue du Fort, www.chateaufort-lourdes.fr.

In der Umgebung von Lourdes

Lac de Lourdes: Der von Wald umgebene Gletschersee ist vor 10 und nach 18 Uhr eine Oase der Ruhe, denn dann sind die Reisebusse samt Inhalt wieder weg und einem erholsamen Abendspaziergang entlang des Ufers steht nichts mehr im Wege. Strandcafé und Golfplatz sind vorhanden. Für den See gilt allerdings Badeverbot.
 Anfahrt von Lourdes Richtung Pau (D 940) über Soumoulou, am Ortsausgang geht ein Sträßchen links ab (ausgeschildert).

Forêt de Lourdes: In diesem Wald (route de Pau) hatte die Heilige Bernadette Holz gesammelt. Heute lädt er auf ausgeschilderten Wegen zu Spaziergängen ein, am besten in den frühen Vormittagsstunden oder gegen Abend. Die Spiel- und Picknickplätze sind ein Eldorado für kinderreiche Familien.

Pic du Jer: 948 m ü. d. M. thront der Hausberg über Lourdes. Wer dem Rummel entfliehen möchte und gut zu Fuß ist, dem sei der gut markierte Wanderweg auf den Gipfel empfohlen. Lauffaule nehmen die Zahnradbahn (frz. *funiculaire*) und überwinden die 840 Höhenmeter in rund 5 Minuten.

Hin- und Rückfahrt 8,50 €. Geöffnet Anfang April bis Mitte Nov. 10–18 Uhr, in den Sommermonaten bis 21 Uhr. 59, avenue Francis Lagardère (die Talstation ist gut ausgeschildert und befindet sich am südlichen Stadtrand), www.picdujer.fr.

Mountainbike-Verleih: ✆ 0562940041, Infos an der Talstation.

Grottes de Bétharram (Departement Pyrénées-Atlantiques): Wenn Sie ein Kontrastprogramm zu Bernadette und Lourdes suchen, bietet sich eine Fahrt nach Bétharram an, das nur 13 km westlich von Lourdes liegt (D 937 Richtung Pau). Kurz nach Lesthelle-Betharram (PLZ 64800) geht's rechts zu den grandiosen Tropfsteinhöhlen ab. Vom großen Parkplatz (kostenlos) wird man mit dem Bus zum Eingang hochgefahren. Fünf miteinander verbundene Stockwerke mit über 20 Höhlen erwarten den Besucher. Die Führung mit Zug und Kahn dauert etwa 1½ Stunden. Vorbei am „Kloster" und am „Chaos" fährt man durch den „Saal der Hölle" und wenn der Zug im untersten Stockwerk angekommen ist, befindet sich über dem Besucher eine 800 m dicke Felsenschicht. Gott sei Dank lenkt die bizarre Höhlenwelt von solch beklemmenden Vorstellungen schnell wieder ab.

Eintritt: 12,50 €, etwas komplizierte Öffnungszeiten: Mitte März bis Ende Okt. tägl. 9–12 und 13.30–17.30 Uhr, Juli/Aug. tägl. durchgehend und im Winter nur nachmittags 14.30–16 Uhr geöffnet. Im Hochsommer herrscht großer Besucherandrang, deshalb ist eine Besichtigung gleich morgens am besten. Jacke nicht vergessen, da unten ist es kalt! 65270 Saint-Pé-de-Bigorre, ✆ 0562418004, wwww.betharram.com.

Argelès-Gazost

3.400 Einwohner

Bei der Anfahrt von Lourdes nach Argelès-Gazost türmt sich die Pyrenäen-Wand vor dem Besucher auf. Nirgendwo bekommt man den Unterschied zwischen hügeligem Vorland und den Hochpyrenäen für einen kurzen Moment so krass zu spüren.

Der Ort ist durch seine zentrale Lage ein idealer Ausgangspunkt für sportliche Unternehmungen und Ausflüge in die hohe Bergregion. Trotz regem Durchgangsverkehr geht es hier im Sommer, im Gegensatz zur Skisaison, ziemlich beschaulich zu.

Ende des 19. Jahrhunderts wurden die beiden am *gave d'Azun* liegenden namengebenden Ortschaften zusammengelegt. Die Altstadt mit der von Napoleon III. subventionierten Kirche *Saint-Saturnin* liegt im oberen Ortsteil. Hier befinden sich auch die Läden, Cafés und Restaurants. Der untere Ortsteil hat außer einem Casino, Hotels und den Thermen nicht viel zu bieten. Es ist ein Städtchen mit vielen Brunnen, die ehemals die Einwohner mit Wasser versorgten und jetzt zum Entdecken einladen. In der Umgebung können sich sportlich Ambitionierte bis zum Abwinken austoben. Kajak- und Kanufahren, Rafting auf den Wildwassern der Pyrenäen, Gleitschirmfliegen, Bungee-Jumping und Hochseilgärten in luftiger Höhe sind nur einige dieser Sportmöglichkeiten. Auch bieten die Gletschertäler rund um Argelès-Gazost super Bedingungen für eine Vielzahl von Mountainbike-Touren, die Wege sind nach Schwierigkeitsgraden gut gekennzeichnet.

Auf einen Blick

Information Office de Tourisme, man spricht deutsch, place de la République (in der Altstadt), 65400 Argelès-Gazost. ✆ 0562970025, www.argeles-gazost.com.

Verbindungen Buslinie Nr. 2 „Maligne des Gaves", www.transports-maligne.fr.

Markt Di vormittags, place du Foirail (bei der Kirche).

Sonstiges Casino: Mo–Fr 10–2 Uhr, Wochenende 10–4 Uhr. 2, avenue Adrien Hébrard (bei den Thermen), ✆ 0562975300, www.groupe-tranchant.com.

Kino: Le Casino, Parc Thermal, ✆ 0562972965 (Programm über Anrufbeantworter).

Thermalbad: Thermes de Argelès-Gazost, geöffnet Mitte April bis Ende Okt., 27, avenue Adrien Hébrard. ✆ 0562970324.

Fahrradverleih: Lafont-Sports, place du Forail. ✆ 0562970020.

Wildwassersport: Les Gaves Sauvages, 2, avenue de Pyrénées. ✆ 0562970606, www.gaves-sauvages.fr.

Hochseilgarten Chlorofil-Parc: Mutprobe für Jung und Alt: In luftiger Höhe hangelt man sich auf Drahtseilen durch den Wald. Eintritt 19 €. Geöffnet März bis Nov.: Juli/Aug tägl. 10–19 Uhr, Mai/Juni nur am Wochenende 13.30–18 Uhr, März/April/Sept./Okt unter der Woche nach Anmeldung. ✆ 0562903765, www.chlorofil-parc.com.

Radtouren auf der „voie verte": Die ausgeschilderte, 26 km lange, fast topfebene Strecke zwischen Lourdes und Cauterets folgt der ehemaligen Eisenbahntrasse (voie verte). Sie führt an sprudelnden Bächen entlang, vorbei an Burgen, Pyrenäengipfeln und Abteien und durchquert 14 Pyrenäenorte. Infos im Touristenbüro.

Übernachten/Essen & Trinken

Übernachten ** Hotel-Restaurant Le Val du Bergons, an der D 921B zwischen Agos-Vidalos und Argelès-Gazost im Grünen gelegen, helle Zimmer von unterschiedlicher Größe und Bettenzahl, z. T. mit Balkon. DZ mit TV, Telefon, Internet; abschließbarer Fahrradkeller. DZ ab 45 €, Frühstücksbuffet. 2, allée du Bergons, Ayzac-Ost, ✆ 0562970876, www.hotel-val-bergons-ayzac-ost.federal-hotel.com/.

≫ **Mein Tipp:** ** Hotel Beau Site, Logis de France, liegt unweit vom Touristenbüro in einer stillen, engen Seitenstraße der Altstadt. 15 Zimmer mit Tel., TV und WLAN. Sehr gediegene Einrichtung. Vom Speisesaal Blick über das Tal und auf die gegenüberliegenden Berge. DZ inkl. Frühstück 63 €. 10, rue Capitaine Digoy, ✆ 0562970863, www.hotel-beausite-argeles.com. ≪

Camping *** Les Trois Vallées, Campingplatz direkt am Kreisverkehr am Ortseingang, verfügt über drei beheizte Schwimmbecken, von Aquagymnastik über Kinderprogramm bis zum Diskothekenbetrieb wird alles geboten. Vermietung von Mobil-Homes und chalets, geöffnet Mitte März bis Anfang Nov. Avenue des Pyrénées. ✆ 0562903547, www.l3v.fr.

*** La Bergerie, im Tal zwischen Argelès-Gazost und Ayzac-Ost (D 921B), beschatteter Platz mit Schwimmbad und Kinderspielplatz, vermietet auch Mobil-Homes und gîtes. Haustiere nicht erwünscht, Von Mai–Sept. geöffnet. Lalanne, Ayzac-Ost, 65400 Argelès-Gazost, ✆ 0562975999, www.la-bergerie.com.

Zahlreiche weitere Campingplätze befinden sich auch in Richtung Cauterets entlang der D 920.

Essen & Trinken La Forge, Crêperie bretonne, servieren leckere *crêpes* (süß) ab 2,60 € und *galettes noires* (salzig, aus Buchweizenmehl) für den kleineren Hunger, aber auch auf Vorbestellung Käsefondue und Raclette mit kräftigem heimischen Käse. 3, place du Foirail (etwas versteckt gegenüber Abzweigung „Aucun D 918" und großem Parkplatz). ✆ 0562975255.

》》 **Mein Tipp:** Le Val du Bergons, Restaurant des gleichnamigen Hotels (s. o.). Exzellente Küche. Gespeist wird auf der Terrasse mit Blick auf die Berge. 《《

In der Umgebung von Argelès-Gazost

Abbaye Saint-Savin: Das Dorf Saint-Savin war ursprünglich eine gallo-römische Siedlung und thront über dem Tal von Argelès. Es bietet einen atemberaubenden Ausblick auf die Burg Beaucens sowie die mittelalterlichen Wehrtürme von *Vidalos* und von *Ger*. Bekannt ist Saint-Savin aber durch seine einst einflussreiche Benediktiner-Abtei. Leider sind nur noch die als Kulturdenkmal klassifizierte romanische Kirche *Notre-Dame-de-l'Assomption* mit dem ungewöhnlichen achteckigen Turm samt abgesetztem Kegeldach und der Kapitelsaal erhalten. Sehenswert sind nicht nur die Reliquien des Mönchs Saint-Savin, sondern auch sein romanischer Sarkophag. Der Grabstein (11. Jh.) aus schwarzem Marmor dient heute als Hauptaltar. Der aus Holz geschnitzte Christus scheint je nach Standort (und Fantasie) des Betrachters langsam den Kopf zu senken und zu sterben. Witzig ist die mit drei Menschenköpfen verzierte Renaissance-Orgel von 1557, übrigens eine der ältesten Frankreichs – Augen und Münder der Köpfe bewegen sich lustig im Takt der Musik.

Zur Abtei gehört auch ein kleines Museum mit religiöser Kunst, zu sehen ist u. a. die schwarze Madonna der Kreuzzüge, welche aus Saint-Victor in Marseille stammt.
Tägl. von 9–19 Uhr geöffnet. 1, place du Castet, 65400 Saint-Savin. ✆ 0562970223, www.argeles-pyrenees.com.

Beaucens Donjon des Aigles: Liegt wenige Kilometer südöstlich von Argelès. Gezeigt werden beeindruckende Flugvorstellungen von Greifvögeln aus aller Welt. Andenkondor, Caracara, Gänsegeier und Co fliegen zwischen den Burgmauern von Beaucens z. T. sehr nieder über die Köpfe der Besucher hinweg.
Eintritt 12 €. Vorführungen vom Anfang April bis Ende Sept. tägl. 15.30 Uhr und 17 Uhr. ✆ 0562971959, www.donjon-des-aigles.com.

Cauterets und Pont d'Espagne

Die D 920 ab Soulom folgt der ehemaligen Eisenbahntrasse Lourdes–Cauterets, die heute Bestandteil der *voie verte* für Fahrradfahrer und Spaziergänger ist. Sie folgt dem Tal **Vallée de Cauterets** bis zur Ortschaft Cauterets, einst ein bekannter Thermalkurort der Pyrenäen. Es lohnt sich, weiter durch das Tal, vorbei an Wasserfällen und reißenden Bächen bei La Raillère, bis zum **Pont d'Espagne** (1.500 m) zu fahren.

Hier ist die Straße zu Ende und der französische Nationalpark beginnt mit vielen herrlichen Wandermöglichkeiten. Die Gewässer haben ihren ungezähmten Charakter behalten, da Cauterets nach dem Krieg verhinderte, dass die umliegenden Seen zur Stromgewinnung aufgestaut wurden. Die Verantwortlichen hatten Angst, die Thermalquellen würden versiegen.

Cauterets Umgebung ist vor allem Ausgangspunkt für viele leichte Wanderungen, wie z. B.:

Wanderung zum Lac de Gaube: Zu diesem legendenumrankten See führt entweder ein steiler Aufstieg (ca. 2 ½ Std.) oder ein Sessellift. Von der Bergstation sind es dann noch 20 Min. auf bequemem Fußweg. Infos gibt es im Touristenbüro.

Office de Tourisme de Cauterets. Hier bekommt man Kartenmaterial für Wanderungen, Streckenvorschläge für Mountainbike-Touren. Place Foch, 65110 Cauterets. ✆ 0562925050. Busse fahren etwa alle 2 Std. nach Argelès-Gazost und Lourdes.

Maison du Parc national: Hier findet man alle Infos über den Pyrenäen-Nationalpark, Wandermöglichkeiten, Kartenmaterial, Souvenirs etc., das dazugehörige Museum ist tägl. außer Sa/So von Juni bis Sept. 9.30-12 und 15-19 Uhr (Juli/Aug. durchgängig) geöffnet.

Place de la Gare, ✆ 0562925256.

Luz-Saint-Sauveur

Die kleine 1.200-Seelen-Gemeinde (700 m), ein bekannter Thermalkurort, liegt eingezwängt in einem engen Hochtal am *gave de Pau*. Hier herrscht stets reges Treiben, bildet das Tal doch das Nadelöhr auf dem Weg zum Talkessel **cirque de Gavarnie** und dem weniger bekannten, aber nicht minder eindrucksvollen **cirque de Troumouse**. Außerdem führt die Straße zum höchsten befahrbaren Pass der Pyrenäen, dem über 2.000 m hohen **col de Tourmalet** (ein Klassiker bei der Tour de France). Dieser verbindet Luz-Saint-Sauveur mit dem Campan-Tal. Nicht versäumen sollte man den Besuch der **Kirche Saint-André** (von Mitte Mai bis Okt. 15-18.30 Uhr geöffnet) im alten Ortskern, eine der originellsten Wehrkirchen, die Frankreichs Mittelalter hervorgebracht hat. Das Ensemble entstand in zwei verschiedenen Epochen. Die kleine romanische Saalkirche wurde im 7. Jahrhundert von der Familie Saint-André erbaut, die Anbauten fügte man später hinzu. 300 Jahre später wechselte sie in den Besitz des Johanniterordens, welcher ihr den Wehrcharakter verpasste. Sie bot der Bevölkerung Schutz vor den in Friedensphasen des Hundertjährigen Kriegs arbeitslosen Söldnertruppen, den sogenannten *Grandes Compagnies* oder *écorcheurs*, welche plündernd und mordend durchs Land zogen. Der Glockenturm diente gleichzeitig als Wachturm.

Auf einen Blick

Information Office de Tourisme, das sehr freundliche Personal informiert Sie ausführlich über alle Aktivitäten in und um Luz. Place du 8 Mai (der große Parkplatz in der Ortsmitte). 65120 Luz-Saint-Sauveur. ✆ 0562923030, www.luz.org.

Maison du Parc national et de la Vallée: hier findet man vor allem Infos über den Nationalpark sowie Wandermöglichkeiten, Kartenmaterial, Souvenirs etc. Tägl. ganzjährig Mo-Fr 9-12 und 14-19 Uhr, Sa 16-19 Uhr. Place Saint-Clément, ✆ 0562923838, www.luz.org.

Verbindungen Mehrere Buslinien fahren den Ort an: Tägl. 5 Busse direkt nach Cauterets und Barèges und 6 Busse nach Saint-Savin, Argelès-Gazost und Lourdes (umsteigen in Pierrefitte-Nestalas). ✆ 0800656500.

Buslinie Nr. 2 „Maligne des Gaves", www.transports-maligne.fr.

Transbigorre: Dreimal tägl. Luz–Gèdre–Cirque de Gavarnie, Fahrkarten im Touristenbüro oder Infos beim Busunternehmen Keolis, ✆ 0562347669, www.keolis-pyrenees.com. Busbahnhof vor dem Touristenbüro.

Markt Mo vormittags 8–14 Uhr, Altstadt.

Luz-Saint-Sauveur: Wehrkirche Saint-André

Sonstiges Bureau des Guides: Geben vor allem Auskunft über alle in der Region angebotenen Sportvergnügungen, organisieren auch geführte Wanderungen. Place du 8 Mai, ℡ 0562928728.

Luz Aventure: bieten gleiche Aktivitäten wie das o. g. *Bureau des Guides* an (u. a. Bungee-Jumping, Rafting, Canyoning, Klettern, Gleitschirmfliegen und auch Wanderungen). 6, rue de Barèges, ℡ 0562923347, www.luz-aventure.com.

Übernachten ** Hotel Panoramique, das Gebäude stammt aus besseren Bädertagen und liegt auf der anderen Talseite als der Ortskern, auf jener Talseite befindet sich das Thermalbad (direkt an der D 921). Privater Parkplatz gegenüber dem Hauptgebäude. Zimmer mit TV und Tel. Haustiere nicht erwünscht. DZ 36–58 €. 30, avenue Impératrice Eugénie. ℡ 0562928014, www.hotel-panoramic-luz.com.

Camping ** Camping Toy, liegt zentral beim Touristenbüro. Großer Platz mit Schwimmbad, Kinderspielplatz. Im Sommer herrscht hier viel Rummel. Ende Sept. bis Anfang Dez. geschlossen. 17, place du 8 Mai, ℡ 0562928685.

Essen Le Cabanet, befindet sich am Fuß des col de Tourmalet und 3 km von Luz-Saint-Sauveur entfernt in dem winzigen Bergdorf Viey (ausgeschildert an der Straße D 918 zum col de Tourmalet). Das Sträßchen nach Viey sollten Sie nur im nüchternen Zustand fahren! Parkplattform am Ortseingang, restliche 100 m Aufstieg auf steinigem Fußpfad oder 50 m oberhalb des Ortes am ehemaligen Waschhaus parken. Familiäres Ambiente mit köstlicher regionaler Küche ab 16 €. Man speist auf einer kleinen Terrasse mit freiem Ausblick auf die Bergwelt, Reservierung ratsam. Route de Barèges. ℡ 0562928988.

In der Umgebung von Luz-Saint-Sauveur

Pont Napoléon: Napoleon III., der mit seiner Kaiserin Eugénie 1859 in Luz-Saint-Sauveur kurte, erkannte die schlechte Anbindung des Gavarnie-Tals an den Rest der Welt und veranlasste daher den Bau dieser Steinbrücke über den Gave de Pau. Rund 150 Arbeiter schufteten drei Jahre lang, um den *pont* fertigzustellen. Allein die gusseiserne Balustrade wiegt über 24.000 Tonnen. Heute ist die Brücke beliebtes Sprungbrett für halsbrecherische Bungee-Jumps aus luftigen 66 m Höhe.

Anfahrt: D 921, zwischen Luz-Saint-Sauveur und Gèdre.

Cirque de Gavarnie

Der Talkessel mit Europas höchstem Wasserfall liegt tief in der Pyrenäen-Bergwelt. Er gehört zu Frankreichs einzigem Pyrenäen-Nationalpark und mit seinen 457 km² ist er auch der Größte der Pyrenäen. Ein rund einstündiger Fußweg (ausgeschildert) führt den Besucher in den auf 1.600 m Höhe liegenden Talkessel; die ihn umgebenden Dreitausender gehören schon zu Spanien. Gletscher haben ihn in der Eiszeit geformt, interessant ist in diesem Zusammenhang die gut sichtbare Abfolge weicher und harter Gesteinsschichten in der Kesselwand. Im Frühjahr stürzt dann der Wasserfall aus 420 m in die Tiefe, 23 kleinere Wasserfälle ringsum schließen sich an. Gespeist werden sie aus einem unterirdischen Gletschersee im angrenzenden spanischen *Monte-Perdido-Massiv*. Im Juli/August sollten Sie diesen Ausflug wegen der Menschenmassen auf die frühen Morgen- oder späten Abendstunden legen.

Anfahrt über Luz-Saint-Sauveur und Gèdre auf der D 921.

Cirque de Troumouse

Der Talkessel von Troumouse, unter Touristen zumeist unbekannt, ist von Bergen umgeben, die zwar nicht so gewaltig erscheinen wie beim Cirque de Gavarnie, aber einen viel größeren Kessel bilden. Man fühlt sich in eine andere Welt versetzt, frühmorgens oder am Abend ist die Einsamkeit dieses Ortes überwältigend. Zudem kann man hier noch die Möglichkeit, Murmeltiere zu beobachten, wenn man sich still verhält.

Zufahrt zwischen 9 und 18 Uhr mautpflichtig, vorher und nachher kostenlos. Anfahrt über Gèdre, dann über die D 922.

Henri IV. – das Ergebnis einer Thermalkur

Zwar hatten schon die Römer eine große Vorliebe für die Thermen, aber nach dem Untergang des römischen Reichs dauerte es bis Ende des 16. Jahrhunderts, bis sich wieder die ersten Badegäste in den Hautes-Pyrénées blicken ließen. Unter ihnen war auch Johanna von Albret, Königin von Navarra, die sich in den Thermen von Bagnères-de-Bigorre Heilung von ihrer Kinderlosigkeit erhoffte. Und tatsächlich wurde sie nach ihrem Aufenthalt schwanger. Das Ergebnis sollte später als Heinrich IV. in die Geschichte eingehen.

Bagnères-de-Bigorre

Mit dem Bau einer Eisenbahnlinie in die Pyrenäen brach im 19. Jahrhundert das goldene Zeitalter der Thermalbäder an. Hier traf sich alles, was im fernen Paris Rang und Namen hatte: Sehen und gesehen werden war die Devise. Dieser Umstand trug dem Ort Bagnères- de-Bigorre den Beinamen „Athen der Pyrenäen" ein.

Mit seinen rund 8.000 Einwohnern liegt das Heilbad Bagnères am Ausgang des Campan-Tales und am Fuße der Hochpyrenäen. Es ist ein gut besuchtes Städtchen, in dem man gerne durch die engen Gassen der Altstadt schlendert und auf dem großen Platz unter uralten Platanen einen Kaffee genießt. Keines der hohen Häuser in der Altstadt ist wie das andere; sehenswert ist v. a. das Haus **Jeanne d'Albret**. Nicht nur die stählerne **Markthalle Baltard**, auch die grauen Marmorfenstereinrahmungen mancher Häuser und die Balkone oder Galerien aus gestrichenem Holz

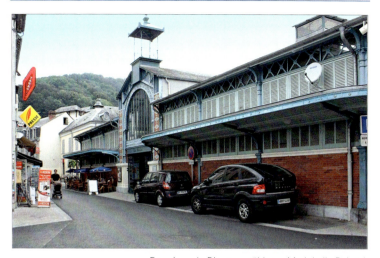

Bagnères-de-Bigorre: stählerne Markthalle Baltard

verbreiten den Charme vergangener Zeiten. So mancher Besucher spürt in den Gassen den Hauch einstiger Bade-Herrlichkeit. Markant ragt der **Jakobiner-Turm** – auch *Tour d'Horloge* (Turmuhr) genannt – zwischen den engen Sträßchen empor. Er gehörte einst zu dem Ende des 18. Jahrhunderts zerstörten Dominikanerkloster. Die Besichtigung der gotischen **Kirche Saint-Vincent** und der Ruinen des romanischen **Kreuzgangs Saint-Jean** sollten Sie ebenfalls nicht versäumen.

Auf einen Blick

Information Office de Tourisme, 3, allée Tournefort, 65200 Bagnères de Bigorre. ☏ 0562955071, www.bagneresdebigorre-lamongie.com.

Verbindungen Bus: SNCF-Bus (Bahnbus) verkehrt zweimal tägl. ab Tarbes, www.voyages-sncf.com, tägl. Busverkehr zwischen Tarbes, Bagnères und La Mongie, ☏ 0562347669.

Markt Sa vormittags in und um die Markthalle, es ist der bekannteste und größte Markt in der Region.

Wohnmobil-Stellplatz kostenlos, ganzjährig geöffnet, rue René Casin.

Sonstiges Pyrenäen-Buchhandlung „Auprès de Pyrène": sehr gut bestückter Buchladen mit rund 3500 (!) Titeln über die Pyrenäen. 9 bis, rue Victor Hugo. ☏ 0562910941, www.aupresdepyrene.com. ■

Thermalbad: tägl. geöffnet, rue du Pont d'Arras, ☏ 0562958695, www.aquensis.fr.

Übernachten/Essen & Trinken

Übernachten ** Hôtel L'Angleterre, noch aus der Belle Epoque, liegt direkt am großen Platz und hat sehr einfache Zimmer mit TV und Tel. Lärmempfindliche sollten ein der Straße abgewandtes Zimmer buchen. Praktisch ist die im Haus untergebrachte Bar-Brasserie L'Atelier mit Tischen auf dem Platz. DZ 27–60 € (die billigen Zimmer haben Dusche und WC auf dem Flur). 21, rue Bégole, (Eckhaus Ecke Allée des Coustous). ☏ 0562952224, www.hotel-angleterre-bagneres.com.

Markant: Tour d'Horloge

Camping *** Belle Vue des Palomières, schöner, beschatteter Campingplatz über den Höhen von Bagnères mit Blick auf den *Pic du Midi*. Beheiztes Schwimmbad, Kinderspielplatz, Bar, Restaurant, Disko und abendl. Programmgestaltung, Fernsehraum. Ganzjährig geöffnet, Haustiere gegen Aufpreis und Impfnachweis gestattet. 38, route des Palomières (Haut de la Côte). ☎ 0562910397, www.bellevue-des-palomières.chez-alice.fr.

** Palomières, liegt neben dem o. g. Platz *Belle Vue des Palomières* in derselben Straße, teilweise beschattet und ruhige Lage, Programmgestaltung. Kinderspielplatz, Waschmaschine und Wäschetrockner. 20, route des Palomières (Haut de la Côte). ☎ 0562955979.

** La Pommeraie, ein ruhiger, ebener und gut geführter Platz unter alten Apfelbäumen, mit Spielplatz. Besitzer wohnen nebenan. Ca. 2 km außerhalb Richtung La Mongie, an der Brücke links (ausgeschildert). Vermietung von Mobil-Homes. Ganzjährig geöffnet. 2, avenue Philadelphe, 65200 Gerde, ☎ 0562913224, http://campinglapommeraie.free.fr.

Essen & Trinken L'Annexe, gegenüber der Markthalle, wurde in einer ehemaligen Metzgerei eingerichtet. Ein etwas anderes Restaurant, das zur alternativen Szene gehört, die Einrichtung ist immer noch die der Metzgerei. Einfache Tagesgerichte 7,50 €. Juli/Aug. tägl. geöffnet, ansonsten So und Di–Do abends geschlossen, Mo Ruhetag. Rue Victor Hugo, ☎ 0562917694.

La Courte-Echelle, beim Touristenbüro, ein Restaurant im Stil der 30er Jahre. Man hat die Wahl zwischen eigener Menüzusammenstellung an der Theke oder unter verschiedenen Menüs. Gute einfache Hausmannskost,. Menü ab 13,50 €, Sa abends und So geschlossen. 2, rue d'Alsace-Lorraine. ☎ 0562955785.

L'Atelier, Bar-Brasserie, wird von vielen Einheimischen besucht, man sitzt unter alten Platanen. Menü 13–20 €. 33, allée des Coustous (Hôtel d'Angleterre), ☎ 0562950206.

In der Umgebung von Bagnères-de-Bigorre

Grottes de Medous: Circa 3 km südlich von Bagnères-de-Bigorre, direkt an der D 935 Richtung Campan und col du Tourmalet. Die im Laufe der Zeit vom Adour geschaffenen Gänge und Höhlen mit ihren atemberaubenden Stalaktiten und Stalagmiten besichtigt man teilweise mit dem Boot. In der Führung inbegriffen ist das oberhalb des Höhleneingangs gelegene *Château de Medous*.
Eintritt 7,80 €. Von April bis Mitte Okt. 9.30-11.30 und 14-17 Uhr, Juli/Aug. 9-12 und 14-18 Uhr. Route des Cols, 65200 Aste. ☎ 0562917846, www.grottes-medous.com.

Campan: Bekannt wurde der Ort durch seine lebensgroßen, mit Stroh ausgestopften Stoffpuppen, den sogenannten *manouques*, die überall im Ort und auch in angrenzenden Ortschaften von Juli bis Anfang September auf Parkbänken, Straßenkreuzungen oder Treppen sitzen. Diese witzigen Puppen gehen auf eine alte Tradition zurück: Im Tal von Campan war es Brauch, dass Heiratswillige nur Partner aus dem gleichen Dorf heirateten; und wehe, die Wahl des Bräutigams entsprach nicht den damaligen Gepflogenheiten! Dann bekam er den sozialen Unmut umgehend und für alle gut sichtbar in Form einer Puppe vor seiner Haustüre und wochenlangem „Rambazamba" unter seinem Fenster zu spüren.

Office de Tourisme, quartier Bourg, 65170 Campan. ✆ 0562917036, www.campan-pyrenees.com und www.mounaquedecampan.com.

Die Strohpuppen von Campan beleben das Straßenbild

Vallée de Lesponne

Etwa 1 km nördlich von Campan zweigt ein kleines Sträßchen (D 29) ins hügelige, friedliche Lesponne-Tal ab, das zum Weiler Chiroulet führt. Hier ist die Straße zu Ende. Das Ende des Tales bietet sich für kleinere, einfache Wanderungen an, z. B. zum Bergsee **Lac Bleu** (etwa 2 ½ Std., Auskunft gibt das Office de Tourisme in Campan).

Pic du Midi de Bigorre (2.877 m)

Zum höchsten Pyrenäengipfel der Midi-Pyrénées fährt ab der Skistation La Mongie (an der D 918 zum col du Tourmalet) alle 15 Min. eine Seilbahn (32 €/Pers.). Allein die rasante Geschwindigkeit von 45 km/h bis zum ersten Stopp auf 2.431 m ist ein Erlebnis. Anschließend wird die Kabine gewechselt und weiter geht die sensationelle Fahrt: Die Kabine schwebt beeindruckende 350 m über dem festen Boden, nichts für zartbesaitete Gemüter!

Auf dem Gipfel steht Frankreichs größte Sternwarte aus dem Jahre 1881. Sie bietet ihren Besuchern ein atemberaubendes 360°-Panorama, u. a. ist die komplette Pyrenäenkette zu sehen. Des Weiteren gibt es die Möglichkeit, entweder nur den Abend – mit und ohne Abendessen – bei einem unvergesslichen Sonnenuntergang und etwas Sternegucken (mit einem Teleskop 500) zu verbringen, oder aber eine Übernachtung zu buchen und den Sonnenaufgang zu erleben. Voraussetzung für die unvergesslichen Eindrücke ist allerdings, dass absolut klare Sicht herrscht!

Aufstieg zu Fuß: Etwa 2 ½-stündiger Fußmarsch (keine besonderen Schwierigkeiten, aber festes Schuhwerk und genügend Wasser sind unbedingt erforderlich). Der Weg beginnt ab der letzten Haarnadelkurve (von Barèges kommend) vor dem Tourmalet-Pass (col du Tourmalet), ausgeschildert ist die Richtung lac d'Oncet.

Régie du Pic du Midi, alle Angebote und Öffnungszeiten erfährt man über die Internetadresse. Rue Pierre Lamy de la Chapelle, 6520 La Mongie. ✆ 0825002877 (normaler Ortstarif), www.picdumidi.com.

Die Landschaft von Les Baronnies

Zwischen Bagnères und Lannemezan ziehen sich sanfte, grüne Hügel durch das geheimnisvoll wirkende kleine Gebiet. 27 einsam und versteckt liegende Dörfer laden zu einer kleinen Entdeckungstour ein, bei der man Käse und süße Spezialitäten wie die *tourte des Baronnies* (süßer Rührteigkuchen) bei Bauern kaufen kann (auf Hinweisschilder achten). Das kleine hügelige Gebiet ist nicht nur ein Eldorado für Radler, auch Höhleninteressierte kommen auf ihre Kosten. Allein im Bereich *Les Baronnies* wurden 350 Karsthöhlen katalogisiert, die der Gemeindeverband Neste-Baronnies unter dem Begriff "Gouffres et Grottes" zusammengefasst hat, doch nur eine Handvoll sind für Besichtigungen freigegeben.

Information Office de Tourisme Neste-Baronnies, 65250 La Barthe-de-Neste. ☏ 0562988702, www.ot-neste-baronnies.com.

Einkaufen Chez Claudette, Bar-Tabac und kleiner Tante-Emma-Laden in einem, Verkauf von Sandwiches und regionalen Produkten, erfrischende Getränke werden auf der Mini-Terrasse im Hinterhof serviert – Landleben pur eben. Parkmöglichkeit auf dem Kegelplatz oberhalb (wenn nicht gerade gespielt wird). 65310 Laborde.

Camping Campingplatz und gîte gehören zusammen und liegen außerhalb von Sarlabous beim Sportplatz neben der Mühle *Moulins des Baronnies*.

Gîte d'étape Moulin des Baronnies, liegt außerhalb des Ortes. Zweibett- und Mehrbettzimmer für insgesamt bis zu 20 Pers., Bettwäsche und Handtücher sind mitzubringen. Ganzjährig geöffnet. Moulin des Baronnies, 65130 Sarlabous. ☏ 0562390514, www.moulindesbaronnies.com.
Anfahrt: über D 14, dann in Richtung Sarlabous (ist ausgeschildert).

Aire naturelle de Camping, sehr ruhiger, teilweise beschatteter Campingplatz am Bach. Warme Duschen gegen Chip-Einwurf (0,30 €), Waschmaschine (3,50 €), Snack-Bar mit Kaffee-Ausschank im angrenzenden *maison des Baronnies*. Geöffnet von Mai bis Ende Okt.

Sehenswertes

Château de Mauvezin: Hoch oben auf einem Felsen thront das von *Gaston Phoebus* im 13. und 14. Jahrhundert erbaute Schloss Mauvezin und leuchtet seit seiner Restaurierung kilometerweit als heller Fleck über den grünen Hügeln von *Les Baronnies*. Von der Orientierungstafel des Schlosses aus hat man einen atembe-

Château Mauvezin: atemberaubende Aussicht auf die Pyrenäenkette

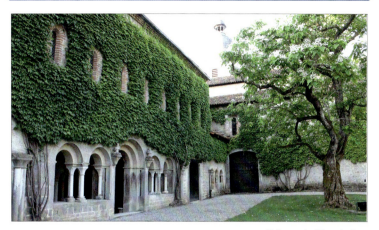

Abbaye de l'Escaladieu

raubenden Blick auf die Pyrenäen mit dem markanten Pic du Midi. Im Sommer finden im Schloss Konzerte und mittelalterliche Feste statt.

Eintritt 6,50 €. Ganzjährig geöffnet, Mitte April bis Mitte Okt. 10–19 Uhr, sonst 13.30–17.30 Uhr, 65130 Mauvezin. ☎ 0562391027, www.chateaudemauvezin.com.

Abbaye de l'Escaladieu: Nicht weit vom Schloss Mauvezin entfernt, liegen versteckt im bewaldeten Tal die Reste der ehemaligen Zisterzienser-Abtei Escaladieu. Mönche aus dem burgundischen Morimond gründeten sie im 12. Jahrhundert. 1830 riss man den Kreuzgang und den größten Teil der Abtei ab, nur der Kapitelsaal und die dreischiffige Kirche blieben stehen. Interessant ist deren ausgeklügeltes Stützsystem durch sogenannte Transversaltonnen, die sich durch ihre Anordnung gegenseitig stützen. Escaladieu war eine wichtige Station auf dem Pilgerweg nach Santiago de Compostela via Foix und Saint-Bertrand-de-Comminges.

Parkplatz auf dem Abteigelände. Mai bis Sept. tägl. von 9.30–12.30 und 13.30–18.30 Uhr, Okt. bis März nur bis 17 Uhr und Di geschlossen. 65130 Bonnemazon. ☎ 0562391697, www.cg65.fr.

Gouffre d'Esparros: Ein Teilbereich dieser unter Natur- und Denkmalschutz stehenden Tropfsteinhöhle mit ihren weltweit einmaligen filigranen Aragonitformationen ist erst seit 1997 der Öffentlichkeit zugänglich. Kunstvoll werden nicht nur der unterirdische See, sondern auch Tropfsteinbildungen wie der „Exzentriker" oder die „Teufelsbrücke" mit Klang und Musik untermalt. Für den Besuchereingang wurde ein ebenerdiger kurzer Tunnel gebaut.

Knapp einstündige Besichtigung nur nach telefonischer oder persönlicher Anmeldung (deutschsprachig). Juni bis Sept. tägl. 10–12 und 13.30–18 Uhr, außerhalb dieses Zeitraums sehr unregelmäßige Öffnungszeiten, Eintritt 7 €, 65130 Esparros. ☎ 0562391180, www.gouffre-esparros.com.

Grottes de Labastide: Von den drei dicht beieinander liegenden Höhlen sind nur zwei zu besichtigen. Der Tagesablauf der hier vor 15.000 Jahren lebenden Steinzeitjäger wird durch eine Mischung von Geräuschen und Musik effektvoll in Szene gesetzt. Auch die Entstehung der Höhlen wird dem Besucher nahegebracht. Im angrenzenden Gelände können sich (vor allem, aber nicht nur) Kinder im Feuermachen ohne Streichholz oder Feuerzeug üben, das Jagen mit einem Wurfspeer lernen oder prähistorische Wandmalerei im Stil der Höhle von Lascaux ausprobieren – ein prähistorischer Workshop à la Labastide.

Juli/Aug. tägl. 10–18 Uhr, Juni und Sept. tägl., 12-14 Uhr geschlossen. Mitte April bis Ende Mai Mo–Fr. 14–17 Uhr, 65130 Labastide. ✆ 0562491403. www.ot-neste-baronnies.com.

Les Comminges

Die abwechslungsreiche Landschaft Les Comminges reicht vom lieblichen Pyrenäen-Vorland bis zu den höchsten Pyrenäenkämmen und liegt sozusagen auf halber Strecke zwischen Atlantik und Mittelmeer.

Geschichtlich ist die Region aus der ehemaligen Grafschaft Comminges hervorgegangen, welche sich einst über Bereiche der heutigen Departements Gers, Hautes-Pyrénées, Haute-Garonne und Ariège erstreckte. Das Gebiet ist bereits seit grauer Vorzeit besiedelt, als Behausungen dienten die Höhlen von *Gargas*, *Aurignac* und *Marsoulas*. Auch die Kelten vom Stamm der *Convenae*, woraus dann der Namen Les Comminges entstand, sowie später die Römer wussten dieses Fleckchen Erde zu schätzen. Letztere hinterließen die Thermen von *Luchon-les-Thermes* sowie das 72 v. Chr. gegründete *Lugdunum convenarum* und die *Villa de Montmaurin*. Interessante Fundstücke liegen im archäologischen Museum von Saint-Bertrand-de-Comminges. Das Gebiet von Les Comminges ist aufgrund seiner vielfältigen Freizeitmöglichkeiten ideal für aktive Urlauber.

Saint-Gaudens   14.000 Einwohner

Saint-Gaudens, Hauptstadt des *Comminges* und Unterpräfektur des Departements Haute-Garonne, liegt oberhalb der Garonne. Es sind nur wenige Reste aus der weit zurückliegenden Vergangenheit erhalten. Die im Zentrum an der *place Marrast* gelegene romanische **Stiftskirche Saint-Pierre-et-Saint-Gaudens** (11.-12. Jh.) besitzt einen neu errichteten, wuchtigen Kirchturm, in dem noch wuchtigere Glocken die Stunde verkünden (ganzjährig von 9-12 und 14-18 Uhr geöffnet). Der jetzige **Kreuzgang** ist eine Rekonstruktion, das Original wurde Anfang des 19. Jahrhunderts abgerissen. Eines der Kapitelle ist im Augustinermuseum in Toulouse gelandet. Die Kapitelle, die den Vandalismus überlebt haben, wurden nach dem Wiederaufbau der drei von vier Galerien an ihre angestammten Plätze of the Pfeiler gesetzt. Die romanischen Originale findet man in der Galerie entlang der Kirche (Nordseite).

Information Office de Tourisme, 2, rue Thiers, 31800 Saint-Gaudens. ✆ 0561947761, www.tourisme-stgaudens.com.

Verbindungen Zug: Die Bahnlinie Toulouse-Tarbes-Lourdes führt über Saint-Gaudens. www.ter-sncf.com.

Bus: Gute Busverbindungen innerhalb des Departements, für 2 € kann man innerhalb einer Zone (Nord oder Süd), für 3 € in ganzen Departement Haute-Garonne eine Wegstrecke fahren. www.haute-garonne.fr/bus.asp.

Markt Do vormittags in mehreren Straßenzügen beim Rathaus.

Sonstiges Internet Cyber Base, Juli/Aug. Mo 14–18 Uhr, Di–Fr 10–13 und 14–18 Uhr. Die restlichen Monate Mo, Di, Fr und Sa nur nachmittags ab 14 Uhr, Mi und Do 10–18.30 Uhr. 1, place du Maréchal Juin, ✆ 0561946645, www.mjc-st-gaudens.org.

Post an der nördlichen Umfahrung, 2, boulevard Charles De Gaulle.

Veranstaltungen Festival du Comminges, klassische Musikkonzerte im Juli/Aug an diversen historischen Orten wie in der Kirche von Saint-Bertrand-de-Comminges, Kapelle Saint-Just-et-Saint-Pasteur in Valcabrère, Stiftskirche von Saint-Gaudens u. a.

Infos und Reservierung unter ☎ 0561883200, www.festival-du-comminges.com.

Übernachten »» **Mein Tipp:** Chambres d'hôtes, **Villa Ficus** im Ort Auzas. Wenige Kilometer von Saint-Gaudens entfernt. Der schwäbische *patron*, ein passionierter Radler, bietet interessante Radtouren und Tourenvorschläge an. Das herrschaftliche alte Haus besitzt nicht nur mit viel Charme renovierte Zimmer (für insgesamt 6 Pers.), einen lauschigen Garten und Pool, die Hausherrin kocht auch besonders gut! DZ 68 € inkl. Frühstück. 3, rue du Lac, 31360 Auzas. ☎ 0561970441, www.villaficus.de.

Anfahrt: Autobahn A 64 bis zur Ausfahrt 21 Boussens/Aurignac, über die N 117 bis Mancioux. Dort rechts ab, der Beschilderung folgen bis Auzas. «

Saint-Bertrand-de-Comminges

Eingebettet in die hügelige Landschaft der Pyrenäen-Vorbergzone, bietet Saint-Bertrand-de-Comminges mit seiner weithin sichtbaren Kathedrale dem Besucher bei der Anfahrt ein fotogenes Bild.

Der 200-Seelen-Ort selbst ist noch von intakten Wehrmauern umgeben und hat über die Jahrhunderte nichts von seinem mittelalterlichen Charakter eingebüßt. Die Ursprünge reichen weit zurück. Im Jahre 72 v. Chr. gründete der römische Feldherr *Pompeius Magnus* an dieser Stelle die Stadt *Lugdunum Convenarum*. Aufgrund der jahrhundertelang anhaltenden Überfälle und Zerstörungen ging es mit der einst bis zu 60.000 Einwohner zählenden Stadt bergab. Die Bewohner zogen sich in höhere, durch Mauern geschützte Gefilde zurück. Erst der Bischof *Bertrand de l'Isle*, Enkel des Grafen von Toulouse (nach seiner Heiligsprechung Namensgeber der heutigen Ortschaft), verhalf der Stätte nach fast 500 Jahren Dornröschenschlaf zu neuem Leben. Er ließ im Jahre 1073 an gleicher Stelle eine Kathedrale bauen. Saint-Bertrand entwickelte sich nach und nach zu einem wichtigen Wallfahrtsort und die Kathedrale musste vergrößert werden. Diese Aufgabe übernahm ein weiterer Bertrand, *Bertrand de Got*, der unter dem Namen *Clement V.* als erster Papst von Avignon in die Geschichte einging. Bis zur Französischen Revolution war die Ortschaft Bischofssitz.

In den engen, kopfsteingepflasterten Gassen fallen einige Fachwerkhäuser auf, die aus der Zeit kurz nach dem großen Brand im 16. Jahrhundert stammen. Die Wehrmauer durchschreitet der Besucher durch eines der drei noch vorhandenen Stadttore. Interessant sind die in die Stadtmauer eingelassenen Häuser, sozusagen mittelalterliche Pförtnerlogen, die einst den Durchgangsverkehr kontrollierten. Das nördliche Torhaus (**Porte Majou**), ehemaliger Haupteingang, diente im 18. Jahrhundert als Kerker und die Steine des Westtors (**Porte Cabirlone**) dienten der öffentlichen Bekanntmachung, hier meißelte man im 17. Jahrhundert die Höhe der damaligen örtlichen Fischsteuer ein.

Abgesehen von den historischen Bauten gibt es noch einen weiteren Höhepunkt: der schlicht atemberaubende Blick auf die Landschaft der Comminges!

Anfahrt: Valcabrère auf der D 26 verlassen und an der Kreuzung rechts Richtung Luchon (D 125).

Information Centre culturel et touristique Les Olivétains (ehemaliges Kloster), enthält zeitweise Ausstellungen. Parvis de la Cathédrale (Kirchplatz), 31510 Saint-Bertrand-de-Comminges. ☎ 0561954444, www.cathedrale-saint-bertrand.org.

Übernachten ** Hôtel du Comminges. Zimmer mit französischen Betten (140–160 m breit) sind sehr puristisch mit dem Charme vergangener Tage eingerichtet. DZ 43-79 €, je nach Komfort, 43 € bedeutet WC auf dem Flur. Geöffnet von April–Okt. Ville Haute, place de la Basilique, (gegenüber der Kathedrale). ☎ 0561883143, www.hotelducomminges.fr.

** Hotel Moulin d'Aveux, Logis de France, liegt sehr idyllisch am Flüsschen Ourse in Aveux nur wenige Kilometer von Saint-Bertrand-de-Comminges entfernt. Kleiner Familienbetrieb, einfache Zimmerausstattung mit Tel. DZ 40–45 €. Route de Mauléon-Barousse, 65370 Aveux, ✆ 0562992068.

Camping Es Pibous, beschatteter Platz mit Schwimmbad, Wasserrutsche, Spielplatz und kleinem Tante-Emma-Laden. Ganzjährig geöffnet, Vermietung von Zeltbungalows und Mobil-Homes. Chemin de Saint-Just, ✆ 0561883142, www.es-pibous.fr.

Essen Restaurant **Chez Simone**, typische Dorfkneipe, Menü 16 €. Juli/Aug. tägl. geöffnet, sonst nur mittags. Rue du Musée, (Nähe Kathedrale), ✆ 0561949105.

Le Lugdunum, Restaurant der Spitzenklasse, in dem nach alten Rezepten des römischen Gastronomen Marcus Gavius Apicius gekocht wird. Die Rezepte wurden behutsam dem heutigen Geschmacksempfinden angepasst. Das Restaurant liegt etwas außerhalb von Valcabrère in der Nähe der Ausgrabungen (südl. der Kreuzung D 26/D 925). Nur mit Reservierung. ✆ 0561945205, www.lugdunum-restaurant.com.

Sehenswertes

Cathédrale Sainte-Marie: Glockenturm, Hauptportal, der vordere Teil des Kirchenschiffs sowie die mit ornamentalem Dekor verzierten Kapitele im Westflügel des Kreuzgangs stammen noch aus romanischer Zeit. Ein echtes Meisterwerk der französischen Renaissance ist das geschnitzte **Chorgestühl**. Die 66 Chorstühle sowie der überdachte **Bischofsstuhl** sind in 30-jähriger Arbeit mit feinsten Schnitzereien versehen worden, wobei jeder Stuhl von einem anderen Kunstschreiner aus Toulouse hergestellt wurde.

Der **Bischofspalast** neben der Kathedrale kann leider nicht besichtigt werden.

Musée archéologique départemental de Saint-Bertrand-de-Comminges: Das archäologische Museum mit Ausstellungsstücken aus der Römerzeit ist im Gebäude der ehemaligen Gendarmerie untergebracht.
Mo–Fr nach Anmeldung, ✆ 0561883179.

Die Kathedrale Sainte-Marie ist weithin sichtbar

Lugdunum Convenarum: Archäologen versuchen jahrein, jahraus die einstige römische Siedlung am Fuße der jetzigen Ortschaft wieder auszubuddeln, vor ihnen liegt noch jahrzehntelange schweißtreibende Arbeit. Zu sehen sind u. a. zwei der ursprünglich drei Thermen, der Marktplatz (1. Jh.) sowie das Theater (2. Jh.).
Freier Zutritt. Route de Valcabrère.

Chapelle Saint-Just-et-Saint-Pasteur: Etwa 2 km von Saint-Bertrand-de-Comminges entfernt bei dem Ort **Valcabrère** steht von Zypressen und Reben umgeben die sehenswerte frühromanische Kapelle, man fühlt sich hier ein bisschen in die Toskana versetzt. Die Kapelle wurde an der Stelle der einstigen Nekropole mit den Steinen der vor 700 Jahren zerstörten römischen Stadt *Lugdunum Convenarum* (s. o.) errichtet und auch mit deren Skulpturen ausgestattet. Es lohnt sich, einen Blick auf das **Nordportal** aus dem späten 12. Jahrhundert zu werfen. Vorne rechts und links des Portals zeigen zwei der vier Säulenfiguren die beiden namensgebenden Patrone der Kirche, Justus und Pastor. Interessant ist die eigenwillige Darstellung des Themas der *Majestas Domini* im kleinen **Tympanon**: Christus thront im Zentrum, aber die vier Evangelisten zeigen sich nicht in der üblichen Gestalt eines Tiersymbols, sondern als Menschen, welche das ihnen zugeordnete Tiersymbol in den Händen halten.
Eintritt 2,50 €, von Juni bis Sept. tägl. 9.30–19 Uhr geöffnet.

Sowohl Saint-Bertrand-de-Comminges als auch die Kapelle Saint-Just-et-Saint-Pasteur von Valcabrère gehören zu den bedeutendsten Denkmälern in Südwestfrankreich und wurden in die Liste der UNESCO-Weltkulturerbe-Anwärter aufgenommen.

In der Umgebung von Saint-Bertrand-de-Comminges

Kreuzweg am Mont Ares: Kurios anzuschauen sind die 11 winzigen weißen Kalvarien-Häuschen, die sich schnurgerade den grünen Hang hinaufziehen. Den oberen Abschluss der Häuschenreihe macht eine kleine Kapelle, in ihrem Tympanon ist die Kreuzigung Christi auf Keramik dargestellt. Sie sind schon aus der Ferne durch ihre helle Farbe zu erkennen. 1854 ließ sie der Pfarrer aus Nestier errichten; die hierzu benötigten Bauarbeiter waren Freiwillige aus dem Dorf, sowohl Männer als auch Frauen. Aufgabe der Frauen war es, jeden Morgen in Behältern, sogenannten *douros*, Wasser für den Zement auf den Berg zu schleppen.

Anfahrt von Valmirande über die D 938 nach Nestier, dann D 75 (liegt wenige Meter oberhalb der kleinen Ortschaft Nestier und ist im Ort gut ausgeschildert).

Office de Tourisme Neste-Nistos, place de la Mairie, 65150 Saint-Laurent-de-Neste. ℘ 0562397434, www.paysdesnestes.fr.

Vallée de Barousse: Dieses landschaftlich äußerst reizvolle und naturbelassene Seitental (Sackgasse) nach **Mauléon-Barousse** bietet sich als Halbtagsausflug von Saint-Bertrand-de-Comminges aus an. Es gleicht einer Fahrt in die Vergangenheit, denn in den winzigen Dörfern scheint die Zeit stehen geblieben zu sein. Bei Mauléon-Barousse verzweigt sich die Straße noch einmal. In **Bramevaque** steigt man in einem 20-minütigen Fußmarsch zu den Burgruinen auf, die Burg (11. Jh.) war im Besitz der Grafen von Comminges. Um diese Ruinen ranken sich einige Legenden, eine grausiger als die andere. So mancher Besucher meint zwischen den Mauern noch die verzweifelten Schreie der 22 Jahre lang darin eingesperrten Gräfin Marguerite zu hören. Oder sind es die Schreie der Kinder, die für Marguerite getötet wurden, damit diese ihre kannibalischen Neigungen ausleben konnte?

Grottes de Gargas

Die Höhlen von Gargas sind berühmt für ihre prähistorischen Wandmalereien, die neben Tierdarstellungen und abstrakten Zeichen vor allem Negativabdrücke von rund 230 Händen umfassen. Makabres Detail: Nur ca. 15 % dieser Handkonturen, die vor rund 27.000 Jahren erstellt wurden, sind komplett, ansonsten fehlen entweder Fingerglieder oder aber auch ganze Finger. Warum? Die Fachwelt rätselt: rituelle Verstümmelung, Krankheiten oder schlicht Gestik?

Hinweis: Der Einlass von Besuchern in die Höhlen ist jeweils begrenzt, man sollte sich daher unbedingt vorher telefonisch oder persönlich anmelden (ein anderer Anmeldemodus wird nicht berücksichtigt). Es besteht die Möglichkeit, entweder nur die Höhlen zu besichtigen oder zusätzlich auch das angeschlossene Informationszentrum mit Erläuterungen zum Gesehenen (Preis in Klammern).

Eintritt 7 € (12 €), Familienbillet 19 € (32 €). Juli/Aug. tägl. 10–18 Uhr, sonst Di–So 10.30–17.30 Uhr. ☏ 0562397239, www.gargas.org.

Les Couserans

Dieser westliche Bereich des Departements Ariège ist ein noch sehr ursprünglicher und etwas verschlafen wirkender Landstrich mit tiefen, engen Tälern, welche auch im 21. Jahrhundert nur sehr dünn besiedelt sind.

Die *danseurs d'ours* (Gaukler mit gezähmten Bären) waren in diesen abgeschiedenen Tälern zuhause und die Menschen lebten und leben immer noch – trotz karger Böden – hauptsächlich von der Landwirtschaft. Hier haben sich, mehr als in den anderen Gebieten entlang der Pyrenäen, alte Traditionen erhalten wie u. a. der Weideauftrieb (frz. *transhumance*), den man jedes Jahr in Form eines Volksfestes ganz groß feiert.

Saint-Girons

Die auf knapp 400 m Höhe gelegene Stadt am Flüsschen Salat war im Hochmittelalter eine Vorstadt der benachbarten Bischofsstadt Saint-Lizier und über Jahrhunderte Zentrum der Vizegrafschaft Couserans. Ihre günstige Lage zu den umliegenden Tälern zieht viele Touristen an. Als „Tor zum Couserans" ist Saint-Girons Ausgangspunkt für zahlreiche Unternehmungen und interessante Besichtigungen in der Umgebung. Die meisten der rund 6.500 Einwohner der Gemeinde leben von der Papierindustrie, überall in Frankreich werden die Zigaretten mit Papier aus Saint-Girons gerollt. In dem Städtchen waren auch schon Goldsucher daheim, der große Goldrausch blieb jedoch aufgrund des äußerst geringen Goldgehaltes des Flüsschens Salat aus. Aber die Hoffnung (in dem Fall auf ein Riesennugget) stirbt ja bekanntermaßen zuletzt. Saint-Girons hat inzwischen Saint-Lizier als Hauptstadt des Couserans abgelöst.

Auf einen Blick

Information Office de Tourisme de Saint-Girons et du Couserans. Place Alphonse-Sentein, 09200 Saint-Girons. ☏ 0561962660, www.saint-girons-couserans-pyrenees.fr.

Verbindungen Zug: tägl. nach Toulouse (Saint-Girons bis Boussens mit dem Bahn-Bus), (SNCF) dort umsteigen in den Zug. Busabfahrt am Busbahnhof, www.voyages-sncf.com.

Bus: tägl. nach Foix, Toulouse, Massat, Aulus-les-Bains, Sentein (vallée du Biros), Saint-Lary (vallée de la Bellelongue), Abfahrt am place de Capots. ☎ 0561660887, www.transports-ariege.fr oder www.transports.midipyrenees.fr.

Markt Sa vormittags riesiger Markt unter den Platanen am champ de Mars (vor dem Rathaus) und in den umliegenden Straßen.

Veranstaltungen Transhumance: Beim Weideauftrieb in der ersten Junihälfte ziehen aus neun Tälern alljährlich mehr als 10.000 Schafe, über tausend Rinder und Hunderte von Merens-Pferden zu den Almen, um dort den Sommer zu verbringen. Ein Riesenspektakel mit Markt, Folkloreveranstaltungen etc.

Festival de folklore: Anfang August; lebendige Heimatkunde in Form von Umzug, Flohmarkt, Ausstellungen und praktischen Vorführungen, z. B. über das Heumachen Anfang des 20. Jahrhunderts.

Sonstiges Für Sportfreaks wird in der näheren Umgebung von Saint-Girons eine breite Palette angeboten: Kanufahrten, Klettern, Gleitschirmfliegen, Canyoning, Reiten u. v. m. Infos unter www.saint-girons-couserans-pyrenees.fr.

Internet : Cyber Café, 38, rue Villefranche, ☎ 0561641716, www.eterloo.com.

Horizon Vertical: Staatl. anerkannte Sportlehrer bieten diverse Sportarten an, Büro im ehemaligen SNCF-Bahnhof, ☎ 0561960822, www.horizonvertical.net.

Goldwaschen: Mit Catherine Massat lernen Sie wie man richtig Gold wäscht – vielleicht haben Sie ja Glück? Eine äußerst beruhigende Beschäftigung an den Ufern des Salat. Halbtagskurse von Juni bis Okt., ☎ 0561661958, www. chercheuse-or.com.

Kino: im Rathaus, salle Max Linder, ☎ 0561662283.

Übernachten/Essen & Trinken

Übernachten ** Hotel La Flamme Rouge, ruhige Lage südlich des Zentrums, helle und geräumige Zimmer. Das Hotel wird oft von Radlergruppen gebucht. Schwimmbad, priv. Parkplatz, TV und Internetanschluss. DZ 40–50 €. Ganzjährig geöffnet. 15-19, avenue Galliéni, ☎ 0561661277, www.hotel-la-flamme-rouge.com.

Anfahrt: Von der südlichen Ortsumfahrung (D 117 bzw. D 618) geht es Richtung Tarbes.

Camping *** Camping Audinac, im Parc d'Audinac-les-Bains, 3 km außerhalb von Saint-Girons Richtung Foix (D 117), ist ausgeschildert. Gut geführter Platz mit allem Komfort, Stellplätze teilweise beschattet, Vermietung von chalets, Mobil-Homes und Zelt-Bungalows, Schwimmbad, Kinderspielplatz. Vermietung von Mikrowelle und Kühlschrank. Mai–Sept. geöffnet. ☎ 0561664450, accueil@audinac.com.

Wohnmobil-Stellplatz: Am ehemaligen Bahnhof, Kosten 2 € (als ein Geldstück!), avenue Aristide Bergès, Zufahrt über D 117 (von Toulouse oder Foix kommend) und über die D 618 (von Luchon oder Tarascon-sur-Ariège), ☎ 0561040320.

Essen&Trinken Le St-Gi, kleines Restaurant in einer engen Seitenstraße östlich der place Pasteur, Menü ab 12 €, großer gemischter Salat 6 €, Mi geschlossen. 14, rue du Pujol, ☎ 0561049913.

》》 Mein Tipp: Bar-Restaurant Le Bouchon, in der Altstadt gelegen, Menü ab 10 €, abwechslungsreiche Karte, Gerichte mit grilltem Gemüse, Fisch oder Fleisch und diversen Salaten, für Vegetarier geeignet. Ist auch ein netter Platz, um außerhalb der Essenszeit nur ein Viertele zu trinken. So abends geschlossen. 4, place des Poilus, ☎ 0561960018. 《《

Saint-Lizier

Das hoch auf einem Felsen thronende Saint-Lizier war im Mittelalter Bischofssitz und Hauptstadt des Couserans. Heute hat der Ort einen sehr reizvollen dörflichen Charakter. Der Blick von der Terrasse des **Bischofspalastes** bietet ein selten schönes Fotomotiv: Im Vordergrund der wuchtige Kirchturm der alten Kathedrale, im Hintergrund das weite Pyrenäenpanorama. In seiner fast 1.300-jährigen Geschichte als Bischofssitz (bis 1801) sah der Ort 85 kirchliche Würdenträger kommen und gehen. Danach zweckentfremdeten die Stadtherren den Bischofspalast als Nervenheilanstalt. Heute sind in dem Gebäude ethnographische Werke über das Bethmale-Tal eines gewissen Grafen *Henri Bégouen* untergebracht. In Saint-Lizier existieren gleich zwei Kathedralen. Sehenswert ist v. a. die **Kathedrale Saint-Lizier** aus dem frühen 12. Jahrhundert, die sich im unteren Teil des Dorfes befindet.

Auch die **Kathedrale** Notre-Dame-de-la-Sède ist sehenswert. Schon die Außenansicht des Chores – unten Bruchstein, oben Quader – zeigt die Abfolge verschiedener Epochen. Bei genauerem Hinsehen findet man in der Außenwand sogar noch Elemente aus römischer Zeit. Nach einem Brand im Mittelalter wurde das Gewölbe erneuert. Die ungewöhnlichen Fresken im Chor werden von der Fachwelt als echte Kostbarkeit angesehen. Der mächtige achteckige, zinnenbewehrte Turm aus Ziegelstein besitzt noch Bauteile aus dem 10. Jahrhundert, den angrenzenden spätromanischen **Kreuzgang** schmücken interessante figürliche Kapitele.

Geöffnet tägl. Mo–Sa. 10–12 und 14–18 Uhr (Juli/Aug. bis 19 Uhr), Mitte Mai bis Ende Okt. auch So 15–18 Uhr.

Eine der schönsten historischen **Apotheken** Frankreichs (18. Jh.) befindet sich im ehemaligen Krankenhaus (frz. *hôtel-Dieu*), welches inzwischen als Altersheim genutzt wird. In deckenhohen Holzschränken mit unzähligen Schubläden und Vitrinen warten Keramikdöschen, Flaschen und Chirurgenbesteck des Militärs – alles Originale – auf Bewunderer.

2 Führungen tägl. außer Sonn- und Feiertage zwischen April und Nov. um 11 und 15 Uhr.

Information Office de Tourisme, place de l'Église, 09190 Saint-Lizier. ✆ 0561967777, www.st-lizier.fr.

Übernachten ** Hotel-Restaurant de la Tour, kleines, aber feines Hotel mit nur neun Zimmern am Ortsausgang Richtung Norden. Schöne helle Zimmer mit Tel. und TV. DZ 40–70 €, Zuschlag für ein Haustier 5 €. Rue du Pont, ✆ 0561663802, www.hotel-restaurant.net/hoteldelatour.

Essen Sie wollten schon immer über den Dächern von – nein, nicht Nizza – sondern Saint-Lizier vor einer traumhaften Bergkulisse auf der Terrasse so richtig gut tafeln? Auf der Terrasse des Bischofspalastes ist es möglich:

Le Carré de l'Ange, neueröffnetes Restaurant im Bischofspalast hoch über Saint-Lizier, große Terrasse mit einmaligem Bergpanorama. Regionale Küche à *la Haute Cuisine* zu annehmbaren Preisen, auch Vegetarier finden hier ihr Glück. Menü 24–70 €. Tägl. 12–14 und 19.30–21.30 Uhr. Palais des Evêques. ✆ 0561656565, www.lecarredelange.com.

Blick in das liebliche Vallée de Bethmale

Ausflüge in die Täler Vallée de Bethmale und Vallée du Biros

Von Saint-Girons aus lohnt sich eine Rundfahrt in das Tal *Vallée de Bethmale* mit einem kurzen Abstecher in das *Vallée du Biros*, hier endet auch die Straße. Die ca. 75 km lange Strecke ist gut an einem Vor- oder Nachmittag zu bewältigen. Um zu vermeiden, dass Sie ständig gegen die blendende Sonne anfahren müssen, empfiehlt es sich, die Rundfahrt durch das Bethmale-Tal entweder vormittags von Ost nach West oder nachmittags von West nach Ost zu unternehmen.

Vallée de Bethmale

Das relativ kurze und breite **Bethmale-Tal** (über die D 17) beginnt bei **Castillon-en-Causerans** und führt auf den 1.395 m hohen **col de la Core**, der eine atemberaubende Aussicht auf die schneebedeckte Bergwelt bietet. Bekannt wurde das Tal nicht nur durch seinen milden Kuhmilch-Käse, den *Bethmale*, sondern auch durch seine bizarr geformten Schnabel-Holzschuhe und die bunten Trachten. Beides tragen die Talbewohner noch heute bei festlichen Anlässen und am 15. August.

> ### Die grausige Legende der Schnabel-Holzschuhe
> Im 9. Jahrhundert soll ein Jüngling eines Nachts im Bethmale-Tal seine Zukünftige mit einem maurischen Soldaten erwischt haben. Außer sich vor Zorn brachte er beide kurzerhand um, erst den Rivalen, dann seine Braut. Am nächsten Morgen spazierte er seelenruhig mit seinen Holzschuhen durch die Gassen, auf den Spitzen steckten – für jedermann gut sichtbar – die Herzen der beiden Ermordeten.
>
> Heute schenken sich Verliebte diese Schnabel-Holzschuhe zu ihrer Verlobung, in Erinnerung an das „Herzblut", das an ihnen klebt.

Im Bethmale-Tal gibt es nur noch eine Handvoll *sabotiers*, die diese Holzschuhe herstellen und vornehmlich (mit Herzchen an der Spitze) an Touristen verkaufen (siehe Hinweisschilder am Straßenrand). Einer davon ist Pascal Jusot in Aret:
Besichtigung tägl. von Juli bis Ende Sept., 15–19 Uhr, ✆ 0561967884, www.artisan-bois-sabots.fr.

Die Dörfer im Tal haben sich ihre Authentizität erhalten. Es lohnt sich, in den kleinen Siedlungen wie **Audressein** mit der Wallfahrtskirche *Notre-Dame-de-Tramezaygues*, aber auch in **Ayet** oder **Bethmale** anzuhalten, allein wegen der interessanten romanischen Kirchlein mit ihren mehr oder weniger mächtigen Glockengiebeln.
Hinweis: Die Kirche in Audressein ist im Sommer tägl. geöffnet, Führung nach Voranmeldung, ✆ 0561967264.

Lac de Bethmale: Etwa 5 km hinter Ayet in Richtung *col de la Core* geht es in einer Kurve rechts ab (ausgeschildert). Dort kann man das Auto stehen lassen und die 200 m zu dem einsamen (zumindest außerhalb der Hauptsaison) und von bewaldeten Berghängen umgebenen kleinen See zu Fuß gehen. Es ist ein wunderschöner Picknickplatz.

Vallée du Biros

Zwischen den beiden Orten Castillon-en-Couserans und Bethmale geht eine Straße in dem Weiler *Les Bordes sur Lez* (mit der ältesten Brücke des Couserans) in das ausblickreiche **Vallée du Biros** ab. In diesem engen und bewaldeten Tal wurden von 1850 bis 1950 silberhaltiges Blei und Zink abgebaut. Die Spuren sind heute noch überall zu sehen.

Das Tal ist Ausgangspunkt für zahlreiche einfache und atemberaubende Wanderungen.

In **Sentein** steht eine der kuriosesten Wehrkirchen des Departements Ariège. Aus Bruchstein gebaut, mit ungleichmäßig geformtem Kirchenschiff, den beiden viereckigen Wachtürmen sowie dem eigentlichen Kirchturm sticht sie jedem Ankömmling sofort ins Auge. Die Wehrmauer schloss ehemals wohl den alten Friedhof mit ein. Im 19. Jahrhundert. wurde das Gotteshaus von den Bergbauern etwas zweckentfremdet und als wichtiger Versammlungsort genutzt, um dort – sozusagen mit Gottes Segen – den „Krieg der Jungfrauen" vorzubereiten.

Information Office de Tourisme du Biros, 09800 Sentein. ℡ 0561961090, www.tourisme-biros.com/.

Camping Camping municipal La Grange, kleiner, gemeindeeigener Platz mit Zugang zum nahegelegenen Bach. Kleiner Lebensmittelladen in Sentein. Avenue Alphonse-Sentein, 09800 Sentein, ℡ 0561961874 (Sommer) und ℡ 0561967392 (Rathaus).

La Guerre des Demoiselles oder der Krieg der Jungfrauen

Mit jahrzehntelangen Aufständen und Terroraktionen wehrten sich im 19. Jahrhundert die Bergbauern im Ariège gegen eine im Jahr 1827 von Karl X. erlassene Neuregelung zur Waldnutzung. Sie untersagte den Bauern ab sofort, jegliche Inanspruchnahme des Waldes, und sei es nur um Holz zu sammeln. Als zudem auch noch die Preise für Grundnahrungsmittel in die Höhe getrieben wurden, war für die Landbevölkerung das Maß voll. Der Name „Krieg der Jungfrauen" geht auf die Taktik der aufständischen Bauern zurück, die sich für ihre Angriffe auf die verhassten Waldbesitzer, Förster und Köhler als Frauen verkleideten. Mit ihrer unheimlichen karnevalistischen Aufmachung verbreiteten sie tatsächlich derart Angst und Schrecken in den Wäldern, dass die Herren schließlich klein beigaben und das neue Waldnutzungsgesetz wieder rückgängig gemacht wurde.

Vallée d'Ustou und Vallée du Garbet

Eine weitere lohnende Rundtour führt zuerst entlang des wunderschönen Tales **Vallée du Garbet** von **Oust** über **Ercé** nach **Aulus-les Bains**. Ab hier durchfährt man dann das **Vallée d'Ustou** nach **Seix**, einem Ausgangspunkt für Rafting, Kanu- und Kajakfahrten, und wieder zurück in das nahegelegene Oust.

Ercé war zusammen mit **Oust** und **Aulus-les-Bains** im 19. Jahrhundert das Zentrum der *montreurs d'ours* („Bärenvorführer"). Diese fingen Bärenjunge ein und dressierten sie in der sogenannten „Bärenschule", um mit ihnen anschließend auf Jahrmärkten aufzutreten. Die Bärenmutter wurde beim Fang der Jungtiere getötet. Überreste des Gebäudes einer solchen „Dressur-Schule" (frz. *école des montreurs d'ours*) sowie die niedrigen Käfige, in denen die Tiere gefangen gehalten wurden, sind in Ercé noch zu besichtigen. Über die grausigen Dressurmethoden und Tierquälereien, die die Bären ihr Leben lang erdulden mussten, spricht das „Museum" nicht.

Ausstellung "Les montreurs d'ours", Juli/Aug. tägl. außer Sa und So 15–19 Uhr geöffnet 0561668600.

Aulus-les-Bains

Der bekannte Ort mit seinen schwefel-, kalzium- und magnesiumhaltigen Quellen ist auch heute noch Thermalkurort, dessen Thermen auf den neuesten Stand der Technik gebracht wurden. In den Sommermonaten findet hier ein abwechslungsreiches Kultur- und Sportprogramm statt. Im dem Ort findet man alle notwendigen Geschäfte.

Information Office de Tourisme Haut-Couserans, 09140 Aulus-les-Bains. 0561960179, tourisme@haut-couserans.com.

Verbindungen Bus, von und nach Seix und Saint-Girons.

Camping ≫ Mein Tipp: Camping municipal Le Couledous, liegt am Ortseingang in einer parkähnlichen Anlage unterhalb der *Cascade d'Arse* (s. u.) und nahe des Fernwanderwegs GR 10. Große Stellplätze, Vermietung von chalets. Ganzjährig geöffnet. 0561664356, www.couledous.com. ≪

Wandervorschläge

Wanderung zur cascade d'Arse: Leichte und familientaugliche Wanderung (hin und zurück ca. 3 Std.) zu einem der schönsten Wasserfälle der Pyrenäen. Anfahrt von Aulus-les-Bains auf der D 8 Richtung Seix bis kurz vor den *col de Latrape*, in der ersten Kurve links in den befahrbaren Weg einbiegen und dort parken. Auf dem Fernwanderweg GR 10 (rot-weiße Markierung) geht's zum Wasserfall, der über drei Stufen 110 m tief hinabstürzt.

Wanderung zum cirque de Cagateille (1260 m): Leichter Spaziergang (gemütliche 1 ½ Std. hin und zurück) zu dem einmalig schönen *cirque de Cagateille*, ca. 140 Höhenmeter sind in Etappen zu bewältigen.

Anfahrt von Aulus-les-Bains auf der D 8 Richtung Seix bis kurz vor Le Trein, dann links (D 38) Richtung *cirque* (ausgeschildert) bis zum Ende der Straße (Parkplatz) auf 1020 m.

Weitere Wanderungen und Informationen im **Office de Tourisme** Aulus-les-Bains und unter www.haut-couserans.com/fr/ete.

Lherzolith – Geologische Sensation im Ariège

Am Ostufer des **étang de Lherz** (an der D 8), zwischen Vicdessos und Aulus-les-Bains auf 1.300 m Höhe, schlägt das Herz eines jeden Geologen und Mineralogen höher, denn hier findet man den seltenen **Lherzolith** (Peridotit), der nach dem Fundort benannt wurde. Dieses basaltähnliche Gestein stammt aus einer Erdtiefe von 50-80 Kilometern und wurde bei der Auffaltung der Nordpyrenäen an die Oberfläche gehoben und freigelegt. Normalerweise bekommt man dieses Gestein nie zu Gesicht. Ursprünglich von grünlicher Farbe, nimmt es je nach Verwitterungsgrad an der Oberfläche einen bräunlich-rostigen Farbton an.

Massat und étang de Lherz

Massat war vor ca. 150 Jahren die einwohnerstärkste Gemeinde im Couseran und lag damit noch vor Saint-Girons. Heute leben hier nur noch rund 700 Menschen. Der Ort setzt sich aus vielen Weilern zusammen, die man über kleine Sträßchen wunderbar entdecken kann. Auf der D 18 in Richtung Le Port kommt man zu dem v. a. unter Geologen bekannten See *étang de Lherz*. Er ist auch idealer Ausgangspunkt für viele Bergwanderungen, die ihn umgebenden kahlen Uferhänge sind ein bekannter Startpunkt für Gleitschirmflüge.

Die ehemalige Grafschaft Foix

Diese Region ist gespickt mit prähistorischen Höhlen, darunter weltbekannte Stätten wie die Tropfsteinhöhlen von Niaux. Unzählige, einst herrschaftliche Festungen thronen über den Tälern.

Das geschichtlich, kulturell und geologisch hochinteressante Gebiet liegt im östlichen Bereich des heutigen Departements Ariège. Es ist für hiesige, d. h. Midi-Pyrénées-Verhältnisse, ziemlich dicht besiedelt und strahlt eine große Geschäftigkeit aus. Beides rührt wohl daher, dass die Transitstrecke von Toulouse nach Andorra (N 20) vorbei an Pamiers, Foix und Tarascon durch das enge Tal der Ariège führt.

Foix 10.000 Einwohner

Das alte Städtchen Foix ist die kleinste Präfektur Frankreichs und liegt mit seiner weithin sichtbaren Burg am Ausgang des von Gletschern geformten Flusstales der Ariège, welche dem Departement seinen Namen gab.

Erstaunlicherweise hat sich Foix sein Gesicht in den letzten Jahrhunderten im Großen und Ganzen bewahrt: Die Burg streckt immer noch ihre drei markanten Türme gen Himmel, die Brücke über die Ariège ist nach wie vor Hauptverkehrsader und lästiges Nadelöhr, wenn man ins Zentrum gelangen will. Auch das Bild der Altstadt hat sich im Vergleich mit alten Stadtansichten kaum verändert. Vom Frühjahr bis in den Herbst lässt es sich in den verwinkelten Gässchen herrlich bummeln. Zahlreiche kleine Restaurants, die ihre Tischchen einfach in die engen Gassen stellen, laden zum gemütlichen Mittagessen zwischen alten Fachwerkhäusern ein.

Geschichte

Die Funde und Malereien in den zahlreichen umliegenden Höhlen zeigen, dass rund um Foix schon in prähistorischer Zeit Menschen gelebt haben. Im Viertel Saint-Volusien wurden Siedlungsspuren aus dem 5. Jahrhundert gefunden. Doch die eigentliche Geschichte von Foix beginnt im Jahre 1002 mit der Gründung der gleichnamigen Grafschaft. Vorher gehörte das Gebiet als *pays de Foix* zum Herzogtum Aquitanien und kam dann zur Grafschaft Carcassonne.

Roger I. (der Alte) ließ die Burg, die erstmals in Urkunden von 987 auftaucht, als Festung auf dem Felsen erbauen. Seine Nachkommen vergrößerten sie dann mit den drei markanten Türmen und nutzten sie als ständigen Wohnsitz der Grafen von Foix.

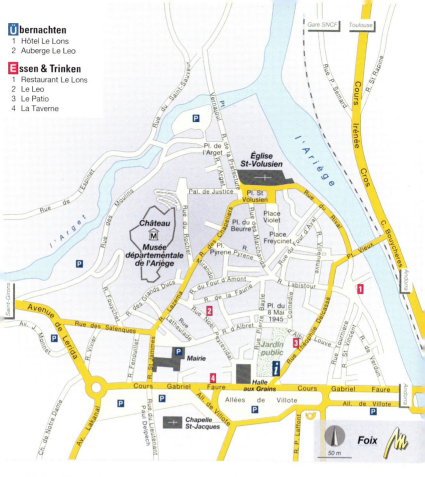

Während der Katharerkriege, die in dieser Gegend besonders grausam abliefen, diente sie als relativ sichere Zufluchtsstätte für die Verfolgten, denn Graf *Roger Bernard II.* war ein großer Kathararfreund. Selbst *Simon de Montfort*, unerbittlicher Verfolger der Katharer, biss sich an der Festung mehrfach die Zähne aus. Erst *Philipp der Kühne* und seine Gefolgsleute hatten in ihrem Kampf gegen diese Hochburg der Katharer und deren gräflichen Beschützer Erfolg. Nach 20-jähriger Revolte gegen Kirche und Königshaus musste sich der Graf von Foix geschlagen geben. Mit dem Ende der Katharerverfolgungen wurden die Grafen von Foix zu Vasallen des Königs degradiert.

Um trotzdem nicht in die Abhängigkeitder Krone zu geraten, heiratete *Roger Bernard III.* die Thronerbin von Bearn und verließ die Grafschaft von Foix, um das vereinte Foix-Bearn von westlicheren Burgen aus zu regieren. Der letzte Graf von Foix war Henri III. von Navarra, der spätere „gute" König Henri IV. Doch die schillerndste Figur unter den Grafen von Foix, die die Burg bewohnten, war der *Graf Gaston III*, die Nummer 12 in der Dynastie. Er regierte von 1343 bis 1391 und gab sich selbst den schmückenden Beinamen *Phebus*. Er hatte sehr widersprüchliche Eigenschaften, einerseits war er jähzornig und unberechenbar (er ließ seinen Bruder und seinen einzigen Sohn ermorden), andererseits war er der Lyrik sehr zugetan und dichtete selbst. Sein großes psychologisches und politisches Geschick brachte ihm enorme Macht ein. Bekannt von ihm ist eine Abhandlung über die Hetzjagd, die er als begeisterter Jäger selbst verfasste. Eines schönen Tages kehrte er von einer Hatz mit seinen 600 Hunden nach Hause und fiel vom Schlag getroffen tot um. 1607 schloss Henri IV. das Béarn an die französische Krone an und übernahm die Burg von Foix.

Auf einen Blick

Information Office de Tourisme, alle Infos zu der Region Pays de Foix sowie zu Zug- und Busverbindungen etc. 29, rue Delcassé, 09000 Foix. ✆ 0561651212, www.tourisme-foix-varilhes.fr. Weitere Informationen auch über das Comité départemental du Tourisme Ariège Pyrénées, www.ariegepyrenees.com.

Verbindungen Zug: Tägl. mehrere Züge von Toulouse über Foix bis zur Grenze nach Andorra und zurück. Bahnhof etwas außerhalb in Richtung Pamiers an der N 20 gelegen.

Bus: mehrmals tägl. Bahnbusse nach Saint-Girons (Linie 104), www.ter-sncf.com.

Parken Meist sind noch Plätze auf dem gebührenpflichtigen Parkplatz allées de Villote frei, 1 Std. 0,70 €, 12–14 Uhr 0,40 €.

Post Allées de Villotte, am großen Platz gegenüber vom Touristenbüro.

Markt Gemüsemarkt Fr 9–18 Uhr, place Saint-Volusien, im Juli und Aug. Kunst- und Bauernmarkt Di und Mi 9–18 Uhr, allées de Villotte.

Veranstaltungen Der conseil général de l'Ariège (Generalrat vom Ariège) gibt jedes Jahr im Programmheft „*Ariège en Fête*" mit einem Veranstaltungskalender für das ganze Departement heraus. Im Touristenbüro erhältlich.

Sonstiges Kajak- und Kanutouren, Canyoing: Comité départemental de Canoé, Kajak. ✆ 0561652065, www.ck-ariege.com.

Mountainbike-Touren: Office de Tourisme in Varilhes, 3, avenue Louis Siret, 09120 Varilhes, ✆ 0561651212, www.tourisme-foix-varilhes.fr.

Übernachten/Essen (→ Karte S. 393)

Übernachten *** **Hotel-Restaurant Lons** ❶, Logis de France. Das Gebäude ist eine ehemalige Pferdewechselstation und liegt direkt an der Ariège. Zimmer mit TV und Tel., WLAN im Nebengebäude nur in der Halle. Haustiere gestattet. DZ 54–68 €, Frühstücksbuffet. 6, place Georges Duthil, ✆ 0534092800, www.hotel-lons-foix.com.

🌿 **Auberge Le Léo** ❷, Herberge der etwas anderen Art, liegt im Zentrum der Altstadt. Der Gewinn des Hauses kommt jährlich ausgesuchten sozialen Projekten zugute. Zwei- und Mehrbettzimmer, teilweise mit Dusche und WC im Zimmer, teilweise auch auf dem Flur, sehr spartanisch im Stil der 60er Jahre eingerichtet. Für einen kurzen Aufenthalt eine gute und preisgünstige Lösung. Handtücher und Bettwäsche werden nicht gestellt. DZ 36–40 €. 16, rue Noel Peyrevidal, ✆ 0561650904, www.leolagrange-foix.com. ■

Essen Restaurant **Lons** ❶, gehört zum gleichnamigen o. g. Hotel. Wintergarten über der Ariège, regionale Gerichte. Einheimische kehren hier gerne ein. Menü 12–25 €. Sa mittags geschlossen, ebenso vom 22. Dez. bis zum 20. Jan.

Le Patio ❸, neben dem Touristenbüro. Überdachte Terrasse; an heißen Tagen werden die Gäste mit kühlendem Wasserdampf aus an der Decke installierten Düsen eingenebelt. Schneller und unkomplizierter Service beim Tagesgericht. Pizza, Nudelgerichte, Fleisch- und Fischgerichte, riesige gemischte Salatteller. Tagesgericht 7,50 €. So abends und Mo geschlossen. 27, rue Delcassé, ✆ 0561012329.

》》 Mein Tipp: La Taverne ❹, ist zugleich Wein-Bar mit Tapas und Restaurant. Essen auf der „Straßeninsel" unter alten Platanen; wem das zu laut ist, der kann auch drinnen auf der anderen Straßenseite essen. Diverse

Tapas jeweils 4,50 € (nach 2–3 verschiedenen Sorten ist man satt!), riesige bunte Salatteller mit Fleisch-, Wurst- oder Käseeinlage. Tagesmenü 7 €. Ganzjährig geöffnet. 31, cours Gabriel Fauré, ✆ 0561033982. ≪

Le Léo 2, gehört zur Auberge Le Léo. Mittagstisch entweder im riesigen, unpersönlichen Speisesaal oder an kleinen Tischen im angrenzenden romantischen Altstadtgässchen, gute regionale Küche mit einem Tagesessen. Tagesgericht 8 €, komplettes Menü 12 €. Restaurant nur Mo–Fr. geöffnet, abends nur mit Reservierung. 16, rue Noel Peyrevidal. ✆ 0561650904, www.leolagrange-foix.com.

Sehenswertes

Château: Sie ist eine der ganz wenigen Festungen, die Richelieu im „Pays de Foix" nicht dem Erdboden gleichmachen ließ. Umbauarbeiten im 16. Jahrhundert nahmen der befestigten Burg ihren wehrhaften Charakter. Nach der Zeit Henri IV. hatten die Gemäuer im 17. Jahrhundert noch einmal Glück, diesmal entgingen sie der Zerstörung, weil sie als Gefängnis dienten. Die heute noch bestehenden Türme machen lediglich ein Viertel des gesamten ehemaligen Burgkomplexes aus. Im 19. Jahrhundert wurden umfangreiche Restaurierungsarbeiten durchgeführt. Der steile Aufstieg zur Burg beginnt an der Kirche Saint-Volusien.
  Eintritt 4,60 €. Juli/Aug. 9.45–18.30 Uhr, ansonsten unregelmäßige Öffnungszeiten, und über Mittag geschlossen. Mehrmals tägl. Führungen. ✆ 0561051010, www.sesta.fr.

Hinweis: Einen herrlichen **Blick auf die Burg** genießt man von der über den Fluss Arget führenden Brücke Vernajoul am Ende der *rue de la Préfecture*. Einen ebenso herrlichen **Blick übers Land** hat man von der Burgterrasse.

Musée départemental de l'Ariège: Das Museum befindet sich im ehemaligen Gefängnis der Burg. Zu sehen sind außer einiger Kapitelle der alten Klosterkirche Saint-Volusien auch Kriegswaffen und Jagdutensilien vergangener Zeiten sowie Zeugnisse menschlicher Präsenz aus den umliegenden Höhlen von der Altsteinzeit vor ca. 2,5 Millionen Jahren bis zur Bronzezeit (2000–1200 v. Chr.).
  Rue du Rocher. Öffnungszeiten s. Burg, ✆ 0534098383.

Église Saint-Volusien: Namensgebend war der im 5. Jahrhundert lebende Bischof Volusien von Tours, welcher auf der Flucht vor den Westgoten auf dem Weg ins spanische Exil im Ariège-Tal verstarb. Während der Religionskriege diente die Kirche zeitweise auch den Protestanten als Gotteshaus, was ihre schlichte Ausstattung erklärt. Auffallend ist ihr schönes Portal, das noch von der zerstörten romanischen

Wahrzeichen der Stadt Foix: Die drei Festungstürme

Klosterkirche Saint-Volusien (12. Jh.) stammt. Überlebt haben auch einige wenige romanische Kapitelle, die im *musée départemental de l'Ariège* zu bewundern sind (s. u. château). Der Renaissance-Altar besteht aus bemaltem Stein, auf dem Szenen der Heimsuchung Mariä und des letzten Abendmahls dargestellt sind.

Am Ende der rue des marchands sollte man nicht versäumen, einen Blick auf das der Kirche gegenüberstehende Haus mit seinen Karyatiden, jene weibliche Skulpturen, die in der Architektur eine tragende Rolle spielen, zu werfen.

In der Umgebung von Foix

Les Forges de Pyrène: In diesem Freilichtmuseum werden auf 5 ha Gelände 120 uralte Handwerkskünste und rund 6.500 Gerätschaften aus vergangenen Zeiten vorgestellt. Besonders beeindruckend ist es, die Hammerschmiede in Aktion zu sehen, einst das Symbol des goldenen Zeitalters im Ariège. Für Kinder gibt es ein Extra-Aktiv-Programm.

Eintritt 8 €, Juni–Sept. tägl. 10–19 Uhr geöffnet, ansonsten sehr unregelmäßige Öffnungszeiten. In Montgaillard ca 2 km südlich von Foix (ausgeschildert). ✆ 0534093060, www.haute-ariege.com/decouverte/forges-pyrene.html.

Saint-Jean-de-Verges: Dieser Ort etwa 5 km nördlich von Foix (D 231) bildet den Schauplatz eines historischen Moments in der Geschichte der Grafen von Foix. In der *Kirche von Saint-Jean-de-Verges* unterwarf sich Roger-Bernard II. 1229 im Rahmen des Vertrages von Meaux (Ende der Katharerkriege, aber nicht Ende der Verfolgungen) der französischen Krone und akzeptierte die Inquisition in seiner Grafschaft.

Rivière souterraine de Labouiche

Es handelt sich hierbei um den längsten schiffbaren unterirdischen Fluss Europas, der für die Öffentlichkeit zugänglich ist. Gespenstisch still gleitet der Kahn ganze 1.500 m an Stalaktiten und Stalagmiten entlang, die so prachtvolle Formationen hervorbringen wie z. B. den „Tempel von Angkor". Dabei sind nicht alle Stollen in diesem Höhlenlabyrinth beleuchtet, ein paar hat man absichtlich dunkel gelassen. Über eine Stunde lang erlebt man diese geheimnisvolle unterirdische Märchenwelt, die, wie Funde belegen, offensichtlich schon 11.000 v. Chr. bewohnt war. Im Sommer sollte man schon morgens kommen, da nachmittags starker Andrang herrscht. Warme Jacke nicht vergessen, hier unten in 60 m Tiefe liegt die Temperatur ganzjährig bei 13 °C.

Von Anfang April bis Mitte Nov. geöffnet, Juli/Aug. tägl. 9.30–17.15 Uhr, in den anderen Monaten 10–11.15 und 14–17.15 Uhr (Okt.-Nov. bis 16.30 Uhr). Eintritt 8,70 €. ✆ 0561650411, www.grottes-en-france.com.

La Bastide-de-Serou

In der kleinen verschlafenen Bastide stehen an einem der Markthallenpfeiler noch drei alte Getreidemaße aus Stein. Interessante Hauseingänge aus dem 18. Jahrhundert reihen sich entlang des Marktplatzes und in der engen Straße südlich der Kirche aneinander. Pferdefreunde kommen hier auf ihre Kosten: Der Ort ist bekannt für sein staatliches Gestüt „Sherpa" (kann besichtigt werden), welches die kleinen, schwarzen Mérens-Pferde züchtet. Es handelt sich um eine uralte Rasse aus der Region, man findet sie in den 10.000 Jahre alten Höhlenmalereien von Niaux wieder.

Centre national du Cheval de Mérens, ✆ 0561645905, www.chevaldemerens.com.

Grotte du Mas-d'Azil

Die Fahrt von der D 117 (Saint-Girons – Foix) in das 1.100-Seelen-Örtchen Le Mas-d'Azil (in Lescure von der D 117 auf die D 119 abbiegen) ist ein einmaliges Erlebnis: Die Straße führt quer *durch* die Grotte du Mas-d'Azil, eine 450 m lange Höhle, die stellenweise über 60 m hoch ist. Das Flusssystem der Arize hat hier die Felsen des *Plantaurel-Bergzugs* auf mehreren Etagen durchbrochen und diese riesige Höhle geschaffen. Diverse Funde und Felsmalereien deuten darauf hin, dass sie schon vor 30.000 Jahren Menschen Schutz bot. Im Laufe der Zeit diente sie Christen, Katharern und Hugenotten als Versteck vor ihren Verfolgern. Die Höhle war übrigens namengebend für die späteiszeitlichen Jäger- und Sammlerkulturen *Azilien* in Europa (12300-9600 v. Chr.). Aber auch die Tierwelt wusste den riesigen Unterschlupf zu schätzen, man fand Knochen von Mammut, Bär und Nashorn. Ein Fußweg führt entlang der Straße durch die Höhle. Im Rahmen einer Führung können ein paar Stollen besichtigt werden. Das **musée Préhistorique** im Zentrum von Le Mas-d'Azil birgt nur einen kleinen Teil der Funde, wie z. B. Pfeilspitzen aus der Magdalenien-Epoche vor 17.000-10.000 Jahren. Der Großteil der Fundstücke ist im Besitz des *Musée des Antiquités nationales in Saint-Germain-en-Laye* bei Paris. Ab Mitte Juli 2012 ist die Höhle wieder der Öffentlichkeit zugänglich, sie war 9 Monate lang wegen Umbauarbeiten geschlossen, die Arbeiten werden jedoch erst 2013 endgültig abgeschlossen sein.

Eintritt 6,30 €.

Information Office de Tourisme de la Vallée de l'Arize et de la Lèze. 17, avenue de la gare, 09290 Le Mas-d'Azil. ✆ 0561699990, www.tourisme-arize-leze.com oder www.grotte-masdazil.com.

Übernachten ** Hotel-Restaurant Gardel, das Hotel aus vergangener Zeit liegt direkt am Platz. Das dunkle solide Mobiliar aus altem Echtholz und das Treppenhaus sind etwas in die Jahre gekommen. Die billigsten DZ im Stammhotel sind noch nicht renoviert worden. Wen das nicht stört, der kann hier sehr billig übernachten. Ansonsten verlangen Sie ein renoviertes und auch teureres Zimmer im Nebengebäude. Wenn *Madame* morgens den Sonnenschirm über Ihrem Tisch aufspannt, obwohl weit und breit noch keine Sonne scheint, dann möchte sie ihre Gäste nur vor unliebsamen Überraschungen aus dem Baum über ihnen schützen! Fernsehraum, Internet, Haustiere willkommen (6 €), DZ 30–45 €. Von Mitte März bis Mitte Nov. geöffnet. Place du champ de Mars, ✆ 0561699005, www.ariege.com/hotel-gardel.

Essen Restaurant Gardel, gehört zum gleichnamigen Hotel. Sehr gemütliche, beschattete Terrasse und hervorragende regionale Küche. Tellergerichte ab 8 €, auch vegetarisches Gericht. Von Mitte März bis Mitte Nov. tägl. geöffnet, außerhalb der Hauptsaison So abends geschlossen.

Pamiers

17.000 Einwohner

Rund 60 km südlich von Toulouse ragen gleich drei Kirchtürme aus der Ebene empor, die Wahrzeichen von Pamiers, Unterpräfektur des Departements Ariège. Erst auf den zweiten Blick erschließt sich dem Besucher der mittelalterliche Charme des Städtchens.

Hier endet die Toulouser Ebene und das Pyrenäenvorland beginnt, die A 66 wird zur N 20 degradiert, die via Foix die Hauptachse nach Andorra bildet.

Schon im Mittelalter war dieser Ort eine wichtige Handelsstadt mit großen Märkten und Messen. Die hier hergestellten Stoffe waren weit über Pamiers hinaus bekannt.

Die ersten Färbeversuche mit dem im Dreieck Albi, Toulouse und Carcassonne angebauten Färberwaid, dem sogenannten Pastel (s. auch Toulouse), fanden hier in Pamiers statt. Im 13. und 14. Jahrhundert florierte der Weinanbau, der aufgrund seiner hervorragenden Qualität ausschließlich für den königlichen Hof bestimmt war.

Als Dank für ihre Papsttreue und ihre Abkehr von den Katharern wurde die Stadt 1295 zum Bistum erhoben. Der gewisse religiöse Touch der Stadt ließ sich nie leugnen: Nicht weniger als sieben Ordensgemeinschaften hatten sich im Laufe der Jahrhunderte hier niedergelassen, darunter Dominikaner, Franziskaner, Karmeliter und Augustiner, allesamt große Gegner des Katharismus. Kurz vor der Revolution zählte das reiche Pamiers an die 5.000 Einwohner, dann kam der „Absturz". Mit der Französischen Revolution 1789 verlor es seinen Bischofssitz. Aber die Bewohner investierten ihre Mittel in die gerade aufkommende industrielle Revolution und die Metallindustrie. Seit dem 19. Jahrhundert ist die Gegend um Pamiers Zentrum der Eisenindustrie.

Information Office de Tourisme, sehr freundliches und kompetentes Personal, das keine Frage offen lässt. Boulevard Delcassé, 09100 Pamiers. ✆ 0561675252, www.pamierstourisme.com.

Schwimmen Parc nautique, mehrere Becken, z. T. in der Halle, Eintritt 3,50 €, route de Toulouse, ✆ 0534013301.

Übernachten Hotel de la Paix, nahe dem Stadtzentrum, eines der ältesten Hotels im Ariège. Die 14 Zimmer sind etwas altmodisch eingerichtet, sowohl „grands lits" als auch Einzelbetten, TV, Tel. und WLAN. DZ 55–65 €. Restaurant auch für Vegetarier geeignet, Sa mittags und So geschlossen. 4, place Albert-Tournier, ✆ 0561671271, www.hoteldelapaix-pamiers.com.

Camping *** L'Apamée, 800 m außerhalb des Stadtzentrums, sehr schöner schattiger Campingplatz mit Schwimmbad, Haustiere nur mit Impfpass erlaubt. Vermietung von Mobil-Homes und chalets. Geöffnet April–Sept. Route de St. Girons (ausgeschildert). ✆ 0561600689, www.lapamee.com.

Essen ❯❯❯ Mein Tipp: Les Bains Douches, von Einheimischen gut besuchtes, nettes Restaurant mit überdachter Terrasse, Tagesgericht mit Fisch oder Fleisch ab 9 €, vis-à-vis Touristenbüro. Rue du rempart du Touronc, ✆ 0561697827, www.restaurant-lesbainsdouches.fr. ❮❮❮

❯❯❯ Mein Tipp: La Pincée de Délhia, leckere mediterrane Küche mit Fischgerichten wie z. B. Fischteller (assiette de pêcheur) für 12 €. 6, rue Jules Amouroux (50 m oberhalb dem Touristenbüro), ✆ 0561693425, www.lapinceededelhia.com. ❮❮❮

Sehenswertes

Es gibt in Pamiers drei Kirchen:

Die **Kathedrale Saint-Antonin** besitzt einen Glockenturm im Toulouser Stil und ein Portal mit figürlichen Kapitellen (12. Jh.), die einzigen Überreste der ehemaligen Kirche. Sie war ursprünglich nur ein einfaches Gotteshaus des *Stadtviertels Marché* oder *Mercadal*. Im 14. Jahrhundert wurde sie in **Notre-Dame-du-Mercadal** umbenannt, bevor sie der Bischof des Couserans zur Kathedrale Saint-Antonin weihte. Diese Kirche war ein wichtiger Ort für die weltlichen Dinge. So mussten alle Grafen von Foix hier bei ihrem „Amtsantritt" ihren Schwur leisten. Und hier wurden u. a. auch im Mittelalter alljährlich am Dienstag nach Ostern von der Kanzel herab die Namen der neuen *consuls* verlesen. Die kirchlichen Belange spielten sich ausschließlich in der außerhalb der Stadtmauer gelegenen und zur Abtei Saint-Antonin (stieg 1295 zum Bischofssitz auf) gehörenden Kirche der **Mas Saint-Antonin** ab. Dagegen protestierten die Appaméens (so nennen sich die Einwohner von Pamiers) lange Zeit, schließlich war ihr Glaubensweg zu dieser Kirche bei Wind, Wetter und Kriegszeiten äußerst gefährlich. Ihr Protest wurde vom nächsten Bischof, Inquisitor und zukünftigem Papst, *Benoît XII.*, endlich erhört. Er selbst hielt konsequent seine Taufen entweder in der **Mercadal** oder **Notre-Dame-du-Camp** ab. Beide Kirchen bekamen dann den Status einer Pfarrkirche.

Mit ihrer mächtigen, zinnenbewehrten Fassade wirkt die **Kirche Notre-Dame-du-Camp** wie eine Festung auf den Betrachter. Während der Religionskriege wurde Pamiers mit Ausnahme der diversen Türme, die zu Verteidigungstürmen umfunktioniert wurden, größtenteils zerstört.

Rings um die Stadt fließen Kanäle, mindestens 15 kleine Brücken überspannen das von der Ariège abgeleitete Wasser. Zahlreiche Gerbereien, Färbereien und Mühlen profitierten in den vergangenen Zeiten von den Kanälen.

Die erholsamen **Parkanlagen** mit z. T. uraltem Baumbestand werden übrigens „biologisch" unterhalten, ohne jegliche chemische Keule. Eine seltene und lobenswerte Vorgehensweise, die hoffentlich in anderen französischen Städten Schule machen wird.

Pamiers: Kathedrale Saint-Antonin

Mirepoix   3.100 Einwohner

Mirepoix ist eine reizende kleine mittelalterliche Bastide am Ostzipfel der Midi-Pyrénées. Pastellfarbene Fachwerkhäuser und wunderschöne Arkaden aus dicken Eichenbalken umsäumen den großen Platz und laden zum Flanieren ein.

Das Städtchen hat im Laufe der Zeit einige Schicksalsschläge wegstecken müssen. So wohnten hier Anfang des 13. Jahrhunderts 600 Katharer und ein paar Sympathisanten, als *Simon de Montfort*, Anführer des Kreuzzuges gegen die Katharer, höchstpersönlich den Ort eroberte und die Katharer liquidierte. Zu allem Unglück brachen eines Tages auch noch die Deiche des Sees *Puivert* und die Wassermassen spülten die Ortschaft weg. 1289 wurde sie an einer anderen, diesmal erhöhten Stelle nach den Plänen einer Bastide wieder aufgebaut. Der Erbauer und Retter in der Not hieß *Guy III. de Lévis* und war der Enkel von Simon de Montfort. Mit dem Bau der Bastide stiegen die Lévis zu einer der einflussreichsten Familien in der Region auf, was die Stadt aber nicht vor weiteren Verwüstungen und Plünderungen schützen sollte. Besonders aktiv war da der *Schwarze Prinz*, Sohn des englischen Königs Edourd III. Das war wohl der Tropfen, der das Fass zum Überlaufen brachte: Man begann schnellstens Wehrmauern und Gräben zu bauen. Von da an wendete sich das Blatt, Mirepoix kam zur Ruhe, wurde im 16. Jahrhundert Bischofsstadt, in der sich Bischof *Philippe de Lévis* (noch ein Lévis) niederließ. Die Fertigstellung der neuen **Kathedrale Saint-Maurice** dauerte zwar über 500 Jahre, dafür bekam sie das breiteste Kirchenschiff aller im Stil der meridionalen Gotik erbauten Kirchen in

Farbenfroh: Häuserfassade in Mirepoix

Frankreich: Genau 21,60 m breit. Der Bischofspalast wurde direkt an die Kathedrale angebaut. Ein ganz besonderes Haus, das **maison des Consuls** (heute ein Hotel), steht am Platz gegenüber der Kathedrale. In die oberen Tragebalken des Gebäudes wurden menschliche Köpfe und Tierköpfe geschnitzt; manche Gesichter lächeln, andere schneiden fürchterliche Fratzen. Im Westen des Orts existiert noch das letzte der vier befestigten Stadttore. Mirepoix zeigt sich umweltfreundlich – es ist autofrei, parken kann man entlang der Umfahrung.

Auf einen Blick

Information Office de Tourisme, unter den Arkaden. Place du Maréchal Leclerc (Marktplatz), 09500 Mirepoix. ✆ 0561688376, www.tourisme-mirepoix.com.

Verbindungen Bus: Tägl. Verbindungen von und nach Toulouse (Busbahnhof) via Pamiers, Fahrzeit ca. 2 Std. Busunternehmen cap pays cathares, ✆ 0561015400 oder 0561660887, www.cg09.fr.

Markt Mo vormittags, cours Dr. Chabaud.

Veranstaltungen Fête Médiévale, alljährlich Mitte Juli stattfindendes Fest: Umzug in mittelalterlichen Kostümen, Gaukler, Straßenmusik, Marktstände mit Kunsthandwerk etc.

Festival International de la Marionette, jedes Jahr in der ersten Augusthälfte. Die ganze Stadt ist eine einzige Freilichtbühne für Marionetten und Puppen in allen Variationen.

Schwimmbad Piscine municipale (Hallenbad), avenue Maréchal Foch, ✆ 0561681148.

Übernachten/Essen

Übernachten *** La Maison des Consuls, kleines Hotel mit 8 Zimmern, im bekannten denkmalgeschützten maison des Consuls am Platz untergebracht. Nett ist die Idee, jedes Zimmer einer Persönlichkeit der Stadt oder Umgebung zu widmen (so gibt es etwa das Zimmer des Marquis, des Schriftstellers, der Dame Louise …). Allen gemeinsam ist ein historisches Ambiente, schwere Stores und dunkle Möbel. DZ 75–175 €. 6, place du Maréchal Leclerc, ✆ 0561688181, www.maisondesconsuls.com.

*** **Hotel-Restaurant Les Remparts**, im Zentrum gelegen, gepflegtes Ambiente im ganzen Haus, helle und große Zimmer, DZ 60-120 €, 6, cours Louis Pons Tande (im östl. Bereich der Ortsumfahrung), ☏ 0561681215, www.hotelremparts.com.

** **Le Commerce**, Logis de France. Die ehemalige Pferdewechselstation liegt an der Umfahrung der Bastide (Süden), im Sommer wird das Essen in einem sehr romantischen Innenhof mit altem Baumbestand serviert. Hotel mit Bar und Salon, Privatparkplatz und Garage (5 €), Zimmer mit TV und Tel. DZ 57-62 €. 8, rue de l'Évêché, ☏ 0561681029, www.chez.com/lecommerce.

Camping ** Le Dynam'Eau, gemeindeeigener Campingplatz (camping municipal) im Osten 800 m außerhalb von Mirepox Richtung Moulin-Neuf (route de Limoux, D 626) hintern Sportplatz (ausgeschildert). Nutzung von Tennisplatz und Schwimmbad für Camper kostenlos. Vermietung von Zelt-Bungalows. Infos im Rathaus von Mirepoix, place du Maréchal Leclerc, ☏ 0561602863,.

Essen Le Commerce, gehört zum gleichnamigen Hotel, sehr gute regionale Küche, Mittagsmenü 12,50 €. 8, rue de l'Évêché, ☏ 0561681029, www.chez.com/lecommerce.

Les Remparts, gehört zum gleichnamigen Hotel, eleganter Speisesaal, Menü ab 15 €. Reservierung wird empfohlen, da nicht nur von Einheimischen gut besucht. Geöffnet 12–13.30 und 19–21.30 Uhr, So abends, Mo- und Di mittags geschlossen. 6, cours Louis Pons Tande, ☏ 0561681215.

In der Umgebung von Mirepoix

Felsenkirche Vals: Die Kirche von Vals thront nicht nur auf einem Felsen, sondern ist auch teilweise in den Fels gehauen. Allein durch ihre Architektur stellt sie schon etwas ganz Besonderes dar. Wer die Eingangstüre am Fuß des Felsens öffnet, befindet sich vor einer in Stein gehauenen Treppe die nach oben führt und im dunklen Felsspalt verschwindet. Und dann die bemerkenswerten Fresken: Die Heiligen nehmen jeden Besucher mit riesigen starren Augen ins Visier und scheinen ihn nicht mehr loszulassen. Erläuterungen ohne Ende gibt's von der redseligen und geschichtspassionierten Dame im Infozentrum in der Bar am Fuße der Kirche. Besichtigung der Kirche tägl. und ganzjährig. Office de Tourisme in der „Bar-Expo", Juli bis Sept. geöffnet. 09500 Vals. ☏ 0561686857, www.tourisme-mirepoix.com/accueil/decouvrir/patrimoine.aspx.

Camon: Der gallo-römische Name des wunderschönen 100-Seelen-Dörfchens ist treffend gewählt: Camon liegt in einer Flussschlinge des Hers und „cambodunum" bedeutet so viel wie „Festung des Mäanders". Der befestigte Ort, der auch „Petit-Carcassonne", auf Deutsch „Klein-Carcassonne ", genannt wird, entwickelte sich rund um die Benediktinerabtei aus dem 10. Jahrhundert. Entlang eines ausgeschilderten Rundwegs kann man zahlreiche authentische Steinhäuschen unterschiedlichster Architektur besichtigen; einst dienten sie den Winzern als Unterstand. Von den Rebanlagen sind nur die Terrassen geblieben.

Die Felsenkirche von Vals

Dieser Felsspalt führt in die Kirche

Château de Lagarde: Ganz in der Nähe von Mirepoix befinden sich auch die imposanten Ruinen der ehemaligen Burg Lagarde. Es muss sich um eine gigantische und prunkvolle Burganlage gehandelt haben. Leider ist sie in Privatbesitz und verschwindet langsam aber sicher unter meterhohem Gras und Gestrüpp.
Information **Office de Tourisme**, 10, rue Georges d'Armagnac, 09500 Camon, ✆ 0561688826 (in der Saison), ✆ 0561688376 (außerhalb der Saison), www.camon09.org.

Barrage de Montbel: Der rund 550 ha große Stausee liegt direkt an der Grenze zum Departement Aude und ist sozusagen noch ganz jung. Er wurde erst 1985 fertiggestellt und ist ein Eldorado für Angler und für Freizeitsportler. Ein 15 km langer Rad- und Wanderweg führt am Ufer entlang um den See (gelbe Markierung, streckenweise gemeinsam mit GR 7B, dann rot-weiße Markierung). Reiten, Kanu- und Tretbootfahren, Segeln oder Surfen - alles ist möglich. Die zahllosen Inseln und Buchten lassen außerdem jeden ein ruhiges Plätzchen finden.

Information Office de Tourisme de Mirepoix (s. o.).

Übernachten »» Mein Tipp: *** La Regate, großer, terrassenförmig angelegter Campingplatz direkt am Stausee, wird durch den alten Waldbestand gut beschattet. *Centre de loisirs* mit Schwimmbad, Kinderspielplatz, Restaurant und kleinem Lebensmittelladen für das Notwendigste am Platz. Vermietung von Mobil-Homes und chalets. Route de Lac, 09600 Leran, ✆ 0561030917, www.campinglaregate.com. «««

Fahrradverleih Velomondo, in Léran, von Kinderfahrrädern über Tandems bis Super-Mountainbikes ist alles vorhanden. ✆ 0631942491 (Mobil), www.velomondo.com.

Katharerburgen in den Midi-Pyrénées

Montségur

Wie ein Adlernest thront die ehemalige Hochburg der Katharer auf dem freistehenden felsigen Berg auf 1.207 m Höhe. Ab 1204 zogen sich die verfolgten Katharer hierher zurück. Aber nach elfmonatiger Belagerung durch *Simon de Montfort* gaben sie 1244 auf und anstatt ihrem Glauben abzuschwören, marschierten die 200 Andersgläubigen auf den Scheiterhaufen unterhalb der Burg. Man findet heute noch überall an den Hängen Reste der ehemaligen Behausungen der Katharer.

Für den – je nach Kondition – etwa 30- bis 60-minütigen steilen und steinigen Aufstieg benötigt man gutes Schuhwerk!

Roquefixade

Schon aus der Ferne ist die Ruine Roquefixade von der D 117 aus (Lavelanet - Foix) sichtbar. Ihr Name leitet sich von ihrem Standort, einem steilen, gespaltenen Felssporn, auf Okzitanisch „roca fisade ", ab.

Die Festung aus der Zeit zwischen 1034 und 1180 wurde im Laufe der Jahrhunderte dermaßen zerstört, u. a. von Ludwig XIII. im Jahre 1632, dass die heutigen Ruinen keine Rückschlüsse mehr auf die ursprüngliche Gestalt zulassen. Die Festung soll während der Katharerkriege den „Andersdenkenden" als Rückzugsgebiet gedient haben, doch konkrete Belege hierfür fehlen. Sicher ist, sie unterstand der Grafschaft von Foix.

In der Umgebung von Roquefixade

Source de Fontestorbes: Das Wasser, das aus der Quelle Fontestorbes sprudelt (wenn es denn sprudelt) ist Oberflächenwasser, das im höher gelegenen Karstgebiet des *plateau de Sault* versickert ist. Interessant an dieser Quelle ist, dass sie in Phasen mit geringen Niederschlägen (oft von Juli bis September) immer wieder versiegt, um dann nach einiger Zeit, wenn es geregnet hat, urplötzlich wieder zu sprudeln. Dieses Phänomen wird von Fachleuten auf einen unterirdischen „Siphon-Effekt" zurückgeführt, in dem das Wasser bei Trockenheit stehen bleibt.

Anfahrt: Die Quelle liegt direkt neben der Straße (D 16) unweit vom Dorf Bélesta.

Montségur war eines der letzten Rückzugsgebiete der Katharer

Tarascon-sur-Ariège

3.500 Einwohner

In der faszinierenden Umgebung von Tarascon, wo mehrere Täler zusammentreffen, wurden über 50 prähistorische Höhlen entdeckt.

Nördlich von Tarascon säumen schroffe Felsen die Straße. Bei dem 3.500 Einwohner zählenden Städtchen ändert die Landschaft plötzlich ihr Gesicht, das idyllische Ariège-Tal weitet sich.

Die reizvolle Altstadt besteht aus einem Gewirr von engen Gassen und uralten, teilweise nicht renovierten Häuserfassaden. Zeugen vergangener Zeiten sind auch die **Porte d'Espagne** (das ehemalige Stadttor ist alles, was von der einstigen Stadtmauer übriggeblieben ist) und der Turm **Tour Saint-Michel**, Überbleibsel einer Kirche aus dem 15. Jahrhundert. Das Ganze wird vom heutigen Wahrzeichen der Stadt überragt, dem Uhrenturm **Tour du Castella**, der weithin sichtbar auf einem Felsen am gegenüberliegenden Ufer der Ariège thront. Der ursprüngliche Turm des *Tour du Castella* sowie die dazugehörige gräfliche Burg wurden von Richelieu und seinen Gefolgsleuten zerstört. Während der Religionskriege war Tarascon Schauplatz blutiger Kämpfe, bei denen es üblich war, die besiegten Gegner kurzerhand von den hohen Felsen in die Ariège zu stürzen. Doch den Ort bekannt gemacht, haben die zahlreichen Höhlen in der nächsten Umgebung.

Information Office de Tourisme, avenue Paul-Joucla, 09400 Tarascon-sur-Ariège. ✆ 0561059494, www.montagnesdetarascon etduvicdessos.fr.

Verbindungen Zug: direkte Verbindung mit dem TER-Midi-Pyrénées auf der Strecke Paris–Toulouse–Latour-de-Carol–Tarascon-sur-Ariège–Ax-les-Thermes, www.ter-sncf.com.

SNCF-Bahnhof: Rue de la gare (liegt nördlich der Altstadt zwischen N 20 und Ariège).

Bus: regelmäßige Busverbindung Toulouse–Tarascon-sur-Ariège–Ax-les-Thermes, Linie Foix-Auzat, Fahrpläne im Touristenbüro.

Übernachten ** Hotel de la Poste, liegt idyllisch an der Ariège, mit Veranda, typische Logis-de-France-Zimmer, klein aber korrekt, WLAN im Zimmer. DZ 42–58 €, Parkplatz gegenüber vom Hotel, gesicherte Garage auch für Fahrräder 5 Gehminuten entfernt. Restaurant Mo- und Di mittags geschlossen. 16, avenue Victor Pilhes (gleiche Uferseite wie der Uhrenturm), ✆ 0561056041, www.hostellerieposte.com.

> ### Hypocras – jahrtausendealter Aperitif
>
> Im Departement Ariège, und speziell in Tarascon, stoßen Sie früher oder später auf eine Flasche mit dunkelbraunem Inhalt und dem interessanten Namen „Hypocras". Man vermutet, dass der Schöpfer dieses edlen Trunks der im 5. Jahrhundert v. Chr. lebende griechische Arzt Hippokrates war. Angeblich haben christliche Kreuzfahrer das Getränk im Mittelalter ins Land gebracht. Sie waren offensichtlich von seinen Wunderwirkungen überzeugt. Man schrieb ihm kräftigende und aphrodisierende Wirkungen zu. Da es zudem sehr gut schmeckte, fand das Getränk auf den Tafeln des Hochadels und der Reichen einen festen Platz. Das einfache Volk konnte sich das teure „Gesöff" nicht leisten.
>
> Heute wird Hypocras originalgetreu (aus 100 % natürlichen Zutaten) nach dem wiedergefundenen mittelalterlichen Rezept in Tarascon hergestellt. Der Trunk schmeckt am besten eiskalt(!), die Flasche sollte im Kühlschrank gelagert werden – und verwässern Sie diesen 2.500 Jahre alten Gewürzwein ja nicht mit Eiswürfeln!
>
> Weitere Informationen unter www.hypocras.com.

In der Umgebung von Tarascon-sur-Ariège

Parc de la Préhistoire Tarascon: Der Park liegt etwa ein Kilometer nördlich von Tarascon (ausgeschildert) und ist eine gute Ergänzung zu den Höhlen, die man in der Umgebung besuchen kann. Felsmalereien und das Leben in der Magdalenien-Epoche sind das Hauptthema. Unter anderem bietet sich dem Besucher hier die Möglichkeit, den der Öffentlichkeit nicht zugänglichen Teil der Höhle von Niaux (*Dune des Pas*) in Form einer Nachbildung zu besichtigen.

Eintritt 9,90 €. Seit 1. April 2012 wieder geöffnet. Route de Banat, im Weiler Lacombe. ✆ 0561051010, www.sesta.fr.

Grotte de Bedeilhac

Die über 1 km lange Höhle zeigt Höhlenmalereien und Gravuren aus der Magdalenien-Epoche (ca. 15.000 v. Chr.) mit Bisons, Rentieren, Pferden und Steinböcken. Zudem wurden hier Tonscherben mit sehr seltenen Gravuren gefunden. Gigantisch ist der Eingangsbereich mit der Vorhalle, in der 1972 und 1974 für Filmdreharbeiten ein kleines Sportflugzeug landete und wieder abhob. Im Zweiten Weltkrieg diente die Höhle als Militärdepot.

Führungen tägl. 10–17.30 Uhr (Dauer ca. 1 ¼ Std.). ✆ 0561059506 oder ✆ 0561051315, www.grottes-en-france.com/.

Grotte de Niaux

Weltbekannt sind die über 16.000 Jahre alten und sehr gut erhaltenen altsteinzeitlichen Felsmalereien.

Eintritt 9,40 €, von April bis Sept. tägl. geöffnet, max. 3–10 Führungen pro Tag, Besichtigung nur nach vorheriger Reservierung! 09400 Bédeilhac. ✆ 0561058837 oder ✆ 0561051010, www.grands-sites-ariege.fr.

Grotte de la Vache

Diese Höhle in Alliat liegt auf der anderen Talseite, vis-à-vis der Höhlen von Niaux. 13.000 Jahre alte Felszeichnungen sowie über 200.000 Fundstücke (z. B. Tiergravuren auf Knochen, Tonformen, Waffen aus Stein und Knochen) geben Aufschluss über die Lebensweise und das Umfeld der Jäger aus der Zeit vor 12-15.000 Jahren. Viele sehr wertvolle Stücke befinden sich im *musée des Antiquités nationales* in Saint-Germain-en-Laye bei Paris.

Eintritt 8 €. Von April bis Sept. 14.30–16 Uhr, Juli/Aug. tägl. 10–17 Uhr geöffnet. 09400 Alliat. ✆ 0561059506, www.grotte-de-la-vache.org.

Grottes de Lombrives

Sie gilt als größtes Höhlensystem Europas und ist sicher eine der abwechslungsreichsten Höhlen der Pyrenäen. Die *grottes de Lombrives* bestehen aus einem Labyrinth von mehreren hundert unterschiedlich großen Höhlen. In die Größte (*salle Cathédrale*) passt volumenmäßig die Kathedrale von Paris. Es werden über 30 Führungen unter den verschiedensten Aspekten angeboten, deren Dauer von einer bis zu sieben (!) Stunden reicht. Je länger die Führung, umso interessanter das, was Sie zu Gesicht bekommen. So sind z. B. die Höhlen mit dem sogenannten „Marmor" (das sind sehr alte Kalkablagerungen, die sich inzwischen verfärbt haben) und den seltenen Mineralien nur bei 3,5- und 7-stündigen Führungen zu besichtigen. Doch auch die kürzeren Besichtigungen sind lohnenswert; hier bekommen Sie einige der mysteriösen und zum Teil grausigen Geschichten und Legenden zu hören, die sich um diese Höhlen ranken.

Eintritt plus Führung zwischen 7,50 und 44 €. Juli/Aug. 9–19 Uhr geöffnet, sonst sehr unterschiedliche Öffnungszeiten. 09400 Ussat-les-Bains. ✆ 0561059840, www.grotte-lombrives.fr.

Anfahrt: Ussat-les-Bains, obligatorischer Parkplatz ist neben der N 20 (Tarascon-Ax-les-Thermes) und dem „Gare au Cuir" (ausgeschildert). Eingang zur Höhle und Informationshäuschen liegen schräg gegenüber auf der anderen Straßenseite.

Sehenswertes entlang der Route de Corniche D 20

Romanische Kunst bis zum Abwinken und grandiose Ausblicke erleben Sie, wenn Sie die 4 km nördlich von Tarascon beginnende *route de Corniche* auf der D 20 Richtung Arnave entlangfahren (sie führt bis hinauf auf ca. 900 m). Hier reiht sich in den Dörfern Axiat, Vernaux und Unac – um nur einige zu nennen – ein romanisches Kirchlein an das andere. Und wenn Sie Lust auf noch mehr Romanik haben, dann geht's auf der N 20 nach Ornolac, Verdun und Merens-le-Val.

Die D 20 ist eine atemberaubende Panoramastraße, bei der sich der Fahrer aber besser auf die Straße konzentrieren sollte. Von ihr blickt man ins Ariège-Tal mit dem Ort Luzenac und auf den **Talkabbau-Steinbruch** von Trimouns, der weltweit einer der Größten ist und auf 1.800 m liegt. Besichtigung nur nach Voranmeldung. Eintritt Steinbruch 7,60 €, Dauer der Führung 1 Std. Mitte Mai bis Mitte Okt., Mo–Fr. ✆ 0561646805.

Ax-les-Thermes

Ax-les-Thermes liegt auf dem Weg nach Andorra, das nur noch wenige Kilometer entfernt auf den Pyrenäenhöhen liegt. In und um den Thermalkurort im Tal der Ariège wurden 63 Quellen entdeckt. Es ist eine wahre Wohltat, am Beckenrand des großen gemauerten Wasserbeckens bei der Kirche zu sitzen und in aller Öffentlichkeit seine Füße ins Thermalwasser zu strecken, das mit 40 °C aus der Quelle sprudelt. Dabei baumeln nicht nur die Beine, sondern auch die Seele! Dieses **bassin des Ladres** wurde 1250 gebaut und war jederzeit frei zugänglich, unter anderem suchten heimgekehrte leprakranke Kreuzfahrer darin Linderung. Aber keine Sorge, seitdem ist viel heißes Wasser durchgeflossen.

Information Office de Tourisme, avenue Delcassé (an der Hauptstraße schräg gegenüber der place du Breilh). 09110 Ax-les-Thermes. ✆ 0561646060, www.vallees-ax.com.

Übernachten Hotel Le P'tit Montagnard, kleines Hotel-Restaurant gegenüber von Rathaus und Post. Zimmer z. T. mit WC und/oder Dusche auf dem Flur. DZ 32–46 € je nach Ausstattung. Es war geplant alle Zimmer mit WC und Dusche auszustatten. 6, place Roussel. ✆ 0561642201 und 0561052294, www.leptitmontagnard.fr.

Camping *** Le Castella, wenige Kilometer vor Ax-les-Thermes oberhalb der N 20 (Zufahrt ist Sackgasse) gelegen, sehr ruhiger Campingplatz. Stellplätze beschattet, Schwimmbad, Juli/Aug. ist die Bar-Epicerie geöffnet mit Pizza, Brot, Sandwiches etc. Vermietung von Mobil-Homes und chalets. Route du Castella, 09250 Luzenac. ✆ 0561644753, www.campingcastella.com.

Wohnmobil-Stellplatz kostenlos, beim Schwimmbad.

Essen Restaurant-Crêperie L'oiseau bleu, es gibt nicht nur Crêpes, sondern auch

Thermen: In Ax-les-Thermes befinden sich die heißesten Quellen der Pyrenäen

Bassin des Ladres: Balsam für Füße und Seele

kleine Tagesgerichte ab 10 € – ein Restaurant, das gute Küche zu günstigen Preisen serviert. 3, rue Pilhes (Gasse hinter dem Hotel Le P'tit Montagnard). ✆ 0561640737.

Veranstaltungen Festival de Théatre de Rue: Mehrtägiges Straßentheater am letzten Juliwochenende, www.ax-animation.com.

Vallée d'Orlu

Am Ortsausgang von Ax-les-Thermes Richtung Andorra führt das Tal d'Orlu bis in die baumlose Hochgebirgszone zwischen 900 und 2.700 m Höhe. Es ist ein herrliches und relativ leicht zugängliches Wandergebiet. Allerdings ist das Naturreservat Orlu den wandernden Zweibeinern vorbehalten, für Hunde – auch an der Leine – ist der Zutritt in diesem Schutzgebiet nicht erlaubt (die Kontrollen sind streng und die Strafen bei Missachtung hoch!).

Alle Infos und Wanderkarten über dieses Gebiet gibt es im Touristenbüro in Ax-le-Thermes oder unter www.montagnepassion.com.

Sehenswertes

Maison des Loups: Wölfe aus fünf verschiedenen Gegenden dieser Erde teilen sich 7 Hektar Land. Sie lassen sich von diversen Aussichtspunkten mit etwas Glück wunderbar beobachten.

Eintritt 8,50 €. Mai/Juni tägl. außer Mi 10-17.30 Uhr, Juli/Aug. tägl. 10-19 Uhr, Sept.-Okt. Mi-So 11-17 Uhr geöffnet, im Winter geschlossen. Route des Forges, ✆ 0561640266, www.maisondesloups.com.

Anfahrt: Von Ax-les-Thermes die D 22 in das vallée d'Orlu (ausgeschildert).

Akrobranch d'Orlu: Hochseilgarten gegenüber vom maison des Loups.

Eintritt 20 € für 3 Std. Aktivität. Juli/Aug. tägl. 10-19 Uhr, Juni Mo-Fr 13-18 Uhr, restl. Zeiten bitte erfragen. Les Forges, ✆ 0561059733, www.akrobranch-ariege.com.

*** Camping d'Orlu, schöner großer Platz mit Schwimmbad, Tennisplatz und Kinderspielplatz nur 5 Kilometer von Ax-les-Thermes entfernt in l'Estap. Ganzjährig geöffnet. Keine Kreditkartenzahlung. ✆ 0561643009., www.campings-midi-pyrenees.com.

Etwas Französisch

Guter Wille wird honoriert. Wer sich mit auch nur wenigen französischen Wörtern durchzuschlagen versucht, zeigt damit, dass er als Gast gekommen ist, und kann sich der Freundlichkeit des Gastgebers gewiss sein.

Gespräche

guten Tag	bonjour
guten Abend	bonsoir
gute Nacht	bonne nuit
auf Wiedersehen	au revoir
bis bald	à bientôt
bis gleich	à tout à l'heure
Wie geht es dir?	Comment vas-tu?
Wie geht es Ihnen?	Comment allez-vous?
danke	merci
Mir geht es gut, und dir (Ihnen)?	Je vais bien, et toi (vous)?
Wie heißen Sie?	Quel est votre nom?
Wie heißt das auf Französisch?	Comment cela se dit en français?
Ich bin ...	Je suis ...
Deutsche/r	Allemand/Allemande
Österreicher/in	Autrichien/Autrichienne
Schweizer	Suisse/Suissesse
Entschuldigung	pardon
Deutschland/ deutsch	l'Allemagne/ allemand/e
Sprechen Sie Deutsch? (Englisch, Italienisch)?	Parlez-vous allemand? (anglais, italien)?
Kennen Sie...?	Connaissez-vous...?
Ich habe nicht verstanden	Je n'ai pas compris
Ich weiß (es) nicht	Je ne (le) sais pas
Ich suche	Je cherche
Geben Sie mir ..., bitte!	Donnez-moi ..., s'il vous plaît!
einverstanden! o.k.!	d'accord!

Minimalwortschatz

ja	oui
nein	non
vielleicht	peut-être
und	et
oder	ou
schön	beau (bel, belle)
groß/klein	grand (grande)/ petit (petite)
viel	beaucoup de
wenig	peu de
es gibt/es gibt nicht	il y a/il n'y a pas
wo/wohin	où
wann	quand
wie viel/wie viele	combien
warum	pourquoi
..., bitte! (Aufforderung)	..., s'il vous plaît!

Unterwegs

Ich suche ...	Je cherche ...
Wo ist ... ?	Où est ...?
Ich möchte ...	Je voudrais ...
Ich möchte nach ... gehen	Je voudrais aller à ...
Wann kommt ... an?	A quelle heure arrive ...?
Wann fährt/fliegt ein ... nach ... ?	A quelle heure y a t-il un (une) ... pour ...?
Um wie viel Uhr?	A quelle heure?
um (4) Uhr	à (quatre) heures
Weg	le chemin
Straße	la rue
Überlandstraße	la route
Autobahn	l'autoroute
Kreuzung	le carrefour
Kreisel	le rond-point
Ampel	les feux, le feu rouge
abbiegen	tourner

Etwas Französisch

links	à gauche	*Flughafen*	l'aéroport
rechts	à droite	*Flugzeug*	l'avion
geradeaus	tout droit	*Hafen*	le port
Abfahrt, Abflug	le départ	*Schiff*	le bateau
Ankunft	l'arrivée	*Fährschiff*	le ferry
Information	l'information	*Bahnhof*	la gare
Fahrkarte	le billet	*Zug*	le train
einfach	aller simple	*Bus*	le bus
hin und zurück	aller retour	*Busbahnhof*	la gare routière

Rund ums Auto

Ich möchte mieten (für einen Tag)	Je voudrais louer (pour un jour)	*Blinker*	le clignotant
Wie viel kostet das (pro Tag)?	Combien ça coûte? (par jour)?	*Bremsen*	les freins
		Bremslichter	les feux de stop
Voll, bitte!	Le plein, s'il vous plaît!	*Felge*	la jante
		Gang	la vitesse
Ich habe eine Panne	Je suis tombé en panne	*Gebläse*	le ventilateur
		Handbremse	le frein à main
(Der Anlasser) geht nicht mehr.	(Le démarreur) ne marche plus.	*Kupplung*	l'embrayage
		Kühler	le radiateur
Auto	la voiture	*Lichtmaschine*	l'alternateur
Führerschein	le permis de conduire	*Motor*	le moteur
Tankstelle	la station d'essence	*Motorhaube*	le capot
Benzin	l'essence	*Reifen*	le pneu
Diesel	le gasoil/le gazole	*Rückwärtsgang*	la marche arrière
Öl	l'huile	*Scheibenwischer*	l'essuie-glace
Ölwechsel	la vidange (d'huile)	*Scheinwerfer*	le phare
Unfall	l'accident	*Schlauch*	le tuyau
Abschleppdienst	le dépannage	*Stoßdämpfer*	l'amortisseur
Autowerkstatt	le garage	*Wasser (destilliert)*	l'eau distillée
Anlasser	le démarreur	*Vergaser*	le carburateur
Auspuff	pot d'échappement	*Zündkerzen*	les bougies
Batterie	la batterie		

Unterkunft

Haben Sie ...?	Avez-vous ...?	*mit Dusche/ mit Badewanne*	avec douche/ avec baignoire
ein Zimmer reservieren	réserver une chambre	*für eine Nacht*	pour une nuit
Doppelzimmer	la chambre double	*für (3) Tage*	pour (trois) jours
Einzelzimmer	la chambre simple	*voll (alle Zimmer belegt)*	complet
Wie viel kostet das?	Combien ça coûte?	*Vollpension*	pension complète
Das ist zu teuer.	C'est trop cher	*Halbpension*	demi-pension
ein billigeres Zimmer	une chambre moins chère	*Frühstück*	le petit déjeuner

Ich nehme es (das Zimmer).	Je la prends.	elektrischer Anschluss	le branchement électrique
Zeltplatz	le camping	Dusche	la douche
Zelt	la tente	Waschmaschine	le lave-linge
im Schatten	à l'ombre		

Bank/Post

offen	ouvert	Briefkasten	la boîte aux lettres
geschlossen	fermé	Briefmarke	le timbre
Ich möchte sFr wechseln.	Je voudrais changer des francs suisses.	Brief	la lettre
		Telefonkarte	la télécarte
		Ansichtskarte	la carte postale
... ein Fax aufgeben	... envoyer un fax	Luftpost	par avion
Wechselstube	le bureau de change	Eilpost	prioritaire
Bank	la banque	Einschreiben	lettre recommandée
Geldwechsel	le change	Ferngespräch	la communication interurbaine
Wechselkurs	le cours du change		

Einkaufen

Haben Sie ...?	Avez-vous ...?	Buch	le livre
Ich hätte gern ...	Je voudrais ..., s'il vous plaît.	Butter	le beurre
		Ei	l'oeuf
Wie viel kostet das?	Combien ça coûte?	Essig	le vinaigre
		Honig	le miel
Das ist zu teuer/ billiger.	C'est trop cher/ moins cher.	Käse	le fromage
		Klopapier	le papier de toilette
Das gefällt mir nicht.	Ça ne me plaît pas.	Marmelade	la confiture
		Milch	le lait
1 Pfund/Kilo	une livre/ un kilo de	Öl	l'huile
		Orange	l'orange
100 Gramm	cent grammes	Pfeffer	le poivre
groß/klein	grand/petit	Salz	le sel
Lebensmittelgeschäft	magasin d'alimentation	Seife	le savon
		Shampoo	le shampooing
Bäckerei	la boulangerie	Sonnenöl	l'huile solaire
Metzgerei	la boucherie	Streichhölzer	les allumettes
Wurstwarenhandlung	la charcuterie	Tomaten	les tomates
Apotheke	la pharmacie	Wurst	la charcuterie
Buchhandlung	la librairie	Zeitung	le journal
Schreibwarenhandlung	la papeterie	Zucker	le sucre
Briefumschlag	l'enveloppe		
Brot	le pain		

Sehenswertes/geographische Begriffe

Wo ist der/die/das ...?	Où est le/la ...?	*Kapelle*	la chapelle
		Kirche	l'église
Wo ist der Weg/die Straße zum ...?	Pourriez-vous m'indiquer le chemin pour ...?	*Kloster*	le couvent/le monastère
		Leuchtturm	le phare
rechts/links	à droite/à gauche	*Meer*	la mer
hier/dort	ici/là	*Museum*	le musée
Gebirge	la montagne	*Pass*	le col
Burg	le château	*Platz*	la place
Brücke	le pont	*Schlucht*	les gorges
Bucht	la baie	*See*	le lac
Dorf	le village	*Stadt*	la ville
Fluss	la rivière	*Staudamm*	le barrage
Gipfel	le sommet	*Strand*	la plage
Hafen	le port	*Turm*	la tour
Höhle	la grotte	*Wald*	la forêt
Insel	l'île	*Wasserfall*	la cascade

Allgemeine Zeitbegriffe

vorgestern	avant-hier	*Woche*	la semaine
gestern	hier	*Monat*	le mois
heute	aujourd'hui	*Jahr*	l'an/l'année
morgen	demain	*danach*	après
übermorgen	après-demain	*Wie viel Uhr ist es?*	Quelle heure est-il?
Stunde	l'heure	*Um wie viel Uhr?*	A quelle heure?
Tag	le jour	*Wann?*	Quand?

Tageszeiten, Tage, Monate, Jahreszeiten

Morgen	le matin	*April*	avril
Nachmittag	l'après-midi	*Mai*	mai
Abend	le soir	*Juni*	juin
Nacht	la nuit	*Juli*	juillet
Montag	lundi	*August*	août
Dienstag	mardi	*September*	septembre
Mittwoch	mercredi	*Oktober*	octobre
Donnerstag	jeudi	*November*	novembre
Freitag	vendredi	*Dezember*	décembre
Samstag	samedi	*Frühjahr*	le printemps
Sonntag	dimanche	*Sommer*	l'été
Januar	janvier	*Herbst*	l'automne
Februar	février	*Winter*	l'hiver
März	mars		

Zahlen

1	un	*16*	seize	*100*	cent
2	deux	*17*	dix-sept	*200*	deux cents
3	trois	*18*	dix-huit	*1000*	mille
4	quatre	*19*	dix-neuf	*2012*	deux mille douze
5	cinq	*20*	vingt		
6	six	*21*	vingt et un	*einmal*	une fois
7	sept	*22*	vingt-deux	*zweimal*	deux fois
8	huit	*30*	trente	*der erste*	le premier (la première)
9	neuf	*40*	quarante	*der zweite*	le deuxième
10	dix	*50*	cinquante	*die Hälfte von ...*	la moitié de ...
11	onze	*60*	soixante		
12	douze	*70*	soixante-dix	*ein Drittel*	un tiers
13	treize	*80*	quatre-vingts	*ein Viertel*	un quart
14	quatorze	*90*	quatre-vingt-dix	*ein Paar...*	une paire de...
15	quinze				

Hilfe/Krankheit

Können Sie mir bitte helfen?	Pourriez-vous m'aider, s'il vous plaît ?	*Schmerzen*	des douleurs
		krank	malade
Wo ist ein Arzt/eine Apotheke?	Où pourrais-je trouver un docteur/ une pharmacie ?	*erkältet*	enrhumé
		Grippe	la grippe
Wann hat der Arzt Sprechstunde?	A quelle heure le cabinet est-il ouvert ?	*Husten*	la toux
		Durchfall	la diarrhée, la colique
Ich habe (hier) Schmerzen.	J'ai des douleurs (ici).	*Verstopfung*	la constipation
		Entzündung	l'inflammation
Ich bin allergisch gegen ...	J'ai une allergie contre ...	*Ohrenentzündung*	l'otite
		Insektenstich	la piqûre d'insecte
Konsulat	le consulat	*Ich habe ...*	J'ai ...
Arzt	le docteur	*... Kopfschmerzen*	... mal à la tête
Krankenhaus	l'hôpital	*... Halsschmerzen*	... mal à la gorge
Polizei	la police	*... Zahnschmerzen*	... mal aux dents
Unfall	l'accident	*Auge/die Augen*	l'oeil/les yeux
Zahnarzt	le dentiste	*Ohr*	l'oreille
Ich brauche ...	J'ai besoin de ...	*Magen*	l'estomac
Pflaster	le pansement	*Rücken*	le dos
Mullbinde	la bande de gaze		

Speiselexikon

Allgemeines

S'il vous plaît, Madame ! (Monsieur !)	Bedienung!
La carte, s'il vous plaît !	Die Speisekarte, bitte!
Je voudrais bien ...	Ich hätte gerne ...
Est-ce que vous avez .... ?	Haben Sie ...?
L'addition, s'il vous plaît !	Die Rechnung bitte!
quelle cuisson?	Wie gebraten?
bleu	bei großer Hitze nur wenige Sekunden angebraten
saignant	nur kurz angebraten (blutig)
bien cuit	gut durchgebraten
à point	auf den Punkt gebraten (außen knusprig, innen gerade noch rosa)
poêlé	in der Pfanne gebraten
la carte des vins	Weinkarte
le menu du jour	Tagesmenü
libre-service	Selbstbedienung
le petit déjeuner	Frühstück
le déjeuner	Mittagessen
compris(e)	inbegriffen
le couteau	Messer
la cuillère	Löffel
la fourchette	Gabel
l'entrée	Vorspeise
dur(e)	hart, zäh
maigre	mager
chaud(e)	heiß
froid(e)	kalt
fumé(e)	geräuchert
salé(e)	gesalzen
cuit(e)	gekocht
le potage	Gemüsesuppe
la tapenade	ein mit Anchovis und Kapern verfeinertes Olivenpüree (Brotaufstrich)
le yaourt	Joghurt
le glaçon	Eiswürfel
l'huile	Öl
moulin à poivre	Pfeffermühle
l'ouvre-bouteilles	Flaschenöffner
le pourboire	Trinkgeld
service (non) compris	Bedienung (nicht) inbegriffen

Fleisch, Wild und Geflügel

l'agneau	Lamm
l'andouillette	Kuttelwurst
l'assiette de charcuteries	kalte Platte mit Schinken und Wurstwaren
l'assiette de crudités	Rohkostteller mit Salat
le boudin blanc	eine Art Weißwurst aus Kalbfleisch
le boudin noir	Blutwurst
la brochette	Spießchen
le canard	Ente
la charcuterie	Wurstaufschnitt
le civet	Wildragout
le porc	Schweinefleisch
le confit de canard	Entenschmalzfleisch
la cuisse de canard	Entenschlegel
la dinde	Pute
l'épaule d'agneau	Lammschulter
l'escalope	Schnitzel
les escargots	Weinbergschnecken
le faisan	Fasan
le filet mignon	Filetspitze von Schwein oder Rind
le foie	Leber

Cochons de lait: knusprige Spanferkel sind Bestandteil mittelalterlicher Feste

le gigot	*Keule*	l'os	*Knochen*
le jambon	*Schinken*	la pintade	*Perlhuhn*
le jambonneau	*Schweinshaxe*	le poulet rôti	*Brathähnchen*
le lapin	*Kaninchen*	les tripes	*Kutteln*
le magret de canard	*Entenbrust*	le veau	*Kalb, Kalbfleisch*
le mouton	*Hammel, Schaf*		

Meeresfrüchte/Fische

l'anchois	*Sardelle (Anchovis)*	la morue	*Stockfisch*
la brandade de morue	*Stockfischpüree*	les moules	*Miesmuscheln*
		le saumon	*Lachs*
le brochet	*Hecht*	la seiche	*Tintenfisch*
les coquillages	*Muscheln*	la sole	*Seezunge*
le flétan	*Heilbutt*	la timbale tiède	*lauwarme Pastete*
les huîtres	*Austern*	le thon	*Thunfisch*
la lotte	*Seeteufel*	la truite	*Forelle*
le maquereau	*Makrele*		

Getränke

la bière à la pression	*Bier vom Fass*	l'infusion	*Kräutertee*
café décaféiné	*koffeinfreier Kaffee*	le jus	*Saft*
l'eau	*Wasser*	le lait	*Milch*
... gazeuse	*mit Kohlensäure*	le thé	*Schwarztee*
... plate	*ohne Kohlensäure*	le verre	*(Trink-)Glas*
... de vie	*Schnaps*		

Abruzzen • Ägypten • Algarve • Allgäu • Allgäuer Alpen *MM-Wandern* • Altmühltal & Fränk. Seenland • Amsterdam *MM-City* • Andalusien • Andalusien *MM-Wandern* • Apulien • Athen & Attika • Australien – der Osten • Azoren • Bali & Lombok • Baltische Länder • Bamberg *MM-City* • Barcelona *MM-City* • Bayerischer Wald • Bayerischer Wald *MM-Wandern* • Berlin *MM-City* • Berlin & Umgebung • Bodensee • Bretagne • Brüssel *MM-City* • Budapest *MM-City* • Bulgarien – Schwarzmeerküste • Chalkidiki • Cilento • Cornwall & Devon • Dresden *MM-City* • Dublin *MM-City* • Comer See • Costa Brava • Costa de la Luz • Côte d'Azur • Cuba • Dolomiten – Südtirol Ost • Dominikanische Republik • Ecuador • Elba • Elsass • Elsass *MM-Wandern* • England • Fehmarn • Franken • Fränkische Schweiz • Fränkische Schweiz *MM-Wandern* • Friaul-Julisch Venetien • Gardasee • Gardasee *MM-Wandern* • Genferseeregion • Golf von Neapel • Gomera • Gomera *MM-Wandern* • Gran Canaria • Graubünden • Griechenland • Griechische Inseln • Hamburg *MM-City* • Harz • Haute-Provence • Havanna *MM-City* • Ibiza • Irland • Island • Istanbul *MM-City* • Istrien • Italien • Italienische Adriaküste • Kalabrien & Basilikata • Kanada – Atlantische Provinzen • Kanada – der Westen • Karpathos • Katalonien • Kefalonia & Ithaka • Köln *MM-City* • Kopenhagen *MM-City* • Korfu • Korsika • Korsika Fernwanderwege *MM-Wandern* • Korsika *MM-Wandern* • Kos • Krakau *MM-City* • Kreta • Kreta *MM-Wandern* • Kroatische Inseln & Küstenstädte • Kykladen • Lago Maggiore • La Palma • La Palma *MM-Wandern* • Languedoc-Roussillon • Lanzarote • Lesbos • Ligurien – Italienische Riviera, Genua, Cinque Terre • Ligurien & Cinque Terre *MM-Wandern* • Liparische Inseln • Lissabon & Umgebung • Lissabon *MM-City* • London *MM-City* • Lübeck *MM-City* • Madeira • Madeira *MM-Wandern* • Madrid *MM-City* • Mainfranken • Mallorca • Mallorca *MM-Wandern* • Malta, Gozo, Comino • Marken • Mecklenburgische Seenplatte • Mecklenburg-Vorpommern • Menorca • Mittel- und Süddalmatien • Mittelitalien • Montenegro • Moskau *MM-City* • München *MM-City* • Münchner Ausflugsberge *MM-Wandern* • Naxos • Neuseeland • New York *MM-City* • Niederlande • Niltal • Nord- u. Mittelgriechenland • Nordkroatien – Zagreb & Kvarner Bucht • Nördliche Sporaden – Skiathos, Skopelos, Alonnisos, Skyros • Nordportugal • Nordspanien • Normandie • Norwegen • Nürnberg, Fürth, Erlangen • Oberbayerische Seen • Oberitalien • Oberitalienische Seen • Odenwald • Ostfriesland & Ostfriesische Inseln • Ostseeküste – Mecklenburg-Vorpommern • Ostseeküste – von Lübeck bis Kiel • Östliche Allgäuer Alpen *MM-Wandern* • Paris *MM-City* • Peloponnes • Pfalz • Pfalz *MM-Wandern* • Piemont & Aostatal • Piemont *MM-Wandern* • Polnische Ostseeküste • Portugal • Prag *MM-City* • Provence & Côte d'Azur • Provence *MM-Wandern* • Rhodos • Rom & Latium • Rom *MM-City* • Rügen, Stralsund, Hiddensee • Rumänien • Rund um Meran *MM-Wandern* • Sächsische Schweiz *MM-Wandern* • Salzburg & Salzkammergut • Samos • Santorini • Sardinien • Sardinien *MM-Wandern* • Schleswig-Holstein – Nordseeküste • Schottland • Schwarzwald Mitte/Nord *MM-Wandern* • Schwäbische Alb • Shanghai *MM-City* • Sinai & Rotes Meer • Sizilien • Sizilien *MM-Wandern* • Slowakei • Slowenien • Spanien • Span. Jakobsweg *MM-Wandern* • St. Petersburg *MM-City* • Südböhmen • Südengland • Südfrankreich • Südmarokko • Südnorwegen • Südschwarzwald • Südschwarzwald *MM-Wandern* • Südschweden • Südtirol • Südtoscana • Südwestfrankreich • Sylt • Teneriffa • Teneriffa *MM-Wandern* • Thassos & Samothraki • Toscana • Toscana *MM-Wandern* • Tschechien • Tunesien • Türkei • Türkei – Lykische Küste • Türkei – Mittelmeerküste • Türkei – Südägäis • Türkische Riviera – Kappadokien • Umbrien • Usedom • Venedig *MM-City* • Venetien • Wachau, Wald- u. Weinviertel • Westböhmen & Bäderdreieck • Warschau *MM-City* • Westliche Allgäuer Alpen und Kleinwalsertal *MM-Wandern* • Westungarn, Budapest, Pécs, Plattensee • Wien *MM-City* • Zakynthos • Zentrale Allgäuer Alpen *MM-Wandern* • Zypern

Taubenturm: architektonisches Wahrzeichen der Midi-Pyrénées

Register

Abbaye de Belleperche 230
Abbaye de Flaran 334
Abbaye de Sylvanès 161
Abbaye Notre-Dame de-
  Bonneval 96
Abkürzungen 68
Absolutismus 48
Académie des
  Jeux Floraux 236
Adelard 102
Adour 353
Adressen 68
Airbus 264
Albas 212
Albi 273
Albigenser 43
Aligot 61
Alkoholtest 20
Alphonse de Poitiers 34
Ambialet 281
Amoury, Arnaud 44
Anreise
  Mit dem eigenen
    Fahrzeug 20
  Mit dem Flugzeug 25
  Mit dem Zug 24
Appartements 58
Arbeiten 68
Argelès-Gazost 371

Armagnac 330
Assier 179
Aubin 84
Aubrac 102
Aubrac (Weiler) 102
Auch 315, 324
Audressein 389
Aujols 219
Aulus-les-Bains 391
Auslandskranken-
  versicherung 71
Auslandsschutzbrief 20
Autan de Sibérie 28
Autobahnrastplätze 51
Autofahren
  in Frankreich 20
Autoire 175
Autoreisezug 24
Autoroute du Soleil
  (A 6/A 7) 21
Autoverleih 51
Auvillar 231
Aven Armand 154
Aveyron-Tal 108
Ax-les-Thermes 406
Ayet 389

Bagnères-de-Bigorre 376
Bahnauskünfte 68
Bahnverkehr 52

*Balzac d'Entraygues,
  Jeanne de* 174
Baronnies 380
Barrage de Montbel 402
Barrage de Sarrans 101
Barran 324
Bartholomäusnacht 48
Bassoues 325
Bastide 34
Bastide-de-Serou 396
Beaumont-de-Lomagne 344
Beauregard 219
Behinderte 69
Bélaye 214
Belcastel 130
Belmont-sur-Rance 161
Bethmale 389
Bethmale (Käsesorte) 62
Bevölkerung 32
Bez-Bédène 91
Bigorre 361
Biran 321
Bonaparte, Napoléon 49
Bouniol, Lucie 298
Bourdelle, Emile 226
Bouriane 185
Bouziès 207
Bozouls 131
Bramevaque 385
Braunbären 30

Register 417

Breton, André 206
Brousse-le-Château 159
Bruniquel 109
Buron du Cartayrou 103
Bußgelder 69
Busverkehr 52

Cabanettes, *Clément* 98
Cabécous 62
Cabrerets 195
Caesar, Gaius Julius 39
Cahors 197
Cajarc 208
Calas, Jean 255
Camarès 160
Camon 401
Campan 378
Camping 58
Canet-d'Olt 100
Caniac-du-Causse 178
Cantobre 155
Cantoin 100
Capdenac 210
Carennac 170
Carmaux 283
Cascade du Déroc 104
Castelnau 33
Castelnau-Bretenoux 176
Castelnau-de-Montmiral 290
Castelnau-Montratier 215
Castelnau-Pégayrols 137
Castres 299
Catus 187
Causse de Gramat 176
Causse de Limogne 217
Causse du Larzac 141
Cauterets 373
*Cavaignac,
 Jean-Baptiste* 187
Cazelle 177
Célé-Tal 189
Chambres d'hôtes 58
*Champollions,
 Jean-François* 193
Château d'Assier 179
Château de Bournazel 86
Château de Calmont d'Olt 96
Château de Caumont 354
Château de Cénevières 207
Château de Cieurac 219
Château de la Coste 214
Château de Montaigut 161
Château de Lagarde 402
Château de Larroque-
 Toirac 210
Château de Mauriac 295

Château de Mauvezin 380
Château de Peyrelade 152
Château des Anglais 175, 195, 206
Château-Musée
 de Magrin 267
Chlodwig I. 40
Chocolat de Bonneval 96
Christentum 40
Cirque d'Autoire 175
Cirque de Gavarnie 376
Cirque de Troumouse 376
Cité de l'Éspace 264
Clairvaux 135
Clapàs de Thubiès 98
Clement V. 383
Col de Tourmalet 374
Cologne 350
Colombard 67
Combes 85
Comminges 382
Compeyre 152
Condom 330
Confit de canard 60
Conques 86
Cordes-sur-Ciel 284
Cot 66
Couserans 386
Cransac-les-Thermes 86
Crayssac 212
Creysse 170
Cuzals 196

Decazeville 82
Diplomatische
 Vertretungen 69
Dolmen 39, 81
Dordogne 163
Douelle 211
Dourgne 307
Duravel 214

Éauze 339
Échaudés 61
Entraygues-sur-Truyère 90
Espagnac-Sainte-Eulalie 194
Espalion 93
Espédaillac 179
Essen und Trinken 60
Estaing 91
Estofinade 61
Etang de Lherz 392

Fahrrad 53
Fahrradfahren 70
Fahrradtransport im Zug 25

Fajoles 188
Fauna 30
Feiertage 70
Fer Servado 66
Feste und
 Veranstaltungen 35
Festung Bonaguil 214
Fides (Foy), Heilige 87
Figeac 189
FKK 70
Flagnac 84
Flamarens 345
Flaugnac 216
Flaujac 96
Fleurance 347
Flora 29
Foch, Ferdinand 362
Foie gras 60
Foix 392
Forêt de Gresigne 291
Forêt de Lourdes 371
Fourcès 337
Franken 40
Französische Revolution 49
Frieden von Arras 47

Gaillac 292
Galiot de Genouillac 179
Gallier 39
Gambetta, Léon 50, 198
Gariotte 178
Garonne 26, 353
Gascogne 312
Gebietsreform 50
Geld 70
Geschichte 38
Gesundheit 71
Gijounet 311
Gimont 350
Giroussens 298
*Giscard d'Estaing,
 Valéry* 92
Giscard, Jean Edmond 92
Gîtes 57
Gorges du Tarn 151
Gouffre de Padirac 184
Gouffre de Planegrèze 178
Gourdon 185
GR 65 104
Gramat 177
Gramont 345
Grands Causses 139
Graulhet 295
Greschny, Nikolai 282
Grèzels 214
Gros Maseng 67

418 Register

Grotte de Bedeilhac 404
Grotte de la Vache 405
Grotte de Niaux 405
Grotte de Pech-Merle 196
Grotte de Presque 174
Grotte du Mas-d'Azil 397
Grottes de Bétharram 371
Grottes de Cougnac 188
Grottes de Foissac 122
Grottes de Gargas 386
Grottes de Labastide 381
Grottes de Lacave 168
Grottes de Lombrives 405
Grottes de Medous 378
Grottes de Roland 215
Grottes des Merveilles 181
Guiraude de Laurac 265

Hausboot 52
Haustiere 71
Hautpoul 308
Henri II. 45
Höhlenmalereien 38
Hotels 54
Hugenotten 47
Hugo, Victor 85
Hundertjährige Krieg 45
Hyelzas 154
Hypocras 404

Information 71
Innozenz III 43
Inquisition 45
Internet 72
Isle-de-Noé 324

Jacquemart 267
Jagd 72
Jaurès, Jean 302, 303
Jeanne d'Arc 47
Jegun 322
Jonte 151
Jugendherbergen 59

Kapetinger 41
Karl der Große 41
Karl Martell 41
Karolinger 41
Käse 62
Katharer 42
Katharerburgen 402
Kelten 39
Klima 27
Kriminalität 72

L'Armagnac 330
L'Hospitalet 180
La Cavalerie 143
La Couvertoirade 143
La Lomagne 340
La Romieu 333
La Roque-Sainte-
  Marguerite 154
La Toulzanie 208
Labit, Georges 261
Laburgade 219
Lac de Bethmale 389
Lac de Couesque 91
Lac de Gaube 374
Lac de la Raviège 309
Lac de la Selves 91
Lac de la Thésauques 265
Lac de Lourdes 371
Lac de Montézic 91
Lac de Saint-Andéol 102
Lac de Saint-Gervais 91
Lac de Salhens 102
Lac de Vesoles 309
Lac des Saint-Peyres 309
Lac du Laouzas 309
Lac Saint-Ferréol 268, 269
Lacaune-les-Bains 310
Lacaze 311
Lachapelle 346
Lacroix-Barrez 101
Laguiole 105
Lalbenque 219
Landkarten 73
Landschaft 26
Larnagol 208
Laroque-des-Arcs 205
Larressingle 335
Lauragais 265
Lautrec 303
Lauzerte 215
Lavardens 320
Lavaur 265
Lavoir 177
Le Brézou 101
Le Rozier 153
Le Viala-du-Pas-de-Jaux 144
Lectoure 340
Len de l'el 67
Les Arques 187
Les Carmes 256
Les Cuns 155
Les Junies 187
Lherm 187
Lherzolith 391

Limogne-en-Quercy 218
Lisle-sur-Tarn 296
Livernon 179
Lombez 354
Lot 163
Lot-Tal 81, 197
Loubressac 174
Louis Philippe 50
Louis XIV. 48
Lourdes 366
Lunegarde 178
Lupiac 328
Lurçat, Jean 174
Luzech 212
Luz-Saint-Sauveur 374

Madiran 357, 358
Magret de canard 60
Malbec 66
Marciac 325
Marcilhac-sur-Célé 195
Marcillac 134
Märkte 73
Marot, Clément 198
Martel 169
Massat 392
Maubourguet 357
Mauléon-Barousse 385
Mautstellen 21
Mauvezin 352
Mauzac 67
Mazamet 307
Menhire 81
Mercuès 212
Méridienne (A 71/A 75) 22
Millau 145
Mirande 355
Mirepoix 399
Mitfahrzentralen 24
Moissac 227
Monestiès 284
Montagne Noire 306
Montans 295
Montauban 220
Montaut-les-Créneaux 320
Montech 226
Montesquieu-Volvestre 272
Montesquiou 324
Montfaucon 180
Montfort 353
Montjaux 137
Montlaur 161
Montpezat-de-Quercy 216
Montréal-du-Gers 338

Montredon-Labessonnié 311
Montricoux 108
Montrozier 132
Monts de Lacaune 309
Montségur 402
Moreau, Gustave 82
Murat, Joachim 180
Mur-de-Barrez 101

Nailloux 265
Najac 112
Nant 156
Nationalparks 30
Naturschutzreservate 30
Négrette 66
Nogaro 328
Notruf 74

Occitane (A 20) 22
Öffnungszeiten 74
Orlhaguet 101

Pamiers 397
Pannenhilfe 21
Parc National
  des Pyrénées 30
Parc Naturel Regional des
  Causses du Quercy 30
Parc Naturel Régional des
  Grands Causses 31
Parc Naturel Régional du
  Haut-Languedoc 31
Parc Naturel Régional
  Pyrénées Ariègoises 31
Pastel 238
Paulhe 152
Penne 110
Petit Maseng 67
Petit, Jean 49
Peyreleau 153
Peyrilles 187
Peyrusse-le-Roc 122
Philipp II. 43
Pic du Jer 371
Pic du Midi de Bigorre 379
Picasso, Pablo 264
Pierre de Castelnau 43
Pippin der Kurze 189
Plagiate 107
Plateau de Braunhie 178
Plieux 346
Pompe à l'huile 61
Pompidou, Georges
  208, 273

Pont d'Espagne 373
Post 74
Préhistologia 184
Prieuré de Laramière 219
Promillegrenze 21
Prouilhac 188
Puy de Wolf 82
Puycelsi 290
Puy-L'Évêque 213
Pyrenäen 360

Quercy 162, 163
Quercy blanc 215
Quercy, Auguste 226
Quissac 178

Rabastens 297
Raimond VI. 43
Rauchen 75
Regionalparks 30
Reilhac 178
Reisezeit 27
Religionskriege 47
Revel 268
Rieux-Volvestre 271
Riquet, Pierre-Paul 259, 270
Rivière souterraine de
  Labouiche 396
Rocamadour 180
Rodez 125
Roquefixade 402
Roquefort 63
Roquefort-sur-Soulzon 144
Rouergue 80
Route de Corniche 405
Rugby 75

Sagan, Françoise 208
Saint-Amans-des-Cots 91
Saint-Antonin-Noble-Val 110
Saint-Bertrand-de-
  Comminges 383
Saint-Céré 172
Saint-Chély-d'Aubrac 104
Saint-Cirq-Lapopie 206
Saint-Clar 346
Saint–Côme–d'Olt 97
Sainte-Eulalie-d'Olt 99
Sainte-Eulalie-de-Cernon 141
Saint-Felix-Lauragais 268
Saint-Gaudens 382
Saint-Géniez-d'Olt 99
Saint-Girons 386
Saint-Jean-d'Alcas 144
Saint-Jean-de-Verges 396

Saint-Julia-de-Gras-Capou
  269
Saint-Julien 271
Saint-Laurent-d'Olt 100
Saint-Laurent-les-Tours 172
Saint-Léons 138
Saint-Lizier 387
Saint-Mère 344, 345
Saint-Mont 357
Saint-Parthem 90
Saint-Pierre-Toirac 210
Saint-Rome-de-Tarn 159
Saint-Santin d'Aveyron 85
Saint-Santin de Maurs 85
Saint-Savin 373
Saint-Sulpice-La-Pointe 297
Saint-Véran 155
Saint-Victor-et-Melvieu 159
Salles-la-Source 134
Samatan 353
Sarrant 349
Sauveté 33
Sauveterre-de-Rouergue 123
Schlacht von Vouillé 40
Segala 123
Sentein 390
Sévérac-le-Château 133
Sicherheitsweste 20
Sidobre 304
Simon de Montfort 44
Simorre 354
Solomiac 349
Sorèze 306
Soubirous, Bernadette 366
Souillac 163
Soulomès 180
Soupe au fromage 61
Sprache 75
Stockfisch 61
Strom 76

Tankstellen 21
Tannat 66
Tarascon-sur-Ariège 403
Tarbes 361
Tauriac 172
Telefonieren 76
Tempolimit 21
Termes-d'Armagnac 328
Thomas von Aquin 250
Toleranzedikt
  von Nantes 48
Tome de Laguiole 62
Toulouse 232, 349

Register

Toulouse-Lautrec,
  Henri 273, 279
Tour des
  Monts d'Aubrac 104
Tourte des Baronnies 380
Trans-Aubrac 103
Trinkgeld 76
Truffadou 169
Trüffel 63

Übernachten 54
Uxellodunum 210

Vabre 311
Val d'Adour 324
Valence-sur-Baïse 334
Vallée d'Orlu 407
Vallée d'Ustou 390
Vallée de Barousse 385
Vallée de Bethmale 389
Vallée de Cauterets 373
Vallée de Lesponne 379
Vallée du Biros 390
Vallée du Garbet 390
Vallée du Gijou 311
Vallon 101
Vals 401
Varen 112
Vegetarier 62
Veilchen 255
Vent d'autan 28
Vent tramontane 28
Venus von Lespuque 39
Vercingetorix 39
Vers 206
Verwaltung 37
Viaur, Fluss 125
Vic-Fezensac 323
Viella 357
Villefranche-de-Rouergue 114
Villeneuve-de-Rouergue 119
Vitrac-en-Viadène 100
Voltaire 255
Volvestre 271

Waldbrände 77
Wallfahrt 42
Wein 65
Winde 28
Wirtschaft 32
Wohnmobil-Stellplatz 77

Zola, Emile 85
Zoll 77

Die in diesem Reisebuch enthaltenen Informationen wurden von der Autorin nach bestem Wissen erstellt und von ihr und dem Verlag mit größtmöglicher Sorgfalt überprüft. Dennoch sind, wie wir im Sinne des Produkthaftungsrechts betonen müssen, inhaltliche Fehler nicht mit letzter Gewissheit auszuschließen. Daher erfolgen die Angaben ohne jegliche Verpflichtung oder Garantie der Autorin bzw. des Verlags. Autorin und Verlag übernehmen keinerlei Verantwortung bzw. Haftung für mögliche Unstimmigkeiten. Wir bitten um Verständnis und sind jederzeit für Anregungen und Verbesserungsvorschläge dankbar.

ISBN 978-3-89953-750-5

© Copyright Michael Müller Verlag GmbH, Erlangen 2012. Alle Rechte vorbehalten. Alle Angaben ohne Gewähr. Druck: Wilhelm & Adam, Heusenstamm.

Aktuelle Infos zu unseren Titeln, Hintergrundgeschichten zu unseren Reisezielen sowie brandneue Tipps erhalten Sie in unserem regelmäßig erscheinenden Newsletter, den Sie im Internet unter **www.michael-mueller-verlag.de** kostenlos abonnieren können.

Fotonachweis

Alle Fotos Annette Meiser außer Pierre Bessodes: S. 97, 103 | Ralf Nestmeyer: S. 270 | Ulrich Schäfer: S. 86 | Dr. Gerhard Süselbeck: S. 139, 217 | Office de Tourisme de Conques: S. 87 | Office de Tourisme de Luz-Saint-Sauveur: S. 375 | Wikipedia: S. 46 (Abbildung des Gemäldes von Jean Auguste Dominique Ingres „Jeanne d'Arc au sacre du roi Charles VII") |